PRINCIPES

DE

DROIT CIVIL.

Bruxelles. — Typ. BRUYLANT CHRISTOPHE & Cⁱᵉ.

PRINCIPES

DE

DROIT CIVIL

PAR

F. LAURENT,

PROFESSEUR A L'UNIVERSITÉ DE GAND.

TOME SEIZIÈME.

BRUXELLES.
BRUYLANT-CHRISTOPHE & COMP.,
RUE BLAES, 33.

PARIS.
A. DURAND & PEDONE LAURIEL,
9, RUE CUJAS.

1875

TITRE IV.

DES CONTRATS OU DES OBLIGATIONS CONVENTIONNELLES EN GÉNÉRAL.

(Suite.)

CHAPITRE II.

DES CONDITIONS ESSENTIELLES POUR LA VALIDITÉ DES CONVENTIONS.

(Suite.)

---

§ VI. *Effet des stipulations et promesses à l'égard des héritiers et des ayants cause.*

Nº 1. DES HÉRITIERS.

1. Aux termes de l'article 1122, on est censé avoir *stipulé* pour soi et pour ses héritiers. C'est dire que les *héritiers* ne sont pas des *tiers*; cela est évident pour les successeurs universels qui ont la saisine, car ils continuent la personne du défunt qu'ils représentent et quant à ses droits et quant à ses obligations. Ceux qui n'ont pas la saisine sont de simples successeurs aux biens; à ce titre, ils exercent tous les droits qui sont compris dans le patrimoine du défunt, et en qualité de successeurs universels ils succèdent aussi à ses obligations, sauf qu'ils ne sont pas tenus des dettes *ultrà vires*. On peut donc dire qu'en contractant pour nous, nous contractons pour tous nos successeurs universels, activement et passivement. L'article 1122 semble limiter ce principe aux *sti-*

pulations, c'est-à-dire aux droits du créancier; mais le mot *stipuler* a encore un autre sens plus général, dans lequel il est synonyme de *contracter*. Cela ne fait aucun doute; car le principe est encore consacré par d'autres articles du code civil : l'article 724 l'établit pour les héritiers légitimes; les articles 1009 et 1012 l'établissent pour les légataires en ce qui concerne les dettes; quant aux droits du défunt, il va sans dire que les légataires y succèdent, puisque tel est l'objet des legs. Nous en dirons autant des donataires universels ou à titre universel; les héritiers contractuels sont sur la même ligne que les héritiers testamentaires.

2. On croirait qu'un principe aussi élémentaire ne peut pas donner lieu à des procès portés jusque devant la cour de cassation. C'est que les principes ne se présentent jamais devant les tribunaux dans la simplicité qu'ils ont en doctrine. On ne plaide pas sur la question de savoir si les héritiers succèdent aux droits de leur auteur, mais on plaide sur des différends qui doivent être décidés en vertu de ce principe. Le propriétaire apparent donne mandat de vendre un immeuble; les héritiers du mandataire demandent à prouver que leur auteur était, en vertu de conventions occultes, le propriétaire véritable de l'immeuble vendu, et ils contestent, de ce chef, contre l'acquéreur soit la régularité de la vente, soit la validité du payement du prix. Il a été jugé par la cour de Bourges que les tiers acquéreurs ne peuvent avoir à compter avec un vendeur apparent et avec un vendeur occulte et qu'il n'est pas possible d'admettre qu'à l'aide d'agissements ténébreux on puisse se faire une situation à double face et se ménager de doubles exceptions. L'arrêt pourrait être rédigé en termes plus juridiques. Il est certain que dans notre système de publicité les tiers n'ont rien à démêler avec des acquéreurs occultes, sauf à ceux-ci à agir contre leurs auteurs : une transmission de droits réels immobiliers n'existe pas à l'égard des tiers si elle n'a été transcrite; tel est le principe qui résulte de l'article 1er de notre loi hypothécaire. Même sous l'empire du code civil les tiers étaient à l'abri de toute action de la part d'un propriétaire occulte quand il y avait un acquéreur apparent, car cela ne pouvait arriver que quand des contre-lettres secrètes dérogeaient à un acte public ; or, d'après l'article 1325, les contre-lettres n'ont d'effet qu'entre les parties contractantes, elles n'ont point d'effet contre les tiers. Donc, dans l'espèce jugée par la cour de Bourges, les héritiers du mandataire devaient s'adresser à ceux qui avaient consenti l'acte secret en vertu duquel leur auteur était devenu propriétaire ; ils ne pouvaient pas opposer cet acte aux tiers acquéreurs ; en leur qualité d'héritiers, ils étaient considérés à l'égard des tiers comme mandataires et non comme propriétaires (1).

3. Le principe que les héritiers succèdent aux obligations du défunt s'applique aux héritiers réservataires, car ils sont héritiers saisis et, comme tels, représentants de leur auteur. Toutefois ce principe est modifié par un autre principe : celui qui a des héritiers réservataires ne peut pas porter atteinte à leur réserve, pas plus par des avantages indirects ou déguisés que par des donations qui excèdent le disponible ; l'héritier réservataire peut demander la réduction de toute libéralité directe ou indirecte et, par conséquent, la nullité des conventions faites par le défunt quand elles portent atteinte à ses droits. Un individu est institué légataire à titre universel ; à la mort du testateur, le fils du légataire produit un testament par lequel il est institué héritier universel. Cet acte très-suspect est attaqué pour cause de faux : le père renonce, par une transaction, à son action en nullité contre le testament en faveur de son fils. Après la mort du père, les autres enfants renouvellent l'action en nullité : sont-ils recevables? L'affirmative n'est point douteuse si la transaction conférait à l'enfant avec lequel elle a eu lieu un avantage déguisé excédant la quotité disponible. La cour de cassation a consacré ce principe : « S'il est vrai, dit l'arrêt, que les conventions légalement fondées obligent non-seulement les parties contractantes, mais aussi leurs représentants, ce principe reçoit une exception

---

(1) Rejet, 30 juillet 1862 (Dalloz, 1862, 1, 509).

nécessaire lorsqu'il s'agit d'actes qui constituent des libéralités excédant la quotité disponible (1). »

Il est bien entendu que les héritiers réservataires qui agissent en nullité doivent prouver que l'acte qu'ils attaquent est fait en fraude de leurs droits. Des père et mère constituent une dot de 15,000 francs à leur fille ; la dot devait être payée aux futurs époux la veille de leur mariage, avec cet effet que la célébration du mariage vaudrait quittance en faveur des constituants. Par acte notarié ceux-ci déclarèrent qu'ils n'avaient pas remis ni pu remettre à leur fille ni les 15,000 francs de dot, ni les 2,000 francs stipulés à titre de trousseau. Les autres enfants attaquèrent cette déclaration et demandèrent le rapport des libéralités contenues dans le contrat de mariage. Leur demande ne fut pas accueillie. La cour de cassation ne conteste pas le droit que les héritiers réservataires ont de repousser les actes qui portent atteinte à la réserve ; elle reconnaît que, dans l'espèce, la déclaration des parents ne pouvait être opposée aux réservataires en tant qu'elle aurait eu pour effet de les priver de leur part dans la somme de 15,000 francs, à titre de réserve. Mais il résultait de tous les actes et documents produits au procès que les père et mère n'avaient pas payé la dot promise et qu'ils étaient dans l'impossibilité de la payer. Dès lors il ne pouvait être question de rapport, celui qui n'a rien reçu ne devant rien rapporter (2).

4. Après avoir posé le principe que l'on est censé stipuler pour soi et pour ses héritiers, l'article 1122 ajoute deux exceptions : « A moins que le contraire ne soit exprimé ou ne résulte de la nature de la convention. » Les parties contractantes peuvent donc faire des conventions personnelles qui ne passent pas à leurs héritiers ; dans ce cas, le stipulant seul a le droit d'en exiger l'exécution, et le promettant seul est tenu de les accomplir. En d'autres termes, l'obligation et le droit qui résultent du contrat s'éteignent par la mort de ceux à la personne desquels ils sont attachés.

---

(1) Rejet, 5 mars 1867 (Dalloz, 1867, 1, 70).
(2) Rejet, 20 janvier 1864 (Dalloz, 1864, 1, 222).

Cette exception résultant de la volonté des parties contractantes doit cependant être appliquée avec une restriction. Si le stipulant agit en vertu d'une stipulation qui lui est personnelle et s'il vient à mourir pendant le cours de l'instance, l'action passe à ses héritiers. Il n'est pas même besoin qu'il agisse en justice, il suffit qu'il constitue le débiteur en demeure; dès lors le droit à la prestation lui est acquis; il entre dans son patrimoine et passe avec ce patrimoine à ses héritiers. C'est un vieil adage que les actions personnelles deviennent réelles une fois qu'elles sont intentées, en ce sens qu'elles se continuent en faveur des héritiers. On a objecté que ce principe tenait à la nature particulière de la litiscontestation en droit romain; la réponse est facile et péremptoire; ce n'est pas parce que l'adage est écrit dans une loi romaine que nous l'invoquons; il résulte de la nature même du droit personnel. En quel sens la convention est-elle personnelle lorsque je stipule que vous me payerez mille francs, mais que je ne pourrai pas exiger ladite somme de vos héritiers? C'est que si vous mourez avant que j'aie exercé mon droit, il s'éteint. Or, quand j'agis en justice ou quand je somme mon débiteur de payer, j'exerce mon droit; les lenteurs de la justice et la résistance du débiteur ne peuvent pas me nuire; si, sur ma demande, le débiteur avait payé, le payement aurait profité à mes héritiers, puisqu'ils l'auraient trouvé dans mon patrimoine; il est juste qu'ils profitent aussi du droit que j'ai acquis à la chose par l'action judiciaire ou par la sommation. Le code consacre ce principe dans les articles 330 et 957; il s'applique à la promesse aussi bien qu'à la stipulation, parce que les raisons sont identiques (1).

5. L'article 1122 dit que le contraire doit être *exprimé.* Il faut donc une déclaration de volonté pour que la convention devienne personnelle, à moins que, comme le dit la loi, elle ne soit personnelle de sa nature. Les conventions qui ne sont pas attachées à la personne des parties contractantes passent aux héritiers; telle est la

(1) Duranton, t. X, p. 261, n°s 256 et 257.

règle; c'est par exception que ces conventions deviennent personnelles; or, toute exception au droit commun doit être stipulée par les parties; en ce sens, la personnalité du contrat ne peut résulter que d'une déclaration formelle de volonté. Il faut d'autant plus le décider ainsi dans le cas de l'article 1122, que la convention porte régulièrement que telle personne a le droit d'en exiger l'accomplissement et que telle autre est tenue de l'accomplir; cela ne veut pas dire que les parties entendent limiter la convention à leurs personnes; on nomme les personnes parce qu'il faut bien que l'on sache qui est créancier et qui est débiteur; si les parties veulent plus, si elles entendent que les personnes nommées aient seules le droit d'agir ou puissent seules être actionnées, il faut qu'elles le disent. C'est la remarque d'Ulpien, et elle est d'évidence (1).

6. D'après l'article 1122, la convention peut aussi être personnelle par sa nature. Il y a des contrats que la loi elle-même déclare personnels, c'est-à-dire qu'ils s'éteignent par la mort des parties contractantes (2). Nous citerons comme exemple le louage d'ouvrage qui est dissous par la mort de l'ouvrier, de l'architecte ou de l'entrepreneur (art. 1795); le talent du débiteur est pris en considération dans cette convention; le créancier entend traiter avec le débiteur, et non avec ses héritiers, qui peuvent être tout à fait étrangers à la profession ou à l'art de leur auteur. Si le contrat passait aux héritiers, ils devraient traiter avec un homme du métier qui exécuterait l'obligation pour eux; or, l'article 1231 dit que l'obligation de faire ne peut être acquittée par un tiers contre le gré du créancier, lorsque celui-ci a intérêt qu'elle soit remplie par le débiteur lui-même. Ainsi l'obligation de faire est personnelle dans les cas où la considération de la personne a engagé le créancier à traiter. Il ne faut donc pas poser comme règle que toute obligation de faire est personnelle; en principe, l'obligation de faire passe aux héritiers aussi bien que l'obligation de donner. Mais il

---

(1) Duranton, t. X, p. 263, n° 258.
(2) Ils sont énumérés dans Duranton, t. X, p. 263, n° 259.

arrivera très-souvent qu'à raison de la nature de ces obligations elles soient attachées à la personne du débiteur (1).

Il n'est pas nécessaire que la loi déclare qu'une convention s'éteint par la mort des parties pour qu'elle soit personnelle ; l'article 1122 ne l'exige paset ne pouvait pas l'exiger, car le code est loin de prévoir toutes les conventions que les parties intéressées ont le droit de faire. La liberté la plus absolue est la règle en cette matière; il dépend donc des parties contractantes de rendre leurs conventions personnelles, comme il dépend d'elles de stipuler que les conventions déclarées personnelles par la loi passeront aux héritiers, à moins que la nature des choses ne s'y oppose; un droit d'usufruit ou d'usage ne peut être stipulé pour les héritiers, puisqu'il s'éteint nécessairement à la mort de l'usufruitier ou de l'usager.

7. Les tribunaux doivent donc décider, d'après la nature du contrat, s'il est personnel aux parties contractantes, ou s'il passe à leurs héritiers. Il y a un cas dans lequel la question n'est pas douteuse, c'est lorsque les héritiers n'auraient pas pu consentir la convention. Telle est la clause compromissoire : les mineurs ne peuvent pas compromettre ni leurs tuteurs pour eux (code de proc., art. 1004). Si donc des majeurs ont fait un compromis et si l'un d'eux vient à mourir laissant des héritiers mineurs, le compromis finit nécessairement; le code de procédure le décide ainsi (art. 1013). La cour de cassation en déduit ce principe que les conventions sont personnelles toutes les fois qu'à raison de leur nature elles ne peuvent être accomplies par l'héritier lui-même, comme elles l'eussent été par leur auteur (2).

Un industriel, en compte courant avec un banquier, suspend ses payements et obtient un sursis ; sa faillite entraîne celle du banquier. Etant revenu à meilleure fortune, il s'oblige à payer au banquier mille francs par mois d'indemnité jusqu'à concurrence de 140,000 francs,

---

(1) Aubry et Rau, t. IV, p. 326, et note 6, § 346, et les auteurs qui y sont cités.

(2) Rejet, 28 janvier 1839 (Dalloz, au mot *Arbitrage*, n° 598).

pour réparer le tort qu'il lui a causé. On demande si cet engagement passe aux héritiers du débiteur. La cour de Liége a jugé qu'il avait une cause légitime et était obligatoire pour les héritiers comme il l'était pour leur auteur (1). Nous n'y voyons qu'un doute : cet acte est une vraie libéralité, car le dommage causé n'était pas de ceux qui peuvent donner lieu à une action en dommages-intérêts ; il aurait donc dû être fait dans les formes prescrites pour les donations. Mais la jurisprudence, comme nous l'avons dit ailleurs, affranchit de ces formes la donation qui se fait en l'acquit d'une obligation naturelle, et même d'un devoir de conscience (2).

8. La question de savoir si une convention est personnelle dépend de l'intention des parties contractantes et, par suite, de l'appréciation du juge (3). Comme la jurisprudence ne peut servir de précédent dans une matière de fait, il est inutile de s'y arrêter. Nous citerons seulement quelques décisions.

Des nièces vendent à leur oncle une ferme pour 6,000 livres ; l'acte porte que l'acheteur payera « à ses points et aisements en un seul payement. » Pendant toute sa vie, il se contenta de servir les intérêts du prix. A sa mort, les vendeurs réclamèrent le capital contre ses héritiers. Ceux-ci prétendirent que la clause concernant le payement leur profitait, comme toutes les stipulations du contrat. Il a été jugé que la clause litigieuse était personnelle, ce qui n'était guère douteux (4).

Le contraire a été jugé dans un autre procès où figuraient également des parents. Des frères abandonnent à leur sœur la jouissance de leur part indivise dans une maison. On convint que la sœur pourrait acquérir la propriété en payant à chacun de ses frères une somme de 500 francs. Après son décès, le mari, légataire universel, déclara vouloir user du bénéfice de la clause ; les frères objectèrent qu'elle était personnelle à leur sœur.

(1) Liége, 10 juillet 1844 (*Pasicrisie*, 1853, 2, 214).
(2) Voyez le tome XII de mes *Principes*, p. 436, nᵒˢ 355-360.
(3) Rejet, 4 mars 1840 (Dalloz, au mot *Peine*, nᵒ 606, 2ᵒ).
(4) Paris, 15 mars 1823 (Dalloz, au mot *Obligations*, nᵒ 1262).

La cour de Douai décida que la clause n'était pas personnelle et, sur le pourvoi, la cour de cassation jugea que l'appréciation de l'intention des parties était exclusivement dans les attributions des juges du fait (1).

9. Peut-on promettre et stipuler directement pour ses héritiers sans contracter pour soi-même? L'affirmative, généralement enseignée, nous laisse quelque doute. Dans le droit romain antérieur à Justinien, on n'admettait pas que les conventions fussent faites directement pour les héritiers, il fallait que la stipulation ou la promesse eussent pris naissance dans la personne du stipulant et du promettant pour passer à leurs successeurs. Justinien modifia le droit ancien en ce point. Notre code ne prévoit pas la difficulté. Mais le principe qu'il pose dans l'article 1119 conduit logiquement à la doctrine de l'ancien droit romain. La question est de savoir si les héritiers, dans l'espèce, sont des tiers. Ils ne sont pas tiers quand ils représentent le défunt, et ils le représentent lorsqu'ils succèdent à ses droits et obligations. Or, peut-on dire qu'ils sont tenus des obligations du défunt alors que le défunt n'a jamais été obligé? peut-on dire qu'ils exercent les droits de leur auteur alors que leur auteur n'avait aucun droit? La convention prend donc naissance en leur personne, sans qu'il y ait aucun lien entre eux et le défunt. C'est dire qu'ils sont des tiers. Les mauvaises raisons que les auteurs donnent à l'appui de l'opinion générale nous confirment dans nos doutes (2). Nous avons intérêt à la stipulation ou à la promesse, dit Duranton, par cela seul qu'elle concerne notre hérédité. Non, car, à notre mort tout intérêt cesse pour nous; de nouveaux intérêts s'ouvrent, et ces intérêts concernent nos héritiers, nous y sommes étrangers. M. Demolombe a compris qu'il fallait remonter à l'auteur pour que les héritiers ne fussent pas des tiers. D'après lui, le germe du droit ou de l'obligation est né immédiatement en la personne de celui qui contracte pour ses héritiers. Nous avouons ne pas com-

(1) Rejet, 24 mars 1830 (Dalloz, au mot *Jugement,* n° 1034, 10°).
(2) Duranton, t. X, p. 260, n° 255; Demolombe, t. X, p. 249, n° 269.

prendre ce que c'est que le *germe* d'un droit ou d'une obligation. Il y a un droit ou il n'y en a pas ; celui qui stipule pour ses héritiers a-t-il un droit? Non, donc le droit ne s'ouvre que dans la personne de ses héritiers, et partant il n'y a aucun lien, à raison de cette convention, entre le défunt et ses héritiers, il n'est pas auteur, et ses héritiers ne sont pas ses représentants, donc ils sont des tiers. M. Demolombe va plus loin : les clauses, dit-il, si l'on y regarde de près, ne constituent qu'un terme ou une condition *sui generis*. Est-ce terme ou condition? Et qu'est-ce qu'un terme ou une condition *sui generis?* Est-ce un autre terme que le terme général? une autre condition que celle que le code définit? Comment y aurait-il obligation à terme ou à condition là où il n'y a aucune espèce d'obligation?

10. On demande si le promettant peut restreindre à l'un de ses héritiers la promesse qu'il fait pour lui-même ; c'est-à-dire le promettant peut-il décharger de la dette un ou plusieurs de ses héritiers? La question est controversée ; l'on admet généralement, et avec raison, que cette clause serait nulle ; c'est un vrai pacte successoire, car il déroge aux principes qui régissent les obligations des héritiers. En tout cas, ce pacte viole l'article 1119. En admettant que l'on puisse promettre directement pour ses héritiers, du moins faut-il que les héritiers figurent dans la promesse en cette qualité ; or, les héritiers ne succèdent aux obligations du défunt que pour leur part héréditaire ; obliger l'un d'eux pour le tout, alors qu'il n'est héritier que pour un quart, par exemple, c'est l'obliger pour les trois quarts, non comme héritier, mais comme tiers, ce qui est contraire à l'article 1119 (1).

La cour de Douai s'est prononcée pour l'opinion contraire ; elle invoque l'article 1221, n° 4, qui permet de charger, par le titre, l'un des héritiers seul de l'exécution de l'obligation. Il nous paraît certain que la cour se trompe sur le sens de cette disposition : l'article 1221 ne

---

(1) Demante, continué par Colmet de Santerre. t. V, p. 47, n° 34 *bis* IV. Duranton, t. X, p. 273, n° 263. Demolombe, t. XXIV, p. 254, n° 271.

parle que de l'indivisibilité du payement; il permet bien de charger l'un des héritiers de payer la dette, mais il ajoute que celui qui l'a payée aura un recours contre ses cohéritiers; donc tous les héritiers restent tenus de la dette. M. Larombière a commis la même erreur (1).

Que faut-il décider si la promesse est restreinte à l'un des héritiers, en ce sens qu'il sera seul tenu de la dette, mais seulement pour sa part héréditaire : par exemple pour 1,000 francs, quart d'une dette de 4,000 francs, part pour laquelle l'héritier est appelé à succéder? Cette clause serait également nulle et pour la même raison. En effet, il en résulte que la dette de 4,000 francs est restreinte à la personne du débiteur pour les trois quarts; mais le dernier quart doit passer aux héritiers, d'après le droit commun, et à tous sans exception. Limiter la dette de 1,000 francs à un seul héritier, c'est donc le charger du quart de cette dette en une autre qualité que celle de représentant du défunt, c'est-à-dire comme tiers; partant il y a contravention à l'article 1119 et nullité.

11. La même question se présente pour la stipulation, et elle doit être décidée d'après les mêmes principes. En stipulant une somme de 4,000 francs, je ne puis pas restreindre le bénéfice de cette stipulation à un seul de mes héritiers; s'ils sont quatre, le droit se divise entre eux, chacun y doit avoir un quart; attribuer à l'un d'eux la créance entière, c'est stipuler en sa faveur, comme héritier, pour un quart seulement et pour les trois autres quarts comme tiers; ce qui est contraire à l'article 1119. Lui attribuer, dans la créance de 4,000 francs, un quart, en excluant les autres héritiers du bénéfice de la stipulation, c'est faire une convention personnelle jusqu'à concurrence de 3,000 francs; restent 1,000 francs qui appartiennent aux quatre héritiers; en les donnant à un seul, on stipule de nouveau pour l'un des successibles en une double qualité, comme héritier pour un quart et comme tiers pour les trois autres quarts : on fait donc une stipulation prohibée par l'article 1119.

(1) Douai, 2 février 1850 (Dalloz, 1851. 2, 133). Larombière, t. I, p. 154, n° 46 de l'article 1122 (Ed. B., t. I, p. 71).

La question est cependant controversée. Pour l'opinion contraire, on dit que la stipulation faite pour l'un des héritiers est la condition de la stipulation que le stipulant a faite pour lui-même; ce que l'article 1121 permet. Cela n'est pas exact; il n'y a pas deux stipulations, il n'y en a qu'une que le créancier fait à son profit et qu'il prétend ensuite limiter à l'un des héritiers ; cette dernière clause est illicite. On insiste et l'on dit que le défunt a pu donner la créance en tout ou en partie à l'un de ses héritiers, et il a pu le faire sous la forme d'un contrat onéreux aussi bien que par testament. Oui, mais à une condition, c'est que le contrat qui contient une libéralité déguisée soit au moins valable comme contrat onéreux; or, dans l'espèce, la stipulation est nulle, puisqu'elle est contraire à l'article 1119; donc l'acte est nul et comme stipulation et comme libéralité (1).

Nº 2. DES AYANTS CAUSE.

12. On entend par ayants cause d'une personne ceux qui tiennent sa place et exercent ses droits, soit pour le tout, soit pour un objet particulier. Les ayants cause sont donc ou à titre universel, ou à titre particulier. Les premiers sont les héritiers et autres successeurs universels ; on y comprend aussi les créanciers en tant qu'ils exercent les droits de leur débiteur, car, en principe, ils les exercent tous ; en ce sens, ils sont donc des ayants cause universels. Quant aux ayants cause à titre particulier, ce sont l'acheteur, l'échangiste, le donataire et le légataire à titre particulier, le créancier hypothécaire et tous ceux qui exercent un droit appartenant à leur auteur sur un objet particulier.

L'article 1122 dit que l'on est censé stipuler pour soi et pour ses héritiers et ayants cause. Il place donc les ayants cause sur la même ligne que les héritiers. Pour

---

(1) Demante, t. V, p. 47, nº 34 *bis* V; Demolombe, t. XXIV, p. 250, nº 270. En sens contraire, Toullier, t. III, 2, p. 269, nºˢ 414-417.

les ayants cause à titre universel, cela ne fait aucune difficulté; ce sont ou les successeurs universels ou les créanciers agissant en vertu de l'article 1166; or, les uns et les autres exercent tous les droits de leur auteur. Mais, quant aux ayants cause à titre particulier, il y a des distinctions à faire.

13. Il s'agit de savoir si les ayants cause à titre particulier sont tenus des promesses faites par leur auteur relativement à la chose à laquelle ils succèdent, et s'ils profitent des droits qu'il a stipulés quant à cette chose. Si la promesse a créé un droit réel dans la chose, il n'y a aucun doute, ce droit existe dans la chose même, il l'affecte quel que soit le possesseur; celui à qui il appartient a le droit de suite, c'est-à-dire qu'il peut exercer son droit dans la chose, alors que celui qui le lui a concédé transmet cette chose à un successeur à titre particulier; l'acheteur, par exemple, est tenu de souffrir l'exercice des servitudes que le vendeur a établies sur la chose vendue, de même qu'il est assujetti à l'action naissant de l'hypothèque qui la grève. La raison en est très-simple : tout droit réel démembre la propriété; celui qui achète une chose grevée d'un droit réel, l'achète donc démembrée par le droit réel qui l'affecte. S'il doit souffrir l'exercice du droit réel, ce n'est pas qu'il soit tenu des obligations contractées par son auteur, c'est la chose qui est obligée, ou, pour mieux dire, démembrée, il n'a qu'une fraction de la propriété, l'autre appartient à celui qui a stipulé le droit réel.

Ce que nous disons de la promesse qui crée un droit réel s'applique, à la lettre, à la stipulation qui engendre un droit réel. La servitude active est un droit attaché au fonds dominant, une qualité de ce fonds; si la propriété est démembrée, diminuée quant au fonds servant, elle est augmentée, étendue quant au fonds dominant; la propriété, ainsi agrandie par la stipulation d'un droit réel, passe à tous ceux qui la possèdent avec la qualité qu'elle a. L'acheteur du fonds dominant exerce la servitude comme l'acheteur du fonds servant la supporte, et en vertu d'un seul et même principe, c'est que les droits réels affectent la chose même, soit comme charge, soit comme droit (1).

14. Quand les droits qui procèdent de l'auteur ne sont pas des droits réels, quand ce sont des droits de créance, il faut distinguer entre les stipulations et les promesses. Celui qui a une créance peut la céder; le code admet le transport des créances et de toute espèce de droits, aussi bien que la vente des choses mobilières et immobilières: et le transport peut se faire quand le droit personnel est l'accessoire d'une chose vendue, comme il peut se faire quand c'est un droit principal. Le cautionnement est une obligation accessoire, il forme un droit de créance; le créancier peut céder ce droit; il y a plus, quand il vend la créance pour la garantie de laquelle il a stipulé le cautionnement, la vente comprend de plein droit le cautionnement (art. 1692). Donc le bénéfice de la stipulation peut être transmis par le stipulant à un ayant cause à titre particulier; cette transmission se fait même de droit, quand la stipulation a pour objet un droit accessoire qui garantit un droit principal.

Il n'en est pas de même des promesses. Les dettes ne se transmettent pas comme les droits par voie de contrat; on cède les créances, on ne cède pas les dettes. La raison en est très-simple. Celui qui promet engage sa personne, et il engage indirectement ses biens; il ne peut pas s'affranchir de ce lien en transportant sa dette à une autre personne; cela ne pourrait se faire qu'avec le consentement du créancier. A la vérité, le débiteur peut convenir avec un tiers que celui-ci payera sa dette, et le tiers sera admis à acquitter l'obligation, à moins qu'à raison de sa nature elle ne puisse être acquittée que par le débiteur. Mais cette convention ne décharge pas le débiteur de l'obligation qu'il a contractée. C'est une conséquence du principe établi par l'article 1134. Les conventions forment la loi des parties, le débiteur ne peut la rompre par sa seule volonté (2).

15. C'est d'après ces principes qu'il faut interpréter

---

(1) Voyez le tome VI de mes *Principes;* p. 93, n° 73.
(2) Bruxelles, 14 juin 1848 (*Pasicrisie*, 1850, 2, 192).

l'article 1122. On est censé stipuler pour ses ayants cause, dit la loi. Est-ce à dire que les promesses passent aux ayants cause à titre particulier? Non, car ce serait la cession d'une dette, et les dettes ne se transportent pas par la seule volonté du débiteur. Vainement dirait-on que celui qui oblige sa personne oblige ses biens, et que si l'obligation de la personne ne peut être transmise, il n'en est pas de même de la charge qui pèse sur les biens. Le gage que la dette donne au créancier sur les biens de son débiteur n'est pas un droit réel, il n'empêche pas le débiteur d'aliéner ses biens; et dès qu'un bien est aliéné, il cesse d'être le gage des créanciers. L'ayant cause ne peut donc être tenu de l'obligation de son auteur, parce qu'il possède un bien qui dans les mains de celui-ci servait de gage à ses créanciers. Il reçoit la chose libre de toute charge; ainsi il n'est tenu ni par un lien personnel ni par un lien réel.

Voici un exemple qui fait bien comprendre la différence entre le droit réel et le droit de créance (1). En concédant une servitude sur mon fonds, je promets une peine pour le cas où j'entraverais l'exercice de la servitude. Je vends le fonds. A quoi mon ayant cause sera-t-il tenu? Il reçoit un fonds démembré, il est donc tenu de souffrir l'exercice de la servitude; s'il l'entrave, devra-t-il la peine promise par son auteur? Non, car c'est un engagement personnel qui n'affecte pas le fonds, c'est donc une dette qui ne se transmet pas d'une personne à l'autre.

16. Le principe n'est pas douteux; nous en verrons des applications aux titres des divers contrats, notamment en traitant de la *Vente* et du *Louage* (2). On demande si le principe reçoit une exception. M. Demolombe dit qu'il y a exception à la règle pour les promesses qui, sans affecter la chose d'un droit réel, ont néanmoins un *certain caractère de réalité,* en ce sens que la chose elle-même *répond* de leur exécution et que tout tiers détenteur est tenu de les remplir, s'il veut la conserver. Cela

(1) Nous l'empruntons à Colmet de Santerre (Demante, t. V, p. 46).
(2) Aubry et Rau, t. II, p. 74, et notes 1, 2, § 176 *bis* (de la 4e édition).

est très-vague et, à notre avis, inexact. Qu'est-ce que des
engagements qui ne produisent pas de droit réel et qui
ont cependant un *certain caractère* de réalité? Qu'est-ce
que ce *certain caractère?* On dit que la *chose répond* de
l'exécution de l'obligation. Une *chose* qui *répond* implique
un droit réel, et on avoue que le droit n'est pas réel.
Qu'est-ce donc que cette garantie qui, sans être réelle, a
un caractère réel (1)?

Voyons si l'exemple que l'on donne éclaircira ce qu'il
y a d'obscur dans le prétendu principe. Le sous-acquéreur d'un immeuble est indirectement tenu de l'obligation
contractée par son auteur, envers le vendeur originaire,
de payer le prix, en ce sens que si le sous-acquéreur ne
le paye pas, le vendeur peut demander contre lui, en
même temps que contre le premier acquéreur, la résolution de la vente. Nous dirons, au titre de la *Vente,* que
cela n'est pas exact. Le vendeur ne peut avoir l'action en
résolution d'un contrat que contre l'acheteur qui est partie
au contrat; il suffit de lire l'article 1184 pour s'en convaincre; il ne peut donc pas demander la résolution contre
le tiers acquéreur. L'action qu'il a contre celui-ci est une
action en revendication; la résolution de la première
vente fait tomber la seconde; par suite le vendeur est considéré comme ayant toujours été propriétaire, il peut donc
revendiquer la chose contre le tiers acquéreur. C'est pour
faire prononcer par un même jugement la résolution et
la revendication qu'il intente son action contre les deux
acquéreurs.

17. Les droits de créance passent-ils aux ayants cause
à titre particulier? En principe, non; cela résulte de la
nature même de ces droits; ils naissent d'un lien d'obligation, et ce lien n'existe qu'en vertu de l'obligation que
le débiteur contracte à l'égard du créancier; le débiteur
ne s'est pas engagé envers le successeur de son créancier, celui-ci ne peut donc avoir d'action contre lui. Sous
ce rapport, il n'y a aucune différence entre les stipulations et les promesses. Mais, à la différence des dettes

---

(1) Demolombe, t. XXIV, p. 265, n° 284.

qui ne peuvent pas être cédées par le débiteur, les droits peuvent être transmis par le créancier. Et celui qui transmet une créance, transporte au cessionnaire, son ayant cause, tous les droits qui y sont attachés. Reprenons l'exemple que nous venons de donner pour la promesse. Je stipule une servitude avec clause pénale; en vendant le fonds dominant, je transmets à l'acheteur le droit de servitude avec les garanties accessoires qui en assurent l'exercice (art. 1692); donc l'acheteur a droit à la peine comme cessionnaire du créancier, tandis que l'acheteur du fonds servant ne serait pas tenu de la peine, parce qu'on ne cède pas des dettes. Nous verrons d'autres applications du principe, au titre de la *Vente,* en traitant de la cession des créances. Le sous-acquéreur a contre le vendeur primitif l'action en garantie qui appartenait à son vendeur, bien qu'il ne soit pas obligé au payement; c'est que l'obligation de payer le prix ne se transmet pas par voie de contrat, tandis que les droits se transmettent par voie de cession (1).

18. Il y a un arrêt de la cour de cassation qui paraît contraire à la doctrine que nous venons d'exposer. L'arrêtiste formule la décision dans les termes suivants : « Le tiers qui exerce les *droits* résultant d'une convention à laquelle il est étranger est tenu des *obligations* découlant de la même convention. » Formulée dans ces termes absolus, la proposition serait inexacte : les droits passent aux ayants cause, les dettes ne se transmettent pas par voie de convention. En réalité, la cour ne dit pas le contraire. Les propriétaires d'une sucrerie prennent à bail une plantation de cannes à sucre pour les récolter et les manipuler en commun. Ils vendent leur établissement. Les acquéreurs succèdent-ils aux droits et aux obligations de leurs auteurs dérivant du bail? En principe, non, cela est certain, à moins que le bail ne leur soit cédé; et, dans ce cas, ils exerceraient les droits des preneurs, sans être tenus de leurs obligations, au moins à l'égard du

(1) Demante, t. V, p. 46, n° 34 *bis* III. Aubry et Rau, t. II, p. 70 et suiv., § 176.

bailleur. On ne voit pas que, dans l'espèce, il y ait eu cession du bail. Mais de fait les acquéreurs de la sucrerie continuèrent à exploiter la plantation qui faisait l'objet du bail, comme l'avaient fait les vendeurs, c'est-à-dire en commun. Il s'agissait d'apprécier les conséquences qui résultaient de ce fait. Voici la décision de la cour de cassation : « Quiconque a sciemment concouru à l'exécution d'une convention régulière, en vue d'en tirer profit, est tenu de satisfaire aux conditions résultant de cette convention, et celui qui *se subroge* à l'exercice des droits d'autrui se soumet aux obligations attachées à l'existence de ces droits. » C'est donc parce que, par leur fait, les acquéreurs s'étaient *subrogés* aux vendeurs, s'étaient mis à leur place, que la cour de cassation décida qu'ils ne pouvaient pas exercer leurs droits sans être tenus de leurs obligations. Par suite elle maintint la décision de la cour d'appel qui avait condamné les acquéreurs solidairement à payer la redevance annuelle stipulée dans le bail de la plantation (1). Il résulte de l'arrêt une conséquence assez singulière, c'est que la subrogation *de fait* a des effets plus étendus que la subrogation conventionnelle. Nous reviendrons sur cette dernière au titre du *Louage*.

SECTION II. — De la capacité des parties contractantes.

§ Ier. *Principes généraux.*

19. L'article 1123 porte : « Toute personne peut contracter, si elle n'en est pas déclarée incapable par la loi. » Par les mots *toute personne*, il faut entendre l'homme comme tel, abstraction faite des droits que la loi lui reconnaît ou lui refuse. Dans la théorie du code, les morts civilement ne jouissaient d'aucun droit, néanmoins la loi ne les déclarait pas incapables de contracter (art. 25). C'est que le droit de contracter est un de ces droits naturels dont la loi ne saurait dépouiller l'homme ; elle a beau

---

(1) Rejet, chambre civile, 16 novembre 1857, sur le rapport de Renouard (Dalloz, 1857, 1, 104).

le déclarer mort civilement, il vit; or, il ne peut vivre sans contracter; le législateur est donc obligé de reconnaître à tout homme la capacité de contracter; nous la tenons de Dieu, qui nous la donne en nous donnant la vie.

20. Il y a cependant des personnes incapables de contracter. L'incapacité peut être naturelle et absolue : tels sont les malheureux qui sont frappés d'imbécillité, leur état ne laisse pas d'intervalle lucide, ils sont pour toujours privés de l'usage de leurs facultés intellectuelles; incapables de consentir, ils sont par cela même incapables de contracter. La loi veille à ce qu'ils aient des représentants qui contractent pour eux, en permettant, soit de les interdire, soit de les colloquer dans un hospice d'aliénés. Il en est de même de ceux qui sont en état de démence ou de fureur. Jadis on considérait aussi les sourds-muets comme frappés d'incapacité naturelle; la charité chrétienne a donné un démenti à ce préjugé. Quelque douloureuse que soit leur infirmité, ils sont naturellement capables, et aucune loi ne les déclare incapables (1). La maladie, le vice peuvent engendrer une incapacité naturelle; nous avons parlé, au n° 464 du tome XV, de l'ivresse. Il est inutile d'ajouter qu'il y a un âge où l'enfant ne jouit pas encore de la raison et où, par conséquent, il est incapable de consentir et de contracter.

Le code ne s'occupe pas des incapacités naturelles, ni des effets qu'elles produisent. Il suppose que ceux qui jouissent de leur raison ne traiteront pas avec ceux qui en sont privés. Si cela arrivait, les plus simples notions de droit suffiraient pour décider qu'il n'y a point de contrat là où il n'y a pas de consentement possible (2). Dans l'opinion que nous avons enseignée et qui est aujourd'hui généralement admise, le contrat dans lequel est intervenue une personne incapable de consentir est frappé d'une nullité radicale, il n'a point d'existence aux yeux de la loi, et il ne produit aucun effet. Le plus souvent la question de

(1) Voyez le tome XI de mes *Principes*, p. 162, n° 125.
(2) Voyez le tome XV de mes *Principes*, p. 510, n° 453.

savoir si un contrat est nul ou inexistant ne présente aucun intérêt pratique et n'est pas même soulevée devant les tribunaux. Ainsi s'expliquent les décisions qui mettent sur la même ligne l'incapacité naturelle de consentir et les vices du consentement. Un homme contracte pendant qu'il est en proie à cet horrible mal que l'on appelle l'épilepsie; son frère abuse de cet état pour le dépouiller; il y a dol, il y a aussi incapacité de consentir. La cour déclare le contrat nul, comme étant l'œuvre du dol et comme ayant été consenti dans un moment où l'une des parties n'avait pas l'usage de ses facultés intellectuelles(1). Cela n'est pas juridique : celui qui est trompé consent, tandis que celui qui est frappé d'épilepsie ne peut consentir; dans un cas, le contrat est nul, dans l'autre, il est inexistant. Dans l'espèce, cela était indifférent; ce qui importait, c'était d'empêcher le frère de profiter de l'acte par lequel il avait dépouillé son frère; l'annulation équivalait à une déclaration d'inexistence de l'acte.

21. Le code ne s'occupe que des incapacités établies par la loi. Il les distingue en incapacités générales et en incapacités spéciales. Aux termes de l'article 1124, « les incapables de contracter sont : les mineurs, les interdits et les femmes mariées, dans les cas exprimés par la loi. » L'incapacité civile n'est pas absolue, comme l'incapacité naturelle; l'article 1124 le dit des femmes mariées et l'article 1125 le répète pour tous les incapables : « Le mineur, l'interdit et la femme mariée ne peuvent attaquer, pour cause d'incapacité, leurs engagements *que dans les cas prévus par la loi.* » Le code traite de l'incapacité des interdits et des femmes mariées au premier livre, nous y renvoyons. Rappelons seulement que leur incapacité est absolue, en ce sens que lorsqu'ils font un acte juridique, il suffit de prouver que la femme l'a fait sans autorisation maritale, ou que l'interdit l'a passé postérieurement à l'interdiction pour qu'il soit nul de droit, c'est-à-dire pour que le juge doive l'annuler. Nous allons voir qu'il n'en est pas de même des mineurs; la loi a donc

---

(1) Riom, 26 février 1820 (Dalloz, au mot *Obligations*, n° 344).

tort de les mettre sur la même ligne que les interdits et les femmes mariées.

En rangeant les mineurs parmi les incapables, la loi entend parler des mineurs non émancipés. Les mineurs émancipés jouissent d'une certaine capacité; la loi l'a définie au premier livre, où nous en avons traité. Toutefois le code n'a pas dit, au premier livre, quel est le sort des actes que les mineurs émancipés font en dehors des limites de la capacité que la loi leur reconnaît. C'est au titre des *Obligations* que le code décide dans quels cas les mineurs peuvent demander la nullité des contrats qu'ils consentent, dans quels cas ils peuvent agir en rescision pour cause de lésion. Quant aux mineurs non émancipés, le code n'en parle pas au premier livre, il y organise la tutelle et, dans notre droit, le mineur sous tutelle est représenté, dans tous les actes civils, par son tuteur; ce n'est pas lui qui agit, de sorte que légalement le code ne devait pas prévoir quel serait le sort des actes qu'un mineur ferait. Toutefois il se peut que le mineur agisse de fait, sans l'intervention de son tuteur; la loi a dû régler quel sera l'effet de ces conventions, elle le fait au troisième livre.

La classification du code, en cette matière, n'est pas très-méthodique. Dans la section II de notre titre il traite de la capacité des parties contractantes, mais il se borne à énumérer les incapacités, sans poser aucun principe quant aux effets qui en résultent. Au chapitre de l'*Action en nullité ou en rescision des conventions*, le législateur revient sur la matière, et il décide quand les mineurs peuvent agir en nullité pour inobservation des formes, quand ils peuvent agir en rescision pour cause de lésion. Nous sommes obligé ici de nous écarter de l'ordre suivi par les auteurs du code. Au premier livre nous avons traité de l'incapacité des femmes mariées et des interdits, ainsi que de la capacité du mineur émancipé. Ici nous devons dire en quel sens les mineurs non émancipés sont incapables et dans quels cas les mineurs, émancipés ou non émancipés, peuvent agir en nullité ou en rescision, sauf à renvoyer au chapitre de l'*action en nullité* tout ce qui concerne la prescription de l'action en nullité ou en rescision et les règles générales qui régissent cette action.

22. L'article 1124 ajoute que sont encore incapables de contracter ceux à qui la loi a interdit certains contrats. Ce sont les incapacités spéciales. Nous n'avons pas à nous en occuper ici, puisque nous en traitons dans les divers titres qui sont le siége de la matière. C'est ainsi qu'au titre de l'*Interdiction* nous avons parlé d'une incapacité très-considérable, celle qui frappe les personnes placées sous conseil-judiciaire. Il y a d'autres incapacités spéciales dont le code civil ne dit rien. Le code de commerce déclare les faillis incapables de contracter déjà avant l'ouverture de la faillite; nous aurons à voir s'il en est de même des débiteurs civils qui sont en déconfiture. Enfin il y a une incapacité d'une haute importance, celle des personnes civiles et celle des associations ou corporations qui essayent de se créer une personnification par la fraude.

§ II. *Des mineurs non émancipés* (1).

23. Les mineurs non émancipés sont ou sous puissance paternelle ou sous tutelle. Régulièrement ils n'agissent pas eux-mêmes, ils ne figurent point dans les actes qui les intéressent, c'est le père, administrateur légal, ou le tuteur, leur mandataire légal, qui les représentent. Au premier livre, le code détermine quels sont les pouvoirs des tuteurs quant à l'administration des biens de leurs pupilles; on applique ces règles par analogie au père, administrateur des biens de ses enfants. Mais le code ne décide pas en termes formels la question de savoir si les mineurs peuvent attaquer les actes que font en leur nom, soit le père, administrateur légal, soit le tuteur. C'est la

---

(1) Fr. Duranton, *Des conséquences de la minorité quant aux actes faits, soit par les mineurs eux-mêmes, soit par leurs tuteurs* (*Revue française et étrangère de législation*, 1843, et *Revue des Revues de droit*, t. VI, p. 186).

première question que nous aurons à examiner. Elle se résout par une distinction. Le tuteur peut avoir agi dans la limite de ses pouvoirs et en observant les formalités que la loi établit dans l'intérêt des mineurs ; ceux-ci peuvent-ils, en ce cas, attaquer les actes réguliers du tuteur pour cause de lésion ? Il se peut aussi que le tuteur dépasse les bornes de son pouvoir et qu'il fasse des actes pour la validité desquels la loi prescrit certaines formes sans remplir ces formes : les mineurs ont-ils en ce cas le droit d'agir en nullité, alors même qu'ils n'auraient pas été lésés ? Les auteurs n'examinent ces questions qu'en ce qui concerne les tuteurs ; d'après l'opinion généralement suivie, on applique à l'administration légale du père ce que la loi dit de la tutelle. Nous avons examiné cette difficile question ailleurs (1).

Bien que légalement les mineurs ne figurent pas dans les contrats qui les intéressent, il arrive que ce sont eux qui contractent ; la loi le suppose quand elle leur donne l'action en nullité ou en rescision. Nous aurons à voir quel est le sort des actes que les mineurs font, soit avec l'autorisation de leur tuteur, soit seuls. L'une et l'autre forme est illégale, en ce sens que légalement le tuteur doit agir pour le mineur ; on ne peut cependant pas dire que les mineurs soient absolument incapables quand ils agissent seuls ; c'est plutôt un mode irrégulier d'agir qu'un mode illégal, et ces actes irréguliers peuvent être pleinement valables.

ARTICLE 1. Des actes faits par le tuteur.

Nº 1. DÉS ACTES FAITS PAR LE TUTEUR DANS LES LIMITES DE SES ATTRIBUTIONS.

24. L'article 450 établit le principe fondamental que le tuteur représente le mineur dans tous les actes civils. Il est donc le mandataire légal du mineur, ce qui conduit à cette conséquence que le pupille, le mandant, est censé

---

(1) Voyez le tome IV de mes *Principes*, p. 393, nᵒˢ 296-316.

agir par l'intermédiaire du tuteur, son mandataire. Mais les pouvoirs du tuteur ne sont pas illimités ; quoi qu'il soit le représentant légal du mineur, il ne peut pas faire seul tous les actes qui concernent l'administration de ses biens. Il y en a, ce sont les actes d'administration proprement dits, que le tuteur peut faire seul ; il agit donc dans la limite de ses attributions quand il donne à bail les biens de son pupille, quand il achète des immeubles pour le mineur. Il y a d'autres actes que le tuteur ne peut faire qu'avec l'autorisation du conseil de famille ; les plus importants de ces actes doivent encore être revêtus de l'homologation du tribunal ; le tuteur agit dans la limite de ses pouvoirs quand il remplit les formalités que la loi prescrit dans l'intérêt du mineur. Enfin il y a des actes que la loi interdit au tuteur ; dans ce cas, il ne peut jamais agir légalement.

Tels sont les pouvoirs du tuteur et les restrictions que la loi y apporte dans l'intérêt du mineur. Si le tuteur agit dans la limite de ses attributions, les actes qu'il fait doivent être pleinement valables ; c'est l'application du droit commun : bien loin de permettre d'annuler des actes réguliers, la loi donne sa sanction aux actes que les particuliers font en se conformant à ses prescriptions (1). Il ne peut donc pas s'agir de demander la nullité des actes réguliers faits par le tuteur ; on demande la nullité des actes contraires à la loi, on n'annule pas les actes conformes à la loi. Mais un acte fait par le tuteur, au nom de son pupille, dans la limite de ses pouvoirs et en observant toutes les formalités que la loi prescrit, peut néanmoins causer un préjudice au pupille : celui-ci pourra-t-il agir en rescision pour cause de lésion? C'était le système de l'ancien droit ; est-ce aussi celui du code civil?

Constatons d'abord que le texte du code repousse ce système. Pour qu'un acte conforme à la loi puisse être attaqué, il faut une disposition formelle qui le permette ; car c'est certes une exception, et l'exception demande un texte. Où est le texte qui dit que les mineurs peuvent

(1) Voyez le tome Ier de mes *Principes*, p. 73, n° 34.

attaquer les actes faits par le tuteur dans la limite de ses pouvoirs, en prouvant qu'ils sont lésés? L'article 450 dit tout le contraire. Quand un acte régulier du tuteur léserat-il le pupille? Quand le tuteur n'aura pas agi en bon père de famille. Or, l'article 450 lui impose l'obligation d'administrer les biens du mineur en bon père de famille; et ce même article dit quelle sera la conséquence des actes de mauvaise gestion, c'est-à-dire des actes qui lèsent le mineur : le tuteur répond des dommages-intérêts qui résultent d'une mauvaise gestion. Ainsi le mineur a une action en dommages-intérêts contre le tuteur quand celui-ci lui cause un préjudice en gérant mal, et cette action est garantie par une hypothèque légale.

25. Tel est le système du code quant aux actes que le tuteur a le droit de faire comme administrateur des biens de son pupille, lorsque ces actes sont préjudiciables au mineur; la loi sauvegarde les intérêts du mineur en déclarant le tuteur responsable et en donnant au mineur une hypothèque qui garantisse l'effet de la responsabilité. Le législateur devait-il aller plus loin et permettre au mineur de demander la rescision des actes du tuteur quand il est lésé? Il ne donne pas formellement ce droit au mineur, et nous croyons que d'après les vrais principes il a bien fait de ne pas le lui donner. Pourquoi la loi place-t-elle le mineur sous tutelle? A raison de l'incapacité naturelle où il est d'administrer ses biens; l'inexpérience de son âge ne lui permettant pas de faire les actes juridiques que nécessite la gestion de son patrimoine, la loi a dû lui donner un représentant qui les fera à sa place. La tutelle a donc pour objet de couvrir l'incapacité du mineur, c'est-à-dire que l'incapable est représenté par une personne capable, et le fait du mandataire étant le fait du mandant, l'incapable devient capable en ce sens qu'il est représenté par une personne capable. Or, on ne pourrait pas dire que l'incapacité du mineur est couverte s'il avait le droit d'attaquer les actes de son tuteur pour cause de lésion, alors même que le tuteur avait le droit de les faire; il resterait, en réalité, incapable et, par suite, le but de la tutelle ne serait pas

atteint. Dira-t-on que la garantie de la tutelle est insuffisante; que le tuteur peut, tout en agissant dans les limites
de ses pouvoirs, compromettre les intérêts de son pupille
et qu'il n'y a qu'un moyen de les garantir efficacement,
c'est de donner au mineur le droit d'agir en rescision?
La loi a prévu que la tutelle peut être une garantie insuffisante; elle a veillé aux intérêts du mineur en contrôlant
la gestion du tuteur par la subrogée tutelle et le conseil
de famille et par l'intervention du tribunal pour les actes
les plus importants de son administration. Dira-t-on que,
malgré toutes ces garanties, il se peut que le mineur soit
lésé et que l'action en responsabilité soit inefficace, le tuteur n'ayant pas de biens? Cela est vrai, et il faut le supposer quand le mineur agit en rescision pour cause de
lésion. En apparence, cette action est nécessaire pour
sauvegarder pleinement ses intérêts; en réalité, on les
compromet à force de vouloir les garantir. Si l'acte du
tuteur peut être attaqué par le mineur, alors même que
toutes les formalités que la loi prescrit pour le protéger
auraient été observées, qui voudra contracter avec un
mineur? Il faudra dire ce que disait Henrys dans l'ancien
droit, c'est qu'il n'y a qu'un moyen de traiter sûrement
avec un mineur, c'est de contracter toujours à son avantage; le vieux jurisconsulte dit, non sans malice: « Vainement on aura observé les formalités, avis de parents,
rapports d'experts, décrets du magistrat, tout cela n'empêche pas que le mineur ne puisse rentrer dans son bien
s'il se trouve quelque lésion. *Il n'y a pas d'assurance plus
grande que d'acheter l'immeuble du mineur plus cher qu'il
ne vaut* (1). » On peut en dire autant de toute espèce de
contrats que l'on ferait, dans ce système, avec le mineur.
Mais nous demanderons s'il se trouvera beaucoup de
personnes disposées à acheter les biens du mineur plus
cher qu'ils ne valent. Ou on ne traitera pas avec lui, ou
on cherchera à se dédommager du risque que l'on court
en stipulant des conditions onéreuses que l'on aura soin
de déguiser, c'est-à-dire que les précautions excessives

(1) Henrys, t. II, p. 257.

que prendra le législateur aboutiront à léser le mineur(1).

26. L'opinion contraire est soutenue par d'excellents auteurs; l'un des meilleurs écrit que les actes passés dans la forme légale par le tuteur sont valables, mais sujets à restitution pour lésion, à moins qu'une disposition formelle de la loi n'ait fermé cette voie. Demante ajoute que cette proposition lui paraît *évidente* et que l'on ne peut la nier sans se mettre en contradiction avec la loi (2). Ce qui paraît si *évident* à Demante est cependant en opposition avec les principes qui régissent la lésion. On a toujours considéré la lésion comme un vice du consentement: c'est une erreur qui porte sur la valeur de la chose et qui provient soit de l'ignorance, soit de l'inexpérience de celui qui contracte. On conçoit que le mineur invoque la lésion quand c'est lui-même qui contracte sans aucune assistance, sans conseil aucun et sans observer les formes qui sont destinées à le protéger; il peut dire, en ce cas, que son consentement est vicié. Mais s'il est resté étranger au contrat, si c'est le tuteur qui y a parlé, de quel droit le pupille viendra-t-il dire que son consentement a été vicié, alors qu'il a consenti par l'intermédiaire d'une personne capable, son représentant légal? Dira-t-on que le tuteur peut néanmoins causer un préjudice au mineur et que cela suffit pour justifier l'action en rescision pour cause de lésion? Non, le préjudice ne suffit point pour vicier le consentement, il donne seulement lieu à une action en dommages-intérêts contre l'auteur du fait dommageable. C'est bien là ce que dit le code dans l'article 450. L'action en rescision, au contraire, n'est pas dirigée contre le tuteur, elle est intentée contre les tiers qui ont traité avec lui; pour que le mineur puisse agir en rescision contre eux, il faut qu'il y ait un vice dans le contrat, c'est-à-dire une cause qui vicie le consentement, et ce vice est impossible quand c'est le tuteur qui traite; car la lésion ne vicie que le consentement des mineurs, il ne vicie pas le consentement du tuteur. N'est-ce pas là ce que dit l'ar-

_____

(1) Demante, continué par Colmet de Santerre, t. V, p. 517, n° 270 *bis* XXII; Duranton, t. X, p. 298, n° 281.

(2) Demante, continué par Colmet de Santerre, t. V, p. 507, note 1.

ticle 1118? « La lésion ne vicie les conventions que dans certains contrats ou à l'égard de *certaines personnes.* » L'article 1118 est placé dans la section qui traite des vices du consentement; il considère donc la lésion comme un vice qui annule le consentement et, par suite, le contrat. Mais, à la différence de l'ancien droit, la lésion ne vicie pas le consentement des majeurs, il vicie seulement celui des mineurs (art. 1413); ce sont là les *certaines personnes* dont parle l'article 1118. La théorie de la lésion implique donc que celui qui se prétend lésé a consenti par erreur. Cela se comprend du mineur quand il contracte, cela ne se comprend pas quand le tuteur contracte pour lui.

27. On dira que notre théorie est en opposition avec la tradition. La lésion était dans l'ancien droit ce qu'elle est aujourd'hui, ce qui n'empêchait pas que l'on accordât aux mineurs l'action en rescision pour attaquer les conventions faites par le tuteur. Cela est vrai, mais on avouera que c'était une exception aux vrais principes; l'ancien droit consacrait cette exception, reste à savoir si les auteurs du code l'ont maintenue.

Constatons d'abord quel était l'état du droit ancien au dernier siècle. On lit dans Bourjon : « Quoique la vente ait été faite avec toutes les formalités qu'on vient d'expliquer, dès que par les ventes les mineurs sont lésés, ils sont restituables. En effet, les formalités remplissent la forme de l'acte, mais n'étouffent pas le privilége des mineurs, de faire détruire les actes par lesquels ils souffrent lésion, ces formalités n'ayant été établies que pour mettre les mineurs à l'abri de la lésion, et non pour les en rendre les victimes; il faut donc conclure que l'observation des formalités ne fait pas obstacle à la restitution en entier en faveur des mineurs (1). » Domat dit la même chose et en donne la même raison : « Le tuteur n'a de pouvoir que pour conserver le bien du mineur, et non pour lui nuire. » L'auteur des *Lois civiles* s'est laissé entraîner, en cette matière, par l'autorité du droit romain. On considérait le tuteur comme maître, pouvant administrer à sa guise, à

---

(1) Bourjon, *le Droit commun de la France*, t. II, p. 473, nos 24 et 25.

une condition, c'est qu'il gérât bien et utilement ; il n'était plus le maître quand il dépouillait son pupille (1). Sans doute, le tuteur ne doit pas avoir le droit de dépouiller le mineur. Nos lois y ont veillé mieux que ne le faisaient les lois romaines. C'est en disposant des biens que le tuteur pourrait dépouiller le mineur ; le code ne le lui permet que pour cause de nécessité absolue ou d'avantage évident, et il appelle le conseil de famille à autoriser la vente et le tribunal à homologuer l'avis des parents. Certes, avec toutes ces garanties, il est difficile de croire que le mineur puisse être dépouillé. Il pourra être lésé ; si l'on veut à tout prix l'empêcher d'être lésé, il faut dire, avec l'ancien droit, que malgré l'observation des formalités le mineur doit avoir le droit d'agir en rescision. Mais que l'on y prenne garde ; il ne faut pas seulement considérer l'intérêt du mineur qui se trouve lésé par un acte de son tuteur, il faut considérer l'intérêt de tous les mineurs, et pour cela l'on doit voir quel est l'intérêt des tiers qui contractent avec eux. Consentiront-ils à traiter avec le tuteur si les mineurs ont le privilége de rompre le contrat dès qu'ils seront lésés? Nous disons privilége; les auteurs anciens l'appellent ainsi, et aujourd'hui cela est plus vrai que jamais. Jadis la lésion formait le droit commun dans les contrats commutatifs ; on conçoit que l'on accordât la rescision aux mineurs, comme on la donnait aux majeurs; aujourd'hui, la lésion ne vicie plus les contrats; pourquoi donc les mineurs auraient-ils le privilége de n'être pas lésés, alors qu'ils sont valablement représentés par leurs tuteurs? Ce privilége ne peut se justifier, d'après les principes généraux de droit et, en fait, il nuit à ceux qu'il devrait protéger; c'est ce que Pothier va nous dire.

Les jurisconsultes romains s'étaient déjà aperçus que l'excès de protection compromettait les intérêts des mineurs. Paul donne de sages conseils aux préteurs : ils ne doivent pas, dit-il, accorder la rescision à la légère, il faut que le mineur ait été trompé ou que le tuteur ait agi avec une grande négligence ; la restitution ne doit

---

(1) Domat, *Des lois civiles*, p. 161, n° X, et p. 319, n° XIX.

être accordée qu'en grande connaissance de cause, sinon
on leur causera un grand dommage, car personne ne
voudra traiter avec eux, ce qui revient presque à les priver du commerce, c'est-à-dire à les mettre dans l'impossibilité de contracter (1). Dans l'ancien droit français, on
alla plus loin, et on sentit la nécessité de rejeter le privilége de rescision pour les actes usuels de la vie. « Les
mineurs, dit Pothier, ne sont point restitués, pour cause
de lésion, contre les actes qu'ils ont faits depuis leur
émancipation, ou contre ceux que leurs tuteurs ont faits,
lorsque ces actes sont de pure administration nécessaire;
par exemple, pour des baux faits de leurs héritages pour
le temps qu'on a coutume de faire des baux, contre la
vente ou l'achat de choses mobilières, etc. La raison est
tirée de l'intérêt même des mineurs, parce qu'autrement
il ne trouveraient que difficilement des personnes qui vou-
lussent contracter avec eux, dans la crainte d'avoir des
procès avec les mineurs sous prétexte de lésion, ce qui
causerait un plus grand préjudice que ne leur serait avantageux le bénéfice de restitution, s'il leur était accordé
contre de pareils actes (2). »

28. Nous croyons que les auteurs du code se sont
inspirés de ces sages considérations; ils avaient sous les
yeux les règles formulées par Domat et Bourjon; ils se
sont bien gardés de les reproduire. La tradition n'a plus
d'autorité légale, on ne peut l'invoquer que pour interpréter la législation nouvelle dans les matières où le législateur l'a consacrée. Mais, dans la restitution des mineurs, le silence de la loi proteste contre le privilége que
l'on revendique pour eux; il n'y a pas un seul article qui
restitue les mineurs contre les actes réguliers faits par
leurs tuteurs, et veut-on qu'il y ait un privilége sans loi?
La question se réduit, en définitive, à une difficulté de
texte. On prétend que le droit des mineurs résulte à l'évidence des dispositions du code. Examinons.

Demante, qui a prononcé le mot d'*évidence,* que l'on

_____

(1) « *Et quodam modo commercio eis interdicetur.* » L. 24, § 1, *de
minor* (IV, 4).
(2) Pothier, *Traité de la procédure civile,* part. V, chap. IV, art. 11.

devrait si rarement prononcer en droit, cite l'article 2252, aux termes duquel la prescription ne court pas contre les mineurs. Sur quoi cette suspension est-elle fondée? Ce n'est pas sur l'impossibilité d'agir, puisque le tuteur a le droit et le devoir d'agir au nom de son pupille. Si la loi suspend le cours de la prescription en faveur des mineurs, c'est qu'en supposant qu'elle coure contre eux, ils auraient le droit de se faire restituer; or, l'intérêt général s'opposerait à la restitution quand il s'agit de prescription. Cela implique que la restitution peut s'accorder contre la négligence et, par conséquent, contre le fait du tuteur. On répond, en écartant l'article 2252 par une fin de non-recevoir. Quand y a-t-il lieu à la rescision pour cause de lésion? Quand le tuteur a fait un acte qu'il avait le droit de faire; or, certes le tuteur qui n'agit point, alors qu'il devrait agir, n'est pas dans son droit, il viole ouvertement son devoir; la rescision restitue le mineur contre les actes réguliers de son tuteur; la suspension de la prescription le protége contre la négligence du tuteur qui ne fait pas un acte de conservation qu'il aurait dû faire. La différence est grande. Enfin il y a une réponse décisive dans le texte même de la loi; l'article 2252 suspend la prescription, non-seulement au profit des mineurs, mais aussi en faveur des interdits; or, les interdits n'ont jamais joui du privilége de restitution, donc ce privilége n'a rien de commun avec la suspension de la prescription (1).

29. On invoque d'autres articles du code qui ont du moins un rapport direct avec notre question. L'article 1314 porte : « Lorsque les formalités requises à l'égard des mineurs et des interdits, soit pour l'aliénation d'immeubles, soit dans un partage de succession, ont été remplies, ils sont, relativement à ces actes, considérés comme s'ils les avaient faits en majorité ou avant l'interdiction. » D'après l'article 463, la donation légalement acceptée a le même effet à l'égard du mineur qu'à l'égard du majeur. Enfin l'article 1309 dispose que le mineur n'est point restituable contre les conventions portées en son contrat de

(1) Demante, et, en sens contraire, Colmet de Santerre, t. V, 506 note et p. 514, n° 270 *bis* XV.

mariage lorsqu'elles ont été faites avec le consentement et l'assistance de ceux dont le consentement est requis pour la validité du mariage. Cette dernière disposition est reproduite dans les articles 1095 et 1398.

Voilà, dit-on, des exceptions au principe de l'ancien droit qui restituait le mineur contre toute espèce d'actes émanés du tuteur. Les exceptions impliquent qu'il y a une règle contraire qui permet au mineur de demander la rescision des actes par lesquels il est lésé. Si la règle était que le mineur n'est pas restituable, il eût été parfaitement inutile de dire qu'il ne peut être restitué pour tels et tels actes, cela allait de soi, comme application d'un principe général. Pour que les articles que nous venons de transcrire aient un sens, pour qu'ils ne soient pas un hors-d'œuvre, il faut supposer qu'ils dérogent à une règle qui est celle de l'ancien droit. On a répondu que cette dérogation aussi n'aurait pas de sens. Quoi! on restituerait le mineur pour le léger préjudice que lui cause un bail de neuf ans. Et on ne le restitue pas contre les actes qui peuvent réellement le dépouiller, comme disaient les jurisconsultes romains, un partage, une aliénation de ses immeubles, un contrat de mariage! Il n'y a qu'une explication plausible de ces dispositions, c'est de dire que le législateur y applique le principe qui résulte implicitement de l'article 450 et du silence de la loi, mais qui n'est nulle part formulé d'une manière expresse. Ainsi interprétées, ces dispositions ne sont pas inutiles, elles consacrent le principe nouveau dans ses applications les plus importantes; elles fournissent un argument invincible à l'opinion que nous soutenons : si le mineur n'est point restitué contre les actes les plus importants, contre ceux qui pourraient le ruiner, à plus forte raison ne peut-il être restitué contre les actes relativement peu importants, tels qu'un bail. Pothier vient de nous dire que déjà dans l'ancien droit on ne restituait plus les mineurs contre les actes d'administration nécessaire, et l'on veut que le législateur moderne se soit écarté de cette tradition en permettant au mineur de se faire restituer contre un bail, et en ne le restituant pas contre une vente d'immeubles!

Pour le coup, on pourrait dire que la loi n'a point de sens (1).

30. Le code de procédure fournit une objection plus spécieuse aux partisans de l'opinion contraire. Il autorise les mineurs à attaquer par la voie de la requête civile les jugements où ils n'ont pas été valablement défendus par le tuteur (art. 481). Voilà bien, dit-on, l'application du principe de restitution ; l'acte que nos lois déclarent être l'expression de la vérité peut néanmoins être attaqué par les mineurs, quoiqu'ils y aient été légalement représentés. Si la loi fait exception à l'autorité de la chose jugée, en faveur des mineurs, comprend-on qu'elle ne les restitue point contre de simples contrats passés par le tuteur ? Conçoit-on qu'aucun acte ne puisse être attaqué par le mineur, sauf celui que la loi déclare, en général, inattaquable, contre lequel elle ne permet pas même à la justice de revenir ? Nous répondons que l'on comprend tout aussi peu que la loi autorise la requête civile et qu'elle n'admette pas la restitution contre les partages, les ventes d'immeubles et contre les contrats de mariage. C'est une anomalie, mais l'anomalie même témoigne contre ceux qui l'invoquent. L'argument aurait quelque chose de spécieux si les mineurs seuls avaient la requête civile lorsqu'ils ont été mal défendus par leur tuteur ; mais le code de procédure ouvre la même voie à l'Etat, aux communes, aux établissements publics. Voici donc la conséquence à laquelle on aboutit : si l'article 481 prouve que les mineurs peuvent se faire restituer contre les actes de leur tuteur qui leur causent un préjudice, il faut dire aussi que les établissements publics, les communes, l'Etat ont l'action en rescision quand les administrateurs qui les représentent gèrent mal et lèsent leurs intérêts. Que si l'article 481 n'implique pas la restitution en faveur des personnes morales qui seraient lésées par leurs administrateurs, cet article ne peut pas davantage être invoqué en faveur de la restitution des mineurs (2).

---

(1) Colmet de Santerre, t. V, p. 514, n° 270 *bis* XIV.
(2) Colmet de Santerre, t. V, p. 514, n° 270 *bis* XVI.

31. Nous arrivons à une disposition du code civil qui a donné lieu à d'interminables controverses. L'article 1305 dit dans les termes les plus généraux que « la simple lésion donne lieu à la rescision en faveur du mineur non émancipé, contre *toutes sortes de conventions.* » En apparence, cette disposition consacre le principe traditionnel de la restitution, et les termes sont si absolus qu'ils semblent comprendre tous les actes, ceux du tuteur aussi bien que ceux du mineur; et nous concevons que ceux qui sont imbus des idées romaines s'y soient trompés. Toutefois il suffit d'y regarder de près pour être bien convaincu que l'article 1305 est absolument étranger aux actes faits par le tuteur. Le texte même de la loi le prouve. Qu'est-ce que l'action en rescision que l'article 1305 ouvre au mineur? C'est l'action intentée par l'une des parties contractantes, action qui tend à l'annulation ou à la rescision du contrat; l'action, en tant qu'elle est accordée au mineur, suppose donc que le mineur a été partie au contrat; son consentement est vicié, la loi lui permet d'agir en rescision; c'est l'application de l'article 1118 qui suppose que l'une des parties contractantes est lésée par le contrat auquel elle a consenti par erreur; c'est ce que dit en toutes lettres l'article 1304, qui établit une prescription spéciale pour l'action en rescision; à partir de quel moment court la prescription de dix ans? La loi répond : « A l'égard des actes *faits par les mineurs,* du jour de la majorité. » Si les mineurs pouvaient aussi demander la rescision pour cause de lésion des actes faits par leurs tuteurs, la loi aurait dû, dans l'article 1304, mentionner les actes faits par les tuteurs, tandis qu'elle ne parle que des actes faits par les mineurs, ce qui, du reste, est très-juridique; puisque la lésion est un vice du consentement, elle ne peut donc être un vice et une cause de rescision qu'à l'égard de ceux qui ont consenti, c'est-à-dire qui ont traité, donc à l'égard des mineurs quand ils ont parlé au contrat; ce qui exclut le cas où ils ont été représentés par leur tuteur. L'article 1305 dit la même chose : *les mineurs* peuvent demander la rescision de toutes sortes de *conventions;* quand on dit qu'un mineur peut agir en rescision d'une *convention*, cela suppose qu'il est partie à cette convention, qu'il y a parlé, mais que son consentement est vicié par la lésion. Encore une fois, si la loi avait entendu donner le même droit au mineur à l'égard des actes où il n'a pas été partie, en ce sens qu'il n'y a pas parlé, elle aurait dû le dire ; or, le nom de tuteur ne se trouve pas dans l'article 1305. Il y a plus ; l'article parle des deux catégories de mineurs, mineurs émancipés, mineurs non émancipés ; les premiers ont l'action en rescision contre les conventions qui excèdent les bornes de leur capacité, conventions qu'ils contractent personnellement, car ils n'ont pas de représentant légal ; si, dans la seconde partie de l'article 1305, le mot *conventions* indique des contrats consentis par les mineurs émancipés, la même expression doit avoir le même sens dans la première partie de l'article, car la loi établit un seul et même principe applicable aux deux catégories de mineurs. L'article 1305 a donc pour objet de déterminer les cas où un mineur quelconque est lésé par une convention qu'il a consentie ; c'est la suite et l'application de l'article 1118 qui pose en principe que la lésion vicie le consentement des mineurs incapables de contracter. Quant aux actes faits par le tuteur, ils sont hors de cause, la loi n'en parle pas ; leur sort est réglé par les principes qui régissent la tutelle.

Nous n'osons pas dire que cela est d'une évidence mathématique, puisque d'excellents esprits trouvent l'opinion contraire évidente ; il vaut donc mieux confirmer notre démonstration, en comparant l'article 1304 avec les dispositions qui le suivent. L'article 1307 porte que la simple déclaration de majorité faite par le mineur ne fait pas obstacle à sa restitution. Voilà bien un contrat où le mineur parle, et où il parle en l'absence de son tuteur, alors que les parties traitent dans la conviction que le pupille a atteint sa majorité. Or, l'article 1307 est une suite de l'article 1305, il s'y rattache, comme l'application se rattache à la règle ; si l'application suppose évidemment (ici le mot est à sa place) un contrat consenti par le mineur, il en doit être de même de la règle, ou il faut dire que les auteurs du code confondent et mêlent les cas les plus divers, sans ordre ni méthode; personne ne leur fera ce reproche-là. L'article 1308 est conçu dans le même ordre d'idées; il décide que le mineur commerçant, banquier ou artisan n'est point restituable contre les engagements qu'il a pris à raison de son commerce ou de son art. Certes le tuteur n'intervient pas dans ces engagements, c'est le mineur seul qui les souscrit; or, l'article 1308 et l'article 1305 se lient et ne forment qu'une même disposition; c'est donc toujours du mineur que la loi s'occupe, des cas où son consentement est ou n'est point vicié et où il peut ou ne peut pas être restitué. Pas un mot du tuteur ni des actes qu'il fait au nom de son pupille. Vient ensuite un contrat, le contrat de mariage, où le mineur intervient toujours personnellement, et auquel son tuteur, comme tel, reste étranger; le mineur est-il restituable contre ses conventions matrimoniales? La loi répond en appliquant le principe qui est la base de notre doctrine. Pour couvrir l'incapacité du mineur, elle veut qu'il soit assisté de ceux dont le consentement est requis pour la validité de son mariage. S'il contracte avec cette assistance, le contrat sera inattaquable. Donc tout contrat doit être inattaquable quand le mineur y est représenté par son tuteur, car l'intervention du tuteur couvre l'incapacité du pupille, comme l'assistance des parents couvre l'incapacité du mineur qui fait un contrat de mariage. Enfin l'article 1310 dispose que le mineur n'est pas restituable contre les obligations résultant de son délit ou de son quasi-délit. Encore une obligation à laquelle certes le tuteur reste étranger; l'article 1310 clôt les dispositions qui interprètent ou appliquent le principe établi par l'article 1305; toutes impliquent que le mineur seul agit; donc le principe doit être entendu également des conventions où le mineur parle lui-même, et non de celles où il est représenté par son tuteur (1).

32. Demante insiste. Pourquoi l'article 1305 dit-il que

---

(1) Duranton, t. X, p. 302, n° 283. Colmet de Santerre, t. V, p. 515, n° 270 *bis* XVIII.

le mineur peut agir en rescision contre *toutes sortes* de conventions? N'est-ce pas pour marquer que la restitution est la règle pour le mineur? Or, dans l'opinion générale que nous soutenons, l'article 1305, bien loin d'être la règle, devient une disposition spéciale qui ne reçoit d'application qu'à une certaine catégorie de conventions, celles que le mineur consent dans les cas où la loi ne prescrit pas de formes spéciales pour leur validité. C'est restreindre une disposition conçue en termes généraux. Nous avouons que la rédaction de l'article 1305 laisse à désirer; toutefois le sens n'est point douteux. On peut d'abord expliquer la rédaction de la loi par la tradition. Les auteurs du code ont suivi, en cette matière, un de leurs guides habituels; les articles 1305 et suivants sont presque littéralement empruntés à Domat; or, voici ce qu'on lit dans les *Lois civiles* : « La restitution des mineurs a son étendue à *toute sorte d'actes indistinctement*. Ainsi ils sont relevés non-seulement lorsqu'ils se trouvent engagés envers d'autres personnes, comme par un prêt, par une vente, par une société ou par d'autres sortes de conventions, s'ils y ont été lésés, mais aussi lorsque d'autres personnes s'obligent envers eux, si l'obligation faite à leur profit n'était pas telle qu'elle devait être, soit pour la chose due, soit pour les sûretés. Ainsi ils sont restitués d'autres actes que des conventions, ils sont relevés s'ils ont créé une dette rendant leur condition moins avantageuse, ou s'ils ont donné quittance d'un payement qui n'ait pas été fait à leur tuteur, mais à eux-mêmes... Et généralement les mineurs sont restitués de tout ce qu'ils ont pu faire, ou manquer de faire, d'où il leur soit arrivé quelque préjudice (1). »

Il y a d'autres explications puisées dans le texte du code. Voici celle que l'on donne ordinairement. En disant que les mineurs peuvent demander la rescision pour cause de lésion de *toutes sortes* de conventions, la loi a en vue de les comparer aux majeurs. Ceux-ci, d'après l'article 1313, ne sont restitués pour cause de lésion que dans

_____

(1) Domat, *Lois civiles*, p. 317, n° IX.

les cas et sous les conditions déterminées par la loi ; les mineurs, au contraire, sont restituables contre toutes espèces de conventions (1). Cette interprétation est admissible, mais elle nous paraît un peu forcée. Il y en a une autre que fournit l'article 1305 lui-même et qui nous semble plus naturelle. La loi y parle des deux catégories de mineurs ; son but est de déterminer les cas dans lesquels les mineurs non émancipés et les mineurs émancipés sont restituables pour cause de lésion : l'article 1305 est la suite de l'article 1118. Il compare donc les mineurs non émancipés, non aux majeurs, mais aux mineurs émancipés. Les uns et les autres ont l'action en rescision pour cause de lésion, mais il y a entre eux cette grande différence que les mineurs non émancipés sont restitués contre toutes sortes de conventions, tandis que les mineurs émancipés ne le sont que contre les conventions qui excèdent les bornes de leur capacité. Nous dirons plus loin quels sont les cas dans lesquels les mineurs émancipés sont restituables ; pour eux, c'est l'exception, tandis que la restitution est la règle pour les mineurs non émancipés. Notre interprétation n'est que la paraphrase de la loi ; c'est donc le législateur lui-même qui la donne. Elle prouve jusqu'à la certitude que par ces mots, *contre toutes sortes de conventions,* le code n'entend pas dire que les mineurs puissent demander la rescision des conventions où ils ne figurent pas ; il serait peu logique de comparer, sous ce rapport, les mineurs non émancipés et les mineurs émancipés, puisque ceux-ci ne sont jamais représentés par un mandataire légal. La comparaison que la loi établit entre les deux catégories de mineurs est la preuve la plus convaincante qu'elle ne songe pas aux actes faits par les tuteurs.

33. Pour compléter notre démonstration, nous citerons les paroles des orateurs du gouvernement et du Tribunat. En parlant des personnes que l'article 1124 déclare incapables de contracter, Bigot-Préameneu dit : « Les causes d'incapacité sont ou dans la présomption que ceux

(I) Colmet de Santerre, t. V, p. 513, n° 270 *bis* XIII.

qui contractent n'ont pas un *discernement suffisant,* ou dans des considérations d'ordre public. » Ce dernier motif s'applique aux femmes mariées, dont l'incapacité se rattache à la puissance maritale, laquelle est d'ordre public, puisqu'elle est une conséquence du mariage. Le défaut de discernement suffisant concerne surtout les mineurs non émancipés. Chez l'enfant en bas âge, il y a absence complète de discernement, donc incapacité absolue de contracter. « La loi, dit l'exposé des motifs, ne prévoit pas ce cas, le législateur ne devant pas prévoir ce qui est contre l'ordre naturel et presque sans exemple ; elle ne s'occupe donc que des enfants arrivés à l'âge de la raison, c'est dans ce sens qu'elle emploie le mot *mineurs.* Ils sont regardés, à cause *de la faiblesse de leur raison* et à cause *de leur inexpérience,* comme incapables de connaître l'étendue de leurs engagements ; on peut contracter avec eux, mais s'ils sont lésés, *on est censé avoir abusé de leur âge.* Leur capacité cesse pour tout acte qui leur est préjudiciable (1). » Telle est la théorie du code en ce qui concerne la restitution des mineurs non émancipés. Bigot-Préameneu ne dit pas un mot des actes faits par les tuteurs au nom de leurs pupilles, et rien de plus naturel que ce silence ; quand le tuteur agit, il ne peut plus être question de l'incapacité du mineur, car l'intervention du tuteur a précisément pour but de couvrir son incapacité. Peut-on dire, quand le tuteur représente le mineur, que celui-ci est incapable à cause de *la faiblesse de sa raison* et de *son inexpérience?* peut-on dire que ceux qui traitent avec lui *abusent de son âge?* Cela est absurde, et il est tout aussi absurde de dire que les mineurs sont restituables contre les actes de leur tuteur. L'orateur du gouvernement explique très-bien que lorsque le mineur est lésé, cette lésion implique un vice de consentement, ou, si l'on veut, un consentement imparfait : *ils ne connaissent pas l'étendue de leurs engagements.* Voilà pourquoi on les restitue. Qu'est-ce que cela a de commun avec les actes faits par le tuteur en pleine capacité? Le tuteur

---

(1) Bigot-Préameneu, Exposé des motifs, n° 18 (Locré, t. VI, p. 151).

peut mal user de sa capacité ; il est alors responsable ;
mais cette responsabilité n'a pas son fondement dans un
discernement insuffisant, elle est donc étrangère au consentement et, par suite, il ne peut être question d'un vice
de consentement ; ce n'est pas le cas d'agir en rescision
pour cause de lésion, c'est le cas d'agir en dommages-
intérêts contre un mandataire négligent ou infidèle.

Jaubert, le rapporteur du Tribunat, s'exprime dans le
même sens. « La restitution du mineur pour cause de
lésion, dit-il, est fondée sur deux idées principales : la
loi protége *la faiblesse de l'âge* ; voilà pour la personne
du mineur ; et à l'égard de l'autre partie qui contracte,
c'est à elle seule qu'elle doit imputer l'événement (1). »
Faut-il demander si la loi doit protéger le mineur quand
le tuteur agit pour lui et en son nom? Sa protection consiste dans la tutelle, il ne peut s'agir de protéger *la faiblesse de l'âge* de celui qui, à raison de la faiblesse de son
âge, a un protecteur légal dans son tuteur. Quant au tiers
qui traite avec le tuteur, peut-on lui imputer d'avoir abusé
de l'inexpérience du mineur? Donc la rescision pour lésion contre les actes du tuteur n'a plus de raison d'être :
ce n'est plus un incapable qui agit, et le tiers n'est plus
censé abuser de son incapacité. Cette dernière considération est décisive, et l'on n'en a pas assez tenu compte
dans ce débat. Pour que la rescision du chef de lésion
contre les tiers soit juste, il faut que l'une des parties
contractantes ait traité sans discernement suffisant, et il
faut que l'autre ait abusé de son inexpérience ou de la
faiblesse de sa raison ; il faut donc que le mineur lui-même
ait traité ; quand le tuteur traite, les conditions de la rescision font défaut.

34. Chose remarquable! La jurisprudence ignore les
longues controverses qui ont si vivement agité l'école et la
doctrine. Nous ne connaissons pas un seul arrêt rendu
par une cour de Belgique sur notre question ; on ne songe
pas à attaquer les actes réguliers faits par le tuteur avec
l'observation de toutes les formes prescrites par la loi. La

(1) Jaubert, Rapport au Tribunat, n° 62 (Locré, t. VI, p. 220).

jurisprudence française est également muette ; la question s'est présentée en matière d'acquiescement. Un tuteur acquiesce à un jugement qui condamne son pupille au payement d'une somme d'argent ; la cour de Caen a décidé que le tuteur avait le droit d'acquiescer, parce qu'il s'agissait d'une action purement mobilière ; d'ailleurs, par surcroît de précaution, le tuteur s'était fait autoriser par le conseil de famille, et la délibération des parents avait été homologuée par le tribunal. On prétendit que le mineur, lésé par l'acquiescement, pouvait l'attaquer par voie de rescision en vertu de l'article 1305. La cour répond que cet article ne s'applique, d'après ses termes comme d'après son esprit, qu'aux actes faits par le mineur seul ; quant aux actes faits en son nom par le tuteur dans les limites de ses attributions, ils sont tout aussi irrévocables que s'ils émanaient d'un majeur ; autrement toute sécurité disparaissant, personne ne voudrait traiter avec un tuteur ; ainsi la faveur exorbitante qu'on voudrait accorder aux mineurs se tournerait contre eux (1).

Si la pratique ne s'est pas émue des débats de l'école, c'est que la tradition romaine qui a égaré les auteurs a moins d'influence sur les praticiens, et il faut s'en féliciter. Notre société n'est plus celle de Rome, les relations civiles, industrielles, commerciales se sont étendues à l'infini ; l'âme de ce mouvement prodigieux, c'est la confiance et la sécurité ; si l'on ne pouvait traiter avec les tuteurs en toute sûreté, personne ne traiterait avec eux. Telle est la voix du bon sens, et le bon sens vaut mieux que la science du passé, quand on veut la transporter dans un état social qui n'est plus celui du passé. Si néanmoins nous nous arrêtons si longtemps sur une question qui a si peu occupé la jurisprudence, c'est que les noms les plus illustres de notre science se trouvent dans le camp opposé : Toullier, Merlin, Troplong, Demante. Le respect que nous leur devons nous oblige à écouter leurs raisons et à y répondre (2).

(1) Caen, 19 novembre 1844 (Dalloz, 1845, 4, 365).
(2) Voyez, en sens divers, les autorités citées par Aubry et Rau, t. IV, p. 253, note 4, § 335 de la 4e édition.

35. La loi prescrit des formes que le tuteur doit observer quand il s'agit d'actes qui dépassent la simple administration; elle ne s'est pas contentée de la garantie de la tutelle, elle a voulu que la gestion du tuteur fût contrôlée par le conseil de famille et que la délibération des parents fût soumise à l'homologation des tribunaux. Quand le tuteur observe ces formes, les actes qu'il fait sont inattaquables, sauf au mineur à réclamer des dommages-intérêts si le tuteur n'a point agi avec les soins d'un bon père de famille. Par contre, si le tuteur n'a pas observé les formes légales, les actes qu'il fait sont nuls. Mais quel est le caractère de cette nullité? que doit prouver le mineur qui agit en nullité? Ici de nouvelles difficultés se présentent. Il ne s'agit plus de théorie; de nombreuses contestations ont été portées devant les tribunaux au sujet des actes irréguliers du tuteur, et la jurisprudence a été longtemps hésitante.

Nous devons d'abord prouver que les actes irréguliers du tuteur sont nuls. La loi ne prononce pas la nullité; mais les termes dans lesquels elle est conçue, le but dans lequel elle établit des formes, ne laissent aucun doute sur le sort des actes que le tuteur fait sans les observer. Toutes les dispositions du code, en cette matière, sont conçues en termes prohibitifs : « Le tuteur *ne peut* emprunter pour le mineur, ni aliéner ou hypothéquer ses biens immeubles sans y être autorisé par un conseil de famille » (art. 457). « Le tuteur *ne pourra* accepter ou répudier une succession échue au mineur sans une autorisation préalable du conseil de famille. » Ces termes irritants impliquent la peine de nullité (1); le législateur n'avait pas besoin de la prononcer, les principes généraux de droit suffisaient pour déclarer nuls des actes que le tuteur ne peut faire qu'en observant certaines formes.

(I) Voyez le tome Iᵉʳ de mes *Principes*, p. 93, nº 61.

Pourquoi ces formes sont-elles prescrites? Pour protéger le mineur; elles sont donc d'ordre public, car elles ont pour objet de couvrir l'incapacité du mineur. Sont-elles observées, le mineur est censé capable; ne sont-elles pas observées, l'incapacité du mineur subsiste; il n'a pas joui des garanties que le législateur a voulu lui assurer, donc l'acte doit être nul et, comme nous le dirons plus loin, nul par cela seul que les formalités légales n'ont pas été remplies. La jurisprudence est en ce sens; il a été jugé que la nullité résulte virtuellement de la prohibition de la loi, que c'est une nullité substantielle qui n'a pas besoin d'être écrite dans les textes (1).

36. En quel sens ces actes sont-ils nuls? Doit on les considérer comme n'ayant pas d'existence légale ou sont-ils simplement annulables? Duranton enseigne qu'il faut appliquer aux actes que le tuteur fait en dehors des limites de ses pouvoirs le principe que l'article 1998 établit pour le mandat. Cet article porte : « Le mandant est tenu d'exécuter les engagements contractés par le mandataire conformément au pouvoir qui lui a été donné. Il n'est tenu de ce qui a été fait au delà qu'autant qu'il l'a ratifié expressément ou tacitement. » C'est dire que le mandant n'est pas obligé par les actes que le mandataire fait en dépassant le pouvoir qu'il a reçu. Le tuteur est le mandataire légal de son pupille; le mineur est lié par les actes de son tuteur, quand celui-ci agit dans les limites du pouvoir que la loi lui donne; dépasse-t-il ces limites, il n'est plus mandataire, il n'oblige plus son mandant; l'acte qu'il fait est à l'égard du mineur comme s'il n'existait pas, le mineur peut le repousser comme étant fait par un étranger; en effet, le tuteur n'agit pas comme tuteur lorsqu'il a agi en dehors des conditions de son mandat; c'est réellement un étranger dont les actes n'obligent pas le propriétaire (2).

L'autorité de Duranton est grande en cette matière; c'est lui qui a combattu les erreurs de Toullier et qui a établi les vrais principes qui régissent l'incapacité des

_____

(1) Paris, 18 mars 1839 (Dalloz, au mot *Obligations*, n° 364, 2°).
(2) Duranton, t. X, p. 301 et suiv., n° 283.

mineurs. Mais, sur la question que nous venons de poser, il se trompe à son tour, nous n'hésitons pas à le dire. Il ne peut être question d'un acte inexistant quand le tuteur agit en négligeant l'observation des formes légales. Quelles sont, en effet, les conditions requises pour l'existence des contrats? Le consentement, l'objet et la cause; or, le tuteur consent, et l'on suppose que la convention a un objet et une cause licites. Il y a encore une quatrième condition que le code exige pour l'existence de certains contrats que l'on appelle solennels, c'est l'observation des solennités légales. Est-ce que les formes que le tuteur doit observer quand il aliène un immeuble de son pupille sont des solennités, en ce sens que la vente devienne un contrat solennel quand c'est un mineur qui vend? Non, car si la solennité est une condition substantielle dans la donation, par exemple, c'est qu'elle se confond avec le consentement, le donateur étant censé n'avoir point consenti lorsqu'il ne consent pas dans la forme authentique exigée par la loi. Telles ne sont pas les formes que le tuteur doit remplir; elles sont étrangères au consentement, elles sont établies uniquement pour protéger le mineur en sauvegardant ses intérêts. Le conseil de famille doit autoriser la vente, le tribunal doit homologuer la délibération des parents, afin qu'il soit constaté que la vente n'a lieu que pour cause de nécessité absolue ou d'avantage évident; qu'est-ce que cela a de commun avec le consentement? Donc, d'après la théorie des actes inexistants, il faut dire que l'acte du tuteur, quoique étant irrégulier, existe; seulement le mineur en peut demander la nullité parce qu'il n'a pas joui de la protection dont la loi veut l'entourer.

On objecte, c'est là le raisonnement de Duranton, que lorsque le tuteur, mandataire légal, agit, c'est le mineur, mandant, qui contracte par son intermédiaire. Or, le tuteur n'est plus mandataire quand il dépasse la limite de ses pouvoirs; donc il ne représente plus le mineur, celui-ci ne consent donc réellement pas, partant l'une des conditions les plus essentielles pour l'existence du contrat fait défaut, le consentement. Ici est le nœud de la diffi-

culté. Duranton a tort de mettre le tuteur sur la même
ligne que le mandataire ordinaire ; celui-ci n'a qu'un pouvoir spécial, en dehors duquel il est sans qualité aucune
d'agir au nom du mandant. Du mandataire ordinaire on
peut dire que lorsqu'il agit en dehors de ses pouvoirs il
n'oblige pas plus le mandant qu'un étranger, le premier
venu, ne l'obligerait en contractant sans pouvoir aucun ;
mais le tuteur est un mandataire général, la loi dit qu'il
représente le mineur dans tous les actes civils ; il le représente alors même qu'il agit irrégulièrement, car il n'est
pas mandataire à raison des formes qu'il remplit ; le conseil de famille et le tribunal n'interviennent pas pour donner au tuteur un pouvoir qu'il tient de la loi, ils interviennent pour veiller aux intérêts du mineur. Le tuteur
ne cesse donc jamais d'être le représentant de son pupille,
il est mandataire, alors même qu'il est mandataire négligent ; mais s'il agit irrégulièrement, le mineur a le droit
d'attaquer les actes irréguliers, à cause de cette irrégularité. C'est dans ce but que la loi lui ouvre une action en
nullité. Devait-elle aller plus loin et déclarer que les actes
irréguliers du tuteur sont inexistants? C'eût été dépasser
le but et le manquer. En effet, l'acte du tuteur, quoique
irrégulier, peut être favorable au mineur, et s'il a intérêt
à le maintenir, pourquoi la loi le déclarerait-elle nul de
plein droit? On dira que le mineur pourra le ratifier,
comme l'article 1988 le permet au mandant. Nous répondons qu'il est plus simple que la loi s'en rapporte à lui
pour sauvegarder ses intérêts : l'acte lui est-il profitable,
il le maintiendra : l'acte lui cause-t-il un préjudice quelconque, il en demandera la nullité, et le juge devra la
prononcer. Voilà une garantie suffisante pour les intérêts
du mineur ; or, la question est une question de garantie :
la nullité de l'acte garantissant les intérêts du mineur, il
était inutile de le déclarer inexistant.

37. La question a été souvent agitée devant les tribunaux, mais elle ne s'est pas présentée dans les termes où
nous venons de la poser ; l'intérêt pratique de la théorie
des actes inexistants se concentre sur la prescription :
faut-il appliquer l'article 1304 à l'action qui appartient

au mineur contre les actes irréguliers de son tuteur? Il
est de principe que la prescription de dix ans établie par
cet article est une confirmation tacite; or, on ne confirme
pas les actes inexistants; donc si l'acte irrégulier du tuteur était inexistant, l'article 1304 serait inapplicable.
Telle est effectivement la doctrine de Duranton. Le tuteur vend un immeuble de son pupille sans autorisation
du conseil de famille et, par suite, sans homologation du
tribunal. Est-ce que le mineur devra demander la nullité
de cet acte dans les dix ans? Non, dit-on; le mineur n'a
pas besoin d'agir en nullité, car la vente n'existe pas à
son égard; il est resté propriétaire et il revendique; si on
lui oppose l'acte de vente, il le repoussera comme étant
fait par un étranger, il aura, pour revendiquer, le délai
ordinaire de trente ans, sauf au tiers possesseur à se prévaloir de l'usucapion de dix ou vingt ans s'il a titre et
bonne foi.

Dans notre opinion, il est certain que le mineur devra
agir en nullité dans les dix ans; car il est partie à l'acte
que le tuteur a passé en son nom, comme le mandant l'est
dans un acte fait par le mandataire; le mandant devrait
agir dans les dix ans si l'acte passé par le mandataire
était nul; donc le mineur aussi est soumis à la prescription
de dix ans. C'est le droit commun pour toute action en
nullité ou en rescision; il s'applique au mineur parce que
son action est une action en nullité. Vainement le mineur
dirait-il qu'il n'a pas été représenté par son tuteur, parce
que celui-ci a agi irrégulièrement. Nous avons d'avance
répondu à l'objection (n° 36) : le mineur est toujours représenté par son tuteur, c'est donc lui qui a vendu ; étant
partie au contrat, il doit agir en nullité dans les dix ans.

38. La jurisprudence est assez indécise. Il y a des
arrêts qui abondent dans l'opinion de Duranton. La cour
de Rennes dit que les actes faits par le tuteur en dehors
de ses pouvoirs ne sont pas des actes de tutelle ; ces actes,
dit la cour de Grenoble, n'ont pas plus de valeur que s'ils
avaient été consentis par un étranger (1). On en conclut

(1) Rennes, 1er avril 1833 ; Grenoble, 21 mars 1833 (Dalloz, au mot *Obligations*, n° 2896, 4° et 3°).

que le tuteur, en vendant l'immeuble de son pupille, a vendu la chose d'autrui; cette vente n'a aucun effet à l'égard du propriétaire; le mineur ne doit tenir aucun compte de la vente qu'un étranger a faite de son immeuble, il le revendique, et il a, pour l'action en revendication, le délai ordinaire de trente ans. La cour de Rouen répond, et la réponse nous paraît péremptoire, que la vente est faite au nom du mineur par son tuteur, donc par le représentant du propriétaire : comment la vente faite par le propriétaire serait-elle la vente de la chose d'autrui (1)? La cour de Bruxelles dit très-bien que les tuteurs sont les administrateurs des biens de leurs pupilles en vertu de la loi; que comme tels ils ont qualité pour vendre leurs biens; qu'ils doivent, à la vérité, observer certaines formes que la loi prescrit pour garantir les intérêts des mineurs; mais que s'ils vendent sans l'observation de ces formes, on ne peut pas dire qu'ils vendent la chose d'autrui, car ils sont qualifiés pour vendre; seulement n'ayant pas rempli les formalités qui doivent protéger les mineurs, ceux-ci peuvent agir en nullité; et ils doivent agir en nullité, car s'ils revendiquaient, on leur opposerait l'acte où ils sont représentés par leur tuteur; ils sont donc vendeurs, et le vendeur ne peut pas revendiquer (2). Il y a un cas dans lequel il y aurait vente de la chose d'autrui : si le tuteur, après que la tutelle a pris fin, vendait un bien du mineur; le tuteur n'étant plus tuteur devient réellement un étranger, et on peut le qualifier de premier venu; l'acte qu'il fait ne peut donc en rien lier le mineur; si on le lui oppose, il le repousse comme la vente de la chose d'autrui (3).

39. Les termes de l'article 1304 sont invoqués à l'appui des deux opinions qui divisent la jurisprudence. A entendre la cour de Riom, il résulte *évidemment* de l'article 1304 que le mineur a été partie à l'acte et qu'il connaît la convention, d'où elle conclut que la prescription de dix ans n'est pas applicable au cas où le tuteur

---

(1) Rouen, 17 janvier 1846 (Dalloz, 1847, 2, 14).
(2) Bruxelles, 21 mai 1814 (*Pasicrisie*, 1814, p. 76).
(3) Rejet, 8 décembre 1813 (Dalloz, au mot *Obligations*, nº 2896, p. 652).

agit, et dès que l'on n'est pas dans l'exception, on rentre dans la règle de l'article 2262, d'où la conséquence que le mineur a trente ans pour agir. En effet, dit la cour, la prescription court contre le mineur à partir de sa majorité ; donc la loi suppose que c'est lui qui a contracté; si le législateur avait entendu appliquer la prescription de dix ans aux actes faits par le tuteur, il aurait fait courir le délai à partir du moment où le mineur devenu majeur acquiert la connaissance de l'acte (1). La critique s'adresse au législateur ; ce même article fait courir la prescription contre l'interdit à partir du jour où l'interdiction est levée ; cependant on pourrait dire de l'interdit, à bien plus forte raison que du mineur, qu'il ignore non-seulement les actes faits par son tuteur, mais aussi ceux que lui-même a consentis alors qu'il était aliéné. La cour de Nîmes a répondu à l'objection que l'on ne pouvait pas se prévaloir de la fin de l'article 1304 contre le principe que la loi pose au commencement; le dernier alinéa a uniquement pour objet de déterminer le commencement de la prescription; quant à la durée de la prescription, elle est fixée, par le premier alinéa, à dix ans dans les termes les plus absolus, sans distinction aucune; l'interprète doit accepter la disposition telle qu'elle est (2).

La cour de cassation s'est prononcée pour l'application de l'article 1304; ce qui implique que le mineur est partie à la convention où il est représenté par son tuteur, bien que celui-ci n'ait pas rempli les formalités prescrites par la loi. Dans l'espèce jugée par la cour, le pourvoi admettait que le mineur devait agir en nullité contre les actes irréguliers faits par son tuteur, mais il soutenait que la durée de la prescription était de trente ans. Ce système est peu logique; les termes généraux de l'article 1304 le repoussent: « Dans *tous les cas* où l'action en nullité ou en rescision d'une convention n'est pas limitée à un moindre temps par une loi particulière, cette action dure dix ans. » La cour de cassation a raison de dire

(1) Riom, 13 décembre 1826 (Dalloz, au mot *Obligations*, n° 2896, 1°).
(2) Nîmes, 14 janvier 1839 (Dalloz, au mot *Obligations*, n° 2895, 4°).

que les termes généraux de l'article 1304 comprennent toute action en nullité, pourvu que l'action soit intentée par l'une des parties contre l'autre; donc la prescription de dix ans est applicable aux actes faits par le tuteur, puisque le fait du tuteur est le fait du mineur. A l'appui de cette interprétation, la cour invoque l'article 475, aux termes duquel « toute action du mineur contre son tuteur, relativement aux faits de la tutelle, se prescrit par dix ans, à compter de la majorité. » On lit aussi dans un arrêt de la cour de Grenoble que l'article 1304 est une conséquence de l'article 475 (1). A notre avis, c'est confondre deux dispositions essentiellement diverses. L'article 475 prévoit le cas de l'action en responsabilité que le mineur intente contre le tuteur; cette action ne met pas en question la validité des actes faits par le tuteur, elle concerne uniquement la mauvaise gestion du tuteur et le préjudice qui en résulte pour le mineur. Tandis que l'action de l'article 1304 s'attaque aux actes du tuteur, et ce n'est pas contre lui qu'elle est dirigée, c'est contre les tiers, elle tend à annuler ces actes. La courte prescription de l'article 1304 est fondée sur la confirmation résultant du silence de celui qui, ayant le droit d'agir en nullité, n'agit point; l'article 475, bien qu'il établisse aussi une courte prescription, est étranger à toute idée de confirmation. En définitive, les articles 1304 et 475 règlent des cas tout à fait différents; on ne peut donc pas interpréter l'un par l'autre.

40. En admettant que le mineur doive agir en nullité dans les dix ans, il reste à savoir quel est le fondement de son action et ce qu'il doit prouver pour obtenir l'annulation des actes irréguliers faits par son tuteur. L'action est-elle fondée sur le préjudice que le mineur éprouve par suite de l'inobservation des formes légales? Dans ce cas, le mineur devra prouver qu'il est lésé. Que si, au contraire, l'action est fondée sur l'irrégularité de l'acte, le mineur n'aura rien à prouver, sinon que l'acte est irré-

---

(1) Cassation, 25 novembre 1835; Grenoble, 10 juin 1842; Nîmes, 14 janvier 1839 (Dalloz, au mot *Obligations,* n° 2895, 1°, 3° et 4°).

gulier. Cette question a aussi été résolue en sens divers par les cours. Il nous semble qu'elle est décidée par les principes généraux de droit dont l'article 1311 fait l'application aux actes du mineur ; il y a, d'après cet article, des engagements *nuls en la forme* souscrits en minorité. Que faut-il entendre par là? C'est un point très-controversé, sur lequel nous reviendrons. Une chose est certaine, c'est que la convention consentie par le mineur est nulle en la forme, lorsque la loi prescrit des formes spéciales pour le protéger et que ces formalités n'ont pas été remplies. L'article 1311 oppose aux actes *nuls en la forme* ceux qui sont seulement *sujets à restitution,* c'est-à-dire ceux que le mineur attaque pour cause de lésion. Est-ce que les actes irréguliers du tuteur sont *nuls en la forme?* L'affirmative ne nous paraît pas douteuse. Quand la loi prescrit des formes pour sauvegarder les intérêts d'un incapable, l'inobservation de ces formes doit entraîner la nullité de l'acte, par cela seul que l'incapable n'a pas joui de la protection que la loi a voulu lui assurer. En ce sens l'article 1311 dit que l'acte est nul en la forme ; d'où suit que le mineur qui l'attaque n'a qu'une chose à prouver, c'est le vice de forme qui rend l'acte nul. Si l'acte n'est pas assujetti à des formes spéciales à raison de la minorité de l'une des parties, le mineur ne peut l'attaquer que pour cause de lésion et, dans ce cas naturellement, il doit prouver la lésion. Les actes du tuteur ne peuvent pas être attaqués pour cause de lésion ; s'il n'y a pas de formes spéciales prescrites par la loi, ou si ces formes ont été observées, l'acte est inattaquable ; s'il y a des formes qui n'ont pas été observées, l'acte est nul en la forme ; le mineur peut l'attaquer par cela seul qu'il est nul en la forme ; il ne doit pas prouver qu'il est lésé, parce que son action ne se fonde pas sur le préjudice qu'il éprouve, elle se fonde sur l'irrégularité de l'acte et sur la violation de la loi.

41. Telle est la théorie, elle résulte des principes et de la distinction que fait l'article 1311 entre les actes nuls en la forme et les actes sujets à restitution. La jurisprudence, qui subit l'influence des faits, a eu de la peine à

admettre cette théorie. Si l'acte du tuteur, quoique irrégulier, ne cause aucun préjudice au mineur, de quel droit
celui-ci se plaindrait-il? Dira-t-il que les formes n'ont
pas été observées? Mais ces formes n'ont d'autre objet que
de le protéger, c'est-à-dire d'empêcher qu'il ne soit lésé;
qu'importe donc qu'on ne les ait pas observées si, en réalité, le mineur n'a éprouvé aucun préjudice? Sans intérêt
il n'y a pas d'action, dit la cour de Paris. Si le mineur ne
prouve pas que l'acte irrégulier du tuteur lui cause un
préjudice, il doit être repoussé par défaut d'intérêt (1).
C'est confondre les deux causes pour lesquelles la loi permet au mineur d'agir, le vice de forme et la lésion. Le
vice de forme n'est pas un privilége du mineur, c'est
l'application du droit commun, la sanction de la nullité,
soit expresse, soit virtuelle, que la loi prononce lorsque
ses prohibitions ont été violées; le but du législateur
est moins de garantir les intérêts des parties contractantes que d'assurer le respect dû à la loi. D'ailleurs ne
peut-on pas dire que le mineur est lésé par cela seul
qu'il n'a pas joui de la protection que la loi a entendu
lui accorder; c'est-à-dire par cela seul que les formes
protectrices n'ont pas été observées? Il est inutile que
le mineur prouve un préjudice qui est prouvé par l'irrégularité même de l'acte. C'est ce que dit la cour de
Rennes dans un arrêt très-bien motivé (2). Elle ajoute
une considération de fait qui n'est pas sans importance
dans une matière où l'on invoque le fait contre le droit.
Il s'agissait de la vente d'un immeuble; les formalités légales n'avaient pas été observées, et l'on prétendait qu'il
n'en était résulté aucun préjudice pour le mineur, parce
que le prix pour lequel l'immeuble avait été vendu repré-
sentait la valeur exacte de la chose vendue. La cour répond que le prix aurait pu s'élever plus haut dans une
vente publique et à l'enchère; donc on ne peut jamais dire
qu'il n'y a pas de lésion; il faut dire, au contraire, que la
vente est lésionnaire dès qu'elle a été faite sans les for-

(1) Paris, 6 février 1827 (Dalloz, au mot *Minorité*, n° 550, 1°).
(2) Rennes, 2 mars 1825 (Dalloz, au mot *Obligations*, n° 2893, 1°).

malités voulues par la loi. La jurisprudence s'est prononcée en ce sens (1).

42. Il y a cependant eu des résistances au nom de l'équité. On se prévaut si souvent de l'équité contre le droit, et les tribunaux cherchent si souvent à écarter la rigueur du droit par des considérations d'équité, qu'il est bon d'écouter l'équité et la réponse que fait le droit. Dans une espèce qui a été déférée à la cour de cassation dans l'intérêt de la loi, la cour de Rouen avait décidé en équité, et l'équité était évidente. Une veuve, pour faire honneur à la mémoire de son mari, avait consenti à rester à la tête de son commerce; grâce à son crédit, elle avait rétabli les affaires, payé les dettes, mais elle avait agi sans remplir les formes longues et coûteuses de la loi. Le conseil de famille avait approuvé ses actes : les mineurs étaient désintéressés, que dis-je? le passif de la succession excédait l'actif, et s'il avait fallu procéder légalement, les créanciers auraient tout saisi et la ruine des enfants était inévitable, ainsi que celle de la veuve. Devant la cour de cassation, la décision de la cour de Rouen fut vivement critiquée par Merlin. Elle violait la loi, cela était certain, puisqu'elle approuvait une délibération du conseil de famille contraire à la loi. Le masque de l'équité, dit le procureur général, n'est qu'un vain prestige. Merlin accumule les autorités les plus imposantes pour justifier l'application rigoureuse de la loi. « Où en serait-on, s'écrie le président Bouhier, s'il était permis aux magistrats de préférer, en jugeant, ce qu'ils s'imaginent être le plus équitable à ce qui est ordonné par le législateur. » « Sotte sagesse, dit le vieux d'Argentré, que celle qui prétend être plus sage que la loi! » Le rude jurisconsulte apostrophe les magistrats et leur crie : « De quel droit jugez-vous la loi, alors que vous êtes appelés à juger d'après la loi?.. Cessez de siéger comme juges, ou jugez confor-

(1) Amiens, 29 juillet 1824 (Dalloz, au mot *Obligations*, n° 2979, 1°). Riom, 31 mai 1830 (Dalloz, au mot *Vente publique d'immeubles*, n° 2051, 2°). Cassation, 16 janvier 1837 (Dalloz, au mot *Obligations*, n° 364, 2°). Dijon, 8 janvier 1845 (Dalloz, 1845, 2, 80). La jurisprudence belge est dans le même sens. Liége. 5 février 1818 et 8 décembre 1836 (*Pasicrisie*, 1818, p. 26, et 1836, p. 260).

mément à la loi. Vous insultez aux lois en vous croyant plus sages qu'elles, et vous vous forgez une conscience fausse qui vous permet de vous élever au-dessus du législateur. » Le président Favre tonne contre l'équité imaginaire qu'il appelle cérébrine : rien de plus dangereux, dit-il, que cette prétendue équité; chaque juge s'en forge une à sa guise et selon son caprice; il y a autant de lois que de juges, c'est dire qu'il n'y a plus de droit. Ecoutons encore le sage d'Aguesseau. « Dangereux instrument de la puissance du juge, hardie à former tous les jours des règles nouvelles, cette équité arbitraire se fait, s'il est permis de parler ainsi, une balance particulière et un poids propre pour chaque cause. Si elle paraît quelquefois ingénieuse pour pénétrer dans l'intention secrète du législateur, c'est moins pour la connaître que pour l'éluder; elle la sonde en ennemi captieux plutôt qu'en ministre fidèle, elle combat la lettre par l'esprit et l'esprit par la lettre; et au milieu de cette contradiction apparente, la vérité échappe, la règle disparaît et le magistrat demeure le maître. » La cour de cassation jugea que l'acte du tuteur était nul par cela seul que les formalités prescrites par la loi dans l'intérêt des mineurs n'avaient pas été observées (1), et elle n'a jamais dévié de cette jurisprudence (2).

Toutefois l'équité continue sa résistance; il y a des décisions si évidemment équitables, que l'on ose à peine les critiquer (3). A notre avis, le respect de la loi doit l'emporter sur toute espèce de considérations, parce que, sans le respect de la loi, la société ne saurait exister. Mais aussi nous voudrions que le législateur évitât de se mettre en opposition avec l'équité. Et est-ce une loi bien équitable que celle qui permet d'attaquer une transaction autorisée par le conseil de famille, homologuée par le tribunal, par cela seul qu'on a négligé de prendre l'avis de trois jurisconsultes, alors qu'il n'est pas prouvé que la

(1) Cassation, 26 août 1807 (Dalloz, au mot *Minorité*, n° 549, 1°).
(2) Cassation, 18 mai 1813 (Dalloz, au mot *Minorité*, n° 549, 3°).
(3) Metz, 9 avril 1813 (Dalloz, au mot *Obligations*, n° 2892). Comparez Liége, 19 janvier 1842 (*Pasicrisie*, 1842, 2, 332).

transaction soit préjudiciable au mineur (1)? Que tout acte irrégulier du tuteur soit présumé lésionnaire, nous l'admettons, mais pourquoi ne pas permettre la preuve contraire à cette présomption?

ARTICLE 2. Des actes faits par le mineur avec l'autorisation du tuteur.

43. Dans notre droit, ce n'est pas le mineur qui agit avec l'autorisation du tuteur, c'est le tuteur qui représente le mineur dans tous les actes civils (art. 450). Régulièrement donc le mineur ne figure pas à l'acte, le tuteur seul y parle. Toutefois il se peut que le mineur contracte avec l'autorisation du tuteur. On demande quel sera, dans ce cas, l'effet de l'acte. C'est la doctrine seule qui discute la question ; la pratique ignore ce que c'est que l'autorisation du tuteur ; nos lois n'en parlent jamais, et le droit romain, qui l'exigeait, s'efface de plus en plus dans la tradition : ce n'est plus que de l'histoire. Nous répondrons en deux mots à la question. Le tuteur qui autorise le pupille s'approprie l'acte que celui-ci fait ; c'est la seule signification que l'on puisse donner aujourd'hui à son intervention. En s'appropriant l'acte, il le valide, s'il s'agit d'un acte que le tuteur a le droit de faire seul sans aucune formalité. Tels sont les actes d'administration. Il va sans dire que si le pouvoir du tuteur est limité, il ne pourra autoriser son pupille que dans la limite de ses attributions. Le mineur fait un bail de dix-huit ans avec l'autorisation de son tuteur : ce bail est-il valable? Il n'est valable que pour une période de neuf ans ; dès qu'il dépasse cette durée, le bail est considéré comme un acte de disposition que le tuteur n'a pas le droit de faire et que, par conséquent, il n'a pas le droit d'autoriser (2).

44. Si le mineur fait avec la seule autorisation de son tuteur un des actes pour lesquels la loi exige l'autorisation du conseil de famille ou l'homologation du tribunal,

_____

(1) Ainsi jugé par la cour de Turin, 29 juillet 1809 (Dalloz, au mot _Minorité_, n° 560).

(2) Duranton, t. X, p. 305, n° 284.

l'acte sera nul en la forme, comme si le mineur seul l'avait fait. L'autorisation, dans ce cas, ne produit aucun effet. Dira-t-on que l'acte autorisé sera censé fait par le tuteur? Soit, mais le tuteur n'ayant pas le droit de le faire, l'acte sera nul en la forme. Le mineur en pourra donc demander la nullité en prouvant l'irrégularité de l'acte, abstraction faite de toute lésion. Il ne peut s'agir de restitution pour cause de lésion que lorsque le mineur seul agit et quand l'acte n'est pas soumis à des formes spéciales.

Il résulte de là que l'autorisation du tuteur n'empêche le mineur d'attaquer l'acte que si toutes les formes légales ont été observées, ou si l'acte n'était assujetti à aucune forme. Dans l'un et l'autre cas, l'acte est pleinement valable; en la forme, cela est certain, et, quant à la restitution, elle ne peut avoir lieu lorsque le tuteur, en autorisant le pupille, s'est approprié un acte qu'il avait le droit de faire et qui, à ce titre, est inattaquable (1).

ARTICLE 3. Des actes faits par le mineur seul.

N° 1. DE L'INCAPACITÉ DU MINEUR.

45. L'article 1124 déclare les mineurs incapables de contracter, ainsi que les interdits et les femmes mariées. En apparence, la loi place les mineurs sur la même ligne que les interdits et les femmes mariées; la différence est cependant grande. Pourquoi le mineur est-il incapable? On suppose qu'il est arrivé à l'âge de raison, que, par conséquent, il a l'intelligence des actes qu'il fait. Dès lors il n'est plus naturellement incapable. Si la loi le range néanmoins parmi les incapables, c'est que le mineur n'a pas atteint l'âge légal de la pleine capacité; sa raison n'est pas encore mûre et son expérience est nulle. Il fallait donc le déclarer incapable, pour l'empêcher de faire des actes qui lui seraient préjudiciables. Est-ce à dire que tous les actes que le mineur fait lui causent toujours et nécessairement un préjudice? Non, certes, la capacité

(1) Duranton, t. X, p. 306, n° 284.

légale qui existe à vingt et un ans est une présomption à laquelle les faits donnent souvent un démenti. De même l'incapacité présumée du mineur peut être démentie par la réalité : tel mineur de dix-huit ans est plus capable que tel majeur de vingt-cinq ans. Il se peut donc que les actes faits par les mineurs leur soient profitables. De là suit que la loi ne devait pas les frapper d'une incapacité absolue; c'eût été compromettre les intérêts du mineur à force de vouloir les protéger.

Il en est autrement des interdits et des femmes mariées. Leur incapacité est absolue. L'interdit ne peut faire aucun acte pécuniaire; le jugement qui prononce l'interdiction le frappe d'une présomption légale d'incapacité, présomption qui n'admet point de preuve contraire. La femme mariée est déclarée incapable à raison du mariage et de la puissance maritale; cette cause étant générale, l'incapacité qui en résulte est aussi générale. On voit qu'il ne faut pas prendre l'article 1124 au pied de la lettre; le législateur n'a point voulu déterminer dans cet article la nature et le caractère de l'incapacité des personnes qu'il déclare incapables. Il le fait ailleurs; aussi l'article 1125 ajoute-t-il que le mineur, l'interdit et la femme mariée ne peuvent attaquer, pour cause d'incapacité, leurs engagements que dans les cas prévus par la loi. Cela implique qu'il y a des différences entre ces diverses incapacités. La différence est surtout grande entre le mineur d'une part et l'interdit et la femme mariée d'autre part.

46. L'article 502 porte que *tous* actes passés par l'interdit postérieurement à l'interdiction sont *nuls de droit*. Cela veut dire que la nullité en peut être demandée par cela seul qu'ils ont été passés par un interdit; et la nullité doit être prononcée par le juge dès qu'il est prouvé que l'acte est postérieur au jugement qui a prononcé l'interdiction. On peut aussi dire des actes faits par la femme mariée qu'ils sont nuls de droit; en effet, la nullité est fondée sur le défaut d'autorisation (art. 225); donc dès qu'il est prouvé que c'est une femme mariée qui a contracté et qu'elle l'a fait sans y être autorisée, le juge devra prononcer la nullité du contrat.

En est-il de même du mineur? Peut-il demander la nullité des actes qu'il fait par cela seul qu'il est mineur? Non; tous nos textes résistent à une pareille proposition. L'article 1118 nous dit quelle est la véritable cause qui vicie les contrats faits par les mineurs, c'est la lésion; si donc l'article 1124 les déclare incapables, c'est en ce sens qu'ils peuvent se faire restituer contre leurs engagements en prouvant qu'ils sont lésés. C'est ce que dit l'article 1305 : « La *simple lésion* donne lieu à la rescision en faveur du mineur non émancipé contre *toutes sortes de conventions.* » Donc le mineur est restitué, non comme mineur, mais comme lésé. C'est dire que son incapacité ne consiste qu'en ceci, c'est qu'il ne peut pas être lésé.

Ce que les textes disent est dit d'une manière plus formelle encore par l'orateur du gouvernement dans l'exposé des motifs : « Il résulte de l'incapacité du mineur non émancipé qu'il suffit qu'il éprouve une lésion pour que son action en rescision soit fondée. S'il n'était pas lésé, il n'aurait pas d'intérêt à se pourvoir; et la loi lui serait même préjudiciable si, sous prétexte de l'incapacité, un contrat qui lui est avantageux pouvait être annulé. *Le résultat de son incapacité est de ne pouvoir être lésé, et non de ne pouvoir contracter.* »

47. Reste à savoir quand on peut dire que le mineur est lésé. En ce point l'article 1311 vient modifier ce que l'article 1305 a de trop absolu : l'engagement du mineur peut être nul en la forme, ou seulement sujet à restitution. De là suit que le mineur peut attaquer les actes qu'il fait pour deux causes : nullité de forme et lésion. Il faut donc distinguer deux catégories d'actes concernant le mineur; les plus importants, ceux qui pourraient causer le plus grand préjudice au mineur, sont assujettis à des formes dont le but est précisément de le garantir de tout préjudice : lorsque ces formes protectrices n'ont pas été observées, le mineur est lésé par le fait seul qu'il n'a pas joui de la protection que la loi a voulu lui assurer. Il y a d'autres actes moins importants que le mineur peut faire

---

(1) Bigot-Préameneu, Exposé des motifs, n° 174 (Locré, t. VI, p. 178).

seul, en ce sens que la loi ne prescrit aucune forme spéciale pour leur validité. C'est plutôt le tuteur qui peut les faire seul, puisqu'il représente le mineur dans tous les actes civils et que la loi ne l'assujettit pas à des formalités particulières lorsqu'il s'agit d'actes de simple administration. Quand le tuteur fait un de ces actes, il agit dans la limite de ses attributions, et ce qu'il fait est pleinement valable, le mineur n'est pas restituable contre ces actes. Si, au contraire, le mineur les fait, il est incapable en ce sens qu'il ne peut être lésé; il peut donc agir en rescision pour cause de lésion. Tel est le sens de la distinction que l'article 1311 fait entre les actes nuls en la forme et les actes qui sont seulement sujets à restitution. Il en résulte une différence importante pour la preuve que le mineur doit faire quand il attaque les actes par lui faits. S'il demande à être restitué pour cause de lésion, il doit prouver la lésion, parce que la lésion est le fondement de son action. S'il demande la nullité de l'acte pour vice de forme, il doit prouver qu'une forme prescrite sous peine de nullité n'a pas été observée; il n'est pas tenu de prouver qu'un préjudice quelconque est résulté pour lui de l'inobservation des formes légales, car son action n'est pas fondée sur la lésion, elle est fondée sur la violation de la loi.

48. Le principe tel que nous venons de le formuler est aujourd'hui généralement admis. Il y a des opinions dissidentes; nous croyons inutile de réfuter les erreurs de Toullier, de Merlin, de Troplong et de Demante; il suffira de répondre aux objections sérieuses que l'on fait contre l'opinion que nous soutenons. La jurisprudence, sauf de rares dissentiments, s'est prononcée pour l'opinion qui a fini par l'emporter dans la doctrine (1). Si tant d'excellents esprits se sont trompés sur cette question, c'est qu'ils se sont laissé égarer par la tradition romaine. On s'imagine que notre droit, surtout dans la matière des obligations, ne fait que reproduire le droit romain; il n'en

---

(1) Voyez les autorités dans Aubry et Rau, t. IV, p. 251, note 13. § 334, et p. 255, note 9, § 335.

est rien : notre droit procède du droit romain, mais il a
été modifié profondément par les coutumes germaniques.
En ce qui concerne l'incapacité du mineur, il ne reste
rien du droit romain, sauf le principe de protection, d'après
lequel le mineur ne doit pas être lésé; mais ce principe
est tout autrement organisé dans notre droit moderne et
les conséquences en sont toutes différentes.

N° 2. DES ACTES POUR LESQUELS LA LOI PRESCRIT CERTAINES FORMES DANS L'INTÉRÊT DU MINEUR.

49. L'article 1311 prévoit le cas où le mineur aurait
souscrit des engagements *nuls en la forme*. Quand peut-
on dire qu'un contrat fait en minorité est nul en sa forme?
On pourrait dire d'abord que l'engagement est nul en la
forme lorsque des formalités établies par la loi pour les
majeurs comme pour les mineurs n'ont pas été observées.
Par exemple, dit Duranton, il serait nul en la forme si
c'est un acte notarié et que les dispositions prescrites par
la loi du 25 ventôse an XI sous peine de nullité n'ont pas
été toutes observées. Il sera nul aussi en sa forme si c'est
un acte sous seing privé contenant des conventions synallagmatiques qui n'ait pas été fait en autant d'originaux
qu'il y avait de parties ayant un intérêt distinct (1).
Nous écartons cette première interprétation, parce
qu'elle n'applique la loi qu'aux écrits qui constatent un
engagement souscrit par un mineur; or, la nullité de
l'écrit n'entraîne pas la nullité du contrat; tandis que l'article 1311 parle d'*engagements* nuls en la forme, c'est-à-
dire de formes dont l'inobservation annule le contrat lui-
même. Il y a encore une autre objection contre cette
interprétation. La loi parle d'engagements souscrits par
un mineur pendant sa minorité, et qui sont nuls parce
que certaines formes prescrites sous peine de nullité
n'auraient pas été remplies; elle entend donc des formes
exigées à raison de la minorité, et non des formes générales établies pour les majeurs et les mineurs. Il faut tou-

(1) Duranton, t. X, p. 306, n° 385.

jours interpréter les lois d'après l'objet qu'elles ont en
vue; s'agit-il de mineurs et d'actes nuls faits par des mineurs, on doit supposer que la loi entend parler d'une
nullité qui ne concerne que les mineurs, puisque c'est d'eux
seuls qu'il est question.

50. Un acte nul en la forme fait par un mineur est
donc un acte pour lequel la loi prescrit certaines formes
à raison de la minorité de celui qui contracte l'engagement. C'est dans ce sens que la loi emploie le mot *formes*
dans l'article 484, lequel se rapporte directement à notre
matière : « Le mineur émancipé, dit-il, ne pourra non
plus vendre ni aliéner ses immeubles, ni faire aucun autre
acte que ceux de pure administration, *sans observer les
formes prescrites au mineur non émancipé.* » Quelles sont
ces formes? L'article 484 renvoie expressément aux articles 457 et suivants. S'agit-il d'emprunter, d'aliéner ou
d'hypothéquer les biens immeubles du mineur, il faut
l'autorisation du conseil de famille et l'homologation du
tribunal, et il faut de plus que la vente se fasse publique-
ment et aux enchères. Pour d'autres actes, tels que l'acceptation ou la répudiation d'une succession, la loi se
contente de l'autorisation du conseil de famille. Pour la
transaction, la loi exige, en outre, l'avis de trois jurisconsultes désignés par le procureur du roi. Toutes ces
formes ont un même objet, c'est de garantir les intérêts
du mineur contre la négligence ou l'incapacité du tuteur.
Quand le tuteur fait un de ces actes sans observer les
formes que la loi prescrit, l'acte est nul à raison de
l'inobservation des formes, donc nul en la forme. A plus
forte raison l'acte doit-il être nul en la forme quand c'est
le mineur qui le souscrit sans intervention de son tuteur.

51. Sur ce point, tout le monde est d'accord. Toullier
et Demante vont plus loin et disent que l'engagement
consenti par le mineur est nul en la forme lorsque le mineur a contracté sans l'autorisation de son tuteur. L'acte
est nul, dit Toullier, lorsque la forme nécessaire pour sa
validité n'a pas été observée. Et quelle est la forme requise pour la validité des obligations du mineur? *C'est
sans contredit l'autorisation du tuteur.* Donc, sans cette

autorisation, l'obligation est nulle *en la forme* et donne lieu à l'action en nullité. La même conséquence, continue Toullier, se tire de l'article 1125. Il porte que « le mineur, l'interdit, la femme mariée ne peuvent attaquer, *pour cause d'incapacité*, leurs engagements que dans les cas prévus par la loi. » Or, quels sont les cas où la loi permet à la femme d'attaquer ses engagements *pour cause d'incapacité?* C'est lorsqu'elle a contracté sans le consentement ou le concours du mari. Quels sont les cas où la loi permet au mineur d'attaquer ses engagements *pour cause d'incapacité?* C'est également lorsqu'il a contracté sans l'autorisation de son tuteur (1).

Ainsi l'*autorisation du tuteur* serait requise *sans contredit* pour la validité des obligations du mineur. On se demande, non sans étonnement, comment Toullier a pu affirmer avec ce ton de certitude une proposition qui n'a aucun appui dans nos textes. Les mots *autorisation du tuteur* ne se trouvent dans aucun article du code et ne pouvaient pas s'y trouver, car c'est supposer que le mineur agit avec l'*autorisation* de son tuteur; tandis que, d'après notre droit moderne, le tuteur représente le mineur dans tous les actes civils; ce n'est pas le mineur qui agit, c'est le tuteur. Il ne peut donc pas être question d'une autorisation du tuteur. Cependant on prétend que l'acte fait par le mineur seul est nul pour défaut d'autorisation. Il y aurait donc une nullité fondée sur l'inobservation d'une forme que la loi ignore, dont elle ne prononce pas le nom! On dit que l'acte fait par la femme sans autorisation de son mari est nul, et qu'il en doit être de même de l'acte fait par le mineur sans autorisation de son tuteur, puisque l'article 1125 met le mineur sur la même ligne que la femme mariée quant à l'incapacité qui les frappe. L'argument est d'une faiblesse extrême. Si l'acte fait par la femme sans autorisation est nul, c'est parce que la loi dit formellement que la femme ne peut agir sans le concours du mari dans l'acte, ou son consentement par écrit (art. 217). Où est la loi qui dit que le mineur ne peut con-

(1) Toullier, t. III, 2, p. 63. n° 106. C'est aussi le système de Troplong.

tracter sans l'autorisation de son tuteur? Au lieu de textes, nous trouvons partout le silence de la loi. Conçoit-on que là où la loi est muette, Demante ait pu écrire : « Nous considérons comme nul en la forme tout acte que le mineur ne pouvait consentir ou faire par lui-même et sans assistance, lorsqu'il n'y aura pas été *légalement* représenté ou *assisté* (1). Un jurisconsulte parle d'une *assistance légale,* alors que la loi ignore cette assistance !

52. Les conséquences que l'on déduit de cette étrange doctrine sont tout aussi étranges que le prétendu principe d'où elles découlent. Toute cette théorie est purement imaginaire. On conçoit, à la rigueur, que l'on transporte la tradition dans le code civil, mais que l'on maintienne au moins l'ancien droit tel qu'il était. Or, l'opinion que nous combattons n'est ni celle de l'ancien droit, ni celle du code; ce sont les interprètes qui ont fait la loi, et ils l'ont très-mal faite.

On commence par assimiler le mineur à la femme mariée, assimilation que les textes du code repoussent(n°45). Puis on en conclut que le seul défaut d'autorisation rend nuls les contrats de la femme, sans qu'elle ait besoin de prouver qu'ils lui sont onéreux. Il en est de même, dit-on, du mineur. Oui, quand l'acte est nul en la forme; mais pour qu'il y ait une nullité à cause de l'inobservation de formes légales, il faut que la loi prescrive des formes, sinon formes et nullité sont également imaginaires. Après avoir identifié l'incapacité de la femme et l'incapacité du mineur, on les distingue. Quand la femme contracte avec autorisation du mari, l'acte est inattaquable, parce que l'autorisation couvre l'incapacité de celui qui est autorisé. N'en doit-il pas être de même de l'autorisation du tuteur? Non, dit-on. Le contrat qu'il fait avec autorisation du tuteur est valide, à la vérité, mais il peut être rescindé pour cause de lésion. Voilà une singulière loi que font les interprètes. Quoi! vous faites intervenir le tuteur pour autoriser le mineur, c'est-à-dire pour couvrir son incapacité, pour le rendre capable, et néanmoins vous lui

(1) Demante, t. V, p. 505, n° 268.

permettez d'attaquer, pour cause de lésion, l'acte qu'il a capacité de faire. Demanderons-nous des textes? On cite l'article 1305, et cet article ne dit pas un mot, ni du tuteur, ni de l'autorisation du tuteur (1)! Toujours le silence de la loi, et on bâtit une théorie sur ce silence, tandis que l'on méconnaît la loi quand elle a parlé. En effet, que fait-on de l'article 1311? Il distingue bien nettement deux catégories d'actes : la loi prescrit-elle des formes, et ces formes ne sont-elles pas observées, l'acte est nul en la forme : par contre, si les formes ont été observées, l'acte doit être inattaquable. C'est seulement quand la loi ne prescrit pas de formes que le mineur peut être restitué pour cause de lésion. Tel est le sens naturel, pour mieux dire, la paraphrase de l'article 1311. On n'en tient aucun compte. On déclare nuls *en la forme* les actes faits sans autorisation, alors que la loi ignore cette forme. On déclare rescindables pour lésion des actes qui sont valables en la forme, alors que la lésion n'est une cause de rescision que pour les actes qui ne sont assujettis à aucune forme.

Imaginaire au point de vue des textes, la théorie de Toullier et de Demante est également imaginaire au point de vue de la tradition. Duvergier, le savant annotateur de Toullier, lui reproche de s'être écarté de la tradition, alors que sa doctrine n'a d'autre appui que la tradition. L'intérêt pratique consiste à savoir si le mineur peut demander la rescision des actes d'administration qu'il a faits avec autorisation de son tuteur, ou que le tuteur a faits en son nom. Or, dans l'ancien droit, le mineur n'était pas restitué contre les actes de pure administration nécessaires faits par le tuteur ou, ce qui revient au même, par le mineur autorisé. Tandis que, d'après la doctrine

---

(1) Il y a plus : le texte même de l'article 1305 prouve qu'il ne peut pas s'appliquer aux actes pour lesquels la loi établit certaines formes. En effet, l'article compare les mineurs non émancipés aux mineurs émancipés; les premiers peuvent, en général, attaquer tous les actes qui les lèsent, tandis qu'il y a des actes que les mineurs émancipés ne peuvent pas attaquer. Cette différence concerne-t-elle les formes? Non; car sous le rapport des formes, l'article 484 assimile complétement ces deux catégories de mineurs. Donc l'article 1305 est étranger aux formes.

de Toullier, aucune forme ne garantit les tiers contre la rescision qui les menace lorsqu'ils traitent, soit avec le tuteur, soit avec le mineur autorisé. N'est-ce pas leur dire qu'ils doivent bien se garder de contracter avec le mineur (1)? M. Colmet de Santerre adresse un autre reproche à son maître Demante, dont il a continué l'ouvrage avec un talent remarquable ; c'est que sa doctrine est en opposition avec les principes généraux de droit. Demante dit, comme Toullier, que l'acte fait par le mineur seul est *nul en la forme*. Peut-on dire que l'autorisation soit une forme, alors que les actes ne doivent pas être faits avec cette autorisation? La vérité est que l'acte fait par le mineur aurait dû être fait par son tuteur. Donc l'acte n'est pas vicié en la forme, il est fait par celui qui n'avait pas le droit ou la capacité de le faire. A raison de cette incapacité, on conçoit que la loi permette de l'attaquer pour cause de lésion ; on ne conçoit pas qu'elle le déclare nul en la forme (2).

53. La jurisprudence s'est prononcée contre une théorie imaginaire qui n'a de base ni dans l'ancien droit, ni dans nos textes, ni dans les principes généraux de droit. Un mineur vend des immeubles sans observer aucune des formalités exigées pour la vente des biens des mineurs. Il se trouvait dans une nécessité urgente ; condamné à mort, il avait besoin d'argent pour sa défense devant la cour de cassation ; le temps lui faisait défaut pour observer les formalités requises. Certes la cause de l'acheteur était favorable ; cependant la vente fut annulée, parce qu'elle était infectée d'un vice radical qu'aucune considération ne pouvait couvrir (3). Sur ce point, il ne saurait y avoir aucun doute.

Un père, copropriétaire par indivis, avec ses quatre enfants et trois petits-enfants issus d'un fils prédécédé, d'immeubles dépendant de la communauté qui avait existé entre lui et sa femme, fait abandon de tous ses biens à ses enfants et petits-enfants ; les immeubles sont vendus

(1) Duvergier sur Toullier, t. III, 2, p. 66.
(2) Colmet de Santerre sur Demante, t. V, p. 511, n° 270 *bis* VIII.
(3) Toulouse, 8 mars 1808 (Dalloz, au mot *Obligations*, n° 364, 1°).

aux enchères par le ministère d'un notaire et le prix est distribué entre les ayants droit. Plus tard, les petits-enfants poursuivirent la nullité de la vente pour inobservation des formalités prescrites à l'égard des biens des mineurs. Leur demande fut déclarée non recevable par la cour de Poitiers, par le motif que la vente attaquée était dans l'intérêt de toutes les parties et qu'elle offrait des résultats favorables aux demandeurs. C'était méconnaître le caractère des formes que la loi établit dans l'intérêt des mineurs : l'inobservation entraîne la nullité sans que les mineurs soient tenus de prouver qu'elle leur cause un préjudice quelconque. L'arrêt fut cassé, et il devait l'être sans doute aucun (1).

La cour de cassation a appliqué les mêmes principes au contrat de mariage, pour la validité duquel la loi exige des formes spéciales ; si le mineur le fait sans être assisté de ceux dont le consentement est requis pour le mariage, l'acte est nul, sans qu'il soit besoin de rechercher si le mineur a été lésé (2).

On voit par cette revue de la jurisprudence que la question si vivement débattue par les auteurs n'a jamais été portée devant la cour de cassation, ni même devant une cour d'appel. Le bon sens des praticiens a été pour eux un guide plus sûr que la science pour les jurisconsultes. Ceux-ci, imbus des doctrines traditionnelles, ont cru que les auteurs du code s'étaient inspirés de la tradition romaine. Troplong le dit : « A part un certain nombre de cas, où le code marche avec une bannière à lui, il a presque toujours admis les anciens principes ou composé avec eux, et alors même qu'il les modifie, il se lie a leur disposition, de telle sorte que la chaîne du nouveau droit avec l'ancien n'est que rarement interrompue (3). » Nous croyons, avec un savant magistrat (4), que la proposition contraire serait beaucoup plus près de la vérité.

(1) Cassation, 25 mars 1861 (Dalloz, 1861, 1, 202). Comparez Cassation, 1er juin 1870 (Dalloz, 1870, 1, 432).
(2) Rejet, 13 juillet 1857 (Dalloz, 1857, 1, 334).
(3) Troplong, *De la vente*, n° 166.
(4) Pont, *De l'action en nullité et de l'action en rescision accordées au mineur* (*Revue des Revues de droit*, t. VII, p. 321).

Sans doute, notre science est une science traditionnelle, mais elle est aussi essentiellement changeante et progressive, car elle est une face de la vie, et c'est un vrai contre-sens de transporter dans la vie moderne les principes qui s'étaient développés sous l'influence d'un état social qui n'est plus le nôtre. Notre droit est celui du code et non celui de Rome; il faut donc voir avant tout ce que dit le code et non ce que dit le Digeste. C'est ce qu'a fait la pratique. Si les auteurs, au lieu de consulter les Institutes, avaient ouvert le code civil, ils n'y auraient plus vu de trace d'une autorisation du tuteur et ils n'auraient pas songé à ressusciter des formes qui sont mortes. Nous faisons cette remarque parce qu'il y a une tendance chez d'excellents esprits à interroger avant tout la tradition, et quand on est bien imbu de la tradition, on la retrouve facilement dans le code, parce qu'on l'y cherche. Il faut, au contraire, consulter, avant tout, le code, sauf à l'interpréter, quand il laisse quelque doute, par la tradition; encore notre tradition n'est-elle pas la tradition romaine, c'est la tradition coutumière.

Nº 1. DES ACTES POUR LESQUELS LA LOI NE PRESCRIT AUCUNE FORME.

54. Le code ne fait pas en termes exprès la distinction que nous établissons entre les actes pour lesquels certaines formes doivent être observées et ceux qui ne sont assujettis à aucune forme; mais la distinction résulte des articles 1305 et 1311 combinés avec la tradition. Nous avons prouvé (n° 31) que l'article 1305 s'applique aux actes que le mineur fait seul. Quel est l'effet de ces actes? L'article 1305 répond que le mineur peut les attaquer pour cause de lésion. A s'en tenir aux termes généraux de la loi, il faudrait dire que c'est là une règle absolue sans exception; mais l'article 1311 vient restreindre la rédaction trop générale de l'article 1305; il distingue deux sortes d'actes que les mineurs peuvent souscrire : des actes *nuls en la forme*, et d'autres actes simplement *sujets à restitution*. Ces derniers cas doivent donc être des actes pour lesquels la loi ne prescrit aucune forme, et qui, par conséquent, ne peuvent pas être nuls en la forme; ils sont *seulement sujets à restitution,* dit l'article 1311, c'est-à-dire que le mineur peut seulement en demander la rescision pour cause de lésion. Le mot *seulement,* dont la loi se sert, implique qu'il y a une différence entre les actes nuls et les actes rescindables, en ce qui concerne le mineur. Quand l'acte est nul en la forme, le mineur peut l'attaquer, et le tribunal doit en prononcer l'annulation, par cela seul que les formes n'ont pas été observées, sans qu'il soit besoin de prouver que le mineur est lésé. Quand l'acte n'est soumis à aucune forme, le mineur peut seulement se faire restituer pour cause de lésion; il faut donc qu'il prouve que l'acte lui cause un préjudice. Cette interprétation est en harmonie avec la tradition. Quels sont les actes intéressant les mineurs que la loi n'assujettit à aucune forme? Ce sont les actes d'administration que le tuteur peut faire seul et qui sont inattaquables quand le tuteur les a faits; c'était déjà la doctrine de l'ancien droit, au témoignage de Pothier (nº 27). Mais si le mineur les fait sans intervention de son tuteur, il y a lieu d'appliquer l'article 1305 : ces actes sont rescindables pour cause de lésion, ou, comme le dit l'article 134, ils sont sujets à restitution.

55. La question ne s'est présentée qu'une seule fois devant la cour de cassation; elle a été décidée dans le sens de l'opinion générale que nous venons de résumer. Un conscrit fait un traité de remplacement militaire pendant sa minorité; l'acte portait qu'il était majeur. Il fut attaqué par la raison qu'il était nul en la forme pour avoir été fait sans l'autorisation du tuteur. Le tribunal se prononça pour la validité de l'acte. Il repoussa la distinction que font les auteurs entre les actes que le mineur passe avec l'assistance de son tuteur et ceux qu'il passe seul; cette distinction n'est pas dans la loi ; le code ne dit pas que les actes non autorisés sont nuls et que les actes autorisés sont rescindables. Le mineur ne peut donc pas demander la nullité des actes qu'il fait, par cela seul qu'il n'a pas été autorisé de son tuteur; il peut seulement demander la rescision pour cause de lésion et, dans l'espèce, il n'y avait pas lésion; le tribunal le constate. Sur le pourvoi en cassation, il intervint un arrêt de rejet de la chambre civile. La cour établit que l'article 1305, siége de la matière, est applicable aux actes que le mineur fait seul, c'est-à-dire sans intervention de son tuteur; la loi lui permet de les attaquer, mais seulement pour cause de lésion, ce qui est conforme à l'esprit de la loi : elle n'a pas voulu que le mineur ne pût jamais contracter seul, elle a voulu qu'il ne fût pas lésé en contractant. Lui donner le droit d'attaquer les actes qu'il fait, par la seule raison que le tuteur n'y est pas intervenu, ce serait dépasser la protection à laquelle le mineur a droit, et en la dépassant la loi manquerait son but, puisque les tiers ne pourraient même plus faire avec le mineur des traités qui lui seraient avantageux snas risque de les voir annulés; tout ce que le mineur peut exiger, c'est qu'il soit restitué lorsqu'il est lésé; en lui accordant la restitution, la loi a suffisamment pourvu à ses intérêts (1). Cet arrêt, motivé avec soin, est un vrai arrêt de principes ; il s'est cependant trouvé une cour qui a jugé en sens contraire. Nous ne discuterons pas ses motifs, car elle n'en donne pas (2).

§ III. *Des mineurs émancipés.*

56. Aux termes de l'article 1305, « la simple lésion donne lieu à la rescision, en faveur du mineur émancipé, contre toutes conventions qui excèdent les bornes de sa capacité, ainsi qu'elle est déterminée au titre de la *Minorité.* » Il résulte de là que lorsque le mineur émancipé contracte dans les bornes de sa capacité, il n'est pas restituable. Quelle est la capacité du mineur? Elle est réglée par les articles 481 et 484, auxquels l'article 1305 renvoie. L'article 481 pose le principe que « le mineur éman-

---

(1) Rejet, 18 juin 1844 (Dalloz, au mot *Obligations*, n° 365, 2°). Dans le même sens, Lyon, 8 juin 1865 (Dalloz, 1866, 2, 54). Comparez Rejet, 8 août 1859 (Dalloz, 1859, 1, 361).

(2) Bastia, 12 juin 1855 (Dalloz, au mot *Obligations*, n° 2904).

cipé peut faire tous les actes qui ne sont que de pure administration, sans être restituable contre ces actes-dans tous les cas où le majeur ne le serait pas lui-même. » Ainsi le mineur émancipé est assimilé au majeur pour les actes de simple administration ; c'est dire qu'il n'est pas restituable, car la lésion ne vicie pas en général les conventions (art. 1118); d'après l'article 1313, les majeurs ne sont restitués pour cause de lésion que dans les cas et sous les conditions spécialement exprimés dans le code civil ; ces cas ne reçoivent pas même d'application au mineur émancipé; en effet, il ne peut ni vendre, ni partager, sans suivre certaines formes ; la vente et le partage ne sont donc pas des actes de simple administration que le mineur puisse faire seul; partant il ne peut être assimilé au majeur pour ces actes. Nous aboutissons à cette conséquence que le mineur émancipé n'est jamais restitué contre les actes d'administration qu'il a le droit de faire seul. C'est ce que disent aussi les orateurs du gouvernement et du Tribunat : « Lorsque le mineur est émancipé, dit Bigot-Préameneu, la loi l'assimile au majeur pour un certain nombre d'actes à l'égard desquels il ne doit pas être admissible à réclamer le privilége de minorité. » Jaubert dit de même : « Si le mineur émancipé fait une convention qui rentre dans l'étendue de sa capacité, il n'est pas restituable pour cause de lésion (1). »

L'article 484 confirme le principe en y dérogeant. Il permet au mineur émancipé de demander la réduction, pour cause d'excès, des obligations qu'il contracte par voie d'achat ou autrement. Les engagements excessifs sont des actes lésionnaires : le mineur émancipé qui les a contractés n'en peut demander la rescision, puisque ce sont des actes d'administration; mais s'il y a excès, il peut demander que le tribunal les réduise. Ainsi les engagements sont maintenus, seulement à cause de l'inexpérience de son âge et de la mauvaise foi des personnes qui contractent avec lui, la loi autorise le juge à réduire les engagements excessifs; c'est une restitution partielle

(1) Bigot-Préameneu, Exposé des motifs, n° 174 (Locré, t. VI, p. 178). Jaubert, Rapport, n° 61 (Locré, t. VI, p. 220).

qui déroge au principe de la capacité du mineur, mais l'exception, comme on dit, confirme la règle.

57. Il y a une seconde catégorie d'actes que le mineur émancipé ne peut faire qu'en remplissant certaines formes. L'article 484 établit à cet égard le principe que le mineur émancipé ne peut faire aucun acte autre que ceux de pure administration, sans observer les formes prescrites au mineur non émancipé. Pour ces actes le mineur émancipé est donc assimilé au mineur non émancipé : il est incapable. Est-ce à dire qu'il faille appliquer l'article 1305? Le mineur est-il restitué pour cause de lésion quand il fait un acte pour lequel la loi exige l'autorisation du conseil de famille, l'homologation du tribunal ou d'autres personnes? Non, l'article 1305 est limité par l'article 1311 et par l'article 484. Le mineur émancipé vend un immeuble; s'il observe les formalités prescrites par la loi, la vente est valable; le mineur est considéré, dit l'article 1314, comme s'il l'avait faite en majorité. C'est dire que l'observation des formes habilite le mineur, le rend capable; or, dès qu'il est capable il ne peut plus s'agir de rescision, d'après l'article 1305. C'est une conséquence de l'assimilation que la loi établit entre le mineur émancipé et le mineur non émancipé; leur incapacité est couverte quand ils observent les formes que la loi prescrit pour les protéger contre l'inexpérience de leur âge et la faiblesse de leur raison; dès lors les actes qu'ils font doivent être à l'abri de la restitution dans l'intérêt même des mineurs, sinon personne ne contracterait avec eux. Mais si les mineurs ne remplissent pas les formalités légales, l'acte qu'ils font sera nul en la forme, d'après l'article 1311, c'est-à-dire qu'ils pourront l'attaquer et que le juge en devra prononcer l'annulation, par cela seul que les formes n'auront pas été observées. Ils n'ont donc pas besoin de la restitution proprement dite; ils ne doivent pas prouver qu'ils ont été lésés, ou, si l'on veut, ils sont présumés lésés, parce qu'ils n'ont pas joui de la protection que la loi leur veut assurer. La loi assimilant les mineurs émancipés aux mineurs non émancipés pour tous les actes qui sont assujettis à certaines formes, il faut appliquer aux actes nuls en la forme que fait le mineur émancipé tout ce que nous avons dit du mineur non émancipé. La jurisprudence est en ce sens, et la rareté de ses décisions prouve que la question n'a jamais fait de doute(1).

58. Il y a une troisième catégorie d'actes que le mineur émancipé ne peut faire qu'avec l'assistance de son curateur. Ainsi il doit être assisté de son curateur pour recevoir le compte de tutelle, pour intenter une action immobilière ou y défendre, pour recevoir et donner décharge d'un capital mobilier (art. 480 et 482). S'il fait un de ces actes sans l'assistance de son curateur, l'acte sera-t-il nul ou rescindable? C'est le cas d'appliquer l'article 1305 : le mineur sera restitué, mais il devra prouver qu'il est lésé. En effet, ces actes excèdent les bornes de sa capacité, puisqu'il ne peut les faire seul; donc on est dans les termes de l'article 1305. Il n'y a pas lieu à la dérogation que l'article 1311 apporte à l'article 1305, en déclarant l'acte nul en la forme, car les actes pour lesquels la loi exige l'assistance du curateur ne sont pas soumis aux formes que la loi établit dans l'intérêt des mineurs; ils ne doivent pas être autorisés par le conseil de famille ni homologués par le tribunal, et ce sont là les *formes* dont l'inobservation rend l'acte nul, d'après l'article 1311 combiné avec l'article 484. L'acte n'est donc pas nul, mais il est rescindable pour cause de lésion. Que si le mineur le fait avec l'assistance de son curateur, l'acte est pleinement valable. On ne peut plus dire que cet acte excède les bornes de la capacité du mineur, car son incapacité est couverte par l'assistance; cette assistance n'a pas d'autre raison d'être; c'est pour habiliter le mineur émancipé que la loi veut qu'il soit assisté, l'assistance le rend donc capable; or, le mineur émancipé n'est restitué que s'il est incapable. La jurisprudence est en ce sens et ses décisions sont aussi rares dans cette hypothèse que dans les autres (2). La pratique n'a vu aucune difficulté là où réellement il n'y en a pas.

---

(1) Rennes, 17 novembre 1836 (Dalloz, au mot *Obligations*, n° 368).
(2) Toulouse, 24 janvier 1825 (Dalloz, au mot *Obligations*, n° 2914). Paris, 18 juillet 1864 (Dalloz, 1864, 5, 257)

59. Il n'en est pas de même de la doctrine. Les auteurs sont divisés en ce qui concerne les actes faits par les mineurs émancipés, comme ils le sont pour les actes des mineurs non émancipés. Nous dirons quelques mots de ces débats, ne fût-ce que pour montrer qu'ils n'auraient pas pris naissance si l'on avait plus de respect pour le texte de la loi. On prétend que le mineur émancipé peut attaquer, pour cause de lésion, les actes qu'il a faits avec l'assistance de son curateur, et que les actes qu'il fait sans cette assistance sont nuls en la forme. L'une et l'autre de ces propositions sont contraires au texte et à l'esprit de la loi. Quand peut-on dire qu'un acte est nul en la forme en matière de minorité? L'article 484 répond à la question; cet article exige l'observation de certaines formes pour certains actes faits par le mineur; il n'y a pas d'autre disposition qui prescrive des formes en ce qui concerne le mineur émancipé; celle-là est donc décisive. Nous l'avons déjà transcrite bien des fois, il nous la faut transcrire encore. « Le mineur émancipé ne peut vendre ni aliéner ses immeubles, ni faire aucun acte autre que ceux de pure administration sans observer les *formes* prescrites au mineur non émancipé. » Quelles sont ces *formes?* Nous l'avons dit et répété : c'est l'autorisation du conseil de famille, c'est l'homologation du tribunal et autres formalités secondaires que la loi exige pour garantir les intérêts du mineur. Or, la loi ne prescrit aucune de ces formes pour les actes qu'un mineur émancipé ne peut faire qu'avec l'assistance de son curateur; donc on ne peut pas dire de ces actes qu'ils sont nuls en la forme quand le mineur agit sans être assisté. Dira-t-on que l'assistance du curateur est une forme? Que l'on nous cite un article du code qui la considère comme telle! On en chercherait vainement, il n'y en a pas d'autre que l'article 484; c'est donc cet article qui décide la question. Et si l'on consulte les principes, la décision sera la même. Pourquoi exige-t-on l'assistance du curateur pour certains actes du mineur émancipé? Afin de couvrir son incapacité. Est-il assisté, il devient capable; n'est-il pas assisté, il est incapable; quand il est capable, il ne peut pas attaquer l'acte qu'il fait; quand il est incapable, il peut se faire restituer pour cause de lésion. Faut-il aller plus loin et déclarer l'acte nul, parce que le mineur émancipé a agi sans l'assistance de son curateur et sans qu'il doive prouver qu'il est lésé? Ses intérêts sont suffisamment sauvegardés par la restitution; elle le met à l'abri de tout préjudice : que peut-il demander de plus? On objectera que l'on en pourrait dire autant des actes nuls en la forme, la restitution suffirait aussi pour garantir le mineur de tout préjudice; et cependant la loi permet de les annuler pour inobservation des formes, quoique le mineur ne soit pas lésé. L'objection est fondée, mais elle s'adresse au législateur; il faut prendre la loi telle qu'elle est, ce n'est pas aux interprètes à la changer.

Ils l'ont cependant fait; à notre avis, le système du code est encore préférable à celui que l'on veut lui substituer. Le mineur agit avec l'assistance de son curateur; l'acte est valable, mais, dit-on, le mineur peut l'attaquer pour cause de lésion; car il s'agit d'un acte qui dépasse sa capacité, puisqu'il ne peut le faire seul; donc l'article 1305 est applicable. Nous avons répondu d'avance à l'objection. Un incapable n'est plus incapable lorsqu'il est assisté ou autorisé de celui qui doit l'assister ou l'autoriser pour le relever de son incapacité. Dit-on de la femme mariée qu'elle est incapable lorsqu'elle est autorisée de son mari? Le prodigue est-il incapable quand il est assisté de son conseil? Le mineur n'est pas non plus incapable lorsque son curateur l'assiste. Et celui qui est capable, celui qui est réputé majeur, peut-il être restitué pour cause de lésion (1)?

Nous disons que le code civil vaut mieux que la loi que les interprètes ont essayé de lui substituer. Voici, en effet, la conséquence qui résulte de leur interprétation. Quand le mineur émancipé agit seul, alors qu'il a droit d'agir seul, les actes qu'il fait sont inattaquables; l'article 484 le dit. Et voici ce que disent les auteurs, quand le mineur fait un acte avec l'assistance de son curateur :

---

(1) Demante, continué par Colmet de Santerre, t. V, p. 515, n° 270 *bis* XVIII.

il peut l'attaquer pour cause de lésion. Le mineur aurait donc une capacité plus complète lorsqu'il agit seul que lorsqu'il agit avec l'assistance de son curateur. Résultat bizarre, dit Fr. Duranton; disons hardiment résultat absurde et impossible (1).

§ IV. *De la faillite et de la déconfiture.*

60. Le code de commerce établit une incapacité générale de contracter en cas de faillite. Nous nous bornons à transcrire les dispositions de la loi nouvelle du 18 avril 1851, cette matière étant étrangère à notre travail. L'article 444 est ainsi conçu : « Le failli, à compter du jugement déclaratif de la faillite, est dessaisi de plein droit de l'administration de tous ses biens, même de ceux qui peuvent lui échoir, tant qu'il est en état de faillite. Tous payements, opérations et actes faits par le failli et tous payements faits au failli depuis ce jugement sont nuls de droit. » Cette incapacité remonte même à une époque antérieure à la déclaration de faillite. L'article 445 porte :

« Sont nuls et sans effet, relativement à la masse, lorsqu'ils auront été faits par le débiteur depuis l'époque déterminée par le tribunal comme étant celle de la cessation de ses payements, ou dans les dix jours qui auront précédé cette époque :

« Tous actes translatifs de propriété mobilière ou immobilière à titre gratuit, ainsi que les actes, opérations ou contrats commutatifs ou à titre onéreux, si la valeur de ce qui a été donné par le failli dépasse notablement la valeur de ce qu'il a reçu en retour.

« Tous payements, soit en espèces, soit par transport, vente, compensation ou autrement, pour dettes non échues et pour dettes échues, tous payements faits autrement qu'en espèces ou effets de commerce;

« Toute hypothèque conventionnelle ou judiciaire et tous droits d'antichrèse ou de gage constitués sur les

(1) Dissertation de Fr. Duranton (*Revue des Revues de droit*, t. VI, p. 400).

biens du débiteur pour dettes antérieurement contractées. »

61. Ces dispositions s'appliquent-elles à la déconfiture? La négative est certaine. Personne ne peut être dessaisi de l'administration de ses biens qu'en vertu de la loi, car le droit d'administrer, ainsi que le droit de jouir et de disposer sont un attribut de la propriété, et le propriétaire conserve tous ses droits tant qu'ils ne lui ont pas été enlevés en vertu de la loi. Or, aucune loi ne permet aux créanciers de demander, ni aux juges de prononcer le dessaisissement d'un débiteur non commerçant; cela est décisif. Il est cependant arrivé qu'un juge des référés a nommé un séquestre à un débiteur civil avec mission de recouvrer seul l'actif et d'en faire seul la répartition entre les créanciers, en mettant à charge de ceux-ci les frais des poursuites particulières qu'ils pourraient intenter ou qu'ils auraient déjà introduites. Cette ordonnance a été confirmée par la cour de Lyon. C'était un excès de pouvoir évident. L'arrêt fut cassé. La cour de cassation établit très-bien les principes qui régissent la déconfiture. A la différence de la faillite, elle n'a pas pour effet de dessaisir le débiteur de ses biens ou d'enlever à ses créanciers le droit de le poursuivre individuellement; ceux-ci ne peuvent donc pas être privés de ce droit, ni assujettis pour son exercice à des formalités autres que celles prescrites par la loi. Une mesure pareille serait arbitraire et constituerait un excès de pouvoir. Il est vrai que la loi permet de nommer un séquestre judiciaire, quand des meubles sont saisis sur un débiteur (art. 1961, 1°); mais c'est uniquement dans le but de conserver les meubles saisis, et la loi ne permet pas d'étendre aux immeubles cette mesure de conservation. Même en cas de nomination d'un séquestre judiciaire, les créanciers peuvent poursuivre leurs droits sur la chose séquestrée. Ces principes sont d'ordre public, puisqu'ils tiennent aux droits que le propriétaire peut exercer, et la propriété est la base de l'ordre social (1).

---

(1) Cassation, 17 janvier 1855 (Dalloz, 1855, 1, 11).

La cour de Bruxelles a jugé dans le même sens que les créanciers ne pouvaient pas demander que leur débiteur fût déclaré en état de déconfiture et que la masse fût régie par un curateur (1). Toutefois la même cour a jugé qu'un débiteur non commerçant pouvait être constitué en faillite, en ce sens que les inscriptions hypothécaires prises dans les dix jours qui précèdent la faillite étaient frappées de nullité. Nous reviendrons sur la question au titre des *Hypothèques*. A notre avis, la décision est erronée. Ce qui a peut-être induit la cour de Bruxelles en erreur, c'est que l'ancien droit belgique permettait de constituer tout débiteur en faillite, commerçant ou non commerçant. Mais le code civil abroge cette jurisprudence, comme nous venons de l'établir. Il ne contient que des dispositions particulières sur les effets de la déconfiture que nous expliquerons en leur lieu et place. Aucune de ces dispositions ne porte atteinte au droit que le débiteur a de gérer ses biens, de les vendre, de les hypothéquer, alors même qu'il serait insolvable, sauf aux créanciers à demander la nullité des actes qu'il ferait en fraude de leurs droits (art. 1167).

La jurisprudence est en ce sens. Il a été jugé que le débiteur, quoique étant en état de déconfiture, peut disposer de ses biens sans qu'il y ait lieu d'appliquer les dispositions exceptionnelles que la loi établit en matière de faillite (2). Le code de procédure a cependant apporté une restriction au droit du débiteur; aux termes de l'article 692, « la partie saisie ne peut, à compter du jour de la dénonciation à elle faite de la saisie, aliéner les immeubles à peine de nullité et sans qu'il soit besoin de la faire prononcer. »

Il a encore été jugé que le débiteur peut payer valablement, ce qui semble évident, puisqu'il peut disposer de ses biens et qu'il en conserve la libre administration (3).

_____

(1) Bruxelles, 8 décembre 1815 (*Pasicrisie*, 1815, p. 541).

(2) Voyez les arrêts rapportés par Dalloz, au mot *Obligations*, nos 398 et 399. Il faut ajouter Bordeaux, 17 août 1848 (Dalloz, 1849, 2, 61), et Bruxelles, 23 mai 1820 (*Pasicrisie*, 1820, p. 90).

(3) Bruxelles, 24 juillet 1863 (*Pasicrisie*, 1863, 2, 208). Lyon, 23 février 1869 (Dalloz, 1869, 2, 224).

La question a cependant été portée devant la cour de cassation et, chose rare, la cour a cassé l'arrêt d'une cour d'appel qui paraissait avoir décidé en fait. Un débiteur, en pleine déconfiture, convoque ses créanciers en l'étude d'un notaire, à l'effet de s'entendre pour arriver à un arrangement qui devait avoir pour base une égalité complète. Deux créanciers assignent leur débiteur en justice et obtiennent contre lui un jugement emportant hypothèque, en vertu du code civil, un jour avant celui qui avait été fixé pour la réunion des créanciers. Pour paralyser cette hypothèque judiciaire, le débiteur consent une hypothèque à ses autres créanciers et leur délègue une somme de 14,000 francs qui lui était due par son fils; le tout est accepté par le clerc du notaire, se portant fort pour les créanciers, ceux-ci ratifient. L'hypothèque est inscrite le jour même, la veille du jour où les deux créanciers qui avaient obtenu un jugement se présentèrent au bureau des hypothèques pour prendre inscription. La cour de Rouen décida que les créanciers délégataires avaient agi en fraude des droits des deux créanciers hypothécaires, que le débiteur et le notaire étaient fauteurs ou complices de la fraude; elle déclara les actes frauduleux et les annula comme tels, et elle condamna solidairement tous ceux qui avaient participé à la fraude. Sur le pourvoi du notaire, la cour de cassation cassa la décision, parce qu'il résultait des déclarations mêmes de l'arrêt attaqué que les conventions annulées comme frauduleuses n'étaient intervenues que pour l'exercice et la conservation d'un droit légitime. Qu'avait fait le débiteur? Il avait payé les créanciers qui avaient suivi sa foi, et ceux-ci avaient reçu ce qui leur était dû; or, le débiteur avait le droit de payer ses créanciers; la déconfiture ne le dessaisissait pas de ses biens; les créanciers qui répondirent à son appel et qui acceptèrent la délégation n'avaient fait qu'user de leur droit, comme les deux créanciers dissidents avaient usé de leur droit en exerçant des poursuites à l'effet de se créer une position privilégiée à l'égard des créanciers chirographaires; ceux-ci se seraient trouvés primés s'ils n'avaient, de leur côté, veillé à leurs intérêts. Il n'y avait de fraude de part ni d'autre; le notaire n'avait donc pas connivé à une fraude qui n'existait point (1).

§ V. *Des établissements d'utilité publique.*

62. Le code ne parle pas de la capacité des personnes fictives que la doctrine appelle personnes civiles. On pourrait croire que les personnes dites civiles peuvent invoquer le principe établi par l'article 1123, d'après lequel *toute personne* peut contracter si elle n'en est pas déclarée incapable par la loi. Les personnes civiles sont des personnes, puisqu'on les désigne par ce nom; donc, dira-t-on, l'article 1123 leur est applicable. Ce serait très-mal raisonner. D'abord le code civil ne donne pas le nom de *personnes* aux êtres fictifs que la doctrine qualifie de personnes civiles; en dehors de l'Etat, des provinces et des communes, dont les droits sont établis par des lois politiques, il n'y a que les établissements d'utilité publique et certaines associations commerciales qui jouissent de ce que l'on appelle la personnification civile; or, ni le code, ni aucun texte de loi ne leur donnent le nom de personnes. Nous avons dit ailleurs que cette qualification ne leur convient pas (2). Les hommes seuls sont des personnes et ont des droits. Quant aux établissements publics, tels que bureaux de bienfaisance, fabriques, hospices, la loi les charge d'un service public; pour remplir la mission qui leur est confiée, ils doivent avoir certains droits, tels que le droit de contracter. Mais ce droit n'est, en réalité, que l'accomplissement d'une obligation; de là suit que le droit de contracter des établissements publics est strictement limité, comme l'est le service qui leur est confié; ils ne peuvent contracter que dans les limites de leurs attributions. Hors de ces limites, ils sont frappés d'une incapacité radicale, car ils n'existent plus, c'est le néant, et le néant certes ne peut contracter. Quelles sont les limites

(1) Cassation, 3 mars 1869 (Dalloz, 1869, 1, 200).
(2) Voyez le tome Ier de mes *Principes*, p. 369, no 288.

dans lesquelles les établissements publics ont le droit d'agir? Nous avons répondu ailleurs à la question.

Restent les sociétés de commerce, auxquelles l'opinion générale reconnaît la personnification civile. Nous y reviendrons au titre de la *Société*.

63. D'après l'article 1125, « les personnes capables de s'engager ne peuvent opposer l'incapacité du mineur, de la femme mariée ou de l'interdit avec qui elles ont contracté. » Ce principe de la nullité relative s'applique-t-il aux établissements publics et aux personnes civiles en général? La jurisprudence est en ce sens. Il a été jugé que l'article 1125 établit une règle générale concernant les obligations contractées par les incapables et, spécialement, que celui qui a fait une transaction emportant acquisition et aliénation de biens immeubles par une commune ne peut opposer à celle-ci son incapacité résultant du défaut d'approbation de l'autorité supérieure (1). Il a été jugé de même que l'incapacité d'un consistoire israélite d'acquérir sans l'approbation du gouvernement ne peut être invoquée que par ce consistoire; que le vendeur n'a pas qualité pour s'en prévaloir afin de faire annuler la vente (2).

Cette jurisprudence nous laisse des doutes. Nous admettons que l'article 1125 établit une règle générale; pour mieux dire, c'est l'application d'un principe qui régit les nullités; elles ne peuvent être opposées que par celui dans l'intérêt de qui elles ont été établies, partant par les incapables quand la nullité a été établie en leur faveur. Cela suppose que la nullité est d'intérêt privé; quand elle est d'ordre public, toute partie intéressée peut s'en prévaloir. Il faut donc voir quel est le caractère de la nullité quand une personne publique contracte sans autorisation. Est-il vrai, comme le dit la cour de cassation, que les formes ne sont introduites que dans l'intérêt des incapables? Cela est vrai des incapacités de droit privé, mais cela n'est pas vrai des incapacités de droit public. Si le législateur ne

---

(1) Rejet, 3 mai 1841 (Dalloz, au mot *Commune*, n° 2487).
(2) Rejet, 4 janvier 1858 (Dalloz, 1858, 1, 134).

permet pas aux personnes dites civiles d'acquérir sans autorisation, c'est pour prévenir les abus de la main-morte ; la nullité est donc d'ordre public, quoiqu'elle soit fondée sur l'incapacité. D'ailleurs les personnes civiles qui ont besoin d'autorisation sont des établissements d'utilité publique ou des corps politiques ; tout ce qui les concerne est d'ordre public. Il est donc aussi d'ordre public qu'elles ne puissent contracter que dans les formes prescrites par la loi. Or, dès que l'intérêt public est en cause, il faut que toute partie intéressée puisse se prévaloir de la nullité, sinon il est à craindre que des formes qui sont d'ordre public ne soient négligées. Il y a des personnes civiles qui sont en guerre permanente avec l'Etat, ce sont toutes celles qui dépendent de l'Eglise. L'Eglise se prétend en dehors des lois et au-dessus des lois. Si l'on défend à ceux qui contractent avec elle d'invoquer la nullité du contrat, il arrivera que la formalité de l'autorisation sera éludée ; c'est permettre indirectement à l'Eglise d'éluder la loi d'ordre public qui place ses établissements sous la tutelle de l'Etat. Il y a d'autres considérations qui confirment nos doutes. Les établissements publics ne sont pas des personnes, ils n'ont qu'une capacité relative et restreinte ; s'ils peuvent acquérir, c'est avec l'autorisation de l'autorité supérieure ; en dehors de cette autorisation, ces établissements n'ont plus aucune capacité, car ils n'ont plus d'existence ; un établissement non autorisé c'est un non-être, tout ce qu'il fait n'a aucune valeur, c'est le néant. Or, il est de principe que l'inexistence d'un acte peut être opposée par toute personne intéressée. Il n'y a donc aucune analogie entre les établissements publics et les mineurs, interdits ou femmes mariées.

64. Les principes que nous venons d'exposer ont été reconnus par la cour de Colmar dans d'autres circonstances, mais elle en a fait une fausse application, à notre avis. Un évêque contracte sans l'autorisation que les lois exigent ; la partie qui a contracté avec lui réclame des dommages-intérêts pour inexécution de la convention. La cour décide qu'il n'y a lieu à dommages-intérêts que lorsque l'obligation a été valablement et régulièrement contractée; or, dans l'espèce, l'évêque avait agi en cette qualité sans, l'autorisation du gouvernement; cette obligation est *radicalement nulle*, son inexécution ne peut donc donner lieu à des dommages-intérêts; ce serait un moyen de valider une convention qui ne peut produire aucun effet(1). Nous croyons aussi que l'obligation était radicalement nulle, en ce sens qu'elle était inexistante, et une convention inexistante ne peut donner lieu à dommages-intérêts. Faut-il conclure de là que l'évêque n'est pas responsable comme personne privée? Ce serait dire que les administrateurs d'un établissement public sont irresponsables dès qu'ils agissent illégalement, et bien que par leurs agissements illégaux ils causent un préjudice à ceux qui traitent avec eux. Une pareille doctrine est en opposition avec le principe général de l'article 1382 : tout fait dommageable donne lieu à des dommages-intérêts; or, dans l'espèce, il n'y avait pas de convention, il restait un fait, si ce fait constituait un quasi-délit, l'auteur du fait était tenu de réparer le dommage qu'il avait causé. Nous ne disons pas que le fait de contracter sans autorisation est un quasi-délit donnant lieu à des dommages-intérêts. Nous disons que s'il y a un fait dommageable, l'auteur du fait ne peut s'excuser en disant qu'il a agi comme personne civile.

§ VI. *Des associations non reconnues.*

65. Que les associations non reconnues ne puissent pas contracter comme telles, cela est d'évidence, puisqu'elles n'existent pas aux yeux de la loi, et le néant ne peut pas stipuler et promettre. Cela ne donnerait lieu à aucune contestation sérieuse si parmi ces associations ne se trouvaient des corporations religieuses. Supprimées par la révolution comme corps moraux, prohibées même par la législation française comme associations libres, elles se sont reconstituées en Belgique, en profitant de

(1) Colmar, 2 avril 1833 (Dalloz, au mot *Culte*, n° 404).

la liberté d'association proclamée par notre constitution et, en France, grâce à la tolérance coupable du gouvernement. On connaît l'ambition immortelle de l'Eglise; plus elle se trouve en opposition avec les instincts, les idées, les sentiments, les besoins de la société moderne, plus elle met de hauteur à affirmer ses prétentions : *Quos vult perdere Jupiter dementat.* La logique et la nécessité poussent l'Eglise et ses établissements à se mettre en dehors de la loi et au-dessus de la loi. Elle est l'épouse du Christ, elle se confond avec Dieu, dont elle est l'organe : est-ce que Dieu serait soumis aux lois humaines (1)? Telle est l'orgueilleuse prétention qui égare l'Eglise et qui la perdra. Après cela, il faut avouer que les établissements ecclésiastiques sont forcément en guerre avec la loi, en guerre avec la société. Les membres des corporations religieuses font vœu de pauvreté; ils ne possèdent rien en propre, pas même l'habit qui les couvre (2). La propriété est l'expression et la garantie de l'individualité humaine. Si les religieux ne peuvent rien posséder, c'est qu'ils ne vivent pas de la vie réelle, leur individualité est complétement anéantie au profit du corps moral auquel ils appartiennent. Saint François et saint Ignace, deux fondateurs d'ordres, nous diront ce que c'est qu'un moine : un *bâton,* dit l'un; un *cadavre,* dit l'autre. Voilà l'idéal. Singulier idéal de vie que celui qui tue la vie! Mais ces hommes qui n'ont plus d'existence individuelle ont néanmoins des besoins physiques : ne pouvant rien posséder, comment vivront-ils? Le couvent possédera pour eux, c'est-à-dire que l'existence des ordres religieux implique la nécessité d'un corps moral qui absorbe la vie de ses membres, qui seul vit et agit, et par lequel les religieux vivent et agissent. Ces corps moraux ont disparu en 1789, ils sont morts et ne ressusciteront point. Cependant en apparence ils sont ressuscités. Mais voici quel est le cercle vicieux qui les condamne à frauder incessamment la loi : les moines ne peuvent pas posséder sans

---

(1) Voyez mon *Étude sur l'Église et l'État.*
(2) Voyez mon *Étude sur la Féodalité et l'Église,* et mon *Étude sur le christianisme.*

mentir à leur vœu, le couvent ne peut pas posséder sans frauder la loi. Que fait-on? On foule la loi aux pieds. Or, cette loi est l'expression de l'antipathie que la société moderne éprouve pour toute corporation religieuse. De là la guerre entre l'Eglise et l'Etat, guerre à mort qui ne finira que par la ruine de l'Etat ou la ruine de l'Eglise. Il n'y a qu'une issue pour l'Eglise, une chance de salut, c'est qu'elle se transforme; mais elle s'est déclarée divine et irréformable, donc elle périra. Nous allons assister, comme nous l'avons déjà fait (1), à la lutte de mensonge, de fraude, de spoliation que l'Eglise soutient contre les lois et les familles. Nos paroles paraîtront dures et sévères; elles ne s'adressent pas aux hommes, elles s'adressent à l'institution dont ils sont les victimes.

66. Nous parlons des congrégations religieuses qui ne sont pas reconnues comme établissements d'utilité publique, qui n'ont pas, comme on le dit, la personnification civile. Elles sont frappées d'une incapacité absolue de contracter; pour contracter, il faut consentir, il faut manifester une volonté, il faut donc exister. Or, les corporations religieuses n'existant pas aux yeux de la loi, c'est, à la lettre, le néant : un non-être peut-il contracter? Là où il n'y a pas de personnalité, il n'y a point de contrat possible. Un arrêt de la cour de Gand consacre ce principe dans les termes les plus absolus (2). Dans l'espèce, une sœur renvoyée d'un couvent requit l'apposition des scellés sur les biens meubles, papiers, etc., de la maison mère des marolles ou maricoles, à Termonde, et de la succursale, à Lede, dans le but d'arriver au partage des biens de la communauté. Le partage suppose une société, la société est un contrat qui ne peut se former là où il y a incapacité absolue de contracter. Y avait-il société? Y avait-il lieu à partager? La cour répond que la communauté des sœurs maricoles n'ayant jamais obtenu la personnification civile, n'avait aucune existence légale, d'où suit qu'elle n'avait pu valablement contracter.

(1) Voyez le tome XI de mes *Principes,* p. 216, nᵒˢ 165-185.
(2) Gand, 27 juin 1867 (*Pasicrisie,* 1867, 2, 343).

Peu importent donc les conventions qui interviennent entre la communauté et les sœurs qui y entrent, ces conventions n'engendrent aucun lien de droit : le néant, dit l'arrêt, ne peut créer ni droits ni obligations. Nous dirons plus loin quels sont les droits des membres qui quittent une corporation religieuse. Pour le moment, nous constatons le principe consacré par la cour de Gand : les corporations religieuses n'existent pas, le néant ne peut produire que le néant ; donc tout ce qu'elles font est inexistant aux yeux de la loi. La cour de cassation de France a jugé, dans le même sens, qu'une congrégation non autorisée ne peut ni contracter ni ester en justice (1).

67. Le principe ne saurait être contesté. Mais l'application donne lieu à des difficultés incessantes, par suite des fraudes dont vivent les congrégations religieuses ; on ne sait plus ce qui est vrai et ce qui est faux ; la limite s'efface entre la réalité et la fiction, entre la vérité et le mensonge. Il faut suivre dans leur détail ces combinaisons où la foi s'arme de la fraude pieuse pour braver la loi. Une demoiselle vend au vicaire général de l'archevêque de Rouen une maison et ses dépendances ayant fait partie de l'ancien couvent des Feuillants ; le prix était de 40,000 francs. Après le décès de la venderesse, ses héritiers attaquèrent la vente comme cachant une donation faite par personne interposée à une congrégation non autorisée, la communauté dite de Picpus, que nous rencontrerons encore plus d'une fois en justice. Il fut jugé que l'acte litigieux avait bien le caractère d'une vente, et en conséquence l'action en nullité fut rejetée. Les héritiers se pourvurent en cassation et soutinrent que la cour aurait dû annuler l'acte comme vente, aussi bien que comme donation. Le pourvoi fut rejeté parce que les demandeurs ne pouvaient pas invoquer devant la cour de cassation un moyen de nullité qu'ils auraient dû faire valoir devant le juge de fait. Les héritiers formèrent alors une nouvelle demande tendante à ce que l'acte fût déclaré nul comme vente, les congrégations non autorisées étant incapables

(1) Cassation, 9 novembre 1859 (Dalloz, 1860, 1, 70).

d'acquérir à un titre quelconque. On leur opposa d'abord
une fin de non-recevoir, l'autorité de la chose jugée. La
cour de cassation la rejeta par le motif que la cause de
la seconde demande n'était pas la même; les héritiers
avaient d'abord demandé la nullité de l'acte comme contenant une donation déguisée, et dans la seconde action
ils demandaient la nullité dudit acte comme contenant
une vente au profit d'une congrégation incapable d'acquérir même à titre onéreux; cette question n'avait pas
été posée lors du premier arrêt; elle n'avait pas été
résolue, donc il y avait une autre cause, et par suite
l'une des conditions requises pour qu'il y ait chose jugée
manquait. La cour de Paris avait décidé que la vente
s'était faite au profit de la congrégation de Picpus par
personne interposée. On prétendit que la vente était valable, l'acquisition ayant été faite par une personne capable de contracter. Sans doute, dit la cour de cassation,
les personnes qui font partie d'une communauté non autorisée ont capacité, comme toutes autres personnes jouis-
sant de leurs droits civils, d'acquérir dans leur intérêt
individuel; mais l'acquisition litigieuse n'était point faite
au profit de l'acquéreur qui figurait à l'acte, car la cour
de Paris avait constaté que tous les documents du procès
démontraient invinciblement que l'acheteur avait servi de
prête-nom à la communauté de l'Adoration perpétuelle,
dite de Picpus; que l'intervention du vicaire général avait
eu pour but d'éluder l'incapacité d'une congrégation non
autorisée, ce qui entraînait la nullité de la vente (1).

68. Dans ce débat, le pourvoi soutint, au nom de la
congrégation, que celle-ci, quoique non autorisée, formait néanmoins une société de fait, capable d'acquérir à
titre onéreux. La cour de cassation ne tint aucun compte
de cette défense; il n'en est rien dit dans l'arrêt. Un arrêt
de la cour de Paris, rendu sous la présidence de Delan-
gle, a repoussé cette prétention. Il s'agissait encore de
la communauté de Picpus. Une marquise y était entrée
en 1819, elle en sortit en 1853, à l'occasion de change-

(1) Rejet, 15 décembre 1856 (Dalloz, 1857, 1, 97).

ments considérables qui furent apportés à la constitution de l'ordre. La marquise réclama la restitution d'une somme de 1,200,000 francs qu'elle avait versés dans la communauté. Le tribunal de la Seine repoussa l'action par une fin de non-recevoir; la congrégation de Picpus n'étant pas autorisée, dit le jugement, n'avait pas d'existence civile; elle ne pouvait donc être reçue à former une action judiciaire et elle ne pouvait être appelée en justice. Au fond, le tribunal jugea qu'il n'y avait pas lieu à répétition, la communauté devant être considérée comme une société de fait qui peut faire un contrat avec les personnes qui en font partie; en conséquence, la fortune des membres peut être affectée de commun accord à un emploi licite, assigné par la volonté commune des contractants, ce qui exclut toute répétition. Cette décision fut réformée en appel par un arrêt fortement motivé. Nous reviendrons sur la fin de non-recevoir. Il s'agissait de savoir quelle est la situation légale des congrégations non autorisées et de ceux qui en font partie. La communauté n'existant pas légalement, il ne peut se former de lien de droit entre elle et ses membres; chacun, par conséquent, reste maître de ses actions; il peut, à son gré, reprendre sa liberté, et s'il a versé dans la communauté des effets mobiliers ou immobiliers, il peut les répéter. S'il en était autrement, les congrégations non autorisées acquerraient et posséderaient indirectement, au mépris des lois d'ordre public qui s'opposent à ce qu'il se forme sans l'assentiment de l'Etat des corporations destinées à se perpétuer, et qui, soit par leur but, soit par l'accumulation et l'immobilité de leurs propriétés, blesseraient l'intérêt général; il en résulterait surtout cette conséquence absurde que l'inobservation de la loi deviendrait pour ces congrégations un moyen, non-seulement de se soustraire à la surveillance de l'Etat, mais encore d'éluder les incapacités dont sont frappés les établissements légalement formés. Conçoit-on que la violation de la loi devienne la source d'un privilége (1)?

_____

(1) Paris, 8 mars 1858 (Dalloz, 1858, 2, 49).

La cour de Paris ne répond pas directement à l'argument que les corporations religieuses font valoir : elles prétendent former des sociétés civiles ordinaires, et elles ne réclament que le bénéfice du droit commun. Nous reviendrons sur cette prétention au titre de la *Société*. Il est de jurisprudence que les congrégations religieuses ne sont pas des sociétés civiles et qu'elles ne peuvent pas invoquer la loi commune. C'est un pur fait, il faut ajouter un fait extra-légal, pour mieux dire, illégal, à raison du but que les corporations poursuivent et qu'elles atteignent, la fraude aidant. Les communautés religieuses veulent reconstituer les couvents à titre de corps moraux ou de personnes civiles ; le but est illégal, donc le fait que nous signalons est aussi illégal. De là une conséquence importante. Lorsqu'une convention est consentie par des personnes capables de contracter, la loi la frappe de nullité, si elle a une cause illicite et la nullité est radicale ; c'est l'inexistence, la convention ne produit aucun effet (article 1131). A plus forte raison, un simple fait ou une société de fait qui se propose un but illicite, un but réprouvé par la loi et dangereux ne peut-il avoir aucun effet juridique. Il faut dire, avec la cour de Gand, que c'est le néant ; et le néant ne peut engendrer que le néant.

69. Nous croyons que c'est à ce point de vue qu'il faut se placer pour déterminer les conséquences légales des conventions où les corporations religieuses interviennent par personnes interposées, cela va sans dire. Qui est propriétaire des biens acquis par les personnes interposées? La question s'est présentée devant la cour de cassation de Belgique, en matière électorale. Elle a jugé que le supérieur d'une congrégation religieuse inscrit au rôle des contributions pour une somme excédant le cens électoral devait être inséré sur la liste des électeurs. Dans la dernière espèce, décidée par la cour, le supérieur des récollets, à Anvers, avait acheté, conjointement avec onze autres récollets, les immeubles qui forment leur couvent ; il comptait les contributions foncières jusqu'à concurrence d'un douzième dans la supputation de son cens. Ayant acquis le douzième indivis de ces immeubles, dit l'arrêt, la propriété de ces biens lui a été transférée de droit pour un douzième, en vertu de l'article 1583 du code civil. Le pourvoi soutenait que ces contrats étaient inexistants, parce qu'ils avaient pour but de transmettre les biens à une congrégation religieuse dépourvue de la personnification civile. Que répond la cour de cassation? « La nullité d'un acte, quelque absolue qu'on la suppose, doit, pour exister avec les conséquences juridiques qui en découlent, être déclarée en justice. Or, la nullité ne peut être demandée que par la partie contractante ou par ses héritiers. Dans l'espèce, la nullité n'avait été demandée par aucune personne ayant qualité à cet effet ; donc l'acte subsistait, partant il y avait un propriétaire apparent, qui payait le cens électoral et qui devait être inscrit sur les listes (1).

A notre avis, cette jurisprudence est contraire aux vrais principes, tels que nous venons de les établir. Laissons de côté l'article 1583 ; il suppose une vente réelle et non une vente frauduleuse, où il y a un acquéreur apparent, personne interposée qui ne fait que prêter son nom pour faire parvenir l'immeuble à une congrégation incapable d'acquérir. Qui acquiert en réalité? Celui qui a la volonté de devenir propriétaire. On ne devient pas propriétaire sans le vouloir. Or, le prête-nom entend si peu devenir propriétaire que son vœu lui défend d'être propriétaire de l'habit qui le couvre. Il acquiert donc pour le corps moral, le couvent, c'est-à-dire pour un non-être. Qu'importe! dit la cour ; il possède en vertu d'un acte translatif de propriété ; cet acte est nul, soit ; mais il existe tant qu'il n'a pas été annulé, et il ne peut être annulé que sur la demande du vendeur ou de ses héritiers. Ici est l'erreur, à notre avis. Les principes invoqués par la cour s'appliquent aux nullités ordinaires, c'est-à-dire aux actes nuls, en ce sens qu'ils sont annulables ; ceux-ci existent et produisent leurs effets tant qu'ils n'ont pas été annulés par le juge ; il faut donc agir

---

(1) Rejet, 31 janvier 1870 (*Pasicrisie,* 1870, 1, 306). Dans le même sens, Rejet, 8 octobre 1869 (*Pasicrisie,* 1869, 1, 509).

en nullité, et il n'y a que les personnes auxquelles la loi donne ce droit qui puissent demander la nullité. Les actes inexistants, au contraire, sont nuls de plein droit, comme le dit l'article 1117; ils ne peuvent avoir aucun effet, aux termes de l'article 1131; on n'a donc pas besoin d'agir en justice pour que le juge les déclare nuls ou inexistants. Sans doute, il y a, comme dans l'espèce, un titre apparent qui doit être écarté par le juge quand on l'oppose au demandeur; mais toute personne intéressée à se prévaloir de l'inexistence de l'acte peut demander au juge qu'il déclare l'acte inexistant. On voit, par l'espèce, combien il importe que l'action soit ouverte à tous. Il y a une fraude à la loi et à une loi d'ordre public; le prétendu propriétaire est le grand artisan de la fraude, en se disant tel, il ment à sa conscience, il ment à ses vœux. Comment l'empêcher d'usurper les droits que lui donne son titre apparent? Attendra-t-on que le vendeur agisse, ou ses héritiers? Le vendeur est complice de la fraude, et ses héritiers circonvenus, égarés, fanatisés comme leur auteur, gardent le plus souvent le silence. Qu'arrivera-t-il donc, dans la théorie de la cour de cassation? Elle éternise la fraude et elle la favorise. Le devoir du juge est, au contraire, de réprimer la fraude partout où il peut la saisir. Le juge doit donc déclarer fausse et mensongère la propriété invoquée par celui qui n'est propriétaire en titre que pour faire fraude à la loi.

70. Quelles seront les conséquences juridiques des conventions faites par la congrégation non autorisée? Ici nous rencontrons de nouveau la fraude employée pour créer ou perpétuer, à titre de corps moraux, des établissements que la loi a abolis, des corporations qui sont une violation permanente de la loi et un danger incessant pour la société et les familles. Nous avons dit que les sociétés de fait, qui n'ont aucune existence légale, sont un quasi-délit; cette qualification ou cette flétrissure leur est infligée par la justice. Cela décide la question que nous venons de poser. Pourquoi les hommes contractent-ils et pourquoi la loi sanctionne-t-elle leurs conventions? Parce qu'ils ont droit à la vie et qu'ils ne peuvent vivre sans contracter. Les établissements illicites qui se forment en fraude de la loi n'ont pas le droit de vivre, donc ils n'ont pas le droit de contracter. Leurs conventions sont viciées dans leur essence, ils contractent sans exister, et ils contractent dans un but illicite, celui de créer un corps moral et de le maintenir malgré la prohibition de la loi. La cause de ces conventions est donc illicite ; par conséquent elles sont frappées de nullité radicale à tous égards ; elles n'existent pas plus que les corps dans l'intérêt desquels elles se font. Il n'en peut donc résulter aucune action. Mais ici de nouvelles difficultés surgissent. S'il n'y a pas de corps moral, il y a une société de fait ; s'il n'y a pas de corporation qui puisse contracter, il y a des individus qui contractent dans son intérêt. Quelle est la valeur de ces conventions ? A notre avis, il ne peut pas s'agir de conventions, parce que ceux qui contractent ne le font qu'au nom d'une corporation qui n'existe point et pour une cause illicite que la loi réprouve.

Telles sont les conventions qui stipulent une dot appelée jadis aumône dotale, laquelle doit être acquittée par le religieux ou la religieuse qui entre dans un couvent. Ces conventions sont-elles valables ? Nous avons dit (1) que la jurisprudence française les valide, en tant qu'elles interviennent entre la future religieuse et la supérieure, qui s'oblige personnellement à entretenir la religieuse moyennant la dot qu'elle paye, ou que les parents payent en son nom. La cour de Bruxelles a mieux jugé, à notre avis, en décidant que ces conventions sont nulles pour avoir été faites au profit d'une congrégation incapable de contracter. On est donc en présence d'un pur fait. La religieuse est nourrie et soignée : doit-elle une indemnité de ce chef ? L'arrêt répond que c'est là une obligation naturelle, en ce sens que personne ne peut s'enrichir aux dépens d'autrui (2). Nous admettons le principe, mais avec une restriction. La plupart des congrégations sont aujourd'hui enseignantes, et la prétendue instruction qu'elles donnent est pour elles une source de richesses. Si donc

(1) Voy. le t. XV de mes *Principes*, p. 486, n° 432.
(2) Bruxelles, 5 juin 1858 (*Pasicrisie*, 1859, 2, 133).

la religieuse dotée est employée à enseigner, ou si elle rend tout autre service appréciable à prix d'argent, elle gagne certes au delà de sa nourriture et de son entretien ; dans ce cas, la dot est une pure libéralité, ce qu'elle a été jadis, quand les couvents avaient une existence légale et qu'ils n'avaient pas besoin de frauder ; on appelait la dot une aumône, comme tout ce qui est donné à l'Église. C'est donc pour frauder la loi que l'on simule un contrat à titre onéreux ; tout ce que l'on peut admettre, c'est que l'on estime les services rendus par la religieuse et la dépense qu'elle a occasionnée ; s'il y a un excédant de dépense, l'équité naturelle veut qu'elle la paye, mais l'équité veut aussi qu'on lui tienne compte des services qu'elle a rendus.

La cour de cassation de France a jugé dans le même sens, quand le contrat est passé avec la supérieure du couvent agissant comme telle, c'est-à-dire au nom du couvent. Une demoiselle entre dans un couvent d'un ordre non autorisé ; par acte sous seing privé elle cède à la dame supérieure une créance de 15,000 francs qu'elle avait sur sa sœur. Elle meurt deux ans après. Demande de la supérieure en payement de la créance dont elle est cessionnaire. On lui oppose que la cession est nulle comme faite au profit d'une communauté non autorisée, incapable, par conséquent, de contracter. Le tribunal de première instance déclara l'action non recevable ; en appel, la cour de Grenoble décida que tout ce qui résultait du défaut d'autorisation, c'est que les établissements non autorisés sont incapables d'agir et de posséder comme corps moraux, et qu'ils ne peuvent participer ni directement ni indirectement à aucun des actes que la loi interdit aux congrégations dûment reconnues, ou qu'elle ne leur permet que sous la condition d'une autorisation spéciale. Mais, dit la cour, il n'en résulte pas que les membres de ces associations ne puissent faire *en commun*, ou les uns pour les autres, les contrats pour lesquels les couvents légalement constitués n'ont besoin d'aucune autorisation, notamment des acquisitions purement mobilières à titre onéreux. En conséquence, la cour valida l'aumône dotale

en tant qu'elle ne constituait pas une libéralité (1). Cet
arrêt a été cassé au rapport de Renouard, après délibération en la chambre du conseil. La cour de cassation
constate d'abord en fait que l'acte litigieux a été passé
avec la *supérieure* du couvent agissant dans l'intérêt de
la communauté et au nom de cet établissement; la question est donc de savoir si le couvent a eu capacité pour
consentir la convention dotale et pour en poursuivre
l'exécution. Il suffisait de poser la question pour la résoudre. La cour de Grenoble avait fait une étrange confusion entre les établissements autorisés et les congrégations non autorisées; à l'entendre, on dirait que la loi qui
règle en France et limite les conditions d'existence et
de capacité des congrégations religieuses a conféré une
certaine capacité aux communautés non autorisées. L'erreur est évidente (2).

Il y a un arrêt de la cour de Lyon dans le sens de
notre opinion. Dans l'espèce, une demoiselle, en entrant
au couvent, avait donné à la supérieure une somme de
10,000 francs à titre de dot; trois mois après elle mourut.
On prétendit, dans l'intérêt de la communauté, que la
supérieure avait stipulé en son nom personnel; mais cette
allégation était contredite par tous les faits établis au
procès. La congrégation, dans la prévision des difficultés
qui s'élèveraient au décès d'une religieuse entrée mourante
au couvent, avait pris ses mesures de précaution, en lui
faisant signer une série d'actes frauduleux : d'abord un
contrat de vente consenti à la demoiselle avant son entrée
au couvent; la cour déclare que cet acte était évidemment
simulé, c'est-à-dire frauduleux; la demoiselle n'avait
jamais acheté d'immeuble, elle ne pouvait donc être débitrice du prix. Puis on lui fit signer un billet de 10,000 francs
au profit de deux religieuses de la communauté; ces billets, dit l'arrêt, n'avaient d'autre cause que l'obligation de
la signataire de verser à la communauté le montant de sa
dot de pareille somme; la dot ayant été payée, le billet

(1) Grenoble, 27 mars 1857 (Dalloz, 1858, 2, 119).
(2) Cassation, 9 novembre 1859 (Dalloz, 1860, 1, 70).

n'avait plus aucune valeur. Indépendamment de la dot, la communauté avait reçu, à titre de trousseau, une somme de 1,500 francs. La cour condamna la supérieure à restituer la dot et le trousseau, déduction faite des dépenses (1).

Cette jurisprudence se fonde sur la qualité que prend dans l'acte la dame supérieure qui stipule la dot. Ce n'est pas elle qui traite, c'est le couvent; or, le couvent et certainement incapable de contracter. Cela implique que les conventions dotales seraient maintenues si la supérieure figurait dans l'acte à titre personnel. C'est ce que la cour de Nîmes décida sur le renvoi que lui fit la cour de cassation, après avoir cassé l'arrêt de la cour de Grenoble dans l'affaire que nous venons de rapporter. La cour de Nîmes reconnaît que les communautés non autorisées sont incapables de contracter et d'ester en jugement; mais, quoique non autorisées, elles existent de fait; la cour voit même quelque chose de légitime dans cette existence de fait; c'est, dit-elle, un préalable nécessaire pour faire apprécier le caractère de la communauté et pour en justifier plus tard l'autorisation. Voilà déjà une première déviation de la rigueur du droit et, ajoutons, de la réalité des choses. Une communauté non reconnue est un fait illicite, puisqu'elle essaye de se soustraire à la nécessité de l'autorisation et de faire fraude à la loi. Pendant cette période préparatoire, continue l'arrêt, il n'est pas défendu aux femmes, membres de la communauté, d'agir et de contracter en leur nom personnel, *quand même elles auraient en vue l'intérêt collectif,* pourvu qu'elles assument sur elles individuellement les conséquences de l'engagement et qu'elles ne se servent pas de cette voie pour faire arriver à la communauté des libéralités qu'une communauté autorisée ne pourrait recevoir qu'avec l'approbation du gouvernement. Ici la cour, sans le vouloir, prête la main à la fraude. Qui donc croira que la supérieure agit en son nom personnel et qu'elle supporte les conséquences de son engagement? C'est la fiction, c'est

(1) Lyon, 23 février 1867 (Dalloz, 1867, 2, 111).

le masque; la réalité, la vérité est que la supérieure n'est pas une marchande de soupe, elle n'entend pas spéculer pour son compte en faisant une convention aléatoire; la convention est-elle avantageuse, le profit sera pour la communauté; est-elle désavantageuse, c'est la communauté qui supportera la perte, chance purement hypothétique, puisque toutes les communautés prospèrent et s'enrichissent à vue d'œil. Ces mauvais détours se conçoivent de la part des gens d'Eglise qui vivent dans une atmosphère de fraude; il nous répugne de voir les magistrats s'associer à la fraude, en donnant leur approbation à ces ténébreuses inventions de la cupidité monacale. La cour de cassation qui avait cassé l'arrêt de la cour de Grenoble confirma la décision de la cour de Nîmes, mais il importe de constater qu'elle s'est crue liée par l'appréciation souveraine des juges du fait. Encore l'arrêt a-t-il été rendu sur les conclusions contraires de l'avocat général (1).

71. Les religieuses quittent parfois le couvent. Ont-elles un droit sur les biens que la communauté possède en fait? Ceux qui figurent à l'acte de société ou aux actes de vente comme copropriétaires des biens ont certes le droit de reprendre ce qu'ils ont apporté, ils profitent même des bénéfices réalisés sur leur apport, sauf à supporter leur part dans les charges : c'est la liquidation partielle d'une communauté de fait. Mais les membres qui ne figurent pas dans les actes comme copropriétaires n'ont aucun droit sur les biens que la communauté possède; en effet, il n'y a ni corps moral, ni société civile, il faut donc dire avec la cour de Gand que la communauté est affectée d'une nullité absolue qui l'empêche d'exister; que, par suite, elle n'a pu ni stipuler ni promettre, le néant n'étant capable ni de donner ni de recevoir. La conséquence est que les membres sortants ne peuvent reprendre que leurs apports; pour mieux dire, la communauté doit restituer ce dont elle s'est enrichie à leurs dépens (2). La cour de Bruxelles s'est prononcée dans le même sens; et, au

(1) Rejet, de la chambre civile, 12 mars 1866 (Dalloz, 1866, 1, 193).
(2) Gand, 27 juin 1867 (*Pasicrisie*, 1867, 2, 343) et 24 décembre 1869 (*ibid.*, 1870, 2, 314).

point de vue des principes, la question ne souffre aucun doute (1).

En France, la question a soulevé des débats très-vifs. Il faut s'en féliciter, parce qu'ils nous apprennent comment les couvents s'enrichissent. Nous avons dit plus haut qu'une marquise, entrée au couvent de Picpus, y avait versé une somme de 1,200,000 francs qu'elle réclama à sa sortie. Le tribunal de la Seine rejeta sa demande en se fondant sur l'incapacité même des communautés religieuses. Cette singulière décision fut réformée en appel. « Si, dit la cour, les communautés non autorisées ne constituent pas des personnes civiles, elles forment cependant entre les membres dont elles se composent des sociétés de fait, responsables envers les tiers des engagements qu'elles prennent, soit que ces engagements dérivent de contrats ou de quasi-contrats, soit qu'ils aient pour cause des délits ou des quasi-délits. Cette responsabilité s'applique, dans la mesure de leur participation aux affaires communes, à tous ceux qui font partie de la congrégation irrégulièrement établie ; elle incombe surtout à quiconque, sous le nom de supérieur ou autre, en a la direction et en détient les biens. S'il en était autrement, une communauté non autorisée, à raison même du vice de sa constitution, échapperait, et dans sa personne collective et dans les individus dont elle est formée, à toute action de la part des tiers envers lesquels elle a pu s'obliger ; elle trouverait ainsi dans sa contravention aux lois un privilége que les lois refusent à bon droit aux congrégations qui se soumettent à la règle. » La cour de Paris a raison de protester contre une pareille doctrine au nom de la morale, du droit et de l'ordre public. La cour pose ensuite en principe que les membres de la communauté peuvent, en la quittant, reprendre leurs apports, sauf à supporter leur part dans les dettes et les charges. Dans l'espèce, la marquise avait appartenu pendant plus de trente années à la communauté de Picpus ; la cour fixe à 700,000 francs la part de la marquise dans les dé-

(1) Bruxelles, 3 février 1868 (*Pasicrisie*, 1868, 2, 132).

penses et les pertes, de sorte que la communauté devait
lui restituer une somme de 500,000 francs. On voit que
c'est mal placer ses capitaux que de les confier à une congrégation religieuse. Toutefois ce bénéfice ne satisfit pas
la communauté. Elle prétendit que la marquise n'avait
point rendu ses comptes et qu'en partant elle avait emporté des valeurs considérables. La cour de Paris déclara
que ces allégations étaient dénuées de preuves (1).

72. Ces difficultés ont été portées devant la cour de
cassation dans une affaire qui, sous bien des rapports,
mérite notre attention. Nous empruntons le récit des faits
à l'arrêt de la cour d'Orléans. Une demoiselle, à moitié
idiote, entre dans la communauté de Picpus; elle possédait à ce moment une somme de 300,000 francs au moins;
depuis elle toucha encore 143,600 francs, sa fortune était
donc de 443,600 francs; la cour en déduit 93,000 francs
pour dépenses personnelles : on ne vit pas pour rien dans
les couvents. A la mort de la demoiselle, il ne restait rien
de sa fortune : qu'étaient devenus les 350,000 francs,
excédant de l'actif sur le passif? La cour déclare que le
capital s'est écoulé au profit de la congrégation de Picpus
et spécialement de son établissement du Petit Saint-Martin de Tours, dans les mains des aumôniers ou des supérieurs de cette communauté, au nombre desquels se trouvait l'archevêque de Chalcédoine, supérieur général des
communautés de Picpus. En 1828, on transporta dans le
couvent du Petit Saint-Martin les capitaux que la demoiselle avait entassés, il y en avait tant que l'on craignait
que le plancher ne fléchît; l'abbé aumônier eut soin de
les faire déposer dans son appartement pour mieux les
conserver. C'est sur ses exhortations que la demoiselle
était entrée au couvent, il exerçait un grand ascendant
sur elle : comment en serait-il autrement? Rarement, dit
l'arrêt, la demoiselle sortait d'un entretien avec lui sans
que ses pleurs attestassent qu'il venait d'en obtenir quelque nouveau sacrifice. L'aumônier, dispensateur des charités de sa pénitente, tourna naturellement sa bienfaisance

(1) Paris, 8 mars 1858 (Dalloz, 1858, 2, 49).

au profit de sa communauté. Cette communauté était si pauvre quand la riche demoiselle y entra, que celle-ci dut lui fournir le pain pendant une année entière. Les choses changèrent bientôt; la communauté s'enrichissait aux dépens de l'idiote qui, à sa mort, ne laissa que 100 francs, plus 2,000 arrivés la veille que l'aumônier n'avait pas eu le temps de placer. Comment parvint-on à la dépouiller de capitaux si considérables? Ses papiers et registres sur lesquels elle annotait jour par jour ses moindres dépenses avaient disparu; mais les témoins entendus dans l'enquête déclarèrent qu'à partir de son entrée au couvent on l'accablait de prévenances; on faisait de fréquents appels à sa pieuse charité, et les abbés ne manquèrent point de lui promettre des récompenses célestes en échange de ses bienfaits. L'intelligence de la pauvre fille allait en s'affaiblissant; la famille, mais trop tard, prit l'alarme et demanda son interdiction; le tribunal la prononça sur un simple interrogatoire, tant l'idiotisme était évident. Cet état de choses existait depuis plusieurs années. Que fit-on pour soigner ses intérêts et distribuer ses charités? Une sœur de la communauté lui prêta son intelligence et sa plume, évidemment, dit l'arrêt, sous la direction de la supérieure; l'idiote ne donnait plus que sa signature. On ne la quittait pas un instant, elle était interdite de fait, avant de l'être légalement. Cette séquestration était exploitée au profit du couvent. La demoiselle ne voyait plus que les personnes que la supérieure jugeait convenable de lui laisser voir; on avait pris soin d'éloigner d'elle sa filleule, en lui faisant prendre le voile malgré son antipathie pour le couvent; les hommes d'affaires qui géraient ses intérêts étaient tous choisis par les chefs de la communauté. On géra si bien que d'un demi-million il resta un sac contenant 100 francs!

Les héritiers actionnèrent l'archevêque de Chalcédoine, les supérieures et les membres de la communauté en restitution des sommes qui avaient appartenu à la défunte. L'archevêque opposa qu'il était le supérieur purement spirituel de la communauté et ne s'occupait pas des intérêts de ce monde, ce qui ne l'empêchait pas de figurer dans les actes comme acquéreur et propriétaire des biens appartenant à la communauté de Picpus, c'est-à-dire de jouer le rôle de prête-nom et de participer à des fraudes pieuses. Les supérieures et les sœurs prétendirent qu'elles ne connaissaient pas la défunte et qu'elles n'avaient jamais eu l'administration de sa fortune. Il va sans dire que la cour écarta ces mauvais subterfuges qui auraient abouti à maintenir la spoliation, par la raison qu'il n'y avait point de spoliateurs. La cour de cassation décida que les congrégations religieuses non autorisées formaient une communauté en fait, dont les membres étaient responsables à l'égard des tiers de tous les engagements qui résultaient de conventions ou de délits à charge de la communauté. Cette communauté de fait n'est pas régie par les principes que le code établit sur les sociétés; la responsabilité découle des articles 1382 et 1383; c'est dire qu'elle repose sur un délit ou un quasi-délit. En conséquence, il a été jugé que la cour d'Orléans avait fait une juste application de ces articles en condamnant l'archevêque de Chalcédoine, les supérieures et membres de la communauté, sur les biens de cette communauté, à répondre du dommage causé aux héritiers par leurs actes, et ce jusqu'à concurrence du profit que la communauté en avait retiré (1).

73. La cour de cassation ajoute que tous ceux qui interviennent dans les conventions ou dans le fait dommageable sont tenus solidairement comme auteurs ou complices d'un quasi-délit (2). C'est l'application de la doctrine admise par la jurisprudence en matière de quasi-délits; elle étend aux délits civils le principe de la responsabilité solidaire que la loi établit pour les auteurs et complices d'un délit criminel. La jurisprudence des cours de Belgique est dans le même sens (3); nous y reviendrons.

La responsabilité que la jurisprudence impose aux membres des corporations religieuses est une conséquence logique des principes qui régissent les quasi-délits. Si elle présente des anomalies et des contradictions appa-

---

(1) Rejet, chambre civile, 30 décembre 1857 (Dalloz, 1858, 1, 21).
(2) Rejet, 4 mai 1859 (Dalloz, 1859, 1, 314).
(3) Bruxelles, 13 juillet 1866 (*Pasicrisie*, 1867, 2, 27).

rentes, il faut s'en prendre à la fraude qui vicie tout. Que les auteurs et complices de la fraude soient tenus solidairement du dommage qui en résulte, cela est très-juridique : c'est le droit commun. Mais la condamnation personnelle serait peu efficace s'ils ne répondaient sur leurs biens. Quels sont ces biens? La cour de cassation décide qu'ils sont tenus sur les biens de la communauté qu'ils détiennent. Ici se présentent des difficultés inextricables. On conçoit que les membres des congrégations qui figurent comme acquéreurs de ces biens dans les actes frauduleux soient aussi considérés comme propriétaires des biens, quoique, d'après le droit strict et dans la réalité des choses, ils ne le soient pas; c'est une conséquence de la fraude à laquelle ils ont prêté la main. Mais ceux qui ne figurent pas dans les actes, ceux qui, simples membres, n'ont pas même un droit apparent sur les biens qu'ils détiennent, comment peuvent-ils les engager par leurs obligations? C'est, à vrai dire, la communauté qui sera responsable, et cependant la communauté n'existe pas! L'existence même de la communauté est un fait illicite, et tout ce qui les concerne est illicite; voilà ce que l'on peut dire pour expliquer la jurisprudence. Toujours est-il qu'il y a là des anomalies que les interprètes sont impuissants à résoudre. Le législateur seul le pourrait. Il faut ou qu'il reconnaisse l'existence des corporations religieuses, ou qu'il les proscrive même comme sociétés de fait. Nous doutons que l'humanité ait envie de retourner au moyen âge; donc que les établissements créés en fraude de la loi cessent d'exister de fait, comme ils sont inexistants de droit!

SECTION III. — De l'objet et de la matière des contrats.

74. L'article 1108 exige, comme une des conditions essentielles pour la validité des conventions, un objet certain qui forme la matière de l'engagement. En quoi consiste cet objet? L'article 1101, qui définit le contrat, répond que le débiteur s'oblige à donner, à faire ou à ne pas faire quelque chose; et l'article 1126 explique cette définition en disant : « Tout contrat a pour objet une chose qu'une partie s'oblige à donner, ou qu'une partie s'oblige à faire ou à ne pas faire. »

Les conventions ont pour but de procurer aux hommes les objets matériels qui leur sont nécessaires pour vivre et pour se développer : ce sont là les choses qui forment l'objet des contrats. Dans sa plus large acception, le mot *chose* comprend aussi les actions des hommes et même leur omission; les actions tendent, en effet, à produire une chose ou à la transformer; et l'obligation de ne pas faire assure à celui qui la stipule une jouissance qui ne soit pas entravée par celui qui s'oblige à ne pas faire (1).

L'article 1127 ajoute : « Le simple usage ou la simple possession d'une chose peut être, comme la chose même, l'objet du contrat. » En opposant la *chose* à l'usage ou à la possession de la chose, la loi entend distinguer les contrats translatifs de propriété de ceux qui ont pour objet de transférer au créancier l'usage ou la possession. Cela était assez inutile à dire dans une loi; les auteurs du code l'ont dit parce que Pothier le disait. Il va sans dire que le propriétaire qui peut transférer la propriété de la chose peut aussi n'en concéder que l'usage en la louant, ou la possession en la donnant en nantissement. La simple garde de la chose peut même faire l'objet d'un contrat comme dans le dépôt. Les auteurs du code auraient dû abandonner à la doctrine ces principes élémentaires, et c'est à peine s'il est nécessaire que la doctrine en fasse mention (2).

Les contrats ont donc pour objet soit des choses, soit des faits.

§ Ier. *Des choses.*

75. La doctrine énumère diverses conditions qui sont requises pour que les choses puissent faire l'objet d'une convention. Il faut, avant tout, qu'elles existent. Toullier

(1) Toullier, t. III, 2, p. 70, n° 113.
(2) Mourlon, *Répétitions*, t. II, p. 486. Pothier, *Des obligations*, n° 130.

prend la peine de dire que les choses qui ne peuvent exister, comme un centaure ou un hippogriffe, ne peuvent faire l'objet d'un contrat. Cela paraît assez inutile à dire. Nous préférons emprunter à la jurisprudence l'exemple d'un contrat qui n'existe pas faute d'objet. Il ne s'agit pas d'hippogriffes ni de centaures. A moins de supposer les deux parties complétement en démence, dit Toullier, il est bien évident qu'elles n'ont pu avoir la volonté de stipuler ou de promettre un être imaginaire (1). Pourquoi supposer des conventions qui ne se rencontrent jamais dans la vie réelle? Un négociant vend à un autre négociant soixante-treize surons cannelle Ceylan venus par le navire le *Malabar*; il se trouve qu'il n'existait pas sur le navire de cannelle Ceylan appartenant au vendeur. La vente était donc sans objet, partant nulle, dit la cour de Bordeaux (2). Il faut entendre le mot *nul* dans le sens de l'article qui prévoit aussi le cas d'une vente manquant d'objet. « Si, au moment de la vente, la chose vendue était périe en totalité, la vente serait nulle. » C'est une vente sans cause, et le défaut de cause rend le contrat inexistant, comme nous l'avons dit ailleurs (t. XV, n° 455).

76. L'article 1130 dit que les choses futures peuvent être l'objet d'une obligation. On cite comme exemple la vente des fruits à naître de tel fonds en telle année. La chose future peut ne consister que dans une simple espérance, comme les bénéfices que je pourrai retirer de telle entreprise : il y a alors contrat aléatoire. Nous reviendrons sur ces conventions, au titre de la *Vente*.

Les ventes de choses futures sont très-fréquentes en matière commerciale; il arrive tous les jours qu'un fabricant vend des produits non encore fabriqués dont il ne possède pas même les matières premières au moment de la convention (3). Nous emprunterons à la jurisprudence une espèce dans laquelle la nature du contrat était douteuse. Le conseil d'administration d'un régiment de cavalerie fait avec un marchand de foin un contrat par lequel

---

(1) Toullier, t. III, 2, p. 74, n°s 122 et 123.
(2) Bordeaux, 10 novembre 1836 (Dalloz, au mot *Vente*, n° 471).
(3) Massé, *Droit commercial*, t. III, p. 117, n° 1539.

celui-ci prend à ferme le fumier des chevaux pendant un an à raison de 6 centimes par journée de cheval, en s'obligeant à enlever le fumier à ses frais. L'acte fut enregistré en débet, la liquidation des droits à payer ne pouvant se faire que sur la somme que le débiteur aurait payée. Cette somme s'éleva à 4,000 francs; le receveur perçut le droit de vente. Action en restitution d'une partie des droits acquittés, fondée sur ce que le contrat était un bail. La cour de cassation de Belgique décida que c'était la vente d'une chose future; le contrat donnant au prétendu fermier le droit de disposer de la chose qui en faisait l'objet, le rendait propriétaire du fumier, tandis que le louage ne donne que la jouissance de la chose (1).

L'article 1130, conçu en termes généraux, s'applique à toutes espèces de conventions. Un propriétaire afferme pour neuf ans diverses pièces de terre à raison de 100 fr. par an, et délègue le même jour ces fermages à un créancier par acte authentique. Pendant le cours du bail, un autre créancier saisit les fermages dus à son débiteur. Le délégataire demande mainlevée de l'opposition. Le créancier saisissant soutient que l'on ne peut pas céder ni déléguer des créances qui ne sont pas encore échues, parce qu'on ne peut pas céder ce qui n'existe pas. Il a été jugé que les créances à terme peuvent être cédées aussi bien que les créances échues; on ne peut pas dire que c'est une chose qui n'existe pas, car c'est plus qu'une chose future, c'est un droit acquis au bailleur; cela est si vrai qu'en cas de déconfiture du locataire, le bailleur peut réclamer le payement par privilége de tous les loyers à échoir. La délégation était donc parfaitement valable et les circonstances de la cause prouvaient qu'elle avait été faite de bonne foi (2).

Il a été jugé qu'un droit accordé par une loi non promulguée peut être cédé : telle était l'indemnité que la loi du 27 avril 1825 donnait aux émigrés. Dans ce cas, il n'y a pas encore de droit, c'est plutôt l'espérance d'un droit

(1) Cassation, 29 novembre 1845 (*Pasicrisie*, 1846, 1, 220).
(2) Rouen, 28 novembre 1825 (Dalloz, au mot *Vente*, n° 1700).

qui fait l'objet du contrat ; mais peu importe, car on peut vendre une simple espérance (1).

L'article 1130 apporte une exception considérable au principe qui permet de contracter sur des choses futures ; on ne peut pas faire de convention sur une succession non ouverte. Nous traiterons des pactes successoires à part, à raison de l'importance de la matière.

77. L'article 1129 exige une seconde condition pour que les choses puissent faire l'objet d'une convention valable : il faut qu'elles soient au moins déterminées quant à leur espèce. Dans l'article 1108, il est dit, en termes plus restrictifs, que l'objet de la convention doit être certain. Ces dispositions élémentaires ont été empruntées à Pothier, qui nous en donnera l'explication. Il ne faut pas prendre au pied de la lettre la rédaction de l'article 1108 : l'objet ne doit pas être certain, en ce sens qu'il doive être déterminé dans son individualité ; c'est ce qu'on appelle un corps certain et déterminé, comme un tel cheval. Quelque chose d'indéterminé, dit Pothier, peut aussi être l'objet d'un contrat, comme lorsque quelqu'un s'engage à me donner un cheval sans dire quel cheval. Les deux contrats sont valables ; mais ils diffèrent considérablement, comme nous le dirons en traitant des risques et de la translation de la propriété ; les principes que le créancier supporte les risques et que la propriété lui est transférée par le seul effet du contrat, ne s'appliquent qu'aux conventions qui ont pour objet un corps certain et déterminé. Si la chose est indéterminée, le contrat ne laisse pas d'être valable, pourvu que la chose puisse être déterminée de façon que l'on sache d'une manière précise ce qui est dû. C'est en ce sens que l'article 1129 dit que la chose doit être déterminée au moins quant à son espèce : un cheval, une vache. Pothier ajoute que si l'indétermination de la chose est telle qu'elle la réduise presque à rien, il n'y aura pas d'obligation, faute de chose qui en soit l'objet et la matière, parce que dans l'ordre moral *presque rien* est regardé comme *rien*. Or, il est de l'essence des

_____

(1) Paris, 26 août 1841 (Dalloz, au mot *Vente,* n° 1698).

contrats qu'ils présentent une utilité à celui qui stipule, puisque c'est pour l'utilité des hommes que le législateur les sanctionne. Par exemple, dit Pothier, de l'argent, du blé, du vin ne peuvent être l'objet d'une obligation, parce que l'obligation peut se réduire presque à rien, comme à un denier, à un grain de blé, à une goutte de vin.

Ce n'est pas qu'il soit nécessaire que la quantité de la chose soit actuellement déterminée ; l'article 1129 dit que la quotité de la chose peut être incertaine, pourvu qu'elle puisse être déterminée. Ainsi le vendeur s'oblige à indemniser l'acheteur du dommage qu'il éprouvera par l'éviction et un tiers se porte caution de cette obligation ; la somme à laquelle s'élèveront les dommages-intérêts n'est point déterminée, mais elle est déterminable, et elle doit même être déterminée si une hypothèque était constituée pour la garantie de l'acheteur (loi hypothécaire, art. 80). De même l'obligation de fournir des aliments à une famille est valable ; bien que la quotité des aliments ne soit pas déterminée, elle est déterminable ; pour ce qui regarde l'obligation alimentaire naissant de la parenté et de l'alliance, les tribunaux sont tous les jours dans le cas de l'évaluer, en la convertissant en pension alimentaire (1).

78. Toullier dit qu'on ne trouve pas d'exemple d'une obligation portant sur un genre sans détermination de l'espèce ni de l'individu. Non, certes, on ne voit pas des créanciers stipuler un animal, ou une plante, ou du blé, ou du vin, sans détermination aucune ; les conventions sont chose sérieuse, et les hommes ne s'amusent guère à en faire l'objet de mauvaises plaisanteries. Mais on trouve dans la jurisprudence des applications très-sérieuses du principe établi par l'article 1130. Un acte porte : « Je soussigné déclare garantir par la présente, à un tel banquier, le remboursement du montant des obligations que mon gendre a souscrites ou souscrira en sa faveur, n'importe leur somme, leur date et leur échéance. » L'héritier de la caution contesta la validité du cautionnement en vertu de l'article 1129 ; la cour de Montpellier

---

(1) Pothier, *Des obligations*, n° 131.

décida que l'obligation de la caution était valable, elle n'était pas indéterminée, puisqu'elle ne se rapportait qu'aux engagements contractés envers telle maison de banque; on ne peut pas même dire que la caution s'obligeait sans apprécier le montant auquel pourrait s'élever sa responsabilité, car le beau-père devait connaître les affaires de son gendre. La cour de cassation, en confirmant cette décision, ajoute que, d'après l'article 1129, la quotité de la chose peut être incertaine, pourvu qu'elle soit déterminable; or, dans l'espèce, le montant du cautionnement était incertain, mais il était très-facile de le déterminer; pour mieux dire, il était déterminé par le montant des obligations principales (1).

Un autre cas s'est présenté devant la cour de Bruxelles. Deux personnes contractent une société pour le commerce de vins; l'un des associés se charge d'acheter, l'autre de vendre. Le premier manque à ses engagements et soutient que la société est nulle, parce que rien n'était déterminé quant aux quantités ni quant aux espèces de vins à acheter, de sorte que l'on ne pouvait préciser en quoi consistait l'obligation du débiteur et le droit du créancier. Le défendeur répondit que les usages du commerce suppléaient au silence de la convention. Cette défense fut admise par la cour (2).

79. L'article 1134 établit une dernière condition : « Il n'y a que les choses qui sont dans le commerce qui puissent faire l'objet de conventions. » Cette rédaction est trop absolue. Il faut voir la raison pour laquelle une chose est hors du commerce et l'objet de la convention. L'expression de *commerce* vient du droit romain; elle a en droit français une acception plus restreinte. Chez les Romains, le *jus commercii* consistait dans le droit de faire toutes espèces de conventions relatives aux biens; les citoyens seuls avaient ce droit, en principe. Aujourd'hui le droit de contracter est devenu un droit naturel appar-

(1) Rejet, chambre civile, 10 janvier 1870 (Dalloz, 1870. 1, 61). Comparez Rejet, 16 juin 1846 (Dalloz, 1846, 1, 284); Paris, 28 décembre 1853 (Dalloz, 1854, 2, 156).
(2) Bruxelles, 20 novembre 1830 (*Pasicrisie*, 1830, p. 215).

tenant à tout homme en sa qualité d'homme. Mais il y a
des choses que l'on ne peut vendre ni acheter; on dit de
ces choses qu'elles ne sont pas dans le commerce. De ce
qu'une chose ne peut être vendue ni achetée, il faut se
garder de conclure qu'elle ne peut être l'objet d'un contrat quelconque. Il y a des choses qui par leur nature
sont dans le commerce et qui sont mises hors du commerce en ce qui concerne l'achat ou la vente. Tels sont
les biens dotaux; il va sans dire que ces biens peuvent
faire l'objet de toute espèce de contrats, pourvu qu'on ne
les aliène pas en tout ou en partie. Il y a ensuite des
choses que la loi met hors du commerce parce qu'elles
sont destinées à une utilité publique; elles sont hors du
commerce en ce sens qu'elles ne peuvent devenir propriété
particulière; mais rien n'empêche qu'elles ne fassent l'objet de contrats non translatifs de propriété; elles peuvent
même être grevées de servitudes, pourvu que ces charges
ne mettent pas obstacle à la destination publique de ces
choses. Nous en avons donné plus d'un exemple en traitant des servitudes (1). A plus forte raison peut-on les
donner à bail, toujours avec la même restriction, c'est
que le bail ne rende pas impossible l'usage que le public
a le droit de faire de ces choses. Et cela est vrai de tout
contrat. Ces choses sont au service du public, plutôt que
placées hors du commerce; elles peuvent donc faire l'objet de conventions, pourvu que leur destination n'en
souffre pas. Viennent ensuite les choses que la nature
même place hors du commerce, l'air, l'eau courante. Cela
n'est pas non plus absolu. Si ces choses sont hors du
commerce, c'est qu'elles échappent par leur nature à toute
appropriation individuelle. Mais il y a bien des conventions qui n'ont rien de commun avec l'appropriation exclusive des choses qui en sont l'objet; les choses dites communes sont susceptibles de ces conventions, parce que
leur nature ne s'y oppose pas. Nous avons vu des applications de ces principes en traitant des servitudes légales
concernant les cours d'eau (2). Enfin, il y a des droits de

(1) Voyez le tome VII de mes *Principes*, p. 152, n° 130.
(2) Voyez le tome VII de mes *Principes*, p. 309, n° 255.

l'ordre politique qui sont hors du commerce : tels sont la souveraineté de la nation et la liberté des individus. Ce sont des droits inaliénables. Est-ce à dire qu'ils ne puissent faire l'objet d'aucune convention? Jadis il y avait des fonctions publiques vénales; une loi française permet à certains fonctionnaires de présenter leurs successeurs, ce qui légitime les conventions concernant cette présentation. Quant à la liberté, elle est certes inaliénable, malgré toutes les usurpations et les servitudes que les hommes se sont permises. Toutefois la liberté n'est pas un droit absolu qu'on ne puisse soumettre à des restrictions; les obligations ne sont pas autre chose. Toute obligation limite la liberté du débiteur; la loi permet même de louer ses services à temps, c'est-à-dire d'engager sa personne. En définitive, la question que nous avons posée sur la portée de l'article 1128 doit être décidée en ce sens que les choses mises hors du commerce ne peuvent faire l'objet de conventions, en tant que ces conventions sont incompatibles avec le motif pour lequel la loi met les choses hors du commerce.

§ II. *Des faits.*

80. Les faits doivent aussi réunir certaines conditions pour qu'ils puissent être l'objet des conventions. Il faut d'abord, dit Pothier, que le fait soit possible. C'est un adage aussi ancien que les conventions des hommes, que personne ne peut s'obliger à faire une chose impossible : *Impossibilium nulla est obligatio.* Il faut entendre par là une impossibilité absolue. Si la chose est possible en soi, bien que le débiteur ne puisse la prester, l'obligation sera valable. Le stipulant est dans son droit, et le promettant a tort de s'être engagé à faire une chose qu'il n'était pas en son pouvoir de faire; il sera tenu aux dommages-intérêts résultant de l'inexécution de son obligation.

Il est inutile de s'arrêter aux cas où l'obligation de faire consiste dans une prestation absolument impossible. Toullier s'en occupe gravement : fallait-il dire que l'on ne peut s'obliger à voyager dans la lune? Ces niaiseries sont inutiles à dire, même dans un ouvrage élémentaire, car on doit supposer que le lecteur a ses cinq sens (1).

Le débiteur pourrait-il invoquer une impossibilité morale? Voici une espèce où la question s'est présentée. Une artiste de renom, Mˡˡᵉ Rosa Bonheur, s'était engagée à faire un tableau dans le genre de ses principaux chefs-d'œuvre; le prix avait été convenu, le négociant de Lyon qui le lui demandait lui donnait le temps nécessaire; l'artiste tarda à remplir sa promesse et finit par refuser nettement. On prétendit pour elle qu'une œuvre de génie ne se commande pas et doit, par conséquent, être laissée à l'entière discrétion de l'artiste, qui travaille quand l'inspiration l'anime et qui ne travaille pas si l'inspiration lui fait défaut. La cour de Paris n'admit pas cette singulière théorie. Si l'artiste ne peut pas s'engager strictement à faire, il ne doit pas faire de promesse; s'il promet, il est lié comme tout débiteur qui s'est obligé à faire, c'est-à-dire qu'il sera condamné à des dommages-intérêts en cas d'inexécution de son engagement. La cour condamna Mˡˡᵉ Rosa Bonheur à 4,000 francs de dommages-intérêts (2).

81. Le fait doit être utile à celui qui le stipule. Il y a un vieil adage qui dit que sans intérêt il n'y a point d'action. L'adage est fondé sur l'essence même de l'obligation. Les contrats sont sanctionnés pour l'utilité des hommes; quand une convention est inutile, il n'y a plus de raison pour que le législateur intervienne et que l'autorité publique prête son concours afin d'en procurer l'exécution forcée. Cette exécution devient même impossible. Si le débiteur refuse de prester le fait, le créancier doit se contenter de dommages-intérêts; et si le fait est inutile, l'inexécution ne lui cause aucun dommage, et sans dommage il n'y a pas de dommages-intérêts; partant il n'y a pas d'action (3).

On a prétendu qu'un intérêt d'affection suffit pour autoriser l'action en justice. Il est vrai que le législateur

(1) Pothier, *Des obligations*, nᵒ 136. Toullier, t. III, 2, p. 74, nᵒˢ 123, 124.
(2) Paris, 4 juillet 1865 (Dalloz, 1865, 2, 201).
(3) Toullier, t. III, 2, p. 88, nᵒ 146.

permet quelquefois d'agir pour un intérêt purement moral en matière d'état personnel : telle est l'action en nullité du mariage qu'il donne aux ascendants. Mais il a fallu pour cela une disposition de la loi. En matière d'obligations, l'intérêt doit être appréciable, comme le dit l'Exposé des motifs (1); c'est dire qu'un intérêt moral ou d'affection ne suffit point pour agir; il n'y aurait pas moyen de condamner le débiteur à des dommages-intérêts, dès lors l'obligation serait sans sanction et, par suite, sans lien de droit.

82. Le fait doit être licite. Citons les belles paroles de Papinien : *Facta quæ lædunt pietatem, existimationem, verecundiam nostram, et, ut generaliter dixerim, quæ contra bonos mores fiunt, nec facere nos posse credendum est* (2). Conçoit-on que le législateur donne sa sanction et l'appui de son autorité à des contrats qui violent la loi, qui sont contraires aux bonnes mœurs ou à l'ordre public? Une pareille convention serait plus que nulle, elle n'aurait aucune existence aux yeux de la loi, car elle aurait une cause illicite, et l'article 1131 dit que l'obligation sur cause illicite ne peut avoir aucun effet. Nous reviendrons sur cette matière en traitant de la cause.

§ III. *Des pactes successoires.*

Nº 1. MOTIFS ET ÉTENDUE DE LA PROHIBITION.

83. L'article 1130, après avoir dit que les choses futures peuvent être l'objet d'une obligation, ajoute : « On ne peut cependant pas renoncer à une succession non ouverte, ni faire aucune stipulation sur une pareille succession, même avec le consentement de celui de la succession duquel il s'agit. » Déjà l'article 791 avait défendu de renoncer, même par contrat de mariage, à la succession d'un homme vivant et d'aliéner les droits éventuels que l'on peut avoir à cette succession. L'article 1600 con-

---

(1) Bigot-Préameneu, Exposé des motifs, nº 26 (Locré, t. VI, p. 152). Pothier, *Obligations*, nº 138.
(2) L. 15, D., *de condit. instit.* (XXVIII, 7).

sacre de nouveau la même prohibition : « On ne peut vendre la succession d'une personne vivante, même de son consentement. » Quels sont les motifs de cette prohibition répétée des pactes dits successoires?

La place qu'occupe l'article 1130 semble impliquer que le législateur défend les pactes successoires parce qu'ils ont pour objet une chose qui n'existe pas et qui pourra ne pas exister. Il est vrai qu'il n'y a pas de succession d'un homme vivant, mais les choses futures aussi n'existent pas, et cependant elles peuvent faire l'objet de conventions. Il faut donc qu'il y ait une raison particulière pour laquelle le législateur prohibe toute convention sur une succession future, même dans le contrat le plus favorisé, le contrat de mariage. Bigot-Préameneu dit, dans l'exposé des motifs, que ces conventions sont réprouvées parce qu'elles sont contraires à l'honnêteté publique. C'est l'expression de Pothier, lequel dit ailleurs : « Il y a des choses qu'il est contre la décence et les bonnes mœurs d'espérer, telle qu'est une succession future, que l'on ne pourrait espérer qu'en espérant la mort de la personne qui doit y donner ouverture; ce que les bonnes mœurs ne permettent pas (1). » Une espérance coupable pourrait faire naître des pensées criminelles (2). Les pactes successoires sont donc contraires aux bonnes mœurs et à l'ordre public.

Il faut avouer que les pactes successoires n'ont plus dans nos mœurs le caractère odieux que leur supposait l'ancien droit. Est-ce parce que nous avons gagné en moralité? ou est-ce parce que notre sens moral s'est affaibli? Toujours est-il que les auteurs modernes sont à la recherche d'autres motifs qui justifient la prohibition des pactes successoires. Le droit du futur héritier est incertain, le profit qui en résultera l'est également. N'est-il pas à craindre que l'héritier présomptif, entraîné par la cupidité ou par le besoin, n'aliène pour un prix modique des

---

(1) Bigot-Préameneu, Exposé des motifs, n° 25 (Locré, t. VI, p. 152). Pothier, *Obligations*, n° 132; *Vente*, n° 527.
(2) L. 30, C., *de pactis* (II, 3) : « *Hujusmodi pactiones odiosæ esse videntur et plenæ tristissimi et* PERICULOSI *eventus.* »

espérances qui peuvent ne pas se réaliser pour lui? Un pareil contrat n'est-il pas lésionnaire de son essence? Le législateur, dit-on, quoiqu'il n'admette pas, en général, la lésion comme cause de rescision, a dû réprouver des conventions qui par la force des choses présentent d'ordinaire les caractères de la lésion (1). Il nous semble que la conséquence contraire serait plus logique. Puisque la lésion ne vicie pas le consentement, pourquoi l'admettrait-on comme cause de rescision dans les pactes successoires? M. Larombière développe les mêmes considérations de lésion, et il remarque de plus que le code autorise bien des conventions qui peuvent faire naître chez l'une des parties l'espérance et le désir de la mort et, avant tout, le contrat de rente viagère. Je vous emprunte dix mille francs que je vous payerai à mon décès, ou je vous donne cette somme payable à ma mort. Si ces conventions sont permises, pourquoi défendre les pactes successoires (2)?

Nous insistons sur les motifs de la prohibition, parce qu'ils déterminent le caractère et la portée de la nullité qui en résulte. Si la lésion était la cause de la prohibition, celle-ci serait purement d'intérêt privé; il s'ensuivrait que la partie lésée aurait seule le droit d'agir en rescision. Pour mieux dire, on ne comprendrait pas pourquoi la loi annule un contrat aléatoire pour lésion, alors que la chance qui fait l'objet du contrat exclut toute lésion. Si, au contraire, les pactes successoires sont prohibés comme contraires aux bonnes mœurs et à l'ordre public, ils sont plus que nuls, ils n'ont pas d'existence légale. La cour de cassation, fidèle à la tradition, a consacré cette doctrine par une jurisprudence constante. On lit dans un de ses arrêts : « La convention portant aliénation des droits éventuels qu'on peut avoir à la succession d'un homme vivant prohibée par les articles 791, 1130 et 1600 du code civil, doit être *nécessairement* placée au nombre des conventions qui sont contraires aux bonnes mœurs et à l'ordre public. » La cour en conclut que la

(1) Colmet de Santerre, t. V, p. 56, n° 45 *bis*.
(2) Larombière, t. I, p. 242 et suiv.

stipulation sur une succession future est radicalement nulle, qu'elle est réputée n'avoir pas été consentie, qu'elle n'a pas d'existence légale (1). Elle est, comme nous disons, inexistante.

Telle est la vraie doctrine. La théorie imaginée par les auteurs modernes n'a aucun appui dans la tradition, elle n'en a aucun dans les travaux préparatoires. Il se peut que le code soit inconséquent, mais il faut l'accepter tel qu'il est. L'interprétation que nous combattons n'est pas sans danger pour l'application de la loi. Il y a un grand nombre de convention sur des successions futures, à en juger par les débats judiciaires qu'elles provoquent. Quel principe le juge suivra-t-il? S'il est convaincu que les pactes successoires n'ont rien d'illicite, que c'est une question de lésion, il sera porté à les maintenir, en leur donnant une interprétation qui permette de les valider. A notre avis, cela est contraire à l'esprit de la loi. Le législateur prohibe les pactes successoires comme immoraux et dangereux; le juge doit donc les annuler dans un intérêt social, sans se préoccuper de l'intérêt individuel. La jurisprudence n'a pas de principe certain; tantôt elle exagère la sévérité de la loi, tantôt elle cherche visiblement des motifs pour maintenir des conventions qui, en apparence, n'ont pas de caractère illicite. Dans l'un et l'autre cas, on se met en dehors de la loi; la loi est sévère, il faut l'appliquer avec sévérité, mais sans la dépasser.

84. Le code civil est plus sévère que le droit romain. On pensait, dans l'ancien droit, que les pactes successoires n'avaient plus rien d'immoral ni de dangereux lorsqu'ils se faisaient avec le consentement de celui de la succession duquel il s'agit, tandis que le code dit et répète que ce consentement n'empêche pas les conventions sur une succession future d'être illicites (art. 1130 et 1600). Il suit de là que les conventions qu'une personne ferait avec un de ses héritiers présomptifs sur sa succession seraient nulles, aussi bien que celles qui interviendraient entre les héritiers et des tiers. Une personne vend à son neveu et

(1) Rejet, chambre civile, 11 novembre 1845 (Dalloz, 1846, 1, 25).

à plusieurs de ses nièces des immeubles et, en outre, ses récoltes, tout son argent comptant, ses créances, ses effets mobiliers, moyennant une rente viagère, payable, à partir de son décès, à son fils, incapable par suite de faiblesse d'esprit. Il était dit dans l'acte que le taux de la rente était fixé en considération des meubles compris dans la vente. Voilà une de ces conventions que l'on voudrait maintenir, parce qu'elles ont une cause légitime, le désir si naturel du père d'assurer l'existence d'un enfant faible d'esprit. Cependant elle a été annulée et elle devait l'être L'acte était valable en ce qui concerne les immeubles; mais quant aux meubles, il y était dit que le vendeur se réservait le droit d'en jouir sa vie durant et même d'en disposer; s'il usait de ce droit, les acquéreurs devaient prendre, en remplacement des objets dont il aurait disposé, les meubles qui existeraient au moment de son décès. Il résultait de cette clause qu'en réalité le vendeur ne s'était pas dessaisi de la propriété du mobilier vendu, que, par suite, il ne l'avait pas transmise aux acquéreurs; la vente portait, à vrai dire, sur le mobilier qui se trouverait dans la succession du vendeur au jour de son décès. C'était bien là un pacte successoire. On objectait que ces pactes n'étaient immoraux et dangereux que lorsqu'ils intervenaient entre les héritiers et un tiers. Les termes généraux de l'article 1130 excluent cette interprétation; puisque le consentement du propriétaire ne valide pas les conventions que les héritiers font sur sa succession, il en doit être de même quand le propriétaire est partie au contrat (1).

85. Dans l'espèce que nous venons de rapporter, la convention ne formait un pacte successoire que quant aux meubles. Le pacte qui a pour objet une partie de la succession, ou seulement des objets particuliers, soit mobiliers, soit immobiliers, tombe-t-il sous l'application de l'article 1130? Cela a été contesté devant la cour de cassation. La lettre de la loi semble, en effet, prévoir uniquement les contrats qui ont pour objet *une succession non*

(1) Orléans, 24 mai 1849 (Dalloz, 1849, 2, 164).

ouverte, c'est-à-dire toute la succession. Cette interprétation, que l'on pourrait à bon droit qualifier de judaïque, n'a pas été admise par la cour. Elle dit très-bien que les motifs d'intérêt général et d'ordre public qui ont déterminé la prohibition des pactes successoires s'appliquent à tout traité qui a pour objet la succession d'un homme vivant, peu importe qu'il comprenne la totalité de la succession, ou une quote-part, ou un objet particulier. Il y a une raison péremptoire pour le décider ainsi. Si l'on admettait que l'aliénation d'un objet spécial de la succession est valable, il serait facile, au moyen de ventes partielles et successives qui en absorberaient la totalité, d'éluder les dispositions prohibitives de la loi; donc prohiber l'aliénation de la succession, c'est prohiber implicitement la vente de tout ce qui la compose (1).

86. Il arrive fréquemment que des enfants traitent tout ensemble sur la succession échue de leur père ou de leur mère prédécédés, et sur la succession future du survivant. La convention sera-t-elle nulle pour le tout? ou ne sera-t-elle nulle que pour le pacte qui a pour objet la succession non ouverte? Nous avons déjà rencontré la question en traitant de la renonciation à une succession future (2). Nous y revenons parce que ces conventions mélangées se trouvent dans toute espèce de pactes successoires.

La jurisprudence annule le plus souvent la convention pour le tout, par la seule raison qu'elle est indivisible (3). Nous avons remarqué bien des fois que les tribunaux abusent singulièrement de l'indivisibilité; à raison même de l'obscurité qui règne en cette matière, il importe de mettre la plus grande précision dans les motifs de décider. Je vends les droits que j'ai dans la succession de mon père décédé et ceux que j'aurai dans la succession de ma mère survivante. Cette convention comprend

---

(1) Rejet, chambre civile, 11 novembre 1845 (Dalloz, 1846, 1, 25).
(2) Voyez le tome IX de mes *Principes,* p. 488, n° 419.
(3) Limoges, 13 février 1828 (Dalloz, au mot *Succession,* n° 615); Toulouse, 27 août 1833 (Dalloz, au mot *Obligations,* n° 454, 1°); Liége, 3 juin 1840 et 3 août 1852 (*Pasicrisie,* 1840, 2, 149, et 1852, 2, 345).

réellement deux ventes qui ont pour objet des choses très-distinctes : une succession ouverte qui peut être vendue, et une succession future sur laquelle on ne peut faire aucune espèce de convention. En quoi ces deux ventes sont-elles indivisibles? Pourquoi la nullité de l'une entraîne-t-elle la nullité de l'autre? Ce n'est pas parce qu'elles sont constatées par un seul et même acte, car la validité ou la nullité des conventions est indépendante des écrits qui les constatent; et certes, parmi les règles de l'indivisibilité on chercherait vainement celle qui déclarerait deux conventions indivisibles parce qu'elles seraient comprises dans un seul acte. Elles sont indivisibles, dit-on, parce que les deux ventes sont faites pour un prix unique. Que l'on nous montre un article du code qui établit l'indivisibilité à raison du prix que les parties stipulent. N'arrive-t-il pas tous les jours, et pour les motifs les plus divers, que l'on fait une ventilation pour déterminer la partie du prix qui s'applique à tel ou tel objet d'une vente? Pourquoi ne pourrait-on pas faire une ventilation des deux successions vendues par un seul acte? Cela est impossible, dit-on (1). Si l'on disait que cela est plus ou moins difficile, on serait dans le vrai; mais une difficulté de fait est-elle une cause d'indivisibilité? Qu'est-ce qui empêche d'évaluer très-exactement la succession échue ? Cela suffit pour déterminer la portion du prix qui se rapporte à la succession non ouverte.

La jurisprudence elle-même distingue. Elle admet l'indivisibilité ou elle la rejette selon qu'il est possible ou non de diviser le prix. Cela prouve contre le principe : si l'unité du prix suffisait pour qu'il y eût indivisibilité, il faudrait toujours l'admettre. Cependant il a été jugé qu'une transaction portant sur la vente d'une succession échue et sur celle d'une succession à échoir pouvait se diviser, bien que la transaction soit le plus indivisible des contrats (2). La cour de cassation semble même admettre en principe que les deux conventions peuvent se diviser;

(1) Montpellier, 4 août 1832 (Dalloz, au mot *Succession*, n° 615).
(2) Rejet, 9 février 1830 (Dalloz, au mot *Transaction*, n° 162).

toutefois en confirmant un arrêt qui s'était prononcé pour la division, elle invoque une circonstance de fait, c'est que le défendeur avait consenti à payer le prix intégral pour la succession échue (1). On croirait que ce consentement doit mettre fin à toute difficulté; néanmoins la cour de Metz a poussé la sévérité jusqu'à annuler la convention tout entière, malgré l'offre faite par le défendeur d'imputer le prix sur la succession ouverte, parce que, dit-elle, le consentement de l'acheteur ou sa renonciation ne purge pas le vice d'un pacte qui est un outrage public fait aux mœurs (2). C'est une rigueur déplacée; la question est précisément de savoir s'il y a un pacte immoral, en ce qui concerne la succession ouverte, et la négative est incontestable.

S'il y avait réellement impossibilité de faire une ventilation, il serait impossible, par cela même, de valider la vente de la succession échue, non parce que les deux ventes sont indivisibles, dans le sens légal du mot, mais parce qu'il y aurait une indivisibilité de fait (3). Il nous est difficile de croire à cette impossibilité. Nous citerons un cas dans lequel la difficulté était grande, c'est la vente, dont nous avons parlé (n° 84), faite par un propriétaire de ses immeubles présents et de son mobilier futur pour une rente viagère qui devait être payée à son fils. Pour maintenir la vente quant aux immeubles, il eût fallu faire une ventilation entre la valeur des immeubles et celle des meubles, et pour y parvenir, on aurait dû, dit la cour d'Orléans, recourir à des appréciations arbitraires, *peut-être impossibles*, après un long espace de temps, pendant lequel les meubles s'étaient dépréciés. La cour ajoute qu'il est un certain prix de convenance ou d'affection que les parties seules peuvent déterminer. Après avoir dit que la ventilation était *peut-être* impossible, la cour finit par conclure qu'il était impossible de reconnaître pour quelle somme la valeur du mobilier et celle des immeubles étaient entrées dans la fixation de la

(1) Rejet, 17 janvier 1837 (Dalloz, au mot *Succession*, n° 616, 1°).
(2) Metz, 14 juillet 1825 (Dalloz, au mot *Obligations*, n° 453).
(3) Rejet, 14 novembre 1843 (Dalloz, au mot *Dispositions*, n° 1684, 6°).

rente viagère et elle décide que l'indivisibilité du prix entraîne l'indivisibilité de la convention, qu'elle annule en conséquence pour le tout (1). C'est oublier qu'il y avait un autre élément d'appréciation : la valeur des immeubles; or, il s'agissait de maintenir la vente des immeubles; n'était-il pas possible, disons mieux, facile de déterminer le prix des immeubles, même sous forme de rente viagère? Cette appréciation se fait tous les jours.

87. Pour qu'il y ait convention sur une succession future, il faut naturellement qu'elle se fasse avant le décès de celui de la succession duquel il s'agit. Que doit-on décider d'une convention antérieure au décès, dont on a laissé la date en blanc, et que l'on a remplie immédiatement après le décès? Il a été jugé que c'est un pacte sur une succession future. Cela n'est pas douteux, à notre avis. Il est inutile d'alléguer la fraude, comme le fait la cour de Paris; les principes élémentaires suffisent pour décider la difficulté, qui n'en est pas une. Qu'importe l'écrit et sa date? La convention était antérieure à l'ouverture de la succession, donc c'était un pacte successoire. L'écrit n'est jamais qu'une preuve, et la date de l'écrit ne prouve rien par elle-même, puisqu'il peut y avoir postdate, comme dans l'espèce; tout ce qui en résulte c'est que la partie intéressée est admise à prouver la vraie date. Dans le procès jugé par la cour de Paris, cette convention était faite en fraude des droits des créanciers; ceux-ci, tiers à l'acte, pouvaient prouver par tout moyen de preuve, même par de simples présomptions (art. 1353), la fausseté de la date, et une fois la vraie date de la convention reconnue ou prouvée, la nullité était évidente (2).

N° 2. APPLICATIONS.

I. *Les renonciations.*

88. Nous avons dit ailleurs (3) que, dans l'ancien droit, la renonciation à une succession future était admise par

---

(1) Orléans, 24 mai 1849 (Dalloz, 1849, 2, 165).
(2) Paris, 4 février 1863 (Dalloz, 1863, 2, 45).
(3) Voyez le tome IX de mes *Principes*, p. 486, n° 418.

contrat de mariage; le code la prohibe d'une manière absolue au titre des *Successions* (art. 791), et l'article 1389 reproduit cette prohibition : « Les futurs époux ne peuvent faire aucune convention ou renonciation dont l'objet serait de changer l'ordre légal des successions, soit par rapport à eux-mêmes dans la succession de leurs enfants ou descendants, soit par rapport à leurs enfants entre eux. » L'article 791 prévoit plus particulièrement les renonciations que les époux feraient à la succession de leurs père et mère, renonciations qu'il était jadis d'usage d'arracher aux filles qui se mariaient, moyennant le don le plus modique.

Les renonciations directes étant si formellement interdites, on ne les rencontre guère dans les actes; mais il arrive encore fréquemment que l'on renonce par voie indirecte; il va sans dire qu'il n'est pas permis de faire indirectement ce que la loi défend de faire directement. Des enfants s'engagent à ne jamais se plaindre des dispositions faites par leur père en faveur de personnes étrangères. Cette convention, dit la cour de cassation, est évidemment relative aux droits éventuels que les enfants peuvent avoir à la succession de leur père et constitue dès lors une stipulation sur une succession future, pacte prohibé par la loi et nul comme tel (1).

Il est tout aussi évident que l'engagement de renoncer à la succession d'une personne vivante, ou de ne retenir sur cette succession qu'une somme déterminée, est nul, comme constituant un pacte successoire. Si l'on ne peut pas renoncer, on ne peut pas non plus s'engager à renoncer. Dans l'espèce, on avait stipulé un cautionnement pour garantir l'exécution de la promesse faite par les héritiers présomptifs; nous avons dit ailleurs que ces garanties sont nulles (2).

89. La seule difficulté qui se présente dans l'application de ces principes concerne l'effet du pacte successoire. Il est certain que la renonciation est nulle, mais entraîne-

---

(1) Rejet, 27 juin 1838 (Dalloz, au mot *Dispositions*, n° 178, 4°).
(2) Lyon, 14 février 1852 (Dalloz, au mot *Obligations*, n° 426, 1°). Comparez le tome IX de mes *Principes*, p. 488, n° 420.

t-elle la nullité de la convention dans laquelle elle se trouve? Si le pacte successoire forme la condition d'une donation, il y a lieu d'appliquer l'article 900, aux termes duquel la condition contraire aux lois est réputée non écrite, de sorte que la donation vaudra. La cour de Paris l'a jugé ainsi, et cela n'est pas douteux dès qu'il est établi qu'il y a donation et condition illégale. Il est stipulé dans une donation faite par une tante à sa nièce que celle-ci ne laissera à son mari, en cas de survie, que l'usufruit des biens qui lui appartiendront à son décès et qu'elle disposera de sa succession en faveur de la famille de la donatrice. Cette condition renfermait deux pactes successoires. En effet, la donataire s'engageait à faire un testament conforme à la volonté de sa tante, c'est-à-dire à céder sa succession en échange de l'avantage qu'elle retirait de la donation, ce qui constituait un véritable traité sur la succession de la donatrice. Il en était de même de la défense faite à la donataire de disposer de ses biens à titre gratuit et de n'en laisser que l'usufruit à son mari ; cette clause se liait à la première, dont elle tendait à assurer l'exécution; c'était pour faire parvenir ses biens à ses parents que la donatrice empêchait la donataire de disposer à titre gratuit, ce qui impliquait un nouveau pacte successoire, car la donataire abdiquait la faculté de tester, si ce n'est pour léguer un usufruit à son mari, et elle s'obligeait à laisser tous ses biens à ses héritiers naturels qui étaient aussi ceux de la donatrice.

Le pacte successoire n'était pas douteux, mais quel allait en être l'effet? Il fut jugé que la condition serait réputée non écrite; la donataire recueillait donc le bénéfice de la donation et conservait la faculté de disposer de ses biens comme bon lui semblait. Ce dernier point est douteux (1). La cour dit elle-même que la disposition impliquait un échange; la donataire s'obligeait à céder sa succession en échange des biens compris dans la donation. Il n'y avait donc de libéralité qu'en apparence ; en réalité, c'était un contrat onéreux, auquel il fallait appli-

(1) Paris, 9 novembre 1852 (Dalloz, 1853, 2, 96).

quer, non l'article 900, mais l'article 1172, aux termes duquel toute condition prohibée par la loi est nulle et rend nulle la convention qui en dépend. En effaçant la condition, la cour a transformé un contrat onéreux en donation ; ce n'est pas là appliquer l'article 900, c'est violer l'article 1172.

90. La renonciation est d'ordinaire une clause d'un contrat onéreux et, dans ce cas, la convention tout entière est viciée. Une donation est faite par père et mère à leur fille de la nue propriété de leurs biens, à la charge de les rendre à ses enfants des deux lits, nés et à naître. Suivent diverses conditions; la donataire et son mari acceptent, en renonçant à se prévaloir des dispositions de l'article 913. Cette dernière clause contenait une stipulation sur la succession future des donateurs; cela n'était pas contesté. Restait à décider quel serait le sort de la donation. La cour d'Orléans dit que le pacte successoire était, dans l'espèce, la condition essentielle et, pour ainsi dire, le prix de la libéralité qui la précédait; que cela résultait du texte de l'acte et de l'intention commune des parties contractantes. Dès lors la prétendue libéralité perdait son caractère de donation, et il fallait appliquer l'article 1172 qui déclare nulle toute convention dépendant d'une condition prohibée. Annuler les conditions et réserves faites par les donateurs, sans annuler la donation elle-même, c'eût été altérer et changer complétement la nature du contrat. La cour dit qu'elle n'a pas ce droit; elle conclut que, malgré la qualification de donation que les parties ont donnée à leur acte, c'est un contrat à titre onéreux que le vice d'une de ces clauses doit faire annuler (1).

La cour de cassation s'est prononcée dans le même sens. Par contrat de mariage, la future renonçait à sa part d'un domaine qui pouvait lui revenir un jour dans la succession de sa mère; cette renonciation était intimement liée à la donation que la mère faisait de ce domaine; elle avait pour objet d'en assurer l'effet et de la rendre inatta-

(1) Orléans, 20 mars 1852 (Dalloz, au mot *Obligations*, n° 1132).

quable. Il y avait donc pacte successoire; qu'allait devenir la donation que le contrat de mariage faisait aux futurs époux? La cour de Nîmes avait jugé que la donation et la renonciation formaient une seule stipulation indivisible, contractée par deux personnes envers une troisième, de sorte que le vice de la renonciation rejaillissait nécessairement sur la donation et entraînait la nullité de la libéralité litigieuse en son entier. Cette décision fut confirmée par un arrêt de rejet (1). Nous croyons qu'il a été bien jugé, seulement nous n'aimons pas le mot d'*indivisibilité* qui se trouve dans les motifs de décider, comme argument principal. A notre avis, la décision de la cour d'Orléans est préférable : est-ce une donation, il faut appliquer l'article 900, maintenir la libéralité en annulant la condition : est-ce un acte à titre onéreux, il faut annuler la convention tout entière. Ce n'est donc pas une question d'indivisibilité, c'est une question d'interprétation d'actes qualifiés ordinairement de donations, mais qui le plus souvent sont des conventions onéreuses.

II. *Vente de droits successifs.*

91. Le code prohibe la vente d'une succession non ouverte (art. 1600 et 791). Il ne faudrait pas conclure de là qu'il n'y a de pacte successoire que lorsque l'héritier présomptif aliène tout ou partie des droits qu'il est appelé à recueillir; l'article 1130 va plus loin, il défend de faire *aucune stipulation* sur une succession future, sans distinguer quel en est l'objet. Les tribunaux méconnaissent parfois les termes si absolus de l'article 1130; il est cependant certain que les diverses dispositions concernant les pactes successoires ne forment qu'une seule et même règle, dont le but est d'interdire toute espèce de convention relative à la succession d'un homme vivant. Si nous classons à part les ventes de droits successifs et les renonciations, c'est que la loi les mentionne spécialement,

(1) Rejet, 14 mai 1855 (Dalloz, 1855, 1, 237).

ce n'est pas parce qu'elles sont régies par des principes différents.

L'acquéreur d'un immeuble s'engage, pour faire cesser les plaintes élevées par les héritiers présomptifs du vendeur, à raison de l'insuffisance du prix, à en payer la plus-value d'après expertise, soit au vendeur, soit, lors de son décès, à ses héritiers, si ceux-ci l'aiment mieux; l'acquéreur se réserve cependant le droit de se désister de son marché à cette époque. Est-ce un pacte successoire? Les premiers juges avaient annulé la convention à ce titre; la cour de Lyon la valida et la cour de cassation confirma l'arrêt de la cour, mais uniquement parce que la cour d'appel n'avait fait qu'user du droit souverain qui lui appartenait d'apprécier les actes et conventions. Il y a un motif de douter. La convention donnait-elle un droit aux héritiers comme tels? Dans ce cas, il y avait convention sur une succession future. La cour de Lyon décida que le droit à un supplément de prix s'était ouvert dans la personne du vendeur, et que si les héritiers l'exerçaient, ce n'était pas en vertu de la convention, c'était comme représentants de leur auteur. Cela n'est pas tout à fait exact. La convention établissait une alternative; l'acheteur s'obligeait à payer au vendeur, ou, lors de son décès, à ses héritiers *si ceux-ci l'aimaient mieux*; de sorte qu'il dépendait des héritiers de réclamer le surplus au décès de leur auteur; c'est dire que le droit était accordé directement aux héritiers; tel était aussi le but de l'acte, puisqu'il s'agissait de désintéresser les héritiers. Qu'importe? dit la cour de Lyon. L'acte ne conférait aucun droit à personne sur la succession non ouverte du vendeur, ni sur aucun objet faisant partie de cette succession; il ne contenait ni *renonciation* à la succession d'un homme vivant, ni *aliénation* de droits éventuels à cette succession, ni aucune *convention* sur une succession future (1). Ce dernier point est contestable. Les héritiers, en touchant une partie du prix directement en vertu de l'acte consenti par l'acquéreur, n'étaient-ils pas considérés comme ven-

_____

(1) Rejet, 17 mai 1852 (Dalloz, 1852, 1, 282).

deurs? On ne peut avoir droit au prix que comme vendeur; or, ils exerçaient ce droit en vertu d'une convention, indépendamment du droit qui pouvait appartenir au
vendeur; donc ils concouraient à la vente d'un bien appartenant à leur auteur du vivant de celui-ci; n'est-ce pas là
un pacte successoire? Nous allons voir que la jurisprudence s'est prononcée en ce sens.

32. Après la mort de son père, le fils et la mère survivante vendent solidairement tout ce qu'ils possèdent.
A cet effet la mère fait d'abord abandon à son fils de la
moitié de tout ce qui doit lui revenir dans la communauté
qui a existé entre elle et son mari, puis le fils y réunit ce
dont il est propriétaire dans la succession de son père.
Après le décès de la mère, ses héritiers demandent la
nullité de la convention comme ayant trait à une succession future. La cour d'Angers prononça la nullité. Le fils
était covendeur, donc il vendait les biens de sa mère sur
lesquels il n'avait de droit que comme héritier présomptif.
Vainement disait-on que, la mère ayant fait abandon de
ses biens à son fils, celui-ci en était devenu propriétaire
et qu'il avait le droit de vendre ce qui lui appartenait.
L'argument eût été décisif si l'abandon et la vente n'avaient
porté que sur les biens présents de la mère; mais l'acte
comprenait encore la moitié des biens qui pourraient appartenir à la mère lors de son décès. Dans ces termes le
pacte successoire n'était plus douteux (1).

Par la même raison il a été jugé que l'acte par lequel
une femme vend conjointement avec un de ses enfants la
partie d'un immeuble à elle appartenant qui doit échoir à
l'enfant dans sa succession à titre héréditaire, est une
stipulation relative à une succession future. On prétendait que l'acte devait valoir comme donation; rien n'empêchait, en effet, la mère de donner l'immeuble entre-vifs
à son enfant, mais elle n'avait pas fait ce qu'elle avait le
droit de faire; l'enfant avait donc aliéné son droit héréditaire sur un immeuble dépendant de la succession de sa
mère; le pacte successoire était incontestable (2).

---

(1) Rejet, 14 août 1823 (Dalloz, au mot *Obligations*, n° 440, 1°).
(2) Nancy, 24 juillet 1830 (Dalloz, au mot *Obligations*, n° 440, 2°).

Deux sœurs vendent une maison et un jardin dont elles se réservent l'usufruit. L'acte ajoute : « Tous les meubles meublants, tous les objets et effets mobiliers, enfin tout ce qui se trouvera au décès de la survivante des deux demoiselles venderesses, sans aucune exception, même les dettes actives dont les titres se trouveront dans ladite maison sont comprises dans la vente. » Toutefois les venderesses se réservaient la jouissance et la libre disposition du mobilier. On attaqua l'acte comme contenant une libéralité déguisée. La cour de Limoges le déclara valable. Il l'était, quant à la maison et au jardin, soit comme vente, soit comme donation déguisée, la jurisprudence admettant la validité des donations sous forme d'un contrat onéreux. Mais l'acte était nul quant au mobilier : nul, si on le considérait comme donation, en vertu de l'article 943 qui déclare nulles les donations de biens à venir : nul comme vente en vertu de l'article 1600 qui prohibe la vente de la succession d'une personne vivante. La cour de cassation cassa l'arrêt en ce qui concernait le mobilier (1).

III. *Conventions sur successions futures.*

93. Toute convention sur une succession non ouverte est prohibée par l'article 1130. La promesse de consentir un bail des biens qui lors de l'acte appartenaient à l'oncle du promettant est nulle comme contenant une stipulation sur une succession future. Dans l'espèce jugée par la cour d'Amiens, on objectait que l'oncle avait promis de faire donation de ces biens à son neveu ; on en concluait que le bail avait pour objet un bien futur, et non un bien qui devait advenir au promettant dans une succession future. En réalité, la promesse de bail était conçue en termes généraux et comprenait toutes les éventualités, le cas où le promettant recueillerait les biens dans la succession de son oncle, aussi bien que le cas où celui-ci en ferait dona-

(1) Cassation, 30 juin 1857 (Dalloz, 1857, 1, 308). Comparez Rejet, 14 novembre 1843 (Dalloz, au mot *Obligations*, n° 1684, 6°).

tion. Dès lors il y avait pacte successoire. Il est vrai que, le bailleur reçut les biens par donation, mais la promesse de bail n'en était pas moins viciée et nulle; pour décider si une convention est nulle ou valable, il faut se reporter au moment où l'acte est passé et, à ce moment, on ne savait si le promettant deviendrait propriétaire comme donataire ou comme héritier; ce qui était décisif (1).

94. Le cautionnement donne lieu à des questions plus difficiles. Des enfants cautionnent solidairement l'obligation contractée par leur mère comme venderesse d'un fonds dotal; elle avait renoncé à son hypothèque légale sur les biens vendus; les enfants promirent que l'acquéreur ne serait troublé et recherché par qui que ce fût et en aucune manière. On demanda la nullité de la promesse comme contenant une stipulation sur une succession future. La cour de Montpellier décida que le cautionnement était valable; elle dit qu'en cautionnant une obligation de leur auteur, les enfants ne traitent *évidemment* en aucune façon sur la succession de leur auteur (2). Cela ne nous paraît pas aussi évident. La vente était nulle comme vente d'un fonds dotal; si la vente était annulée, l'immeuble serait rentré dans la succession de la mère; en cautionnant l'obligation de leur mère, les enfants s'obligeaient à garantir l'acheteur de toute éviction; ils renonçaient donc à demander la nullité de la vente, à ne pas revendiquer un immeuble qui leur devait appartenir en qualité d'héritiers. N'était-ce pas disposer d'un immeuble de l'hérédité?

La même question s'est présentée devant la cour de Bordeaux, mais dans des circonstances différentes. Une femme, mariée sous le régime dotal, hypothèque des fonds dotaux. L'hypothèque était nulle; par suite ses héritiers avaient le droit de se prévaloir de la nullité. Ses enfants cautionnèrent l'obligation contractée par leur mère, mais avec cette restriction que le cautionnement était consenti sous la condition expresse que le créancier hypothécaire n'en ferait usage qu'après le décès de leur mère, et seulement sur les biens qui pourraient échoir dans sa succession à ses deux enfants; il était dit expressément que tous les biens que les cautions posséderaient à tout autre titre que celui d'héritiers de leur mère ne pourraient être soumis aux effets du cautionnement. Cette clause altérait la nature du cautionnement, il cessait d'être une obligation personnelle, en ce sens qu'il ne donnait aucun gage au créancier sur les biens des cautions, il était limité aux biens que les cautions recueilleraient dans la succession de leur mère; c'étaient donc les biens de la succession seuls qui se trouvaient affectés à la garantie du créancier; il n'y avait plus de doute sur le caractère de la convention : c'était un pacte successoire (1).

Dans une espèce qui paraît identique, il a été jugé que le cautionnement ne contenait pas de pacte successoire. Père et mère avaient cautionné leur fils en stipulant que le créancier ne pourrait exercer ses droits qu'après leur décès et sur leurs successions. Ce n'est pas un pacte successoire, dit la cour d'Orléans. En effet, les cautions s'obligent personnellement, seulement elles stipulent que l'exécution de cet engagement est ajournée à leur mort; or, on peut valablement stipuler que la dette que l'on contracte ne pourra être poursuivie que contre les héritiers, pourvu que le stipulant soit lui-même débiteur (2).

95. Les conventions consenties par le testateur ou le légataire sont des pactes successoires quand elles concernent la succession qui fait l'objet du testament. Cela ne fait aucun doute; il n'y a pas de raison de distinguer entre la succession testamentaire et la succession *ab intestat*. Un enfant, légataire du disponible, s'oblige à délivrer à ses deux sœurs les deux tiers de cette donation. Cet engagement, pris du vivant du testateur, portait sur une partie de la succession future du père; donc c'était un pacte successoire (3).

Le testament même peut devenir un pacte successoire,

(1) Bordeaux, 16 août 1852 (Dalloz, 1853, 1, 70).
(2) Orléans, 15 juin 1861 (Dalloz, 1861, 2, 151).
(3) Grenoble, 13 décembre 1828 (Dalloz, au mot *Obligations*, n° 442).

quoiqu'il ne soit pas une convention : c'est quand le testament et un contrat intervenu le même jour entre le testateur et le légataire sont la cause l'un de l'autre et constituent dans leur ensemble un pacte sur une succession non ouverte. Un testament est ainsi conçu : « Je soussignée, en vertu d'un écrit par lequel ma belle-fille, d'accord avec son mari, m'abandonne la jouissance pendant ma vie de toute propriété qui pouvait lui revenir à la mort de son père, lui donne et lègue tous mes biens. » Le même jour, la légataire et son mari faisaient l'acte suivant : « Nous soussignés, en vertu d'un testament par lequel notre belle-mère nous institue légataires universels, reconnaissons lui laisser la jouissance pleine et entière de tous les droits que nous pourrons avoir à la propriété de notre père et beau-père. Dans le cas où notre belle-mère révoquerait sondit testament, le présent écrit sera nul. » Il fut jugé par la cour de Bordeaux que les deux actes ne formaient qu'un seul et même tout et constituaient un pacte sur succession future. Le testament rappelle la convention; il n'est, en réalité, qu'une convention dont l'abandon de jouissance forme le prix; ce n'est donc plus un acte à titre gratuit; le testateur ne donne pas ses biens, il en trafique. Donc c'est un pacte successoire. Pourvoi en cassation. On soutient que le testament ne peut être considéré comme un pacte, puisqu'il est essentiellement révocable; on ajoute qu'il n'y a pas de pacte successoire quand le propriétaire lui-même dispose de ses biens, peu importe quelle est la cause de ses dispositions. La cour de Bordeaux avait d'avance répondu à ces arguments. L'article 1130 est absolu, il ne distingue pas et défend toute stipulation sur une succession non ouverte; peu importe donc qu'elle émane de celui de la succession duquel il s'agit, peu importe qu'elle soit révocable; ce n'en est pas moins un pacte entre la testatrice et les légataires sur une succession future (1).

Par testament olographe, une femme institue son mari héritier sous la clause suivante : « Au moyen de l'engage-

(1) Rejet, 25 janvier 1853 (Dalloz, 1853, 1, 43).

ment ci-dessus pris par moi, mon mari s'engage à disposer, en faveur de mes héritiers, de tout ce qu'il possédera au jour de son décès s'il me survit. » Sur la même feuille de papier, au verso, le mari avait écrit la disposition suivante : « Ma femme stipulant l'engagement de ma part de donner à ses héritiers tout ce que je posséderai au jour de mon décès, je prends ici l'obligation de satisfaire à ses intentions. » Les héritiers demandèrent la nullité du testament. Rejetée en première instance, leur demande fut accueillie par la cour de Paris. Il y avait un motif de douter. L'acte souscrit par la femme était régulier, tandis que celui souscrit par le mari était sans valeur ; pourquoi ne pas maintenir l'un et annuler l'autre? La cour de Paris répond que ce serait altérer les volontés de la testatrice qui entendait tester ou, comme elle le disait énergiquement, qui s'*engageait* à laisser ses biens à son mari à condition que le mari, de son côté, s'obligeât à laisser ses biens aux parents de la testatrice. On ne pouvait donc pas effacer la condition en vertu de l'article 900 ; c'eût été transformer une convention onéreuse et bilatérale en une libéralité ; puisqu'il y avait engagement réciproque, c'était le cas d'appliquer l'article 1172 et d'annuler toute la convention, parce qu'elle portait sur une succession future (1).

IV. *Quand il n'y a pas pacte successoire.*

96. Il est très-difficile de définir le pacte successoire et tout aussi difficile de dire quand il n'y a pas pacte successoire. Pour la définition, il faut s'en tenir aux termes des articles 791, 1130, 1600 et 1389 ; et ce sont encore ces mêmes dispositions qu'il faut appliquer quand on conteste qu'il y ait pacte successoire : toute convention qui ne tombe pas sous l'application de ces articles est permise. Dans l'application de ces principes, il y a un écueil : c'est que le juge s'inspire d'une opinion préconçue sur le caractère des pactes successoires ; s'il n'y voit rien d'im-

---

(1) Paris, 12 novembre 1858 (Dalloz, 1859, 2, 131).

moral, il sera porté facilement à les maintenir. Il faut laisser là ces théories et s'en tenir à la tradition que le code a consacrée, en se montrant encore plus sévère que l'ancien droit.

97. Les conventions faites sur la succession d'un absent sont-elles des pactes successoires? Il y a un motif de douter. L'article 791 porte que l'on ne peut renoncer à la succession d'un *homme vivant,* ni aliéner les droits éventuels que l'on peut avoir à cette succession. Or, l'absent est-il *vivant?* On ne le sait, puisque l'absence implique l'incertitude sur la vie ou la mort de l'absent. Mais cette incertitude même n'est-elle pas une raison pour déclarer la convention nulle? La mort de l'absent n'est jamais présumée, sa succession n'est jamais ouverte; la loi prescrit des mesures différentes, selon la durée de l'absence, à l'effet de concilier les intérêts de l'absent avec l'intérêt de ses héritiers présomptifs. Ceux-ci n'ont que les droits que la loi leur donne, l'administration provisoire ou l'administration définitive; nulle part il n'est dit qu'ils puissent aliéner la succession de l'absent. Cela nous paraît décisif. Toute convention sur la succession de l'absent reste prohibée, parce que sa succession n'est pas ouverte et que sa mort n'est pas présumée (1).

La doctrine et la jurisprudence sont très-divisées et très-incertaines. MM. Demolombe, Aubry et Rau distinguent. D'après eux, les conventions postérieures à la déclaration d'absence sont valables, sauf à les annuler s'il est prouvé que l'absent existait encore au moment de l'acte. Ils partent d'un tout autre principe que nous: c'est que la déclaration d'absence donne lieu à l'ouverture présumée de la succession de l'absent. Nous rejetons le principe et partant la conséquence. Tant que l'absence n'est pas déclarée, la présomption de vie l'emporte, dit-on; d'où l'on conclut que les traités sur la succession de l'absent pendant cette période de l'absence sont des pactes successoires, et toutefois l'on ne permet pas aux parties

_____
(1) Dalloz, au mot *Absence,* n° 462. Larombière, t. I, p. 255, n° 23. Comparez le tome II de mes *Principes,* p. 155, n°s 122 et suivants.

contractantes d'en demander la nullité(1). Ces distinctions nous paraissent tout à fait arbitraires : le législateur pouvait les consacrer, mais l'interprète est lié par un texte absolu qui prohibe les pactes successoires; en présence des termes généraux de la loi, nous ne comprenons pas qu'une convention sur la succession de l'absent soit tantôt nulle, tantôt valable, ou nulle à l'égard des tiers et valable entre les parties : cela s'appelle, à la lettre, faire la loi.

La jurisprudence de la cour de cassation, en cette matière, varie presque d'un arrêt à l'autre, de sorte qu'il est impossible de dire quelle est sa doctrine. Elle a jugé d'abord sans motiver sa décision, comme si la chose était évidente, que la prohibition des pactes successoires· ne s'applique point aux stipulations sur la succession d'une personne dont l'absence est déclarée (2). Un arrêt non motivé est une allégation, ce n'est pas une autorité. Plus tard la cour a maintenu une transaction sur la succession d'un absent faite après la déclaration d'absence. L'arrêt se fonde d'abord sur les circonstances de fait qui, à notre avis, sont complétement indifférentes, la question étant une question de droit. La cour ajoute que le code ne contient aucune disposition formelle et précise sur l'existence ou le décès de l'absent. Cela est vrai, mais n'en résulte-t-il pas que la prohibition est applicable? Il faudrait que la mort fût présumée et la succession déclarée ouverte pour que la convention fût permise. Dans une espèce où il n'y avait pas de déclaration d'absence, la femme et la fille de l'absent avaient vendu, l'une comme sa veuve, l'autre comme son héritière, la part qui leur appartenait dans plusieurs communautés; la vente fut attaquée par les venderesses; il a été jugé qu'elles devaient prouver l'existence de l'absent à l'époque de l'acte litigieux. Un arrêt récent a jugé dans le même sens. La cour invoque le principe qui oblige tout demandeur à justifier le fait qui sert de fondement à sa demande; or, pour qu'il y ait

(1) Aubry et Rau, t. IV, p. 318 et suiv., § 344, et les autorités qu'ils citent.
(2) Rejet, 3 août 1829 (Dalloz, au mot *Absence*, n° 468). Comparez Rejet, 4 décembre 1822 (*ibid.*, n° 464).

pacte successoire, la loi exige qu'il y ait convention sur
la succession d'un homme vivant; de là suit que la vie doit
être prouvée par celui qui soutient qu'il y a pacte successoire (1). On peut répondre que l'absent n'est pas présumé mort, que sa succession n'est pas ouverte, que,
par conséquent, le demandeur n'a rien à prouver, que
c'est à celui qui soutient qu'il n'y a pas pacte successoire
à prouver le décès de l'absent. La cour oppose l'article 135, aux termes duquel celui qui réclame un droit
échu à un absent doit prouver que l'absent vivait au
temps où le droit a été ouvert. Mais, dans l'espèce, il ne
s'agit pas d'un droit échu à l'absent, il s'agit de savoir si
la succession est ouverte par le fait de l'absence.

La cour de cassation l'a jugé ainsi en cassant un arrêt
de la cour de Bordeaux qui s'était conformé à la première
jurisprudence de la cour suprême, et avait décidé que la
stipulation relative à la succession d'un absent, même non
déclaré tel, est licite. L'arrêt de la chambre civile consacre les principes que nous venons d'établir. On ne peut
pas présumer que l'absent soit mort à partir de ses dernières nouvelles, ni que la succession soit ouverte (2).
Nous demanderons si on peut le présumer après que l'absence est déclarée? Où est la loi qui établit cette présomption légale? Il y a encore un arrêt qui déclare la demande
en nullité non recevable, parce que, dans l'espèce, il n'y
avait pas eu de déclaration d'absence, ni de preuve de la
mort (3). Il nous semble qu'il fallait tirer de là une conclusion contraire, celle de la nullité de la convention.

98. La jurisprudence tend à maintenir les conventions
plutôt qu'à les annuler. C'est l'esprit du code (art. 1157);
mais cela suppose qu'il s'agit d'un contrat d'intérêt privé.
Lorsque l'ordre public et les bonnes mœurs sont en
cause, il est très-dangereux d'appliquer la règle d'interprétation formulée par l'article 1157, car c'est donner
aux parties contractantes le moyen d'éluder la prohibi-

(1) Rejet, de la chambre civile, 30 août 1826 (Dalloz, au mot *Absence*,
n° 466); Rejet, 14 août 1871 (Dalloz, 1871, 1, 193).
(2) Cassation, 21 décembre 1841 (Dalloz, au mot *Absence*, n° 467).
(3) Rejet, 17 janvier 1843 (Dalloz, au mot *Absence*, n° 468).

tion en rédigeant l'acte d'une manière équivoque. Une mère fait donation à sa fille d'un immeuble par contrat de mariage, moyennant quoi celle-ci déclare renoncer à la succession de sa mère. Il a été jugé que cette convention peut n'être considérée que comme un avancement d'hoirie ; la cour de cassation a maintenu cette interprétation forcée (1). C'est valider toutes les renonciations qui se font par contrat de mariage, car toutes se font moyennant une libéralité.

99. Deux enfants, créanciers hypothécaires inscrits sur un immeuble appartenant à leur père, disposent de cet immeuble. Est-ce un pacte successoire? Non, car les enfants ne figurent pas à l'acte comme héritiers présomptifs; s'ils vendent, c'est pour se couvrir de leur créance. Ils font, sans doute, ce qu'ils n'ont pas le droit de faire : c'est la vente de la chose d'autrui, ce n'est pas la vente d'un droit successif. Il y a nullité dans l'un et l'autre cas; toutefois la différence est grande : la vente de la chose d'autrui est seulement annulable, tandis que la vente d'une succession est inexistante (2). Il en serait autrement, à notre avis, si l'héritier présomptif aliénait comme tel un immeuble appartenant à la personne à laquelle il est appelé à succéder, avec stipulation d'une clause pénale pour le cas où le vendeur n'exécuterait pas son obligation. Le contraire a été jugé, mais en fait plutôt qu'en droit. Les acheteurs ignoraient que le bien n'appartenait pas à leur vendeur. Cette circonstance nous paraît indifférente au point de vue des textes. Dès que l'on vend un bien sur lequel on n'a de droit, ou pour mieux dire, d'espérance que comme héritier, il y a pacte successoire. Au point de vue de l'esprit de la loi, on peut dire que la vente n'est ni immorale, ni dangereuse. Cela est vrai; mais n'est-ce pas faire le procès à la loi (3).

Quand la vente est faite par un ascendant à ses descendants, elle a une cause favorable, c'est une espèce de partage fait sous forme de vente. Toutefois nous croyons

---

(1) Rejet, 25 avril 1831 (Dalloz, au mot *Obligations*, n° 436).
(2) Cassation, 23 janvier 1832 (Dalloz, au mot *Vente*, n° 545).
(3) Rejet, 17 mars 1825 (Dalloz, au mot *Vente*, n° 510).

qu'il faudrait l'annuler. Une mère, agissant tant en son nom qu'au nom de sept enfants mineurs d'un second lit, transige avec un enfant d'un premier lit; elle lui cède tous les droits qui lui appartiennent à elle et à ses enfants dans la succession du premier et du second mari à charge d'une rente viagère à son profit, et à charge de payer à chacun des sept enfants mineurs une somme déterminée pour leur tenir lieu de légitime paternelle et *maternelle*. Cette dernière clause portait sur la succession future de la mère, c'était donc un pacte successoire. Cependant la convention fut maintenue par la cour de Lyon et par la cour de cassation. La cour de Lyon dit que la mère vendait seulement ce qu'elle possédait lors du traité. Cela est vrai, mais les enfants mineurs renonçaient à sa succession moyennant les légitimes qu'ils recevaient, de sorte qu'au fond la mère disposait de son hérédité (1).

100. Par contrat de mariage, les père et mère de la future lui font une donation en avancement d'hoirie, chacun pour moitié, sous la condition de laisser au survivant des donateurs la jouissance viagère de la succession du prémourant, sans que l'enfant doté pût demander compte ni partage; et dans le cas où il le demanderait, la totalité de la dot devait être imputée sur la succession du prémourant. Il a été jugé que cette convention ne constituait pas un pacte sur succession future, puisque les droits de l'enfant restaient entiers. Il y a une alternative, dit la cour de Paris, la seconde condition de l'alternative étant parfaitement valable, la convention doit produire son effet (2). La seconde, oui; mais la première? Dire que le survivant jouira de la succession du prémourant, n'est-ce pas disposer de l'usufruit des biens qui devaient appartenir à l'enfant héritier du prémourant? Donc la convention implique une renonciation à un droit successif. Qu'importe que ce ne soit qu'une alternative? Il suffit qu'il y ait stipulation sur une succession future, pour vicier toute la convention.

---

(1) Rejet, 20 avril 1842 (Dalloz, au mot *Obligations*, n° 2988, 4°).
(2) Paris, 3 juillet 1847 (Dalloz, au mot *Obligations*, n° 444, 2°).

Les conventions intervenues entre un testateur et un tiers relativement au legs sont des pactes successoires quand elles ont pour objet la succession future du testateur; quand elles sont étrangères à tout droit successif, elles sont valables. Un jeune homme mourant fait la disposition qui suit : « Me sentant attaqué d'une maladie dont la longueur peut entraîner des suites funestes, et ne voulant pas emporter au tombeau le besoin qu'a mon cœur de témoigner ma reconnaissance à la domestique de mon père, dont les soins ont singulièrement contribué à adoucir mes maux; mais ne possédant pas une fortune qui me permette de remplir envers elle les devoirs de la reconnaissance, je prie mon père, au nom de la mémoire d'un fils qu'il aime tendrement et dont il est aimé, de donner son exécution à mon présent testament en suppléant lui-même de sa propre fortune aux engagements suivants que je déclare mes dernières volontés. » Suit le legs d'une rente viagère de 300 francs au profit de la domestique. Le père ajouta le même jour une déclaration ainsi conçue : « Je déclare, au bas du testament de mon fils, que dans le cas où j'aurais le malheur d'en être privé par une mort prématurée, pour honorer sa mémoire et en preuve de ma tendresse paternelle, je consens pour moi ou mes héritiers à servir à ma domestique une rente viagère de 300 francs. » Après avoir signé cet engagement, le père déclara par acte authentique qu'il ne l'avait fait que sous l'empire d'une contrainte morale, c'est-à-dire par la crainte d'abréger les jours du malade s'il contrariait ses désirs; que son consentement n'ayant pas été libre, il révoquait sa promesse. Le fils mourut et, bientôt après lui, le père; les héritiers refusèrent de servir la rente comme étant stipulée par un pacte successoire. La cour de Grenoble décida que l'engagement du père était valable, malgré la révocation qu'il en avait faite. Il est certain que ce n'était pas un pacte successoire : le fils ne disposait pas de la succession de son père, il le priait d'acquitter une dette de reconnaissance; le père s'y engageait; c'était donc une dette ordinaire, valable d'après la jurisprudence, qui admet qu'une dette naturelle peut être la cause d'une obligation civile. Il y avait un autre doute. Le père, en s'engageant à servir la rente, promettait au profit d'un tiers; cette promesse était-elle valable? C'était une offre qui aurait dû être acceptée pour obliger le père; or, il avait révoqué avant toute acceptation. La faveur de la cause l'emporta (1).

101. Des promesses qui ne doivent être acquittées qu'à la mort du promettant ne sont pas des conventions sur la succession future du débiteur; il y a dette actuelle, le payement en est ajourné. Telle est une dot promise par père et mère à leur fille qui en est saisie actuellement et irrévocablement, sauf qu'elle ne pourra en exiger le payement qu'à l'époque du décès du survivant des père et mère. Le mari cède cette créance, fait-il une stipulation sur une succession non ouverte? Non; il cède une créance à terme, droit indépendant, quant à son existence, de l'ouverture des successions de ceux qui avaient constitué la dot. Sans doute, l'état plus ou moins favorable des successions pouvait compromettre le recouvrement de la créance, mais cela n'empêchait pas qu'elle ne constituât un droit acquis dont le mari avait la libre disposition (2).

Un enfant déclare qu'il consent à ce que les sommes payées par ses père et mère en acquit de ses dettes soient imputées sur sa part héréditaire. En apparence, il y a là une stipulation sur la succession future des père et mère. Il a cependant été jugé, et avec raison, qu'il n'y avait pas de pacte successoire. Ce que les père et mère payent pour leur fils est sujet à rapport, à moins qu'il n'y ait dispense de rapport; la déclaration du fils, dans l'espèce, ne faisait donc que constater, pour prévenir tout doute, ce qui se serait fait en vertu de la loi; dès lors il ne pouvait être question d'un pacte prohibé (3).

---

(1) Grenoble, 12 février 1829 (Dalloz, au mot *Obligations*, n° 445, 1°).
(2) Rejet, chambre civile, 12 août 1846 (Dalloz, 1846, 1, 296).
(3) Bruxelles, 13 août 1844 (*Pasicrisie*, 1845, 2, 65).

Nº 3. DES EXCEPTIONS A LA PROHIBITION DES PACTES SUCCESSOIRES.

102. Bien que la prohibition des pactes successoires soit d'ordre public, la loi permet parfois aux parties contractantes d'y déroger. Nous avons rencontré ces dérogations aux titres des *Successions* et des *Donations*. Les plus importantes sont l'institution contractuelle et le partage d'ascendant. Par l'institution contractuelle, on institue un héritier, et l'ascendant partage sa succession de son vivant par donation entre ses descendants. Nous avons dit ailleurs quels sont les motifs pour lesquels la loi autorise ces conventions sur une succession future. Ce sont des dispositions essentiellement exceptionnelles; en effet, il est de principe que les particuliers ne peuvent pas déroger par leurs conventions aux lois qui intéressent l'ordre public et les bonnes mœurs (art. 6); or, dans la pensée du législateur, les pactes successoires sont contraires aux bonnes mœurs et à l'ordre public. Si néanmoins la loi les autorise en certains cas, c'est qu'il y a d'autres considérations d'intérêt général qui légitiment ces exceptions. Toujours est-il qu'il faut appliquer à ces dispositions le principe d'après lequel les exceptions sont de la plus stricte interprétation. Donc pas d'extension de ces exceptions par voie d'interprétation analogique; dès que l'on n'est pas dans les termes de la disposition permise, on rentre dans la prohibition (1).

103. La jurisprudence applique ce principe à l'institution contractuelle. Il a été jugé que l'institution contractuelle ne peut pas faire l'objet d'un traité entre l'instituant et l'institué. Dans l'espèce, l'institué avait renoncé au bénéfice de l'institution en faveur de l'instituant, moyennant une portion de biens que celui-ci lui donnait actuellement; de sorte que la donation de biens à venir était remplacé, par une donation de biens présents. La loi permet ce changement dans l'institution contractuelle qui comprend les biens présents et à venir, mais elle ne donne

(1) Voyez le tome XV de mes *Principes*, p. 227, nº 185.

à l'institué le droit de s'en tenir aux biens présents en renonçant aux biens à venir qu'à la mort de l'instituant et sous les conditions qu'elle détermine; elle ne permet point de modifier l'institution contractuelle par convention. Une convention pareille viole les principes fondamentaux de notre droit : l'institution contractuelle se fait par contrat de mariage; or, les conventions matrimoniales sont essentiellement irrévocables; c'est sous la foi de ces conventions que deux familles se sont unies, il ne peut pas appartenir aux parties contractantes de les modifier (art. 1395). Voilà une première cause de nullité. Il y en a une seconde, c'est que la convention qui intervient sur l'institution contractuelle a pour objet l'hérédité qui appartient à l'institué, en vertu de son contrat de mariage; elle a donc pour objet une succession non ouverte, ce qui la fait tomber sous l'application de l'article 1130.

On objecte que l'article 1130, en prohibant les pactes successoires, a en vue les successions définies par la loi; telle est, en effet, l'acception du mot succession; la loi ne l'emploie pas pour désigner l'institution contractuelle : ce dernier terme n'est pas même légal, il appartient à la doctrine; la loi appelle l'institution, donation de biens à venir; dès lors le texte de l'article 1130 n'est pas applicable. La cour de Lyon répond que le mot de succession est aussi pris dans un sens plus large qui comprend tous les modes de succéder, soit *ab intestat,* soit par testament, soit par contrat. Pour en déterminer le sens, il faut consulter la nature de la disposition : est-elle générale de son essence, elle doit recevoir son application à toute espèce de succession. Or, telle est bien la disposition de l'article 1130 : ce que la loi entend prohiber, c'est toute convention sur les biens qu'une personne laissera à son décès; et la convention entre l'instituant et l'institué a pour objet les biens à venir ou la succession de l'instituant; n'est-ce pas cette succession qui fait l'objet de l'institution contractuelle? Donc c'est aussi cette succession qui fait l'objet de la convention par laquelle l'institution contractuelle est modifiée. L'esprit de la loi ne laisse aucun doute sur ce point. Tous les motifs que l'on donne pour justifier la prohibition des pactes successoires s'appliquent à l'institution contractuelle : il a fallu une disposition formelle et des motifs bien graves pour autoriser l'institution d'un héritier par contrat de mariage; c'est une exception à l'article 1130, elle doit être restreinte dans les termes de la loi; hors de ces termes, on rentre dans la règle de l'article 1130; la loi ne permet pas la convention sur l'institution, donc elle la prohibe. Vainement, disait-on, dans l'espèce, que la convention émanait de celui-là même qui avait disposé de sa succession par contrat; on aurait encore pu ajouter que cette convention mettait fin au pacte successoire, puisqu'elle remplaçait une succession par une donation. Nous avons répondu d'avance à ces arguments, et la cour de cassation y fait la même réponse : les termes généraux, absolus de l'article 1130 ne permettent aucune distinction, car toute distinction aboutirait à créer et à légitimer un pacte successoire. Cela est décisif (1).

104. Il ne faut pas conclure de là que toute convention matrimoniale stipulant un droit qui doit s'ouvrir à la mort de l'un des époux soit un pacte successoire, en ce sens que la renonciation à ce droit tombe sous l'application de l'article 1130. La cour de cassation a jugé que l'un des époux peut renoncer en faveur de ses enfants à un gain de survie stipulé à son profit dans son contrat de mariage. Il y a une différence essentielle entre un droit de survie et une institution contractuelle : l'institué est héritier et son droit est un droit d'hérédité, ce qui ne permet pas d'en faire l'objet d'une convention; tandis que le conjoint qui stipule un droit de survie ne devient pas par là l'héritier de l'autre époux; donc en y renonçant, il ne renonce pas à un droit d'hérédité, partant l'article 1130 est hors de cause. Il y a un autre motif de douter : le droit de survie est une convention matrimoniale, et ces conventions ne sont-elles pas irrévocables?

(1) Rejet, chambre civile, 16 août 1841 (Dalloz, au mot *Obligations*, n° 447). La doctrine est dans le même sens : voyez les auteurs cités par Dalloz.

La cour de cassation répond que l'époux qui renonce à un droit desurvie en faveur d'un enfant ne porte aucune atteinte aux conventions matrimoniales; la renonciation qu'il fait suppose, au contraire, l'exécution du contrat de mariage, car renoncer à un droit en faveur d'un enfant, c'est en disposer, et disposer d'un droit, c'est exécuter la convention qui le crée (1).

105. Le partage qu'un ascendant fait de ses biens par acte entre-vifs entre ses descendants n'est pas, en apparence, un pacte successoire, puisqu'il n'a pas pour objet des biens à venir; mais c'est une disposition à cause de mort, en ce sens que l'ascendant fait, de son vivant et par convention avec ses héritiers présomptifs, ce que la loi ne permet régulièrement de faire qu'aux héritiers après l'ouverture de l'hérédité. Voilà pourquoi le partage d'ascendant est aussi de stricte interprétation; dès que l'on dépasse ce que la loi permet, on fait ce qu'elle défend : une convention sur une succession future. La jurisprudence a fait de nombreuses applications de ce principe ; nous en citerons quelques-unes; les détails dans lesquels nous sommes entré sur cette matière, au titre des *Donations*, nous dispensent d'y revenir.

Le partage d'ascendant entre-vifs est un contrat solennel, puisqu'il ne peut se faire que par donation; si donc il se fait par acte sous seing privé, il est nul, nul en ce sens que le partage n'existe pas; de là suit que le partage nul en la forme ne peut pas être confirmé par l'ascendant donateur, pas plus qu'une donation ne peut être confirmée (art. 1339). La cour de cassation l'a jugé ainsi; elle ajoute que la confirmation d'un partage nul en la forme constituerait un pacte sur une succession future. En effet, le premier partage étant inexistant, il n'y aurait de partage qu'en vertu de la confirmation; or, le partage ne peut se faire que dans les formes et sous les conditions déterminées par la loi; dès qu'il se fait en dehors de ces formes, c'est une convention à cause de mort, partant un pacte successoire non autorisé; hors de l'ex-

(1) Rejet, 16 juillet 1849 (Dalloz, 1849, 1, 304).

ception qui autorise ces pactes, on rentre dans la règle qui les défend (1).

Un ascendant partage ses immeubles entre ses descendants ; les meubles restent en dehors de la donation ; mais les copartageants font entre eux des conventions sur le partage de ces valeurs, en les attribuant à l'un d'eux, sauf les meubles meublants et autres effets mobiliers qui se trouveraient dans les domaines attribués aux donataires, lesquels objets devaient appartenir aux propriétaires desdits domaines. C'était un vrai partage de la succession mobilière de l'ascendant. Celui-ci aurait pu faire cette distribution de commun accord avec ses enfants ; voilà le pacte successoire que la loi autorise sous les conditions qu'elle détermine. Mais la loi ne donne pas aux enfants le droit de partager la succession de leur ascendant du vivant de celui-ci ; le pacte n'étant pas permis, est par cela même défendu. Il n'y a aucun doute sur ce point. Mais on prétendait que le pacte successoire viciait tout le partage en vertu de l'article 1172 ; la cour de cassation repoussa cette prétention évidemment mal fondée. Il y avait deux conventions tout à fait indépendantes l'une de l'autre : l'une comprenant le partage des immeubles fait par l'ascendant conformément à la loi, donc valable : l'autre, comprenant le partage de la succession mobilière de l'ascendant, fait par les enfants entre eux sans le concours de l'ascendant, donc nul. La nullité de l'une des conventions ne pouvait pas entraîner la nullité de l'autre (2).

Nº 3. EFFET DES PACTES SUCCESSOIRES.

106. La loi prohibe les pactes successoires par des motifs d'ordre public ; c'est dire qu'ils sont nuls par application du principe général de l'article 6. Mais en quel sens sont-ils nuls ? sont-ils simplement annulables ? ou sont-ils inexistants ? L'article 1131 répond à la question

---

(1) Rejet, chambre civile, 5 janvier 1846 (Dalloz. 1846, 1, 15).
(2) Rejet, 27 novembre 1865 (Dalloz, 1865, 1, 216).

en disposant que l'obligation sur une cause illicite ne peut avoir aucun effet; et, d'après l'article 1133, la cause est illicite quand elle est prohibée par la loi, quand elle est contraire aux bonnes mœurs ou à l'ordre public. Le pacte successoire est illicite sous tous ces rapports. Quelle est la cause du contrat? Un objet sur lequel la loi défend de faire aucune stipulation, la succession d'un homme vivant. Pourquoi la loi prohibe-t-elle cette convention? Parce qu'elle est immorale, dangereuse pour la vie des hommes. Donc, à tous égards, la cause est illicite. Or, quand la cause est illicite, la convention est frappée de nullité radicale; elle ne peut produire aucun effet, dit l'article 1131. Elle est donc inexistante; par conséquent il faut appliquer les principes qui régissent les contrats inexistants. Nous les avons exposés, en ajournant l'application, en ce qui concerne la prescription de dix ans établie par l'article 1304 et la confirmation. Ces questions sont très-controversées, précisément quant aux pactes successoires : peuvent-ils être confirmés, soit par un acte confirmatif, soit par la confirmation tacite de l'article 1304? A notre avis, la négative est certaine; nous reviendrons sur cette matière en traitant de la confirmation et de l'action en nullité.

SECTION IV. — De la cause.

§ Ier. *Définition. Quand une convention est-elle sans cause?*

Nº 1. QU'EST-CE QUE LA CAUSE ?

107. Une cause licite dans l'obligation est une des quatre conditions que l'article 1108 exige pour la validité des conventions. L'article 1131 est plus explicite; il porte que l'obligation sans cause, ou sur une fausse cause, ou sur une cause illicite, ne peut avoir aucun effet. Il suit de là que le défaut de cause dans une obligation vicie le contrat aussi bien qu'une cause illicite ou une fausse cause. Le principe posé par le code est donc que la cause est requise pour la validité, disons mieux, pour l'existence des conventions. Qu'est-ce que la cause? et pourquoi est-elle une condition essentielle pour que la convention existe?

A cette question les auteurs font des réponses peu satisfaisantes. Par la cause d'une obligation ou d'un contrat, dit Toullier, le code entend le motif qui détermine à faire la promesse qu'il contient, le *pourquoi* elle a été faite. Pourquoi faut-il une cause pour qu'il y ait une obligation? Toullier répond qu'on ne s'engage pas sans un motif quelconque; cela lui paraît si évident, que l'on conçoit difficilement une obligation sans cause. Mais quand on demande quel est le *motif* sans lequel une convention ne saurait exister, la réponse n'est plus si simple. Il faut distinguer, selon Toullier, entre la cause *déterminante* et principale et la cause *impulsive* et accessoire; la première seule forme une condition essentielle pour l'existence de l'obligation (1). Cette distinction scolastique, nous le craignons fort, ne servirait pas à grand'chose au juge; il demandera de nouveau comment on peut distinguer la cause *déterminante* de la cause *impulsive*.

Demante dit aussi qu'un engagement sans cause est un acte de folie, ce qui semble dire que la cause est une chose plus claire que la lumière du soleil. Toutefois quand il s'agit d'expliquer ce qui est si évident, Demante reproduit la distinction passablement obscure de Toullier : « La cause est ce qui dans un contrat *détermine* une partie à s'obliger. Cette cause *déterminante* de l'obligation ne doit pas être confondue avec la cause *impulsive* du contrat, autrement le *motif* qui porte à contracter (2). » Il y a donc une différence entre la *cause* et le *motif*. Quelle est cette différence et comment la saisir? Quand le motif est-il une *cause impulsive*, quand est-il une *cause déterminante?*

Les explications que M. Demolombe donne pour définir la cause ne sont pas faites pour jeter une grande lumière sur notre question. Il dit que la cause dont il est parlé dans les articles 1108 et 1131 est celle qui *déter-*

---

(1) Toullier, t. III, 2, p. 103 et suiv., nos 166 et 168.
(2) Demante, continué par Colmet de Santerre, t. V, p. 57, no 46.

mine essentiellement la partie à s'obliger et qui est le but direct et immédiat que cette partie se propose d'atteindre en s'obligeant ; c'est, en un mot, la *cause finale* de l'obligation elle-même (1). » Dire que la *cause* est la *cause finale*, c'est presque dire que la cause c'est la cause.

108. Domat nous dira en termes plus clairs ce que dans l'ancien droit on entendait par cause, et le code n'a pas innové en cette matière. Il commence par expliquer que les relations des hommes produisent quatre espèces de conventions : ceux qui traitent ensemble ou se donnent réciproquement une chose pour une autre, comme dans une vente et un échange : ou font quelque chose l'un pour l'autre, comme s'ils se chargent de l'affaire l'un de l'autre : ou bien l'un fait et l'autre donne, comme lorsqu'un mercenaire donne son travail pour un certain prix. On peut ranger ces trois sortes de conventions dans la classe des contrats que le code appelle commutatifs ; chacune des parties s'engage à donner ou à faire une chose qui est regardée comme l'équivalent de ce qu'on lui donne ou de ce qu'on fait pour elle (art. 1104). Domat dit, en d'autres termes, que dans ces trois sortes de conventions il se fait un commerce où rien n'est gratuit et l'engagement de l'un est le fondement de celui de l'autre. C'est ce que le code appelle la cause, comme Domat va nous le dire. Il y a une quatrième espèce de conventions par laquelle un seul fait ou donne, l'autre ne donnant ou ne faisant rien, comme lorsqu'une personne se charge gratuitement de l'affaire d'une autre : tels sont encore le prêt et le dépôt.

Qu'est-ce qui forme la cause dans ces conventions? Dans les conventions mêmes, dit Domat, où un seul paraît obligé, comme dans le prêt d'argent, l'obligation de celui qui emprunte a été précédée, de la part de l'autre, de ce qu'il devait donner pour faire la convention. Domat conclut que l'obligation qui se forme dans ces sortes de conventions au profit de l'un des contractants a toujours sa *cause* de la part de l'autre. L'obligation serait nulle si elle était sans cause. Reste à savoir quelle est la cause

---

(1) Demolombe, t. XXIV, p. 325, n° 345.

dans les contrats de bienfaisance. Domat répond : « L'engagement de celui qui donne a son fondement sur quelque motif raisonnable et juste, comme un service rendu, ou quelque autre mérite du donataire, ou le seul plaisir de faire du bien. Et ce motif tient lieu de cause de la part de celui qui reçoit et ne donne rien (1). »

Bigot-Préameneu résume les explications de Domat en quelques lignes. « La cause, dit-il, est dans l'*intérêt* réciproque des parties ou dans la bienfaisance de l'une d'elles (2). » En quoi consiste cet *intérêt ?* La promesse de l'une des parties constitue l'*intérêt* que l'autre a à contracter dans les contrats bilatéraux, et le *fait* de l'une des parties est la *cause* de l'obligation que l'autre contracte dans les conventions unilatérales. L'explication de Domat, que l'orateur du gouvernement s'est appropriée, peut donc être considérée comme l'interprétation authentique du code.

109. D'après cela, il est certain que la cause n'est pas dans le motif qui engage l'une des parties à contracter. Ce motif varie d'une personne à l'autre, tandis que la cause est toujours la même, et il ne peut y en avoir qu'une, puisqu'elle consiste dans le fait qui produit le contrat unilatéral, ou dans la promesse réciproque qui constitue le contrat synallagmatique. J'emprunte une somme de mille francs : quelle est la cause de l'obligation que je contracte de rembourser ces mille francs ? Domat vient de nous le dire, c'est le fait presté par le prêteur, la remise des mille francs qui engendre le prêt. Cette cause est toujours la même dans toute espèce de contrats de prêt; quant au motif qui engage à emprunter, il varie ou peut varier d'un prêt à l'autre. J'achète un livre. Quelle est la cause de l'obligation que je contracte de payer le prix? c'est l'obligation contractée par le vendeur de me livrer la chose et de m'en transférer la propriété. Cette cause existe dans toute vente, et il n'y a que cette cause, elle est identique pour tous ceux qui achètent. Mais le motif

---

(1) Domat, *Des lois civiles,* livre I, titre I, p. 20, n^{es} V et VI.
(2) Bigot-Préameneu, Exposé des motifs, n° 27 (Locré, t. VI, p. 152).

de fait qui les engage à acheter peut différer d'une vente à l'autre : j'achète un livre pour en faire cadeau, j'achète un livre pour le lire dans un but d'agrément, je l'achète parce que j'en ai besoin, enfin je l'achète pour le placer dans ma bibliothèque, sans autre motif que celui de collectionner. Les motifs diffèrent, la cause est identique (1). Ceci n'est pas une distinction d'école. Nous dirons plus loin que l'erreur sur la cause vicie le contrat dans son essence et le rend inexistant, tandis que l'erreur sur le motif est indifférente.

Pour distinguer le motif de fait et la cause, Zachariæ dit que l'auteur de la promesse doit être déterminé à s'engager par un motif juridiquement suffisant (2). Cela est bien vague; il faudrait définir la définition et nous dire ce que l'on entend par un motif juridiquement suffisant. On peut dire que la cause est le motif juridique qui légitime l'obligation contractée par le débiteur, en ajoutant l'explication donnée par Domat, explication sans laquelle la définition ne serait guère intelligible.

110. Il résulte de la doctrine de Domat une conséquence qui, au point de vue de la théorie, est très-importante, c'est que dans les contrats à titre onéreux la cause se confond avec l'objet, c'est-à-dire avec la chose que l'une des parties s'oblige à donner ou à faire. Pour les contrats bilatéraux, cela est admis par tout le monde. Nous venons de dire quelle est la cause de l'obligation contractée par l'acheteur : c'est la chose que le vendeur s'oblige à lui donner. Et quelle est la cause de l'obligation contractée par le vendeur? Il s'oblige à transférer la propriété de la chose pour recevoir le prix que l'acheteur s'oblige à lui payer. Donc la chose promise par l'acheteur est la cause de l'obligation du vendeur, et la chose promise par le vendeur est la cause de l'obligation de l'acheteur. Ce qui est vrai de la vente est vrai de tous les contrats bilatéraux (3).

(1) Colmet de Santerre, t. V, p. 57, n° 46 *bis* I.
(2) Aubry et Rau, t. IV, p. 320, § 345.
(3) Aubry et Rau, t. IV, p. 321 et 322, § 345. Demolombe, t. XXIV, p. 326, nos 346-348. Gand, 19 juin 1873 (*Pasicrisie*, 1873, 2, 341. Dans les considérants, p. 342).

Dans les contrats unilatéraux, la cause de l'obligation du débiteur est la chose ou le fait qui est presté par l'autre partie et qui donne naissance au contrat; en ce sens, c'est aussi l'objet du contrat qui en forme la cause. Pourquoi l'emprunteur s'oblige-t-il à restituer la chose qu'il a empruntée? Parce qu'il l'a reçue à titre de prêt; s'il n'avait rien reçu, certes il ne serait pas tenu à rendre quoi que ce soit; son obligation de rendre a donc sa cause dans la remise que le prêteur lui en a faite, avec faculté de s'en servir. Le prêt se forme par la remise de la chose, et en même temps prend naissance l'obligation de rendre la chose empruntée; en ce sens, objet et cause se confondent. Telle est aussi la doctrine de Domat, il ne fait aucune différence entre la cause dans les contrats synallagmatiques et la cause dans les contrats unilatéraux: c'est la promesse ou le fait qui constitue la cause, donc la chose promise ou faite.

On prétend cependant que, dans les contrats unilatéraux, la cause diffère de l'objet. Je m'engage à vous payer 1,000 francs. Les 1,000 francs, voilà l'objet; il est *absolu*, dit Demolombe. Quelle est la cause? Elle est nécessairement *relative*; elle peut procéder d'un prêt ou de tout autre contrat (1). Cela ne nous paraît pas sérieux. On ne doit jamais rien d'une manière *absolue*, car toute obligation naît d'un contrat, et la théorie de la cause ne s'applique qu'aux obligations conventionnelles. La question n'est donc pas de savoir quel est d'une manière *absolue* l'objet d'une dette de 1,000 francs, la dette vient d'un contrat déterminé; on demande quel est dans ce contrat l'objet et quelle est la cause. Si la dette de 1,000 francs naît d'un prêt, l'objet est la somme de 1,000 francs, et la cause est également cette somme que l'emprunteur doit rendre, parce qu'elle lui a été prêtée.

111. Nous ne voulons pas trop longtemps nous arrêter sur des questions de pure théorie; ce que nous venons de dire est la reproduction de la doctrine de Domat. Il en résulte, nous semble-t-il, que la théorie du code sur la

---

(1) Demolombe, t. XXIV, p. 329, n° 350.

cause n'est pas juridique. Si la cause se confond avec l'objet, la loi a tort de distinguer la cause de l'objet et d'en faire une quatrième condition essentielle pour la validité des conventions. Une chose est certaine, c'est que le contrat existe et est valable dès que les trois premières conditions exigées par l'article 1108 existent : le consentement, la capacité et l'objet. Je vous vends un cheval pour 1,000 francs; dès qu'il y aura consentement sur la chose et le prix, la vente sera parfaite, en supposant que nous soyons capables de contracter. Faut-il encore une quatrième condition, la cause? Non, car il y a cause par cela même qu'il y a promesse de vendre et promesse d'acheter. Je vous dois 1,000 francs pour prêt. Que faut-il pour que le prêt soit valable? Il faut le consentement, l'objet et la capacité de contracter. Dès que l'emprunteur aura reçu la chose à titre de prêt, il est obligé, le contrat existe, et par cela seul que le contrat existe il a une cause. Est-il logique d'exiger, comme quatrième condition essentielle pour la validité des conventions, un élément qui existe par cela seul que le contrat est formé? Et le contrat est formé dès que les trois premières conditions sont remplies.

Dans la donation, il est tout aussi évident qu'il y a une cause par cela seul qu'il y a consentement, capacité et objet, pourvu que le consentement soit exprimé dans les formes voulues par la loi. Seulement dans la donation, la cause se confond, non avec l'objet, mais avec le consentement du donateur. Qu'est-ce, en effet, que la cause dans la donation? La volonté de conférer un bienfait, c'est-à-dire la volonté de donner, donc le consentement. Est-il juridique de distinguer la volonté de donner du consentement, alors que le donateur ne consent que parce qu'il a la volonté de donner? Toujours est-il que dès qu'il y a consentement, objet et capacité, il y a donation; la cause existe, par cela seul que la donation se forme, et elle se forme par le concours de consentement des deux parties, concours qui implique la cause (1).

(1) Nous reproduisons, en cette matière, l'enseignement que notre maître chéri, M. Ernst, Antoine, a donné à l'université de Liége.

N° 2. QUAND N'Y A-T-IL PAS CAUSE ?

112. Les auteurs disent qu'une obligation sans cause
serait un acte de folie. Cela est vrai, en ce sens que l'on
ne conçoit pas d'obligation sans cause. Et, en vérité, la
loi n'avait pas besoin de le dire. La cause pour laquelle
nous contractons, c'est l'intérêt que nous avons à le faire;
et il n'est pas nécessaire que la loi dise aux hommes qu'ils
ne peuvent contracter que s'ils y ont un intérêt. Toutefois
il se peut qu'il y ait des conventions dépourvues de cause,
alors il n'y a réellement pas de convention. D'après les
explications que nous venons de donner, cela est d'évidence : la cause se confondant avec l'objet dans les contrats onéreux, il est certain qu'il ne saurait y avoir une
convention là où il n'y aurait pas d'objet, c'est-à-dire pas
d'intérêt à contracter. Le code a donc raison de dire
qu'une obligation sans cause n'existe pas et ne peut produire aucun effet.

Alors même qu'il n'y a point de cause, dans le sens
légal du mot, il y a toujours un intérêt de fait qui engage
les parties à contracter ; mais la loi ne reconnaît pas cet
intérêt comme une cause légitime et, par suite, elle déclare l'obligation inexistante. Voici un cas qui s'est présenté pendant la révolution de 1789. Une dame et sa fille,
emprisonnées comme prévenues d'émigration, souscrivent
une promesse de 6,000 livres au profit d'un individu qui
se vantait de jouir d'un grand crédit auprès d'un représentant du peuple. On devine quel était le mobile des pauvres prisonnières; la cause exprimée à l'acte était que le
créancier avait acquitté les contributions des signataires
pendant les années 1791 et 1792. Les détenues ayant
recouvré leur liberté, le prétendu créancier les assigna en
payement de 3,000 francs qu'il prétendait lui être dus
pour voyages faits dans leur intérêt. Jugement qui lui
ordonne de fournir un état détaillé de ces voyages et de
leur époque. En faisant connaître ce jugement à la dame,
celui qui se disait son créancier ajouta une menace : il
attendra six jours la réponse, de laquelle dépendront la

vie et la fortune que les voyages par lui allégués ont eu pour but de sauver. Effrayées, les dames lui payent une somme de 3,048 francs, moyennant quoi il déclare les acquitter de toute dette. Cependant il revient à la charge et se fait souscrire deux actes par lesquels les deux émigrées lui constituent une rente perpétuelle de 400 francs pour salaires, déboursés et autres bons offices rendus aux constituantes. En même temps celles-ci protestent, par un acte authentique tenu secret, que cette convention leur a été extorquée par crainte, menaces et violences. Quelques années se passent; l'empire prend la place de la république; les émigrés n'étaient plus des criminels, ce qui n'empêche pas notre révolutionnaire d'assigner ses débitrices en payement des billets et obligations par elles souscrits. La première obligation de 6,000 francs fut annulée pour défaut de cause, et la rente, comme entachée de dol et de violence. Le demandeur eut l'impudence de recourir en cassation, il va sans dire que la décision de la cour de Paris fut maintenue (1).

113. Les brevets d'invention ont donné lieu à des conventions déclarées inexistantes pour défaut de cause. Parfois l'invention est imaginaire; quand donc on la cède, la cession manque réellement d'objet; c'est presque comme si l'on vendait un centaure ou un hippogriffe; il n'y a pas d'objet réel qui puisse servir de cause à l'obligation contractée par le cessionnaire dont la cession est inexistante pour défaut de cause. Telles sont les méthodes de calligraphie pour lesquelles le prétendu inventeur avait obtenu un brevet d'invention; en cinq ou six jours un maître improvisé pouvait apprendre à écrire ou à perfectionner l'écriture, pourvu qu'il eût quelque intelligence. Il se trouva des acheteurs, mais la méthode était une illusion. Sans doute on peut perfectionner l'enseignement de l'écriture comme tout enseignement, mais les méthodes nouvelles ne sont pas des inventions mécaniques que le premier venu, sans instruction préalable, puisse mettre en œuvre, comme on met une machine en mouvement; dès

---

(1) Rejet, 9 juin 1812 (Dalloz, au mot *Obligations*, n° 533, 1°).

lors il ne peut pas s'agir d'une invention qui puisse faire l'objet de contrats. On objectait que le brevet faisait preuve de l'existence de la méthode, et on en concluait que le contrat avait un objet et partant une cause. La cour de cassation répond que les lois des 7 janvier et 25 mai 1791 ne garantissent nullement la réalité des inventions qu'elles autorisent à breveter ; loin de là, elles disposent expressément que les brevets d'invention sont délivrés sans examen préalable ; l'arrêté du 25 vendémiaire an IX, dans le but de prévenir l'abus que les brevetés pourraient faire de leurs titres, exige qu'il soit constaté au bas de chaque expédition que le gouvernement, en accordant un brevet d'invention sans examen préalable, n'entendait garantir en aucune manière ni la propriété, ni le mérite, ni le succès d'une invention. Lors donc que l'expérience prouve que les résultats promis par une méthode sont matériellement impossibles, le contrat dont elle forme l'objet se trouve sans cause par la *non-existence de la chose cédée* (1). Ce sont les termes dont se sert la cour de cassation, ils viennent à l'appui de l'opinion que nous avons émise sur la théorie de la cause.

Afin d'échapper à la nullité du contrat, les prétendus inventeurs d'une méthode de *statilégie* pour l'enseignement de la lecture en quelques leçons insérèrent dans l'acte de cession une clause portant : « Le cessionnaire est mis purement et simplement aux lieu et place de l'inventeur, sans aucun recours contre lui pour la restitution du prix de cession, laquelle est faite aux risques et périls du cessionnaire. » Malgré cette clause de non-garantie, la cour de cassation a décidé qu'il y avait lieu à la restitution du prix. Dans l'espèce, l'invention était purement imaginaire, en ce sens que les dispositions légales concernant les brevets d'invention n'y pouvaient être appliquées. L'acheteur d'un brevet entend acquérir un privilége qui lui est garanti contre tout contrefacteur ; en cas de contrefaçon, le juge de paix est appelé à recher-

---

(1) Rejet, chambre civile, 21 février 1837 et 15 juin 1842 (Dalloz, au mot *Brevet d'invention*, n° 214).

cher les objets fabriqués et débités en fraude. Comment saisir ce qui n'existe pas et ce qui n'est pas susceptible d'être fabriqué ni débité? Quant à la clause de non-garantie, elle se conçoit quand il y a une chose quelconque qui fasse l'objet de la vente; mais là où il n'y a pas d'objet, il n'y a pas de vente; donc l'obligation du cessionnaire est sans cause. Il s'oblige à payer le prix d'une invention; si le vendeur n'entend pas garantir les profits qui en résulteront, il doit au moins garantir l'existence de la chose vendue (1).

Il en serait de même s'il s'agissait d'un procédé industriel susceptible d'être breveté, mais que le brevet fût dépourvu de toute valeur, parce qu'il ne contient que des procédés déjà connus, décrits et essayés. La cour de cassation a jugé que la cession était nulle pour défaut de cause. On voit que la cause se confond réellement avec l'objet; dans l'espèce, l'invention n'était pas une invention, donc il n'y avait pas d'objet à la vente, et partant pas de cause (2).

114. Le billet souscrit pour l'acquittement d'une obligation inexistante serait également sans cause, et, par suite, cet engagement serait aussi inexistant. Je m'engage à payer une somme de 1,000 francs en acquit d'une dette contractée par mon oncle; puis je trouve une quittance qui constate que la dette avait été payée. Mon engagement est nul pour défaut de cause. La cour de Paris l'a jugé ainsi, et cela n'est pas douteux; là où il n'y a point de dette, il ne peut y avoir d'obligation de la payer (3).

Un cas plus singulier s'est présenté. Une personne souscrit des billets à ordre pour une somme de 24,000 fr. causés pour argent prêté. Par un acte séparé, en date du même jour, le souscripteur déclara que les billets avaient pour cause réelle des vols qu'il avait commis. Cet acte produit par le créancier donna lieu à des poursuites

(1) Rejet, 22 août 1844 (Dalloz, au mot *Brevet d'invention*, n° 82). Comparez Grenoble, 12 juin 1830 (Dalloz, *ibid.*).
(2) Rejet, 15 juin 1858 (Dalloz, 1858, 1, 453).
(3) Paris, 7 ventôse an XI (Dalloz, au mot *Obligations*, n° 531, 2°).

criminelles qui aboutirent à l'acquittement du prétendu voleur. Sur cela demande en nullité des billets, qui fut prononcée par la cour de Bourges, et sa décision fut confirmée par la cour de cassation sur les conclusions de Merlin. Le débiteur prétendu soutenait que les billets n'avaient pas de cause, puisqu'il était jugé qu'il n'y avait pas de vol. A cela le créancier répondait que le jugement ne pouvait lui être opposé par la raison qu'il n'y avait pas été partie. Merlin dit que dans les procès criminels la société est partie, représentée par le ministère public. De là suit que le jugement rendu contradictoirement avec le ministère public ne peut pas être attaqué par les parties privées (1). Nous n'entrons pas dans ce débat, qui est étranger à notre travail.

Par la même raison, il faut décider que l'engagement souscrit en exécution d'un pacte successoire est nul ou inexistant, car il n'y a pas d'obligation puisque le pacte successoral n'a pas d'existence légale (2).

115. Quand l'engagement est à titre gratuit, il ne faut d'autre cause qu'un intérêt de bienfaisance ou d'affection. Deux frères, voulant faciliter le mariage de leur sœur, déclarent garantir au père du futur que leur sœur recevra une fortune d'au moins 10,000 francs. Cet engagement est-il valable? La cause exprimée dans la promesse était certes suffisante. Mais là n'était point la difficulté. On prétendait que la cause impliquait un pacte sur une succession future. Les frères avaient avancé la somme de 10,000 francs sous la condition du remboursement que leur sœur devait faire sur les successions qu'elle était appelée à recueillir du côté paternel. Il est certain qu'il n'y avait aucune aliénation de droits successifs; la convention n'attribuait aucun droit sur une succession non ouverte, ni sur aucun objet héréditaire; c'était, de la part de la sœur, un engagement à terme, ce qui est très-licite (3).

116. La question se présente dans d'autres circon-

(1) Rejet, 17 mars 1813 (Dalloz, au mot *Chose jugée*, n° 551).
(2) Angers, 7 mars 1866 (Dalloz, 1866, 2, 93).
(3) Rejet, 12 juillet 1869 (Dalloz, 1870, 1, 59).

stances et donne lieu à des difficultés sérieuses. On demande si une dette naturelle peut servir de cause à une obligation civile. La jurisprudence a consacré l'affirmative en donnant à la notion d'une dette naturelle la plus grande extension; on considère comme dettes naturelles même les devoirs purement moraux de reconnaissance et de délicatesse. Sans doute, ces sentiments suffisent pour valider une donation; mais suffisent-ils aussi pour valider une obligation à titre onéreux? A notre avis, non. Dans les contrats onéreux, il faut un intérêt appréciable, lequel n'existe que par la promesse ou le fait presté par l'autre partie contractante, selon que le contrat est bilatéral ou unilatéral (n° 108); or, les engagements souscrits en vertu d'une obligation de conscience ou d'une obligation naturelle ne rentrent dans aucune de ces conventions, elles sont donc sans cause, à moins qu'on ne les considère comme des actes à titre gratuit; mais alors naît une difficulté. L'engagement serait-il valable en la forme? Nous avons examiné la question au titre des *Donations* (1) et nous l'avons décidée négativement. La jurisprudence s'est prononcée pour l'opinion contraire; nous allons l'examiner, mais elle nous paraît bien douteuse.

117. Un commerçant tombé en faillite prend des arrangements avec ses créanciers. Après que le concordat est arrêté, il s'engage envers deux de ses créanciers à leur payer une somme de 37,000 francs qui restait due, pour le cas où il reviendrait à meilleure fortune. Il a été jugé que cette obligation est valable et que le commerçant est obligé de payer la somme promise, s'il revient réellement à meilleure fortune (2). Il y a dette naturelle dans le sens légal du mot; la question est de savoir si une dette naturelle est une cause suffisante de l'obligation civile qui est souscrite par l'acquitter. Nous y reviendrons en traitant des dettes naturelles.

Un testateur recommande à ses héritiers de constituer une rente viagère au profit d'un ancien serviteur pour le

---

(1) Voyez le tome XII de mes *Principes*, p. 436, n°s 355-360.
(2) Bruxelles, 23 mars 1853 (*Pasicrisie*, 1855, 2, 67).

récompenser des services rendus à son maître. Les héritiers défèrent à ce vœu et assurent audit serviteur une rente de 100 francs ; puis ils refusent de continuer le service de la rente en alléguant une diminution de fortune et la survenance d'enfants. Il a été jugé que la promesse était obligatoire et que par suite la dette devait être acquittée (1). C'était une dette de reconnaissance, certes la plus sacrée des dettes au point de vue moral. Mais, en droit, ce que l'on donne par reconnaissance on le donne à titre gratuit ; la reconnaissance est considérée par Domat comme une cause de libéralité. A ce titre, une rente constituée par donation eût été valable, sans doute aucun ; mais peut-elle être constituée par un acte sous seing privé ? Telle est la vraie question ; nous y reviendrons plus loin.

Un fils achète comme biens nationaux les héritages ayant appartenu à son père et déclarés propriété de la nation ; les biens étaient grevés d'une rente, il s'engage à en continuer le service envers le crédirentier. La cour de cassation reconnaît que l'engagement n'avait d'autre cause que des sentiments d'honneur et de délicatesse (2). Certes c'eût été une cause légitime de donation. Mais cette dette, que l'on peut à peine appeler une dette de conscience, suffisait-elle pour légitimer une obligation onéreuse ? A notre avis, non. Donc l'engagement devait être annulé, à moins qu'on ne le considère comme une libéralité faite sous forme d'une obligation onéreuse. C'est toujours la même difficulté.

Elle a été décidée en faveur de la validité de l'acte par la cour de Douai. Un acte sous seing privé portait la reconnaissance suivante : « Je m'engage à payer à une demoiselle de magasin la somme de 2,000 francs en récompense des soins donnés pendant la maladie de ma femme, pour accomplir la volonté de la défunte. » Le signataire refusa d'exécuter cet engagement comme étant une donation nulle en la forme. Il a été jugé qu'un engagement

_____

(1) Metz, 28 avril 1806 (Dalloz, au mot *Obligations*, n° 506, 3°).
(2) Rejet, 10 mars 1818 (Dalloz, au mot *Obligations*, n° 509, 1°).

souscrit pour services rendus n'est pas soumis aux formalités des donations entre-vifs. Si les services sont appréciables, cela n'est pas douteux. Mais, dans l'espèce, il s'agissait non de payer des services rendus, mais de les récompenser. La cour ajoute que la somme que le mari s'était obligé à payer n'était pas exagérée (1). Ce considérant prouve que la cour n'était pas très-convaincue que l'acte fût valable. Est-ce que l'on réduit une dette? Est-ce que l'on réduit une libéralité? La dette, oui, s'il y a erreur dans l'appréciation des services rendus; ce qui suppose des services appréciables. Dans l'espèce, ils ne l'étaient pas; donc c'était une donation, et une donation ne se réduit pas.

Dans une espèce analogue, la cour de Caen a réduit la somme qu'une veuve s'était obligée de payer à une domestique pour services rendus à son maître. C'était considérer les services comme une dette civile; dans cette supposition, elle était valable en la forme. Mais nous doutons que les services rendus par un domestique à son maître soient une dette civile; en tant que la somme dépasse le montant des gages, elle constitue une libéralité sujette aux formes des donations (2).

118. L'opposition entre la jurisprudence et le droit nous paraît certaine. Elle éclate dans un arrêt de la cour de Gand. Un frère souscrit au profit de sa sœur un acte sous seing privé ainsi conçu : « Je reconnais devoir à ma sœur une rente viagère de 636 florins. » La crédirentière ayant demandé le payement de quatre années d'arrérages, le frère opposa la nullité de l'acte: au fond, comme contenant une obligation sans cause : dans la forme, l'acte n'ayant pas été fait en double. Il fut jugé que l'obligation avait une cause, quoiqu'elle ne fût pas exprimée; en effet, l'obligation avait été souscrite de l'aveu du débiteur par esprit de libéralité, à raison de considérations de famille, ce qui, dit la cour, est une cause suffisante de l'obligation. Oui, s'il s'agit d'une libéralité. En réalité, la rente était constituée à titre gratuit,

(1) Douai, 2 juillet 1847 (Dalloz, 1849, 2, 239).
(2) Caen, 10 juillet 1854 (Dalloz, 1855, 2, 162).

l'arrêt le reconnaît : « Il est de principe, dit la cour, que, dans les contrats de bienfaisance, c'est la libéralité même qui est la cause et une cause suffisante de l'obligation. » Mais si la rente était constituée à titre gratuit, elle tombait sous l'application de l'article 1969, aux termes duquel la rente constituée à titre purement gratuit par donation entre-vifs ou par testament, doit être revêtue des formes requises par la loi. » La cour le reconnaît encore, mais elle ajoute que le débirentier n'est plus recevable à se prévaloir du vice de forme, parce qu'il a exécuté l'acte (1). Il y a ici confusion et inexactitude. La nullité de l'acte sous seing privé est couverte par l'exécution de la convention (art. 1325); mais quand il s'agit d'une donation, l'article 1339 dit formellement que le donateur n'en peut réparer le vice par aucun acte confirmatif; nulle en la forme, il faut qu'elle soit refaite en la forme légale.

La doctrine est aussi incertaine que la jurisprudence. Toullier applique à l'espèce la doctrine consacrée par la jurisprudence concernant les libéralités faites sous forme d'un contrat à titre onéreux. Tous les actes simulés, dit-il, pourvu qu'ils soient exempts de dol et de fraude, doivent valoir et subsister de la manière dont les parties contractantes ont entendu qu'ils fussent mis à exécution. Cela est trop absolu, dit Duranton; la cour de cassation a bien décidé que l'on peut faire une donation sous forme de rente, si du reste les parties sont capables de disposer et de recevoir à titre gratuit; mais quand l'une des parties s'oblige à servir une rente viagère, sans autre cause que l'esprit de libéralité, il n'y a pas de contrat à titre onéreux, car il n'y a pas de contrat sans cause (art. 1131); or, l'esprit de libéralité, cause suffisante dans la donation, n'est pas une cause dans les actes à titre onéreux. Donc, il n'y a pas de contrat onéreux pour défaut de cause, et il n'y a pas de donation pour défaut de formes. On dira que dans la vente aussi il n'y a pas de cause, quand elle cache une libéralité. Cela est vrai, et c'est, à notre avis, une objection décisive contre la doctrine que

---

(1) Gand, 5 janvier 1835 (*Pasicrisie*, 1835, 2, 4).

la jurisprudence a consacrée; mais, du moins, il y a une apparence de cause qui fait qu'il y a un contrat apparent, tandis qu'il n'y a pas même d'apparence d'un contrat onéreux lorsqu'une rente est constituée à titre gratuit; l'acte est à titre gratuit, l'article 1969 le dit, donc on doit observer les formes prescrites pour les donations, l'article 1969 le dit encore (1).

119. La théorie de la cause est si vague et au fond si inexacte que l'on ne doit pas s'étonner que les plaideurs l'invoquent à tort et à travers. Ainsi l'on a prétendu que la clause par laquelle des majeurs, qui vendent un immeuble qu'ils possèdent par indivis avec des mineurs, garantissent l'acheteur de toute éviction de la part de ceux-ci, est nulle pour défaut de cause; la cour de cassation a rejeté cette singulière doctrine (2); l'acheteur n'aurait pas consenti à acheter sans cette garantie, elle est donc une condition du contrat que les majeurs font par eux-mêmes, et la loi dit, en toutes lettres, que, dans ce cas, on peut stipuler pour un tiers, car la stipulation se fait réellement dans l'intérêt du stipulant, et dira-t-on qu'une clause qui est dans l'intérêt du stipulant est sans cause? la cause ne consiste-t-elle pas précisément dans l'intérêt que chaque partie a à promettre ou à stipuler? D'autres fois on confond le cas où la cause n'est pas exprimée avec celui où il n'y a point de cause; c'est ainsi que l'on s'est pourvu en cassation contre un arrêt qui avait décidé qu'un billet non causé avait pour cause une transaction verbale; on prétendait que la cour avait déclaré causée une obligation sans cause; il suffit de citer l'article 1132 pour répondre à l'objection (3). Il a encore été jugé, et cela est évident, que la condition imposée au légataire de souscrire une obligation au profit d'un tiers constitue une cause suffisante et valable de l'obligation, bien que le tiers soit un enfant adultérin, si, du reste, l'adultérinité n'est pas légalement établie (4).

(1) Duranton, t. X, p. 366, n° 356. Toullier, t. III, 2, p. 112, n° 180.
(2) Cassation, 6 juin 1821 (Dalloz, au mot *Vente publique d'immeubles*, n° 2099).
(3) Cassation, 28 novembre 1831 (Dalloz, au mot *Compétence*, n° 50).
(4) Riom, 1er mars 1830 (Dalloz, au mot *Obligations*, n° 500).

Un cas plus singulier s'est présenté. En 1843, une ancienne artiste de l'Opéra décède à Fontainebleau, laissant une fortune mobilière assez considérable. Elle n'avait pas fait de testament, et ses héritiers étaient inconnus. L'administration des domaines allait s'emparer de la succession que l'on supposait en déshérence lorsqu'un agent d'affaires, après avoir compulsé les archives d'un grand nombre de communes, trouva les héritiers de la défunte dans le département de la Haute-Marne. Il leur proposa de leur faire la révélation de cette hérédité et de continuer ses recherches de manière à établir leurs droits, en faisant à ses frais tous les déboursés nécessaires ; il se chargea aussi de soutenir à ses frais les procès qui pourraient surgir. Comme indemnité, il stipula le tiers de l'actif net qui reviendrait aux héritiers. Le traité étant aléatoire, il fut convenu que l'agent d'affaires n'aurait rien à répéter contre les héritiers en cas de non-succès. Il ne leur cacha pas l'importance de la succession ; elle pouvait s'élever, pour la ligne à laquelle appartenaient les héritiers, à une somme de 300,000 francs. La proposition fut accueillie. L'agent découvrit ensuite les héritiers paternels ; les prétendants ne manquèrent point, ni les procès ; un arrêt de la cour de Paris liquida définitivement la succession ; il en résultait que la part de chaque ligne s'élevait à 326,119 francs. Le chercheur de successions, après avoir prélevé ses frais conformément au contrat, prit dans chaque ligne le tiers de ce qui restait, c'est-à-dire 106,337 francs. Le traité fut attaqué comme stipulant des honoraires excessifs pour l'agent d'affaires ; il est de jurisprudence que les tribunaux peuvent diminuer la rémunération stipulée par un mandataire : on proposa le chiffre de 10,000 francs. La cour de Paris rejeta cette demande et, sur le pourvoi en cassation, il intervint un arrêt de rejet. Les héritiers prétendaient que le traité n'avait point de cause, ou reposait sur une cause illicite. Mais l'arrêt de la cour de Paris constatait qu'il était impossible de trouver dans cette affaire aucunes manœuvres ayant, à un degré quelconque, un caractère dolosif ou frauduleux, à l'aide desquelles le consentement des héritiers aurait été surpris. L'arrêt constatait encore que la cession du tiers de l'hérédité avait été librement stipulée et librement acceptée. Il n'était pas exact de dire que c'était l'honoraire d'un mandat, c'était, avant tout, le prix de l'avantage important que le cessionnaire faisait aux cédants en leur révélant une succession qui devait les enrichir et qu'ils auraient complétement ignorée sans lui. D'ailleurs le traité était aléatoire : avantageux pour le cessionnaire, puisqu'il avait réussi, il lui aurait occasionné une perte considérable de temps et d'argent, s'il avait échoué. Il y avait donc une cause au traité, et on ne pouvait pas dire qu'elle fût illicite (1).

§ II. *De la fausse cause.*

120. Aux termes de l'article 1131, l'obligation sur une fausse cause ne peut avoir aucun effet. La loi ne dit pas ce qu'il faut entendre par fausse cause. On s'accorde à dire que la cause peut être fausse dans deux cas : d'abord lorsque l'une des parties ou les deux parties se sont engagées par une cause imaginaire qu'elles supposaient exister ; il y a, dans ce cas, erreur sur la cause : ou lorsque les deux parties ont indiqué une cause qu'elles savaient ne point exister ; il y a, dans ce cas, simulation. Une cause simulée cache toujours une cause réelle que les parties ne veulent pas avouer, mais qui n'en existe pas moins ; c'est la cause cachée qu'il faut uniquement considérer, la cause apparente n'étant que simulée. Ce n'est pas de la cause simulée que l'article 1131 parle, car on ne peut pas dire que l'obligation sur une cause simulée est inexistante ; il y a une cause, donc il y a une obligation, bien entendu si la cause est licite. Par fausse cause, dans l'article 1131, il faut donc entendre la cause erronée, ou l'erreur sur la cause. Quand il y a erreur sur la cause, il n'y a réellement pas de cause ; la fausse cause se confond donc avec le défaut de cause.

(1) Rejet, chambre civile, 7 mai 1866 (Dalloz, 1866, 1, 247).

On le conteste néanmoins, et l'on prétend que les auteurs du code ont eu raison de distinguer la fausse cause du défaut de cause; mais l'exemple même que l'on cite, d'après Pothier, prouve que la distinction n'est que nominale (1). Une somme de 10,000 francs vous a été léguée par mon père; le testament a été révoqué par un codicille dont je n'ai pas connaissance. Me croyant faussement votre débiteur, je m'engage à vous donner un héritage en payement des 10,000 francs. Cet engagement est nul, parce que la cause, qui est l'acquittement de ma dette, se trouve être fausse. Le fait juridique supposé par Pothier est une novation : je vous dois 10,000 francs; nous convenons que cette dette sera éteinte moyennant la dette de l'héritage que je lui substitue. Il est certain que la novation est nulle, pour mieux dire, inexistante. Pourquoi? Est-ce parce qu'elle est fondée sur une fausse cause? On n'a pas besoin de recourir à la théorie de la cause pour expliquer la nullité de la novation. Pour qu'il y ait novation, il faut une première dette ; il ne peut pas s'agir d'éteindre une dette en lui en substituant une autre, s'il n'y a pas de dette. Or, dans l'espèce, il n'y a pas de dette, puisque le legs révoqué est censé n'avoir jamais existé; donc il n'y a pas de novation. Veut-on se servir de la terminologie du code, on dira : Il faut qu'il y ait une première obligation qui serve de cause à la seconde, sinon l'on ne conçoit pas de novation; or, le legs étant révoqué, il n'y a pas de première obligation, la novation est donc sans cause, partant elle n'existe pas. De quelque manière que l'on raisonne, on aboutit à la conclusion que la fausse cause équivaut à l'absence de cause. Le bon sens d'ailleurs le dit : quand on croit qu'il y a une cause alors que réellement il n'y en a pas, cela ne revient-il pas à dire qu'il n'y a pas de cause? Donc la théorie du code qui distingue la fausse cause du défaut de cause n'est pas juridique. Pothier lui-même le dit : « Lorsqu'un engagement n'a aucune cause, *ou ce qui est la même chose,* lorsque la

(1) Pothier, *Des obligations,* n° 42. Demolombe, t. XXIV, p. 337, n°s 357 et suiv. Colmet de Santerre, t. V, p. 59, n° 47 *bis.*

cause pour laquelle il a été contracté est une cause fausse, l'engagement est nul et le contrat qui le confirme est nul. »

Un arrêt récent de la cour de cassation confirme pleinement ce que nous disons. Un milicien se croyant, en vertu de son numéro, incorporé dans l'armée, traite avec un ancien militaire pour son remplacement; puis les parties apprennent que, lors de l'acte, une loi avait réduit le contingent de la classe dont le milicien faisait partie et qu'un tirage au sort lui avait attribué un numéro qui lui assurait sa libération. Quelle était la cause de l'engagement contracté par le milicien de payer le prix du remplacement? C'était l'obligation où il croyait être de servir : tel est bien le motif juridique qui engage le milicien à contracter. Cette cause était fausse, en ce sens que les deux parties ignoraient que le milicien fût libéré; elles étaient dans l'erreur sur la cause, et cette erreur faisait que réellement il n'y avait point de cause. Donc l'erreur sur la cause ou la fausse cause est identique avec l'absence de cause. Aussi la cour de cassation dit-elle que l'engagement du milicien « n'avait *point de cause*, ou n'avait qu'une *fausse cause* (1). »

121. Puisque la cause *erronée* se confond avec la fausse cause, nous la laissons de côté pour ne nous occuper que de la cause *simulée*. Là où il y a une cause simulée, il y a une cause véritable que les parties ont voulu déguiser. Cette cause cachée peut être licite ou illicite. Si elle est illicite, il y a lieu d'appliquer l'article 1131, aux termes duquel l'obligation sur cause illicite ne peut produire aucun effet. On demande si celui qui a souscrit un engagement sur fausse cause est admis à prouver que la cause indiquée est simulée et que la cause véritable est illicite. L'affirmative n'est pas douteuse. Quand une cause est illicite et que les parties contractantes indiquent une cause licite, elles veulent faire fraude à la loi, et la preuve de la fraude est toujours admise, parce que l'intérêt général exige qu'une obligation contractée en violation de la loi, une obligation contraire à l'ordre public ou

(1) Rejet, 30 juillet 1873 (Dalloz, 1873, 1, 330).

aux bonnes mœurs, soit anéantie. Il faut donc que toute personne intéressée puisse provoquer l'annulation d'une obligation à laquelle la loi refuse tout effet. Cela est aussi en harmonie avec les principes qui régissent les contrats inexistants. Toute personne intéressée peut se prévaloir de l'inexistence d'un acte, donc aussi les parties contractantes. Un billet souscrit par un homme au profit d'une demoiselle est causé pour prêt. Il demande à prouver que ce billet a pour cause un dédit de mariage. Or, les promesses de mariage sont nulles, ainsi que les clauses pénales qui les accompagnent. C'est ce que nous avons dit ailleurs, et cela n'est plus contesté. Reste à savoir si le souscripteur du billet est admis à faire la preuve de la cause illicite par témoins et au besoin par présomptions. Dans l'affaire qui a été jugée par la cour de cassation, chambres réunies, on objectait l'article 1341 qui défend d'admettre aucune preuve par témoins contre et outre le contenu aux actes, ni sur ce qui serait allégué avoir été dit avant, lors ou depuis les actes. La cour répond que cette règle reçoit une exception, en vertu de l'article 1353 qui autorise la preuve testimoniale lorsque l'acte est attaqué pour cause de fraude ou de dol. On insistait en disant que l'article 1353, en parlant de fraude, entend que l'une des parties a été trompée, tandis que, dans l'espèce, il y a fraude à la loi. La cour répond que l'article 1353 ne distingue pas, qu'il est donc applicable au cas où il y a fraude à la loi, aussi bien qu'au cas où il y a fraude contre la personne ; que, d'ailleurs, le billet souscrit pour un dédit de mariage implique une fraude contre le promettant, puisque l'obligation tend à le priver de la liberté de son choix dans l'affaire la plus importante de sa vie, le mariage (1). A vrai dire, le siége de la difficulté n'est point dans l'article 1353, il est dans l'article 1348. D'après cet article, les règles sur la preuve testimoniale reçoivent exception *toutes les fois* qu'il n'a pas été possible au créancier de se procurer une preuve littérale de l'obligation qui a été contractée envers lui ; il faut, de l'aveu de tout le

(1) Rejet, 7 mai 1836 (Dalloz, au mot *Mariage,* n° 90, 3°).

monde, généraliser cette disposition en ce sens qu'elle reçoit son application à tous les cas où celui qui demande à faire preuve d'un fait par témoins n'a pas pu s'en procurer une preuve littérale; et il résulte de la suite de l'article, comme nous le dirons au chapitre de la preuve des obligations, que la loi se contente d'une impossibilité morale. Or, celui qui souscrit un billet pour cause illicite ne peut certes pas demander à l'autre partie qu'elle reconnaisse que la cause est illicite, puisque par cette reconnaissance elle anéantirait l'obligation souscrite en sa faveur. Donc la preuve testimoniale est admissible et, par suite, les présomptions (art. 1353).

La jurisprudence applique le même principe au cas où des billets sont souscrits, en apparence, pour une cause licite et, en réalité, pour dettes de jeu. Un Anglais, joueur effréné, souscrit, au profit d'un médecin, des billets causés valeur reçue comptant. Le légataire universel du souscripteur soutient que la cause est fausse et que les billets ont été souscrits pour acquitter une dette de jeu. Il a été jugé que la cause était réellement fausse. Pourvoi en cassation. Le prétendu créancier soutient que la cour de Paris s'est décidée par de simples présomptions, bien que l'acte ne fût pas attaqué pour dol ou fraude. Il y avait une cause simulée, mais on n'a jamais confondu la simulation avec la fraude. La cour de cassation rejeta le pourvoi par la raison qu'il y avait fraude à la loi, puisqu'on voulait donner force obligatoire à des engagements que la loi a refusé de sanctionner pour des motifs de moralité. Dès lors la preuve testimoniale et, par suite, les présomptions étaient admissibles. Vainement objectait-on que la loi permet de payer les dettes de jeu et que les billets souscrits par le joueur constituaient un payement; les billets ne constituent qu'une reconnaissance de la dette et n'en changent pas la nature et, par suite, n'enlèvent au débiteur aucune des exceptions qu'il est en droit d'invoquer (1).

(1) Rejet, 4 novembre 1857 (Dalloz, 1857, 1. 441). Comparez Riom, 23 novembre 1820, et Colmar, 19 février 1828 (Dalloz, au mot *Obligations*, n° 542, 1° et 2°).

122. La cause simulée peut aussi cacher une cause licite. J'emprunte 1,000 francs, et comme je n'aime pas que l'on sache que j'ai emprunté, je souscris un billet causé pour marchandises reçues. Le créancier me poursuit ; je nie avoir reçu des marchandises. Suis-je recevable à faire cette preuve ? Il est certain que celui qui demande à prouver la fausseté de la cause doit être admis à la preuve ; on est toujours admis à établir qu'une déclaration quelconque d'un acte est fausse ; peu importe qu'il y ait une autre cause ou qu'il n'y en ait pas. Mais si le souscripteur du billet prouve que le billet a une fausse cause, le créancier sera admis à prouver que le billet a une autre cause, qui est licite. Cela est de tradition, dit la cour de cassation (1), et cela résulte des principes élémentaires qui régissent la preuve. Celui qui a souscrit le billet a contre lui son aveu, c'est donc à lui de prouver que la cause est fausse ; quand la fausseté de la cause est démontrée, le billet n'a plus de cause apparente, il n'est pas nul pour cela, puisque les billets non causés sont valables. Mais la cause indiquée étant reconnue fausse, c'est à celui qui prétend qu'il y a une cause véritable de le prouver. Comment se fera la preuve ? D'après le droit commun. Le créancier ne peut pas, dans ce cas, invoquer l'article 1348 ni l'article 1353 : il n'y a pas de fraude, il y a simple simulation ; or, rien ne l'empêchait de se procurer une preuve littérale de la simulation, en rédigeant une contre-lettre. D'ordinaire la preuve se fait par un interrogatoire sur faits et articles. Naît alors la question de la force probante de l'aveu, ce qui donne lieu à de grandes difficultés que nous examinerons plus loin.

123. Les causes simulées sont très-fréquentes. Nous emprunterons quelques exemples à la jurisprudence française et belge. Une obligation est souscrite entre onze heures et minuit au domicile du créancier, où celui-ci trouva le souscripteur seul avec sa femme ; le créancier avoue que le billet n'avait d'autre cause que l'outrage qu'il

---

(1) Cassation, 2 décembre 1812 (Dalloz, au mot *Priviléges*, n° 1322), et Rejet, 9 février 1815 (Dalloz, au mot *Obligations*, n° 539, 1°). Comparez Colmet de Santerre, t. V, p. 60, n° 47 *bis* II et tous les auteurs.

avait reçu du débiteur, bien qu'il portât une autre cause reconnue fausse. Le prétendu débiteur soutient que la cause est illicite. Elle l'eût été sans doute si le billet avait été souscrit pour empêcher le mari de porter plainte contre le complice de l'adultère, mais il y avait encore une autre cause, qui est licite, la réparation du dommage. La cour admet que cette cause validait l'obligation en principe. Le débiteur invoquait encore un motif de nullité, la violence et le dol; ce débat n'ayant rien de commun avec notre question, nous le laissons de côté, en nous bornant à dire que la cour appointa le débiteur à prouver qu'il avait souscrit les billets sous la menace du mari, armé de son fusil, de le tuer, et que le mari et la femme étaient de connivence et agissaient d'accord pour l'amener à signer le billet litigieux (1).

Une obligation est souscrite par un failli au profit de son créancier; elle était causée valeur reçue, mais il était reconnu par toutes les parties que la somme dont le failli se reconnaissait débiteur formait le reliquat de la créance qui avait été remis au débiteur par un concordat. Le créancier était venu au secours du failli en lui fournissant des marchandises. Ainsi le billet avait deux causes également licites; d'abord la dette naturelle qui survit à charge du failli concordataire, laquelle peut servir de cause à une obligation civile, puis un sentiment de reconnaissance que dans l'opinion commune on admet aussi comme une cause suffisante. En conséquence le billet fut déclaré valable (2).

Il y a un grand nombre d'arrêts des cours de Belgique dans le même sens (3). Nous citerons une espèce dans laquelle la cause était fausse sans qu'il y eût une véritable cause; elle révèle dans certaines classes de la société une altération du sens moral qui serait effrayante s'il fallait y voir le symptôme d'un mal universel. L'agent d'une so-

---

(1) Caen, 9 avril 1853 (Dalloz, 1854, 2, 189).
(2) Poitiers, 2 juillet 1872 (Dalloz, 1872, 2, 166).
(3) Bruxelles, 11 avril 1822 (*Pasicrisie*, 1822, p. 102); 29 janvier 1853 (*ibid.*, 1854, 2, 77); 20 mars 1866 (*ibid.*, 1866, 2, 150); Gand, 29 avril 1865 (*ibid.*, 1865, 2, 166); 17 juillet 1872 (*ibid.*, 1872, 2, 420); Liége, 16 mai 1868 (*ibid.*, 1869, 2, 109).

ciété anglaise charge l'administrateur directeur d'une banque de crédit commercial de placer des actions en Belgique. Sur les conseils de l'agent anglais, le mandataire belge transmet à la direction de la société des listes de souscription purement nominales, en affirmant faussement que les souscripteurs avaient versé trois livres sur leurs actions. La société demande le payement de ces versements. Elle faisait valoir toutes les mauvaises raisons qu'un créancier de mauvaise foi peut inventer. Elle succomba devant le tribunal de commerce, qui les rejeta. On est un peu surpris de voir les juges consulaires discuter gravement des chicanes sans un mot de réprobation contre les coupables. La question de droit n'était point douteuse : l'administrateur belge, simple mandataire, ne devait rendre compte que des sommes qu'il avait réellement touchées; or, il n'avait rien touché, les souscriptions étant fictives. Sans doute il avait eu tort de se prêter à cette fiction qui n'avait d'autre but que d'obtenir que les actions fussent cotées à la Bourse de Londres. Il y avait donc cause simulée et, en réalité, défaut de cause. Mais de quel front le prétendu créancier osait-il invoquer une reconnaissance qu'il savait fictive, puisque lui-même avait suggéré la manœuvre? La conscience se soulage en lisant l'arrêt de la cour de Bruxelles. Il conste *à la dernière évidence,* dit la cour, que les souscriptions prétendument recueillies à la sollicitation du directeur-gérant de la société anglaise étaient purement fictives *et n'avaient été imaginées qu'en vue d'exploiter la crédulité publique* et de procurer aux *auteurs* et aux *complices* de ces *manœuvres* des *bénéfices illicites.* Il s'ensuit que l'obligation dont la société réclamait le payement, n'ayant pour cause qu'une *inavouable spéculation,* n'avait jamais eu d'existence juridique (1).

§ III. *De la cause illicite.*

124. L'article 1133 porte : « La cause est illicite quand elle est prohibée par la loi, quand elle est contraire

(1) Bruxelles, 22 mai 1871 (*Pasicrisie,* 1872, 2, 408).

aux bonnes mœurs ou à l'ordre public. » Il n'y a pas de disposition dans le code qui a donné lieu à autant de débats que l'article 1133. Cela tient-il à ce que les causes illicites abondent? S'il fallait juger de nos mœurs par le trait que nous venons de rapporter (n° 123), l'état moral de la société serait déplorable et le mal sans remède. Peut-être le vague de la loi, que nous avons déjà signalé, est-il pour quelque chose dans les nombreux procès qui se sont élevés sur la cause illicite. Nous avons essayé ailleurs de définir l'*ordre public* et les *bonnes mœurs* (1); ces expressions sont tellement vagues, qu'elles échappent presque à une définition rigoureuse. Ce que le code appelle cause *prohibée par la loi* n'est pas très-clair non plus : suffit-il que la convention soit contraire à une loi conçue dans des termes prohibitifs pour qu'il y ait cause illicite? Non, certes; la loi dit que la vente de la chose d'autrui est nulle (art. 1599); ce qui implique la prohibition de vendre la chose d'autrui. Est-ce à dire que cette vente soit inexistante? Nous prouverons le contraire au titre de la *Vente*. Quand donc une prohibition légale entraînera-t-elle l'inexistence du contrat consenti malgré la prohibition? Il faut distinguer, nous semble-t-il. Lorsque la prohibition n'est établie que dans un intérêt privé, il n'y a pas de raison pour déclarer le contrat inexistant, car il est de principe que les parties contractantes peuvent déroger à ce qui est établi en leur faveur. L'article 1133 ne doit donc recevoir d'application que dans les cas où la loi prohibitive concerne l'intérêt général. Mais, ainsi entendue, la première disposition de l'article 1133 rentre dans la seconde qui concerne l'ordre public; car l'ordre public, dans sa plus large acception, est synonyme d'intérêt public. Ne doit-on pas dire aussi que les bonnes mœurs sont d'intérêt général? Cela ne saurait être contesté. Nous aboutissons à la conclusion qu'il y a cause illicite quand le contrat blesse un intérêt général. Principe de toute évidence, déjà consacré par l'article 6 du code civil et qu'il était inutile de répéter dans les arti-

(1) Voyez le tome Ier de mes *Principes*, p. 83, nos 47-49, et p. 88, n° 54.

cles 1108, 1131 et 1133. Nous disons que cela était inutile. N'est-il pas d'évidence que le législateur ne peut reconnaître aucun effet à une convention qui blesse l'intérêt général? Concevrait-on que les particuliers puissent blesser l'intérêt de la société, nous ne disons pas impunément, mais avec cet effet que leurs actes seraient encore sanctionnés, garantis par le législateur qui prêterait aux parties l'appui de l'autorité pour obtenir l'exécution forcée d'engagements que la loi réprouve? Le bon sens et la conscience se soulèvent contre une pareille absurdité. En définitive, la théorie de la cause illicite est inexacte comme toute la théorie de la cause. Elle revient à dire que l'intérêt général l'emporte sur l'intérêt individuel. Voilà une des bases de l'ordre social; la règle est déjà formulée dans l'article 6 du code; il suffisait de l'élargir dans l'expression, pour qu'elle conduisît à la conséquence que l'article 1108 en a déduite, c'est-à-dire qu'il ne saurait y avoir de convention valable lorsque les parties contractantes, au lieu de se borner à stipuler sur leurs intérêts privés, se sont mises en opposition avec l'intérêt général.

125. Avant d'entrer dans les détails, il nous faut dire un mot d'une question qui divise les auteurs. Tous admettent que la cause est illicite lorsque le promettant est coupable, et à plus forte raison quand le promettant et le stipulant le sont. Mais on suppose que le promettant, dans une convention unilatérale, s'oblige pour un motif licite afin de détourner le stipulant d'un fait que la morale ou les lois réprouvent : telle serait une promesse faite à un journaliste pour l'engager à cesser ses attaques calomnieuses contre un homme honorable. Le journaliste certes est coupable de se faire payer pour s'abstenir de calomnier. Mais où est la faute de celui qui veut mettre fin à un scandale public? A notre avis, il y a cause illicite de la part du promettant aussi bien que de la part du stipulant. Si je promets une récompense à un voleur pour l'engager à restituer la chose volée, est-ce que je n'encourage pas le vol? J'ai tort de faire une promesse à un de ces journalistes de bas étage qui vivent de calomnie, car c'est l'engager à continuer son métier de calomniateur, puisque ses honteuses spéculations lui réussissent si bien. Si, comme le dit très-bien Domat, on ne peut stipuler un prix pour faire une chose que la loi de l'honneur et de la probité nous commande de faire, on ne peut pas non plus promettre une chose à celui qui méconnaît la voix de la conscience (1). La question étant de pure théorie, nous n'insistons pas davantage.

Nº 2. APPLICATION.

I. *Ordre public. Souveraineté.*

126. Que la souveraineté et les pouvoirs qui y sont attachés ne puissent pas faire l'objet de conventions privées, cela nous paraît aujourd'hui de toute évidence. Il n'en a pas toujours été ainsi. Sous l'influence des mœurs germaniques, la féodalité avait non-seulement divisé la puissance souveraine qui de son essence est indivisible; elle l'avait de plus altérée, en la considérant comme étant d'intérêt privé. Charlemagne et ses successeurs partageaient leurs Etats, comme l'avaient fait les rois francs et comme font aujourd'hui les ascendants qui distribuent leurs biens entre leurs descendants. Voilà l'image et l'expression des mœurs germaniques. La souveraineté était un domaine, à l'instar d'une ferme. Donc le souverain était un propriétaire. De même qu'il pouvait vendre, donner ou léguer ses Etats, il pouvait aliéner des attributs de la souveraineté, la justice, l'administration, les impôts; l'intérêt public était absorbé dans l'intérêt privé. Il a fallu une lutte séculaire des légistes contre l'esprit féodal pour rendre à la souveraineté sa nature incommunicable et inaliénable. La féodalité ne fut extirpée qu'en 1789; la révolution proclama que la puissance souveraine réside dans la nation, et non dans son chef, et que la nation ne peut abdiquer, ni céder, ni diviser ce qui est incessible et

---

(1) Demolombe, t. XXIV, p. 359, nº 380. En sens contraire, Colmet de Santerre, t. V, p. 63, nº 49 *bis* II.

indivisible (1). Avant 1789, on trouvait très-naturel que les offices publics fussent dans le commerce ; Montesquieu acheta sa charge de président, comme le premier sot venu aurait pu l'acheter. Heureusement les mœurs corrigeaient les vices des lois ; mais les mauvaises lois auraient fini par vicier les mœurs. La révolution a rétabli l'harmonie entre l'ordre moral et l'ordre politique.

127. D'après notre droit constitutionnel, les fonctions publiques ne sont plus susceptibles de propriété privée, et, par suite, elles ne peuvent faire l'objet de conventions particulières. Il en résulte que la convention par laquelle un fonctionnaire public ou un officier ministériel s'engage à donner sa démission, moyennant une somme déterminée que l'autre partie s'oblige à lui payer, a une cause illicite (2). Le chef de l'Etat nomme aux fonctions publiques, il doit jouir de la plus entière liberté dans l'accomplissement de cette mission ; aucune autre influence que celle du bien général ne doit agir sur sa détermination. Il serait donc contraire à l'intérêt public que les fonctions devinssent l'objet de conventions qui pourraient déterminer indirectement le choix du souverain.

On est étonné que ces principes aient eu quelque peine à pénétrer dans la jurisprudence. La cour de cassation a jugé que l'avantage d'une démission peut devenir la matière d'un engagement. Aucune loi, dit la cour de Grenoble, n'interdit à un fonctionnaire la faculté de se démettre de l'emploi qui lui est conféré ; dès lors, il ne lui est pas défendu de recevoir une indemnité d'un postulant auquel sa retraite laisse le champ libre (3). Non, il n'y a point de loi qui prohibe de vendre sa démission ; mais il y a des lois qui prohibent toute convention contraire à l'ordre public (art. 6, 1131, 1133). Est-il nécessaire de démontrer que, si le fonctionnaire est libre de donner

---

(1) Loi des 22 novembre-1er décembre 1789, art. 9. Toullier, t. III, 2, p. 97, n° 161.

(2) Aubry et Rau, t. IV, p. 315 et note 8, § 344, et les autorités qui y sont citées. Chardon et Dalloz sont les seuls auteurs qui se soient prononcés pour la validité de ces marchés.

(3) Voyez les arrêts dans le *Répertoire* de Dalloz, au mot *Obligations*, n° 563.

sa démission, il n'est pas libre de la vendre? On ne vend que ce qui est dans le commerce, et la démission d'une fonction, pas plus que la nomination, ne sont dans le commerce depuis l'abolition de la vénalité des offices. Les auteurs insistent sur les conséquences dangereuses qui résulteraient de ce trafic. Les fonctions publiques ambitionnées, non plus par la capacité, mais par la cupidité; l'homme de talent écarté par l'homme riche; l'intrigue entourant de ses piéges ceux qui disposent des nominations; l'élu cherchant à se dédommager par tous moyens des sacrifices d'argent qu'il a dû faire; la pensée du lucre viciant un ordre de choses où devrait dominer l'idée du devoir. Nous croyons inutile d'entrer dans ces développements; la jurisprudence a fait justice des mauvaises raisons qui avaient d'abord séduit la cour de cassation et quelques cours d'appel (1).

En France, une loi du 18 avril 1816 a permis à certains officiers ministériels, tels que notaires, avoués, de présenter un successeur et de stipuler un prix de cession à l'occasion de ces présentations. Ces lois, qualifiées de *malheureuses* par une cour, n'ont eu d'autre motif qu'un intérêt fiscal. Il y a un intérêt plus grand que le législateur ne devrait jamais perdre de vue. Dans un siècle où l'on trafique de tout, même de sa conscience, on devrait se garder de donner accès dans les lois à cette lèpre qui ronge notre société et qui, si l'on n'y porte remède, finira par la réduire en pourriture.

128. Par la même raison, on ne peut pas s'engager à payer les services que rendraient des solliciteurs ou des solliciteuses, car les femmes ont leur rôle dans ces ignobles intrigues. Un arrêt de la cour de Colmar, très-bien fait, l'a jugé ainsi. Nous le citons, bien que la question ne soit point douteuse, pour montrer à quoi conduit la vente d'une démission. Une demoiselle occupait la place de receveur de la loterie; elle s'obligea, par acte devant notaire, à se démettre en faveur d'un tiers et à le

---

(1) Voyez la jurisprudence dans le *Répertoire* de Dalloz, au mot *Obligations*, nᵒˢ 565-567. Il faut ajouter Paris, 30 janvier 1857 (Dalloz, 1859, 5, 194).

faire pourvoir, à charge de lui payer à elle une pension viagère de 500 francs. L'acheteur fut effectivement nommé, mais il malversa si bien que, dès la première année de ses fonctions, il fut destitué. Alors une demoiselle fit des démarches auprès de l'administration pour obtenir la recette ; ne réussissant pas, elle eut recours à la toute-puissante protection de la première receveuse pour qu'elle usât de son crédit, lui promettant d'exécuter les engagements du receveur destitué. La solliciteuse réussit de nouveau à faire nommer sa protégée, qui servit la rente pendant plusieurs années ; mais sous le prétexte que les bénéfices de la recette avaient considérablement diminué, elle demanda la réduction de la pension, et comme elle ne l'obtint pas, elle intenta une action en nullité de la convention pour cause illicite. En effet, la promesse n'avait d'autre cause que l'emploi du crédit et des sollicitations de la crédirentière à l'effet de faire nommer la débitrice receveuse de la loterie. La cour rappelle d'abord que les offices ont cessé d'être vénaux ; puis elle ajoute que si l'on admettait la validité des engagements souscrits comme prix du crédit et des sollicitations auprès du gouvernement, on établirait un nouveau genre de vénalité plus désastreux et plus immoral : les chefs des différentes administrations seraient en proie aux obsessions et aux déceptions de la cupidité et de l'intrigue ; ils n'obtiendraient plus des renseignements vrais, les fonctions deviendraient le monopole des hommes d'affaires et des intrigants. Il est du devoir des magistrats, dit l'arrêt, de faire une sévère application de la loi, afin de mettre le gouvernement à l'abri des fallacieuses recommandations qui le trompent ; si la justice ne peut pas atteindre toutes les intrigues, elle doit, au moins, quand l'occasion s'en présente, maintenir les principes de morale et d'ordre public sans lesquels aucun État ne peut subsister. La cour déclara la convention nulle pour cause illicite (1).

Les fournitures, surtout celles qui se font en temps de guerre, s'obtiennent souvent à des conditions ruineuses

(1) Colmar, 25 juin 1834 (Dalloz, au mot *Obligations*, n° 643, 2°).

pour le Trésor, et pour en obtenir le payement, les fournisseurs recourent à de nouvelles intrigues : c'est l'Etat
qui paye. Une maison espagnole avait des créances sur
le gouvernement français pour fournitures faites de 1810
à 1812 aux armées françaises en Espagne. La créance
ne fut liquidée que sous la restauration. Un marquis,
c'était le temps des marquis, se chargea d'en procurer le
payement. On ne dit pas la somme payée de ce chef au
mandataire : l'on en peut juger par la convention qu'il fit
avec une dame à laquelle il promit une somme de
45,000 francs pour les peines et soins qu'elle s'était donnés et qu'elle continuerait à se donner pour obtenir la liquidation définitive de la créance. Que de voleurs il a dû
y avoir dans cette seule affaire! L'Etat était obligé de
payer ceux qui se donnaient tant de peine pour le voler.
La dame reçut 20,000 francs et forma opposition entre les
mains du ministre des finances pour une somme de
30,000 francs. On lui oppose le défaut de titre, elle produit l'acte; la cour déclare l'acte nul pour cause illicite.
Pourvoi en cassation. La solliciteuse trouvait que sa convention était parfaitement morale; c'était le salaire d'un
mandat, et la loi permet aux femmes d'être mandataires.
La cour rejeta le pourvoi en se fondant sur ce qu'il y avait
décision souveraine des juges du fait (1).

Un arrêt récent de la cour de cassation prouve combien le sens moral des hommes s'altère sous l'influence
de ces honteux marchés; ils finissent par ne plus comprendre ce qu'il y a de honteux à vendre son crédit. Et
il s'agit d'un général ! Ce général, bénéficiaire d'une concession, s'engage à en partager le profit avec un tiers
pour le rémunérer de ses démarches et de l'emploi qu'il
avait fait de son crédit auprès de l'administration pour
obtenir la concession. Rien que l'énoncé de cette proposition, telle que l'arrêtiste la formule, suffit pour établir
que la cause était illicite. Le général avouait qu'il avait
reçu des actions sans avoir fait aucun versement d'une

(1) Rejet, chambre civile, 20 mai 1828 (Dalloz, au mot *Obligations*,
n° 643, 1°). Comparez Paris, 19 avril 1858 (Dalloz, 1858, 2, 160).

valeur quelconque ; il avouait que le seul équivalent des actions qu'on lui avait données consistait dans les démarches utiles qu'il avait faites en vue de la concession et dans l'ascendant que sa position lui donnait pour en assurer le succès. Le général ajoutait qu'il aurait pu obtenir directement une concession domaniale en Algérie, que cela est toléré par les règlements militaires, et qu'il est toujours permis de faire indirectement ce que la loi permet de faire directement. Ici la cour l'arrête et donne au général une leçon de morale et de délicatesse. « Autre chose est une concession directe et personnelle que le gouvernement fait en connaissance de cause, après une instruction régulière, et une concession que l'on obtient indirectement sous le nom d'un tiers et à l'aide d'un crédit qui a d'autant plus de poids que l'on a dû croire que celui qui l'employait n'y avait aucun intérêt personnel. » Dans ce dernier cas, la concession s'obtient par une voie détournée qui a pour effet de la dénaturer dans sa source même en ôtant au pouvoir qui l'accorde la liberté de ses résolutions. La cour aurait pu dire hardiment que celui qui obtient par sa position officielle une faveur dont il se réserve pour une partie l'émolument trompe l'administration. Celle-ci est *surprise,* dit l'arrêt, et la surprise est d'autant plus grande que celui qui s'est interposé pour obtenir la concession était par sa position officielle la source même d'où découlait la faveur. La convention qui lie d'avance le concessionnaire direct au profit de celui qui vend son influence (le mot n'est pas de la cour) est viciée dans son essence. « Cette convention, dit l'arrêt, est illicite et contraire à l'ordre public ; toute indemnité attachée à des démarches qui ont pour objet un acte de justice ou de munificence étant proscrite comme propre à entraver l'indépendance de l'Etat, à gêner son pouvoir, ou même à *avilir*, à son insu, l'usage qu'il en fait (1). »

129. L'esprit de trafic et de spéculation envahit des professions qui, sans doute, doivent procurer à ceux qui les exercent une existence honorable, mais dont le libre

(1) Toulouse, 21 juillet 1870 (Dalloz, 1872, 1, 66).

exercice n'est guère compatible avec des conventions qui font d'un office ministériel métier et marchandise. Un avoué s'engage à faire faire toutes les significations de son étude par tel huissier, lequel, de son côté, déclare abandonner à cet avoué le quart de ses émoluments et à notifier gratuitement pour lui tous les actes du palais. Cette espèce de société est-elle licite? Sur la demande de l'huissier, la cour de Montpellier prononça la nullité du traité. Recours en cassation. Le conseiller rapporteur flétrit ces traités qui, dit-il, se répandent partout; la justice ne doit pas tolérer cet abus. D'une part, il crée une concurrence au rabais, nuisible à ceux qui restent dans les limites de la loi. D'autre part, l'officier ministériel se trouve dans une dépendance absolue, servile, de l'avoué dont il n'est plus que le serviteur. C'est altérer les offices créés par le législateur dans l'intérêt des particuliers qui ont besoin de leur ministère; au lieu d'un officier éclairé, moral, indépendant, ils pourront trouver un homme ignorant qui met son nom au bas des pièces qu'on lui donne à signer; c'est dégrader l'officier et avilir l'exercice de ses fonctions, qui ont une si grande influence sur le sort des procès et, par conséquent, sur la fortune des citoyens. La cour de cassation rejeta le pourvoi. « Les émoluments, dit l'arrêt, que le législateur, dans sa profonde sagesse, a attribués aux fonctions d'avoué et d'huissier pour assurer la juste rémunération des titulaires et leur indépendance, ne peuvent être modifiés arbitrairement au détriment des uns et au profit des autres par l'effet de conventions privées, dont le résultat exposerait le public à de graves inconvénients. » C'est en vue de l'intérêt général que la loi fixe les émoluments des officiers ministériels qu'elle crée dans le même intérêt; dès lors, ces émoluments ne sont pas dans le commerce, ils sont d'ordre public, aussi bien que les fonctions elles-mêmes. Toute convention relative à ces émoluments est donc viciée, comme contraire à l'ordre public et fondée sur une cause illicite (1).

(1) Rejet, 29 décembre 1845, sur le rapport de Faure (Dalloz, 1846, 1, 57).

130. Le conseiller Faure avait raison de signaler l'abus, dont il demandait la répression, comme un mal qui allait en s'étendant comme la gangrène. Voici un traité intervenu entre un notaire et une dame pour l'exploitation de son étude. Le notaire cède à son associée la moitié dans la propriété et dans les bénéfices de son étude, à la charge de supporter la moitié dans les frais. Cette société est-elle valable? C'est à peine si l'on peut poser la question. Les fonctions publiques sont-elles dans le commerce? Le législateur soumet la nomination des notaires à des conditions rigoureuses de capacité; il les investit d'une mission sociale de la plus haute importance; appelés à donner l'authenticité aux actes, ils sont appelés en même temps à éclairer les parties de leurs conseils; ils sont les confidents des familles, et la loi les charge, comme tels, d'intervenir comme médiateurs dans l'acte le plus grave de la vie : le mariage. Et l'on permettrait au notaire de s'associer, pour l'exploitation de son étude, le premier venu, une femme! Le mot seul d'exploitation révèle le vice originel de ces actes : on n'exploite pas des fonctions sociales, on les exerce dans des sentiments d'honneur et de délicatesse (1).

La loi française qui permet d'acheter des études de notaire, d'avoué et d'huissier a contribué à infecter ces professions de l'esprit de trafic, en assimilant l'exercice d'une fonction sociale à l'exercice d'une industrie. Nous n'entendons pas flétrir l'industrie et le commerce, mais ne permettons pas que l'on introduise l'esprit de trafic là où il n'a que faire, et où, par cela même, il deviendrait une source d'abus. Deux personnes, père et fils, s'associent pour acheter une étude d'huissier. Il est convenu que l'association durera dix ans, que le fils sera titulaire de l'office, seul chargé de la direction et du travail de l'étude et du cabinet, que chacun payera par moitié le prix de la charge, le cautionnement et les frais, et aura droit à la moitié des bénéfices; que le père aura un cabinet et sera

_____

(1) Cassation, 15 janvier 1855 (Dalloz, 1855, 1, 5). Comparez Lyon, 29 juin 1849 (Dalloz, 1850, 2, 155).

chargé de tenir la caisse, dont il aura une clef. Après cinq ans, le fils déclara à son père qu'il entendait ne plus continuer l'association, dont il demanda l'annulation. La cour de Paris annula le traité, comme contraire à l'ordre public, parce qu'il gênait la liberté d'action de l'officier ministériel et altérait la mission qu'il reçoit de la loi. On voit que les tribunaux sont mal à l'aise pour motiver leurs décisions. En Belgique, il n'y a point de traités pareils, et s'il s'en présentait, on les déclarerait nuls comme portant sur des fonctions sociales qui ne sont pas dans le commerce. En France, elles sont dans le commerce, en un certain sens; mais ce commerce est limité; la loi permet à l'officier ministériel de présenter son successeur, elle ne lui permet pas de s'associer avec le premier venu pour l'exercice d'une fonction sociale. L'association, dit la cour de cassation, porte sur l'office même et, par conséquent, sur une délégation de la puissance publique; dès lors elle tombe sous l'application de l'article 1133. Cela implique que la cour aurait validé l'association si elle n'avait porté que sur l'exercice de la fonction; l'arrêt dit que le traité aurait pu attribuer au père, considéré comme simple commis, une part dans les produits de l'office proportionnée à l'importance de ses travaux; cela nous paraît très-douteux; ce serait toujours un pacte sur des fonctions sociales, une association qui a pour objet une chose qui n'est pas dans le commerce. Que l'huissier ou le notaire paye à ses clercs tout ce qu'il voudra à titre de salaire, rien de plus licite; mais dès qu'il s'associe le clerc ou n'importe qui, il y a convention sur une fonction sociale, donc contraire à l'ordre public (1).

131. Quatre huissiers s'associent pour l'exploitation de leurs charges. D'autres huissiers de la même ville forment contre eux une demande en dommages-intérêts, et concluent à la dissolution de l'association qu'ils prétendent illicite. Les défendeurs contestent l'existence de la société; et toutefois ils refusent de répondre dans l'in-

_____

(1) Rejet, 9 février 1852 (Dalloz, 1852, 1, 70). Comparez Paris, 4 février 1854 (Dalloz, 1854, 2, 149).

terrogatoire sur faits et articles que la cour avait ordonné; ils soutiennent qu'une pareille association serait licite, et partant ne pourrait pas donner lieu à des dommages-intérêts. La cour déclara qu'elle ne pouvait sanctionner un pareil principe, que l'association de deux ou plusieurs officiers ministériels pour l'exploitation de leurs charges est contraire à l'ordre public, parce qu'elle constitue une violation des lois constitutives qui fixent les droits et les devoirs des officiers ministériels, auxiliaires de la justice, et compromet gravement les intérêts du public en supprimant toute émulation et toute surveillance mutuelle et en compromettant les secrets des parties (1).

II. *Répression des délits.*

132. Que les conventions ayant pour objet direct ou indirect un fait puni par la loi, sont nulles, cela est si évident qu'il ne vaudrait pas la peine de le dire, si malheureusement ces conventions n'étaient si fréquentes. Il y a des délits pour lesquels l'opinion publique montre une indulgence coupable : telle est la contrebande. Le fisc seul paraît être en cause; or, le fisc c'est l'ennemi commun, on lui fait la guerre, on le trompe sans aucun scrupule, on prend parti pour les contrebandiers, dont on admire les ruses; voilà comment la conscience se vicie et la moralité publique s'altère. Quand il s'agit de conventions illicites, les tribunaux sont les gardiens de la morale aussi bien que du droit; ils doivent se montrer sévères, parce qu'ils sont appelés à sauvegarder les fondements de l'ordre social.

Une loi du 10 brumaire an v prohiba la vente des marchandises anglaises ou réputées telles. C'était une vraie mesure de guerre; ici ce n'était pas le fisc, c'était l'ennemi de la révolution qui était en cause. Un Français achète à l'étranger des marchandises prohibées : il a été jugé que la convention était nulle, parce qu'elle était fondée sur une cause illicite; peu importe, dit la cour de

(1) Toulouse, 18 janvier 1866 (Dalloz, 1866, 2, 6).

Liége, que le marché ait été conclu à l'étranger; la loi avait pour but d'entraver le débit et la circulation des marchandises anglaises, de les exclure de la consommation, comme le porte la déclaration d'urgence qui la précède. Elle obligeait donc tout Français, même à l'étranger ; la convention qui violait la loi violait aussi l'ordre public; elle était frappée de nullité (1).

Quand même la prohibition ne serait qu'une loi de douanes, il suffit que la contrebande soit un délit pour que toute convention qui la favorise soit frappée de nullité radicale. Il a été jugé que la convention qui a pour objet des marchandises prohibées ne donne lieu à aucune action en justice; en conséquence, l'acheteur de semblables marchandises, lorsqu'elles ont été saisies, est non recevable à poursuivre contre le vendeur la nullité de la vente, jusqu'à concurrence de la valeur des marchandises saisies. Le premier juge avait admis la demande en garantie; en appel, la cour décida que les tribunaux n'ont point à connaître de l'exécution ou de l'inexécution de pareils traités, qui n'ont pour objet que la fraude et la violation des lois, concertées entre les parties contractantes (2). Nous reviendrons plus loin sur l'effet que produit une convention illicite.

133. Les associations ayant pour objet la contrebande sont évidemment illicites quand elles ont pour objet d'introduire des marchandises dans le pays dont les lois prohibent l'introduction. Cependant ces sociétés se forment comme s'il s'agissait d'un objet licite. Deux individus font, en 1829, une société en participation pour l'introduction de marchandises anglaises. Après deux ans, ils liquident. L'un des associés présente un compte qui donne lieu à une nomination d'arbitres; ceux-ci fixent le reliquat à 30,000 francs. Appel. La cour constate que la société avait pour objet d'introduire en fraude des marchandises dont l'entrée était prohibée par la loi et de soustraire aux droits d'entrée des objets qui y sont soumis;

(1) Liége, 11 juin 1812 (Dalloz, au mot *Obligations,* n° 588, 1°).
(2) Paris, 7 mars 1846 (Dalloz, 1846, 4, 376).

le double but de la participation était avoué par les parties et reconnu même par la sentence arbitrale. Une telle société, dit la cour de Paris, est illicite, et ne peut donner lieu à aucune action devant les tribunaux. Les appelants ne demandaient pas la nullité de la sentence arbitrale, ils la déféraient seulement à la cour en quelques-unes de ses dispositions. En cet état, la cour ne pouvait prononcer la nullité de la sentence; elle aurait dû statuer sur les chefs de contestation qui lui étaient soumis, ce qu'elle ne pouvait faire puisque les contestations se fondaient sur des conventions illicites. Par ces motifs, la cour décida qu'il n'y avait lieu à statuer sur les appels (1).

La question devient douteuse lorsque la contrebande se fait à l'étranger. Il a été jugé que la société formée pour faire la contrebande sur les côtes de l'Angleterre était illicite. La cour de Rennes dit que la convention est contraire aux principes du droit naturel et par cela même illicite (2). Ce motif n'est pas admissible, au moins tel qu'il est formulé. La question de savoir si une cause est illicite est décidée par un texte de loi; c'est donc l'article 1133 qui tranche la difficulté, ce n'est pas le droit naturel. Pour qu'une convention soit contraire aux lois, à l'ordre public, ou aux bonnes mœurs, il faut que les lois françaises soient violées, que l'ordre public français soit lésé; les bonnes mœurs mêmes ont un caractère national: aussi les jurisconsultes romains avaient-ils soin d'ajouter que l'on ne pouvait porter atteinte aux bonnes mœurs de leur *cité*. Cependant la morale condamne certains actes, alors même que les lois nationales ne les condamneraient pas; elle tend à se généraliser, sans tenir compte de la division du genre humain en nations. Il suit de là que l'on doit considérer comme immoral ce qu'une loi étrangère défend, quand elle le défend par un motif d'ordre public.

134. Toute convention relative à un délit est illicite, quand même la partie obligée ne participerait pas au fait

(1) Paris, 18 février 1837 (Dalloz, au mot *Obligations*, n° 593).
(2) Rennes, 1er décembre 1826 (Dalloz, au mot *Obligations*, n° 591).

criminel. Un libraire fait avec une compagnie de commissionnaires publics une convention pour le colportage à la journée de vingt mille exemplaires d'une brochure intitulée : *Appel au peuple*. La compagnie se refusa à exécuter la convention, parce que la brochure renfermait des imputations calomnieuses ou injurieuses pour plusieurs personnes. On objectait que, l'imprimeur étant connu, le colporteur ou le distributeur ne pouvait être poursuivi ; on en concluait qu'à son égard la convention n'avait rien d'illicite. Cette défense ne fut pas accueillie, et avec raison. La calomnie est un délit, dès lors l'écrit calomnieux ne peut faire l'objet d'aucune convention. Toutefois la cour maintint la convention en tant qu'elle avait été exécutée, en ce sens qu'elle déclara suffisante l'offre des défendeurs de la somme qui revenait au libraire pour vente des brochures, déduction faite du salaire dû pour colportage (1). Nous constatons le fait ; il est en désaccord avec la jurisprudence française que nous venons de rapporter ; nous y reviendrons.

III. *La liberté.*

1. LIBERTÉ DE L'OUVRIER.

135. La constitution de 1789 s'ouvre par une déclaration des droits de l'homme, droits qu'il tient de la nature, droits qu'il ne peut abdiquer et qui ne peuvent lui être enlevés, droits inaliénables et imprescriptibles. C'est dire que ces droits ne peuvent faire l'objet de conventions qui auraient pour effet de les altérer, de les modifier. Parmi les droits naturels de l'homme figure en première ligne la liberté. L'homme la restreint par les conventions qu'il contracte, mais, tout en obligeant sa personne, sa liberté reste entière, en ce sens que ses biens seuls répondent de l'exécution de ses engagements ; le débiteur ne peut être contraint à faire ce qu'il ne veut pas faire ; il se soumet seulement à des dommages-intérêts en cas d'inexé-

---

(1) Bruxelles, 7 août 1865 (*Pasicrisie*, 1866, 2, 69).

cution (art. 1142). Ces dommages-intérêts mêmes ne sont
dus que lorsque la convention est valable, et elle serait
nulle si elle portait atteinte à la liberté individuelle du
débiteur. Telle est la convention par laquelle il engagerait ses services à vie; aux termes de l'article 1780,
on ne peut engager ses services qu'à temps ou pour une.
entreprise déterminée. Nous reviendrons sur ce principe
au titre du *Louage*. Pour le moment, nous nous bornons
à en développer les conséquences, en tant qu'elles concernent la cause illicite qui vicie les conventions.

136. La loi des 2-17 mars 1791 proclamait le droit pour
chacun d'exercer telle profession ou de faire tel négoce,
métier ou art que bon lui semble. Il ne faut pas exagérer la
portée de cette loi et en conclure que toute entrave à laquelle une personne se soumettrait quant à l'exercice d'une
profession ou d'une industrie serait nulle comme contraire à la liberté. La loi de 1791 n'a fait que reproduire le
principe de liberté inscrit dans le célèbre édit de Turgot
de 1776. Le but de Turgot était d'affranchir les ouvriers
et, par suite, l'industrie, des entraves que les maîtrises et
les jurandes apportaient à la liberté du travail; et la loi
de 1791, pas plus que l'édit, n'entendait prohiber les
conventions qui se font dans un intérêt privé, librement
apprécié, bien qu'elles limitent l'exercice de ce droit. La
difficulté est de préciser la limite où le contrat devient
une atteinte à la liberté. Voici le principe formulé par
la cour de cassation : « Si la convention prive d'une manière absolue un citoyen du droit d'exercer son industrie,
en quelque lieu que ce soit et pour toujours, elle est illicite, car elle détruit le droit que la constitution de 1789,
d'accord avec la nature, déclare inaliénable. Mais si l'interdiction est limitée à un certain temps ou à un certain
lieu, la convention est valable; car celui qui la souscrit
pourra exercer son industrie dans un autre lieu ou dans
un autre temps. » Nous acceptons le principe quant à
la limitation du lieu, mais il nous est difficile de l'admettre quant au temps. Le travail est la loi de l'homme :
peut-il s'interdire, ne fût-ce que pour un temps limité,
le droit de travailler? Ce serait se soustraire, pour ce

temps, à une loi que Dieu donne à toutes ses créatures.

Les applications que la jurisprudence a faites du principe en feront comprendre la portée et justifieront peut-être nos scrupules. Un ouvrier, entré comme contre-maître ou directeur de la fabrication dans un établissement de confiserie, prit l'engagement de ne *jamais* s'associer, tant que cet établissement subsisterait, à un établissement similaire à Lille ou dans le département du Nord, à peine de 25,000 francs de dommages-intérêts. Après avoir exécuté cette convention pendant dix ans, l'ouvrier en demanda l'annulation comme contraire à l'ordre public et à la liberté d'industrie. Le conseil des prud'hommes annula la convention, mais, sur l'appel, le tribunal de Lille la maintint. Le jugement porte que l'ouvrier reste libre d'exercer son industrie en dehors du département, sans aucune condition, ou même dans le département en payant la somme convenue à titre de dommages-intérêts. La cour de cassation rejeta le pourvoi formé contre le jugement. Elle pose en principe que la liberté du travail et de l'industrie ne fait pas obstacle à la convention par laquelle l'un des contractants se soumet à ne pas exercer une industrie dont la concurrence serait de nature à causer préjudice à l'autre partie. Une telle interdiction, dit l'arrêt, ne deviendrait illicite qu'autant qu'elle serait générale et absolue, *et quant aux lieux et quant au temps.* Cette formule ne dépasse-t-elle pas la pensée de la cour? Dans l'espèce, l'interdiction était limitée au département du Nord; quant au *lieu* et quant au *temps,* il était bien dit que l'ouvrier ne pourrait *jamais* s'établir dans ce département; mais, dit la cour, l'interdiction était limitée à la durée de l'établissement dans l'intérêt duquel elle était stipulée. Cette limitation, à notre avis, eût été insuffisante, car l'établissement pouvait durer au delà de la vie de l'ouvrier et devenir, par conséquent, perpétuelle : une interdiction perpétuelle, même limitée à certains lieux, nous paraît contraire à la liberté de l'homme et du travail. Le temps était, en réalité, illimité; dès lors, d'après le principe même de la cour de cassation, il eût fallu annuler la convention. L'arrêt lui-même le prouve; dans

l'intention des parties, disait le jugement attaqué, l'interdiction était stipulée au profit de tous les possesseurs de
l'établissement (1) : n'est-ce pas avouer qu'elle était indé-
finie quant au temps? Nous croyons que le conseil des
prud'hommes avait bien jugé.

137. Voici un cas dans lequel la convention a été jugée
valable. Un commis était employé chez un marchand de
nouveautés comme caissier. En 1858, ses appointements
furent portés à 1,000 francs par an et on lui accorda, en
outre, un demi pour cent dans les ventes. En même temps
il fut convenu que jusqu'au 1er juillet 1866 le commis ne
pourrait se placer dans aucune maison de Valenciennes
tenant les mêmes articles, ni représenter dans ladite ville
une maison étrangère qui vendrait de ces marchandises.
En 1864, le commis quitta sa maison et se plaça dans une
autre maison de Valenciennes faisant en gros le commerce que son ancien patron faisait en détail. Celui-ci
l'assigna en dommages-intérêts. Le tribunal de commerce
rejeta sa demande. En appel, la décision fut réformée.
La convention intervenue entre le patron et son commis
étant limitée à cinq ans, il fallait la maintenir, d'après la
jurisprudence. Il n'était pas exact de dire qu'elle fût sans
cause, car c'est en compensation des nouveaux avantages
qu'elle donnait au commis que celui-ci avait consenti à
l'interdiction temporaire stipulée par le patron (2).

138. La cour de Metz annula une convention analogue
parce qu'elle interdisait au commis de s'établir *jamais*
dans la ville où il était employé comme homme de confiance et dans les environs, à moins que ce ne fût à dix
kilomètres de distance. Restreinte quant au *lieu,* la convention était perpétuelle quant au *temps.* Or, l'esprit de
nos lois s'oppose à ce que les personnes s'engagent à perpétuité. Cela résulte de l'article 1780, qui n'a fait qu'appliquer au droit civil le principe de liberté individuelle,
base de notre ordre politique. Nos lois favorisent le libre
essor des facultés individuelles et la concurrence. Un né-

---

(1) Rejet, 5 juillet 1865 (Dalloz, 1865, 1, 425). Comparez Aubry et Rau,
t. IV, p. 323 et note 16, § 345.
(2) Douai, 31 août 1864 (Dalloz, 1864, 2, 225).

gociant peut sans doute prendre certaines mesures, de commun accord avec ses agents, afin d'éviter une concurrence déloyale que lui ferait un commis qui abuserait de la confiance dont il a joui pour enlever à son patron la clientèle avec laquelle il se trouve journellement en rapport; mais, dit la cour, ces précautions ne justifient qu'une prohibition limitée et quant au lieu et quant au temps; aller plus loin, ce serait permettre aux parties de stipuler une espèce d'incapacité et d'exil. Reste à savoir quel est le temps pour lequel on peut s'interdire l'exercice d'une industrie. La cour répond que le temps doit être raisonnablement limité (1). Cela est vague, mais l'article 1780 laisse également la question indécise et s'en rapporte à l'appréciation du juge.

La décision de la cour de Metz a été cassée. Ici nos scrupules renaissent. L'arrêt de la cour de cassation dit que la liberté du travail peut être restreinte par les conventions des parties intéressées; celles-ci ne deviennent illicites que si elles entraînent pour l'un des contractants l'interdiction de son industrie d'une manière *absolue* et *générale*. Or, telle n'était pas la convention litigieuse; elle permettait au commis d'exercer son commerce partout ailleurs qu'à Charleville ou dans ses environs. La cour en conclut que l'arrêt de la cour de Metz a manifestement violé l'article 1134 (2). Elle admet donc qu'il peut y avoir une interdiction perpétuelle d'exercer son industrie dans un lieu déterminé. Une pareille entrave ne détruit-elle pas la liberté du travail qui, de tous les droits, est certes le plus naturel, puisque ce droit est la loi de l'homme?

139. Il y a des exemples d'interdiction absolue : c'est la tendance des patrons; si on les laissait faire, ils rétabliraient le servage, en attachant l'homme à une fabrique, comme au moyen âge il était attaché à la glèbe. La convention suivante intervint entre un contre-maître et un fabricant. Celui-ci accorde à l'ouvrier une part proportionnelle dans les bénéfices : l'ouvrier s'engage à ne *ja-*

(1) Metz, 16 juin 1863 (Dalloz, 1864, 2, 14).
(2) Cassation, 24 janvier 1866 (Dalloz, 1866, 1, 81).

mais, en quelque temps que ce soit, servir ou s'associer directement ou indirectement dans une autre fabrique de crayons. La cour de Metz annula la convention et, sur le pourvoi, il intervint un arrêt de rejet. Si, dit la cour, le travail est une juste cause de légitimes conventions, c'est à la condition que la *liberté personnelle* de celui qui engage ses services ne sera point enchaînée par une aliénation de son travail *perpétuelle* et *absolue*. Par application de ce principe, l'article 1780 ne permet d'engager ses services qu'à temps ou pour une entreprise déterminée. Une conséquence nécessaire du même principe est la prohibition de tout engagement ayant pour résultat de s'obliger à ne faire en aucun temps ni en aucun lieu un emploi déterminé de son travail, autrement que pour tel patron ou pour tel établissement (1). On voit que la cour procède du même principe que nous : la liberté du travail. Le désaccord porte sur la limite à laquelle la liberté fait place à l'asservissement. Le texte de la loi ne décide pas la question ; mais l'article 1780 fournit un argument d'analogie en faveur de notre opinion, en réprouvant les conventions perpétuelles. La liberté, telle que l'entendent les peuples modernes, conduit au même résultat : c'est la liberté individuelle qui est l'âme de nos institutions politiques, le principe de notre vie. Gardons-nous de l'enchaîner.

Une espèce analogue s'est présentée devant la cour de Lyon. Un commis s'engage à ne former ni commanditer aucune maison pour le commerce des chapeaux de paille et à ne faire aucune opération, comme employé, dans ce genre de négoce. Le tribunal de commerce et la cour crurent devoir limiter cet engagement à la ville de Lyon. C'était reconnaître que la convention était illicite ; dès lors il fallait l'annuler, les tribunaux n'ayant pas le droit de modifier les clauses des conventions. L'arrêt fut cassé pour ce motif (2).

(1) Rejet, de la chambre civile, 11 mai 1858 (Dalloz, 1858, 1, 220).
(2) Cassation, 25 mai 1868 (Dalloz, 1869, 1, 277).

140. La libre concurrence est une autre face de la liberté. A-t-elle une limite? Des conventions particulières peuvent-elles y déroger? Nous n'avons pas de texte qui décide ces difficiles questions. De là l'inévitable incertitude de la jurisprudence. Huit fabricants de faïence. forment une société en participation sous les conditions suivantes. Chacun des associés fera porter à un magasin commun toutes les faïences fabriquées dans sa manufacture. Ces faïences seront admises en compte courant, d'après un tarif annexé au traité, par une commission de trois membres, qui, chacun à son tour, seront préposés à la fixation du tarif. Les associés renoncent, pendant les dix ans que doit durer la société, à toute vente de produits quelconques de leurs manufactures par d'autres moyens que ceux de la société. Des difficultés nombreuses s'élevèrent sur l'exécution du traité; l'un des associés finit par en demander la nullité; elle fut prononcée par la cour de Bourges par le motif que les fabricants, en s'associant et en déterminant un prix fixe de vente, ont nui à l'ordre public qui exige la plus entière liberté du commerce. On objectait que rien n'empêchait d'autres fabricants de s'établir et de faire concurrence à la société. La cour répond qu'avec l'ascendant de leur association et la réunion de leurs fortunes, les fabricants associés restaient les maîtres d'écraser le nouvel établissement, en baissant momentanément le prix de la marchandise au-dessous du prix de fabrication. Etait-ce une coalition prévue et punie par le code pénal de 1810 (art. 419)? Les associés furent poursuivis, mais acquittés.

Pourvoi en cassation. On soutient qu'il n'y a de contraires à l'ordre public que les conventions qui violent une loi. Cela n'est pas exact. L'article 6 est conçu en ce sens; il défend aux particuliers de déroger aux *lois* qui intéressent l'ordre public; mais l'article 1133 est plus général : il déclare la cause illicite, non-seulement quand elle est prohibée par la loi, mais aussi quand elle est contraire à l'ordre public; donc elle est illicite quand même il n'y aurait pas de loi prohibitive. Cela laisse une grande latitude aux tribunaux. La cour de cassation prononça un arrêt de rejet, mais dans des termes très-réservés : elle dit que la cour de Bourges a pu, sans violer expressément la loi, voir dans le traité intervenu entre les fabricants de faïence, et en l'appréciant, des conventions propres à gêner la liberté du commerce et à nuire à la concurrence; cette interprétation étant dans le domaine du juge du fait, échappe à la censure de la cour. C'est presque une censure morale. L'avocat général avait conclu à la cassation, mais il allait trop loin, nous semble-t-il, en soutenant qu'il n'y a de contraire à l'ordre public que ce qui est expressément défendu par la loi. En matière pénale, cela est évident, mais en matière civile la loi est plus large, comme on le voit en comparant la rédaction de l'article 1131 avec celle de l'article 6. Jaubert dit que la doctrine contraire est d'un vague effrayant. « Eh quoi! dit-il, s'il plaisait à un tribunal de déclarer illicite la faculté de sortir de chez soi, faudrait-il respecter une décision qui, sous prétexte de garantir l'ordre public, lui porterait la plus funeste atteinte (1)? » C'est une des faces de la difficulté; il y en a une autre. L'article 1133 déclare aussi illicite la cause qui est contraire aux bonnes mœurs. Nos lois sont loin de prévoir et de punir tout ce qui blesse les bonnes mœurs. Est-ce à dire que les tribunaux devront maintenir les conventions les plus immorales entre concubins, parce que la loi ne punit point le concubinage? Si la loi a dû laisser au juge une grande latitude en ce qui concerne les bonnes mœurs, n'en est-il pas de même pour l'ordre public? Dans sa plus large acception, l'ordre public est synonyme d'intérêt public ou général. Ne permettra-t-on aux tribunaux d'annuler les conventions qui blessent l'intérêt général que si elles violent une loi expresse? La difficulté est grande. Il nous semble que la cour de cassation a sagement fait en abandonnant la décision au juge du fait.

(1) Rejet, de la chambre civile, 18 juin 1828 (Dalloz, au mot *Obligations*, n° 613).

141. Une convention intervient entre quatre marchands, les seuls qui dans une ville faisaient le commerce de bois. Voulant mettre un terme à leur concurrence, ils s'obligent à fixer de concert leurs prix d'achat et de vente dans le but de s'assurer un bénéfice de 4 ou 5 p. c. Des contestations s'étant élevées entre les parties, le tribunal de commerce déclara d'office la convention nulle comme contraire à la liberté du commerce et, par conséquent, à l'ordre public. La cour de Douai confirma la décision par la raison que les conventions litigieuses avaient pour but d'éteindre la concurrence qui doit exister dans le commerce. L'arrêt dit que la concurrence, si elle est renfermée dans de sages limites, affecte essentiellement l'intérêt public; que, par suite, les conventions particulières qui tendent à la restreindre ou à la supprimer sont illicites et contraires à l'ordre public. Remarquons que la cour n'invoque aucune loi qui ait été violée, sauf les articles 1131 et 1133. Ce sont donc les tribunaux qui décident souverainement s'il y a ou non atteinte portée à la liberté du commerce (1).

Deux fabricants conviennent de se conformer, pour le payement de leurs ouvriers, à un même tarif arrêté entre eux. L'un d'eux manque à son engagement et, sur la plainte de l'autre, demande la nullité du traité. Jugement du tribunal de première instance qui déclare le traité valable, parce qu'il ne viole aucune loi. La cour de Nancy réforma cette décision. Il est certain que la convention litigieuse restreignait la liberté du commerce qu'exerçaient les deux parties dans la même ville; la cour ajoute qu'elle apportait des entraves au libre exercice et au développement de leur industrie; en s'engageant pour un temps indéterminé à maintenir des prix invariables pour les façons de certains objets de leur commerce, ils s'interdisaient toute amélioration, toute concurrence, donc tout progrès; ce qui les aurait ruinés eux et leurs ouvriers; de plus le public aurait été obligé de payer les marchandises au-dessus du prix qu'aurait déterminé la libre con-

(1) Douai, 13 mai 1851 (Dalloz, 1853, 2, 27).

currence. A tous égards donc la convention blessait l'ordre public, et partant elle tombait sous l'application de l'article 1131 (1). On voit que la cour ne cite aucune loi qui ait été violée et, en réalité, il n'y en a pas. C'est par des considérations d'économie politique que la cour décide que la convention est contraire à l'ordre public; c'est donc le juge du fait qui décide.

142. Toute convention est une entrave à la liberté des parties contractantes. Ce n'est pas à dire que toute convention entre fabricants soit illicite. Il faut voir quel en est le but. C'est parce que les conventions portent atteinte à la liberté de l'industrie et du commerce que les tribunaux les déclarent illicites. Si donc les conventions ne concernent que les intérêts particuliers des parties contractantes, il n'y a pas lieu de les annuler. Les propriétaires indivis d'une usine conviennent qu'ils l'exploiteront chacun alternativement, et ils fixent un prix au-dessous duquel il ne leur sera pas permis de faire les travaux de leur manufacture pendant l'espace de quatre-vingt-dix-neuf ans. Cette clause, dit la cour de Toulouse, n'intéresse que les propriétaires communs qui s'y sont assujettis; il est possible que ce soit une entrave pour les contractants, ils sont libres de s'en dégager par des conventions nouvelles; ce n'est pas une raison pour que le tribunal annule le traité tant qu'il convient aux parties intéressées; il faudrait que le commerce, considéré dans un sens absolu et relativement aux droits des tiers, fût géné dans sa liberté pour que le juge pût annuler la convention dans un intérêt général. La cour de cassation confirma cette décision (2). Il est donc de jurisprudence, comme nous l'avons enseigné, que l'ordre public se confond avec l'intérêt général, ce qui n'est guère douteux. Les difficultés naissent dans l'application : quand peut-on dire que l'intérêt général est lésé? La limite entre l'intérêt général et l'intérêt individuel est très-difficile à tracer : tout dépend de l'appréciation des juges du fait.

(1) Nancy, 23 juin 1851 (Dalloz, 1853, 2, 99).
(2) Rejet, 4 janvier 1842 (Dalloz, au mot *Industrie*, n° 418, 2°).

La cour de Lyon a décidé la question dans le même sens. Plusieurs fabricants d'extrait de châtaignier s'étaient engagés à faire vendre leurs produits par un seul entrepositaire; celui-ci recevait 6 p. c. à titre de droit de commission pour les marchandises qu'il vendait, et il faisait des avances pour celles qu'il tenait en entrepôt. Les contraventions ne manquèrent point; le commissionnaire assigna les fabricants en payement de l'amende stipulée à titre de peine; ceux-ci demandèrent la nullité du traité. Cette demande fut accueillie par le tribunal de première instance. Le jugement porte que les fabricants, en s'associant, n'avaient d'autre but que d'arriver à une hausse de leurs produits; qu'il y a eu, en effet, une hausse subite résultant de leur coalition. Donc la convention créait un monopole au grand préjudice des acheteurs; dès lors elle était contraire à l'ordre public qui exige la plus entière liberté du commerce. La cour d'appel réforma cette décision. Il y avait un motif de douter; les associés étaient-ils libres de fixer leurs prix comme ils l'entendaient? La convention était muette à cet égard, c'est dire que la liberté des fabricants restait entière; dès lors on ne pouvait pas dire qu'il y avait coalition dans le but de créer un monopole au détriment du public. La convention se comprenait très-bien sans supposer une intention de coalition; elle procurait aux associés et à leur commissionnaire des avantages réciproques; celui-ci avait un droit de commission qui l'intéressait à activer la vente; ceux-là trouvaient à vendre plus facilement leurs produits et recevaient des avances sur les marchandises entreposées. Donc, ni dans son objet, ni dans ses conséquences, la convention n'était contraire à l'ordre public (1).

IV. *Prohibitions de la loi.*

143. Aux termes de l'article 1133, la cause est illicite quand elle est prohibée par la loi. Voilà une cause illicite sur laquelle il semble qu'il ne devrait y avoir aucun doute,

(1) Lyon, 18 novembre 1848 (Dalloz, 1849, 2, 69).

puisqu'elle suppose une loi formelle. En réalité, nos lois ne parlent jamais d'une *cause* qu'elles prohibent. La théorie de la cause licite n'existe que dans le code civil, et l'on en peut contester l'exactitude. La question revient donc de savoir si toute prohibition contenue dans une loi emporte cause illicite. Nous avons répondu d'avance (n° 124). Quand le législateur prohibe et annule, .c'est d'ordinaire dans un intérêt général, et alors il n'y a pas de doute, puisque l'intérêt général se confond avec l'ordre public, et comme il y a une loi formelle qui consacre et sanctionne ce que le législateur établit dans l'intérêt général, la conséquence est que les conventions des particuliers n'y peuvent pas déroger et que toute dérogation est frappée de nullité radicale. Nous citerons comme exemple l'art. 1597 qui défend aux magistrats de devenir cessionnaires de créances litigieuses quand elles sont de la compétence du tribunal dans le ressort duquel ils exercent leurs fonctions. Est-ce dans un intérêt général ou dans un intérêt privé que la loi défend ces cessions? On voit ici le lien intime qui unit l'intérêt privé et l'intérêt général. Certes la cession lèse l'intérêt du cédant et du débiteur de la créance; mais elle lèse avant tout l'intérêt général, les sentiments d'honneur et de délicatesse qui doivent animer les magistrats et tous ceux qui concourent à la distribution de la justice. Cela décide la question : la nullité est radicale, la convention étant fondée sur une cause illicite. La vente d'une créance litigieuse donne aussi lieu au droit de retrait; mais l'article 1699 qui consacre ce droit concerne uniquement l'intérêt du débiteur, lui seul peut s'en prévaloir; il n'y a pas de cause illicite, quoique la loi permette de rompre la convention et de déposséder le cessionnaire.

144. Une société est formée entre deux personnes pour la fabrication et la vente d'un remède secret. Des contestations s'élèvent entre les associés. L'un d'eux demande la dissolution de la société; les défendeurs réclament des dommages-intérêts. Jugement qui renvoie devant des arbitres. En appel, le demandeur soutient que la société est nulle. La cour déclare que les parties sont sans action en justice, parce que la convention est fondée sur une cause prohibée par la loi, cause qui évidemment est d'intérêt général (1). La prohibition de la loi a donc pour effet de rendre illicite toute convention qui a pour objet des remèdes prohibés. Ces conventions sont plus que nulles, elles sont inexistantes, de sorte qu'elles ne donnent pas même une action en justice. Elles n'existent pas aux yeux de la loi, par suite on ne peut les invoquer devant les tribunaux.

145. Les loteries sont prohibées en Belgique (2) et en France (3), les loteries étrangères aussi bien que les loteries belges. Jadis il y avait une loterie royale; par une incroyable aberration, l'Etat tenait une maison de jeu de hasard, le plus funeste des jeux, puisqu'il tend à détourner l'homme de sa mission, le travail. Depuis longtemps les économistes s'étaient élevés contre cette abominable institution. « Les chances du hasard, dit Say, ont cette fâcheuse influence qu'elles habituent l'homme à attendre de la fortune ce qu'il devrait attendre de ses talents et de son courage; qu'elles l'accoutument à chercher ses gains dans les pertes faites par les autres, plutôt que dans les véritables sources de la richesse. Les récompenses d'un travail actif paraissent mesquines auprès des amorces d'un gros lot. Les loteries sont d'ailleurs un impôt qui, quoique volontaire, porte presque entièrement sur la classe nécessiteuse, à qui le besoin peut seul faire braver la défaveur d'un jeu inégal. C'est presque toujours le pain de la misère qu'on y hasarde, lorsque ce n'est pas le fruit du crime (4). » En abolissant la loterie dite royale, le législateur devait naturellement prohiber les loteries étrangères; par suite toutes conventions relatives à ces loteries sont fondées sur une cause illicite, donc radicalement nulles. Des lettres de change sont signées pour négociation de billets d'une loterie étrangère, les porteurs agissent en justice; il a été jugé qu'ils devaient être déclarés

(1) Paris, 15 juin 1838 (Dalloz, au mot *Obligations*, n° 586).
(2) Loi du 31 décembre 1841.
(3) Loi du 21 mai 1836.
(4) Say, *Traité d'économie politique*, t. III, p. 179, de la 5e édition.

non recevables en leur demande, parce que, la cause desdites lettres étant illicite, elles ne pouvaient donnér lieu
à aucune action en justice (1).

146. Par une singulière contradiction, la loi belge qui
prohibe les loteries excepte de cette prohibition les opérations financières des puissances étrangères faites avec
prime, ou remboursement par la voie du sort, lorsque la
cote officielle en aura été autorisée par le gouvernement.
Elle excepte encore les opérations financières de même
nature faites par les provinces et communes du royaume,
ainsi que les opérations des sociétés anonymes ou tonti-
nières faisant accessoirement des remboursements avec
primes par la voie du sort, lorsqu'elles auront été autorisées par le gouvernement (loi belge, art. 8). Nous disons
qu'il y a contradiction flagrante à abolir les loteries d'une
main et à les rétablir de l'autre. On lit dans l'exposé des
motifs de la loi française : « Créer les caisses d'épargne,
c'était exciter l'esprit d'ordre et d'économie nécessaire
aux nations comme aux familles, c'était encourager le
travail individuel par l'intérêt social de la propriété et l'intérêt de la propriété par la garantie non moins sociale de
la conservation. Abolir la loterie, c'est *flétrir* les *spéculations* du *vice* et des *mauvaises passions* qui demandent
aux *chances du hasard* ce que le *travail seul* peut garantir. » Conçoit-on que le législateur flétrisse les loteries
comme les *spéculations du vice* et des *mauvaises passions,*
et qu'il autorise ces mêmes spéculations en leur donnant
l'appui de son autorité?

La loterie est devenue une exception, mais les mauvaises passions une fois excitées ne s'arrêtent pas à la
limite que le législateur essaye de poser. Le *Crédit foncier* a été autorisé à faire le remboursement des actions
avec primes. Des propriétaires d'obligations imaginèrent
de céder, avant chaque tirage, leur droit aux chances de
lots attachées à leurs titres ; le prix était fixé à 5 ou 6 fr.
pour chaque obligation et par chaque tirage. Puis on
étendit cette opération en cédant des fractions de chances ;

(1) Paris, 5 juin 1829 (Dalloz, au mot *Obligations,* n° 584).

un de ces spéculateurs créa des billets donnant droit, pour 25 centimes, à un quarantième de la chance attachée à une obligation nominativement désignée. Le spéculateur fut poursuivi et condamné à la peine portée par l'article 410 du code pénal. Recours en cassation. Le pourvoi soutient d'abord qu'il n'y a point de loteries dans la vente des chances attachées à une obligation. Une loterie, disait-on, n'existe qu'à une condition, c'est qu'il y aura un gagnant et un perdant; or, dans le marché litigieux, il n'y a ni gagnant ni perdant. Il est inutile de nous arrêter à cette objection; on pouvait la faire en France; on ne pourrait la faire en Belgique, parce que notre loi définit la loterie « toutes opérations, sous quelque forme que ce soit, destinées à procurer un gain par la voie du sort » (art. 2); notre nouveau code pénal a apporté une modification à cette définition en exigeant que l'opération soit offerte au public (art. 301). Nous regrettons cette restriction; il en résulte que les *spéculations du vice et des mauvaises passions* deviennent licites dès qu'on ne les offre pas au public; c'est une morale que nous ne comprenons pas. Toujours est-il que les opérations dont nous parlons sont des loteries. Mais on prétendait que ces loteries étaient autorisées par la loi qui permet le tirage avec primes, pour les emprunts des sociétés établies sous ces conditions avec autorisation du gouvernement. Le conseiller rapporteur répond à cette objection, et sa réponse est péremptoire.

Voici l'argument. Le pacte offert au public est un véritable contrat de cession; celui qui a un titre peut le transporter, soit à un seul et en totalité, soit à plusieurs et par fractions; aucune loi ne défend ce mode de transport; et faire ce que la loi permet ne saurait être un délit. Il y a sans doute au fond de ce pacte une chance aléatoire, un événement dépendant du sort; on peut même y voir une loterie; mais cette chance, cet événement, cette loterie sont les mêmes que la loi a autorisés, en permettant le remboursement des obligations avec primes.

Voici la réponse. Établir une loterie, ce n'est pas seulement créer une loterie nouvelle, c'est aussi offrir au public la possibilité de prendre part à une loterie préexistante, mais après en avoir modifié les conditions. En d'autres termes, la loterie du tirage avec prime est une exception, une exception à une prohibition d'ordre public, donc de la plus stricte interprétation; cette exception n'est autorisée que sous certaines conditions; dès que ces conditions sont changées, on sort de l'exception et on rentre dans la règle, qui est la prohibition. Reste à savoir si les conditions sont changées par le fractionnement de la chance offerte au public sous forme de cession. Or, cette opération contient trois modifications à la loterie autorisee. Celle-ci est un acte de prêt d'une somme déterminée remboursable à une époque ultérieure et à laquelle sont attachés, comme faisant corps avec elle, des intérêts annuels et, à titre de prime, un bénéfice aléatoire. Que fait la spéculation? Elle dénature le titre, elle le coupe en deux; ce n'est plus le titre créé par la société, c'est un titre créé par le spéculateur; ce n'est plus une obligation à prime, on en détache la chance qui lui était inhérente, elle devient une obligation ferme, et il y a, en outre, une chance de prime, séparée de l'obligation qui, d'après les statuts, pouvait seule l'engendrer.

Il y a une seconde modification, tout aussi grave, concernant la mise. D'après les statuts, la mise, c'est le prix d'achat de l'obligation à prime, prix ferme qui n'éprouve d'autres variations que celles auxquelles sont soumises toutes les valeurs cotées à la Bourse. Que fait la spéculation? Elle substitue à cette mise fixe et unique une mise arbitraire, calculée au gré du spéculateur, eu égard à la proportion qu'il établit, selon son caprice, d'une part, entre la valeur de l'obligation et la valeur toute de fantaisie de la chance aléatoire qu'il en sépare, d'autre part, entre les diverses personnes qu'il transforme en parties prenantes, au nombre de cinq, de dix, de quarante et plus.

Cette substitution d'une mise arbitraire à une mise légale constitue une modification très-grave et très-dangereuse aux statuts tels qu'ils ont été autorisés. Le décret organique interdit la création de titres d'une valeur moindre de 100 francs ; ce minimum est assez élevé pour n'être pas accessible à ceux qui, n'ayant pas d'épargne, vivent au jour le jour. On les défend ainsi contre la contagion de cette fièvre du jeu et de cette passion de s'enrichir subitement qui a fait de si nombreuses victimes dans les classes nécessiteuses. Cette mesure de prudence et de moralité devient illusoire si l'on permet le fractionnement de la chance. Le plus pauvre est excité à spéculer, en donnant comme mise une partie de son salaire, c'est-à-dire de son gain. N'est-ce pas dénaturer la loterie autorisée que de permettre ce qu'elle entendait défendre ?

La cour de cassation a décidé, sur un excellent rapport du conseiller Nouguier, que le marché litigieux constituait une loterie non autorisée (1).

147. Une question analogue a été soumise à la cour. Le gouvernement mexicain a émis à la Bourse de Paris, en 1865, des obligations du prix de 340 francs, remboursables à 500 francs, avec intérêts et lots. Un spéculateur fractionna ces obligations en dixièmes, du prix de 35 fr. On prétendait qu'en offrant les dixièmes au public, il proposait aux petites fortunes un véritable placement. La cour de Paris répond en citant l'article d'un journal populaire, où l'on insistait sur les chances offertes aux preneurs de gagner des lots qui s'élevaient à un demi-million. Ainsi divisées, les obligations primitives changeaient de caractère : ces obligations constituaient le placement sérieux d'une somme importante ; les lots et primes n'étaient qu'un accessoire ; par l'élévation de leur taux les obligations ne s'adressaient qu'à la classe aisée. Il n'en est plus de même des obligations divisées ; le placement disparaît, c'est la chance de gain et, par suite, le tirage au sort qui est l'objet essentiel des parties ; le fractionnement pourrait descendre à des sommes si minimes que les plus pauvres seraient excités à prendre part à ce jeu ; or, c'est précisément là le danger que le législateur a voulu éviter en prohibant les loteries. Il y a encore une autre altération dans les conditions de la loterie que la

(1) Rejet, chambre criminelle, 10 février 1866 (Dalloz, 1866, 1, 281).

loi autorise. Les porteurs d'obligations entières ont un titre personnel et un débiteur, soit dans le gouvernement, soit dans la ville qui émet l'emprunt. Quand l'obligation est divisée, il faut la réunion de toutes les fractions pour que le droit puisse être utilement exercé ; en réalité, les porteurs n'ont action pendant cinquante ans que contre le cédant, lequel peut devenir insolvable. On objectait que la mise n'était pas entièrement perdue, puisque les cessionnaires, outre leur part dans la chance, conservaient leur droit aux intérêts et au remboursement du capital. Sans doute, et c'est cette considération qui a porté le législateur à autoriser les emprunts avec prime, mais c'est néanmoins une exception ; et dès que l'on sort des termes rigoureux de l'exception, on retombe dans la prohibition. Le fractionnement des obligations, dit la cour de cassation, crée des valeurs autres que celles que la loi autorise ; c'est donc une spéculation nouvelle, une loterie prohibée, par cela seul qu'elle n'est pas autorisée (1). La même spéculation faite sur des obligations du Crédit foncier, de 100 et de 500 francs, a été également déclarée illicite par la cour de cassation (2).

148. Les lois fiscales sont aussi d'ordre public, puisque le fisc est le représentant de l'intérêt de tous les citoyens. Rien de plus fréquent que les fraudes commises pour échapper au payement d'un impôt. La loi ne peut pas reconnaître des conventions qui sont faites en fraude de ses dispositions. Un copropriétaire vend à son copropriétaire sa part dans les immeubles qu'ils possèdent par indivis ; le vendeur s'engage à donner à l'acheteur une procuration pour les vendre en détail au nom de deux copropriétaires. L'objet de cette stipulation était de soustraire à la connaissance du fisc l'existence de la première vente ; donc la cause était illicite, et partant la convention nulle (3). Il a été jugé, en principe, que toute convention ayant pour objet de priver la régie de la connais-

---

(1) Rejet, chambre criminelle, 24 mars 1866 (Dalloz, 1866, 1, 283).
(2) Rejet, chambre criminelle, 4 mai 1866 (Dalloz, 1866, 1, 284).
(3) Rejet, 16 août 1831 (Dalloz, au mot *Enregistrement*, n° 5123).

sance des actes qui peuvent donner lieu à la perception des droits doit être déclarée nulle et de nul effet (1).

V. Ordre public et bonnes mœurs.

149. Le législateur réunit d'ordinaire ces expressions (art. 6, 900, 1133). Elles comprennent l'intérêt général en tant qu'il concerne le droit civil. Nous avons dit ailleurs qu'en matière de droit privé on entend par ordre public l'état des personnes et la capacité ou l'incapacité qui y est attachée. Il est de principe que les particuliers ne peuvent modifier l'état que la loi règle par des considérations d'ordre public : l'état des hommes n'est pas dans le commerce; voilà pourquoi le contrat de mariage, le plus favorable des contrats, ne peut déroger aux droits qui tiennent à l'ordre public (art. 1388). Le mariage, sa formation et sa dissolution sont également d'ordre public. Une transaction intervient entre deux époux sur un pourvoi en cassation contre un arrêt qui avait prononcé la séparation de corps. La transaction était nulle, et par suite, les engagements souscrits sous forme de billet à ordre par la femme étaient viciés comme ayant une cause illicite, la renonciation du mari à son pourvoi dans une matière qui est essentiellement d'ordre public (2).

150. Le mariage est un contrat; si on lui donne ce nom, ce n'est pas pour le mettre sur la même ligne que la vente et le louage. Il faut, à la vérité, le consentement des parties pour qu'il y ait mariage; mais ce consentement ne se donne pas en vue d'un intérêt pécuniaire ; le contrat qu'il forme est le lien des âmes; or, les âmes ne se vendent pas et ne se louent pas, c'est l'affection qui les unit. Le mot populaire que les mariages se font au ciel a une profonde vérité; l'union des âmes est un mystère dont Dieu est l'auteur. Quand les hommes veulent prendre la place de Dieu, la chute est inévitable. Que dire donc de ces intermédiaires auxquels on donne un nom grec,

---

(1) Bourges, 31 mars 1838 (Dalloz, au mot *Obligations*, n° 594).
(2) Rejet, 2 janvier 1823 (Dalloz, au mot *Obligations*, n° 597, 1°).

sans doute pour cacher ce que leur métier a de honteux? Les *proxénètes* font les mariages à condition d'un salaire, lequel varie d'après la fortune de la femme qu'il s'agit d'épouser, et il est d'ordinaire stipulé que la somme promise ne sera payée qu'en cas de réussite. Une pareille convention est-elle valable? On l'a soutenu devant la cour de cassation; nous regrettons de devoir ajouter qu'à l'appui du pourvoi on a produit une consultation portant les noms les plus honorables du barreau de Paris. Notre moralité doit être descendue bien bas pour que la conscience d'hommes éminents ait pu se prêter à soutenir une pareille thèse.

C'est un mandat, dit-on; et quoi de plus légitime que la rétribution des soins qu'un mandataire donne, des frais qu'il fait, du temps qu'il perd? Sans doute, dit la cour de cassation, si le proxénète est un simple mandataire qui se charge d'un mandat licite, s'il se borne à faire des démarches pour donner des renseignements qui puissent éclairer les parties contractantes, il peut demander le remboursement de ses frais et la rétribution de ses peines. Mais tel n'est pas l'office du proxénète; tel n'était pas l'objet du contrat litigieux. Il s'agissait du payement d'une somme de 6,000 francs stipulée pour le cas où, à la suite de ses démarches, le défendeur contracterait mariage avec une personne déterminée, stipulation à forfait subordonnée à la condition du succès d'un projet de mariage et en rapport avec l'importance pécuniaire de l'affaire. Une pareille convention, dit la cour, a une cause illicite, parce qu'elle est contraire à l'ordre public et aux bonnes mœurs.

Le pourvoi citait les lois romaines qui admettent la légitimité de la convention. Comme si notre moralité était encore celle des Romains, qui changeaient de femme aussi souvent que de chemise! Grâce à la sévère discipline du christianisme, notre moralité s'est élevée, et elle s'élève même au-dessus des enseignements des premiers disciples du Christ. Nous ne considérons plus le mariage comme un mal nécessaire, ni comme un remède contre l'impureté; nous y voyons le lien de deux âmes qui se complètent par leur union. Que vient faire un proxénète avec ses soins intéressés dans un contrat qui, par son essence, doit être consenti en dehors de toute suggestion, de toute influence intéressée? Ici nous laissons la parole à la cour de cassation qui a rendu un arrêt sur la question, parfaitement motivé sur un rapport remarquable du conseiller Laborie.

Dans notre législation, le mariage est un engagement irrévocable qui touche aux intérêts les plus graves de la famille et de la société, dont il est la base essentielle. Donc le consentement des époux qui s'unissent ou des parents qui ont autorité sur eux doit être libre, éclairé, et, par conséquent, affranchi de toute influence étrangère et intéressée à agir sur la détermination des uns et des autres. Tout ce qui serait de nature à compromettre ou à altérer la moralité et la liberté du consentement est par cela même contraire au vœu de la loi, à l'ordre public et aux bonnes mœurs. Il en est ainsi de la convention par laquelle un tiers, s'engageant à employer ses soins et ses démarches pour un mariage, stipule en retour, sous la condition de réussir, une prime calculée moins en raison des soins ou des démarches promis qu'en vue du succès, et selon l'importance du résultat. Le pourvoi avait fait un tableau de fantaisie du proxénète, employant uniquement ses soins à rapprocher des parties qui ne se connaissent point, écartant les obstacles sans peser aucunement sur leur détermination. A la fiction, la cour oppose la réalité des choses : il faut, sans doute, que les futurs époux apprennent à se connaître avant de s'unir pour la vie entière, mais ces relations aussi doivent être pures de tout calcul, libres de toute influence suspecte. Est-ce là ce que fait le proxénète? C'est l'intervention d'un agent dominé par des idées de spéculation et de trafic; pour assurer le succès qui est la condition de la prime stipulée, cet agent pourrait, même sans fraude, peser directement ou indirectement sur le consentement des époux ou de leurs parents en agissant de façon à dissimuler ou à prévenir, à atténuer ou à combattre les causes les plus légitimes d'hésitation ou de refus.

Le pourvoi faisait une objection assez spécieuse. Ce n'est pas l'intervention d'un tiers qui est par elle-même illicite; elle ne devient contraire à l'ordre public et aux bonnes mœurs que lorsqu'il abuse de l'influence qu'il gagne par des moyens souvent très-peu honorables. Il faut donc maintenir la convention si elle reste dans les bornes de l'honnêteté, sauf à la réprouver quand elle devient malhonnête. La cour de cassation répond que dans le mariage il importe de prévenir toute influence illicite; il n'est pas nécessaire que le danger se soit réalisé et que le mal se soit produit; il suffit que le danger se montre et que le mal soit possible. En effet, le mal serait irréparable; le mariage ne peut pas être annulé pour cause de dol et de fraude. De là ce honteux proverbe : *en mariage trompe qui peut.* Vainement dit-on que l'on aurait toujours l'action ou l'exception de dol ou de fraude contre l'entremetteur coupable de manœuvres déloyales dans l'exécution de son mandat. Que la somme stipulée soit payée ou non, cela importe très-peu; ce qui importe, c'est d'empêcher la convention qui prête à ces abus, disons mieux, la convention elle-même est un abus et elle accuse le matérialisme de nos mœurs et l'athéisme de nos sentiments. Au nom de l'ordre social et de l'ordre moral, il faut déclarer que cette convention ne saurait produire un lien de droit entre les contractants et devenir l'objet d'une action en justice (1).

151. Un tribunal avait jugé que l'entremetteur pouvait réclamer une indemnité pour ses soins et son temps; la décision se fonde sur l'article 1375 qui oblige le maître dont l'affaire est gérée, sans mandat, à indemniser le gérant. L'erreur est patente. En cas de gestion d'affaires, il n'intervient aucun concours de consentement. Or, le proxénète commence par stipuler une prime au cas où le mariage réussira; il y a donc une convention, dès lors il ne peut plus s'agir d'un quasi-contrat; cela serait contra-

(1) Rejet, chambre civile, 1er mai 1855 (Dalloz, 1855, 1, 147). Voyez aussi le jugement du tribunal de Niort, très-bien motivé, et confirmé par la cour de Poitiers, 9 mars 1853 (Dalloz, 1853, 2, 211). Comparez Paris, 3 février 1859 (Dalloz, 1859, 2, 112).

dictoire. Reste à savoir si, en vertu du contrat, l'entremetteur peut demander une indemnité. Non; la prime, il
ne peut la réclamer, puisque le contrat est inexistant et
il n'y a pas de contrat de mandat; les tribunaux ne peuvent pas ordonner la rémunération de services rendus,
alors qu'il n'y a ni mandat, ni gestion d'affaires. C'est ce
que dit à peu près la cour de Nîmes (1). Il y a un motif
plus péremptoire, c'est qu'il ne peut y avoir d'action en
justice qu'en vertu d'un fait licite; or, dans l'espèce, le
fait est illicite, puisque c'est en exécution d'un contrat de
courtage que le proxénète a donné ses soins et son
temps.

152. Le concubinage et la prostitution ne sont pas
des délits; ils n'en sont pas moins contraires aux bonnes
mœurs, donc l'article 1131 est applicable. Il a été jugé
que la convention qui a pour objet l'établissement d'une
maison de débauche est illicite, comme contraire aux
bonnes mœurs et à l'ordre public; en conséquence, les
parties sont sans action pour tout ce qui se rattache à une
convention pareille, les tribunaux, dit la cour de Paris,
n'ayant pas à connaître de l'exécution ou de l'inexécution
de traités immoraux (2). On pourrait croire qu'une fois
établies, ces maisons jouissent de la protection des lois,
en ce sens qu'elles deviennent des faits licites, puisqu'elles
s'établissent avec le concours de l'autorité publique. Mais
le mot même qui les caractérise implique que l'autorité
les *tolère* et ne les légitime point; si elle les tolère, c'est
par des considérations d'ordre public et de salubrité. Il
a été jugé qu'une maison de tolérance n'est pas un fonds
de commerce; malgré la tolérance de l'autorité, l'établissement reste contraire aux bonnes mœurs et ne peut faire
l'objet d'une vente valable, dont l'exécution serait susceptible d'être poursuivie en justice. Dans l'espèce « des billets avaient été souscrits par l'acheteur, causés, valeur
reçue pour vente d'un fonds de commerce. » Le vendeur
ayant poursuivi le payement de six de ces billets, protes-

(1) Nîmes, 22 juin 1868 (Dalloz, 1869, 2, 58).
(2) Paris, 30 novembre 1839 (Dalloz, au mot *Obligations*, n° 647).

tés faute de payement à l'échéance, le tribunal de la Seine déclara les billets nuls et de nul effet; les demandeurs reconnaissaient que le fonds de commerce dont il s'agissait au procès était une maison de prostitution; appeler ces maisons un fonds de commerce, dit le tribunal, ce serait supposer qu'elles sont licites, et donnent lieu à une action en justice: immorale au fond, la demande était encore immorale dans les termes, puisqu'elle qualifiait d'un nom honorable un établissement qui est essentiellement immoral (1).

153. Ces principes s'appliquent également aux conventions qui interviennent entre concubins. Des billets sont souscrits par un individu au profit d'une fille, dans le but unique de déterminer cette fille, qui le lui promit, à continuer avec lui les relations intimes et honteuses qui avaient déjà existé entre eux. La cause était donc illicite, par suite il y avait lieu d'appliquer l'article 1131; les billets ne donnaient lieu à aucune action, et ce qui avait été payé pouvait être répété. Dans l'espèce, les billets étaient à ordre et on les avait négociés. La cour de cassation a jugé que le porteur d'un effet de commerce qui en a connu la cause illicite et a colludé avec celui au profit duquel l'effet a été souscrit, pour s'en procurer le montant en le négociant, peut être condamné, solidairement avec le bénéficiaire de l'effet, à rembourser au souscripteur la somme que ce dernier a été obligé de payer à un porteur ultérieur de bonne foi. C'est l'application du principe admis en jurisprudence, quant à la solidarité résultant des délits et quasi-délits; nous y reviendrons en traitant de la solidarité (2).

154. Il ne faudrait pas conclure de là que toute obligation souscrite au profit d'une femme avec laquelle le souscripteur a des relations illicites est nécessairement contraire aux bonnes mœurs. L'article 1382 doit être combiné avec l'article 1131. Tout fait dommageable donne lieu à une action en dommages-intérêts au profit

(1) Jugement du tribunal de la Seine, 5 février 1867 (Dalloz, 1867, 3, 61.) Paris, 3 mars 1871 (Dalloz, 1871, 1, 222).
(2) Rejet, 2 février 1853 (Dalloz, 1853, 1, 57).

de la partie lésée. Or, il se peut que l'homme qui a vécu en concubinage soit le vrai coupable; il est le séducteur, la femme a été trompée; s'il s'engage à réparer ce dommage, l'obligation qu'il contracte sera très-licite. La difficulté est de distinguer s'il y a un dommage causé ou s'il y a faute réciproque; c'est une question de fait que les tribunaux jugent d'après les circonstances de chaque cause et décident, par conséquent, en sens divers sans qu'il y ait contradiction, la diversité des faits entraînant des décisions diverses. Des billets sont causés valeur reçue; la fille au profit de laquelle ils avaient été souscrits n'en avait pas fait les fonds en totalité, mais il était établi par les enquêtes et par les documents du procès que la bénéficiaire avait réellement versé des sommes au souscripteur, qu'elle lui avait rendu des services dans son ménage et son commerce, enfin qu'il lui devait un dédommagement par suite de leur séparation. Nous citons les termes de l'arrêt, ils sont vagues; on ne sait en quoi a consisté le dommage; la cour dit seulement que le dommage a été réellement souffert et que le dédommagement figure pour la moindre partie dans le règlement représenté par les billets litigieux (1).

La cour de Riom a jugé en sens contraire. Dans l'espèce, le billet était causé pour argent prêté et pour préjudice à réparer; la premiere de ces causes était simulée. L'on prétendait que la seconde, le fait dommageable, résultait de la publicité que les débats avaient donnée aux relations qui avaient existé entre les parties et de promesses de mariage faites par le souscripteur à la bénéficiaire. La cour jugea que les relations étaient depuis longtemps publiques et que la femme était aussi coupable que l'homme, de sorte que les réparations réclamées n'étaient en réalité que le prix du concubinage; quant aux promesses de mariage, nulles par elles-mêmes, elles ne pouvaient donner lieu à des dommages-intérêts, parce qu'elles n'avaient pas occasionné de dommage matériel (2).

(1) Grenoble, 23 janvier 1864 (Dalloz, 1864, 5, 254).
(2) Riom, 11 août 1846 (Dalloz, 1846, 2, 179).

Dans un procès jugé par la cour de Besançon, le billet était causé : « Valeur reçue à titre de *reconnaissance*. » La jurisprudence admet que le devoir moral de reconnaissance peut être la cause d'une obligation naturelle et, par suite, le fondement d'une obligation civile, mais il faut pour cela que les services rendus soient honnêtes ; la justice ne pouvant pas consacrer une obligation dont la seule cause reconnue est un outrage aux mœurs. Or, la reconnaissance énoncée au billet litigieux se rattachait exclusivement aux relations qui avaient existé pendant dix ans entre le débiteur et la bénéficiaire ; on ne citait aucun autre service de nature à l'expliquer. On alléguait la réparation d'un préjudice. La cour répond que les termes du billet répugnaient à cette interprétation ; d'ailleurs, on ne justifiait d'aucun préjudice ni moral, ni matériel ; les relations coupables qui avaient existé entre les parties étant leur fait commun. Pour légitimer l'obligation, on disait encore que le concubinage avait cessé lors de la souscription du billet. Le fait n'était pas établi et il n'aurait pas été probant : la cause aurait toujours été illicite ; contractée avant ou pendant les relations illicites, l'obligation serait une prime à la dépravation ; contractée après la cessation des relations, elle serait le prix de coupables complaisances. La cour a raison de réprouver de pareils engagements qui deviendraient le prix de honteux calculs. On soutenait encore que le billet pouvait valoir comme donation déguisée. L'arrêt répond qu'un acte vicié dans son essence, comme contraire à l'ordre public et aux bonnes mœurs, ne saurait produire aucun effet (1). Il faut ajouter que le billet, considéré comme donation, eût été nul en la forme : il ne pouvait valoir comme donation directe pour vice de forme : il ne pouvait valoir comme déguisé sous la forme d'un contrat onéreux, puisque le contrat était inexistant pour cause illicite.

155. Nous avons dit ailleurs que des engagements souscrits en faveur de la femme séduite et de l'enfant auquel

_____

(1) Besançon. 19 mars 1862 (Dalloz, 1862, 2, 58).

elle a donné le jour peuvent être validés, en vertu de l'article 1382. Il est vrai qu'il y a concubinage, et en toute rigueur on pourrait dire qu'il y a faute réciproque, ce qui exclue l'imputabilité et, par suite, l'action en dommages-intérêts. Mais il est impossible de décider ces difficultés *à priori*, la décision dépendant des circonstances du fait. Le point de droit se réduit à ceci : c'est que le concubinage, quoique n'étant jamais licite, ne vicie point toujours les engagements auxquels il donne lieu; l'article 1382 limite, sous ce rapport, ce qu'il y a de trop absolu dans l'article 1133. Aux exemples que nous avons cités au titre de la *Filiation,* nous en ajouterons un emprunté à la jurisprudence belge. Un homme s'engage à payer une rente viagère de 600 francs à la femme avec laquelle il a eu des relations, et une pension pour l'éducation et l'entretien de l'enfant qui est né de ces relations. Il meurt; l'héritière refuse de remplir ces engagements; la cour de Bruxelles s'est prononcée en faveur de la mère et de l'enfant. Il y a dans ces causes bien des motifs de douter. La demanderesse produisait une série de lettres non signées; la défenderesse, sommée de s'expliquer, en vertu de l'article 1323, se borna à déclarer qu'elle n'était pas tenue de reconnaître l'écriture ou de la méconnaître; cette prétention était contraire au texte de la loi ; la cour, en présence de ce refus, décida que, dans les circonstances de la cause, les lettres devaient être tenues pour reconnues. Les lettres contenaient un engagement formel au profit de la mère et de l'enfant. A l'égard de la mère, la rente avait été servie du vivant de celui qui l'avait constituée; ce n'était pas le prix du concubinage, la correspondance prouvait qu'il s'agissait de la réparation d'un tort, ce qui rendait l'article 1382 applicable. Quant à l'enfant, le père s'était également engagé à lui faire donner une bonne éducation et à lui laisser de quoi vivre, s'il venait à mourir. On opposait à cette partie de la demande que l'enfant n'était pas reconnu et que l'admettre, c'était permettre la recherche de la paternité, que la loi défend. La cour de Bruxelles répond que l'action n'avait rien de commun avec la reconnais-

sance, que l'enfant ne se présentait pas comme fille naturelle à la succession de son père, qu'elle se bornait à
réclamer l'exécution d'une obligation librement consentie. On ne pouvait pas objecter que l'engagement était
vicié par une cause illicite ; à l'égard de l'enfant, il y
avait un devoir naturel à remplir par celui qui s'en reconnaissait le père, et il l'avait librement rempli. Un tel
engagement, dit la cour, loin d'être repoussé par les bonnes mœurs et l'ordre public, est impérieusement ordonné
par la conscience, c'est dire qu'il est moral; et la loi ne
le réprouve pas, puisqu'elle permet au père naturel de
reconnaître son enfant; si elle lui permet de remplir ses
devoirs dans toute leur plénitude, elle doit aussi lui permettre d'en remplir une partie en pourvoyant aux nécessité de l'enfant auquel il a donné le jour (1).

156. L'article 1133 est conçu dans les termes les
plus généraux. Tout ce qui est contraire aux bonnes
mœurs constitue une cause illicite et vicie l'obligation à
laquelle le fait immoral sert de fondement. Un libraire
s'engage à imprimer un livre immoral; peut-il être condamné à des dommages-intérêts s'il manque à son engagement? La publication d'un ouvrage licencieux serait
un délit, cela est évident. Quand même il n'y aurait pas
de délit, dès que la cause est contraire aux bonnes mœurs
elle est illicite, et, par suite, la convention est viciée
dans son essence. Dans l'espèce qui s'est présentée devant la cour de Bruxelles, le tribunal arbitral avait ad-
jugé des dommages-intérêts à l'auteur. La cour réforma
la décision, elle mit les deux parties hors de cause, en
les condamnant chacune à la moitié des dépens, parce
que la non-recevabilité de l'action procédait d'une faute
imputable à l'une et à l'autre partie (2).

(1) Bruxelles, 7 août 1860 (*Pasicrisie*, 1860, 2, 376). Comparez le tome II
de mes *Principes*, p. 412, n° 308, et Cassation, 15 janvier 1873 (Dalloz, 1873,
1, 180).
(2) Bruxelles, 5 février 1831 (*Pasicrisie*, 1831, p. 17).

§ IV. *Conséquences du défaut de cause, de la fausse cause et de la cause illicite.*

157. Dans la théorie qui distingue les conventions inexistantes et les conventions nulles, la cause est une condition requise pour que la convention existe (t. XV, n° 475). Maintenant que nous savons ce que le code entend par cause, cette doctrine ne peut souffrir le moindre doute. S'il n'y a pas de cause dans un contrat synallagmatique, c'est qu'il n'y a pas d'objet, et concevrait-on une vente, par exemple, sans qu'il y ait une chose vendue ou un prix? Dans un contrat unilatéral, la cause consiste dans la prestation du fait qui donne naissance au contrat: conçoit-on qu'il y ait un prêt, alors qu'aucune chose n'a été remise au prétendu emprunteur à titre de prêt? La fausse cause, quand elle est erronée, se confond avec l'absence de cause; on rentre, par conséquent, dans l'hypothèse dont nous venons de dire un mot. Que si la cause est simulée, il faut voir s'il y a une cause cachée; s'il n'y en a aucune, il y a encore défaut de cause; s'il y a une cause et si elle est licite, l'obligation est valable; si la cause est illicite, on rentre dans la troisième hypothèse; il ne saurait y avoir de convention quand le législateur réprouve le motif juridique qui a engagé les parties à contracter. Donc, qu'il y ait défaut de cause, ou fausse cause, ou cause illicite, il n'y a en aucun cas une convention.

C'est ce que le rapporteur du Tribunat déclare en termes formels. Le projet, dit-il, ne distingue que deux sortes de conventions, savoir : les engagements auxquels la loi refuse toute existence qui puisse produire un effet et ceux qui sont seulement susceptibles d'être rescindés. On doit ranger parmi les premiers ceux qui ont été contractés sans cause, ou pour une cause illicite, ou pour une fausse cause (1). On doit compter parmi les seconds les engagements des mineurs, des interdits, des femmes

(1) Favard ajoute qu'il n'y a pas d'autres engagements de cette nature, ce qui n'est pas exact (Rapport, n° 27, dans Locré, t. VI, p. 194).

mariées et ceux surpris par dol, erreur ou violence. Dans le premier cas, il n'y a pas d'obligation, ou il faudrait admettre des effets sans cause, dit le rapporteur. Cela va presque sans dire quand il n'y a pas de cause ou, ce qui revient au même, quand la cause est fausse. Si la cause est illicite, dit Favard, elle est aux yeux de la loi comme si elle n'existait pas (1).

158. Le principe souffre quelque difficulté dans l'application. Une convention peut contenir plusieurs clauses, les unes licites, les autres illicites : sera-t-elle nulle pour le tout? La cour de Colmar a jugé que la convention était nulle pour le tout quand les stipulations diverses se rattachent entre elles, de sorte que l'une est la cause déterminante des autres et qu'elles forment un tout indivisible. Cela est conforme à l'article 1172 : la cause illicite est, en ce cas, la condition sous laquelle les parties ont entendu contracter; or, la condition illicite dans les contrats à titre onéreux vicie la convention et la rend nulle. Si, au contraire, les diverses clauses étaient indépendantes les unes des autres, rien n'empêcherait de valider les unes en annulant les autres (2).

159. Sur ce point, il ne saurait y avoir de doute. M. Larombière a soutenu que la nullité pouvait n'être que relative. Nous n'hésitons pas à dire que cette doctrine est erronée, bien entendu si l'on admet, comme M. Larombière le fait, la théorie des actes inexistants. La nullité relative dans une convention qui n'aurait pas de cause ou qui serait fondée sur une fausse cause ne se conçoit même pas. Il n'y a pas d'objet, on le suppose, donc pas de cause, dans une vente : l'acheteur peut-il être tenu de payer le prix? La question n'a pas de sens. Or, la loi met la cause illicite sur la même ligne que le défaut de cause; et le rapporteur du Tribunat vient de nous dire (n° 157) que la cause illicite doit être considérée comme n'existant pas aux yeux de la loi; et si la cause illicite n'existe pas, si elle équivaut au défaut de cause, comment y aurait-il

(1) Favard, Rapport, n°s 25 et 26 (Locré, t. VI, p. 193 et suiv.).
(2) Colmar, 23 mars 1863 (Dalloz, 1863, 2, 113).

obligation pour l'une des parties, tandis qu'il n'y en aurait pas à charge de l'autre? On cite l'article 1780, aux termes duquel on ne peut engager ses services qu'à temps. Dans l'opinion généralement suivie, une convention par laquelle on engagerait ses services à perpétuité serait nulle à l'égard des deux parties contractantes. M. Larombière enseigne qu'elle n'est nulle que dans l'intérêt de la partie qui s'est obligée pour toute sa vie (1). C'est une erreur, à notre avis ; nous y reviendrons quand nous expliquerons l'article 1780.

M. Larombière cite ensuite plusieurs cas (art. 2078, 2088, 1855 et 184) dans lesquels la loi, par une présomption *juris et de jure,* prohibe la cause comme lésionnaire à l'égard de l'un des contractants. Nous prendrons comme exemple l'article 2078. « Le créancier ne peut, à défaut de payement, disposer du gage ; toute clause qui l'autoriserait à s'approprier le gage, ou à en disposer sans les formalités légales, est nulle. » Est-ce bien là le cas d'une cause illicite? Nous avons dit que la cause illicite implique nécessairement un intérêt général qui est lésé par les parties contractantes ; mais toute prohibition de la loi n'engendre pas une cause illicite. Dans le cas de l'article 2078, le contrat est nul, non à raison d'une cause illicite, mais parce que la loi veut protéger un débiteur malheureux contre l'avidité de son créancier. Il est bien naturel que le créancier ne puisse pas invoquer une nullité qui est établie contre lui, alors que la nullité n'est point d'ordre public. Ce n'est pas là une exception à l'article 1131, c'est un cas qui ne tombe point sous l'application de cet article. L'expression même dont Larombière se sert pour qualifier le contrat témoigne contre la doctrine : la loi le présume *lésionnaire,* dit-il. Est-ce que la *lésion* est une cause *illicite?* Ce n'est pas même, en général, un vice de consentement ; en tout cas, il ne s'agit que d'un intérêt purement individuel ; donc c'est une question de nullité, et la nullité, par sa nature, est relative.

M. Larombière cite encore des cas où l'intérêt public

(1) Larombière, t. I, p. 335, n° 30 de l'article 1133 (Ed. B., t. I, p. 143).

est en jeu. La loi défend de s'obliger à une indivision de plus de cinq ans (art. 815); elle défend de stipuler le rachat pour un terme excédant cinq ans (art. 1660); elle défend encore de renoncer à une prescription non acquise (art. 2220). Toutes ces prohibitions sont fondées sur l'utilité publique; cependant, dit-on, celui-là seul pourra opposer la nullité de la convention en faveur duquel la loi l'a principalement prohibée. Prenons l'exemple du pacte de rachat. La faculté de rachat ne peut être stipulée pour un terme excédant cinq années; si elle a été stipulée pour un terme plus long, elle est réduite à ce terme. Un acheteur, moyennant une somme qu'on lui promet, s'oblige à permettre le rachat pendant vingt années. Celui qui a promis la somme, dit Larombière, ne peut demander la nullité du contrat. Nous croyons que c'est une erreur, car il y a en cause un intérêt général auquel l'acheteur ne peut pas renoncer. Au titre de la *Vente*, nous reviendrons sur le principe. Ici nous voulons seulement signaler la singulière théorie de l'auteur que nous combattons. Si l'engagement est nul, dit-il, ce n'est pas de la part de celui qui a promis la somme, c'est de la part de celui qui s'est engagé à souffrir le rachat pendant vingt ans. Or, rien n'empêche l'acheteur de consentir au rachat pendant vingt ans, non comme exécution d'un engagement nul, mais par acte de sa volonté. Si donc il permet d'exercer le rachat après les cinq ans, le vendeur lui devra la somme promise, il ne peut pas tout ensemble demander le rachat et se dispenser de payer la somme stipulée. Larombière oublie qu'après les cinq ans il ne peut plus être question de rachat, dans le sens légal du mot. L'acquéreur, en effet, devient propriétaire irrévocable à l'expiration du délai légal; il peut consentir à revendre, mais la revente n'est pas un rachat, c'est-à-dire la résolution de la première vente, c'est une vente nouvelle qui n'a rien de commun avec le pacte de rachat. Le vendeur ne peut certes pas forcer l'acheteur à lui revendre, alors même qu'il consentirait à payer la somme stipulée; et si l'acheteur y consent, il ne peut pas forcer le vendeur à payer la somme convenue pour l'exercice du pacte de rachat, car il ne s'agit pas d'un pacte de rachat (1). On voit que toute cette théorie repose sur une confusion d'idées. Nous croyons inutile de nous y arrêter davantage.

160. La théorie des contrats inexistants a une conséquence pratique très-importante. C'est que la prescription de dix ans, que la loi établit pour l'action en nullité (article 1304), ne s'applique pas aux contrats qui n'ont pas d'existence légale, car ces contrats ne donnent pas lieu à une action. Jaubert le dit formellement dans l'excellent rapport qu'il a fait sur le titre des *Obligations*. « Il était impossible, dit-il, de ne pas conserver l'*ancienne distinction* entre les actes *faussement qualifiés de contrats* qui ne produisent *jamais* d'action et les contrats qui ont contenu une obligation et, conséquemment, le principe d'une action, laquelle action peut seulement être repoussée par une exception. Lorsqu'il s'agit d'un engagement contracté sans objet ou sans cause, ou pour une cause illicite, il est tout simple que celui qui a souscrit l'engagement n'ait pas besoin de recourir à la justice pour se faire dégager, ou que, du moins, à quelque époque qu'il soit poursuivi, il soit toujours admis à répondre *qu'il n'y a pas d'obligation* (2). »

Les termes dans lesquels Jaubert s'exprime sont considérables ; ce n'est pas une opinion à lui personnelle qu'il énonce ; il invoque la tradition pour justifier le projet qui la consacre. Il n'est donc pas vrai, comme on le dit parfois, que les auteurs modernes aient inventé la distinction des actes qui n'ont jamais été des contrats et des actes qui ont contenu une obligation, obligation nulle, parce qu'elle est viciée. Quand un engagement manque de cause, ou qu'il a été contracté pour une cause illicite, le rapporteur du Tribunat dit et répète qu'il n'y a pas d'obligation, donc pas d'action en justice, donc pas de prescription de dix ans.

La prescription de dix ans est une confirmation tacite.

(1) Larombière, t. I, p. 355 et suiv., n° 51 de l'article 1133 (Éd. B., t. I, p. 151).
(2) Jaubert, Rapport, n° 60 (Locré, t. VI, p. 219).

Si les engagements sans cause ou sur une cause illicite ne sont pas soumis à la prescription de dix ans, cela implique qu'ils ne peuvent être confirmés; les deux rapporteurs du Tribunat le disent. « On ne peut confirmer, dit Jaubert, que ce qui a existé, quoique manquant de force par quelque vice. De là il résulte qu'on ne peut, en aucune manière, confirmer de prétendues conventions dont la loi n'a jamais reconnu l'existence (1). »

161. Nous reviendrons sur l'application de ces principes en traitant de l'action en nullité et des actes confirmatifs. Pour le moment, nous nous bornons à établir les principes. La jurisprudence a consacré la doctrine que Jaubert a formulée avec tant de netteté; elle refuse toute action aux engagements contractés pour une cause illicite; nous avons cité bien des arrêts qui disent que la justice n'a pas à s'occuper de pareils traités (2). Ce que les tribunaux décident dans le cas où la cause est illicite s'applique, par identité de raison, à tous les cas où il n'y a pas de cause. La loi n'accorde sa sanction, et les tribunaux ne donnent l'appui de leur autorité qu'aux conventions qui ont réellement existé. Sur ce point, il ne saurait y avoir de dissentiment, une fois que l'on admet la théorie des actes inexistants, et en ce qui regarde le défaut d'action, cette théorie est incontestable, puisqu'elle repose sur une *ancienne* tradition.

162. Il se peut que le débiteur ait exécuté une obligation sans cause ou sur une cause illicite. Pourra-t-il répéter? Il faut voir d'abord s'il a payé sciemment ce qu'il ne devait pas. Dans ce cas, il a voulu faire une libéralité sous forme de payement d'une dette. Reste à savoir si cette libéralité est valable. Elle sera valable si c'est une chose mobilière qui a été payée, car les dons mobiliers se font valablement de la main à la main. Ce n'est donc pas à titre de payement que le prétendu créancier peut retenir ce qu'il a reçu, c'est à titre de don manuel. De là suit que si le débiteur n'a payé que partiellement, le créancier

---

(1) Jaubert, second Rapport, n° 24; Favard, Rapport, n° 27 (Locré, t. VI, p. 231 et 194).
(2) Comparez Gand, 19 juin 1873 (*Pasicrisie*, 1873, 2, 341).

ne peut pas réclamer ce qui reste dû, car rien n'est dû; et l'exécution partielle de l'obligation n'a pas pour effet de la confirmer, puisqu'on ne confirme pas une obligation inexistante. Si le débiteur avait livré un immeuble en exécution d'une obligation qu'il savait ne point exister, il n'y aurait ni payement, puisqu'il n'y a pas de dette, ni donation, puisque les immeubles ne se donnent que par acte; le propriétaire conserverait la propriété de sa chose et pourrait la revendiquer. Le créancier opposerait vainement que la libéralité est valable comme étant faite sous forme d'un contrat onéreux; nous avons d'avance répondu à l'objection : le prétendu contrat onéreux est inexistant; il n'y a pas même l'apparence d'un contrat, donc on est en présence du néant, et le néant ne peut produire aucun effet (1).

163. Si le payement a été fait par erreur, il y a lieu à répétition de l'indû. L'article 1235 le dit : « Tout payement suppose une dette; ce qui a été payé sans être dû est sujet à répétition. » Or, quand l'engagement a été contracté sans cause ou sur une fausse cause, il n'y a jamais eu d'obligation, selon l'énergique expression de Jaubert; donc le débiteur a payé ce qu'il ne devait pas, et partant il peut répéter. L'article 1235 ne dit pas que le payement doit avoir été fait par erreur. Nous reviendrons sur la question en traitant du payement indû. L'action en répétition doit être intentée dans les trente ans; c'est le droit commun. On pourrait croire que, dans ce cas, les obligations sans cause ou sur cause illicite produisent quelque effet et qu'elles sont validées par l'exécution. Il n'en est rien. La confirmation d'une obligation inexistante ne se conçoit pas, comme nous l'avons dit plus haut (t. XV, nos 451 et 462); si le débiteur ne peut plus répéter après les trente ans, c'est que l'ordre public exige que toute action se prescrive. S'il n'avait pas payé, il n'aurait pas besoin d'agir en nullité, il serait toujours recevable à opposer l'exception fondée sur l'inexistence de la dette. Jaubert le dit, et la chose est évidente : le silence, l'inac-

---

(1) Duranton, t. X, p. 388, n° 372, et p. 390, n° 373.

tion, quelque longs qu'ils soient, ne sauraient valider le néant.

164. Ces principes s'appliquent-ils à la cause illicite? La question est de savoir si celui qui a payé peut répéter. La plupart des auteurs reproduisent la distinction que l'on faisait en droit romain. Si les deux parties sont en faute, il n'y a ni action ni répétition; à plus forte raison ne permet-on pas de répéter à celui qui a fait la promesse quand lui seul est coupable. On n'accorde la répétition que lorsque la cause de la promesse n'était illicite que de la part de celui au profit duquel elle a été faite (1). Cette distinction peut-elle encore être admise en droit français? Elle est repoussée par les termes généraux de la loi. Les articles 1131 et 1133 ne distinguent pas, et c'était bien le cas de distinguer, si les auteurs du code avaient voulu maintenir la doctrine traditionnelle; ils l'avaient sous les yeux; Pothier l'enseigne; par cela seul que le législateur ne la reproduit pas, il la rejette. Les articles 1376 et 1377 sont également conçus dans les termes les plus absolus; y introduire une distinction, ce serait modifier la loi, c'est-à-dire la faire. Les raisons que l'on donne pour justifier la doctrine traditionnelle ne sont guère juridiques. On cite le vieil adage qui ne permet pas à celui qui agit en justice d'invoquer sa turpitude. Le code ne consacre nulle part cette maxime; et, dans l'espèce, elle est en opposition avec l'esprit de la loi aussi bien qu'avec le texte. Aux termes de l'article 1131, l'obligation sur une cause illicite ne peut avoir aucun effet. Or, n'est-ce pas lui donner un effet très-important que d'empêcher la répétition? L'ordre public et la moralité ne seraient-ils pas blessés si celui qui a retiré un bénéfice d'une convention que la loi réprouve pouvait le conserver? Voilà la vraie turpitude, pour nous servir du langage traditionnel; il n'y a qu'une manière de prévenir ce scandale, c'est de donner l'action en répétition dans tous les cas. On objecte que la possession est un titre de préférence pour le créancier. La raison est mauvaise; la possession n'est qu'un fait; est-ce

(1) Duranton, t. X, p. 391, n° 374. Toullier, t. III, 2, p. 76, n° 126.

qu'un fait peut l'emporter sur l'intérêt de la société? Or, l'intérêt de la société veut que les conventions illicites ne profitent à personne (1).

La jurisprudence est divisée, et les arrêts mêmes qui admettent la répétition ont quelque chose d'indécis; c'est l'influence séculaire du droit écrit, si longtemps révéré comme raison écrite, qui explique ces hésitations. Il y a un arrêt très-bien motivé de la cour de Limoges en faveur de notre opinion. Le tribunal de première instance avait rejeté l'action en répétition, en invoquant la maxime banale qu'il n'est pas permis d'exciper de sa propre turpitude. La cour répond que s'il est utile de consulter la législation romaine comme raison écrite, c'est dans notre droit civil qu'il faut chercher les raisons de décider et les principes à appliquer. Or, le code prohibe tout ce qui est contraire à la loi, aux bonnes mœurs et à l'ordre public. Un pacte fondé sur la perpétration d'un délit est frappé d'une nullité viscérale qui ne lui a laissé aucun moment d'existence; par conséquent, il n'a pas été susceptible d'exécution. Si l'on écarte le pacte, que restera-t-il? Le payement d'une somme qui n'était pas due; ce payement ne peut conférer aucun droit; voilà pourquoi il est sujet à répétition. La loi ne fait d'exception à cette règle que pour les dettes de jeu et les obligations naturelles, donc dans les cas où il y a un lien naturel qui oblige le débiteur. Peut-il être question d'un lien naturel quand la loi réprouve et flétrit un acte comme illicite (2)?

Il y a plusieurs arrêts, en sens contraire, de la cour de Paris, mais assez faiblement motivés (3). La loi, dit-elle, ne permet pas aux parties d'alléguer leur turpitude devant les tribunaux. Quelle est cette loi? On la chercherait vainement dans notre code. C'est le prestige du droit romain qui fait illusion aux magistrats; jadis on disait : C'est *écrit,* et ce qui était *écrit* dans les compilations de

(1) Demante, continué par Colmet de Santerre, t. V, p. 164, n° 49 *bis* IV. Marcadé, t. IV, p. 382, n° II de l'article 1133. Demolombe, t. XXIV, p. 363. n° 382.
(2) Limoges. 16 avril 1845 (Dalloz, 1846, 2, 191). Comparez Caen, 20 mars 1849 (Dalloz, 1850, 2, 184). Toulouse, 21 juillet 1870 (Dalloz, 1873, 1, 66).
(3) Paris, 23 juillet et 24 août 1853 (Dalloz, 1853, 5, 450); 4 février 1854 (Dalloz, 1854, 2, 149).

Justinien était la loi par excellence. Aujourd'hui cette loi est abolie, et bientôt ce ne sera plus que de l'histoire. La cour de Paris dit encore que la loi n'autorise pas la répétition des sommes payées sur une cause illicite. Ici l'illusion va trop loin; la cour est si imbue de ce que permet ou défend la loi romaine, qu'elle oublie le code civil. La loi ne permet pas la répétition! Et elle l'autorise dans tous les cas où il n'y avait pas de dette, à moins que la dette ne soit naturelle (art. 1235). La loi ne permet pas la répétition! Et que fait-on donc des articles 1376 et 1377? Ces mauvaises raisons ne témoignent pas pour l'opinion en faveur de laquelle on les allègue.

Cependant cette doctrine a été consacrée par un arrêt récent de la cour de cassation. Le seul motif qu'elle donne c'est que la convention est immorale de part et d'autre; d'où elle conclut qu'elle ne donne lieu ni à une action en payement, ni à une action en restitution. Et le motif? C'est que le demandeur en répétition ne pourrait soutenir sa prétention qu'en alléguant sa propre turpitude (1). Toujours du droit romain. Si l'on demandait à la cour où cela est dit dans notre code civil? Et est-ce le Digeste qui nous régit ou est-ce le code Napoléon?

§ V. *Preuve.*

N° 1. DU DÉFAUT DE CAUSE.

165. « La convention, dit l'article 1132, n'est pas moins valable, bien que la cause n'en soit pas exprimée. » Cette disposition est mal rédigée. D'après les termes de l'article, la loi aurait en vue *la convention,* c'est-à-dire qu'elle déciderait la question de savoir si une convention est valable quand elle n'exprime pas la cause de l'obligation. Mais conçoit-on que deux personnes fassent une convention sans en exprimer la cause? Pour le coup, on

---

(1) Rejet, chambre civile, 15 décembre 1873, après délibéré en chambre du conseil et sur les conclusions contraires de l'avocat général Charrins (Dalloz, 1874, 1, 222).

peut dire que ce serait de la folie. Quoi! Pierre veut vendre et Paul veut acheter, ils sont d'accord, et leur convention ne ferait mention ni de la chose vendue, ni du prix! Cela n'a pas de sens. Pierre s'oblige à restituer une chose qu'il a reçue de Paul à titre de prêt. Et la convention qu'ils font ne mentionnerait pas le prêt! On ne fait pas de loi pour ceux qui n'ont pas leurs cinq sens. La loi, en tout cas, doit avoir un sens raisonnable; or, elle n'en aurait pas si elle disait qu'une vente est valable, alors que les parties ne parlent ni de vendre ni d'acheter.

Ce que la loi dit de la *convention,* il faut le dire de l'*écrit* qui constate la convention. Il arrive souvent que l'acte qui constate un engagement unilatéral n'en exprime pas la cause. Nous disons un engagement unilatéral, car quand la convention est synallagmatique, l'écrit qui en est dressé en fait nécessairement connaître la cause. Conçoit-on que les parties rédigent un acte de vente sans dire quelle est la chose vendue et quel est le prix? Par cela même elles expriment la cause de leurs obligations. Il n'en est pas de même d'un simple billet qui porte que Pierre payera à Paul une somme de 1,000 francs. Ce billet ne fait pas connaître la cause d'où dérive la dette. C'est ce qu'on appelle un billet non causé. L'article 1132 dit donc en d'autres termes : Si le billet n'est pas causé, la convention ne laisse pas d'être valable. Même ainsi interprété, l'article 1132 était inutile; car la validité de la convention ne dépend pas de la validité de l'écrit qui la constate : l'écrit sert de preuve, il n'est pas exigé pour que la convention soit valable. Qu'importe donc que l'écrit soit causé ou qu'il ne le soit pas? Ne fût-il pas causé, la convention n'en sera pas moins valable, pourvu qu'elle ait une cause licite. Si la loi le dit, c'est que, dans l'ancien droit, la question était controversée. Il y avait une opinion qui déclarait la convention nulle quand le billet n'en exprimait pas la cause; on présumait que lorsqu'il n'y avait point de cause exprimée dans l'acte, la convention était sans cause (1). C'était très-mal raisonner : les parties

(1) Merlin, *Questions de droit,* au mot *Cause des obligations,* § I (t. III. p. 243).

peuvent avoir des raisons pour ne pas faire connaître la
cause de leur convention ; ou, ce peut être une omission,
une négligence de rédaction. Si, malgré le silence de
l'acte, la convention a une cause licite, pourquoi la décla-
rerait-on nulle? Un homme s'engage à payer une pension
annuelle à l'enfant dont une fille est accouchée ; la promesse ne porte aucune cause, l'on en devine la raison;
en justice on l'avoue ; dira-t-on que la convention est
nulle? Non, dit la cour de cassation, à moins que la cause
de l'obligation ne soit fausse ou illicite (1). Il en est de
même de l'engagement que souscrit un jeune homme de
nourrir et d'entretenir l'enfant dont une fille est enceinte;
l'écrit n'exprime pas la cause, on la devine facilement.
L'obligation n'a rien d'illicite, puisque c'est l'acquit d'une
dette naturelle (2).

Il s'est présenté une singulière espèce devant la cour
de Bruxelles. Un joueur prétendait avoir trouvé des combinaisons qui assuraient le gain contre les banquiers des
salles de jeu autorisées en Allemagne. Une société se
forma à Bruxelles, sous le nom de contre-banque, dans
le but d'exploiter cette prétendue découverte. Tout l'avoir
de la société fut englouti dans les pertes qu'elle éprouva
en une seule soirée à Hombourg. Deux personnes avaient
acheté des coupons avant ce désastre ; elles demandèrent
la restitution de leur argent qu'ils prétendaient n'avoir
pas été envoyé à Hombourg. Le changeur chargé des
recouvrements délivra deux bons à vue du montant de la
somme versée ; ils n'étaient pas causés. Un procès s'étant
engagé, la cour de Bruxelles appliqua l'article 1132 (3).
Il y a un motif de douter. Le jeu ne donne lieu à aucune
action pour les dettes qui en naissent; n'en doit-on pas
dire autant des sociétés formées dans le but de jouer?
C'est par des considérations d'ordre public et de bonnes
mœurs que la loi refuse toute action pour les dettes de
jeu ; pour les mêmes motifs, elle ne peut donner action
pour exécuter des conventions qui n'ont d'autre objet que

(1) Rejet, 18 juillet 1822 (Dalloz, au mot *Obligations,* n° 515, 1°).
(2) Agen, 24 février 1825 (Dalloz, au mot *Obligations,* n° 515, 2°).
(3) Bruxelles, 4 juillet 1846 (*Pasicrisie,* 1846, 2, 270).

le jeu. La cour aurait donc dû mettre les parties hors de cause.

166. Lorsque la cause de l'obligation est avouée et qu'elle est licite, la circonstance que le billet n'exprime pas la cause est indifférente, l'obligation n'en sera pas moins valable; sur ce point, il ne saurait y avoir de doute. Mais le débiteur soutient que l'engagement est sans cause; dans ce cas, naît une question de preuve très-difficile : est-ce le souscripteur du billet qui doit prouver que l'engagement n'a pas de cause? ou est-ce au porteur du billet de prouver quelle est la cause de l'obligation dont il demande le payement? A notre avis, le porteur du billet n'a rien à prouver, le billet étant une preuve suffisante. En effet, le billet constate l'existence de la dette, cela suffit pour que celui qui l'a souscrit doive la payer. Nous disons que le billet, quoique non causé, fait preuve de l'existence de la dette. En effet, aucune loi n'exige que l'écrit qui constate une convention unilatérale exprime la cause de la dette. L'article 1326, la seule disposition que le code contienne sur la matière, prescrit les formalités requises pour qu'un *billet* ou une promesse unilatérale soit valable quand la dette a pour objet une somme d'argent ou des choses fongibles; dans les autres cas, la seule signature suffit. La loi exige que le billet fasse connaître le montant de la dette et qu'il contienne un *bon* ou un *approuvé* lorsque ce n'est pas le signataire qui a écrit le billet; la loi n'exige pas que le billet exprime la cause de la dette, et elle ne devait pas l'exiger. Par cela seul que le signataire s'oblige à payer une somme, il s'en reconnaît débiteur, c'est un aveu qui suffit pour constater l'existence de la dette; donc le créancier a une preuve, et partant il ne peut pas être tenu de prouver l'existence d'une cause licite. L'aveu du signataire implique que cette cause existe, puisqu'il s'est reconnu débiteur et qu'il n'y a pas de dette sans cause.

Cette solution découle des principes qui régissent la preuve; nous n'invoquons pas l'article 1132. A notre avis, il est étranger à la question de preuve, il décide une question de validité de la convention : tout ce que l'on en peut induire, c'est que le billet non causé n'empêche pas la convention d'être valable; mais le billet non causé fait-il preuve de la convention? L'article 1132 ne dit rien de cette question. C'est, nous semble-t-il, parce qu'on mêle l'article 1132 et, par suite, l'article 1131 au débat, que l'on ne parvient pas à s'entendre. La jurisprudence s'est prononcée pour l'opinion que nous venons d'émettre, mais par des motifs que nous ne pouvons accepter. On dit que le billet non causé établit une présomption contre celui qui l'a souscrit. Peut-il y avoir une présomption légale sans loi? et où est la loi qui déclare qu'il y a présomption de cause et de cause légitime dans une obligation constatée par un billet non causé, présomption qui par cela même ne peut être combattue que par la preuve contraire, preuve que doit faire le souscripteur du billet (1)? L'article 1132 que l'on invoque ne dit certes pas ce qu'on lui fait dire. Une autre cour prétend que l'existence de l'obligation fait présumer qu'elle a une juste cause (2). Là n'est pas la question : un billet non causé prouve-t-il qu'il existe une obligation? Telle est la difficulté sur laquelle les opinions sont partagées, parce qu'on cherche la solution dans la théorie de la cause, tandis qu'elle est dans la théorie de la preuve. La cour de cassation a jugé que « l'engagement sans cause exprimée ne pouvait former un lien de droit exécutoire entre les parties (3). » Nous regrettons de le dire : il y a dans cette proposition autant d'erreurs que de mots. Veut-on parler de l'engagement comme tel, abstraction faite de l'écrit qui le constate, il ne doit pas exprimer la cause, dit l'article 1132. Ainsi entendue, la décision de la cour de cassation n'a pas de sens, pas plus que la disposition de l'article 1132, car tout engagement exprime nécessairement la cause pour laquelle le débiteur s'est engagé. La cour a entendu parler du billet, mais est-ce le billet qui produit le lien d'obligation? ou est-ce l'engagement?

(1) Agen, 23 juillet 1830 (Dalloz, au mot *Obligations*, n° 522, 2°).
(2) Angers, 5 janvier 1843 (Dalloz, au mot *Obligations*, n° 522, 3°).
(3) Rejet, 26 décembre 1827 (Dalloz, au mot *Obligations*, n° 523).

Le billet est la preuve de l'obligation, mais ce n'est certes pas le billet qui engendre l'obligation.

Il est inutile d'insister sur cette critique, car la cour de cassation a consacré l'opinion généralement suivie. Il résulte de l'article 1132, dit la cour, que, bien que la cause ne soit pas exprimée dans une obligation, il y a *présomption* qu'elle existe et qu'elle est vraie et licite, à moins que le contraire ne soit prouvé. Il suit de là « que si celui contre lequel l'exécution d'une pareille obligation est poursuivie prétend qu'il y a défaut de cause, ou cause fausse ou illicite, c'est à lui d'en fournir la preuve (1). » Ainsi l'article 1132 contient une présomption, donc une présomption légale. Or, qu'est-ce qu'une présomption légale? C'est celle, dit l'article 1350, qui est attachée par une *loi spéciale* à certains actes ou à certains faits. On chercherait vainement dans l'article 1132 cette loi *spéciale* qui établit une présomption. Quel est le fait litigieux? Une personne souscrit un billet non causé : la loi dit-elle que ce billet fait présumer l'existence d'une cause légitime et, par suite, d'une obligation valable? Le mot ni l'idée de présomption ne se trouvent dans le texte. Il n'y est pas même question de preuve; donc il faut écarter du débat l'article 1132.

Il y a cependant une idée vraie dans la jurisprudence. Un jugement de première instance établit parfaitement que celui qui souscrit un billet, par lequel il promet de payer la somme qui y est portée, reconnaît par là l'existence d'une dette : est-ce qu'on s'oblige à payer quand on ne doit pas, sans motif aucun? Certes, dans le monde réel, les choses ne se passent pas ainsi; on ne s'oblige pas à payer sans rime ni raison; signer que l'on payera, c'est reconnaître que l'on doit, car il n'y a pas de payement sans dette; et comme il n'y a pas de dette sans cause, la signature implique l'existence de la cause et en est la preuve. Dans la rigueur des principes, il faudrait décider qu'il y a un aveu écrit; or, l'aveu fait pleine foi contre

---

(1) Cassation, 16 août 1848 (Dalloz, 1848, 1, 193). Dans le même sens, Mourlon, *Répétitions*, t. II, p. 492-495. Dejaer, dans la *Revue des Revues de droit*, t. V, p. 7 (extrait de la *Revue française et étrangère*, t. VIII).

celui qui l'a fait, à moins qu'il ne soit vicié par l'erreur, la violence ou le dol (art. 1356). Vainement le souscripteur dirait-il que, d'après l'article 1131, il n'y a pas d'obligation sans cause ; que c'est, par conséquent, au demandeur à prouver l'existence d'une cause. Sans doute, le demandeur qui réclame l'exécution d'une obligation doit prouver que cette obligation existe, mais il fait cette preuve en produisant l'écrit par lequel le défendeur s'est obligé à payer. C'est bien plus qu'une présomption. Car une présomption est un simple raisonnement fondé sur une probabilité ; le billet signé par le débiteur est une preuve directe de l'existence de la dette, il n'y a pas là l'ombre d'un raisonnement. La morale est d'accord avec le bon sens pour obliger celui qui s'est reconnu débiteur à remplir son engagement. Or, ce serait faciliter la mauvaise foi du débiteur que de lui permettre de nier son engagement en prétendant qu'il n'a point de cause (1).

167. Dans l'opinion contraire, on enseigne que le billet non causé ne forme aucune preuve ni présomption de l'existence d'une obligation ; que, par suite, c'est au demandeur à prouver que l'obligation dont il réclame le payement a une cause. Cela suppose que le billet non causé ne fait aucune preuve de l'existence de la dette (2). Cette opinion est en opposition avec les termes de l'acte souscrit par le débiteur. Il promet de payer, c'est la formule la plus simple pour marquer que l'on doit ; car qu'est-ce que payer ? n'est-ce pas prester ce que l'on doit, et doit-on sans qu'il existe une obligation ? Les partisans de cette opinion sont en contradiction avec eux-mêmes. Ils avouent que le billet fera preuve contre le souscripteur s'il porte qu'il *doit,* ou une expression analogue. Il y a des arrêts en ce sens (3), et on invoque la discussion qui a eu lieu au conseil d'État. Nous n'avons jamais compris la distinction que l'on fait entre le billet par lequel une

(1) Jugement du tribunal de Tournon, confirmé par la cour de Nîmes, 17 décembre 1849 (Dalloz, 1852, 2, 69).

(2) Aubry et Rau, t. IV, p. 324, et note 20, § 345, et les autorités qui y sont citées.

(3) Voyez les arrêts dans le *Répertoire* de Dalloz, au mot *Obligations,* nos 519, 1o-4o.

personne dit qu'elle *doit* mille francs et le billet par lequel elle reconnaît qu'elle *payera* mille francs. Tout *payement* suppose une *dette*, dit l'article 1235 ; donc la promesse de *payer* est l'engagement de *payer* ce que l'on *doit* ; partant le mot *devoir* est impliqué dans le mot *payer*. La conséquence est que tout billet par lequel le souscripteur s'engage à *payer* fait preuve contre lui de l'existence d'une *dette*, donc de l'existence d'une cause. Il est vrai qu'au conseil d'Etat, Bigot-Préameneu et Treilhard ont supposé que le billet contenait le mot *devoir*, et que s'il portait simplement : je *compterai* ou je *payerai*, le souscripteur ne se reconnaîtrait pas débiteur (1). Nous répondons, comme nous l'avons fait plus d'une fois, que les travaux préparatoires ne sont pas la loi ; si l'on voulait transformer en loi tout ce qui s'est dit au conseil d'Etat, nous aurions un code civil tout différent de celui que le corps législatif a voté.

168. Nous arrivons à la conclusion pratique de ce débat. Dans notre opinion, celui qui s'oblige à payer se reconnaît débiteur, donc le créancier porteur du billet a une preuve, et une preuve complète résultant de l'aveu du débiteur : il n'a rien à prouver. La jurisprudence admet la même conséquence sous une autre forme ; le billet établit une présomption contre le souscripteur, la présomption tient lieu de preuve (art. 1352), mais elle admet la preuve contraire ; le défendeur est donc reçu à prouver que le billet qu'il a souscrit constate un engagement sans cause (2). Comment fera-t-il cette preuve? Par toute voie de droit. Il y a une différence entre notre opinion et celle qui est consacrée par la jurisprudence. Si le billet est un aveu, il forme preuve complète contre le débiteur ; celui-ci n'est admis à le révoquer qu'en prouvant qu'il est fondé sur une erreur de fait, ou qu'il lui a été surpris par dol ou extorqué par violence. Si le billet ne crée qu'une simple

---

(1) Séance du conseil d'Etat, du 11 brumaire an XII, n° 27 (Locré, t. VI, p. 78).

(2) La jurisprudence belge est en ce sens, Liége, 19 février 1824 (*Pasicrisie*, 1824. p. 51); Bruxelles, 26 février 1840 (*ibid.*, 1840, 2, 66), 10 décembre 1845 (*ibid.*, 1849, 2, 15), et 10 juillet 1848 (*Pasicrisie*, 1848, 2, 23).

présomption, la preuve qui en résulte pourra être combattue par toute preuve contraire, comme nous le dirons en traitant des présomptions.

La preuve a fourni aux partisans de l'opinion que nous avons combattue une objection contre la doctrine qui impose au souscripteur l'obligation de prouver l'inexistence de la cause. Cette preuve, dit-on, est impossible. Duranton insiste beaucoup sur cet argument. Les causes des obligations, dit-il, sont innombrables. Quand même le souscripteur du billet parviendrait à établir, ce qui serait déjà d'une difficulté extrême, qu'il ne devait rien à titre de prêt, de mandat, de dépôt, etc., il ne s'ensuivrait pas qu'il ne doit pas à un autre, en sorte que jamais il ne parviendrait à prouver qu'il s'est obligé sans cause (1). Or, la loi ne peut exiger une preuve impossible; donc, dit-on, la preuve incombe au demandeur. Dans notre opinion, l'objection tombe; on ne peut pas dire que la loi impose au débiteur une preuve impossible quand elle l'oblige à prouver l'erreur, la violence ou le dol; ce n'est pas là une preuve négative. Dans l'opinion générale, on répond que la preuve négative se résout toujours en une preuve positive, en ce sens qu'il ne s'agit pas, comme le suppose Duranton, de prouver que l'on ne doit pour aucune cause imaginable; en effet, quand y a-t-il défaut de cause? Ordinairement quand les parties se sont trompées sur l'existence de la cause, donc quand il y a erreur; or, l'erreur est un fait positif. La preuve sera encore difficile, supposons-la même impossible. Soit, le souscripteur du billet subira les conséquences de son fait; il s'est avoué débiteur, il faut qu'il paye. Vainement invoque-t-on l'adage d'après lequel personne ne peut être forcé à faire une preuve négative; le code ne consacre pas cet adage, il dit implicitement le contraire en permettant la répétition fondée sur l'inexistence de la dette; il faudra bien que le demandeur prouve qu'il a payé ce qu'il ne devait pas, donc un fait négatif. Quand c'est par la faute de celui à qui incombe la preuve

---

(1) Duranton, t. X, p. 371, n° 355. Comparez Colmet de Santerre, t. V, p. 61, n° 48 bis, qui répond à l'objection.

qu'il doit prouver un fait négatif, il n'a pas le droit de se plaindre qu'on lui impose une preuve impossible.

169. La fausse cause est erronée ou simulée : quand elle est erronée, il y a erreur sur la cause, ce qui fait qu'il n'y a pas de cause. C'est à celui qui prétend que la cause est erronée de prouver l'erreur; si donc le souscripteur du billet soutient que la cause est fausse à ce titre, ce sera à lui de le prouver. Sur ce point, il n'y a aucun doute; si la preuve est faite, il en résultera que l'obligation sera sans cause, partant inexistante. Mais le porteur du billet sera admis à prouver, de son côté, que c'est par erreur que l'on a exprimé une cause qui n'existait pas, au lieu de la véritable cause. C'est lui qui sera demandeur de ce chef et qui devra prouver le fondement de sa demande.

Il en est de même si la cause est simulée. Si le souscripteur prouve que la cause exprimée au billet n'existe pas, le porteur du billet sera reçu à prouver que de commun accord on a indiqué une cause qui n'était pas la vraie cause, et à prouver quelle est la cause véritable. Le fardeau de la preuve retombe, dans ce cas, sur le bénéficiaire du billet. C'est l'application du droit commun qui régit les preuves. Le billet porte : valeur reçue en marchandises; le créancier soutient que le débiteur a reçu des marchandises; si le débiteur prouve qu'il n'en a pas reçu, le billet cessera de faire preuve de la dette; il y a fausse cause, et la fausse cause fait qu'il n'y a pas d'obligation (art. 1331), à moins que la cause ne soit simulée, et que la vraie cause ne soit licite. C'est naturellement au créancier qui prétend qu'il y a une cause cachée d'en faire la preuve, puisque l'écrit qu'il produit a perdu sa force probante par la preuve que le débiteur a faite de la fausseté de la cause. La jurisprudence est en ce sens (1).

---

(1) Rejet, 9 février 1864 (Dalloz, 1864, 1, 211). Besançon, 13 février 1865 (Dalloz, 1865, 2, 29). Bruxelles, 10 avril 1832 (*Pasicrisie*, 1832, p. 106).

170. Comment se prouve la fausseté de la cause? Quand la cause est erronée, il n'y a aucune difficulté. L'erreur se prouve par témoins indéfiniment, c'est-à-dire sans avoir égard au montant pécuniaire du fait litigieux. C'est l'application de l'article 1348, aux termes duquel la preuve testimoniale est reçue, par exception, dans le cas où le créancier n'a pas pu se procurer une preuve littérale, et il est bien évident qu'en cas d'erreur cette impossibilité existe.

Il n'en est pas de même en cas de simulation. En général, la preuve testimoniale n'est pas reçue pour prouver la simulation, lorsque c'est l'une des parties qui demande à faire cette preuve contre l'autre. La raison est qu'elles ont pu et, par conséquent, dû faire une contre-lettre ; elles ont donc pu se procurer une preuve littérale. Dès lors elles ne peuvent plus invoquer l'exception de l'article 1348 (1); c'est dire qu'elles rentrent dans la règle qui prohibe la preuve testimoniale ; il y a un écrit qui prouve l'obligation et la cause; on n'allègue pas d'erreur, dès lors il faut appliquer la règle établie par l'article 1341 : on n'est pas reçu à prouver par témoins contre le contenu en l'acte parce que lettres passent témoins (2). La preuve testimoniale ne serait admise que s'il y avait un commencement de preuve par écrit. On demande si le billet pourrait servir d'un commencement de preuve? Cela dépend des indications qui s'y trouvent; si elles rendent probable le fait allégué de simulation, la preuve testimoniale serait admissible: c'est le droit commun. La cour de Besançon l'a jugé ainsi dans une espèce assez singulière. Un cultivateur avait souscrit un billet par lequel il reconnaissait devoir à une fille la somme de 3,300 francs « qu'elle lui avait prêtée en son besoin. » Il chargeait ses enfants de payer cet effet, en ajoutant qu'ils ne pouvaient pas refuser de le payer et qu'ils ne pourraient pas le faire casser par les tribunaux; il s'obligeait à lui payer l'intérêt jusqu'à sa mort. Il était constant que la bénéficiaire, journalière ou domestique, n'avait pu prêter une somme aussi

(1) Bruxelles, 7 mai 1845 (*Pasicrisie*, 1849, 2, 330).
(2) Bruxelles, 26 décembre 1849 (*Pasicrisie*, 1850, 2, 110).

importante et que le souscripteur ne s'était jamais trouvé dans la nécessité d'emprunter. Restait la difficulté de droit : les énonciations de l'acte pouvaient-elles être combattues par les héritiers du débiteur? pouvaient-ils prouver par témoins qu'il n'y avait pas de prêt, alors que le billet énonçait un prêt? La cour de cassation qui fait l'objection y répond en disant que, dans l'espèce, le billet litigieux formait commencement de preuve : « Ses énonciations diverses, dit la cour, l'époque d'exigibilité, les précautions inusitées prises par le souscripteur, les charges par lui imposées à ses héritiers, l'interdiction de toutes voies judiciaires contre ce titre, sont des indices écrits qui donnent toute vraisemblance à l'imputation de fausseté de la cause exprimée. Il y avait encore une difficulté. L'article 1347 exige que l'écrit émane de celui à qui on l'oppose; or, l'écrit émanait non du bénéficiaire, mais du souscripteur. La cour répond que la défenderesse, en s'en prévalant, se l'appropriait, puisqu'elle l'opposait aux héritiers (1). Sur ce point, nous faisons nos réserves; nous y reviendrons au chapitre de la *Preuve des Obligations*.

171. Si l'acte est authentique et qu'une fausse cause y soit exprimée, faudra-t-il s'inscrire en faux pour prouver la simulation? La négative a été jugée par la cour de Bruxelles (2) et elle est certaine. C'est l'application des principes que nous exposerons plus loin. La simulation est le fait des parties et non du notaire; on n'attaque donc pas l'acte, on reconnaît, au contraire, que le notaire a constaté les déclarations des parties; or, l'acte ne fait foi jusqu'à inscription de faux que des déclarations et non de la vérité des déclarations. De là suit que la simulation pourra se prouver d'après le droit commun.

172. La fausseté de la cause est souvent établie par l'interrogatoire sur faits et articles auquel le bénéficiaire du billet est soumis. Mais, tout en avouant que la cause exprimée n'est pas véritable, le bénéficiaire ajoute une restriction à son aveu en déclarant que le billet a telle

(1) Besançon, 13 février 1865 (Dalloz, 1865, 2, 29).
(2) Bruxelles, 5 février 1834 (*Pasicrisie*, 1834, 2, 32).

cause. Naît alors la question de l'indivisibilité de l'aveu. En règle générale, l'aveu ne peut pas être divisé contre celui qui l'a fait (art. 1356). La cour de cassation a appliqué ce principe à un cas où toutes les probabilités étaient contre le souscripteur; il avait commencé par soutenir que la cause exprimée était sincère, puis il déclara qu'il n'avait réellement pas prêté la somme réclamée pour cause de prêt; il allégua une autre cause qui n'était pas plus vraie que la première. La cour, se fondant sur ces circonstances, renvoya les débiteurs de la demande. Sur le pourvoi en cassation, la décision fut cassée (1); l'arrêt avait divisé l'aveu que la loi déclare indivisible. L'indivisibilité de l'aveu est souvent une arme pour la mauvaise foi; nous dirons au chapitre de la *Preuve des Obligations* dans quels cas la jurisprudence permet de le diviser. Il y a un cas qui n'est pas douteux. Le porteur du billet avoue que la cause exprimée est fausse; il en indique une autre; mais la fausseté de la cause était prouvée indépendamment de l'aveu; dès lors, c'était au bénéficiaire de faire la preuve directe de la cause véritable qu'il alléguait; il ne pouvait plus se prévaloir de son aveu, car le souscripteur ne l'invoquait pas (2).

173. Il va sans dire que le souscripteur du billet peut déférer le serment au porteur sur la fausseté de la cause, le serment pouvant être déféré sur quelque espèce de contestation que ce soit. Le porteur est-il admis, dans ce cas, à prêter un serment en ce sens qu'il déclare la fausseté de la cause exprimée, mais en ajoutant que le billet a une autre cause? La difficulté s'est présentée devant la cour de Bruxelles, dans une espèce assez étrange. Une demoiselle reconnaît par acte authentique avoir reçu le même jour une somme à titre de prêt. Les héritiers dénient qu'il y ait un prêt et défèrent le serment au demandeur. Celui-ci déclare qu'en effet il n'y avait pas de prêt, mais que l'obligation n'en avait pas moins une

_____

(1) Cassation, 28 avril 1807, et Rejet, 13 juillet 1808 (Dalloz, au mot *Obligations*, n° 544, 1°). Comparez Toulouse, 27 décembre 1830, et Bordeaux, 9 juillet 1833 (Dalloz, n° 544, 2°).
(2) Rejet, 19 juin 1812 (Dalloz, au mot *Obligations*, n° 546).

cause licite, parce qu'il avait avancé, pour le compte de la demoiselle, des sommes destinées au rachat des captifs dans les Etats barbaresques; il offre de jurer que la somme qu'il réclamait avait cette cause. Là-dessus s'élève un débat sur les termes dans lesquels ce serment doit être prêté. Les héritiers soutiennent que le demandeur refusant de prêter le serment tel qu'il lui était déféré doit succomber dans sa demande, comme le veut l'article 1361. Le bénéficaire répond qu'il ne peut pas sans se parjurer prêter le serment tel qu'il lui a été déféré, mais que la cause simulée n'empêchant pas l'existence d'une cause véritable, on ne pouvait l'obliger à prêter serment que sur l'existence d'une cause. La cour jugea que le demandeur ne pouvait être tenu de jurer purement et simplement que la cause était fausse, mais que, de leur côté, les défendeurs n'étaient pas obligés de maintenir la délation du serment, tel que la partie adverse voulait le prêter (1). Nous reviendrons sur la question de principe en traitant du serment.

174. Quand la cause est simulée et qu'il y a une véritable cause qui est cachée, les deux faits sont indivisibles si une seule et même preuve établit tout ensemble l'inexistence de la cause exprimée et la réalité de la cause déguisée. La cour de cassation l'a jugé ainsi dans une espèce où les livres de commerce des parties intéressées établissaient que la cause exprimée était fausse et prouvaient en même temps quelle était la cause véritable. On ne pouvait pas admettre la preuve en tant qu'elle établissait la fausseté de la cause et la rejeter en tant qu'elle démontrait l'existence d'une cause légitime. La preuve était réellement indivisible dans l'espèce (2). En faut-il conclure que toute preuve est indivisible? On le dit; nous y reviendrons. Notons seulement que la loi dit que l'aveu est indivisible; elle ne dit pas cela de toute preuve.

175. Nous avons supposé jusqu'ici qu'il y avait simple

---

(1) Bruxelles, 9 avril 1828 (*Pasicrisie*, 1828, p. 134).
(2) Rejet, 13 mars 1854 (Dalloz, 1854, 1, 248).

236   OBLIGATIONS.

simulation et que la cause simulée cachait une cause licite. La cause véritable peut aussi être une cause illicite
que les parties ont voulu cacher pour échapper à l'application de l'article 1131. Le souscripteur du billet sera-
t-il admis à faire la preuve de la cause illicite? Oui, et
sans doute aucun. Vainement dirait-on qu'il est en faute,
qu'il s'est rendu complice d'un fait illicite en simulant une
fausse cause, dans le but de rendre valable ce que la loi
réprouve. Cela pourrait se soutenir dans l'opinion qui ne
permet pas au demandeur d'alléguer sa turpitude ou sa
faute. Dans notre opinion, toute partie intéressée doit
être reçue à prouver que la cause est illicite, parce que la
société a intérêt à ce que la fraude à la loi soit découverte et que l'obligation que la loi déclare illicite ne re-
çoive pas d'exécution.

Comment se fera la preuve de la cause illicite? Il s'agit
d'une fraude à la loi; donc toute preuve est admissible, la
preuve testimoniale et les simples présomptions. Telle
est la jurisprudence, comme nous le dirons au chapitre
de la *Preuve des Obligations*. La cour de cassation l'a
jugé ainsi, mais l'arrêt a tort de mettre la simulation sur
la même ligne que la fraude (1). Nous venons de dire que
la simulation est soumise au droit commun; aussi l'article 1353 ne parle-t-il que de fraude et de dol.

N° 3. DE LA CAUSE ILLICITE.

176. Les parties contractantes ont soin de ne pas
exprimer la cause illicite sur laquelle leur convention est
fondée, puisque ce serait fournir la preuve de l'inexistence
de leurs conventions. Ou elles n'indiqueront pas la cause,
ou elles indiqueront une fausse cause : dans l'un et l'autre
cas, chacune des parties intéressées sera admise à prouver que la cause est illicite. Et cette preuve pourra se
faire par témoins et par présomptions. C'est le droit commun pour tout fait illicite (art. 1348, n° 1). Que l'on n'ob-

(1) Rejet, 27 juillet 1808 (Dalloz, n° 526, 1°), 7 janvier 1829 (Dalloz,
au mot *Obligations*, n° 5048), 4 novembre 1857 (Dalloz, 1857, 1, 441).

jecte pas que les parties ont pu se procurer une preuve littérale par une contre-lettre, l'objection n'aurait pas de sens. Est-ce que celui qui fait une stipulation illicite signera un écrit qui permettrait à l'autre partie de ne pas exécuter son obligation?

L'application de ces principes souffre quelque difficulté quand le billet a pour cause des relations de concubinage. On cite un arrêt de la cour de cassation qui doit avoir décidé que la preuve du concubinage doit résulter de l'acte même, ce qui exclurait la preuve testimoniale et les présomptions. L'arrêt ne dit pas cela, il est étranger à notre question. Dans l'espèce, il s'agissait d'une donation faite entre concubins. Ces donations sont permises; elles ne peuvent être annulées que s'il est déclaré que le concubinage a été l'unique cause de la libéralité. Comment prouverait-on ce fait? Sur ce point, l'arrêt est très-vague. La cour dit que l'acte de donation n'énonce pas qu'il ait eu pour cause des relations illicites entre le souscripteur et la bénéficiaire; qu'on ne pourrait suppléer à son silence à cet égard sans retomber dans des recherches dangereuses, redoutées à juste titre par le législateur. On induit de là que la preuve du concubinage doit résulter de l'acte même. N'est-ce pas dépasser les termes de l'arrêt et la pensée de la cour? L'arrêt ajoute que, dans l'espèce, les faits et documents du procès ne prouvaient pas nécessairement que la convention n'eût pas d'autre cause que les relations coupables que l'on supposait avoir existé entre les parties, relations qui avaient d'ailleurs pris fin à la date de l'acte dont on demandait la nullité (1). L'arrêt ne décide donc rien en principe. Dès qu'une convention est attaquée en vertu de l'article 1133, la preuve se fait d'après le droit commun, donc par témoins, s'il s'agit d'un délit ou d'un quasi-délit, ou, en général, de tout fait dont le demandeur n'a pas pu se procurer une preuve littérale (art. 1348). La cour de cassation ne dit pas le contraire; et si elle l'avait dit, son arrêt n'aurait aucune autorité en présence du texte de la loi.

_____

(1) Rejet, 26 mars 1860 (Dalloz, 1860, 1, 255).

CHAPITRE III.

DE L'EFFET DES OBLIGATIONS.

177. Tel est le titre que la loi donne au chapitre III. On a critiqué l'intitulé et, par suite, la classification. Il est certain que le chapitre traite d'une matière très-importante que l'on ne peut guère rattacher à l'effet des obligations : il s'agit de la translation de la propriété, qui s'opère dans certains contrats par le concours de volonté des parties contractantes. C'est donc un effet des contrats. Pothier n'a pas manqué de faire la distinction ; il traite séparément de l'effet des *obligations* et de l'effet des *contrats*. Bien que nous n'aimions pas à nous écarter de l'ordre du code, nous suivrons l'exemple de Pothier ; les auteurs mêmes qui écrivent sous forme de commentaire sont obligés d'intervertir l'ordre des articles, afin de mettre un peu de méthode dans l'exposition des principes (1). Le changement est d'ailleurs peu considérable ; il ne s'agit que d'intervertir quelques articles. Nous traiterons donc d'abord de l'effet des *obligations*, puis de l'effet des *contrats*.

SECTION I. — Dispositions générales.

178. L'article 1134 pose une première règle sur l'effet des obligations : « Les conventions légalement formées tiennent lieu de loi à ceux qui les ont faites. » Il y a une grande différence entre le contrat et la loi. Le législateur commande au nom de la nation souveraine ; la convention se forme par un concours de consentement. En quel sens donc l'article 1134 assimile-t-il la loi et les conventions ? Il y a une analogie, et elle est considérable. La loi est l'expression de la volonté générale ; elle oblige non-seulement les citoyens, elle oblige aussi le pouvoir chargé de

---

(1) Pothier, *Des obligations*, n° 85. Marcadé, t. IV, p. 383.

l'exécuter et le pouvoir qui a pour mission de l'appliquer. Quand le juge est appelé à appliquer la loi, peut-il tenir compte de l'équité, qui parfois est en opposition avec la règle générale que le législateur établit en vue de l'intérêt de tous? Non, toute considération d'équité est subordonnée à la loi; le juge en doit faire l'application, alors même qu'elle lui paraîtrait injuste; il n'a pas pour mission de juger la loi, il doit juger d'après la loi. Sous ce rapport, les conventions ont la même force que la loi; les parties contractantes se sont obligées à exécuter leurs engagements, elles sont liées comme elles le seraient par une loi; elles ne peuvent pas réclamer au nom de l'équité, et si elles le faisaient, le juge ne pourrait pas écouter leurs réclamations. Le juge est donc lié par les conventions des parties contractantes, comme si c'étaient des lois. Il n'y peut apporter aucune modification au nom de l'équité. Ce principe est consacré implicitement par le code. L'article 1134, en disant que les conventions tiennent lieu de loi à ceux qui les ont faites, s'adresse au juge aussi bien qu'aux parties intéressées. En effet, qui est appelé à procurer l'exécution des obligations? C'est le juge; tenu de prêter le concours de l'autorité publique pour l'accomplissement des obligations, il ne peut certes pas les modifier, il doit veiller à la stricte exécution des conventions, comme il doit veiller à la stricte observation de la loi. Si, au lieu de condamner le débiteur à remplir ses engagements, il les modifiait, il violerait les droits du créancier qu'il est chargé de maintenir.

Le code contient plusieurs applications de ce principe; elles sont d'autant plus remarquables que le législateur a dérogé à la tradition et refusé de suivre ses guides habituels. Aux termes de l'article 1152, le juge ne peut ni augmenter ni diminuer les dommages-intérêts conventionnels; ils forment la loi des parties, et il n'appartient pas au juge d'y déroger. Pothier enseignait le contraire, d'après Dumoulin. L'équité semble blessée quand le débiteur est tenu de payer des dommages-intérêts qui dépassent le dommage, ou quand le créancier ne reçoit pas la réparation du dommage qu'il a éprouvé. N'importe;

les parties se sont fait cette loi, le juge doit la respecter. L'esprit de notre législation moderne est d'enchaîner le juge pour prévenir l'arbitraire. En théorie, cela paraît inique; dans l'ancien droit, les parlements avaient une plus grande latitude; mais on sait à quoi aboutit le pouvoir dont ils jouissaient. « Dieu nous garde de l'équité des parlements! » Ce cri de la conscience publique révèle l'esprit de nos lois modernes.

« Le créancier, dit l'article 1243, ne peut être contraint de recevoir une autre chose que celle qui lui est due, quoique la valeur de la chose offerte soit égale ou même plus grande. » Ici le législateur s'écarte de la tradition romaine, et il a raison : si le créancier ne peut pas compter sur la stricte exécution de l'obligation, la confiance, qui est l'âme des conventions, est détruite; on ne traitera pas, ou on traitera sous des conditions désavantageuses au débiteur. L'article 1244 permet au juge d'accorder au débiteur des délais modérés pour le payement; ici le législateur déroge à l'article 1134; nous en dirons les motifs. L'exception confirme la règle; le principe est donc que le juge est lié par les conventions des parties, comme il l'est par une loi.

179. La jurisprudence est en ce sens. Un tribunal de première instance avait dispensé le débiteur, dans un bail de rente à fieffe, de construire le bâtiment à usage de maison qu'il s'était obligé à faire, sous prétexte que la rente n'en serait pas moins assurée sur le fonds; il avait encore autorisé le preneur à amortir le quart de la rente en se fondant sur le changement de circonstances qui avaient modifié la position des parties intéressées. Certes l'immutabilité des contrats peut avoir des inconvénients, alors que les circonstances dans lesquelles ils ont été consentis viennent à se modifier, mais cela n'autorise pas le juge à modifier les engagements des parties; quelque équitable que puisse être sa décision, elle est illégale et elle doit être réformée (1).

Quand l'une des parties ne remplit pas ses engage-

_____
(1) Caen, 28 janvier 1827 (Dalloz, au mot *Obligations*, n° 849, 3°).

ments, l'autre peut demander la résolution du contrat s'il est synallagmatique. Elle peut aussi maintenir le contrat et réclamer des dommages-intérêts. Mais elle ne peut pas demander que les clauses en soient modifiées. Le juge qui les modifierait commettrait un excès de pouvoir. Ce serait un excès de pouvoir, car ce serait violer la loi des contrats et, par suite, l'article 1134 qui leur donne force de loi (1).

Aux termes de l'article 1142, toute obligation de faire se résout en dommages-intérêts en cas d'inexécution de la part du débiteur. Le juge pourrait-il prononcer la résolution du contrat par le motif que l'exécution est devenue impossible par le fait du débiteur? Cela avait été décidé ainsi par la cour d'Amiens. L'arrêt fut cassé comme violant l'article 1142; le juge, en cas d'inexécution, doit prononcer des dommages et intérêts, aucune loi ne l'autorise à prononcer la résolution du contrat (2).

180. Quand une loi est violée, il y a recours en cassation; le jugement qui a violé la loi doit être cassé. L'article 1134 dit que les conventions tiennent lieu de loi; est-ce à dire que le jugement qui viole une convention doit être annulé par la cour de cassation? Il y a eu de longues incertitudes sur cette question dans la doctrine et dans la jurisprudence. Le rapporteur du Tribunat paraît mettre la violation des conventions sur la même ligne que la violation des lois. « Toutes les fois, dit-il, qu'une convention aura été légalement formée et que les causes en sont avouées par la loi, cette convention sera elle-même une loi et le jugement qui la violera sera soumis à la censure du tribunal chargé par la constitution de les conserver toutes et de les garantir de l'entreprise de l'arbitraire (3). » La cour de cassation a longtemps jugé en ce sens : il était de jurisprudence, dit Merlin, que la violation manifeste d'un contrat formait une ouverture de cassation; on disait que violer un contrat c'était violer la loi qui veut que les contrats soient exécutés tels que les par-

---

(1) Besançon, 11 janvier 1865 (Dalloz, 1865, 2, 20).
(2) Cassation, 1er décembre 1828 (Dalloz, au mot *Obligations*, n° 659).
(3) Jaubert, Rapport, n° 29 (Locré, t. VI, p. 194).

ties contractantes les ont souscrits. Cela est vrai, dit Merlin, quand il existe une loi qui détermine l'espèce du contrat violé dans son essence même. Ainsi l'article 1587 définit la vente. Si un jugement décidait qu'il n'y a point de contrat de vente là où il y a tout à la fois consentement, chose et prix, ce jugement devrait être cassé. La cour de Douai avait décidé qu'une société était une société en commandite alors que, dans l'usage général, on la considérait comme une société collective : y avait-il lieu de casser ? Non, car il n'y a point de loi qui détermine les caractères distinctifs de la société en nom collectif. La cour avait donc mal jugé, mais elle n'avait violé aucune loi (1).

La distinction est donc celle-ci : un mal-jugé ne donne pas lieu à cassation, il faut qu'en interprétant mal une convention la cour ait violé une loi, pour qu'il y ait lieu à casser la décision. C'est en ce sens que la cour de cassation a formulé le principe dans un arrêt rendu par les chambres réunies : « La cour de cassation a le droit d'apprécier le mérite des arrêts des cours royales lorsque ces arrêts déterminent le caractère des contrats dans leurs rapports avec les lois qui en assurent la validité. Il serait contraire au but de son institution qu'elle dût s'abstenir d'annuler ces arrêts lorsque, ayant donné de fausses qualifications aux contrats et les ayant placés dans une classe à laquelle ils ne devraient pas appartenir, ils les auraient affranchis des règles spéciales auxquelles ils étaient soumis, ou les auraient soumis à des règles qui ne pouvaient pas leur être appliquées (2). » Dans l'espèce, la cour de cassation décida qu'il y avait une transaction là où la cour royale avait vu un acte récognitif. La distinction entre le mal jugé et la violation de la loi est parfois très-délicate. De là les hésitations de la jurisprudence et les

(1) Merlin, *Répertoire,* au mot *Société,* sect. II, § III, art. II (t. XXXI, p. 275 et suiv.). La cour de cassation, chambres réunies, se prononça en faveur de l'opinion soutenue par Merlin, mais sans formuler un principe.
(2) Cassation, 26 juillet 1823 (Dalloz, au mot *Cassation,* n° 1628). Comparez une application récente, cassation, 17 mars 1874 (Dalloz, 1874, 1, 341), où il n'est pas question de cette distinction.

incertitudes de la doctrine (1). La question n'étant pas de notre domaine, nous n'y insistons point.

181. L'article 1134 contient une seconde disposition générale : « Les conventions doivent être exécutées de bonne foi. » C'est la part de l'équité dans la matière des obligations. Le droit français a toujours ignoré la notion des contrats de droit strict. Jusqu'où va le domaine de l'équité dans l'exécution des contrats? Permet-elle au juge de modifier la convention quand l'exécution littérale en devient impossible? La cour de cassation l'a jugé ainsi dans l'espèce suivante. Des riverains d'un fleuve s'étaient engagés, envers le concessionnaire d'une prise d'eau, à construire sur une partie désignée de leur fonds un canal destiné à conduire les eaux sur la propriété du concessionnaire. Par suite d'un changement du lit du fleuve, la construction du canal, dans le lieu que l'acte désignait, devint impossible ou du moins très-dommageable. Fallait-il maintenir l'exécution stricte de la lettre du contrat? Il a été jugé que ce n'était pas violer la loi des contrats que de permettre aux riverains de construire le canal dans un autre endroit (2).

Un créancier donne mandat de recouvrer une mauvaise créance, il promet la moitié de la créance au mandataire si celui-ci parvient à en obtenir le payement; les frais à faire par le mandataire devaient être déduits avant le partage de la créance. Les débiteurs poursuivis s'arrangèrent avec le créancier qui se contenta de 40 francs sur un chiffre de 300. Contestation entre le mandataire et le créancier : le premier réclame 150 francs, l'autre lui en offre 20. Le juge de paix maintint le contrat; sur l'appel, le tribunal confirma, par le motif que la transaction était avantageuse, vu l'insolvabilité des débiteurs. Recours en cassation. La cour décida que les juges avaient eu le droit d'interpréter le contrat comme ils l'avaient fait (3). L'équité était certainement pour le créancier.

---

(1) Toullier, t. III, 2, p. 123, n° 193. Duranton, t. X, p. 396, n°s 379, 380. Mourlon, *Répétitions*, t. II, p. 496. Demolombe, t. XXIV, p. 367, n° 388.
(2) Rejet, 19 juillet 1827 (Dalloz, au mot *Propriété*, n° 167, 5°).
(3) Rejet, 27 juin 1834 (Dalloz, au mot *Obligations*, n° 665, 1°).

182. L'article 1135 contient une conséquence du principe formulé par l'article 1134 : « Les conventions obligent non-seulement à ce qui y est exprimé, mais encore à toutes les suites que l'équité, l'usage ou la loi donnent à l'obligation d'après sa nature. » La loi suppose, et avec raison, que telle est l'intention des parties contractantes. Cela n'est guère douteux quant aux suites que la loi donne au contrat. Le code a tracé les règles des contrats usuels pour dispenser les parties de les écrire dans leurs actes ; il suffit de deux lignes pour rédiger un acte de vente ; inutile de dire quelles sont les obligations du vendeur et de l'acheteur : par cela seul que les parties contractantes ne dérogent pas au code, elles sont censées s'y rapporter. Il en est de même de l'usage qui tient lieu de loi et auquel le code renvoie souvent. L'équité oblige aussi les parties ; c'est dire, en d'autres termes, ce que l'article 1134 vient de dire : que les conventions doivent être exécutées de bonne foi. Les auteurs disent que la bonne foi est l'âme du commerce ; on en doit dire autant des relations civiles (1).

L'équité et l'usage peuvent-ils déroger à la loi? En matière de contrats, la loi ne fait que prévoir ce que les parties ont voulu ; les parties sont libres de manifester une volonté contraire. En ce sens, on peut admettre que la volonté des parties a été de s'en rapporter à l'usage plutôt qu'à la loi ; car elles connaissent l'usage mieux que le droit écrit. On peut dire la même chose de l'équité. Autre est la question de savoir si l'on doit suivre l'équité et l'usage de préférence aux clauses des contrats. En règle générale, il faut répondre négativement. Si les conventions obligent aux suites que l'équité et l'usage donnent à l'obligation d'après sa nature, c'est que telle est la volonté tacite des parties contractantes. Or, quand elles ont réglé leur conventions, il y a volonté expresse, et l'on ne peut invoquer la volonté tacite contre la volonté expresse. Il y a toutefois des contrats dans l'exé-

---

(1) « *Bona fides*, » dit Casaregis, « *est primum mobile ac spiritus vivificans commercii.* » Comparez Massé, *Droit commercial*, t. III, n° 1578.

cution desquels nous donnerions la préférence à l'usage
sur les clauses mêmes de l'acte. Tels sont les contrats d'assurance, ils sont imprimés ; en signant le contrat, l'assuré fait, il est vrai, siennes toutes les clauses
qui s'y trouvent; mais si, dans la pratique, il y a des
clauses qui ne sont pas exécutées, ne doit-on pas s'en
tenir à l'usage plutôt qu'à des formules imprimées que la
plupart des assurés ne lisent même pas? La question
s'est présentée plusieurs fois pour ce qui regarde le payement de la prime. D'après la police, la prime est payable
au domicile de l'agent; en fait, il est d'usage général que
l'agent se présente au domicile des assurés pour y percevoir le montant de la prime. Si l'agent ne se présente pas
et que la prime ne soit pas payée dans le délai stipulé, l'assuré pourra-t-il être déclaré déchu de son droit? La jurisprudence est encore hésitante (1). Nous serions porté
à décider la question en faveur des assurés. Si les compagnies veulent maintenir le droit strict, elles doivent le
maintenir en tout et forcer les assurés à payer au domicile des agents, sinon elles trompent les assurés. Or, la
loi veut que les conventions soient exécutées de bonne
foi. Cela est décisif contre les compagnies.

183. L'article 1134 contient encore une troisième
règle concernant la révocation des conventions. Elles
sont en principe irrévocables, puisqu'elles tiennent lieu
de loi aux parties contractantes. Aux termes de l'article 1134, « elles ne peuvent être révoquées que de leur
consentement mutuel ou pour les causes que la loi autorise. »

La révocation par consentement mutuel est fondée sur
ce principe que le concours de consentement peut résoudre le lien qu'il a formé. On dit aussi des lois qu'elles
sont faites dans un esprit de perpétuité, ce qui n'empêche
pas qu'elles ne puissent être abrogées par le pouvoir qui
les a portées. Il en est de même des lois d'intérêt privé.
Toutefois la révocation par un consentement contraire sup-

_____

(1) Voyez la jurisprudence dans le _Répertoire_ de Dalloz, au mot _Assu-
rance terrestre_, nos 182 et suiv.

pose que les conventions sont susceptibles d'être résolues, c'est-à-dire que les choses sont encore entières, soit pour le tout, soit en partie. Il faut donc distinguer : s'agit-il d'un contrat qui se consomme au moment même où intervient le concours de consentement, la révocation devient impossible, parce qu'aucune puissance humaine ne peut défaire ce qui est fait. Telle est la vente ; elle transporte la propriété de la chose à l'acheteur dès l'instant où elle est parfaite ; vainement les parties conviendraient-elles de résoudre la vente, elles ne peuvent pas l'impossible ; or, il est impossible de revenir sur un fait consommé. Les parties peuvent, sans doute, convenir que la chose vendue redeviendra la propriété du vendeur, mais il faut pour cela un nouveau contrat de vente ; le premier n'est donc pas révoqué, il a produit ses effets et ces effets subsistent : ils sont irrévocables. De sorte que les actes de disposition que l'acheteur aura faits avant la revente restent valables, les hypothèques qu'il aura consenties subsisteront, car elles ont été consenties par le propriétaire (1). Nous dirons plus loin qu'il en est tout autrement quand la résolution se fait en vertu d'une condition résolutoire écrite dans le contrat ou d'une condition résolutoire qui y est sous-entendue par la loi.

184. Le principe d'après lequel les conventions peuvent être révoquées par le consentement mutuel des parties reçoit des exceptions en sens divers. Il y a des conventions qui, une fois formées, ne peuvent plus être révoquées ni modifiées ; telles sont les conventions matrimoniales : aux termes de l'article 1395, elles ne peuvent recevoir aucun changement après la célébration du mariage. D'un autre côté, il y a des contrats qui se dissolvent par la volonté de l'une des parties contractantes. Ainsi la société finit par la volonté qu'un seul associé exprime de n'être plus en société (art. 1865, n° 5); cette exception tient à la nature particulière du contrat ; il ne peut prospérer que par l'entente et la concorde ; forcer les associés à rester en communauté d'intérêts, alors

_____

(1) Domat, *Lois civiles*, p. 33, n° IV.

qu'ils ne s'entendent plus, ce serait aller contre le but même qu'ils ont eu en s'associant; la communauté forcée deviendrait une source de difficultés et de procès.

185. Le consentement mutuel qui révoque les conventions doit-il être exprès? Il est de principe que la volonté tacite a la même force que la volonté expresse. Il en est ainsi pour la formation des conventions, il en doit être de même pour leur dissolution. La question s'est présentée plusieurs fois devant la cour de cassation, pour le contrat d'assurance contre les chances du recrutement militaire. Dans l'espèce, la prime avait été fixée en prenant pour base une levée de 80,000 hommes; la loi du 23 avril 1854 porta à 140,000 hommes le contingent de la classe, ce qui renversait tous les calculs des compagnies d'assurance. Elles se crurent dégagées des contrats qu'elles avaient passés avant la loi, et elles écrivirent en ce sens aux assurés en leur déclarant que la loi nouvelle annulait leurs contrats et que de part et d'autre ils étaient entièrement déliés de leurs engagements respectifs. C'était une erreur au point de vue du droit; un contrat aléatoire ne se résout pas quand les chances, fussent-elles imprévues, tournent contre l'une des parties contractantes. Mais peu importe; il y avait déclaration expresse de l'assureur qu'il se croyait dégagé et que l'assuré l'était également. Les assurés auraient pu maintenir leur contrat et forcer les compagnies à remplir leurs engagements. C'était là le droit strict; la plupart y renoncèrent, mais tacitement. Le contrat était-il résolu? C'était une question de fait; les cours d'appel ayant jugé en fait que les assurés consentaient à la résiliation de leur contrat, les conventions ne pouvaient plus être invoquées ni par les compagnies ni par les assurés, bien que la volonté de consentir n'eût été exprimée que tacitement. Le point de droit n'est pas douteux; quant au point de fait, la cour de cassation n'a pas à s'en occuper (1). Il y eut aussi des assurés qui protestèrent contre la prétention des compagnies

---

(1) Rejet, de la chambre civile, 7 juillet 1858 (deux arrêts) (Dalloz, 1858, I, 329).

de résilier les contrats, mais le tirage au sort leur ayant été favorable et tout risque ayant cessé, ils auraient voulu accepter la résiliation. On ne conçoit pas qu'une pareille prétention ait été portée jusque devant la cour suprême; les parties peuvent-elles changer de volonté au gré de leurs intérêts et demander tantôt le maintien de leurs conventions, tantôt leur résiliation? Il en est de la révocation des conventions comme de leur formation : elle exige un concours de volontés; si l'une des parties fait une offre de résiliation et que l'autre refuse, l'offre tombe et le contrat est maintenu (1).

186. L'article 1134 ajoute que les conventions peuvent être révoquées pour les causes que la loi autorise. Tel est le pacte de rachat en matière de vente. La différence est grande entre cette résolution et la révocation que les parties font de leurs conventions par un consentement postérieur au contrat. Quand la révocation se fait en vertu d'une condition résolutoire, le contrat est anéanti comme s'il n'avait jamais existé. Si le contrat est translatif de propriété, la translation qui s'est opérée est révoquée rétroactivement, et, par suite, tous les droits concédés aux tiers tombent. Nous renvoyons à ce qui a été dit ailleurs de la propriété révocable (2).

SECTION II. Des obligations de donner et de faire.

§ Ier. *Définition*.

187. La définition que l'article 1101 donne des contrats implique qu'il y a deux espèces d'obligations, celles qui consistent à donner et celles qui consistent à faire ou à ne pas faire quelque chose. L'article 1126 répète que tout contrat a pour objet une chose qu'une partie s'oblige à donner, ou qu'une partie s'oblige à faire ou à ne pas faire. Quand il est question de l'effet des obligations, le code distingue l'obligation de donner, dont il traite dans

---

(1) Cassation, 7 juillet 1858 (Dalloz, 1858, 1, 330).
(2) Voyez le tome VI de mes *Principes*, p. 140, n° 105.

la section II (art. 1136-1141), et l'obligation de faire ou de ne pas faire, dont il est traité dans la section III (art. 1142-1145). L'effet diffère, selon que l'obligation a pour objet une chose ou un fait; il importe donc de distinguer l'obligation de donner et l'obligation de faire. Chose singulière, les auteurs ne s'entendent pas sur la définition de ces deux espèces d'obligations. Ne serait-ce pas, en définitive, une dispute de mots?

Le mot *donner* a une acception technique, traditionnelle, il signifie transférer la propriété. Il a aussi une signification plus large. Quand l'article 1126 oppose l'obligation de *donner* à l'obligation de *faire*, il n'entend certes pas que la propriété de l'action qui fait l'objet de l'obligation de donner doive être transférée au créancier; dans cette acception générale, le bailleur s'oblige à donner parce que son obligation porte sur une chose, bien qu'il ne s'agisse pas d'en transmettre la propriété au preneur. Dans l'article 1136, au contraire, la loi semble entendre l'obligation de *donner* dans le sens strict et traditionnel d'un transport de propriété. En effet, l'article 1136 dit que l'obligation de donner emporte celle de livrer la chose, et l'article 1138 porte que l'obligation de livrer la chose est parfaite par le seul consentement des parties contractantes et qu'elle rend le créancier propriétaire dès l'instant où elle a dû être livrée. En combinant l'article 1138 avec l'article 1136, il faudrait dire que l'article 1136 entend par obligation de *donner* celle qui a pour objet la translation de la propriété. Mais le texte même de l'article 1136 résiste à cette interprétation restrictive. Il ne s'occupe de l'obligation de donner que pour dire qu'elle emporte celle de livrer la chose et de la conserver jusqu'à la livraison. Est-ce que par hasard le bailleur n'est pas obligé de livrer et de conserver la chose qui fait l'objet du bail? Les termes généraux de la loi embrassent toute obligation qui emporte celle de livrer et de conserver, sans distinguer si le contrat a pour objet la translation de la propriété, ou le simple usage, ou la possession de la chose; dans tous les cas, il y a obligation de donner, comme le dit l'article 1127. Quant à l'article 1138, il est si singulièrement rédigé qu'il est difficile d'en tirer une définition de l'obligation de donner. Si on veut l'invoquer, il faut le prendre tel qu'il est, c'est-à-dire en borner l'application aux contrats qui transfèrent la propriété par le seul effet du consentement. Il résulterait de là cette conséquence étrange que la vente ayant pour objet une chose indéterminée ne produirait pas une obligation de donner, car la propriété n'est pas transférée par le contrat.

Nous concluons que l'obligation de donner est celle qui a pour objet une chose; cette chose doit être livrée au créancier, peu importe dans quel but, que ce soit pour lui en transférer la propriété, ou pour lui en donner l'usage ou la possession. Est-ce à dire que, dans ces divers cas, l'obligation de donner soit la même et qu'elle produise des effets identiques? Non certes. L'obligation du vendeur n'est pas celle du bailleur, quoiqu'elles aient l'une et l'autre pour objet une chose que le débiteur s'oblige à livrer. Il y a plus : l'obligation du vendeur même diffère selon que la vente a pour objet une chose déterminée ou une chose indéterminée. Dans le premier cas, l'acheteur devient propriétaire et il supporte le risque à partir de la perfection du contrat; dans le second, la propriété n'est pas transférée et les risques sont pour le débiteur (1).

188. Quant à l'obligation de faire, elle suppose que la chose doit seulement être faite, car c'est un fait qui en est l'objet. Toutes les dispositions du code impliquent cette idée. L'article 1126 dit que l'objet du contrat peut être une chose à donner ou une chose à faire. L'article 1142 suppose que le débiteur doit intervenir personnellement dans une obligation de faire en faisant quelque chose; c'est pour ce motif qu'il décide que s'il ne veut pas faire ce qu'il s'est obligé de faire, on ne peut pas l'y forcer. Quand l'article 1110 dit que l'erreur vicie le consentement lorsque la considération de la personne est la

---

(1) Voyez, en sens divers, Demante, t. V, p. 67, n° 52; Demolombe t. XXIV, p. 504, n° 507; Aubry et Rau, t. IV, p. 38 et note 3, § 299. Marcadé, t. IV, p. 390, n° I de l'article 1136. Colmet de Santerre sur Demante, t. V, p. 67, n° 52 *bis* I.

causé principale de la convention, il entend qu'il s'agit d'une obligation de faire contractée à raison du talent du débiteur. C'est dans le même sens que l'article 1237 dit que l'obligation de faire ne peut être acquittée par un tiers contre le gré du créancier, lorsque ce dernier a intérêt à ce qu'elle soit remplie par le débiteur lui-même.

189. Ce qui a produit quelque confusion dans cette matière si élémentaire, c'est que l'on suppose que chaque contrat produit soit une obligation de donner, soit une obligation de faire. Partant de là, on a dit : le vendeur est obligé de donner, le bailleur s'oblige à faire jouir, donc son obligation est de faire (1). Cela n'est pas exact, le texte même du code le prouve. L'obligation du vendeur n'est pas une obligation unique ; l'article 1603 porte qu'il a deux obligations principales : celle de délivrer et celle de garantir la chose qu'il vend ; l'obligation de délivrer est une obligation de donner et l'obligation de garantir est une obligation de faire, car elle a pour objet de défendre l'acheteur contre l'éviction. Ainsi le contrat de vente engendre deux obligations, l'une de donner et l'autre de faire. Il ne faut donc pas dire : le vendeur s'oblige à donner ; il faut dire qu'il est tenu tout ensemble de donner et de faire. Quant au bailleur, son obligation consiste-t-elle seulement à faire, parce qu'il doit faire jouir le preneur? L'article 1719 place au premier rang de ses obligations celle de délivrer au preneur la chose louée ; voilà une obligation qui a pour objet une chose, donc c'est une obligation de donner dans le sens large du mot. Il résulte de là que le débiteur peut être tenu, en vertu d'un seul et même contrat, d'obligations de nature différente, soit de donner, soit de faire ; pour déterminer les effets de ces obligations, il faut les considérer quant à leur nature, en tenant compte de la diversité des contrats et même, comme nous venons de le dire, de la diversité des choses qui font l'objet du contrat.

190. La jurisprudence ne se préoccupe pas de définitions; elle décide, dans chaque cas qui se présente, s'il y

(1) Aubry et Rau, t. IV, p. 38 et note 3, § 299.

a obligation de donner ou de faire. Un bail stipule que le
locataire doit justifier, dans un certain délai, de l'acquit
des contributions personnelles dites de portes et fenêtres.
Est-ce une obligation de somme d'argent, c'est-à-dire une
obligation de donner? Dans ce cas, les dommages-intérêts consisteront dans l'intérêt légal. Est-ce une obligation de faire? Dans ce cas, le juge peut et doit apprécier
l'étendue du dommage. La cour de cassation a décidé
qu'il s'agissait d'une obligation de faire; en effet, le preneur n'était pas tenu de donner au bailleur le montant des
contributions, il était tenu de justifier qu'il les avait acquittées; dès lors l'article 1142 était applicable (1).

191. La loi définit le mandat un acte par lequel une
personne donne à une autre le pouvoir de *faire* quelque
chose pour le mandant et en son nom. Est-ce à dire que
l'obligation du mandataire soit toujours de faire? On l'a
soutenu, et l'on en a conclu que le mandant n'avait jamais, en cas d'inexécution, qu'une action en dommages-
intérêts. La cour de Bruxelles a jugé en sens contraire
dans une espèce où le mandataire avait reçu un vase au
nom du mandant, avec obligation de le restituer s'il venait
à être décidé qu'il n'aurait pas dû être remis à son mandant. C'est une obligation de donner, dit avec raison la
cour; il s'ensuit que le débiteur peut être tenu de délivrer
la chose et que le juge peut l'y contraindre par les voies
de droit (2).

192. Un testateur impose, comme condition d'un legs
fait aux hospices, la charge de recevoir à perpétuité
douze pauvres enfants, orphelins, nés dans telle commune,
jusqu'à l'âge de vingt ans, de les nourrir, entretenir, employer à connaître et servir Dieu et les mettre en état
d'aller en apprentissage. Est-ce une obligation de donner
des aliments ou est-ce une obligation de faire? Les conditions imposées aux hospices, dit la cour de cassation,
se résument en obligations *actives* consistant à faire,
puisqu'elles supposent nécessairement la prestation de
soins, de services habituels et continus, exigés de la vo-

(1) Rejet, 6 juillet 1857 (Dalloz, 1857. 1, 388).
(2) Bruxelles, 4 mars 1835 (*Pasicrisie*, 1835, 2, 82).

lonté des administrateurs des hospices. Il a été jugé que cette obligation, ne pouvant plus être remplie directement par les hospices, devait l'être, à ses frais, par la commune chargée de désigner les bénéficiaires (1).

193. Un éditeur achète de l'acquéreur des Œuvres de Chateaubriand le droit de publier une édition en dix volumes des œuvres choisies de cet auteur. Il passe avec un libraire un traité par lequel il s'engage à lui livrer 2,000 exemplaires de son édition à un prix fixe et, de plus, à lui fournir, pendant trois ans à partir de la première livraison, autant d'exemplaires qu'il en demandera, au prix de 30 francs par exemplaire. Il y eut des retards ou des refus de livraison. Était-ce manquer à une obligation de faire ou à une obligation de donner? Il a été jugé que l'obligation contractée par l'éditeur constituait une obligation de donner; par suite, outre les dommages-intérêts, il fut condamné à continuer l'exécution du traité pendant deux ans, espace de temps proportionnel à celui pendant lequel il y avait eu inexécution (2).

§ II. *Effets de l'obligation de donner et de faire.*

Nº 1. DE LA DÉLIVRANCE.

I. *De l'obligation de donner.*

194. Aux termes de l'article 1136, l'obligation de donner emporte celle de livrer la chose qui en fait l'objet. Or, l'obligation étant garantie par l'exécution forcée, il en résulte que celui qui s'est obligé à donner une chose peut y être contraint, au besoin, par la force publique que les lois mettent à la disposition de la justice. C'était jadis une question très-controversée que celle de savoir si le vendeur d'un corps certain était tenu de le livrer et s'il pouvait y être contraint, ou si, sur son refus, l'acheteur devait se contenter de dommages-intérêts (3). La

---

(1) Rejet, chambre civile, 19 mai 1855 (Dalloz, 1855, 1, 297).
(2) Rejet, 21 mai 1855 (Dalloz, 1855, 1, 411).
(3) Voyez les nombreux auteurs cités pour et contre, par Vinnius, Institutes (*De emptione et venditione, princ.*).

question est tranchée par l'article 1136. Dire que le débiteur est tenu de livrer la chose, c'est dire qu'il y peut être contraint par les tribunaux, et la sentence du juge s'exécute avec l'appui de l'autorité publique. Le code oppose, sous ce rapport, l'obligation de donner à l'obligation de faire; l'article 1142 ne dit pas que le débiteur qui s'est obligé à faire y peut être contraint, il dit que l'obligation de faire se résout en dommages-intérêts en cas d'inexécution de la part du débiteur. Plus loin nous verrons si cette opposition entre les deux espèces d'obligations est aussi absolue que la loi semble le dire. Quant à l'obligation de donner, les principes ne laissent aucun doute. Il est de l'essence de toute obligation qu'elle soit exécutée forcément si le débiteur ne l'exécute pas volontairement; et l'obligation doit être prestée telle qu'elle a été contractée. De même que le créancier ne peut pas être tenu de recevoir une autre chose que celle qui lui est due (art. 1243), de même il ne peut être tenu de recevoir des dommages-intérêts au lieu de la chose qu'il a stipulée. Rien ne s'oppose d'ailleurs à ce que l'obligation de livrer la chose soit remplie directement, puisque cela peut se faire sans l'intervention du débiteur; la délivrance n'exige pas le concours actif de sa volonté; la liberté du débiteur est donc hors de cause. Cela justifie, à tous égards, la décision de l'article 1236. Comment se fait l'exécution forcée? Cette matière appartient à la procédure; elle n'est donc pas de notre domaine (1).

195. Nous avons dit que l'obligation de donner comprend toute obligation qui a pour objet une chose, quel que soit du reste le but du contrat, qu'il s'agisse de transférer la propriété de la chose, ou l'usage, ou la possession. Le bailleur est obligé de délivrer la chose au preneur, et il peut y être contraint par l'intervention des tribunaux et de la force publique. Ce n'est pas à dire que l'obligation de livrer ait les mêmes effets dans tous les contrats qui ont pour objet une chose. Ainsi il y a des contrats qui obligent le débiteur à la garantie; dans d'autres cas, il

_____

(1) Voyez Toullier, t. III, 2, p. 134, nos 209-214.

n'est pas tenu de garantir le créancier contre l'éviction (1).
Il est inutile de s'arrêter ici à ces différences, puisque
nous devons y revenir dans les divers titres où est le
siége de la matière.

196. Les principes les plus élémentaires ont leur importance; si on les méconnaît, on aboutit nécessairement
à des erreurs. C'est ce qui est arrivé à la cour de Bruxelles.
Lorsque l'obligation de livrer porte sur une chose qui est
déterminée seulement dans son espèce, l'exécution directe
par voie de saisie devient impossible. En faut-il conclure
que le créancier devra se contenter de dommages-intérêts? ou peut-il demander que le tribunal l'autorise à se
procurer la chose qu'il a stipulée? Le débiteur, condamné
à fournir une certaine quantité de sel, s'y refuse; il offre
des dommages-intérêts. Le créancier demande que le tribunal l'autorise à acheter le sel aux frais du débiteur. Il
a été jugé que l'obligation se résolvait en dommages-
intérêts (2). L'erreur est évidente; l'acheteur avait droit au
sel qu'il a stipulé; l'exécution directe et forcée était possible, donc elle devait être ordonnée par le juge.

Un arrêt récent de la cour de Liége a jugé dans le même
sens. Le débiteur devait livrer une quantité de 359,679 ki-
logrammes de fonte. Le créancier, la société de Sclessin,
demanda que le débiteur fût condamné à effectuer cette
fourniture et, à défaut de ce faire, que la société fût autorisée à se procurer la fonte stipulée aux frais du débiteur.
Ces conclusions furent rejetées. L'obligation de livrer des
choses fongibles, dit la cour, n'est qu'une obligation de
faire, c'est-à-dire d'effectuer une prestation dont l'inexécution donne lieu à des dommages-intérêts (3). Il y a, à notre
avis, une double erreur dans cette décision. L'obligation
de livrer de la fonte n'est pas une obligation de faire. Elle
peut être exécutée directement aux frais du débiteur, donc
le juge doit l'y condamner (art. 1136). Et quand même ce
serait une obligation de faire, on arriverait à la même
conséquence; car l'article 1144 porte que le créancier

(1) Duranton, t. X, p. 408, n° 396.
(2) Bruxelles, 9 janvier 1809 (Dalloz, au mot *Obligations*, n° 677).
(3) Liége, 16 juillet 1873 (*Pasicrisie*, 1874, 2, 80).

peut, en cas d'inexécution, être autorisé à faire exécuter lui-même l'obligation aux dépens du débiteur. Sur le pourvoi en cassation, il est intervenu un arrêt de rejet qui ne contient aucun argument nouveau (1).

Les éditeurs de Zachariæ font une restriction à ce principe lorsqu'il s'agit de denrées ou de marchandises ayant un cours certain; le juge peut, en ce cas, disent-ils, allouer au créancier des dommages-intérêts représentant la différence entre le prix d'achat et le cours des objets achetés au jour fixé pour la livraison (2). A notre avis, cette décision est tout aussi erronée que celle de la cour de Bruxelles. De quel droit le juge modifierait-il la loi du contrat? et n'est-ce pas la modifier que d'accorder des dommages-intérêts au créancier qui demande les marchandises ou les denrées qu'il a achetées?

II. *De l'obligation de faire.*

1. PRINCIPE.

197. L'article 1142 porte : « Toute obligation de faire ou de ne pas faire se résout en dommages-intérêts, en cas d'inexécution de la part du débiteur. » Cette disposition semble dire que les obligations de faire, à la différence de celles qui consistent à donner, ne peuvent pas être exécutées directement par voie de contrainte. La différence paraît tenir à la nature particulière des obligations de faire. Elles exigent l'intervention personnelle du débiteur; or, il est de principe que personne ne peut être forcé à faire ce qu'il ne veut pas faire, la liberté humaine ne pouvant être contrainte. Cela est très-vrai lorsque le fait ne peut être presté que par le débiteur; si, dans ce cas, le débiteur refuse son concours, l'exécution directe et forcée devient impossible; il ne reste au créancier que le droit aux dommages et intérêts. Mais il faut se garder

---

(1) Rejet, 2 juillet 1874 (*Pasicrisie*, 1874, 1, 244).
(2) Aubry et Rau, t. IV, p. 110 et suiv., et note 10 du § 299.

de conclure de là que les obligations de faire ne peuvent
pas s'exécuter directement. En principe, il n'y a aucune
différence, sous ce rapport, entre l'obligation de faire et
l'obligation de donner (1). Celui qui a stipulé un fait peut
demander que ce fait soit presté, aussi bien que celui qui
a stipulé une chose peut demander qu'elle lui soit livrée,
car toute obligation doit être remplie telle qu'elle a été
contractée; cela est de l'essence de l'obligation. Dira-t-on
que cette exécution directe est impossible dans les obligations de faire? Cela n'est pas exact; le texte même du
code suppose le contraire. S'agit-il d'une obligation de ne
pas faire, l'article 1143 donne au créancier le droit de
demander que ce qui aurait été fait par contravention à
l'engagement soit détruit; voilà bien l'emploi de la force
publique mise au service d'une obligation ayant pour objet
un fait; cette obligation est exécutée directement par la
destruction de ce qu'a fait le débiteur. L'article 1143
ajoute, en effet, que le créancier peut se faire autoriser
à détruire lui-même ce qui a été fait par le débiteur et
aux dépens de celui-ci, sans préjudice des dommages-
intérêts, s'il y a lieu. S'il s'agit d'une obligation de faire,
le créancier peut aussi, dit l'article 1144, être autorisé à
faire exécuter lui-même l'obligation aux dépens du débiteur. Voilà encore une exécution directe, puisque c'est le
fait stipulé par le créancier qui est presté. Qu'importe
que le fait soit exécuté par un tiers au lieu de l'être par
le débiteur? Le plus souvent le créancier n'a aucun intérêt
à ce que le fait soit presté par le débiteur même. Donc la
plupart des obligations de faire pourront être exécutées
directement.

Restent les obligations de faire dont l'exécution directe
est impossible, parce que le débiteur seul peut la remplir
et qu'il s'y refuse. Dans ce cas, le créancier doit se contenter de dommages et intérêts, parce qu'il lui est impossible d'obtenir la prestation du fait. Ceci n'est pas particulier aux obligations de faire; la même impossibilité

---

(1) Demante, t. V, p. 88, n° 60, et Colmet de Santerre, p. 88, n° 60 *bis* I,
et p. 90, n° 60 *bis* III.

peut se présenter dans les obligations de donner. Le débiteur détruit la chose qu'il s'est obligé à livrer, il la cache ; si le créancier se trouve dans l'impossibilité de saisir la chose, il devra se contenter de dommages-intérêts.

198. Ainsi l'exécution directe de l'obligation est la règle pour toute espèce d'obligations. La règle ne reçoit d'exception que s'il y a impossibilité de poursuivre l'exécution directe. Cette impossibilité existe plus souvent dans les obligations de faire que dans les obligations de donner ; c'est une différence de fait plutôt que de droit. Il y a cependant une différence de droit qui touche à la liberté humaine. La liberté est hors de cause quand il s'agit d'une obligation de donner : la force publique s'adresse à la chose, et non à l'homme. Dans les obligations de faire, la liberté de l'homme est en jeu, en ce sens que l'obligation ne peut pas être exécutée en faisant violence au débiteur. Il va sans dire que l'on ne peut pas séquestrer celui qui s'est obligé à ne pas faire, ce serait un attentat à la liberté, un crime. Mais alors même que le débiteur ne serait pas privé de sa liberté, on ne pourrait user de violence pour l'empêcher de faire ce qu'il s'est obligé à ne pas faire. Un acteur s'engage à ne pas jouer sur tel théâtre ; il manque à son engagement ; peut-on, pour l'empêcher d'y manquer, le faire enlever de la scène par la force publique ? Le tribunal de la Seine a jugé que l'on pouvait recourir à la force. Tous les auteurs critiquent cette décision et, il nous semble, avec raison (1). L'homme est libre de ne pas remplir ses engagements, sauf à supporter les conséquences de cette inexécution : on ne peut pas lui enlever cette liberté en employant la violence. Il est vrai que le texte de la loi ne le dit pas, mais l'esprit de la loi ne laisse aucun doute. En expliquant l'article 1142, l'orateur du gouvernement dit : « Le motif est que nul ne peut être contraint dans sa personne à faire ou à ne pas faire une chose et que, si cela était possible, ce serait une *vio-*

_____

(1) Mourlon, d'après Valette, t. II, p. 511 et suiv. Colmet de Santerre, t. V, p. 90, n° 60 *bis* III.

lence qui ne peut pas être un mode d'exécution des contrats (1). »

199. Dès que la liberté du débiteur n'est pas compromise, dès que l'on n'exerce pas de violence contre sa personne, l'obligation de faire ne diffère plus en essence de l'obligation de donner. Le débiteur s'est obligé à ne pas faire ; il contrevient à son engagement. Quel est le droit du créancier ? Il peut demander l'exécution directe de l'obligation si elle est possible. Elle est possible si ce qu'a fait le débiteur peut être détruit. Pothier donne cet exemple. Mon voisin s'est obligé envers moi à ne pas fermer son avenue pour m'y laisser le passage libre ; il la ferme par une barrière : je puis demander qu'il soit tenu de retirer sa barrière et que, faute de le faire, je serai autorisé à enlever la barrière à ses frais (2). Si je conclus en ce sens, le tribunal pourra-t-il se borner à m'allouer des dommages-intérêts ? La négative nous paraît évidente, le créancier a le droit de demander l'exécution directe de la convention, pourvu qu'elle soit possible ; le juge doit, par conséquent, l'ordonner. C'est en ce sens que l'article 1143 est conçu ; la loi dit que le créancier a le *droit* de demander que ce qui a été fait en contravention à l'engagement soit détruit. Dès que c'est un droit pour le créancier, c'est une obligation pour le juge.

La même question se présente lorsque le débiteur s'est obligé à faire et qu'il refuse de remplir son engagement. Dans ce cas, dit l'article 1144, le créancier *peut être autorisé* à faire exécuter lui-même l'obligation aux dépens du débiteur. La loi ne dit pas que le créancier a le *droit* de demander que le tribunal l'y autorise. Faut-il conclure de cette différence de rédaction entre l'article 1144 et l'article 1143 que le tribunal peut ne pas lui donner cette autorisation, en se bornant à condamner le débiteur à des dommages-intérêts ? La jurisprudence est en ce sens. A notre avis, elle est contraire aux principes. L'obligation de faire, de même que l'obligation de ne pas faire, doit

---

(1) Bigot-Préameneu, Exposé des motifs, n° 38 (Locré, t. VI, p. 154).
(2) Pothier, *Des obligations*, n° 158.

être directement exécutée si la chose est possible et si le créancier y conclut; son droit est le même. La différence de rédaction qui existe entre l'article 1144 et l'article 1143 est indifférente. En disant que le créancier peut être autorisé, la loi n'entend pas donner au juge le pouvoir de refuser cette autorisation; elle entend dire que le créancier peut demander à faire exécuter l'obligation par un tiers; l'article 1143 dit aussi que le créancier peut se faire autoriser à démolir; si les expressions diffèrent, le sens est identique, parce que les principes sont les mêmes. C'est ainsi que le rapporteur du Tribunat explique l'article 1144. Après avoir dit qu'il a fallu laisser au créancier le *droit* de faire détruire, aux dépens du débiteur, ce qu'il aurait fait en contravention du contrat, Favard ajoute : « Il a fallu aussi, et par la même raison, laisser au créancier le *droit* de faire exécuter lui-même l'obligation aux dépens du débiteur. Cela est conforme au principe que celui qui s'est obligé de faire une chose ne peut pas y être contraint, mais qu'on peut la faire faire pour lui et à ses frais, ou demander des dommages-intérêts à raison de son inexécution (1). » Le choix appartient donc au créancier, le juge doit respecter son droit, bien loin de pouvoir le modifier (2).

La cour de cassation dit, au contraire, que « l'article 1144 *permet* d'autoriser le créancier à faire exécuter lui-même l'obligation du débiteur, et qu'il appartient aux juges du fait d'user ou de ne pas user, suivant les circonstances, de cette *faculté* qui leur est donnée (3). » C'est le renversement des principes; en matière d'obligations conventionnelles, le droit, pour mieux dire, le devoir du juge est de maintenir les droits des parties; or, le créancier a le droit de demander l'exécution forcée de l'obligation contractée par le débiteur, et le juge doit lui adjuger ses conclusions, sinon il viole la loi du contrat.

260. Le créancier a-t-il besoin de l'autorisation de

---

(1) Favard, Rapport au Tribunat, n° 36 (Locré, t. VI, p. 195).
(2) Demolombe, t. XXIV, p. 499, n°ˢ 503 et 504, et les autorités en sens divers qu'il cite.
(3) Rejet, chambre civile, 19 mars 1855 (Dalloz, 1855, 1, 297).

justice pour démolir ce qui a été fait par le débiteur, ou pour faire exécuter l'obligation à ses frais? Quand il s'agit d'une démolition, l'affirmative ne souffre aucun doute; l'article 1143 dit que le créancier peut se faire autoriser à détruire. Il lui faut donc une autorisation. Détruire est une voie de fait qui s'exécute sur la propriété du débiteur, et une voie de fait ne devient légitime que par l'intervention du magistrat. Il en est de même, à notre avis, quand il s'agit de l'obligation de faire; l'article 1144 dit aussi que le créancier peut être autorisé; ce qui implique qu'il doit demander l'autorisation. D'ailleurs c'est une voie d'exécution forcée; or, aucune violence ne peut être employée que par ordonnance du juge. Enfin, et cela est décisif, le contrat ne donne pas au créancier le droit de faire exécuter l'engagement par un tiers; il n'acquiert ce droit que par l'inexécution de l'obligation, et au juge seul il appartient de régler ce que le créancier a le droit et ce qu'il n'a point le droit de faire.

La doctrine est contraire, mais elle est peu sûre, à en juger par le langage de M. Demolombe. Il commence par dire que le mode régulier de procéder consiste à demander l'autorisation de justice, puis il enseigne que le créancier peut *évidemment* lui-même exécuter l'obligation quand il ne s'agit pas de s'immiscer dans le patrimoine du débiteur; enfin il dit qu'il sera toujours *plus régulier* pour le créancier de se faire autoriser préalablement, s'il le peut (1). Si la marche *régulière* est de s'adresser à la justice, il est *irrégulier* de procéder sans cette autorisation, et ce qui est irrégulier en droit ne peut et ne doit pas se faire. Nous comprenons les scrupules qui produisent cette hésitation. Il y a des cas où il faut procéder immédiatement et sans aucun retard; nous croyons que le créancier peut le faire, sauf au juge à régler ensuite les droits et obligations des parties. Le créancier ne pourra

___

(1) Demolombe, t. XXIV, p. 498, n° 500. Comparez Duranton, t. X, p. 478, n° 461. Un arrêt de la cour de cassation, du 6 janvier 1869 (Dalloz, 1869, 1, 207), dit, dans les considérants, qu'il n'est pas nécessaire que le jugement qui autorise le créancier à faire, ait été notifié au débiteur et même qu'il ait été rendu.

pas, dans ce cas; demander que l'exécution par un tiers
soit considérée comme l'équivalent de l'exécution par le
débiteur, car il l'a fait sans y être autorisé ni par la convention ni par un jugement, il pourra seulement demander qu'on lui alloue, à titre de dommages et intérêts, ce
qu'il a dépensé. Ce n'est pas une dispute de mots; lorsque
le créancier agit avec autorisation, toutes les dépenses
qu'il fait sont pour le compte du débiteur : c'est l'exécution
de l'obligation. Quand, au contraire, le créancier agit de
son chef, le juge appréciera le dommage causé et décidera
si le créancier est resté dans les limites de son droit :
c'est une question de dommages et intérêts.

201. Il se présente encore une difficulté dans cette
matière si élémentaire. Le débiteur, obligé de faire, peut-il
offrir des dommages-intérêts à son créancier? Non, sur
ce point tout le monde est d'accord ; le débiteur doit
la prestation du fait, et il ne peut offrir à son créancier
que ce qu'il doit. Mais si le débiteur ne remplit pas son
engagement; quel sera le droit du créancier, et quel
sera le droit du débiteur? Le créancier ne peut demander
que ce qui lui est dû, c'est-à-dire la prestation du fait;
il ne peut pas conclure directement à des dommages-
intérêts; car il n'a pas stipulé une somme d'argent, il a
stipulé un fait. Cela décide la question de savoir si le débiteur poursuivi par le créancier peut arrêter la poursuite en lui offrant des dommages et intérêts. A notre
avis, il ne peut pas plus arrêter la poursuite que prévenir
la demande par des offres de dommages-intérêts. L'article 1142 ne dit pas cela; il ne donne aucun droit au débiteur; il est même peu juridique de prétendre que le débiteur ait un droit, il a une obligation qu'il doit remplir
telle qu'il l'a contractée; c'est seulement quand il ne l'exécute pas que l'obligation se transforme en dommages et
intérêts. Tel est le sens de l'article 1142; l'interpréter
autrement ce serait donner au débiteur le droit de payer
autre chose que ce qu'il doit, ce qui est contraire aux
principes et contraire au texte de la loi (art. 1243) (1).

_____

(1) En sens contraire, Duranton, t. X, p. 475, nos 458 et 459; Demolombe,
t. XXIV, p. 482, no 489.

Comment le tribunal formulera-t-il sa décision? Nouveau désaccord entre les auteurs : l'un dit que le juge ne peut pas condamner principalement et directement le débiteur à faire ou à ne pas faire (1), un autre enseigne que le juge peut certainement condamner le débiteur à exécuter l'obligation qu'il a contractée (2). Nous disons que, non-seulement il le peut, mais qu'il le doit, car il est lié par le contrat qui est la loi des parties; mais puisque le créancier conclut à des dommages-intérêts, le tribunal doit prononcer une condamnation aux dommages et intérêts si le débiteur n'exécute pas ses engagements. La jurisprudence aussi manque de précision. D'une part, la cour de cassation a cassé un jugement qui condamnait un débiteur à la prestation d'un pur fait, parce que le tribunal n'avait pas prononcé une condamnation pécuniaire pour le cas d'inexécution; un arrêt récent juge mieux, à notre avis, que le tribunal peut se borner à condamner le débiteur à exécuter l'obligation de faire, en ajoutant qu'en cas d'inexécution il soit fait droit (3). Et si le créancier concluait uniquement à ce que le débiteur fût condamné à prester le fait, le juge devrait se borner à lui adjuger ses conclusions, sauf au créancier à demander ultérieurement des dommages-intérêts.

2. APPLICATION.

202. Les obligations de faire qui ont tant occupé les auteurs aboutissent dans la pratique à une condamnation à des dommages-intérêts; ces dommages et intérêts donnent lieu à de nouvelles difficultés. Nous laissons de côté les débats qui n'auraient pas dû être portés devant les tribunaux. Telle est la question suivante que la cour de Paris a été appelée à décider. Un passager paye sa place

---

(1) Larombière, t. I, p. 509, n° 3 de l'article 1142 (Ed. B., t. I, p. 210).
(2) Demolombe, t. XXIV, p. 424, n° 491.
(3) Cassation, 26 juillet 1812, et Rejet, 22 février 1862 (Devilleneuve, 4, 1, 152, et 1862, 1, 242).

sur un navire devant partir à un jour fixé; son départ est retardé sans que l'on justifie d'un cas fortuit, ni d'une force majeure : peut-il réclamer non-seulement le prix de sa place, mais des dommages et intérêts (1)?

Abordons des questions plus sérieuses. Un père se porte fort pour son fils mineur; celui-ci ne ratifie pas l'engagement. Le père sera-t-il tenu d'une indemnité à titre de dommages et intérêts? Ainsi posée, la question n'en est pas une, car l'obligation du porte-fort consiste précisément à indemniser l'autre partie du préjudice qu'elle éprouve de l'inexécution de l'engagement. Dans l'espèce, la cour de Gênes se prévalut de la minorité du fils pour annuler l'engagement du père : c'était violer l'article 2012 et les principes les plus élémentaires. L'obligation d'un mineur peut être cautionnée, donc on peut se porter fort pour lui; c'est un engagement principal dont l'inexécution entraîne des dommages et intérêts (2).

L'engagement du porte-fort a donné lieu à une contestation où l'essence même de l'obligation de faire était en cause. Dans l'espèce, le mari s'était porté fort pour sa femme en s'engageant à apporter sa ratification. N'ayant pas satisfait à cette obligation, le créancier demanda qu'il fût condamné à la remplir, dans les trois mois, à peine de cinq francs de dommages-intérêts par jour de retard. Le porte-fort prétendit que c'était violer l'article 1142 et porter atteinte à sa liberté. Que dit l'article 1142? Que le débiteur est tenu à des dommages-intérêts en cas d'inexécution, c'est-à-dire à réparer le dommage qu'il a causé. La cour de Bordeaux prononça des dommages-intérêts à titre de contrainte pour forcer le débiteur à faire. Sur le pourvoi, la cour de cassation décida qu'il s'agissait de dommages-intérêts dus à raison du simple retard dans l'exécution d'une obligation et non de l'inexécution de l'obligation (3). Nous reviendrons plus loin sur les dommages et intérêts prononcés comme sanction, à raison de tant par jour.

(1) Paris, 18 février 1860 (Dalloz, 1860, 5, 248).
(2) Cassation, 16 février 1814 (Dalloz, au mot *Obligations*, n° 713, 1°).
(3) Rejet, chambre civile, 26 juillet 1854 (Dalloz, 1854, 1, 297).

203. L'obligation de faire se convertit en dommages-intérêts en cas d'inexécution, dit l'article 1142. Y a-t-il inexécution quand le débiteur se déclare prêt à remplir ses engagements? La question paraît étrange. Elle a cependant été décidée affirmativement dans l'espèce suivante. Deux oncles s'obligent, par le contrat de mariage de leur neveu, à affilier les futurs époux dans leur maison, c'est-à-dire à les entretenir eux et leur famille. Après la mort de l'un des oncles, un procès s'élève entre le survivant et son neveu au sujet d'un testament du prédécédé. Le neveu le gagne, mais prétend que la vie commune est devenue insupportable et demande que la dette alimentaire soit remplacée par une pension de 1,800 francs. Rejetée par le premier juge, cette demande fut accueillie en appel, et sur le pourvoi, la cour de cassation rendit un arrêt de rejet, fondé sur ce qu'il ne lui appartenait pas de contrôler la déclaration de la cour d'Aix portant que, par le fait de l'oncle, la cohabitation était devenue impossible (1). L'arrêt nous laisse des scrupules; il eût fallu, nous semble-t-il, constater l'inexécution de l'obligation contractée par l'oncle; or, il n'avait rien fait, aux termes de l'arrêt, que soutenir un procès. Il n'y avait donc pas d'inexécution, dès lors l'article 1142 était inapplicable.

204. Le nom d'une tragédienne célèbre a donné du retentissement à un débat où Mlle Rachel devait succomber. Elle avait prié Legouvé de composer une pièce pour elle, et avait accepté le rôle de Médée, créé à son intention; après avoir promis de le jouer, elle manqua à sa promesse. Y avait-il obligation de faire? Jouer un rôle est certes un fait qui peut être l'objet d'une obligation. Fallait-il le consentement du directeur du Théâtre-Français? Non, d'après l'arrêt de la cour de Paris. Restait un refus que rien ne justifiait : un caprice d'artiste. Ces caprices ne trouvent pas faveur devant les tribunaux; le juge ne peut pas les écouter sans violer le droit du créancier. Le poëte avait aussi sa gloire et ses intérêts à sauvegarder; au palais, cela se traduit en dommages-inté-

---

(1) Rejet, 26 juillet 1843 (Dalloz, au mot *Obligations*, n° 710).

rêts. La convention intervenue entre la tragédienne et l'auteur constituait une obligation de faire, laquelle n'étant pas remplie se résolvait en dommages-intérêts (1).

No. 2. DES RISQUES.

205. L'article 1138 porte que la chose est aux risques du créancier dès l'instant où elle a dû être livrée. Que signifie le principe que le créancier supporte le risque? et quel en est le fondement? En droit romain, on disait que la chose périt pour le créancier quand la perte arrive par cas fortuit sans aucune faute du débiteur. Si la chose périt par la faute du débiteur, il est responsable de la perte, car il est tenu de conserver la chose jusqu'à la livraison, et il doit y apporter tous les soins d'un bon père de famille (art. 1136, 1137). Mais si le débiteur a conservé la chose avec les soins que la loi exige de lui et si elle vient à périr par cas fortuit, il n'est pas responsable, car il ne répond pas du cas fortuit : la perte sera pour le créancier.

206. L'application de ce principe aux contrats unilatéraux n'a jamais souffert de difficulté; le débiteur est libéré par la perte fortuite. C'est ce que dit l'article 1302 : « Lorsque le corps certain et déterminé qui était l'objet de l'obligation vient à périr, l'obligation est éteinte si la chose a péri sans la faute du débiteur. » La loi place la perte de la chose parmi les modes d'extinction des obligations. Ainsi les droits du créancier s'éteignent quand la chose périt par cas fortuit; c'est en ce sens que les risques sont pour le créancier. Le motif du principe, dans ce cas, est très-simple. Quelle était l'obligation du débiteur? De livrer la chose et de la conserver jusqu'à la livraison. Il a rempli l'obligation de conserver, puisqu'on suppose que c'est par cas fortuit que la chose a péri; cette perte le met dans l'impossibilité de livrer ou de restituer la chose ; c'est à raison de cette impossibilité qu'il est li-

(1) Paris, 3 mars 1855 (Dalloz, 1856, 2, 71).

béré, personne n'étant tenu à l'impossible. Et on ne peut pas dire que l'impossibilité où il se trouve de remplir son obligation lui est imputable, car la chose a péri sans sa faute. En définitive, il est libéré parce qu'il a rempli son obligation ; le créancier n'a plus rien à réclamer contre lui (1).

207. En quel sens le créancier supporte-t-il les risques dans les contrats bilatéraux, tels que la vente ? Le vendeur est débiteur, c'est lui qui est tenu de livrer la chose et de la conserver jusqu'à la livraison. On suppose que la chose périt par cas fortuit dans les mains du vendeur, sans qu'il y ait aucune faute à lui reprocher. Il sera encore libéré ; l'article 1302 est applicable ; le texte ne distingue pas si la chose qui périt fait l'objet d'un contrat bilatéral ou unilatéral et l'esprit de la loi exclut toute distinction. On peut dire, en effet, du vendeur ce que nous avons dit du débiteur dans les contrats unilatéraux : il a rempli son obligation en conservant la chose avec les soins d'un bon père de famille, il est donc libéré. Mais quelle va être la position de l'acheteur ? Il ne peut pas réclamer la délivrance de la chose vendue, elle n'existe plus ; il n'a pas de dommages et intérêts à réclamer, car le débiteur n'est pas en faute. Sera-t-il néanmoins tenu de payer le prix ? Oui, car l'article 1138 dit que la chose est à ses risques ; or, elle ne serait pas à ses risques s'il ne devait pas payer le prix, car il ne perdrait rien ; ce serait, au contraire, le vendeur qui perdrait et qui, par conséquent, supporterait le risque de la chose, tandis que la loi dit que la chose est aux risques du créancier. C'est ainsi que le principe était entendu dans l'ancien droit, et il n'est pas douteux qu'on doive l'entendre de même en droit moderne (2). Reste à savoir quel est le fondement du principe. Sur ce point, il y a controverse et quelque doute.

208. A s'en tenir au texte de l'article 1138, on pourrait croire que si le créancier supporte le risque, c'est

---

(1) Colmet de Santerre, t. V, p. 84, n° 58 *bis* I.
(2) Duranton, t. X, p. 433, n° 422. Colmet de Santerre, t. V, p. 85, n° 58 *bis* II.

qu'il est propriétaire. En effet, c'est une seule et même disposition qui dit que « l'obligation de livrer est parfaite par le seul consentement des parties contractantes; elle rend le créancier propriétaire, ajoute l'article 1138, et met la chose à ses risques. » N'est-ce pas dire que l'acheteur supporte le risque parce qu'il est propriétaire? De sorte que le principe des risques serait une application du vieil adage *Res perit domino*. Si le texte le disait, tout serait décidé; mais l'article 1138, tout en disposant que le créancier devient propriétaire et qu'il supporte les risques, ne met pas ces deux principes dans la relation de cause et d'effet; en déduire que le créancier supporte les risques parce qu'il est propriétaire, c'est faire dire à la loi ce qu'elle ne dit point.

Le texte laisse donc la question entière. S'il y a un doute, il vient des travaux préparatoires. Bigot-Préameneu déduit le principe des risques de l'adage en vertu duquel la chose périt pour son propriétaire; après avoir dit que le créancier devient propriétaire par le seul consentement des contractants, sans tradition aucune, l'orateur du gouvernement ajoute : « Si donc la chose périt par force majeure ou par cas fortuit depuis l'époque où elle a dû être livrée, la perte est pour le créancier suivant la règle *Res perit domino*. » Jaubert, le rapporteur du Tribunat, s'exprime dans le même sens : « L'obligation de livrer la chose rend le créancier propriétaire du moment que le consentement a formé le contrat; d'*où il résulte* que la chose périt pour lui (1). » M. Larombière abonde dans cette manière de voir; il ne doute pas que le principe des risques ne découle aujourd'hui de la règle *Res perit domino* (2).

Nous croyons que la règle *Res perit domino* n'est pas applicable en matière d'obligations. Que la chose périsse pour son propriétaire, quand elle ne fait l'objet d'aucun contrat, cela est d'évidence; la propriété est un droit réel, et tout droit réel s'éteint par la perte de la chose dans

---

(1) Bigot-Préameneu, Exposé des motifs, n° 33 (Locré, t. VI, p. 153). Jaubert, Rapport au Tribunat, n° 31 (Locré, t. VI, p. 194).
(2) Larombière, t. I, p. 441, n° 23 de l'article 1138 (Ed. B., t. I, p. 184).

laquelle il s'exerce. Il n'en est plus ainsi quand la chose qui périt est une chose due par un débiteur et stipulée par le créancier; la question de savoir pour qui elle périt dépend alors du lien qui existe entre le créancier et le débiteur. L'article 1138 lui-même le prouve; après avoir dit que la chose est aux risques du créancier, il ajoute qu'elle est aux risques du débiteur si celui-ci est en demeure; cependant la demeure du débiteur n'empêche pas le créancier d'être propriétaire; voilà donc un cas où la chose ne périt pas pour son propriétaire. Si la chose périt tantôt pour le débiteur, tantôt pour le créancier, bien que le créancier soit toujours propriétaire, il s'ensuit que la question des risques est indépendante de la question de propriété et qu'elle doit se décider par les principes qui régissent les obligations.

Le principe que le créancier supporte les risques n'est pas une innovation du code civil, c'est une règle traditionnelle; elle vient du droit romain, l'ancien droit français l'avait maintenue, et les auteurs du code, au témoignage de Jaubert, n'ont fait que consacrer les vieux principes. C'est à la tradition qu'il faut recourir pour expliquer un principe traditionnel. Or, la tradition n'est point douteuse; dans notre ancienne jurisprudence, conforme en cela au droit romain, la propriété ne se transférait pas par le seul effet du contrat; jusqu'à la tradition le vendeur restait propriétaire, cependant c'était l'acheteur qui supportait le risque; il le supportait quoique n'étant pas propriétaire. Il faut donc séparer les deux principes, ils n'ont rien de commun, l'un est indépendant de l'autre (1).

209. Puisque le créancier supporte le risque, non comme propriétaire, mais comme créancier, il nous reste à voir quel est le fondement du principe. Pothier y voyait quelque difficulté; l'équité a une grande influence sur son esprit; or, les auteurs de droit naturel, Pufendorf, Barbeyrac, avaient réclamé, au nom de l'équité, contre le principe romain. Pothier en est ébranlé, quoique son

_____

(1) Colmet de Santerre, t. V, p. 85, n° 58 *bis* IV. Demolombe, t. XXIV, p. 404, n° 424.

sens juridique l'emporte sur les vaines objections du droit naturel. A notre avis, le principe est fondé en équité aussi bien qu'en droit. Dans tout contrat synallagmatique, chacune des parties a des obligations corrélatives, en ce sens que chacune d'elles doit remplir celles que le contrat lui impose, et elle n'en est dégagée que lorsqu'elles sont éteintes par l'une des voies légales que la loi admet comme cause d'extinction des obligations. En matière de vente, le vendeur est obligé de livrer la chose, l'acheteur est obligé de payer le prix. Le vendeur remplit son obligation en veillant à la conservation de la chose avec les soins d'un bon père de famille; si, malgré ses soins, la chose périt par cas fortuit, il est libéré; son obligation est remplie comme s'il avait livré la chose. Puisque le vendeur a satisfait à son obligation, l'acheteur doit aussi exécuter la sienne. Il s'est obligé à payer le prix, et la perte de la chose n'est pas une cause d'extinction de cette obligation, donc elle subsiste. Ici les auteurs de droit naturel se récrient : il n'est pas juste, disent-ils, que l'acheteur paye le prix alors qu'il n'a pas la chose, car il ne s'est obligé à payer le prix que pour obtenir la propriété de la chose. Nous répondons que l'acheteur s'est obligé à payer le prix en compensation des obligations contractées par le vendeur; or, celui-ci a rempli son obligation, donc l'acheteur doit aussi remplir la sienne. C'est la réponse que fait le droit; voici celle de l'équité. La chose est aux risques du créancier, c'est une chance de perte; mais c'est aussi l'acheteur qui a les chances de gain. Si la chose vendue augmente de valeur avant la tradition, qui en profite? L'acheteur. Puisqu'il a les chances de profit, il est juste qu'il supporte les chances de perte(1).

210. Le principe que le créancier supporte les risques n'est pas applicable lorsque la chose est indéterminée. Cela résulte du texte et de l'esprit de la loi. Pourquoi la chose ne périt-elle point pour le débiteur? Parce qu'il est libéré par la perte de la chose; mais il faut pour cela, dit l'article 1302, qu'il s'agisse d'un corps certain et déter-

(1) Duranton, t. X, p. 434 et suiv., n° 422. Colmet de Santerre, t. V, p. 85, n° 58 *bis* III.

miné; si la chose est indéterminée, on ne peut pas dire qu'elle périsse, car une espèce ne périt point. D'un autre côté, les motifs du principe font défaut quand la chose n'est déterminée que quant à son espèce. Débiteur d'un corps certain, le vendeur peut dire qu'il a conservé la chose avec les soins d'un bon père de famille. Mais s'il est débiteur d'une espèce, il ne peut pas dire qu'il a conservé la chose due; on ne sait pas quelle est cette chose, on ne le saura que lorsqu'elle sera déterminée, ce qui se fait d'ordinaire lors de la tradition; donc jusque-là la chose que le débiteur se propose de livrer doit être à ses risques.

211. A partir de quel moment la chose est-elle aux risques du créancier? D'après les principes, la question n'est pas douteuse; pour mieux dire, ce n'est pas une question. Dès que le contrat est parfait par le concours de consentement des parties, le débiteur est tenu de conserver la chose et le créancier doit payer le prix. Donc dès ce moment les risques doivent être pour le créancier. Il y a une difficulté de texte; l'article 1138 dit que les risques sont pour le créancier « dès l'instant où la chose a dû être livrée; » ce qui semble dire que si la vente est à terme, l'acheteur ne supportera les risques qu'après l'échéance du terme, car ce n'est qu'alors que la chose doit être livrée. Cette interprétation est inadmissible, parce qu'elle est contraire aux principes qui régissent le terme. L'obligation à terme ne diffère point, quant à ses effets, de l'obligation sans terme; il n'y a qu'une différence, c'est que l'exécution est ajournée. Du reste, le terme n'empêche pas que le débiteur ne soit tenu de conserver la chose, et si le débiteur remplit l'obligation qui lui incombe de conserver la chose, le créancier, de son côté, est tenu des obligations qui naissent du contrat; c'est dire qu'il supporte les risques. Mais comment expliquer la singulière rédaction, disons mieux, la rédaction incorrecte de l'article 1138? Nous dirons plus loin, en traitant de la translation de la propriété, l'explication que l'on a donnée de l'article 1138; toujours est-il que le législateur a eu tort de confondre deux ordres d'idées qu'il faut, au contraire, distinguer, les risques et la translation de la propriété.

212. La confusion qui existe dans la loi a donné lieu à une controverse dont il nous faut dire un mot, parce qu'elle met les principes en évidence. Il est stipulé dans un contrat de vente que le vendeur restera propriétaire jusqu'à la tradition ou jusqu'au payement du prix. La chose sera-t-elle néanmoins aux risques de l'acheteur? Si l'on admet l'explication que nous avons donnée de l'article 1138, il n'y a aucun doute; peu importe qui est propriétaire; si l'acheteur supporte les risques, ce n'est pas comme propriétaire, c'est comme créancier; or, dans l'espèce, la vente est parfaite, malgré l'ajournement de la translation de la propriété; donc le vendeur est obligé de conserver et l'acheteur est tenu de payer; si la chose périt, le vendeur est libéré, tandis que l'acheteur ne l'est point : c'est dire qu'il supporte le risque. L'hypothèse dans laquelle nous raisonnons est précisément celle de l'ancien droit, elle doit donc être décidée d'après les anciens principes : *Res perit creditori*. Dans l'opinion contraire, on s'attache à la lettre de l'article 1138 et l'on dit que la chose est aux risques du créancier qui en devient propriétaire; donc, dit-on, elle n'est pas à ses risques tant qu'il n'en est que créancier. Nous avons répondu d'avance à l'argument en exposant la théorie des risques. On fait encore une autre objection. Dans les contrats conditionnels, dit-on, les risques sont pour le débiteur, bien que le créancier soit propriétaire conditionnel; à plus forte raison le débiteur doit-il supporter les risques quand il est, lui, resté propriétaire. Nous répondons que si, dans les contrats conditionnels, les risques sont pour le débiteur, c'est par application du principe *Res perit domino* : la vente conditionnelle n'existe pas dans la théorie du code, donc il faut dire que la chose vendue périt pour le propriétaire; tandis que, dans notre espèce, il y a vente; dès lors le principe des risques doit recevoir son application (1).

(1) Colmet de Santerre, t. V, p. 86, n° 58 *bis* V. Demolombe, t. XXIV, p. 399, n° 418. En sens contraire, Mourlon, d'après Valette, t. II, p. 508 et suiv.

§ IV. *De l'inexécution des obligations.*

Nº 1. DE LA FAUTE.

1. *La règle.*

213. L'article 1136 dit que le débiteur qui s'est obligé à donner est tenu de conserver la chose jusqu'à la livraison, à peine de dommages-intérêts envers le créancier. Quand encourt-il ces dommages et intérêts? Lorsqu'il est en faute, c'est-à-dire lorsqu'il n'a pas rempli l'obligation qu'il a·contractée de conserver la chose. Naît la question de savoir de quelle faute le débiteur est tenu. En théorie, on peut dire que le débiteur est en faute toutes les fois qu'il a failli de remplir son obligation sans excuse légitime. Mais les fautes ne sont pas toutes d'une égale gravité, en droit pas plus qu'en morale. Il faut donc voir quels doivent être les caractères de la faute pour que le débiteur en soit tenu. L'article 1137 répond à la question; il faudrait dire qu'il y répond très-mal, si l'on en jugeait par les interminables controverses auxquelles la loi a donné lieu. Pour les comprendre, il faut remonter à l'ancien droit français.

La théorie des fautes a toujours été considérée comme une des parties les plus difficiles du droit. Nous croyons qu'il faut s'en prendre aux théoriciens; ils ont voulu régler *à priori,* et jusque dans les moindres détails, une matière qui est essentiellement de fait. Aussi ne trouve-t-on pas un arrêt sur des questions qui ont tant occupé les auteurs. Ce n'est pas qu'elles manquent d'intérêt pratique; il n'y a pas de procès plus fréquents que les demandes en dommages-intérêts, mais les juges les décident en fait sans se soucier des débats de l'école. Toutefois il y a une loi, et nous devons en préciser le sens. Les auteurs du code se sont écartés de la tradition. Il faut connaître la tradition pour comprendre le système du code.

214. En droit romain, on distinguait le dol, la faute

lourde et la faute légère. Tout débiteur était tenu du dol ; le sens moral nous dit que le débiteur doit être responsable lorsque, volontairement et de propos délibéré, il occasionne un dommage au créancier en n'exécutant pas son obligation. C'est moins de l'inexécution de l'engagement qu'il répond que des suites de son dol. Il y a faute lorsque le débiteur n'a pas l'intention de nuire ; il cause un dommage en ne remplissant pas ses obligations ou en ne les remplissant pas avec les soins et la vigilance qu'il devrait y apporter. Quels sont ces soins, quelle est cette vigilance ? Il y a une faute que l'on met sur la même ligne que le dol ; les lois romaines l'appellent faute grave ou lourde ; elle consiste à ne pas apporter à l'exécution de ses obligations les soins que personne ne néglige. On conçoit que le débiteur est inexcusable et, par conséquent, responsable quand il néglige les soins les plus ordinaires. Les jurisconsultes ne se contentaient pas de cette responsabilité, et avec raison ; ils déclaraient, en principe, tout débiteur responsable de la faute légère, ce qui veut dire qu'il doit mettre dans l'exécution de ses obligations les soins qu'un bon père de famille apporte dans la gestion de ses affaires ; ils exigeaient donc la diligence d'un bon père de famille, en général, considérée d'une manière abstraite. De là l'expression imaginée par les interprètes de faute légère *in abstracto*. Parfois on estimait la faute d'une manière moins sévère, en prenant pour terme de comparaison, non pas le bon père de famille abstrait, mais le débiteur lui-même ; on ne déclarait le débiteur responsable que lorsqu'il ne mettait pas à remplir ses obligations les soins qu'il avait coutume d'apporter à ses propres affaires : les interprètes qualifiaient cette faute de légère *in concreto*. Restait à déterminer les cas dans lesquels le débiteur était tenu de la faute légère *in abstracto*, de la faute lourde et de la faute légère *in concreto*. On distinguait : le débiteur était tenu de toute faute, ou de la faute légère *in abstracto*, lorsqu'il retirait un avantage du contrat ; il ne répondait que de la faute lourde lorsqu'il n'y avait aucun intérêt personnel. Quant à la responsabilité de la faute légère *in concreto*, elle avait lieu, par exception, dans certains contrats, à raison de la position particulière du débiteur (1).

Cette doctrine était suivie dans la jurisprudence française, mais avec des modifications. D'abord on admettait une faute très-légère, qui consistait à ne pas apporter dans l'exécution de ses obligations les soins que le père de famille le plus soigneux, le plus diligent met dans la gestion de ses affaires. On distinguait donc trois degrés de faute, ce qui amenait une dérogation au droit romain qui, en principe, ne connaît que la faute légère et la faute lourde. Comment savoir de quelle faute le débiteur est tenu? On distinguait les diverses espèces de contrats, selon qu'ils avaient pour objet l'utilité de l'une des parties ou leur utilité commune. Quand le contrat ne concernait que l'utilité du créancier, tel que le dépôt, le débiteur n'était tenu que de la faute lourde. Si le contrat était fait uniquement dans l'intérêt du débiteur, tel que le prêt, il répondait de la faute la plus légère. Dans les contrats qui avaient pour objet l'utilité des deux parties, chacune d'elles était tenue de la faute légère *in abstracto* et, par exception, de la faute légère *in concreto* (2).

215. Le code a-t-il maintenu cette théorie des fautes? Il suffit de lire l'article 1138 pour se convaincre qu'il l'a rejetée; le premier alinéa porte : « L'obligation de veiller à la conservation de la chose, soit que la convention n'ait pour objet que l'utilité de l'une des parties, soit qu'elle ait pour objet une utilité commune, soumet celui qui en est chargé à y apporter tous les soins d'un bon père de famille. » Quelle était la base de l'ancienne doctrine? Elle admettait trois degrés de faute et elle distinguait les contrats qui avaient pour objet l'utilité de l'une des parties et les contrats qui avaient pour objet leur utilité commune. Que fait l'article 1138? Il rejette formellement la distinction des contrats, et il rejette tout aussi formellement la division des fautes, puisqu'il applique la même responsabilité à tout débiteur, et cette responsabilité est

---

(1) Namur, *Cours d'Institutes*, t. I, p. 304 et suiv. Van Wetter, t. I, p. 672.
(2) Pothier, *Dès obligations*, n° 142.

celle du bon père de famille ; ce que l'on appelle, dans le langage de l'école, la faute légère *in abstracto*.

La même conséquence résulte de l'ensemble des dispositions du code civil. S'il avait maintenu la théorie traditionnelle, il aurait conservé la terminologie consacrée par la tradition ; or, les mots de *faute légère*, de *faute très-légère* ne se trouvent point dans le code ; quant à l'expression de *faute grave*, le code ne l'emploie qu'une seule fois, dans une matière étrangère aux contrats ; l'article 804 porte que l'héritier bénéficiaire n'est tenu que des fautes graves dans l'administration dont il est chargé. Lorsque cette disposition fut votée, les auteurs du code n'avaient pas encore de système arrêté sur la théorie des fautes ; à partir de l'article 1137, dans tous les titres consacrés aux contrats, il n'est plus question de faute grave ni de faute légère.

216. Voilà pour le texte ; il suffirait pour prouver que le législateur moderne n'a pas admis la théorie traditionnelle des fautes. Les orateurs du gouvernement et du Tribunat le disent de la manière la plus formelle, en même temps qu'ils expliquent les motifs de cette innovation. Ecoutons l'exposé des motifs. « Les Romains avaient cru pouvoir distinguer les différents degrés de fautes qui se commettent dans l'exécution des conventions. Cette division des fautes est plus ingénieuse qu'utile dans la pratique ; il n'en faut pas moins, sur chaque faute, vérifier si l'obligation du débiteur est plus ou moins stricte, quel est l'intérêt des parties, comment elles ont entendu s'obliger, quelles sont les circonstances. Lorsque la conscience du juge a été ainsi éclairée, il n'a pas besoin de règles générales pour prononcer suivant l'équité. La théorie dans laquelle on divise les fautes en plusieurs classes, sans pouvoir les déterminer, ne peut que répandre une fausse lueur et devenir la matière de contestations plus nombreuses. L'équité elle-même répugne à ces idées subtiles. On ne la reconnaît qu'à cette simplicité qui frappe à la fois l'esprit et le cœur (1). »

_____

(1) Bigot-Préameneu, Exposé des motifs, n° 32 (Locré, t. VI, p. 153).

Les paroles de Bigot-Préameneu sont trop absolues; si on les prenait au pied de la lettre, on arriverait à la conclusion que le législateur ne peut et ne doit poser aucun principe en matière de fautes. Ce n'est certes pas là la pensée de l'orateur du gouvernement, car il expose les motifs de l'article 1137, lequel établit un principe général, en admettant des exceptions, comme nous le dirons plus loin. La seule conclusion que l'on puisse tirer de l'exposé des motifs, c'est que les auteurs du code civil n'ont pas voulu de la distinction des divers degrés de faute, parce qu'ils l'ont jugée inutile et même contraire à l'équité. Mais ils ne se sont pas bornés à abolir la doctrine des interprètes, ils l'ont remplacée par un nouveau principe. Quel est ce principe? Nous avons dit que, d'après le texte de l'article 1137, tout débiteur est tenu d'une seule et même faute qui consiste à ne pas apporter les soins d'un bon père de famille à l'exécution de ses obligations, ce qui, dans le langage traditionnel, signifie que tout débiteur est tenu de la faute légère *in abstracto*. C'est ainsi que le rapporteur du Tribunat explique la loi. Favard commence par dire que le code écarte toutes les distinctions que l'on faisait dans l'ancien droit, distinctions dont les règles étaient si difficiles à appliquer. Il les remplace par un principe simple du droit naturel, qui veut que l'on fasse pour les autres ce que nous voudrions qu'ils fissent pour nous-mêmes. Ce principe certes ne comporte aucune distinction; la diligence du débiteur doit être la même. Favard, à l'exemple du code, n'applique le principe qu'à un seul cas : à l'obligation de conserver la chose jusqu'à la livraison; de quelque nature que soit le contrat qui charge le débiteur de l'obligation de conserver, *le soin de conserver la chose doit être le même*. Il en est de même dans les autres obligations; ce que le code dit de l'obligation de donner s'applique nécessairement à toutes les obligations; il n'y a qu'un seul article concernant la faute dans les contrats, c'est l'article 1137; il est donc général et s'applique à toutes les obligations qui naissent d'un contrat. Sur ce point, il ne saurait y avoir de doute. Il y a donc un principe nouveau emprunté au droit naturel; ce principe est que tout débiteur est tenu de la diligence d'un bon père de famille. Doit-on aller plus loin dans certains contrats? Non, répond Favard; on ne peut pas exiger que le débiteur apporte un soin extraordinaire à remplir ses engagements, à moins qu'il ne s'y soit obligé. Doit-on se contenter d'une responsabilité moindre dans certains cas, comme on le faisait dans l'ancien droit, quand le débiteur n'avait aucun intérêt au contrat? Non, dit Favard; dans aucun cas le débiteur n'est dispensé d'apporter les soins qu'on doit raisonnablement attendre d'un bon père de famille pour la conservation de sa propre chose; la loi ne fixe et ne pouvait fixer aucune gradation pour l'application de ce principe (1). Si l'on veut traduire le rapport dans le langage de l'école, on dira : il n'y a plus de faute très-légère, il n'y a plus de faute grave, il n'y a qu'une seule faute, la faute légère, et tout débiteur en est tenu.

II. *L'exception.*

217. Le deuxième alinéa de l'article 1137 est ainsi conçu : « Cette obligation est *plus* ou *moins* étendue relativement à *certains* contrats dont les effets, à cet égard, sont expliqués sous les titres qui les concernent. » C'est cette disposition qui a donné lieu à des controverses sans fin. Si l'on s'en tient au texte de la loi, le sens est très-simple. Que dit le premier alinéa? Il rejette la théorie traditionnelle des divers degrés de faute et la remplace par le principe d'une faute unique, dont tout débiteur est tenu, faute qui consiste à ne pas apporter à l'exécution de son obligation tous les soins d'un bon père de famille; pour abréger nous l'appellerons faute légère *in abstracto.* Voilà la règle. Le second alinéa de l'article 1137 admet une exception à la règle; cela résulte des termes de la loi : la responsabilité du débiteur est *plus ou moins étendue,* donc une responsabilité autre que celle qui est définie dans le premier alinéa. A quels cas s'applique cette res-

(1) Favard, Rapport au Tribunat, n° 32 (Locré, t. VI, p. 195).

ponsabilité exceptionnelle? L'article renvoie aux titres concernant les contrats dans lesquels la loi admet une dérogation au droit commun. C'est donc une question de texte ; la règle est établie par le premier alinéa de l'article 1137, c'est la faute légère *in abstracto*; les exceptions concernent *certains* contrats, elles se trouvent expliquées, c'est-à-dire précisées dans les titres qui concernent ces contrats. Le rapport entre ces dispositions exceptionnelles et l'article 1137 est donc celui de l'exception à la règle : la règle reste applicable dans tous les cas où la loi n'y déroge pas, car elle n'y déroge que pour *certains* contrats.

218. Il s'en faut que cette interprétation soit admise par tous les auteurs : chacun a son système. Duranton prétend que le deuxième alinéa de l'article 1137 reproduit la distinction des trois degrés de faute, telle qu'elle existait en droit romain, sauf les modifications que le texte du code y apporte. C'est l'exagération de la doctrine de Proudhon, que l'on confond d'ordinaire avec celle de Duranton, bien qu'elle en diffère grandement. L'interprétation de Duranton se base sur le texte de la loi. Que dit le premier alinéa de l'article 1137? Il établit comme règle la responsabilité de la faute légère *in abstracto* : voilà un degré de faute. D'après le deuxième alinéa, l'obligation du débiteur peut être *plus étendue,* donc plus sévère ; une responsabilité plus sévère que celle de la faute légère *in abstracto* ne peut être que la faute la plus légère : voilà un second degré de faute. L'article 1137 prévoit aussi une obligation *moins étendue,* moins sévère, par conséquent, que la faute légère *in abstracto,* ce qui doit être la faute légère *in concreto* ou la faute grave : voilà un troisième degré de faute. C'est dire que nous retrouvons dans le deuxième alinéa la distinction des fautes que le premier semblait proscrire (1).

L'interprétation de Duranton n'a pas trouvé faveur. Comment croire que le législateur établisse une règle dans le premier alinéa d'un article et qu'il l'abolisse dans

---

(1) Duranton, t. X, p. 409, nº 398, et p. 419, nº 409.

le deuxième? Quoi! les auteurs du code ont proclamé, et
dans le texte et dans les discours officiels, qu'ils ne voulaient plus de la distinction des divers degrés de faute;
ils ont dit pourquoi ils n'en voulaient point; elle leur a
paru inutile, injuste même dans son application; ils
ont déclaré qu'ils substituaient aux subtilités des interprètes une règle empruntée au droit naturel. Puis ils
auraient dit dans le second alinéa, d'un trait d'haleine:
Cette théorie que nous trouvons injuste, inutile, au moins,
que nous répudions comme telle, nous la maintenons, et
nous voulons que le juge recoure encore au droit romain
en dépit de ses subtilités. Cela n'a point de sens et il est
impossible que le code dise ce que Duranton lui fait dire.
En effet, il ne le dit point. Quand, après avoir établi une
règle, le législateur y admet une exception, il n'entend
point abolir la règle; il est, au contraire, de la nature de
l'exception de confirmer la règle. Nous avons donc une
règle dans l'article 1137 et nous avons des exceptions
pour *certains* contrats dans les titres qui les concernent.
Lorsqu'on n'est plus dans les termes de l'exception, on
rentre dans la règle; donc on revient au principe de la
faute légère.

Duranton arrive à une tout autre conclusion. Hors les
cas, dit-il, où le code s'est formellement expliqué sur la
faute dont le débiteur répond, ce qui est rarement arrivé,
il n'y a pas d'inconvénient à suivre les règles tracées
par le droit romain que nos anciens jurisconsultes
avaient pris pour guide en cette matière (1). *Il n'y a pas
d'inconvénient!* Nous disons qu'il y en a un très-grand;
c'est que l'on ressuscite une législation ou une théorie des
interprètes que les auteurs du code ont abolie; c'est violer la loi que d'appliquer des distinctions que la loi n'a
pas voulu maintenir; c'est violer la première règle d'interprétation que de ne pas appliquer la règle générale,
alors que l'on n'est pas dans les termes de l'exception.
On nous demandera comment un jurisconsulte distingué
a pu aboutir à de pareilles aberrations. C'est qu'il a donné

(1) Duranton, t. X, p. 422, n° 410.

au second alinéa de l'article 1137 une interprétation qui confond la règle avec les exceptions en ne laissant subsister ni exception ni règle. Et par quoi remplace-t-on le principe de la loi? Par le droit romain, c'est-à-dire que là où le législateur a voulu établir une règle certaine, empruntée au droit naturel, on met à la place une règle incertaine, sur laquelle les interprètes ne sont jamais parvenus à s'entendre. Nous croyons inutile d'insister. Malheureusement Duranton n'est pas le seul qui ait méconnu le texte et l'esprit de l'article 1137.

219. M. Demolombe reconnaît que le code abroge l'ancienne doctrine, mais c'est seulement dans ce qu'elle avait de scolastique et de subtil, avec sa prétention de tarifer d'avance toutes les responsabilités qui sont si diverses. Tel est l'objet du premier alinéa de l'article 1137. En disant que tout débiteur doit apporter à la chose les soins d'un bon père de famille, la loi n'entend pas soumettre l'application de cette responsabilité à une règle toujours identique; elle a voulu laisser aux magistrats le soin d'apprécier les considérations d'après lesquelles la gradation pourrait en être mesurée : tel est l'objet de la seconde partie de l'article 1137. On ne saurait douter que les rédacteurs du code aient par là conféré aux magistrats le pouvoir de tenir compte de la nature des différents contrats, pouvoir discrétionnaire qui leur permet d'apprécier les divers degrés de responsabilité, même d'après les distinctions anciennes, car il n'était pas possible que le législateur effaçât toutes les traces d'une tradition qui avait jeté de si profondes racines (1).

Ainsi les distinctions anciennes sont tout ensemble abrogées et maintenues : abrogées par le premier alinéa de l'article 1137, maintenues par le deuxième! Sur quoi fonde-t-on cette étrange interprétation? Sur les paroles un peu vagues de Bigot-Préameneu que nous avons transcrites plus haut (n° 216). Si on leur donne le sens que M. Demolombe y attache, on met l'exposé des motifs en opposition avec le texte de la loi qu'il a pour objet de mo-

(1) Demolombe, t. XXIV, p. 388, n° 411.

tiver. Le deuxième alinéa ne dit point, comme on le prétend, que c'est au juge à apprécier les divers degrés de
faute d'après la diversité des circonstances; il n'y est
pas question du juge, il n'y est question que de la loi.
Après avoir posé la règle de la faute légère *in abstracto,*
le législateur y ajoute que cette responsabilité est plus
ou moins étendue dans *certains contrats.* Notons cette
expression, elle implique le maintien de la règle dans
tous les contrats non exceptés, donc l'*obligation* pour le
juge de l'appliquer. Est-ce par hasard au juge que la loi
s'en rapporte pour modifier, dans l'application, la responsabilité qui, en principe, est imposée à tout débiteur?
Du tout, car l'article 1137 dit que c'est dans les divers
titres consacrés aux contrats que seront expliqués les
effets de la responsabilité autre que celle qui est établie
par le premier alinéa. Ainsi c'est la loi qui détermine les
exceptions, comme c'est elle qui établit la règle. Voilà le
texte de l'article 1137; il renverse de fond en comble l'interprétation que l'on a voulu mettre à la place du texte (1).

220. Sans doute les auteurs du code n'ont pas entendu
tarifer *à priori* les responsabilités diverses, comme le
faisaient les anciens interprètes. Proudhon dit très-bien
que l'on ne saurait, en cette matière, procéder avec
l'équerre et le compas, comme lorsqu'il s'agit d'estimer
la grosseur ou la petitesse d'un corps physique. Est-ce à
dire que toute règle soit impossible et qu'il faille tout
abandonner au pouvoir discrétionnaire du juge? Le législateur aurait pu le faire, mais il ne l'a pas fait. Il a
cru que les choses morales avaient aussi leur terme de
comparaison. Ce terme de comparaison, il le trouve
dans la diligence d'un bon père de famille qui administre
sagement ses affaires. Le juge examinera dans chaque
cas ce qu'aurait fait un bon père de famille; si le débiteur n'a pas fait ce qu'aurait fait ce sage administrateur,
il sera responsable; il y a là une règle et en même temps
une latitude suffisante pour empêcher la règle de dégé-
nérer en scolastique (2).

(1) Comparez Colmet de Santerre, t. V, p. 71, n° 54 *bis* I.
(2) Proudhon, *De l'usufruit,* t. III, p. 467, n° 1496.

La règle est donc que l'appréciation de la faute se fait par comparaison de ce type abstrait, le bon père de famille; la loi ne veut pas que l'on estime la responsabilité d'après les soins que le débiteur lui-même met dans la gestion de ses intérêts. Ceci est un point capital. La règle est établie en faveur du débiteur aussi bien que contre lui. Est-il négligent dans l'administration de ses affaires, il ne pourra pas s'excuser d'avoir apporté la même négligence dans l'exécution de ses obligations; on lui répondra qu'en contractant il s'est obligé à remplir ses obligations avec les soins d'un bon père de famille. Mais aussi si le débiteur administre ses affaires avec un soin extraordinaire, avec une diligence qu'un bon père de famille n'apporte pas dans la gestion de ses affaires, on ne pourra pas le déclarer responsable s'il n'a pas exécuté le contrat avec cette diligence exceptionnelle; il répondrait, le texte à la main, que la loi n'exige pas de lui des soins exceptionnels, qu'elle ne demande que les soins d'un bon père de famille et que ces soins il les a donnés à l'affaire dont il s'était chargé ou à la conservation de la chose qu'il devait livrer. Sur ce point, cependant, il y a controverse. De bons auteurs enseignent que le débiteur ne serait pas admis à soutenir qu'il a donné à l'exécution de l'obligation les soins d'un bon père de famille lorsqu'il n'y a pas apporté la diligence dont il fait habituellement preuve dans ses propres affaires (1). C'est une réminiscence du droit romain qui voyait une faute grave dans une pareille conduite. A notre avis, c'est dépasser la sévérité de la loi et s'écarter de son texte formel. Le débiteur ne promet pas les soins extraordinaires qu'il met à gérer ses intérêts; il promet les soins d'un bon père de famille; il l'a fait; de quel droit se montrerait-on plus exigeant que la loi? Dépasser la loi, c'est la violer.

221. Telle est la règle; elle nous fait comprendre les exceptions. Proudhon remarque qu'il y a quelque chose de vrai dans la doctrine traditionnelle; on ne saurait

---

(1) Demolombe, t. XXIV, p. 389, n° 411, suivi par Aubry et Rau. t. IV, p. 102, note 30, § 308. En sens contraire, Larombière, t. I, p. 402 (Ed. B., t. I, p. 173).

établir une règle absolue, invariable pour la responsabilité du débiteur dans toute espèce de conventions; il est dans la nature des choses que les fautes soient plus ou moins graves, suivant les circonstances dans lesquelles elles ont eu lieu et suivant les devoirs plus ou moins rigoureux auxquels un homme peut avoir manqué. La faute varie donc nécessairement suivant la diversité des contrats. C'est la raison pour laquelle le législateur, après avoir posé une règle générale dans le premier alinéa de l'article 1137, y admet des exceptions dans le second alinéa (1). Est-ce à dire que ces exceptions vont absorber la règle? Non, la règle est que tout débiteur doit les soins d'un bon père de famille; cette règle reçoit des exceptions pour certains contrats. Les exceptions sont-elles si nombreuses que la règle disparaît, comme cela arrivait dans le système des anciens interprètes du droit romain? Les exceptions sont peu nombreuses. Nous allons les parcourir; il faut les préciser pour dissiper ce qu'il y a de vague dans la théorie des fautes quand on reste sur le terrain de l'abstraction.

222. L'article 1137 dit que l'obligation du débiteur est *plus* ou *moins* étendue relativement à certains contrats. Cela implique qu'il peut y avoir une responsabilité moindre où plus étendue que celle qui est établie par la règle générale. Nous disons qu'il *peut y avoir*, car l'article 1137 ne renvoie pas à des dispositions arrêtées, formulées; il prévoit seulement ce que le législateur fera ou pourra faire. Nous commençons par la responsabilité moindre. Y a-t-il des cas où la loi se contente de la faute *grave?* Nous avons cité l'article 804; il n'y en a pas d'autre où l'on trouve soit l'expression, soit l'idée qui s'y attache. Il n'y a donc que l'héritier bénéficiaire qui soit tenu de la faute grave seulement. C'est une dérogation importante à l'ancien droit, où la faute grave jouait un grand rôle. Le législateur moderne se montre plus exigeant; on assimilait la faute grave au dol; les auteurs du code ont cru que cette responsabilité n'était pas suffisante. Nous expo-

_____

(1) Proudhon, *De l'usufruit*, t. III, p. 466, n° 1495.

sons le système de la loi, sauf à l'apprécier plus tard.

223. La faute grave n'existe donc plus dans les obligations conventionnelles. Reste la faute légère appelée *in concreto* (n° 214). Aux termes de l'article 1927, « le dépositaire doit apporter dans la garde de la chose déposée les mêmes soins qu'il apporte dans la garde des choses qui lui appartiennent. » Voilà la définition de la faute légère *in concreto;* le dépositaire n'est pas tenu des soins d'un bon père de famille, son obligation est moins étendue, elle se mesure sur sa propre diligence ; il peut donc s'excuser s'il est négligent dans la garde de ce qui lui appartient et s'il met cette même négligence dans la garde du dépôt. Cela se comprend ; le dépositaire rend un service, et il le rend gratuitement ; il serait injuste de le traiter aussi sévèrement que le vendeur, qui est également obligé de garder la chose, mais qui, en compensation de ses engagements, stipule et reçoit un prix. Aussi l'article 1928 ajoute-t-il que la responsabilité du dépositaire est plus rigoureuse s'il a stipulé un salaire ou si le dépôt a été fait uniquement dans son intérêt ; de même s'il a été convenu expressément que le dépositaire répondrait de toute espèce de faute ; enfin s'il s'est offert lui-même pour recevoir le dépôt. Que faut-il entendre par ces mots de la loi : *la disposition de l'article précédent doit être appliquée avec plus de rigueur?* Nous n'aimons pas à tarifer les fautes, c'est l'écueil contre lequel ont échoué les anciens interprètes. On peut cependant dire que, dans l'espèce, le dépositaire sera tenu des soins d'un bon père de famille. Cela est certain lorsqu'il a promis qu'il répondrait de toute espèce de faute ; c'est l'expression romaine *omnis culpa,* ce qui équivaut à la faute légère *in abstracto.* Et si le dépositaire stipule un salaire, ou si le dépôt se fait uniquement dans son intérêt, il n'y a plus de raison de faire une différence entre lui et les débiteurs en général. Enfin, s'il s'est offert pour recevoir le dépôt, il a promis par cela même de le garder avec soin, ce qui implique la diligence d'un bon père de famille.

224. L'article 1992 porte que « le mandataire répond non-seulement du dol, mais encore des fautes qu'il commet dans sa gestion. » Par le mot *faute,* comme nous le dirons plus loin, le législateur entend la faute telle qu'elle est définie par l'article 1137, c'est-à-dire la faute légère *in abstracto;* le principe serait donc que le mandataire reste dans la règle générale, ce qui serait difficile à expliquer dans le cas où le mandat est gratuit. Mais l'article 1992 ajoute une restriction qui modifie la règle : « Néanmoins la responsabilité relative aux fautes est appliquée moins rigoureusement à celui dont le mandat est gratuit qu'à celui qui reçoit un salaire. » Il faut donc distinguer entre le mandat salarié et le mandat gratuit. Le premier alinéa ne s'applique qu'au mandataire qui reçoit un salaire; il est tenu de remplir le mandat avec les soins d'un bon père de famille; c'est à lui que s'applique la règle de l'article 1137. Quelle est la responsabilité de celui dont le mandat est gratuit? L'article 1992 dit que la responsabilité relative aux fautes lui est appliquée *moins rigoureusement*. Cela est très-vague. Qu'est-ce que cette responsabilité moins rigoureuse? On peut répondre, nous semble-t-il, que c'est la responsabilité du dépositaire, c'est-à-dire que le mandataire gratuit ne doit apporter à l'exécution de son mandat que les soins qu'il met dans la gestion de ses intérêts. En effet, l'analogie entre le mandat gratuit et le dépôt gratuit est complète, pour mieux dire, la comparaison est en faveur du mandataire : il rend un service plus grand que le dépositaire, puisqu'il paye de sa personne, et s'il le fait gratuitement, il serait injuste de le traiter plus sévèrement que le dépositaire, qui ne donne que l'usage de son local ou de son coffre-fort. Si l'on admet cette interprétation, il y aurait un second cas dans lequel la loi se contenterait de la faute légère *in concreto*.

225. Aux termes de l'article 1374, le gérant d'affaires est tenu d'apporter à la gestion tous les soins d'un bon père de famille. C'est la reproduction des termes de l'article 1137. Ainsi le gérant est tenu de la faute légère *in abstracto;* comme la gestion est gratuite de sa nature, il en résulte une différence entre la responsabilité du gérant et celle du mandataire. Celui-ci, quand le mandat est gratuit, ne répond que de la faute légère *in concreto,* tandis que le gérant, qui gère aussi gratuitement, est tenu de la faute légère *in abstracto.* Cependant la gestion d'affaires et le mandat sont régis, en général, par les mêmes principes; pourquoi donc la loi fait-elle une différence quant à la responsabilité? La raison en est que le gérant s'offre et agit spontanément; il promet, par cela même, tous ses soins, de même que le dépositaire qui s'offre pour recevoir le dépôt (art. 1928); l'un et l'autre, en s'offrant, empêchent d'autres personnes de se charger de l'affaire, ou de recevoir la chose; il est juste qu'ils supportent les conséquences de leur fait.

L'article 1374 ajoute une exception à la règle qu'il établit : « Néanmoins les circonstances qui l'ont conduit à se charger de l'affaire peuvent autoriser le juge à modérer les dommages et intérêts qui résulteraient de la faute ou de la négligence du gérant. » Quelle est, en ce cas, la faute dont le gérant est tenu? Il est impossible de la préciser, tout dépendant des circonstances; il se peut que le juge ne déclare le gérant responsable que de la faute légère *in concreto,* et les circonstances peuvent être si favorables que le juge se montre encore plus indulgent, en se contentant de la responsabilité de la faute grave. Ici le juge a un pouvoir discrétionnaire; le texte et l'esprit de la loi le lui donnent.

226. Telles sont les seules dispositions du code qui diminuent la responsabilité que l'article 1137 impose, en principe, à tout débiteur. Peut-on appliquer cette responsabilité exceptionnelle par voie d'analogie? On le prétend. Si, disent les éditeurs de Zachariæ, il existait une similitude parfaite entre une hypothèse régie par une de ces dispositions exceptionnelles et une autre hypothèse sur laquelle le code garde le silence, on pourrait y appliquer la responsabilité moins rigoureuse dont le code se contente dans la première (1). Cela nous paraît inadmissible; le législateur s'est réservé à lui-même le pouvoir d'apporter des exceptions à la règle de l'article 1137, dans cer-

(1) Aubry et Rau, t. IV, p. 101, note 28, § 308. Duranton, t. X, p. 422, nº 44. D'Hautuille, *Revue de législation,* t. II, p. 354.

tains contrats; il a expressément renvoyé aux titres où il est traité de ces conventions. C'est dire qu'il n'y a d'autres exceptions que celles que le code consacre. Les étendre à des cas non prévus, ce serait créer des exceptions, c'est-à-dire faire la loi. Et chaque interprète la ferait à sa guise. Aubry et Rau étendent l'exception de l'article 804 à l'associé qui gère, sans mandat spécial, les affaires de la société. Duranton, au contraire, ne se contente pas de cette responsabilité, il veut que l'associé réponde de la faute légère *in concreto*. D'Hautuille estime que le mari, administrateur légal des biens de sa femme, ne doit répondre que de la faute grave; les éditeurs de Zachariæ n'admettent pas cette opinion. On voit à quoi l'on aboutit quand on s'écarte du texte et de la rigueur des principes, à l'incertitude la plus absolue et partant à l'arbitraire du juge. Ce n'est pas pour cela que le code a été fait.

Il y a des cas où le code reproduit les termes de l'article 1137; c'est dire que le débiteur est tenu de la faute légère *in abstracto*. D'après l'article 450, le tuteur doit administrer les biens du mineur en *bon père de famille*, et il répond des dommages-intérêts qui pourraient résulter d'une mauvaise gestion. Les termes étant ceux de l'article 1137, le principe doit aussi être le même. Il est vrai qu'il en résulte une apparente anomalie. Nous venons de constater que le mandataire dont le mandat est gratuit ne répond que de la faute légère *in concreto*; or, le tuteur gère toujours gratuitement; pourquoi est-il tenu plus sévèrement qu'un mandataire ordinaire? C'est que le mandataire est choisi par le mandant, tandis que le pupille ne choisit pas son tuteur; l'incapacité du mandant exigeait que la loi veillât à ses intérêts en imposant au tuteur une responsabilité plus sévère.

L'article 1374 dit que le gérant est tenu de tous les soins d'un bon père de famille. Aux termes de l'article 601, l'usufruitier donne caution de jouir en *bon père de famille*; le mari, sous le régime dotal, étant tenu de toutes les obligations de l'usufruitier (art. 1562), la même responsabilité lui incombe. Le preneur est tenu d'user de la chose en *bon père de famille* (art. 1728, 1806). L'emprunteur doit aussi veiller, en *bon père de famille*, à la garde et à la conservation de la chose prêtée (art. 1880). Dans tous ces cas, il faut appliquer la règle de l'article 1137 ; l'identité des termes dont le législateur se sert ne laisse aucun doute sur sa volonté.

Parfois la loi parle de la *faute* en général, sans rien préciser, sans ajouter que le débiteur doit la diligence d'un bon père de famille. Cela était inutile, puisqu'il est de principe que la règle générale reçoit son application dans tous les cas où il n'y est point dérogé ; la *faute* est donc celle qui est déterminée par l'article 1137. L'article 1245 dispose que le débiteur d'un corps certain répond des détériorations qui viennent de son fait ou de sa *faute*. D'après l'article 1732, le preneur répond des dégradations qui arrivent pendant sa jouissance, à moins qu'il ne prouve qu'elles ont eu lieu sans *sa faute*. Quelle est cette faute? Pour le bail, il ne peut y avoir de doute, puisque le preneur est obligé d'user de la chose en bon père de famille (art. 1728) ; c'est donc la faute générale de l'article 1137. L'associé répond de sa faute (art. 1880), ainsi que le mandataire (art. 1992) ; c'est toujours la faute de droit commun telle qu'elle est définie par l'article 1137.

227. Le deuxième alinéa de l'article 1137 semble dire qu'il y a des cas où la responsabilité du débiteur est plus rigoureuse qu'elle ne devrait l'être d'après la règle générale ; ce qui constituerait la faute *très-légère* ou *la plus légère* des anciens interprètes. Y a-t-il, aux titres des contrats, une disposition qui consacre cette faute exceptionnelle? On cite l'article 1882 qui porte : « Si la chose prêtée périt par cas fortuit, dont l'emprunteur aurait pu la garantir en employant la sienne propre, ou si, ne pouvant conserver que l'une des deux, il a conservé la sienne, il est tenu de la perte de l'autre. » Voilà, dit-on, une exception à la règle de l'article 1137, exception qui aggrave la responsabilité ordinaire, puisqu'il en résulte que le débiteur peut être tenu de faire plus pour la chose d'autrui qu'un bon père de famille n'eût fait pour sa propre chose. Si, par exemple, de deux choses exposées au danger, il a sauvé la plus précieuse, il a fait ce qu'eût fait un bon père de famille; cependant si la chose qui a péri était une chose prêtée, il est tenu de la perte, parce qu'il était obligé, en vertu de l'article 1882, de là sauver de préférence à la sienne (1). Est-ce à dire que l'emprunteur soit tenu de la faute la plus légère? L'article 1880 dit, au contraire, que l'emprunteur est tenu de veiller, en bon père de famille, à la conservation de la chose prêtée; ce qui est la faute commune de l'article 1137, c'est-à-dire la faute légère. Il faut donc dire que l'article 1882 impose à l'emprunteur une obligation spéciale, ce qui se conçoit si l'on réfléchit que l'emprunteur reçoit un service gratuit; il doit donc de la reconnaissance au prêteur; de là le devoir de délicatesse que l'article 1882 impose à l'emprunteur; c'est manquer gravement à la reconnaissance que de ne pas sauver avant tout la chose empruntée; on ne peut donc pas dire que la loi soumet l'emprunteur à la responsabilité de la faute la plus légère.

228. Duranton va plus loin; il dit que dans les contrats qui sont formés pour l'utilité de l'une des parties seulement, comme le dépôt, le prêt à usage, celui qui a tout l'avantage du contrat répond de sa faute même très-légère, tandis que l'autre répond seulement de la faute grave (2). Nous ne mentionnons cette opinion que pour montrer à quels égarements aboutissent les meilleurs auteurs quand ils ne restent pas fidèles au texte. Ce que Duranton dit est en opposition avec le texte formel de la loi; il distingue les contrats formés pour l'avantage de l'une des parties seulement, tandis que l'article 1137 dit qu'il n'y a pas lieu de distinguer les conventions qui n'ont pour objet que l'utilité de l'une des parties; la contradiction entre l'auteur et la loi ne saurait être plus patente.

229. Toullier a encore un système plus radical; d'après lui, tout débiteur est tenu de la faute la plus légère. Cette opinion est restée isolée, et il serait inutile d'en parler si la même erreur ne se reproduisait sous une autre forme. Il importe donc d'établir les vrais principes. Toullier se

(1) Colmet de Santerre, t. V, p. 72, n° 54 *bis* II. En sens contraire, Aubry et Rau, t. IV, p. 102, note 30, § 308.
(2) Duranton, t. X, p. 403, n° 412.

fonde sur des textes qu'il interprète très-mal. Il reconnaît que le code rejette l'ancienne doctrine, mais voici la conséquence singulière qu'il en tire. Plus de distinction entre la faute légère et la faute très-légère : tout débiteur doit *tous* les soins d'un bon père de famille ; *tous*, dit la loi, elle n'en excepte pas les moindres, elle les exige tous ; donc le débiteur répond de la faute la plus légère, pourvu qu'elle lui soit imputable. La réfutation est facile et péremptoire. Par *tous les soins*, le code entend *toute faute*, comme disent les textes romains, ce qui marque que le débiteur est tenu de la faute légère. Pour qu'il fût tenu de la faute la plus légère, la loi aurait dû dire qu'il doit les soins du père de famille *le plus diligent* ; or, l'article 1137 se borne à exiger tous les soins d'un *bon* père de famille, ce qui dans le langage traditionnel veut dire qu'il est tenu de la faute légère *in abstracto*.

Inutile d'insister ; ce qui a induit Toullier en erreur, ce n'est pas l'article 1137, ce sont les articles 1382 et 1383, qu'il cite tout d'abord. Il dit que le code, abandonnant la tradition, s'est rapproché du droit naturel, suivant lequel tout homme doit réparer le tort qu'il a causé à autrui par sa faute, même la plus légère. Ce principe est consacré par l'article 1382 : « Tout fait quelconque de l'homme (c'est-à-dire toute action ou omission) qui cause à autrui un dommage, oblige celui par la faute duquel il est arrivé à le réparer. » L'article 1383 ajoute : « Chacun répond du dommage qu'il a causé, non-seulement par son fait, mais encore par sa *négligence* ou par son *imprudence*. » Ainsi la responsabilité s'étend à la faute la plus légère, à une simple négligence, à une simple imprudence (1).

Telle est la doctrine de la faute la plus légère ; nous dirons plus loin s'il est vrai qu'elle soit conforme au droit naturel. Il est certain qu'elle est en opposition avec les textes et les principes. Où se trouvent placés les articles 1382 et 1383 ? Ce n'est pas dans le titre des *Obligations conventionnelles*, c'est dans le titre des *Engagements qui se forment sans convention* sous la rubrique du cha-

(1) Toullier, t. III, 2, p. 146, nᵒˢ 232 et 233.

pitre intitulé : *Des délits et des quasi-délits*. Il est très-vrai que les articles 1382 et 1383 établissent la responsabilité de la faute la plus légère; mais à quels cas s'appliquent-ils? Aux délits et aux quasi-délits. Il y a donc deux règles concernant les fautes : l'une, établie par l'article 1137, pour les obligations conventionnelles; l'autre, établie par les articles 1382 et 1383, en matière de délits et de quasi-délits. Quel est le principe consacré par l'article 1137? C'est la responsabilité de la faute légère *in abstracto*. Quel est le principe des articles 1382 et 1383? C'est la responsabilité de la faute la plus légère. L'erreur de Toullier est patente; il a confondu deux ordres de principes tout à fait différents : la faute dans les obligations conventionnelles et la faute dans les obligations qui naissent d'un délit ou d'un quasi-délit; de deux règles différentes il a fait une seule et même règle, en appliquant aux conventions la règle que le code établit pour les délits et les quasi-délits (1).

230. Malheureusement l'erreur de Toullier s'est reproduite sous une autre forme, et elle est plus générale qu'on ne le pense. Le code, à l'exemple du droit romain, établit deux principes différents en matière de fautes : la faute légère dans les obligations conventionnelles, la faute très-légère dans les délits et les quasi-délits; les interprètes appellent cette dernière la faute *aquilienne*, parce qu'elle a sa source dans la *lex Aquilia;* nous lui conservons ce nom pour abréger les explications, et surtout parce que le nom spécial marque bien qu'il s'agit d'une matière toute spéciale. Les principes différant, il va de soi que chacun ne doit recevoir son application qu'à la matière pour laquelle il a été établi. Qui a jamais songé à appliquer aux délits et aux quasi-délits la théorie des fautes graves, légères *in abstracto*, légères *in concreto?* Cela n'aurait pas de sens. Il y a tout aussi peu de sens à transporter la faute aquilienne dans les conventions. Cependant au barreau l'on cite les articles 1382 et 1383 en toute matière, comme s'il s'agissait d'un principe gé-

---

(1) Voyez la réfutation détaillée de l'opinion de Toullier dans Proudhon, *De l'usufruit*, t. III, p. 479 et suiv.

néral, universel. Sans doute le principe est général en ce sens qu'il s'applique à tout fait dommageable, mais avec cette restriction que le fait doit constituer un délit ou un quasi-délit. Si le dommage a été causé par le débiteur, en ne remplissant pas un engagement conventionnel, il faudra appliquer, non les articles 1382 et 1383, mais l'article 1137; et la différence est grande, car le débiteur sera tenu, non de la faute la plus légère, mais de la faute légère seulement.

Appliquer la faute aquilienne aux obligations conventionnelles, c'est non-seulement violer le texte du code, c'est surtout méconnaître l'esprit de la loi. Grande est la différence, en ce qui concerne la responsabilité du débiteur, entre les conventions et les délits ou les quasi-délits. Le délit est une atteinte portée à l'ordre public, le quasi-délit intéresse également la sécurité des personnes; quand la vie des hommes peut être compromise par une imprudence, on conçoit que le législateur se montre sévère pour indemniser la victime et pour engager les hommes, par la sévérité de la loi, à prévenir des fautes qui peuvent occasionner la mutilation ou la mort de leurs semblables. Il en est tout autrement en matière d'obligations conventionnelles; l'inexécution des engagements qu'une personne contracte ne causequ'un dommage pécuniaire; le législateur devait donc user de moins de rigueur. Il y a une autre raison de la différence qu'il fait entre la faute aquilienne et la faute conventionnelle. Celui qui stipule une chose ou un fait est libre de contracter ou de ne pas contracter; et s'il contracte, il peut sauvegarder tous ses intérêts en exigeant que le débiteur se soumette à la responsabilité la plus rigoureuse, celle de la faute la plus légère, même celle du cas fortuit. Dans les délits, au contraire, et les quasi-délits, on devient créancier malgré soi; victime d'une imprudence, celui qui éprouve le dommage n'a pas pu sauvegarder ses intérêts; il faut que la loi le fasse pour lui en l'indemnisant de la manière la plus complète. Transporter la faute aquilienne dans les conventions, c'est donc confondre deux ordres d'idées qui diffèrent entièrement.

231. Nous connaissons maintenant le système du code : est-il fondé en raison ? Il exige, en principe, la même diligence de tout débiteur, en le rendant responsable quand il ne met pas dans l'exécution de ses obligations les soins qu'un bon père de famille apporte dans la gestion de ses propres affaires. N'est-ce pas trop ou trop peu? La doctrine traditionnelle se contentait d'une responsabilité moindre lorsque le contrat était fait uniquement dans l'intérêt du créancier. Nous croyons que le code a bien fait de se montrer plus sévère en règle générale, sauf à modérer la responsabilité dans quelques cas exceptionnels, où le débiteur rend service au créancier. Celui qui contracte promet, par la nature même de l'obligation, tous les soins d'un bon père de famille : telle est l'intention des parties contractantes. On peut affirmer qu'en général le créancier ne contracte que sous cette condition ; peu lui importe quelle est la diligence ou la négligence que le débiteur met dans ses affaires ; il l'ignore le plus souvent. Autre est la position de celui qui gère ses affaires, autre est la position du débiteur : je puis négliger mes intérêts, c'est mon droit, légalement parlant ; mais quand je contracte une obligation, je ne suis plus libre, je n'ai plus le droit d'être négligent, j'ai le devoir de remplir mon engagement, et ce ne serait pas le remplir que d'y mettre la négligence que j'apporte dans mes affaires. C'est dire que le débiteur doit apporter tous ses soins à exécuter sa promesse : les auteurs du code ont donc eu raison de poser comme règle la responsabilité de la faute légère *in abstracto*. Devaient-ils aller plus loin et exiger dans certains contrats la responsabilité de la faute la plus légère? Non, les lois sont faites pour tous les hommes ; or, le commun des hommes ne se compose pas de pères de famille les plus soigneux, les plus diligents ; c'est là une exception, et le législateur ne peut pas transformer l'exception en règle, il ne peut pas demander que tout débiteur soit un type et un idéal de père de famille, en remplissant son obligation avec les soins du père de famille le plus diligent, alors que peu de personnes sont capables de cette diligence exceptionnelle. Il devait donc se contenter d'une diligence moyenne, dont tout homme est capable. Cela n'empêche pas les parties, si l'affaire demande des soins extraordinaires, de les stipuler. Le débiteur peut se soumettre à une obligation plus étendue. Cela sauvegarde pleinement les intérêts des parties contractantes. Il n'y a d'exception que pour les délits et les quasi-délits. L'ordre public demande que les hommes fassent tout ce qui est humainement possible pour ne pas compromettre la vie de leurs semblables.

232. Il reste une légère difficulté de texte; le code suppose qu'il y a des cas où le débiteur est tenu de plus que de la faute légère, ce qui implique la faute la plus légère. On répond que supposer n'est pas disposer. Tout ce que le législateur a entendu dire dans l'article 1137, c'est que la règle qu'il établit reçoit des exceptions; il n'a pas précisé quelles étaient ces exceptions, et il ne pouvait pas le faire, puisqu'il n'avait pas sous les yeux les titres concernant les conventions où la responsabilité du débiteur est exceptionnelle. C'est tout au plus une négligence de rédaction.

Il y a un autre vice de rédaction qui a donné lieu à une controverse. L'article 1137 ne parle que de l'obligation qui a pour objet la livraison d'une chose et sa conservation. Faut-il appliquer le même principe aux obligations de faire? C'est l'opinion commune, et nous la croyons fondée en droit et en raison. On n'a jamais distingué, dans la matière des fautes, les obligations de faire et les obligations de donner, et il n'y a pas lieu de distinguer. Les auteurs du code disent qu'ils ont emprunté la règle de l'article 1137 au droit naturel; or, le droit naturel exige la même diligence de celui qui s'oblige à faire que de celui qui s'oblige à donner. En d'autres termes, les motifs qui justifient la règle s'appliquent à toute espèce d'obligations. On objecte le texte; si on le prenait à la lettre, il n'y aurait pas de principe dans le code concernant la responsabilité qui incombe au débiteur dans les obligations de faire; ce qui n'est guère admissible. La rédaction, en apparence restrictive, de l'article 1137 s'explique; les auteurs du code ont suivi la classification de Pothier qui

traite des fautes en parlant de l'obligation de conserver
la chose ; mais certes Pothier ne songeait pas à limiter la
théorie des fautes aux obligations de donner, et le code
doit être interprété dans le même sens (1). Le texte du
code vient à l'appui de l'opinion générale ; le mandataire
salarié qui s'oblige à faire est tenu de la même faute que
le vendeur qui s'oblige à donner (n° 223).

Le code ne dit rien des fautes dans les quasi-contrats :
par la place qu'il occupe, l'article 1137 n'est relatif qu'aux
obligations conventionnelles ; mais le code lui-même applique la règle au quasi-contrat de gestion d'affaires
(art. 1374), et il n'établit de règle différente que pour les
délits et les quasi-délits. Il faut donc admettre que la règle
de l'article 1137 est générale, en ce sens qu'elle reçoit
son application à tous les engagements, sauf ceux qui
naissent d'un délit ou d'un quasi-délit. De là suit que les
engagements qui résultent de la loi (art. 1370) sont aussi
soumis à la règle de l'article 1137 ; le code applique ce
principe à la responsabilité du tuteur (art. 450) ; on doit
l'appliquer aussi au père administrateur légal des biens
de ses enfants, au mari administrateur des biens de sa
femme et à l'administrateur provisoire des biens qui appartiennent aux aliénés colloqués dans une maison de
santé.

N° 2. DE LA DEMEURE.

I. *Quand le débiteur est-il en demeure ?*

233. Le mot *demeure* est un terme technique qui signifie que le débiteur est en retard d'exécuter son obligation et qu'il est tenu des dommages-intérêts que le retard
occasionne au créancier. Il ne faut pas confondre la demeure avec le retard. Toute demeure implique un retard,
mais tout retard n'est pas une demeure ; la loi détermine
les conditions sous lesquelles le retard devient une de-

---

(1) Dalloz, *Répertoire*, n° 680. Demolombe, t. XXIV, p. 378, n° 404.
En sens contraire, Larombière t. I, p. 414, n° 15 de l'article 1137 (Ed. B.,
t. I, p. 173).

meure : le débiteur n'est donc en demeure que dans les cas prévus par la loi. Pourquoi le débiteur n'est-il pas en demeure par cela seul qu'il est en retard? La demeure implique que le créancier éprouve un dommage et que le débiteur est tenu de le réparer. Or, le retard seul ne prouve pas que le créancier souffre une perte, il peut n'avoir aucun intérêt pécuniaire à l'exécution immédiate de l'obligation ; n'éprouvant aucun dommage, il ne peut pas réclamer de dommages-intérêts ; c'est dire que le débiteur n'est pas en demeure, il ne l'est que lorsqu'il est constaté légalement que le retard qu'il met à remplir son obligation cause un dommage au créancier. La demeure n'est autre chose que cette constatation légale.

234. Aux termes de l'article 1139, le débiteur est constitué en demeure par une sommation ou par tout autre acte équivalent. On appelle sommation l'acte par lequel le créancier interpelle le débiteur de donner, de faire ou de ne pas faire quelque chose ; cet acte doit être notifié par un officier public ayant caractère pour ces sortes d'actes. Les sommations se font ordinairement par huissier ; les notaires ont aussi le droit de les faire, parce qu'il s'agit uniquement de constater un fait ; cela est de tradition (1). La sommation n'est pas de rigueur ; elle peut être remplacée par un acte équivalent. Il suit de là qu'une interpellation verbale serait insuffisante ; la loi exige un acte, donc un écrit, ce qui exclut la preuve par témoins et, par conséquent, une interpellation orale. Une pareille interpellation ne présente pas un caractère assez sérieux pour que l'on en puisse induire que le créancier a intérêt à l'exécution immédiate de l'obligation (2). Il faut un acte, et cet acte doit être équivalent à une sommation. Quels sont ces actes? Il y en a qui ne donnent lieu à aucun doute, parce qu'ils sont d'une nature plus rigoureuse encore qu'une simple sommation et qu'ils sont aussi notifiés par un officier public. Tel est le commandement, acte

---

(1) Larombière, t. I, p. 481, n° 12 (Ed. B., t. I, p. 199). Demolombe, t. XXIV, p. 520, n° 524.
(2) Bruxelles, 5 août 1871 (*Pasicrisie*, 1872, 2, 50). Toullier, t. III, 2, p. 158, n° 253.

d'huissier, qui menace plus énergiquement le débiteur, parce qu'il est fait en vertu d'un titre exécutoire et qu'il est le préliminaire de la saisie et de la vente forcée des biens. A plus forte raison une citation en justice équivaut-elle à une sommation, simple acte extrajudiciaire; c'est la voie la plus sévère par laquelle le créancier puisse interpeller son débiteur et lui signifier qu'il est intéressé à l'exécution immédiate de l'obligation (1). La citation en conciliation constitue aussi le débiteur en demeure quand elle est suivie d'une demande judiciaire formée dans le mois. Sur ce point, il n'y a aucun doute; la citation en conciliation forme le préliminaire indispensable de l'instance qui s'engage, elle annonce, par conséquent, l'intention sérieuse d'exiger l'exécution de l'obligation; mais, quand le créancier ne donne pas suite à ce préliminaire, la citation vaudra-t-elle au moins comme sommation? En théorie, on pourrait le soutenir, mais le texte, nous semble-t-il, décide la question en sens contraire. Aux termes de l'article 57 du code de procédure, la citation en conciliation fait courir les intérêts, pourvu que la demande soit formée dans le mois; or, les intérêts tiennent lieu de dommages-intérêts et supposent que le débiteur est en demeure. Donc il ne l'est pas en vertu de la citation seule, il faut de plus que la demande soit faite dans le mois. Cela se conçoit; le créancier qui reste dans l'inaction après avoir manifesté l'intention d'agir, témoigne par là qu'il n'a aucun intérêt à ce que l'obligation soit exécutée de suite, et sans cet intérêt il n'y a pas de demeure (2).

La reconnaissance du débiteur qu'il est en demeure suffirait-elle? Il n'y a aucun doute quand l'écrit est authentique; mais ne pourrait-on pas dire que la loi, en exigeant un acte équivalent à une sommation, veut un écrit authentique, ce qui exclurait la reconnaissance faite par acte sous seing privé? On admet généralement qu'une reconnaissance pareille suffit. La loi ne définit pas la sommation, elle ne dit pas que l'acte équivalent doit être un acte

_____

(1) Colmet de Santerre, t. V, p. 88, n° 58 *bis* VII.
(2) Demolombe, t. XXIV, p. 523, n° 528. En sens contraire, Larombière, t. I, p. 483, n° 17 (Ed. B., t. I, p. 200).

authentique, et il n'y avait aucun motif de l'exiger. La condition essentielle est que le débiteur sache que le créancier éprouve un dommage par le retard qu'il met à exécuter son obligation, et que cela soit constaté par écrit; une reconnaissance sous seing privé doit donc suffire (1). On ne pourrait aller plus loin et se contenter d'une reconnaissance verbale, puisque la loi exige un acte (2).

235. Le débiteur est-il constitué en demeure par la seule échéance du terme? C'est un vieil adage que le terme tient lieu de sommation : *Dies interpellat pro homine.* Etait-ce là la doctrine du droit romain? La question est toujours vivement controversée (3). Il est certain que, dans l'ancien droit français, l'échéance du terme ne constituait pas le débiteur en demeure; on exigeait même plus qu'une sommation extrajudiciaire, il fallait une interpellation en justice (4). Les auteurs du code ont suivi en cette matière la tradition française : la stipulation d'un terme ne suffit point pour que le débiteur soit en demeure, si dans ce terme il ne remplit point son obligation. Il est vrai que, dans la théorie du code, la volonté des parties contractantes suffit pour constituer le débiteur en demeure, mais il faut qu'elle soit clairement manifestée. Or, la seule stipulation d'un terme ne prouve point que le créancier soit intéressé à ce que l'obligation soit exécutée dans le délai fixé par la convention. Cela peut être, cela peut aussi ne pas être : le plus souvent, le créancier n'éprouve aucun dommage de l'inexécution de l'obligation dans le terme convenu. Au fond, il n'y a aucune différence entre les obligations à terme et les obligations sans terme. N'y a-t-il pas de terme, l'obligation doit être remplie immédiatement; si le débiteur ne le fait pas, sera-t-il en demeure? Non, il est seulement en retard. Un terme est stipulé; le débiteur doit exécuter l'obligation à l'échéance du terme; s'il ne le fait pas, est-il en demeure? Non, il est

(1) Toullier, t. III, 2, p. 158, n° 253, et tous les auteurs.
(2) En sens contraire, Larombière, t. I, p. 486, n° 20 (Ed. B., t. I, p. 201). Comparez Demolombe, t. XXIV, p. 524, n° 530).
(3) Namur, *Institutes*, t. I, p. 311, n° 5. Van Wetter, t. I, p. 690.
(4) Pothier, *Obligations*, n° 144.

en retard, il n'est pas en demeure, parce que d'ordinaire le terme n'est pas stipulé pour établir que le créancier est intéressé à l'exécution de l'obligation avant l'échéance du délai; il est stipulé dans l'intérêt du débiteur; il ne prouve donc qu'une chose, c'est que le débiteur est intéressé à ce que le créancier ne le poursuive pas tant que le terme n'est pas échu. Sans doute, il se peut que le créancier ait intérêt à ce que la chose promise soit donnée ou faite au plus tard lors de l'échéance du terme. Mais s'il y a un intérêt, il faut qu'il le dise, c'est-à-dire il faut que les parties contractantes s'expliquent sur le point de savoir si le retard emporte demeure. Telle est la théorie du code; nous croyons que c'est la bonne (1).

236. D'après l'article 1139, le débiteur est en demeure « lorsque la convention porte que, sans qu'il soit besoin d'acte et par la seule échéance du terme, le débiteur sera en demeure. » Le code déroge, en ce point, à l'ancien droit. Alors même que les parties contractantes avaient stipulé que le débiteur serait en demeure s'il ne remplissait pas son obligation dans le délai convenu, on permettait aux tribunaux de considérer cette clause comme une simple menace (2). C'était violer la loi des conventions, et la violer sans raison plausible. Qui mieux que les parties contractantes peut savoir si le créancier a intérêt à ce que la convention soit exécutée ponctuellement? On invoque le silence, l'inaction du créancier à l'échéance du terme. La réponse est facile et elle est décisive; pourquoi le créancier serait-il tenu de parler et d'agir, alors qu'il a parlé d'avance en contractant? Il a donc un droit acquis à la demeure en vertu du contrat; son inaction ne peut pas faire présumer qu'il y renonce, on ne présume jamais la renonciation; et le silence, dans l'espèce, serait une très-mauvaise raison pour y fonder une présomption de renonciation; si le créancier n'agit point, c'est qu'il n'avait pas besoin d'agir (3).

237. Faut-il, pour que la convention constitue le dé-

---

(1) Comparez Toullier, t. III, 2, p. 152, 241, 242, et p. 154, n° 246.
(2) Merlin, *Répertoire*, au mot *Clause comminatoire*.
(3) Bigot-Préameneu, Exposé des motifs, n° 34 (Locré, t. VI, p. 153).

biteur en demeure, qu'elle contienne la double déclaration que le débiteur sera en demeure sans qu'il soit besoin d'acte et par la seule échéance du terme? Toullier dit avec raison qu'il suffit que les parties stipulent que le débiteur sera en demeure *par la seule échéance du terme*, car cela implique qu'il ne faut pas d'acte (1). Et plus généralement encore il faut dire que le débiteur sera constitué en demeure dès que la convention manifestera clairement la volonté des parties que la demeure soit encourue par le seul fait de l'inexécution de l'engagement dans le délai convenu. Notre droit ne connaît plus d'expressions sacramentelles. Cependant Toullier ajoute qu'il serait très-imprudent de ne pas ajouter la clause *sans qu'il soit besoin d'acte;* et il finit par dire qu'il est difficile de penser qu'un arrêt soit cassé pour avoir décidé que cette clause est inutile, s'il constate en même temps la volonté claire des parties intéressées. La jurisprudence est en ce sens, et c'est le seul sens raisonnable que l'on puisse prêter au législateur.

Reste à savoir si la convention manifeste suffisamment l'intention des parties contractantes. Ceci est une question de fait. La convention porte que tout retard dans la livraison, à l'époque convenue, de la marchandise vendue entraînera, par chaque jour de retard, une amende à déduire de plein droit du montant du marché. Cette clause suffit-elle pour constituer le débiteur en demeure? Le premier juge avait décidé que les parties n'avaient pas dit quand l'amende serait encourue; qu'elles restaient, par conséquent, sous l'empire de la règle qui exige une sommation à défaut de convention. Cette décision fut réformée en appel et, sur le pourvoi, la cour de cassation prononça un arrêt de rejet. La cour commence par poser en principe que les termes de l'article 1139 ne sont pas sacramentels; tout ce que la loi demande, c'est que les parties aient manifesté la volonté formelle de constituer le débiteur en demeure lorsqu'il n'exécute pas l'obligation dans le délai convenu. On peut donc admettre des équi-

(1) Toullier, t. III, 2, p. 155, n° 149, et tous les auteurs.

pollents; la cour décide que la clause litigieuse exprimait suffisamment la volonté des parties contractantes (1).

Il y a un arrêt de la cour de Bruxelles qui paraît contraire à cette décision. Dans l'espèce, il était stipulé que les constructions, objet d'une entreprise à forfait, devaient être complétement terminées avant le 1er janvier 1867 et que le propriétaire aurait le droit de faire une retenue de 25 francs par chaque jour de retard. Cette clause équivalait-elle à celle de l'article 1139? Non, dit la cour, parce qu'il n'a pas été dit que la demeure aurait lieu de plein droit par la seule échéance du terme (2). Il est vrai que l'acte ne portait pas, comme la convention sur laquelle est intervenu l'arrêt de la cour de cassation, que la retenue ou la déduction de l'amende se ferait de plein droit. Mais cette différence ne nous paraît pas décisive. Pourquoi la convention tient-elle lieu de sommation? Parce qu'elle constate que le créancier a intérêt à ce que l'engagement soit exécuté à jour fixe. Or, stipuler une amende en cas de retard, c'est bien marquer que l'on a intérêt, puisque l'intérêt est évalué; de plus, il est dit que le créancier aura le droit de déduire l'amende du montant du marché : n'est-ce pas dire qu'il ne faut pas de sommation? La cour de Bruxelles cite l'article 1230, aux termes duquel le débiteur n'encourt la peine que lorsqu'il est constitué en demeure, soit que la convention contienne, soit qu'elle ne contienne pas un terme dans lequel elle doive être accomplie. Cette disposition ne fait qu'appliquer la règle de l'article 1139 à la clause pénale; tout ce qu'elle décide, c'est que l'échéance du terme ne suffit point pour constituer le débiteur en demeure, il faut ou une sommation, ou une clause formelle. La question de savoir s'il y a clause formelle reste donc entière et doit être décidée d'après les principes établis par l'article 1139.

238. La clause portant que le débiteur sera constitué en demeure par la seule échéance du terme ne suffit pas toujours pour que le débiteur soit en demeure; s'il s'agit d'une obligation de faire, la clause recevra son application

---

(1) Rejet, 18 février 1856 (Dalloz, 1856, 1, 260).
(2) Bruxelles, 5 août 1871 (*Pasicrisie*, 1872, 2, 50).

sans difficulté aucune. Il n'en est pas de même dans les
obligations de donner ; en général, le payement se fait
au domicile du débiteur quand la dette a pour objet une
somme d'argent ou une chose indéterminée ; il faut donc
que le créancier se présente, à l'échéance, au domicile du
débiteur ; s'il ne s'y présente pas, le débiteur ne sera pas
en demeure ; c'est, au contraire, le créancier qui sera en
demeure. Si le créancier veut que la seule échéance du
terme constitue le débiteur en demeure, il faut qu'il stipule que le payement se fera au domicile du créancier ; dans
ce cas, il suffira que le débiteur ne vienne pas offrir la
chose pour qu'il soit en demeure. Il en serait de même si
la convention désignait un lieu pour le payement ; le
créancier devra constater par un acte qu'il s'y est présenté au jour fixé et que le débiteur ne s'y trouvait point
ou qu'il n'a pas payé (1).

239. Il y a des conventions dans lesquelles le débiteur est mis en demeure sans qu'il soit besoin d'une
clause spéciale portant que le débiteur sera en demeure
par la seule échéance du terme ; c'est lorsque la chose
que le débiteur s'était obligé de donner ou de faire ne
pouvait être donnée ou faite que dans un certain temps
qu'il a laissé passer ; une stipulation expresse est inutile
dans ce cas pour faire encourir la demeure, la nature de
la convention en tient lieu (art. 1136). C'est-à-dire qu'il
résulte de la nature de la convention que le créancier a
intérêt à ce que la chose soit donnée ou faite à un jour
fixe, ce qui suffit pour qu'il soit en demeure s'il ne preste
pas son obligation dans le temps convenu.

L'application du principe se fait sans restriction aux
obligations de faire. Je donne mandat à un avoué d'interjeter appel. L'obligation ne peut être exécutée que dans
le délai fixé par la loi ; par la nature de ses fonctions,
l'avoué sait que le délai est fatal ; il suffit qu'il le laisse
expirer sans avoir formé l'appel pour qu'il soit en demeure, le mandataire ne pouvant plus interjeter appel.
Quand il s'agit d'une obligation de donner, il faut de plus

(1) Toullier, t. III, 2, p. 156, n° 249. Duranton, t. X, p. 166, n° 442.

que le créancier se présente au domicile du débiteur. Je·
stipule vingt chevaux qui doivent m'être livrés pour la
foire de Gand. En principe, le débiteur sera en demeure
par cela seul qu'il ne livre pas les chevaux à l'époque
convenue, puisqu'ils ne peuvent plus être livrés utilement
après l'expiration de ce temps. Mais, pour constater que
le débiteur ne les a pas livrés, il faut que le créancier se
présente au domicile du débiteur; s'il veut que celui-ci
soit en demeure par le seul effet de la convention, il doit
stipuler que le payement se fera à son domicile (article 1247) (1).

Reste à savoir quelles sont les conventions qui ne peuvent être exécutées que dans un certain temps. Ceci est
une question de fait. La cour de Rennes a jugé que l'article 1146 reçoit son application au cas où le contrat impose au bailleur l'obligation de faire les grosses réparations dans un certain délai (2). Nous ne croyons pas que
ce soit là l'hypothèse que le législateur a eue en vue : les
grosses réparations sont plus ou moins urgentes, mais
on ne peut pas dire qu'elles doivent se faire dans un
temps fixe. La cour de cassation a rendu une décision
analogue, qui nous laisse également un doute. Un cultivateur vend sa récolte de houblon pendant trois années;
est-il en demeure par la nature de la convention sans
clause spéciale et sans sommation? La cour de cassation
a jugé que la livraison, par sa nature, ne pouvait être faite
qu'après que la récolte avait été détachée du sol ; d'où
elle conclut que cette époque constitue par elle-même le
débiteur en demeure de livrer la chose vendue (3). Sans
doute, on ne peut pas livrer le houblon avant qu'il soit
récolté, mais ce n'est pas là la question. Il s'agit de savoir si le houblon ne peut être livré que dans un temps
passé lequel le débiteur ne peut plus remplir son obligation; il faut qu'il y ait pour cela un terme fixé ; or, le
houblon peut être livré demain aussi bien qu'aujour-
d'hui. Quand donc commencera le délai? Quand expire-

---

(1) Duranton, t. X, p. 484, n° 466, et tous les auteurs.
(2) Rennes, 24 février 1819 (Dalloz, au mot *Obligations*, n° 759, 1°).
(3) Rejet, 23 février 1858 (Dalloz, 1858, 1, 390).

.t-il? On ne le sait; donc l'article 1146 est inapplicable.

L'article 1146 ne précise pas et ne pouvait pas préciser les conventions qui constituent le débiteur en demeure par leur nature; il en résulte qu'on l'invoque parfois à tort et à travers. Il est convenu que des travaux de construction doivent se faire dans un délai fixé, l'entrepreneur est-il en demeure par la nature de la convention s'il ne remplit pas ses engagements? Il a été jugé que l'article 1146 était *évidemment* inapplicable à l'espèce (1). Cependant il y a telles circonstances où il serait applicable; s'il s'agissait de la construction d'un édifice destiné à une exposition universelle de l'industrie, alors que le jour de l'ouverture est fixé par un décret de l'autorité publique, le débiteur serait en demeure si la construction n'était pas achevée.

240. On peut encore rapporter au cas prévu par l'article 1146 la disposition de l'article 1145 : « Si l'obligation est de ne pas faire, celui qui y contrevient doit les dommages et intérêts par le seul fait de la contravention. » C'est dire qu'il est en demeure sans sommation ni clause. La demeure résulte de la nature même de la convention; une clause de mise en demeure est inutile. Pourquoi faut-il, soit une sommation, soit une convention pour constituer le débiteur en demeure? Parce qu'il peut croire que *le retard* qu'il met à remplir ses engagements ne nuit pas au créancier; or, dans l'espèce, il y a plus que retard, il y a violation du contrat et cette violation est prouvée par le fait de la contravention. Le débiteur s'est donc mis lui-même en demeure en faisant ce qu'il s'était obligé de ne pas faire, comme il se met lui-même en demeure quand il ne fait pas ce qu'il ne pouvait faire que dans un certain temps.

241. La loi constitue quelquefois le débiteur en demeure. Aux termes de l'article 1302, le voleur doit restituer le prix de la chose volée, de quelque manière qu'elle ait péri ou qu'elle ait été perdue; il supporte donc le cas fortuit, c'est dire qu'il est en demeure, et il l'est sans som-

(1) Bruxelles, 5 août 1871 (*Pasicrisie*, 1872, 2, 50).

mation et sans convention, en vertu de la loi qui attache cette espèce de peine au vol.

Si une chose payée indûment périt par cas fortuit, celui qui l'a reçue est garant de la perte, quand même elle arriverait par cas fortuit, s'il l'a reçue de mauvaise foi (article 1379). C'est dire aussi que le débiteur de mauvaise foi, dans l'espèce, supporte le cas fortuit; ce qui est un des effets principaux de la demeure. On peut donc dire que le débiteur, dans le cas de l'article 1379, est constitué en demeure en vertu de la loi: c'est une conséquence de son dol.

Dans les obligations qui ont pour objet une somme d'argent, les intérêts tiennent lieu de dommages-intérêts (art. 1153). Or, il y a des cas dans lesquels les intérêts courent de plein droit; nous les indiquerons plus loin. C'est donc la loi qui constitue le débiteur en demeure, car si le débiteur doit les intérêts, c'est parce qu'il est en demeure; les dommages-intérêts n'étant dus que lorsque le débiteur est en demeure de remplir ses obligations (art. 1146).

II. *Effets de la demeure.*

242. Le débiteur qui est en demeure doit les dommages-intérêts (art. 1146). C'est l'effet naturel de la demeure, puisque la demeure n'est autre chose que la constatation légale du dommage que le créancier éprouve par le retard que le débiteur met à remplir ses obligations; et dès que le dommage est constaté, le débiteur est tenu de réparer le préjudice qu'il a causé. Ces dommages-intérêts sont dus au créancier à raison du retard qu'il a mis à exécuter ses engagements. Cela n'empêche pas le créancier de demander l'exécution du contrat; il a droit à des dommages et intérêts, par cela seul que cette exécution est tardive (1). Nous verrons plus loin une conséquence de ce principe.

On demande si le débiteur doit les dommages et intérêts à partir de la demeure ou s'il les doit à partir du re-

(1) Bruxelles, 23 novembre 1871 (*Pasicrisie*, 1872, 2, 372).

tard? Nous ne comprenons pas que la question ait été posée et bien moins encore qu'elle ait été résolue dans le sens que les dommages-intérêts soient dus à partir du retard(1). Le texte et l'esprit de la loi ne laissent aucun doute. Aux termes de l'article 1146, les dommages et intérêts ne sont dus que lorsque le débiteur est en demeure de remplir son obligation. Si l'article 1147 dit que le débiteur est condamné à des dommages et intérêts à raison du *retard* dans l'exécution, le mot *retard* y est employé comme synonyme de *demeure*. Cela résulte à l'évidence de la notion même de la demeure. Pourquoi faut-il une mise en demeure du débiteur? pourquoi le simple retard ne suffit-il point pour que les dommages-intérêts soient dus? C'est que légalement le créancier n'éprouve un dommage, à raison du retard, que lorsqu'il a constitué le débiteur en demeure, donc il ne peut avoir droit à des dommages et intérêts qu'à partir de la demeure. La demeure n'est autre chose que la constatation du dommage que le créancier souffre par le retard dans l'exécution. Dire que le débiteur doit les dommages-intérêts à partir du retard, c'est dire qu'il est tenu des dommages-intérêts avant qu'il y ait dommage. Sans doute, il se peut que le créancier ait souffert une perte avant de constituer le débiteur en demeure; il paraît dur de tourner contre lui l'indulgence qu'il a montrée pour son débiteur. Mais ces considérations d'équité n'ont aucune influence en droit. C'est au créancier à sauvegarder ses intérêts, la loi lui en donne les moyens; il peut constituer son débiteur en demeure, soit par une convention, soit par une sommation; s'il néglige ses intérêts au point de rester inactif, alors qu'il souffre un dommage, il doit supporter les conséquences de son inaction.

243. La demeure produit un second effet, c'est que la chose est aux risques du débiteur (art. 1138); si elle vient à périr depuis qu'il est en demeure, elle périt pour lui, quand même la perte serait arrivée par cas fortuit. Quelle en est la raison? Si, en principe, le créancier supporte

_____

(1) Larombière le dit (t. I, p. 520, n° 3 de l'article 1146) (Ed. B., t. I, p. 215). En sens contraire, Demolombe, t. XXIV, p. 513, n° 516.

les risques, c'est que l'on suppose que la perte est purement fortuite, c'est-à-dire qu'aucune faute ne peut être
reprochée au débiteur ; il a rempli toutes ses obligations,
dès lors il ne peut encourir aucune responsabilité. Or, on
ne peut plus dire que le débiteur est sans faute quand il
est en demeure, car la demeure est aussi une faute, Si le
débiteur avait livré la chose au créancier, elle n'eût point
péri ; si donc elle périt, on peut dire qu'elle périt par sa
faute; dès lors il est responsable. Toutefois il y a une différence entre la demeure et la faute, qui consiste à ne pas
apporter à la conservation de la chose tous les soins d'un
bon père de famille. Lorsque la chose périt par manque
de soins, le débiteur est tenu, parce que la perte lui est
imputable. Lors, au contraire, que la chose périt pendant
qu'il est en demeure, il y a seulement présomption qu'elle
n'eût point péri si elle avait été livrée. Cette présomption
admet la preuve contraire. L'article 1302 le dit : « Lors
même que le débiteur est en demeure et s'il ne s'est pas
chargé des cas fortuits, l'obligation est éteinte dans le
cas où la chose fût également périe chez le créancier si
elle lui eût été livrée. » La demeure ne cause, en ce cas,
aucun préjudice au créancier; elle est étrangère à la
perte de la chose : il eût été injuste d'en rendre le débiteur responsable.

III. *Quand ces effets cessent-ils ?*

244. La demeure est le retard légal. Elle donne des
droits au créancier tant qu'elle subsiste. Mais rien n'empêche le débiteur de remplir son obligation en prestant
ou en livrant la chose. Dès ce moment il cesse d'être en
demeure; par conséquent, les dommages et intérêts cessent de courir et la chose n'est plus à ses risques. Il va
sans dire que les effets déjà produits par la demeure ne
cessent pas. Le créancier a droit à des dommages-intérêts tant que la demeure dure; si le débiteur exécute
l'obligation, les dommages-intérêts encourus par sa demeure restent dus. Il se peut que le débiteur soit dans
l'impossibilité de remplir son obligation; dans ce cas, il

doit des dommages et intérêts non-seulement pour le retard, mais aussi pour l'inexécution. Ainsi la chose a péri pendant qu'il était en demeure : le débiteur sera tenu de la perte et du dommage que le créancier a souffert par la demeure.

Le créancier peut aussi demander la résolution du contrat s'il est synallagmatique, en vertu de la condition résolutoire tacite. En effet, le débiteur qui est en demeure ne satisfait point à son engagement, ce qui, d'après l'article 1184, donne au créancier le droit d'agir en résolution. Si le créancier demande la résolution, on applique les principes qui régissent la condition résolutoire tacite ; nous les exposerons plus loin. Le créancier peut aussi maintenir le contrat. Dans ce cas, il a droit, outre l'exécution du contrat, à des dommages et intérêts à raison de la demeure. Il suit de là que si le débiteur est tenu à des fournitures successives de marchandises, et s'il est constitué en demeure, cela n'empêche pas que le débiteur ne puisse continuer ses fournitures, et le créancier peut les recevoir sans perdre son droit aux dommages-intérêts. Le créancier, en cas de demeure, a deux droits : il peut réclamer des dommages-intérêts et il peut demander soit l'exécution, soit la résolution de la convention. S'il demande la résolution, il doit agir en justice. S'il demande l'exécution, il n'a aucune action à intenter. Cela a été contesté, mais sans fondement aucun. Le créancier conserve son droit aux dommages-intérêts tant qu'il n'y a pas renoncé ; or, il n'y renonce certes pas en recevant les fournitures que le débiteur lui fait en exécution de la convention, car c'est un droit pour lui, et en exerçant l'un des droits qui lui appartiennent, il ne renonce pas à l'autre (1).

245. Le créancier a des droits en vertu de la demeure ; il y peut renoncer, car ce sont des droits d'intérêt privé qu'il est toujours permis d'abdiquer. La renonciation peut être expresse ou tacite, comme toute manifestation de volonté. Il est inutile de parler de la renonciation

(1) Bruxelles, 23 novembre 1871 (*Pasicrisie*, 1872, 2, 372).

expresse qui ne donne lieu à aucun doute, par cela seul qu'elle est formelle. La renonciation tacite résulte d'un fait qui implique nécessairement la volonté du créancier de renoncer aux effets de la demeure. C'est une question de fait.

On cite comme renonciation tacite le cas où le créancier accorde un nouveau délai au débiteur sans réserver les droits que lui donnait la demeure. La réserve est-elle nécessaire? Oui, car accorder un délai ou le prolonger, c'est reconnaître que le retard du débiteur n'a pas causé de dommage au créancier; dès lors il n'y a pas de demeure, elle est purgée, comme on dit, ce qui suppose qu'elle n'a jamais existé.

Il en est de même en cas de novation. Si l'obligation que le débiteur a été en demeure d'exécuter est novée, elle est éteinte; le créancier y renonce moyennant la nouvelle obligation qui remplace la première. Renoncer à cette obligation, c'est renoncer à tous ses effets et, par conséquent, aux effets qu'a produits la demeure. Cela n'est-il pas trop absolu? Quand le débiteur est en demeure, le créancier a deux droits: un droit aux dommages et intérêts et un droit à l'exécution de l'obligation. S'il nove l'obligation, l'ancienne dette est à la vérité éteinte; mais le créancier en y renonçant ne renonce pas aux dommages-intérêts dus à raison de la demeure. Ce sont deux droits distincts : l'un peut s'éteindre, l'autre peut subsister. Nous ne disons pas qu'il subsistera nécessairement; cela dépend des circonstances, puisque c'est une question de fait; il se peut que les parties aient compris les dommages-intérêts dans la nouvelle obligation; dans ce cas, la demeure sera purgée; mais si la nouvelle obligation est la représentation exacte de l'ancienne, la renonciation du créancier aux dommages-intérêts n'aurait plus de cause; nous en concluons que la demeure ne serait pas purgée, alors même que le créancier n'aurait pas réservé ses droits; on n'est pas tenu de réserver ses droits pour les conserver (1).

(1) Comparez Toullier, t. III, 2, p. 159, n° 256. Demolombe, t. XXIV, p. 529, n° 535.

246. On dit encore que les effets de la demeure cessent quand le créancier ne donne pas suite à l'action qui a constitué le débiteur en demeure. Il faut pour cela que l'instance soit périmée et il n'y a de péremption que lorsqu'elle est demandée. Une action périmée est considérée comme si elle n'avait jamais été formée ; tous ses effets cessent (code de procédure, art. 401), donc aussi la demeure. C'est une renonciation du créancier aux droits qu'il avait en vertu de la demande.

Que faut-il décider si le débiteur a été constitué en demeure par une sommation ? Les effets de la demeure subsisteront-ils pendant trente ans comme tout droit ? Il nous semble que l'affirmative n'est point douteuse. La sommation donne au créancier un droit à des dommages et intérêts ; ce droit, il peut l'exercer, comme tout droit, pendant trente ans. Toullier dit qu'il paraît impossible de penser que la loi fasse durer l'effet d'une simple sommation autant que l'action principale. Pourquoi pas ? Il faudrait, en tout cas, une disposition qui fît exception au droit commun. Telle est la décision en droit. Il se peut qu'en fait il y ait renonciation ; mais ce ne sera pas par le seul silence du créancier, car l'inaction ne nous fait pas perdre nos droits (1).

247. Nous avons toujours supposé que les principes de la demeure s'appliquent à toutes espèces d'obligations, à celles qui consistent à faire comme à celles qui consistent à donner. Il est vrai que l'article 1139 est placé sous la section qui traite de l'obligation de donner, mais les principes qu'il établit sont, de leur nature, généraux. L'article 1146 le dit implicitement. Il soumet le débiteur à des dommages et intérêts lorsqu'il est en demeure de remplir son obligation, quelle que soit cette obligation, et il ne dit pas dans quels cas le débiteur est en demeure ; il faut donc nécessairement recourir à l'article 1139, cela ne fait aucun doute. Il y a un simple vice de classification (2).

---

(1) Toullier, t. III, 2, p. 161. n° 260. En sens contraire, Larombière, t I, p. 495, n° 19 (Ed. B., t. I, p. 200), et Demolombe, t. XXIV, p. 530, n° 539.
(2) Toullier, t. III, 2, p. 154, n° 246, et tous les auteurs.

IV. *De la demeure du créancier.*

248. Le code ne parle pas de la demeure du créancier, du moins, il n'en traite pas en termes formels. Cependant il se peut que l'obligation ne puisse pas être exécutée par la faute du créancier; dans ce cas, on dit que le créancier est en demeure. Le créancier refuse de recevoir le payement; le débiteur peut alors lui faire des offres réelles et, si le créancier ne les accepte pas, consigner la chose offerte. C'est le créancier qui, dans ce cas, empêche l'exécution de l'obligation; sa demeure est constatée par les offres réelles que le débiteur lui fait. Nous traiterons des offres réelles au chapitre de l'*Extinction des obligations* (art. 1257 et 1258).

Aux termes de l'article 1247, le payement doit être exécuté dans le lieu indiqué par la convention. Si le créancier ne s'y trouve pas, l'exécution de l'obligation devient impossible par sa faute; il est en demeure. Le débiteur devra, pour être libéré, faire des offres réelles au créancier et consigner.

Dans ces deux cas, la demeure du créancier est constatée par un acte d'huissier. Il y a un cas, celui de l'article 1657, où le créancier est constitué en demeure par la loi, ou, si l'on veut, par la nature de la convention : « En matière de vente de denrées et d'effets mobiliers, la résolution de la vente aura lieu de plein droit et *sans sommation* au profit du vendeur, après l'expiration du terme convenu pour le retirement. » Nous expliquerons cette disposition au titre de la *Vente.*

249. Quels sont les effets de la demeure du créancier? Dans le cas de l'article 1657, la demeure du créancier entraîne la résolution de la vente, en vertu de la loi, ou de plein droit; si c'est par la faute du créancier que le débiteur ne peut pas exécuter l'obligation, le débiteur peut se libérer en faisant des offres réelles suivies de consignation; les risques seront alors pour le créancier, et les intérêts cesseront de courir. Nous reviendrons sur cette matière en traitant du payement.

SECTION III. — **Des dommages et intérêts.**

250. Les principes que le code établit sur les dommages et intérêts sont généraux : ils s'appliquent à toutes les obligations conventionnelles, qu'elles aient pour objet une chose ou un fait. Cela résulte de l'article 1146. Il y a des dispositions qui ne concernent que les dommages-intérêts, dans les obligations de donner (art. 1136), ou dans les obligations de faire (art. 1142). La seule différence entre ces deux espèces d'obligations est que l'obligation de faire se résout généralement en dommages et intérêts quand le débiteur refuse de l'exécuter, tandis que l'obligation de donner peut être remplie directement par la saisie de la chose qui en fait l'objet. Mais la distinction n'est point fondamentale ; car il peut aussi arriver que les obligations de donner ne puissent pas être exécutées directement, comme nous l'avons dit ailleurs ; dans ce cas, il y aura dommages-intérêts pour inexécution comme pour une obligation de faire.

Il y a une remarque plus importante, c'est que les principes sur les dommages-intérêts que nous allons exposer ne s'appliquent pas aux dommages-intérêts résultant des délits ou des quasi-délits. Ce n'est pas ici le lieu d'expliquer cette matière ; elle fait l'objet du titre IV.

§ Ier. *Quand le débiteur est-il tenu des dommages et intérêts?*

N° 1. IMPUTABILITÉ.

I. *Principe.*

251. Le débiteur n'est tenu à des dommages-intérêts que s'il n'exécute pas son obligation ; l'article 1147 dit qu'il y est condamné, soit à raison de l'*inexécution* de l'obligation, soit à raison du *retard dans l'exécution.* A vrai dire, ce ne sont pas là deux cas distincts, puisque le retard dans l'exécution, ou la demeure, implique aussi une inexécution de l'obligation contractée par le débiteur. Mais l'inexécution ne suffit point, il faut que l'inexécution soit imputable au débiteur; s'il justifie que l'inexécution provient d'une cause qui lui est étrangère et qui ne peut lui être imputée, il n'en est pas responsable et, par conséquent, il ne sera tenu d'aucuns dommages et intérêts.

L'article 1147 qui établit ce principe ne dit pas quand l'inexécution de l'obligation est imputable au débiteur. On répond d'ordinaire, avec l'article 1146, que le débiteur n'est tenu des dommages-intérêts que lorsqu'il est *en demeure* de remplir son obligation. Cela n'est pas exact. L'article 1146 est assez mal rédigé. Après avoir dit que le débiteur doit être mis en demeure pour qu'il soit tenu des dommages et intérêts, la loi ajoute : « Excepté lorsque la chose que le débiteur s'était obligé de donner ou de faire ne pouvait être donnée ou faite que dans un certain temps qu'il a laissé passer. » La prétendue *exception* rentre dans la règle, en ce sens que le débiteur est constitué en demeure par la nature de la convention, comme il l'est par une sommation ou par une clause expresse du contrat. Il y a une autre inexactitude qui a égaré les interprètes et les tribunaux. A s'en tenir à la lettre de l'article, on doit dire qu'il faut dans tous les cas une mise en demeure pour que le débiteur soit tenu des dommages-intérêts. Cela est vrai quand le débiteur est en retard, cela n'est pas vrai quand il est en faute. La faute est une cause d'imputabilité aussi bien que la demeure, et quand le débiteur est en faute et que la faute est prouvée, il ne faut certainement pas qu'il soit en outre constitué en demeure. Ainsi, d'après les articles 1136 et 1137, le débiteur répond de la perte de la chose quand il ne l'a pas conservée avec les soins d'un bon père de famille; si la faute est prouvée, le débiteur sera tenu des dommages-intérêts. Faudra-t-il, en outre, une mise en demeure par une sommation? La question n'a pas de sens. Une obligation de faire n'est pas exécutée, l'inexécution est constante; faudra-t-il en outre une mise en demeure? Sans doute, si le débiteur n'exécute pas et ne paye pas de dommages-intérêts, il faudra que le créancier agisse contre lui, et la demande judiciaire est une mise en demeure. Est-ce à dire que le débiteur ne devra les dommages et intérêts qu'à partir de la demande? Non, il devra les dommages-intérêts que le créancier a soufferts de l'inexécution et à partir de l'inexécution. S'il en est autrement dans le cas de demeure proprement dite, c'est que la demeure n'est qu'un retard et non une inexécution complète, le débiteur ne doit donc les dommages-intérêts qu'à raison du retard légal, c'est-à-dire à partir de la demeure (1).

252. Tout cela est si élémentaire, qu'il ne vaudrait pas la peine de le dire si les tribunaux ne s'y étaient trompés, en prenant l'article 1146 au pied de la lettre. Le mari vend un domaine sur lequel sa femme avait une hypothèque légale; il s'engage, sous peine de dommages et intérêts, de faire ratifier cet acte par sa femme à la majorité de celle-ci; il manque à cette obligation. Les acheteurs ont-ils droit à des dommages-intérêts, quoiqu'ils n'aient pas constitué le vendeur en demeure? La cour d'Orléans a décidé la question contre les acheteurs; elle cite l'article 1146 combiné avec l'article 1139 (2). Y avait-il lieu, dans l'espèce, de constituer le débiteur en demeure? Le vendeur n'était pas seulement en retard de remplir son obligation; il y avait inexécution totale; donc il ne s'agissait pas de constater le retard en sommant le débiteur de remplir son engagement. Dès lors la mise en demeure n'avait pas de raison d'être. Le débiteur était en faute, et il était tenu des dommages-intérêts par cela seul que la faute était constante.

Par la même raison, nous ne saurions approuver une décision de la cour de Colmar qui, en validant une promesse de livrer, a jugé que le créancier n'était pas recevable à réclamer des dommages-intérêts pour *inexécution* de la convention, parce qu'il n'avait pas mis le débiteur

(1) Aubry et Rau, t. IV, p. 95, et note 2 du § 308. Comparez Demolombe (t. XXIV, p. 510, n° 514) qui est aussi peu clair que la loi. Larombière établit le vrai principe sur ce point (t. I, p. 522, n° 3; Ed. B., t. I, p. 215).
(2) Orléans, 16 mars 1839 (Dalloz, au mot *Obligations*, n° 751).

en demeure. Il est très-vrai, comme le dit l'arrêt, que la promesse litigieuse constituait une obligation de livrer; on ne pouvait donc pas invoquer l'article 1142, aux termes duquel l'obligation de faire se résout en dommages-intérêts. Toujours est-il que, dans l'espèce, il ne s'agissait pas de retard ni de demeure; le débiteur prétendait que la promesse était nulle, et il n'entendait pas l'exécuter. Il y avait donc inexécution totale avouée par le débiteur : est-ce que l'on doit constituer en demeure celui qui soutient qu'il ne doit rien et qui par sa faute n'exécute pas son engagement? L'inexécution lui était imputable ; cette imputabilité n'avait rien de commun avec la demeure, donc le créancier n'était pas tenu de constater la demeure (1).

Il y a un arrêt de la cour de cassation dans le sens de notre opinion. Un vendeur se trouvait dans l'impossibilité de livrer la chose vendue. L'acheteur demanda la résolution de la vente avec dommages-intérêts. On lui objecta qu'il avait négligé de constituer le vendeur en demeure, comme le veut l'article 1146. La cour de Lyon décida qu'il n'y avait pas lieu d'appliquer cette disposition. Sur le pourvoi, la cour de cassation confirma l'arrêt, parce que les termes mêmes de la contestation excluaient l'application des articles 1139 et 1146 (2). Cela veut bien dire que le créancier ne doit pas mettre le débiteur en demeure quand il s'agit, non du retard d'exécuter l'obligation, mais de l'inexécution absolue de la convention. Dans l'espèce, le vendeur était de mauvaise foi : peut-il être question de constituer le débiteur en demeure lorsqu'il est coupable de *dol?* Par la même raison, on ne doit pas le constituer en demeure quand il n'exécute pas l'obligation par sa *faute*.

253. La fausse interprétation que l'on a donnée à l'article 1146 a conduit à une autre conséquence que nous croyons également erronée. Il a été jugé que la disposition de l'article 1139 est générale, c'est-à-dire que le dé-

---

(1) Colmar, 8 mai 1845 (Dalloz, 1846, 2, 219).
(2) Rejet, 19 juillet 1843 (Dalloz, au mot *Obligations,* n° 752).

biteur doit être constitué en demeure par une sommation dans tous les cas où le créancier prétend qu'il n'a pas satisfait à son obligation, quand même il ne réclamerait pas de dommages et intérêts. Dans l'espèce, une vente avait été faite avec pacte de rachat; les vendeurs restaient en possession et la convention leur permettait de faire des ventes partielles de la chose, l'acheteur s'engageant à y consentir. De fait, l'acheteur ne consentit pas aux ventes que firent les vendeurs. Ceux-ci soutinrent que l'acheteur avait manqué à son engagement; l'acheteur répondit qu'il n'avait pas été mis en demeure, et la cour de cassation accueillit cette défense. Nous croyons qu'elle a dépassé la loi. La demeure, comme le mot même l'indique, n'a pour objet que de constater le retard du débiteur : en peut-on conclure, comme le fait la cour de cassation, que toute inexécution d'une obligation par le débiteur doit être constatée par une sommation ou un acte équivalent (1)? C'est perdre de vue les motifs pour lesquels la loi exige une sommation; elle ne l'exige que lorsque le débiteur est en retard et pour convertir ce retard en demeure légale. Hors ce cas, il ne peut être question d'une mise en demeure. Sans doute l'inexécution et la faute du débiteur doivent être constatées; mais ceci est une question de preuve, et la preuve de la faute reste soumise aux règles générales qui régissent la preuve; exiger les formes solennelles de la mise en demeure, comme le fait la cour de cassation, c'est admettre une exception aux règles générales de la preuve sans qu'il y ait un texte. Cela est contraire à tout principe.

254. La doctrine et la jurisprudence s'accordent à décider qu'il n'y a pas lieu d'appliquer l'article 1139 lorsque l'une des parties demande la réduction de ses obligations en se fondant sur ce que l'autre n'aurait pas complétement rempli les siennes. Dans notre opinion, cela n'est pas douteux (2); il ne s'agit pas de constater légalement le retard du débiteur, l'objet de la demande est de ré-

(1) Rejet, chambre civile, 22 avril 1846 (Dalloz, 1854, 1, 423).
(2) Voyez les autorités citées par Aubry et Rau, t. IV, p. 95, note 3, § 307.

soudre partiellement le contrat; il suffit pour cela que l'inexécution soit constante ou prouvée. La question concerne donc l'article 1184; nous y reviendrons. Dans la doctrine que nous venons de combattre (n° 253), il faudrait décider, au contraire, que l'inexécution partielle de l'obligation doit être constatée par une sommation. On voit que la jurisprudence manque d'un principe certain; nous n'en connaissons pas de plus sûr que le respect du texte. L'article 1139 contient une disposition spéciale, elle doit être limitée au cas qu'elle prévoit.

255. L'imputabilité cesse, aux termes de l'article 1147, lorsque le débiteur justifie que l'inexécution provient d'une cause étrangère qui ne peut lui être imputée. Tel est le cas fortuit (art. 1148), dont nous parlerons plus loin. On demande si l'impossibilité d'exécuter l'obligation est une de ces causes étrangères au débiteur qui l'excusent. Il y a un adage qui dit qu'à l'impossible nul n'est tenu. Ce principe est très-vrai quand l'impossibilité est absolue; dans ce cas, le contrat n'a pas même pu se former, puisque les choses ou les faits impossibles ne peuvent pas faire l'objet d'une convention. Il en serait de même des choses immorales ou illicites; elles sont moralement impossibles, d'après la belle expression de Papinien; le contrat qui est fondé sur une cause illicite n'a point d'existence aux yeux de la loi, il n'y a pas d'obligation, pas de débiteur, pas de créancier, donc il ne peut être question de dommages-intérêts. La jurisprudence est constante en ce sens; il est inutile de citer les arrêts, la question ne pouvant souffrir aucun doute (1).

Quand l'impossibilité est relative au débiteur seulement, il n'y a pas lieu d'appliquer l'adage *impossibilium nulla obligatio*. C'est ainsi que Pothier s'explique. « Lorsque la chose est possible en soi, l'obligation ne laisse point de subsister, quoiqu'il ne soit pas au pouvoir du débiteur de l'accomplir; il est tenu des dommages-intérêts résultant de l'inexécution. » Le texte de l'article 1147

_____

(1) Voyez les arrêts rapportés dans le *Répertoire* de Dalloz, au mot *Obligations*, n° 728.

consacre implicitement cette doctrine. On ne peut pas dire que l'impossibilité relative au débiteur provienne d'une cause qui lui est étrangère, elle lui est, au contraire, très-personnelle. Cela est aussi fondé en raison. « Il suffit, dit Pothier, que la chose fût possible en soi pour que le créancier ait été en droit de compter sur l'exécution de ce qu'on lui promettait. C'est le débiteur qui est en faute de n'avoir pas bien examiné, avant de s'engager, s'il était en son pouvoir d'accomplir ce qu'il promettait (1). »

Que faut-il décider si l'impossibilité ne s'est produite que postérieurement au contrat? Il faut distinguer, d'après le principe posé par l'article 1147, si l'impossibilité est imputable au débiteur, ou si elle vient d'un cas fortuit : dans le premier cas, il reste tenu des dommages-intérêts parce que la cause ne lui est pas étrangère; dans le second cas, il n'est pas tenu, comme nous le dirons plus loin (2).

256. L'article 1147 ajoute que le débiteur est condamné aux dommages-intérêts quand l'inexécution lui est imputable, encore qu'il n'y ait aucune mauvaise foi de sa part. Quand même il serait de bonne foi, il est responsable dès qu'il est en demeure ou en faute. Cette rigueur choque les personnes étrangères à la science du droit. Cependant c'est à peine si l'on peut dire qu'il y ait rigueur, c'est l'application des principes qui régissent la faute et la demeure qui implique aussi une faute. Le débiteur ne promet pas seulement sa bonne foi, il est tenu de plus que du dol, il doit réparer le dommage qu'il cause en n'exécutant pas ses obligations, ou en n'y mettant pas les soins d'un bon père de famille. L'inexécution lui est imputable; dès lors il doit les dommages et intérêts qui en résultent pour le créancier. Hâtons-nous d'ajouter, pour réconcilier avec le droit ceux qui lui reprochent une trop grande sévérité, que la loi tient compte de la bonne foi quand il s'agit de déterminer l'étendue des dommages-

---

(1) Pothier, *Des obligations*, n° 133, et tous les auteurs modernes.
(2) Comparez Demolombe, t. XXIV, p. 540, n° 550.

intérêts auxquels le débiteur est condamné ; nous reviendrons plus loin sur la différence qui existe entre les obligations du débiteur de bonne foi et les obligations du débiteur de mauvaise foi.

II. *Du cas fortuit.*

257. L'article 1148 porte : « Il n'y a lieu à aucuns dommages et intérêts lorsque, par suite d'une force majeure ou d'un cas fortuit, le débiteur a été empêché de donner ou de faire ce à quoi il était obligé, ou a fait ce qui lui était interdit. » La raison en est que, dans ce cas, l'inexécution de l'obligation n'est pas imputable au débiteur, et il ne saurait être responsable d'un dommage qui ne peut lui être imputé. Quand y a-t-il *cas fortuit* ou *force majeure?* On a toujours considéré comme cas fortuits les événements de la nature (art. 1754), tels que la tempête, le feu du ciel, le tremblement de terre. La loi les qualifie de force majeure pour marquer que l'homme y est soumis fatalement, en ce sens qu'il ne peut les prévoir ni y résister. Il ne faut donc pas ranger parmi les cas fortuits de force majeure les événements ordinaires de la nature, quelque irréguliers qu'ils soient, si les parties ont dû s'y attendre : telle est la crue ordinaire des fleuves et rivières, quoiqu'elle n'ait pas lieu tous les ans, ni toujours avec la même violence (1).

258. Les faits de l'homme peuvent aussi être des cas fortuits. Tel est le vol. Toutefois le code ne considère le vol comme une excuse pour l'aubergiste que lorsqu'il a été fait à main armée ou autre force majeure ; de sorte qu'il réponde du vol ordinaire (art. 1953, 1954). Cette distinction prouve qu'il n'y a rien d'absolu dans la force majeure qui est l'œuvre de l'homme ; elle diffère des événements de la nature en ce sens qu'il est possible de la prévoir et de se garantir contre le danger qui en résulte. C'est seulement quand les faits de l'homme acquièrent une

---

(1) Troplong, *Du louage*, nᵒˢ 202 et 204. Bordeaux, 21 avril 1847 (Dalloz, 1847, 4, 343).

violence telle qu'il est impossible d'y résister, qu'on peut les qualifier de cas fortuits.

259. La jurisprudence a fait l'application de ces principes à la guerre funeste qui a amené l'ennemi jusque dans la capitale de la France. Que la guerre soit, en général, un événement de force majeure, cela n'est pas douteux. Un avis du conseil d'Etat du 27 janvier 1814 décide que la force majeure résultant de l'invasion de l'ennemi et des événements de guerre *peut* relever les porteurs des effets de commerce de la déchéance encourue à défaut de dénonciation du protêt dans les délais de la loi au tireur et aux endosseurs (1). Mais le conseil d'Etat ne décide pas d'une manière absolue que la guerre est toujours un cas de force majeure, il dit seulement qu'elle *peut* être considérée comme telle ; c'est aux tribunaux à apprécier les circonstances. La question de savoir s'il y a force majeure est donc essentiellement une question de fait.

Un locataire devait donner congé au plus tard le 31 décembre 1870 ; le congé ne fut donné que le 24 mars 1871 ; le locataire demanda qu'il fût déclaré valable, parce qu'il avait été mis dans l'impossibilité de le faire plus tôt par un cas de force majeure, l'investissement de Paris. Il fut jugé que le locataire ayant quitté volontairement Paris au mois de septembre 1870, à un moment où il devait prévoir qu'il serait pendant un temps plus ou moins long dans l'impossibilité d'y rentrer et même de communiquer avec cette ville, il aurait pu prendre, avant son départ, les mesures que comportait le soin de ses intérêts et anticiper le congé ; la cour en conclut que le locataire devait s'en prendre à lui-même de ne l'avoir pas fait, sans en rendre responsable le bailleur qui, n'ayant rien à se reprocher, devait rester dans la plénitude de son droit (2).

La même cour a rendu un arrêt en sens contraire en faveur d'un autre locataire placé dans des circonstances toutes différentes. Il s'agissait d'un étranger qui, aux termes de son bail, aurait dû signifier son congé le 30 sep-

---

(1) Dalloz, au mot *Effets de commerce*, n° 359). Comparez les arrêts rapportés au mot *Force majeure*, n° 34, 2° et 3°.
(2) Paris, 17 janvier 1872 (Dalloz, 1873, 2, 145).

tembre 1870; dès le 11 septembre, il fut frappé d'un arrêt d'expulsion; la cour constate qu'il fut obligé d'obéir immédiatement. Puis vint l'investissement de Paris; réfugié à Londres, le locataire essaya vainement de faire parvenir à Paris la signification régulière de son congé. Enfin la capitale étant tombée au pouvoir de l'insurrection, la force majeure empêcha le locataire de vider les lieux. La cour en conclut que le bail avait été valablement résilié par une signification faite le 30 mars 1871, et qu'après cette époque il n'y avait plus eu qu'une occupation de fait qui n'obligeait le locataire qu'à ce titre, dans les termes des locations faites sans écrit et suivant l'usage des lieux (1).

260. Le blocus et le bombardement donnèrent lieu à des débats analogues. Par suite du bombardement, un locataire est obligé de quitter momentanément les lieux qu'il occupe. Cette interruption de jouissance est-elle un cas de force majeure qui suspend les effets du bail? L'affirmative n'est guère douteuse, mais sous une condition, c'est que le locataire ait réellement été en danger de mort, ce qui suppose que la maison qu'il habitait était sérieusement menacée par le bombardement; question de fait que le juge décide d'après les circonstances (2).

Pendant le siége de Paris, un arrêté de l'administration du 9 septembre 1870 ordonna la fermeture de tous les théâtres de la capitale, et une ordonnance de police enjoignit notamment au directeur du Théâtre Italien d'enlever tout son matériel théâtral, costumes et décors. Ces actes de l'autorité, motivés par les nécessités de la guerre, constituaient un événement de force majeure auquel le locataire a dû se soumettre; il en résulta pour lui une impossibilité absolue de jouir des lieux loués pour l'usage auquel ils étaient destinés. L'empêchement ayant duré jusqu'en mai 1871, c'est-à-dire pendant toute l'année théâtrale, il en résultait que le locataire avait perdu toute la jouissance à laquelle il avait droit par l'effet de la force

(1) Paris, 29 avril 1872 (Dalloz, 1873. 2, 145).
(2) Jugement du tribunal de paix du 27 janvier 1871 (Dalloz, 1872, 3, 6).

majeure. En conséquence, le bail fut déclaré résilié à partir du 9 septembre 1870 (1).

Dans les autres villes de France menacées par l'ennemi, on mit également les théâtres en réquisition ; mais il y en eut qui restèrent à l'abri de l'invasion et où les représentations, interrompues pendant quelques jours, furent reprises. Il a été jugé que cette interruption momentanée ne pouvait être considérée comme une force majeure justifiant une demande en réduction du loyer (2). En droit strict, la réduction aurait dû être accordée dès que le fait de force majeure était établi.

261. Les arrêtés pris par l'autorité publique à raison des nécessités de la guerre sont aussi qualifiés par les tribunaux de *fait du prince*. On entend par là les commandement spu les défenses de l'autorité supérieure, auxquels les particuliers doivent obéissance ; si, par suite d'un acte pareil, un débiteur est empêché de remplir son obligation, il y a force majeure. Le fait du prince peut résulter de la loi qui, dans les temps modernes, a pris la place de la volonté de souverain. Il a été jugé que la loi ne donne pas ouverture à une action en dommages-intérêts pour le dommage qui en résulte (3). Cela est de toute évidence ; en effet, l'action en dommages-intérêts suppose une faute, une imprudence, une négligence ; or, il n'y a aucune faute à reprocher au législateur qui exerce le pouvoir souverain, ni à ceux qui obéissent à la loi, puisqu'ils ne font que remplir un devoir.

Le *fait du prince* a encore une autre signification moins favorable. Sous l'ancien régime, l'abus de pouvoir était presque inévitable, la puissance du souverain étant illimitée. De là l'expression de *fait du prince* pour marquer un acte de violence. C'était toujours une force majeure, puisqu'il fallait obéir. Les révolutions ont aussi un caractère de violence qui les assimile au *fait du prince*. Il a

---

(1) Paris, 23 décembre 1871 (Dalloz, 1871, 2, 225).

(2) Jugement du tribunal de Lyon du 1er février 1871 (Dalloz, 1871, 3, 103).

(3) Rejet, de la cour de cassation de Belgique, 27 juin 1845 (*Pasicrisie*, 1845, 1, 392).

été jugé que la révolution de février (1848) était un cas de force majeure qui avait rompu les marchés de fournitures passés avec l'ancienne liste civile, sans qu'il y ait lieu à aucuns dommages et intérêts pour les fournisseurs. L'arrêt invoque l'article 1148 pour ce qui concerne le droit; quant à la force majeure, elle était flagrante (1).

262. Le fait d'un tiers est un cas de force majeure, quand même ce ne serait qu'un simple particulier; nous ne pouvons pas plus l'empêcher que le fait du prince, ou le fait de la nature. Il y a cependant une restriction à apporter à ce principe. Si le débiteur est responsable du fait du tiers, il ne peut certes pas l'invoquer comme cas fortuit. La raison en est simple; nous dirons plus loin que les cas où une personne est responsable des faits d'un tiers sont fondés sur une présomption de faute; or, dès qu'il y a faute, il ne peut plus être question de cas fortuit, car la faute entraîne l'imputabilité, tandis que le cas fortuit implique que l'inexécution de l'obligation n'est pas imputable au débiteur (2).

263. Il y a des faits dont le caractère est douteux. L'incendie, quand il est occasionné par le feu du ciel, est certainement un cas fortuit. Mais hors ce cas, il est le plus souvent la suite d'une imprudence; les jurisconsultes romains en ont déjà fait la remarque. Domat a reproduit leur observation : les incendies, dit-il, n'arrivent presque jamais que par quelque faute, au moins d'imprudence ou de négligence (3). Le code a consacré cette opinion fondée sur l'expérience, en disposant que le locataire répond de l'incendie (art. 1733), sauf à lui à prouver que l'incendie est arrivé par cas fortuit ou force majeure, ou par vice de construction. Il a été jugé que le même principe s'applique au voiturier; la cour de Montpellier avait mis la preuve de la faute à charge du propriétaire des marchandises expédiées; son arrêt fut cassé par le motif que le voiturier, pour dégager sa responsabilité, doit prouver que la chose a péri par un cas purement fortuit; or, l'in-

---

(1) Rejet, chambre civile, 8 janvier 1855 (Dalloz, 1855, 1, 9).
(2) Aubry et Rau, t. IV, p. 103 et note 33, § 308.
(3) Domat, *Des lois civiles*, livre II, titre VIII, section IV, p. 197, n° VI.

cendie n'est pas, le plus souvent, un cas fortuit, donc c'est à celui qui l'allègue comme tel d'en faire la preuve (1).

264. La loi ne définit pas la force majeure ni le cas fortuit. De là des difficultés dans l'application du principe. La jurisprudence s'en tient à la définition des lois romaines : un événement que l'on ne peut prévoir et auquel on ne saurait résister, quand même il serait prévu. Il nous semble que mieux vaut s'en rapporter à la prudence du juge. L'article 1147 lui donne une règle, c'est que le débiteur n'est déchargé de la responsabilité qui lui incombe que s'il justifie que l'inexécution de l'obligation provient d'une cause étrangère qui ne peut lui être imputée. Tout dépend donc du point de savoir si l'événement allégué par le débiteur a ou n'a pas eu pour effet de détruire l'imputabilité ; ce qui est une question de fait. La jurisprudence se montre très-sévère dans l'appréciation des faits.

Lorsque la perte d'une lettre de change en rend la présentation impossible, le porteur de l'effet perdu conserve, en cas de refus de payement, tous ses droits par un acte de protestation dressé au plus tard le surlendemain de l'échéance et notifié aux tireurs et endosseurs, dans les formes et délais prescrits pour la notification du protêt ; mais l'article 42 du code de commerce (art. 152 du code de 1808) veut que la demande en payement, qui doit précéder l'acte de protestation, n'ait lieu qu'en vertu d'une ordonnance du président du tribunal de commerce obtenue par le propriétaire de l'effet perdu, en justifiant de sa propriété et en donnant caution. La cour de cassation admet que le propriétaire n'encourt pas la déchéance lorsque la force majeure l'a empêché d'obtenir l'ordonnance en temps utile. Il avait semblé à la cour de Paris que l'absence du propriétaire pendant les jours où il aurait pu et dû agir était un cas de force majeure. Sa décision a été cassée par le motif que la force majeure suppose un événement supérieur à la volonté individuelle, que celle-ci est impuissante à prévoir ou à empêcher (2).

---

(1) Cassation, 23 août 1858 (Dalloz, 1858, 1, 359).
(2) Cassation, 1er juillet 1857 (Dalloz, 1857, 1, 307).

Cela nous paraît très-rigoureux et même très-douteux. La loi ne définit pas la force majeure ; sur quoi donc la cour se fonde-t-elle pour juger que tel caractère de la force majeure fait défaut? Le propriétaire de la lettre ne justifiait-il pas suffisamment que l'inaccomplissement de la formalité ne pouvait lui être imputé? Telle était la seule question à résoudre, et il nous semble qu'il appartient au juge du fait de la décider.

Le bailleur s'engage à fournir au preneur, pour l'exercice de son industrie, 4,000 litres d'eau par jour. Cette fourniture fut interrompue pendant plus de deux mois ; le bailleur allégua un fait de force majeure, l'abaissement excessif des eaux du Rhône pendant le printemps de 1854. L'exception, admise par le premier juge, fut rejetée par la cour de Lyon. L'arrêt dit que la force majeure qui dissout les contrats doit résulter d'un événement qui était hors de prévision et dont les effets ne peuvent être surmontés ; et, en fait, aucune de ces conditions n'existait dans l'espèce. Voilà encore une fois une définition. Qui donne aux tribunaux le droit de définir ce que la loi n'a pas défini, pour en induire qu'il y a ou qu'il n'y a pas inexécution d'une obligation? En fait, la cour de Lyon avait bien jugé, car une expertise établit que le bailleur aurait pu, en employant les procédés que l'art indique, fournir la quantité d'eau à laquelle le preneur avait droit. Dès lors il ne pouvait pas dire que l'inexécution de l'obligation par lui contractée ne lui était pas imputable (1).

2. CONDITIONS REQUISES POUR QUE LE CAS FORTUIT EXCUSE LE DÉBITEUR.

265. Il peut y avoir cas fortuit en fait, sans qu'en droit la responsabilité du débiteur cesse. Mais il est difficile de préciser les conditions requises pour que le cas fortuit libère le débiteur. Le plus sûr est de s'en tenir au texte de la loi. L'article 1147 établit un premier principe : le débiteur ne doit aucuns dommages et intérêts s'il justifie que l'inexécution provient d'une cause étran-

(1) Lyon, 22 juin 1855 (Dalloz, 1856, 2, 2).

gère *qui ne peut lui être imputée*. Donc, dès qu'il y a une faute qui est imputable au débiteur, il en doit répondre ; il n'y a plus de cas fortuit là où il y a faute.

L'article 1148 établit un second principe : pour qu'il y ait force majeure, il faut que le débiteur ait été *empêché* de donner ou de faire ce à quoi il s'était obligé. Donc, si, malgré le cas fortuit, il pouvait remplir l'obligation, bien que sous des conditions plus onéreuses pour lui, il n'y a plus de force majeure. C'est une conséquence du premier principe ; le débiteur ne peut pas dire que l'inexécution ne peut lui être imputée, alors qu'il dépendait de lui d'exécuter l'obligation.

Donc la difficulté se réduit toujours, comme nous l'avons dit, à une question d'imputabilité (1).

266. Des farines avaient été vendues au mois de mai 1870, livrables à Paris. La livraison ne fut pas faite pendant les mois de septembre, octobre, novembre et décembre. On soutenait que l'état de guerre, le blocus de Paris, la réquisition de toutes les farines par le gouvernement, avaient mis les vendeurs dans l'impossibilité de se procurer les farines dont ils avaient besoin pour remplir leurs engagements, que ces faits constituaient un cas de force majeure qui devait amener la résiliation du marché sans dommages et intérêts. Cette défense ne fut pas admise. La vente avait été faite au mois de mai, les vendeurs devaient donc avoir les farines à leur dispotion ; s'ils avaient fait une vente à découvert, la plus vulgaire prudence, en présence des événements qui se succédaient, leur commandait de se prémunir sans attendre jusqu'au dernier jour stipulé pour la livraison ; ne l'ayant pas fait, il y avait faute de leur part et ils en devaient répondre (2).

Une compagnie de chemin de fer ne transporte pas à domicile un piano qui est avarié par suite d'une inondation. Elle invoque la force majeure. La cour re-

(1) Comparez Aubry et Rau, t. IV, p. 104, et note 35, et les autorités qui y sont citées.
(2) Jugement du tribunal de commerce de la Seine du 2 janvier 1871 (Dalloz, 1871, 3, 17).

jette l'excuse. Il résultait des faits de la cause que si le piano n'avait pas été transporté, c'est que la compagnie avait employé tous les chevaux et toutes les voitures de l'entrepreneur du camionnage, non pas pour faire les transports qu'elle était tenue de faire, mais pour sauver ce qui se trouvait dans la gare; l'avarie du piano lui· était donc imputable. Dès lors l'inondation n'était plus un cas fortuit (1).

267. Le cas fortuit est-il une force majeure, dans le sens de l'article 1148, lorsqu'il a été prévu ? Il y a sur ce point des décisions en apparence contradictoires. Nous venons de dire qu'il a été jugé que l'état de guerre n'excuse pas le débiteur qui n'a point rempli ses obligations, quand il a dû prévoir qu'il se trouverait dans l'impossibilité d'agir, et qu'il a pu prévenir le cas fortuit qui le menaçait en agissant d'avance (n° 259). D'un autre côté, la cour de cassation a jugé qu'un événement que sa nature soustrait au pouvoir de l'homme reste dans la classe des cas fortuits, bien que la possibilité de sa réalisation ait pu se présenter à l'esprit des contractants lors du contrat. Dans l'espèce, il s'agissait d'un de ces actes du gouvernement que l'on appelle faits du prince, et qu'on assimile aux cas fortuits. L'acte, fût-il prévu, n'en commande pas moins l'obéissance et, par suite, exclut toute imputabilité (2). En ce sens, le fait du prince diffère du cas fortuit proprement dit; on peut se mettre à l'abri d'une éventualité de guerre, on ne peut pas se dispenser d'obéir à la loi; et comment serait-on tenu des dommages-intérêts alors que l'on remplit un devoir ?

Il y a un contrat qui soumet chacune des parties aux chances des éventualités qui peuvent leur nuire ou leur profiter; c'est le contrat d'assurances contre le recrutement. Une loi élève le chiffre du contingent: c'est une chance qui est défavorable à l'assureur. Celui-ci a prétendu que c'est un cas fortuit ou de force majeure qui le dégage de ses obligations en résiliant le marché. La

---

(1) Rejet de la chambre civile, 6 janvier 1869 (Dalloz, 1869, 1, 9).
(2) Rejet, 4 mai 1842 (Dalloz, au mot *Force majeure*, n° 8, 1°).

cour de cassation a décidé, au contraire, que, dans l'espèce, la loi ne pouvait être considérée comme un événement fortuit, puisqu'elle était dans le domaine constitutionnel du pouvoir législatif et qu'elle répondait à des nécessités prévues; d'un autre côté, on ne pouvait dire que cette loi rendait impossible l'exécution de l'obligation contractée par l'assureur; donc elle ne constituait pas un cas fortuit (1).

On a été jusqu'à soutenir que tout événement imprévu est un cas de force majeure. L'erreur est évidente. Si, dans l'exécution d'un contrat, il se présente un fait imprévu, il en peut résulter que le débiteur n'est pas tenu des dommages-intérêts, comme nous le dirons plus loin; mais ce n'est pas parce que c'est un cas fortuit, c'est parce que le débiteur de bonne foi n'est pas tenu des dommages et intérêts imprévus. Tout ce qui résulte des faits imprévus, c'est qu'ils rendent le marché plus ou moins avantageux, mais ils ne permettent pas de demander la résiliation du marché. Quand un contrat ne se parfait que successivement, les parties doivent s'attendre à ces variations; ce sont des chances qu'elles consentent à courir (2).

268. Pour que le cas fortuit dispense le débiteur de payer des dommages-intérêts, il faut, aux termes de l'article 1148, que le débiteur ait été *empêché* de remplir son obligation, c'est-à-dire qu'il ait été mis dans l'impossibilité de l'exécuter. L'impossibilité est une question de fait, ce qui explique les décisions en apparence contradictoires des tribunaux. Nous avons rapporté un arrêt de la cour de Paris qui a rejeté l'excuse de force majeure pour une fourniture de farines (n° 266). La cour d'Aix a rendu un arrêt en sens contraire. Un négociant de Paris avait acheté 25,000 quintaux de farine, livrables en gare de Marseille; il prit livraison de 9,000 quintaux; l'investissement de la capitale empêcha l'exécution totale du marché. De là une demande en dommages-intérêts. La cour de Nîmes rejeta la demande en se fondant sur la force

(1) Cassation, 9 janvier 1856 (Dalloz, 1856, 1, 33).
(2) Bruxelles, 3 avril 1865 (*Pasicrisie*, 1865, 2, 129).

majeure, l'encombrement des gares en août et septembre 1870 et l'investissement de Paris. Y avait-il une
faute quelconque à reprocher aux acheteurs? Le juge du
fait avait préjugé la question en décidant que l'acheteur
avait fait preuve de toute la bonne volonté possible pour
procurer l'exécution du marché. Cela était décisif (1).

269. Lorsque le cas fortuit ne rend pas l'exécution du
contrat impossible, le débiteur ne peut pas l'invoquer,
quand même il en résulterait des difficultés plus ou moins
onéreuses. Le tribunal de commerce de Saint-Etienne
avait méconnu ce principe en considérant comme force
majeure la rareté des ouvriers par suite du grand nombre de commissions données sur la place et sur la rigueur
du froid qui ralentissait le travail, ainsi que sur les difficultés que présentait l'exécution des patrons ou dessins.
En appel, la cour de Lyon jugea qu'il était *manifeste* que
de telles circonstances n'avaient aucunement le caractère
d'une force majeure (2).

La question est plus difficile quand la force majeure
est patente, telle qu'une guerre; entraîne-t-elle l'impossibilité ou seulement des difficultés? Cette appréciation est
très-délicate. Les tribunaux se montrent, en général,
sévères pour le débiteur. Un raffineur vend une quantité
considérable de sucre, livrable mensuellement. Arrive la
guerre, l'investissement de Paris; le vendeur cesse ses
fournitures. Action en dommages-intérêts. Le raffineur
se retranche sur ce que la matière première, la betterave
n'avait pu entrer à Paris, ce qui l'avait empêché de continuer la fabrication. Le tribunal de commerce de la
Seine constata qu'il avait en magasin des sucres raffinés,
et qu'il avait préféré les vendre à des acheteurs qui of-
fraient un prix plus avantageux. Il n'y avait donc aucune
force majeure (3).

Alors même que la guerre occasionne des difficultés
réelles, les marchés doivent recevoir leur exécution, à
peine de dommages-intérêts, s'il est constant que la fabri-

(1) Rejet, 7 mai 1872 (Dalloz, 1872, 1, 456).
(2) Lyon, 20 juin 1845 (Dalloz, 1849, 2, 23).
(3) Jugement du 7 décembre 1870 (Dalloz, 1870, 3, 116).

cation a continué, quoique à des conditions défavorables pour le fabricant (1). L'acheteur ne peut pas être rendu responsable des suites d'un cas fortuit qui ne lui est pas imputable. Les vrais coupables sont les auteurs de la guerre insensée qui a désolé la France; malheureusement ils échappent à la responsabilité pécuniaire. C'est aux peuples déclarés souverains à profiter des dures leçons de l'expérience, et à ne plus acclamer par leurs votes un gouvernement sans moralité.

La cour de Rouen a jugé, par application de ces principes, que l'invasion de l'ennemi dans un pays de fabrication ne constitue pas un cas de force majeure lorsqu'elle n'a fait que restreindre les affaires, sans les interrompre complétement; en conséquence, elle a condamné un manufacturier à tenir le marché qu'il avait fait avec un voiturier pour l'exécution de tous les transports de sa fabrique pendant un temps déterminé, en lui garantissant un minimum de recettes par mois. Le fabricant ferma son établissement, il n'occupa pas le voiturier, néanmoins il dut lui payer la rémunération promise. C'est que la guerre et ses désastres ne pouvaient être invoqués par le débiteur; la cour constate que c'est sans nécessité qu'il avait chômé, alors que les autres fabricants continuaient leur travail (2).

Ces mêmes principes reçoivent leur application au *fait du prince* quand il constitue un cas de force majeure. Un nouvel impôt qui frappe les matières premières rend, sans doute, l'exécution du marché plus onéreuse pour le vendeur, mais elle ne l'empêche pas de l'exécuter, donc il n'y a pas de force majeure (3).

3. EFFET DU CAS FORTUIT.

270. Aux termes de l'article 1148, le débiteur n'est tenu d'aucuns dommages-intérêts lorsqu'il n'exécute pas ses obligations par suite d'un cas fortuit. La loi ne dit

---

(1) Lyon, 4 janvier 1872 (Dalloz, 1872, 2, 225). Comparez jugement du tribunal de commerce de Rouen du 27 mars 1871 (Dalloz, 1871, 3, 54).
(2) Rouen, 19 mai 1871 (Dalloz, 1871, 2, 179).
(3) Rouen, 18 novembre 1852 (Sirey, 1853, 2, 234).

pas si le contrat subsiste. Quand l'impossibilité d'exécuter un engagement ne concerne qu'une obligation accessoire, la convention subsiste ; le cas fortuit dispense seulement le débiteur de remplir l'obligation qu'il a contractée, et que la force majeure l'empêche d'exécuter. Ainsi le locataire tenu, en principe, des réparations locatives cesse d'être tenu lorsque les vitres sont cassées par la grêle ou autres accidents extraordinaires et de force majeures (art. 1754). Si, au contraire, le cas fortuit empêche le débiteur d'exécuter l'obligation principale qui en résulte, le contrat est résilié.

Une compagnie de chemins de fer cède la jouissance exclusive d'un terrain à un entrepreneur de transport par omnibus. Vient un arrêté administratif qui décide que toutes les entreprises de transport seront admises à jouir à titre égal du terrain litigieux. Il en résulta que la compagnie elle-même était dépossédée ; par suite, elle ne put exécuter la concession qu'elle avait accordée. Devait-elle des dommages et intérêts ? Non, le contrat était résilié par un cas de force majeure (1).

Même décision, en cas de guerre, lorsque la guerre constitue un cas de force majeure. La cour de cassation a jugé, en principe, que la force majeure n'a pas un effet simplement dilatoire concernant l'exécution des conventions, qu'elle a un effet résolutoire et absolu. L'arrêt ne motive pas ce principe ; la cour de Paris invoque l'article 1657 qui, par dérogation à l'article 1134, déclare la vente de denrées résolue de plein droit si l'acheteur ne les retire pas dans le terme convenu. C'est une disposition toute spéciale et exceptionnelle qu'il est difficile d'étendre. Il nous semble que l'esprit de la loi, en matière de résolution, décide la question. Quand le contrat n'est pas exécuté, la résolution peut être demandée (art. 1184) ; si la force majeure empêche l'exécution du contrat, il doit y avoir résolution de plein droit, puisqu'il y a impossibilité d'exécuter ; il ne peut être question d'accorder un délai au débiteur. Si le juge intervient, c'est

_____

(1) Cassation, 3 mars 1847 (Dalloz, 1848, 1, 78).

seulement pour décider s'il y a force majeure et si elle entraîne l'impossibilité d'exécuter. Dira-t-on que le tribunal peut accorder un délai, en ce sens que l'exécution se fera quand le cas fortuit aura cessé? La cour de Paris répond, avec raison, que ce serait changer les conventions des parties contractantes ; dans des marchés qui s'exécutent successivement, il y a une opération, nous ne dirons pas indivisible, mais complexe, soumise à des éventualités successives de hausse ou de baisse durant un temps déterminé ; de sorte qu'il se fait une compensation entre les pertes et les profits. Si ces combinaisons ne peuvent pas recevoir leur exécution par suite du cas fortuit, le marché doit être résilié (1).

Ce principe s'applique à tous les contrats dont l'exécution devient impossible par suite d'un cas de force majeure. Un armateur s'engage à envoyer son navire, à une époque déterminée, pour prendre un chargement de marchandises. La guerre survient et le gouvernement réquisitionne le navire pour cause de nécessité publique. Il a été jugé que le contrat était résilié par force majeure (2).

271. Toutefois le principe n'est pas absolu. Si le cas fortuit, tel que la guerre, vient à cesser et si les choses sont encore entières, en ce sens que l'exécution de la convention soit possible, l'exécution pourra être poursuivie. Aucun principe ne s'y oppose ; il ne faut donc pas prendre dans un sens absolu ce que dit la cour de cassation, que la force majeure résilie les conventions ; les décisions judiciaires doivent toujours être interprétées eu égard à l'objet du litige.

On doit en dire autant, nous semble-t-il, d'un arrêt de la cour de cassation qui a décidé, en principe, que la force majeure résiliait les marchés de fournitures, même pour le passé. Un fournisseur réclamait contre la liste civile de Louis-Philippe, après la révolution de février, les

_____

(1) Paris, 16 août 1871, et Rejet, 14 mai 1872 (Dalloz, 1873, 1, 78). Comparez un jugement du tribunal de commerce de la Seine du 2 janvier 1871 (Dalloz, 1871, 3, 78). / 7

(2) Jugement du tribunal de commerce de Nantes, 28 janvier 1871 (Dalloz, 1873, 3, 6).

dommages-intérêts pour frais et dépenses antérieurs à la révolution. La cour de Paris rejeta la demande et la cour de cassation confirma l'arrêt en se fondant sur les termes généraux de l'article 1148 qui ne fait aucune distinction entre les dommages subis par les parties soit antérieurement, soit postérieurement à la cessation, résultant, en cas de force majeure, de l'exécution d'une convention (1). Dans l'espèce, cela se conçoit ; il n'y avait plus de liste civile après 1848 ; le cas fortuit frappait le fournisseur, en ce sens que la convention fut considérée comme n'ayant jamais existé. Mais cette rétroactivité de la résiliation s'appliquerait-elle aussi à un marché entre particuliers ? Cela nous paraît douteux. L'effet ne peut précéder la cause ; que la force majeure anéantisse le contrat pour l'avenir, soit ; mais les relations qui ont existé entre les parties avant le cas fortuit restent sous l'empire du droit commun dans les limites de ce qui est possible.

272. Les tribunaux peuvent-ils tenir compte des circonstances pour réduire les engagements ? Voilà un pouvoir exorbitant ; d'après le droit commun, le juge ne peut pas modifier les conventions des parties contractantes ; il est lié par les conventions, comme il le serait par une loi. Mais la force majeure vient mettre fin au contrat : il est résilié. Comment l'est-il ? Nous allons rapporter les cas dans lesquels la difficulté s'est présentée.

Un patron renvoie un employé par suite de la guerre qui a restreint ses affaires ; lui doit-il le dédit stipulé pour le cas de renvoi anticipé ? lui doit-il tous ses appointements, ou y a-t-il lieu de réduire le chiffre eu égard à l'inaction relative à laquelle les employés ont été condamnés par la diminution des affaires de l'établissement ? La cour de Nancy s'est prononcée pour la réduction. Elle pose en principe que la force majeure ne résilie le contrat que s'il en résulte un obstacle absolu qui rend l'exécution impossible. Si la force majeure ne fait que rendre l'exécution plus onéreuse ou plus difficile, ou bien s'il ne fait que la retarder ou la suspendre, les tribunaux sont

_____
(1) Rejet, chambre civile, 8 janvier 1855 (Dalloz, 1855, 1, 8).

autorisés à y apporter des modifications et des tempéraments dont les juges sont les appréciateurs souverains.
La cour invoque un avis du conseil d'Etat du 27 janvier 1814 rendu dans des circonstances analogues à celles
où la France s'est trouvée en 1870. Le droit strict disparaît pour faire place à la force majeure qui, si elle résout les contrats, peut aussi les modifier. Il est certain
que la force majeure, dans l'espèce, modifiait la position
des parties contractantes ; les employés ne rendant pas
les services pour lesquels ils reçoivent leurs appointements, l'équité demandait que ces appointements fussent
réduits, non pas dans la stricte proportion du travail,
car c'eût été rendre les employés seuls victimes de la
force majeure, mais de manière à répartir la perte entre
eux et le patron. La cour de Nancy arbitra les dommages-intérêts auxquels les employés avaient droit, en
prenant pour base l'équité (1). Le principe que le cas fortuit doit frapper toutes les parties intéressées est, en
effet, très-équitable. Seulement, nous voudrions que la
loi le consacrât. Il n'y a pas de texte qui dispense les
tribunaux de la stricte observation des lois, même au
milieu des plus garandes calamités ; si, sous prétexte
d'équité, on leur permet de modifier la loi des contrats,
il ne reste plus de règle, l'empire du droit fait place au
régime de l'arbitraire.

La même question s'est présentée dans l'espèce suivante. Pendant la guerre de 1870, aux mois d'août et de
novembre, un fabricant s'oblige à livrer à des époques
fixes certaines quantités de produits manufacturés. Il
invoque comme cause de résiliation l'occupation par les
armées ennemies du pays où est située sa manufacture.
Cette prétention fut rejetée ; le fabricant pouvait et devait prévoir l'invasion, et en fait l'état de guerre ne rendait pas impossible, mais seulement plus difficile la con-
tinuation de la fabrication. Par suite l'acheteur avait
droit à la résolution du marché avec dommages et intérêts. Restait à fixer le montant de l'indemnité. Le tribu-

---

(1) Nancy, 14 juillet 1871 (Dalloz, 1871, 2, 158).

nal de commerce décida d'après l'équité, en tenant compte des risques et des difficultés de revente que l'acheteur avait à redouter pendant l'occupation. Il est certain que l'exécution du marché dans ces circonstances aurait été pour l'acheteur un grand risque et aurait diminué, en tout cas, les profits qu'il eût pu réaliser dans des circonstances plus heureuses. L'équité exigeait que les dommages et intérêts fussent arbitrés à raison des circonstances dans lesquelles le marché aurait dû recevoir son exécution (1).

273. Qui supporte le cas fortuit en matière de bail? Le bailleur doit faire jouir le preneur; celui-ci ne s'oblige à payer le loyer qu'à raison de cette jouissance; c'est par application de ce principe que la loi déclare le bail résilié de plein droit lorsque la chose louée est détruite en totalité par cas fortuit. En ce sens, le bailleur supporte la force majeure. Par analogie, il faut décider que si un cas fortuit empêche le preneur de jouir de la chose, le bail est résilié; le bailleur ne peut pas demander le prix d'une jouissance qu'il ne procure pas au locataire. On a objecté qu'il fallait plutôt appliquer à l'espèce l'article 1725, aux termes duquel le bailleur n'est pas tenu de garantir le preneur du trouble que des tiers apportent par voies de fait à sa jouissance. L'objection n'est pas sérieuse, comme le démontre la fin de l'article; la loi suppose que le preneur peut réprimer le trouble par une action judiciaire; or, il est bien évident que le locataire empêché de jouir par force majeure résultant de la guerre n'a aucune action. Il y a une autre objection plus spécieuse. L'article 1148 dit que le débiteur n'est tenu à aucuns dommages-intérêts lorsqu'il est empêché d'exécuter son obligation par suite d'une force majeure. N'est-ce pas dire que le bailleur est délié de l'obligation qu'il a contractée de faire jouir le preneur? Il en est effectivement délié, en ce sens que le locataire n'a pas d'action en dommages et intérêts contre lui; mais, de son côté, le

____

(1) Jugement du tribunal de commerce de Rouen du 27 mars 1871 (Dalloz, 1871, 3, 54).

bailleur ne peut pas réclamer le payement du loyer lorsque le preneur est dans l'impossibilité de jouir. En ce sens, le cas fortuit frappe le bailleur (1).

274. Le fait du prince est aussi un cas fortuit. Qui le supporte? La question s'est présentée pour les porteurs d'obligations de la compagnie des chemins de fer romains. A la suite de l'annexion du territoire pontifical au royaume d'Italie, la Société suspendit l'amortissement de ses obligations par voie de tirage au sort, puis elle déclara ne pouvoir payer les coupons semestriels des obligations souscrites en France que sous la déduction de l'impôt établi en Italie sur la richesse mobilière. Il y eut des réclamations en justice. La cour de Paris décida que les modifications subies par la société des chemins de fer romains étaient l'effet d'événements de force majeure qui devaient être supportés par les créanciers de la compagnie comme par la compagnie elle-même; notamment en ce qui touche l'impôt sur le revenu, car il frappe directement sur le revenu, lequel est la propriété des porteurs d'actions et d'obligations (2).

5. DES CAS OÙ LE DÉBITEUR EST TENU DE LA FORCE MAJEURE.

275. La règle d'après laquelle le débiteur n'est pas tenu des cas fortuits de force majeure reçoit des exceptions (3). Parfois la loi rend le débiteur responsable des cas fortuits. Nous avons déjà cité le voleur qui répond de la perte fortuite de la chose volée, alors même que celle-ci aurait péri chez le propriétaire; c'est, du moins, une opinion soutenue, comme nous le dirons plus loin, en expliquant l'article 1302. De même celui qui de mauvaise foi reçoit le payement d'une chose qui ne lui est pas due est garant de la perte par cas fortuit (art. 1379). La perte, même totale et par cas fortuit, est en entier pour le fermier dans le cheptel (art. 1825). Enfin, l'em-

---

(1) Paris, 23 décembre 1871 (Dalloz, 1871, 2, 225). Jugement du tribunal de paix du 27 janvier 1871 (Dalloz, 1871, 3, 6).
(2) Paris, 2 mars 1870 (Dalloz, 1870, 2, 108).
(3) Toullier, t. III, 2, 143, n° 228. Aubry et Rau, t. IV, p. 104, § 308.

prunteur répond, dans certains cas, de la perte fortuite (art. 1882 et 1883). Nous reviendrons sur ces exceptions là où est le siége de la matière.

276. Le débiteur répond encore du cas fortuit quand il est en demeure (art. 1302). Il en est de même quand le cas fortuit a été occasionné par la faute du débiteur; ainsi dans le cheptel simple, le preneur est tenu du cas fortuit lorsqu'il a été précédé de quelque faute de sa part sans laquelle la perte ne serait pas arrivée (art. 1807). A vrai dire, les cas de demeure et de faute ne sont pas des exceptions à la règle; il serait plus exact de dire qu'il n'y a pas de cas fortuit. En effet, le cas fortuit implique que le fait n'est pas imputable au débiteur; donc quand le fait lui est imputable, il n'y a plus, légalement parlant, de cas fortuit.

277. Le débiteur peut se charger des cas fortuits; l'article 1302 le suppose et, en principe, cela ne fait aucun doute. Il est permis aux parties de faire telles conventions qu'elles jugent convenables, pourvu qu'elles ne soient pas contraires à l'ordre public et aux bonnes mœurs. Toutefois une clause pareille étant tout à fait exceptionnelle, on ne peut l'admettre que lorsqu'elle est formellement stipulée. Il n'y a qu'un cas où la loi défend la stipulation qui met la perte fortuite à charge du débiteur, c'est le cheptel simple; l'exception confirme la règle (art. 1811). Quant à la raison de l'exception, nous la dirons au titre du *Louage*.

4. DE LA PREUVE DU CAS FORTUIT.

278. Aux termes de l'article 1302, le débiteur est tenu de prouver le cas fortuit qu'il allègue. C'est l'application élémentaire du principe qui met la preuve à charge du demandeur ou du défendeur, selon que le fait litigieux est le fondement de la demande ou de l'exception. Quand le débiteur a prouvé le cas fortuit, il est libéré de son obligation, comme nous venons de l'expliquer; si l'obligation a pour objet un corps certain, elle est éteinte (art. 1302, 1138); que si le créancier éprouve un dommage de l'inexécution, le débiteur n'en est pas tenu (article 1148). Mais le créancier est admis à prouver que le prétendu cas fortuit a été amené par une faute du débiteur, ou que le débiteur le doit supporter en vertu de la loi ou de la convention ; c'est naturellement à lui d'en faire la preuve. L'application de ces principes à l'incendie soulève des difficultés que nous avons déjà touchées et sur lesquelles nous reviendrons au titre du *Louage*.

N° 2. DOMMAGE.

279. Il ne suffit pas qu'il y ait inexécution d'une obligation et que cette inexécution soit imputable au débiteur pour que celui-ci soit tenu des dommages et intérêts, il faut encore qu'il en résulte un dommage pour le créancier : sans dommage on ne conçoit pas d'action en dommages et intérêts. Régulièrement, sans doute, l'inexécution de l'obligation cause un dommage au créancier, car c'est pour son avantage qu'il l'a stipulée, il est donc privé de l'utilité en vue de laquelle il a contracté ; de là un préjudice que le débiteur doit réparer si l'inexécution lui est imputable. Mais il peut arriver que l'inexécution de l'obligation ne cause aucun dommage au créancier. Je remets au conservateur des hypothèques les bordereaux qui doivent servir à une inscription hypothécaire ; le conservateur néglige de faire l'inscription ou il omet une formalité qui se trouvait mentionnée aux bordereaux, et dont l'omission entraîne la nullité de l'inscription. Dans les deux cas, le conservateur est en faute, il est responsable ; est-ce à dire que j'aurai toujours contre lui une action en dommages-intérêts ? Si l'immeuble était déjà grevé d'inscriptions au delà de sa valeur, la faute du conservateur ne me cause aucun préjudice ; partant je n'ai pas d'action en dommages et intérêts. Dans cet exemple, il y a quasi-délit. Il en serait de même si j'avais donné mandat au notaire qui a dressé l'acte d'hypothèque de l'inscrire et de renouveler l'inscription. Le notaire néglige de remplir ce mandat. Il y a inexécution d'une convention, elle est imputable au débiteur ; néanmoins le notaire ne sera pas tenu à des dommages et intérêts si sa faute ne cause aucun dommage au débiteur.

280. Il suit de là que le créancier qui réclame des dommages-intérêts doit prouver que l'inexécution de l'obligation contractée par le débiteur lui a causé un dommage. Il est stipulé dans un bail que le preneur fournira caution au bailleur; le fermier ne trouve pas de caution et offre de payer d'avance le prix du bail. L'offre était évidemment insuffisante, car la caution garantit non-seulement le payement des fermages, elle garantit aussi l'accomplissement de toutes les obligations imposées au fermier. Celui-ci était donc en faute. Le bailleur demanda des dommages et intérêts. La cour de Rennes rejeta la demande, parce que rien ne prouvait que le bailleur eût subi une perte; le fermier avait payé d'avance tout ce qu'il devait jusqu'à l'expiration du bail; il n'y avait donc pas de préjudice. Sans doute il pouvait encore s'en présenter, mais le créancier ne peut pas réclamer la réparation d'un préjudice qu'il n'a pas éprouvé. Le bailleur objectait que s'il y avait dommage causé, il n'aurait pas la garantie que le cautionnement devait lui fournir. A cela l'arrêt répond que le bailleur a son privilége qui suffirait pour garantir l'exécution du bail pendant quelques mois (1). La cour aurait pu invoquer l'article 1147 à l'appui de sa décision; la loi ne dit pas d'une manière absolue que le débiteur doit être condamné à des dommages-intérêts s'il n'exécute pas ses obligations, elle dit qu'il y est condamné *s'il y a lieu*; ce qui laisse au juge un pouvoir d'appréciation; il doit s'assurer qu'il y a un dommage avant d'allouer au créancier des dommages et intérêts. Le bailleur avait d'ailleurs le droit de demander la résolution du contrat pour cause d'inexécution de l'obligation contractée par le preneur.

Le même principe s'applique au profit dont le créancier a été privé par suite de l'inexécution de l'obligation. Il ne suffit pas que le créancier demande une somme quel-

---

(1) Rennes, 4 juin 1814 (Dalloz, au mot *Louage*, n° 339, 1°). Comparez Bruxelles, 23 mars 1808 (Dalloz, au mot *Obligations*, n° 776, 2°).

conque pour les bénéfices qu'il aurait pu réaliser par l'exécution de l'obligation; l'éventualité d'un gain possible ne prouve pas que le créancier a éprouvé cette perte. La cour de Bruxelles cite à ce sujet un vieil adage scolastique : *A posse ad esse non valet consequentia;* la cour en conclut qu'il ne lui est pas permis d'allouer des dommages et intérêts pour le gain que l'acheteur aurait peut-être fait en revendant la chose : la loi accorde des dommages et intérêts pour une perte réelle, et non pour une perte possible (1).

281. Le créancier peut-il réclamer des dommages-intérêts pour un préjudice moral qu'il éprouve par suite de l'inexécution de l'obligation? Il faut distinguer. Si l'obligation dérive d'un délit ou d'un quasi-délit, les tribunaux peuvent allouer des dommages et intérêts pour préjudice moral; cela se fait tous les jours pour les délits de presse. La peine pécuniaire est, dans ce cas, la seule sanction efficace du droit de la partie lésée. Il en est de même du préjudice causé par une promesse de mariage; ces promesses sont nulles comme conventions, mais elles peuvent constituer un fait dommageable, c'est-à-dire un délit ou un quasi-délit; et dans les dommages-intérêts que le juge accorde de ce chef, il peut tenir compte du préjudice moral. Nous renvoyons à ce qui a été dit ailleurs des promesses de mariage (2); quant au principe, nous y reviendrons en traitant des délits.

En matière d'obligations conventionnelles, le préjudice moral ne peut être pris en considération. Les contrats ont pour objet des intérêts pécuniaires; les réparations demandées par le créancier supposent donc un intérêt d'argent; c'est en ce sens que l'on dit qu'il n'y a pas d'action sans intérêt. Il n'y aurait d'exception que si le préjudice moral entraînait indirectement un dommage pécuniaire : tel est le préjudice qui résulte d'un protêt qu'un banquier occasionne en ne payant pas un effet de commerce, alors qu'il est nanti des fonds; l'atteinte portée à la considéra-

---

(1) Bruxelles, 8 décembre 1825 (*Pasicrisie*, 1825, p. 530) et 15 mars 1848 (*ibid.*, 1848, 2, 63).
(2) Voyez le tome II de mes *Principes*, p. 412, n° 308.

tion commerciale du négociant à la signature duquel on ne fait pas honneur, implique un dommage pécuniaire et, par suite, il y a lieu à dommages-intérêts (1).

§ II. *Étendue des dommages-intérêts.*

ARTICLE 1ᵉʳ. Des dommages-intérêts dans les obligations qui n'ont pas pour objet une somme d'argent.

282. Duranton dit qu'il n'y a pas de matière plus abstraite que celle des dommages et intérêts (2). Il serait plus vrai de dire qu'il n'y a pas de matière plus pratique, c'est-à-dire que les faits et les circonstances de la cause déterminent la décision du juge. Voilà pourquoi la jurisprudence ignore bien des questions qui sont vivement débattues à l'école; nous n'avons pas trouvé un seul arrêt qui applique les distinctions que font les auteurs. Ce n'est pas à dire que ces distinctions soient inutiles et oiseuses. Elles remontent au plus grand de nos jurisconsultes, à Charles Dumoulin, dont Pothier n'a fait que résumer la doctrine, et les auteurs du code se sont bornés à formuler les règles établies par Pothier, leur guide habituel. Mais ces autorités présentent un danger que nous avons signalé plus d'une fois. Pothier décide en équité autant qu'en droit; pour mieux dire, il restreint et modifie la rigueur du droit par des considérations d'équité. Quand le code ne consacre pas ces tempéraments, le juge ne peut pas les admettre. Il faut donc soigneusement distinguer, dans Pothier, les principes de droit et les considérations d'équité; en nous en tenant aux premiers, nous restons fidèles à la tradition; nous écarterons les autres parce qu'il n'est pas permis à l'interprète de corriger la loi.

283. On appelle dommages et intérêts, dit Pothier, la perte que quelqu'un a faite et le gain qu'il a manqué de faire. Lors donc que l'on dit que le débiteur est tenu des dommages et intérêts résultant de l'inexécution de

---

(1) Rouen, 27 mai 1844 (Dalloz, au mot *Effets de commerce,* n° 766).
(2) Duranton, t. X, p. 503, n° 480.

l'obligation, cela veut dire qu'il doit indemniser le créancier de la perte que lui a causée et du gain dont l'a privé
l'inexécution de l'obligation (1). L'article 1149 reproduit
cette définition. Il y a donc un double élément dans les
dommages et intérêts, la perte que le créancier éprouve
et le gain dont il est privé ; l'un et l'autre résultent de
l'inexécution de la convention. On contracte pour retirer
une utilité, un profit du contrat ; si le contrat n'est pas
exécuté, les dommages-intérêts auxquels le débiteur est
condamné doivent remplacer tout le bénéfice que le créancier se proposait de retirer du contrat et en aurait retiré
si le débiteur avait rempli ses engagements, donc la perte
qui en résulte et le gain dont il est privé.

Le demandeur doit établir le montant du gain dont il
a été privé, de même qu'il doit prouver le chiffre de la
perte qu'il a subie (n⁰ˢ 280 et 281). Il est assez facile au
créancier de prouver les pertes qu'il a subies, c'est un
fait positif, et il est consommé, sauf à voir si le débiteur
est tenu de réparer toutes ces pertes ; ici viennent les distinctions formulées d'abord par Dumoulin ; nous les exposerons plus loin. Quant au gain dont le créancier a été
privé, il est plus difficile de l'établir, car c'est un fait négatif, le gain n'a pas été réalisé ; et comment estimer un
gain que le créancier n'a pas perçu ? Dans les ventes commerciales, l'application du principe ne souffre guère de
difficulté : on achète pour revendre et pour bénéficier sur
la vente ; ces bénéfices sont faciles à calculer, puisque
les marchandises ont un prix courant (2). Dans les transactions civiles, on doit aussi tenir compte du gain manqué. Un acte de vente porte que l'acquéreur pourra jouir
et disposer propriétairement des immeubles vendus, à
dater du jour de la vente, avec promesse de garantie
pour empêchements quelconques. Lorsque l'acheteur voulut se mettre en possession, il se présenta un preneur qui
produisit un bail antérieur à la vente. L'acheteur réclama
des dommages-intérêts calculés sur la valeur spéculative

(1) Pothier, *Des obligations,* n° 159.
(2) Rouen, 28 février 1868 (Dalloz, 1868, 1, 15).

de l'immeuble, c'est-à-dire qu'outre le revenu annuel il demanda une somme pour les bénéfices qu'il aurait pu faire en se livrant à diverses spéculations. La cour de Metz lui alloua des dommages et intérêts à estimer par experts; elle refusa de les calculer sur la valeur spéculative que l'acquéreur comptait réaliser d'après l'emploi qu'il se proposait de faire des immeubles. Ce n'est pas là un gain dont l'acheteur se trouvait privé; le gain qu'un acheteur peut retirer de la vente quand il n'achète pas pour revendre consiste dans la jouissance dont il est privé ou dans le loyer qu'il aurait perçu en donnant les biens à bail. C'est sur ces bases que les experts devaient estimer les dommages-intérêts (1).

284. Dans les marchés de fournitures, les tribunaux ne peuvent pas se dispenser d'allouer des dommages et intérêts, sous prétexte que rien ne prouve que le créancier aurait été obligé d'acheter des marchandises en lieu et place de celles qui ne lui ont pas été livrées. Le tribunal de Bruxelles avait admis cette singulière défense. Sa décision a été cassée.

On soutenait d'abord que le débiteur n'avait pas été constitué en demeure, parce que la sommation dépassait la convention; le débiteur avait promis de livrer 46,000 pavés, le créancier le somma de lui en livrer 56.200; le tribunal en conclut que la sommation n'interpellait pas le débiteur d'une manière assez efficace pour le constituer en état de demeure imputable. La cour de cassation rejeta ce premier moyen. En droit romain, il est vrai que la plus-pétition viciait la demande; mais cette règle n'était pas suivie dans l'ancienne jurisprudence, et aucune disposition de nos codes ne la reproduit, ce qui suffit pour la rejeter, l'interprète ne pouvant pas admettre de déchéance sans texte.

Le débiteur constitué en demeure devait donc les dommages et intérêts, c'est-à-dire la perte faite par le créancier et le gain dont il aurait été privé. Fallait-il que le

_____

(1) Metz, 20 août 1828 (Dalloz, au mot _Vente_, n° 886). Comparez Bordeaux, 7 août 1835 (Dalloz, au mot _Obligations_, n° 713).

créancier justifiât qu'il avait été obligé d'acheter d'autres pavés? Le tribunal pouvait sans doute exiger que le créancier fît preuve du gain dont il se disait privé; mais rejeter la demande par cela seul qu'il ne prouvait pas qu'il en avait dû acheter d'autres, c'était violer la loi qui alloue au créancier non-seulement le *dommage*, mais aussi les *intérêts*, c'est-à-dire le *gain* (1). Il pouvait et il devait y avoir une cause de gain, car on n'achète pas 46,000 pavés sans un but quelconque de profit. Donc il fallait admettre le créancier à la preuve du profit quelconque qu'il avait manqué de faire.

285. Il ne suffit pas que le créancier établisse qu'il a fait telle perte et qu'il a été privé de tel gain, pour que le tribunal lui doive allouer tous ces dommages et intérêts. Tous les débiteurs ne sont pas tenus des mêmes dommages et intérêts. Dumoulin distinguait l'obligation qui incombe au débiteur de bonne foi et celle qui est imposée au débiteur de mauvaise foi. Les articles 1150 et 1151 consacrent cette distinction.

Nº 1. DE QUELS DOMMAGES ET INTÉRÊTS EST TENU LE DÉBITEUR DE BONNE FOI.

286. L'article 1150 porte : « Le débiteur n'est tenu que des dommages et intérêts qui ont été prévus ou qu'on a pu prévoir lors du contrat, lorsque ce n'est point par son dol que l'obligation n'est point exécutée. » Cette règle est empruntée à Pothier. Il suppose que c'est par une simple faute que le débiteur n'a pas rempli son obligation, sans qu'il y ait aucun dol à lui reprocher. En ce sens on dit que le débiteur est de bonne foi; ce qui n'exclut pas la faute, comme nous l'avons dit plus haut (nº 256). Par exemple, dit Pothier, le débiteur s'est engagé témérairement à ce qu'il ne pouvait accomplir, ou il s'est mis depuis par sa faute hors d'état d'exécuter son engagement. Dans ce cas, le débiteur n'est tenu que des dommages-intérêts qui ont été prévus ou qu'on a pu prévoir lors du

---

(1) Cassation, 23 mars 1860 (*Pasicrisie*, 1860, 1, 151).

contrat. Quand les dommages et intérêts ont été prévus, tout est décidé; cela n'arrive guère; aussi Pothier ne parle-t-il pas des dommages-intérêts qui ont été prévus, il ne parle que de ceux que les parties ont pu prévoir en contractant. De quels dommages-intérêts peut-on dire que les parties ont pu les prévoir? Nous transcrivons la réponse de Pothier, elle est d'une grande importance. « Ordinairement, dit-il, les parties sont censées n'avoir prévu que les dommages et intérêts que le créancier, par l'inexécution de l'obligation, pourrait souffrir par rapport à la *chose même* qui en a été l'objet, et non ceux que l'inexécution de l'obligation lui a occasionnés d'ailleurs dans *ses autres biens*. C'est pourquoi, dans ce cas, le débiteur n'est pas tenu de ceux-ci, mais seulement de ceux soufferts par rapport à la chose qui a fait l'objet de l'obligation (1). »

On appelle dommages-intérêts *intrinsèques* ceux que le créancier souffre dans la chose qui fait l'objet de l'obligation, et on appelle *extrinsèques* ceux qu'il éprouve dans ses autres biens. Le principe établi par l'article 1150 peut donc être formulé comme suit : Quand le débiteur est de bonne foi, il n'est tenu que des dommages et intérêts intrinsèques. La raison du principe est indiquée par Pothier : le débiteur est censé ne s'être soumis qu'à ces dommages-intérêts, puisque ce sont les seuls que l'on peut prévoir lors du contrat. Le débiteur s'oblige à indemniser le créancier du préjudice que lui occasionnera l'inexécution de l'obligation, mais il ne s'y soumet pas indéfiniment; l'objet de l'obligation étant limité, l'obligation résultant de l'inexécution doit aussi être limitée. Quel est le but des contractants? De procurer au créancier l'avantage résultant de la chose qui fait l'objet du contrat; si, par l'inexécution de la convention, il n'a pas cette utilité, il en doit être indemnisé. En ce sens, le débiteur, en s'obligeant, se soumet à payer les dommages-intérêts intrinsèques.

287. Pothier donne des exemples, nous en citerons un qui fait bien comprendre la portée de la distinction.

---

(1) Pothier, *Des obligations*, n° 161.

Je donne à bail pour dix-huit ans une maison que je croyais m'appartenir; après dix ou douze ans, le locataire en est évincé par le propriétaire : je suis tenu des dommages et intérêts de mon locataire, mais seulement de ceux que nous avons pu prévoir, c'est-à-dire de ceux que le locataire souffre à l'occasion de la chose qui fait l'objet du contrat. Etant expulsé, il doit déménager; les frais de déménagement ont pu être prévus, ils sont inhérents à la chose. Si le loyer des maisons a augmenté, le locataire sera obligé de louer une maison plus cher; je serai tenu de l'indemniser de ce chef pour le temps du bail qui reste à courir, car ces dommages-intérêts ont un rapport prochain à la jouissance de la maison; ils sont donc soufferts par le locataire *propter rem ipsam non habitam*. Mais supposons que depuis le bail le locataire ait établi un commerce dans la maison et que son délogement lui ait fait perdre des pratiques, je ne serai pas tenu de ce dommage; il n'a pu être prévu lors du contrat, il ne provient pas de ce que le locataire n'a point la chose louée, il vient de ce qu'il a entrepris un commerce, chose qui est étrangère au contrat. A plus forte raison, dit Pothier, si, dans le délogement, des meubles précieux ont été brisés, le locataire ne pourra-t-il de ce chef réclamer une indemnité, car c'est l'impéritie des gens dont il s'est servi qui en est la cause, et non l'éviction qu'il a soufferte, celle-ci en est seulement l'occasion (1).

288. Quelquefois, ajoute Pothier, le débiteur est tenu des dommages-intérêts extrinsèques. Il faut pour cela que ces dommages-intérêts aient été prévus lors du contrat, de sorte que le débiteur en est expressément ou tacitement chargé. Ainsi je loue ma maison à un marchand pour y établir un commerce. Si, par ma faute, le locataire est évincé, la perte qu'il éprouvera dans son trafic, parce qu'il n'a pu trouver une autre maison dans le même quartier, devra entrer dans les dommages et intérêts dont je suis tenu; car cela a été prévu lors du contrat, puisque la maison a été louée pour y faire ce commerce (2).

(1) Pothier, *Des obligations,* n° 161.
(2) Pothier, *Des obligations,* n° 162.

289. Reste à savoir comment il faut entendre le principe établi par l'article 1150. Quand la loi dit que le débiteur de bonne foi est tenu des *dommages et intérêts prévus*, cela veut-il dire que la *quotité* des dommages doit être prévue, ou suffit-il que l'on ait prévu la *cause* d'où proviennent les dommages? et cette cause étant prévue, le débiteur sera-t-il tenu indéfiniment de tout le dommage, quand même il n'aurait pu en prévoir le montant? Il y a sur cette question une vive controverse. Un exemple fera comprendre l'objet de la difficulté; nous l'empruntons au code civil. L'acheteur évincé a droit à des dommages et intérêts. On suppose que la chose vendue a augmenté de valeur par suite de la construction d'un chemin de fer; le vendeur est-il tenu de payer à l'acheteur ce qu'elle vaut au-dessus du prix de la vente? L'article 1633 impose cette obligation au vendeur. On demande si cette disposition est l'application du principe posé par l'article 1150, ou si c'est une dérogation aux principes généraux qui régissent les dommages et intérêts?

Nous n'hésitons pas à répondre que l'article 1633 ne fait qu'appliquer le principe de l'article 1150 tel que Pothier l'explique. Par dommages et intérêts *prévus*, il entend les dommages *intrinsèques*, ceux que le créancier éprouve dans la chose qui fait l'objet du contrat, *propter rem non habitam;* or, si je suis évincé d'une maison qui, lors de l'éviction, vaut 20,000 francs, bien que je ne l'aie payée que 15,000 francs, j'éprouve certainement une perte de 20,000 francs que je n'aurais pas soufferte si je n'avais pas été évincé; par la faute du vendeur, je suis privé d'un gain de 5,000 francs que j'aurais fait si j'avais conservé la chose; donc c'est *propter rem non habitam* que je perds ces 5,000 francs, partant le débiteur me les doit payer. Ce que nous venons de dire, d'après Pothier, du locataire évincé prouve que telle est bien la signification du principe. Je loue une maison pour 1,500 francs; je suis évincé et, par suite de l'augmentation des loyers, je dois payer 2,000 francs; le bailleur devra m'indemniser de cette perte de 500 francs. Les deux cas sont identiques.

290. Cependant c'est l'autorité de Pothier que l'on

invoque pour décider que le débiteur n'est tenu que de la quotité des dommages et intérêts qui a pu être prévue lors du contrat. En effet, Pothier décide la question en ce sens en matière de vente. J'ai acheté, dit-il, pour le prix de 4,000 livres une maison de vignes dans une province éloignée. Lors de la vente, le vin était à très-bas prix, parce qu'il n'y avait aucun débouché pour l'exporter. Depuis mon acquisition, on a construit un canal qui en facilite l'exportation et qui en fait monter le prix au quadruple; ce qui porte la valeur de mon héritage à 16,000 livres. Si je suis évincé, mes dommages et intérêts seront, en réalité, de cette somme. Néanmoins Pothier est d'avis que le vendeur ne doit pas indemniser l'acheteur de cette plus-value extraordinaire. Il pose à ce sujet comme principe que le débiteur de bonne foi ne peut être tenu au delà de la somme jusqu'à laquelle il a pu penser que les dommages pourraient monter au plus haut. Quel est le motif de cette décision? Pothier le fonde sur l'équité naturelle; c'est donc, non en vertu des principes, mais par équité, qu'il veut que les dommages-intérêts soient modérés lorsqu'ils se trouvent excessifs, en laissant la fixation à l'arbitrage du juge (1).

On n'a pas tenu compte, dans notre débat, des motifs pour lesquels Pothier veut que l'on modère les dommages et intérêts, et c'est cependant là le point décisif. Lui-même reconnaît, comme la chose est évidente, que les dommages-intérêts de l'acheteur sont de 16,000 livres dans l'espèce qu'il suppose. Mais l'équité réclame contre ces dommages et intérêts excessifs; elle veut qu'on les modère. La décision de Pothier est donc contraire aux principes que lui-même enseigne. Ou, si l'on veut, il admet une exception à la règle, par raison d'équité, lorsque les dommages-intérêts sont excessifs. Après qu'il a défini les dommages et intérêts, il ajoute cette restriction qu'il faut non-seulement distinguer les différents cas, mais même apporter une certaine modération à la taxation et estimation de ceux *dont le débiteur est tenu*. Pothier admet donc

(1) Pothier, *Des obligations*, n° 164.

que le débiteur *est tenu,* en principe, des dommages-intérêts que le créancier souffre dans la chose, mais il donne au juge un pouvoir discrétionnaire pour les modérer d'après l'équité. Il va jusqu'à permettre au juge d'user de *quelque indulgence* lorsque le débiteur est coupable de dol. C'est certes dépasser toutes les bornes de l'équité; l'annotateur de Pothier n'a pas tort de dire que le juge sera peu disposé à user d'indulgence et que le débiteur coupable de dol n'en mérite pas (1). C'est dire que la doctrine de Pothier, contraire aux principes, est aussi contraire à l'équité, à force de vouloir être équitable.

291. Il nous faut voir maintenant si le code a consacré l'opinion de Pothier. Il l'a rejetée formellement en matière de vente; l'article 1633 alloue à l'acheteur tous ses dommages et intérêts, à quelque chiffre qu'ils s'élèvent, à raison de l'augmentation de valeur que la chose a reçue, sans donner au juge le droit de les modérer. On prétend que l'article 1635 déroge aux principes généraux. Nous venons d'établir que cette disposition en est, au contraire, l'application, et nous allons compléter notre démonstration. Pothier établit un principe, et il permet au juge de modérer les conséquences rigoureuses qui en découlent. Qu'ont fait les auteurs du code? Ils ont admis le principe et rejeté l'exception. Aucune disposition de la loi ne donne au juge le pouvoir exorbitant de modérer les dommages et intérêts dont le débiteur est tenu, d'après le principe posé par l'article 1150. Cela suffit pour que le juge n'ait point ce pouvoir. Il y a plus. Le projet primitif, préparé par la commission de l'an VIII, reproduisait littéralement l'exception de Pothier; l'article 47 était ainsi conçu: « Le juge doit toujours taxer les dommages-intérêts avec une certaine modération, lorsqu'il n'y a point de dol de la part du débiteur. » Voilà l'exception d'équité, elle a été supprimée, et l'Exposé des motifs nous en donne la raison. « Il y eût eu de l'inconvénient, dit Bigot-Préameneu, à dire que les dommages et intérêts doivent, lorsqu'il n'y a point de dol, être taxés avec modération. La modération

---

(1) Pothier, *Des obligations,* nos 160 et 168, et la note de Bugnet.

est un des caractères de l'équité; mais lorsqu'il est réellement dû des dommages et intérêts au créancier, il ne fallait pas que contre l'équité on pût induire de la loi que sa cause est favorable. » Les auteurs du code n'ont donc pas voulu de l'équité excessive de Pothier (1). La conséquence est qu'il faut s'en tenir aux principes tels qu'ils sont formulés par l'article 1150 (2).

292. On objecte que notre interprétation altère le texte de la loi. L'article 1150 parle des dommages et intérêts prévus, ce qui signifie que la quotité des dommages a été prévue. Tandis que, dans l'opinion que nous suivons, le débiteur est tenu des dommages et intérêts, quand même ils dépasseraient toutes les prévisions des parties intéressées, pourvu que la *cause* en ait été prévue. C'est corriger, dit-on, l'article 1150, et le lire comme s'il portait : « Le débiteur n'est tenu que des dommages-intérêts *dont la cause a été prévue ou qui a pu l'être* (3). » L'objection serait grave si elle était fondée, surtout pour nous qui ne cessons de prêcher le respect de la loi. Nous croyons que l'objection est en opposition avec les principes et même avec la tradition. Quand on dit que les parties *prévoient* les dommages et intérêts, cela veut-il dire qu'elles en prévoient le montant? Non, certes, et la raison en est bien simple, c'est que le plus souvent cela est impossible; quand les parties évaluent les dommages et intérêts par leur convention, cette évaluation est aléatoire, en ce sens qu'elle ne répond jamais à la réalité; comment veut-on prévoir les faits avec leurs mille variétés et l'influence que ces faits exercent sur le chiffre des dommages et intérêts? Aussi Pothier, dans les exemples qu'il donne de dommages et intérêts prévus ou intrinsèques, ne parle-t-il pas du montant des dommages, il ne parle jamais que de la cause qui les produit. Quand le locataire est évincé, il a droit à une indemnité pour les frais de déménagement; voilà en apparence des frais que l'on

(1) Bigot-Préameneu, Exposé des motifs, n° 43 (Locré, t. VI, p. 154).
(2) Colmet de Santerre, t. V, p. 97, n° 66 *bis* IV. Demolombe, t. XXIV, p. 560, n°ˢ 579-590.
(3) Aubry et Rau, t. IV, p. 105, note 41, § 308.

peut estimer à un centime près; eh bien, cette estimation se trouvera inexacte quand les salaires des ouvriers auront augmenté dans une proportion notable, ce qui se voit tous les jours. Quant à l'élévation des loyers, on peut la prévoir certainement, puisque c'est une loi économique; mais qui aurait la prétention de préciser le montant de cette augmentation? On ne peut pas davantage évaluer la perte qu'un locataire commerçant fera dans son commerce ; la cause peut être prévue, mais les effets échappent à toute prévision humaine.

293. Nous avons dit que la jurisprudence ignore ces débats. Il est certain que dans l'évaluation des dommages et intérêts les tribunaux ne tiennent compte que des causes prévues et non du chiffre de la perte. Un maître de forges est condamné à des dommages-intérêts du chef des saisies-exécutions qu'il avait pratiquées indûment et qu'il avait continuées, quoiqu'il fût condamné à faire cesser ses poursuites. Le créancier demanda 796,366 francs de dommages et intérêts. Il énuméra les diverses causes d'où ils procédaient, sans prétendre que le chiffre énorme eût été prévu; le débiteur avait été obligé de souscrire des engagements onéreux, puis il avait subi une expropriation forcée; de là la perte de son crédit, des menaces de contrainte par corps. Que décida la cour? Elle rappelle le principe de l'article 1150; mais elle se garde bien d'ordonner la preuve que le montant du dommage a été prévu, elle se contente de distinguer parmi les causes de dommage alléguées par le débiteur celles que les parties avaient pu prévoir. Elles n'ont pas pu prévoir, dit la cour, les engagements onéreux contractés par le débiteur, ni l'expropriation de ses biens, ni la perte de son crédit, mais elles ont dû prévoir le chômage des usines, les pertes sur les bois et charbons saisis, les frais et dépens des poursuites (1). Ainsi l'arrêt ne parle que des *causes prévues*, il ne dit rien du dommage qui en est résulté, et il est impossible de procéder autrement.

La jurisprudence est bien loin de suivre la règle de

(1) Bruxelles, 7 mars 1818 (*Pasicrisie*, 1818, p. 53).

modération que Pothier recommande au juge ; elle se montre plus favorable au créancier qu'au débiteur, et cela se conçoit, même au point de vue de l'équité, car le débiteur est en faute, tandis que rien ne peut être reproché au créancier, victime de la faute. Une société se forme pour la publication d'un ouvrage de l'abbé de Feller. Deux associés font défaut ; le troisième continue l'impression et est obligé de vendre à bas prix un immeuble pour couvrir les frais. Il réclame des dommages et intérêts. Fallait-il y comprendre la perte qu'il avait faite en vendant ses biens à vil prix ? Certes ce dommage n'avait pu être prévu ; c'est à peine si l'on peut dire que l'on pouvait en prévoir la cause. Néanmoins la cour de cassation jugea que l'emprunt et la vente des immeubles étaient devenus nécessaires par suite de l'inexécution des engagements contractés par les associés ; elle en conclut que le dommage causé avait un rapport direct avec l'inaccomplissement des obligations que les associés avaient contractées, et que les parties avaient dû prévoir ces sacrifices lors du contrat (1). Cela est d'une rigueur extrême ; nous ne citons pas l'arrêt comme modèle, mais il témoigne que l'esprit qui anime la jurisprudence est tout autre que l'équité qui inspirait Pothier.

294. Il y a un cas dans lequel les tribunaux modèrent les dommages et intérêts auxquels le créancier a droit, c'est quand lui-même est en faute. Dans un débat entre un propriétaire et l'architecte, les deux parties avaient des torts à se reprocher ; la cour de Paris tint compte de ce fait et borna la responsabilité de l'architecte à la perte de ses honoraires. Sur le pourvoi, il intervint un arrêt de rejet. Ce n'était pas refuser au propriétaire les dommages et intérêts auxquels il avait droit, c'était les estimer d'après les circonstances de la cause (2). La cour aurait pu invoquer l'article 1147, qui ne condamne pas le débiteur d'une manière absolue, mais seulement s'*il y a lieu*, ce qui permet au juge de tenir compte des circonstances.

(1) Rejet, 3 février 1852 (Dalloz, 1852, 2, 234).
(2) Rejet, 8 décembre 1852 (Dalloz, 1854, 5, 653).

295. L'article 1151 porte : « Dans le cas même où l'inexécution de la convention résulte du dol du débiteur, les dommages et intérêts ne doivent comprendre, à l'égard de la perte éprouvée par le créancier et le gain dont il a été privé, que ce qui est une suite immédiate et directe de l'inexécution de la convention. » Il y a une grande différence entre l'obligation du débiteur de bonne foi et l'obligation du débiteur de mauvaise foi. L'article 1151 indique seulement la limite que le juge ne peut pas dépasser ; il ne dit pas d'une manière précise de quels dommages et intérêts le débiteur est tenu quand il est de mauvaise foi ; la différence entre le débiteur de mauvaise foi et le débiteur de bonne foi résulte de la combinaison des articles 1151 et 1150. Quand le débiteur n'est point coupable de dol, dit l'article 1150, il n'est tenu que des dommages et intérêts qui ont été prévus ou qu'on a pu prévoir lors du contrat ; donc, lorsque c'est par dol qu'il n'exécute pas son obligation, il n'y a plus à distinguer si les dommages et intérêts ont pu être prévus ou non ; le débiteur de mauvaise foi est tenu du dommage même imprévu que souffre le créancier, pourvu qu'il soit une suite immédiate et directe de l'inexécution de la convention. Tel est le principe posé par le texte. Même ainsi formulé, il ne rend pas bien la pensée de la loi. Pothier est plus précis ; le débiteur, dit-il, est tenu de tous les dommages-intérêts *auxquels son dol a donné lieu* (1). C'est donc le *dol* qui est la cause de sa responsabilité, tandis que pour le débiteur de bonne foi, la cause est la volonté des parties contractantes. Voilà pourquoi ; si le débiteur est de bonne foi, on n'a égard qu'à ce qui a été prévu ou ce que les parties ont pu prévoir ; tandis qu'en cas de dol peu importe ce qui a été prévu ; le débiteur répond des dommages et intérêts, même imprévus, s'ils ont été la suite

(1) Pothier, *Des obligations*, n° 166.

du dol. C'est ce que Bigot-Préameneu explique très-bien dans l'Exposé des motifs : « Le dol, dit-il, établit contre celui qui le commet une nouvelle obligation différente de celle qui résulte du contrat ; cette nouvelle obligation n'est remplie qu'en réparant *tout le tort qu'il a causé* (1). »

296. Le principe du dol conduit à des conséquences beaucoup plus onéreuses que le principe applicable au débiteur de bonne foi. Ce dernier ne répond que des dommages et intérêts prévus, c'est-à-dire intrinsèques, d'après l'explication de Pothier. Le débiteur de mauvaise foi, au contraire, répond même des dommages-intérêts imprévus, donc extrinsèques. Pothier le dit : le débiteur coupable de dol n'est pas seulement tenu des dommages-intérêts que souffre le créancier par rapport à la chose qui a fait l'objet du contrat, mais de tous les dommages et intérêts qu'il a soufferts dans ses autres biens, sans qu'il y ait lieu de distinguer et de discuter si le débiteur est censé s'y être soumis ; qu'il le veuille ou non, il est obligé de réparer tout le dommage qu'il a causé par son dol. Il y a plus : on ne pourrait pas même convenir que le débiteur ne répondra que des dommages-intérêts prévus en cas d'inexécution par dol, ce serait une convention immorale et nulle comme telle (2).

Il y a cependant une limite pour les dommages et intérêts, même en cas de dol. L'article 1151 dit que le débiteur ne répond que du dommage qui est une suite immédiate et directe de l'inexécution de la convention. Bigot-Préameneu interprète mal cette disposition ; il en conclut que l'on ne doit avoir égard qu'au dommage souffert par rapport à la chose ou au fait qui était l'objet de l'obligation ; d'où suit que le débiteur de mauvaise foi ne répondrait pas du dommage qu'il occasionne au créancier dans ses autres affaires ou dans ses autres biens. Nous venons de dire que Pothier enseigne tout le contraire, et le texte même du code le décide ainsi, puisque d'après l'article 1150 combiné avec l'article 1151, le débiteur coupa-

___

(1) Bigot-Préameneu, Exposé des motifs, n° 43 (Locré, t. VI, p. 154).
(2) Pothier, *Des obligations*, n° 166. Colmet de Santerre, t. V, p. 95, n° 66 *bis* I.

ble de dol répond des dommages et intérêts imprévus, c'est-à-dire extrinsèques. Quant à la limite que l'article 1151 met aux obligations du débiteur de mauvaise foi, les auteurs du code l'ont empruntée à Pothier, qui l'explique comme suit : « La règle qui me paraît devoir être suivie en ce cas est qu'on ne doit pas comprendre, dans les dommages et intérêts dont un débiteur est tenu pour raison de son dol, ceux qui non-seulement n'en sont qu'une suite éloignée, mais qui n'en sont pas une suite nécessaire et qui peuvent avoir d'autres causes (1). » C'est ce que, dans le langage de l'école, on appelle dommages et intérêts occasionnels ou indirects.

297. Pothier donne l'exemple suivant qui explique bien l'esprit de la loi. Un marchand de chevaux me vend un cheval qu'il sait infecté de la morve, maladie contagieuse; il dissimule ce vice, ce qui est un dol de sa part. Par suite il est responsable du dommage que j'ai souffert non-seulement dans le cheval qu'il m'a vendu et qui a fait l'objet de son obligation primitive, mais encore dans ce que j'ai souffert dans mes autres chevaux auxquels le cheval morveux a communiqué la contagion. Si tous ont péri, le vendeur sera tenu de la perte que j'éprouve; car c'est son dol qui me cause ce dommage. Mais supposez que la perte de mes chevaux m'ait empêché de cultiver mes terres, je n'ai pu payer mes dettes, on a saisi mes biens, je suis ruiné. Le vendeur sera-t-il tenu de tout le dommage? Non, car si je n'ai pas pu cultiver mes terres, c'est que je n'avais pas de crédit, et je n'avais pas de crédit parce que j'étais en dette; le dérangement de mes affaires n'est donc pas une suite du dol, il a éclaté à l'occasion de la perte de mes chevaux, mais il préexistait, donc le vendeur n'en peut être tenu.

Les exemples de Pothier, de même que ceux des auteurs modernes, sont de pure théorie. Voici une application empruntée à la jurisprudence. Un comte occupait sans droit ni titre une maison; le propriétaire le somme de vider

_____

(1) Pothier, *Des obligations*, n° 167. Bigot-Préameneu, n° 43 (Locré, t. VI, p. 154).

les lieux. Dans le cours de l'instance qui s'engagea, le propriétaire vendit la maison litigieuse et s'engagea à en faire avoir à l'acheteur, la jouissance libre et entière à partir d'une époque déterminée, sous peine de payer, à titre d'indemnité, une somme de 59 florins par mois. Le tribunal prononça l'éviction; restait à fixer les dommages et intérêts. Fallait-il y comprendre, comme le demandeur le soutenait, l'indemnité mensuelle qu'il avait promise à l'acheteur? La cour de Bruxelles décida la question négativement, par la raison que ce n'était pas là une suite directe et immédiate du dol; le contrat de vente étant étranger au défendeur, il n'avait rien de commun avec son dol, donc il ne pouvait être tenu de payer l'indemnité (1).

§ III. *Évaluation des dommages et intérêts.*

Nº 1. PAR JUGEMENT.

298. L'évaluation des dommages et intérêts doit se faire par jugement quand les parties intéressées ne s'entendent pas. Cette matière a toujours été considérée comme très-difficile. Il y a des difficultés de fait, il y a des difficultés de droit. Il faut d'abord établir qu'il y a inexécution de l'obligation, ou retard. Le retard ne suffit point, le débiteur doit être constitué en demeure. Une mise en demeure est-elle aussi nécessaire quand il y a inexécution, c'est-à-dire faute? De quelle faute le débiteur est-il tenu? En théorie, ces questions sont très-controversées. Le juge écartera-t-il la doctrine, pour s'en tenir au fait? Il rencontre de nouvelles difficultés sur ce terrain. Le demandeur établit, pièces en main, qu'il a souffert un dommage de 500,000 francs; il se dit ruiné par la faute du débiteur. La ruine est certaine, mais est-elle imputable au débiteur? Il faudra que le juge distingue si le débiteur était de bonne foi ou s'il y a dol, puis viennent les distinctions très-délicates des dommages-intérêts prévus et imprévus, intrinsèques et extrinsèques, directs et indi-

(1) Bruxelles, 22 juillet 1829 (*Pasicrisie*, 1829, p. 241).

rects. Les jurisconsultes romains conseillaient déjà de prévenir ces difficultés, en évaluant les dommages-intérêts par le contrat; nous y reviendrons.

299. La pratique judiciaire a soulevé des difficultés nouvelles. On demande d'abord si les tribunaux peuvent prononcer des dommages intérêts pour l'inexécution future d'une convention. Pothier prévoit la question, et elle n'est guère douteuse Le débiteur ne fait point ce qu'il s'était obligé à faire; le créancier le poursuit en justice. Le juge peut, en ce cas, prescrire un certain délai dans lequel le débiteur sera tenu de faire ce qu'il a promis, et faute par lui de le faire, le condamner aux dépens, dommages et intérêts. Si le débiteur satisfait à son obligation dans le délai fixé, il évitera les dommages et intérêts et devra seulement les dépens, à moins que le juge n'estime qu'il soit dû des dommages-intérêts pour le retard (1). Dans cette hypothèse, il y a déjà inexécution lorsque le juge condamne le débiteur; on est donc dans les termes ordinaires des dommages et intérêts, seulement l'exécution du jugement est ajournée.

300. Ces dommages et intérêts futurs peuvent-ils être fixés à raison de tant par jour? L'affirmative est certaine lorsque la somme que le débiteur doit payer par jour représente réellement le dommage que le créancier souffrira. Dans ce cas, le jugement ne fait que déterminer d'avance à quoi le débiteur sera tenu s'il ne remplit pas son obligation, qu'il le fasse d'avance ou qu'il le fasse après que le débiteur aura manqué à son engagement, peu importe; le jugement aura cet avantage que le débiteur sait à quoi il s'expose en n'exécutant pas la convention, ce qui peut le porter à l'exécuter. Nous en trouvons un exemple dans un arrêt de la cour de Montpellier. Un boulanger vend sa maison à un garçon boulanger, avec cette clause que le vendeur s'interdit la faculté d'exercer pendant dix ans sa profession. La vente était à peine conclue que le vendeur construit un four et exerce la profession de fournier, c'est-à-dire met au four le

---

(1) Pothier, *Des obligations*, nº 146.

pain des particuliers. L'acheteur demande la suppression du four et 10,000 francs de dommages-intérêts. Il a été jugé que le vendeur ne s'était pas interdit le droit de construire un four pour son usage, mais qu'il ne pouvait pas s'en servir pour le public, pas plus comme fournier que comme boulanger; la cour alloua 25 francs de dommages-intérêts pour le passé et, au lieu de condamner le défendeur à une somme fixe pour l'avenir, en cas de violation du jugement, la cour crut qu'il valait mieux fixer une somme moindre par chaque jour et pour chaque contravention à la clause du contrat; elle décida, en conséquence, qu'il payerait une somme de 10 francs toutes les fois qu'il contreviendrait à la prohibition à laquelle il s'était soumis (1).

301. Les tribunaux prononcent assez souvent d'autres dommages-intérêts à tant par jour, tantôt comme menace, tantôt comme peine. On suppose que le débiteur ne refuse pas d'exécuter son engagement, il est seulement en retard, ce qui implique toutefois plus ou moins de mauvais vouloir. Le tribunal le condamne à des dommages-intérêts à tant par jour de retard; la somme est fixée, non à raison du dommage véritable que souffrira le créancier chaque jour à raison du retard, mais à titre comminatoire, dans l'espérance que le débiteur se hâtera d'exécuter ses engagements pour ne pas encourir la condamnation. Il y a ceci de particulier dans les dommages et intérêts comminatoires, c'est que la condamnation n'est pas définitive, c'est une menace. Quand le délai fixé au débiteur est écoulé, le tribunal examine s'il a réellement contrevenu à la défense qui lui a été faite; il peut décider que les dommages-intérêts ne sont pas encourus lorsque le débiteur a une excuse valable (2).

Ce procédé est-il régulier (3)? Cela nous paraît bien douteux. Les dommages-intérêts comminatoires ne sont

---

(1) Montpellier, 30 avril 1849 (Dalloz, 1849, 2, 126). Comparez Rejet, 26 juillet 1854 (Dalloz, 1854, 1, 297).
(2) Douai, 5 décembre 1849 (Dalloz, 1850, 2, 65). Orléans, 3 décembre 1859 (Dalloz, 1860, 2, 9).
(3) Aubry et Rau l'approuvent (t. IV, p. 41, § 299).

pas des dommages-intérêts. Ainsi quand un débiteur est condamné à remettre des titres au créancier, sous peine de 500 francs de dommages-intérêts par chaque jour de retard, il est bien certain que cette somme ne représente pas le préjudice que le créancier éprouve. Si ce ne sont pas des dommages-intérêts, nous ne voyons pas de quel droit le juge les prononce. Est-ce pour contraindre le débiteur à exécuter ses engagements? La cour de Paris le dit (1), et la jurisprudence est en ce sens. Nous cherchons vainement un texte ou un principe qui justifie ce procédé. La loi détermine les voies d'exécution qu'elle autorise; elle ne permet pas aux tribunaux d'employer la menace de dommages-intérêts pour contraindre le débiteur. S'il n'exécute pas la convention, le juge aura plein pouvoir de le condamner à des dommages-intérêts, en proportionnant la réparation à la gravité de la faute et à l'étendue du préjudice qui en résulte. Cela suffit pour assurer l'exécution des conventions et des jugements. Aller au delà, c'est dépasser la loi; c'est aussi méconnaître les principes qui régissent les décisions judiciaires. Une fois le jugement rendu, le tribunal ne peut plus le rétracter ni le modifier; de quel droit donc le juge revient-il sur les dommages-intérêts qu'il a prononcés et décide-t-il que le jugement ne recevra pas d'exécution?

302. Enfin, il y a des dommages-intérêts qui sont une véritable peine que le juge inflige à un débiteur récalcitrant. Un arrêt qui prononce la séparation de corps ordonne que les enfants seront remis à la mère. Le père refuse d'obéir à la justice; un nouvel arrêt le condamne à faire la remise des enfants dans les vingt-quatre heures, à peine de 100 francs de dommages et intérêts par chaque jour de retard. Dans l'espèce, les dommages-intérêts n'avaient évidemment pas pour objet de réparer un préjudice; la cour d'Angers l'avoue, c'était un moyen d'obtenir l'exécution de la condamnation que le père refusait obstinément d'exécuter. Pourvoi en cassation pour violation des articles 1142 et 1147. L'article 1142 décide im-

---

(1) Paris, 20 juin 1866 (Dalloz, 1869, 1, 39).

plicitement que le débiteur ne peut pas être contraint à faire ce qu'il ne veut pas faire, sauf à le condamner à des dommages-intérêts que le tribunal pourra proportionner à son obstination. C'est violer la loi que d'employer les dommages-intérêts comme voie de contrainte quand, d'après le texte et l'esprit du code, ils ne doivent être qu'une réparation. La cour de cassation répond que la condamnation à des dommages-intérêts, à titre de contrainte, ne compromet pas la liberté du débiteur. Cela est vrai, et le pourvoi avait tort de soutenir le contraire. Mais, de son côté, la cour a tort de dire que le juge a le droit de prononcer des dommages-intérêts pour briser la résistance illégale du débiteur (1). La loi ne connaît pas de dommages-intérêts à titre de peine. Donner ce droit au juge, c'est faire la loi.

Il y a des arrêts qui distinguent. Si le débiteur refuse d'exécuter son obligation, il n'y a plus lieu de lui accorder un délai fixe pour l'exécution, sous contrainte pécuniaire par chaque jour de retard; tandis que cette voie de contrainte est admissible si le débiteur consent à accomplir la convention, mais tarde à l'exécuter (2). A notre avis, les tribunaux n'ont jamais le droit de prononcer des dommages et intérêts à titre de contrainte. Il ne s'agit pas de sauvegarder la liberté du débiteur, comme nous venons de le dire; il s'agit de savoir si les dommages et intérêts que la loi ne permet de prononcer que comme réparation du dommage peuvent être prononcés à titre de contrainte, peine ou menace (3).

Nº 2. PAR CONVENTION.

303. Pour prévenir les difficultés auxquelles donne lieu l'évaluation des dommages-intérêts par jugement, les parties contractantes peuvent elles-mêmes faire cette estimation lors du contrat. C'est le cas prévu par l'arti-

---

(1) Rejet, 25 mars 1857 (Dalloz, 1857, 1, 213). Comparez Montpellier, 1er avril 1862 (Dalloz, 1862, 5, 112).
(2) Paris. 4 juillet 1865 (Dalloz, 1865, 2, 201).
(3) Cmparez Demolombe, t. XXIV, p. 488, nos 496 et 497.

cle 1152, qui est ainsi conçu : « Lorsque la convention porte que celui qui manquera de l'exécuter payera une certaine somme à titre de dommages et intérêts, il ne peut être alloué à l'autre partie une somme plus forte ni moindre. » C'est l'application du principe posé par l'article 1134, d'après lequel les conventions tiennent lieu de loi à ceux qui les ont faites, ce qui signifie que le juge ne peut les modifier par des considérations d'équité. Cela est si évident, que l'on ne comprendrait pas pourquoi les auteurs du code en ont fait l'objet d'une disposition expresse, si l'on ne savait que Dumoulin et, après lui, Pothier enseignaient le contraire. Ils ne permettaient pas au créancier de revenir sur la loi du contrat, mais ils admettaient que le débiteur pouvait demander une réduction des dommages-intérêts, en prouvant qu'ils étaient excessifs. Pothier reconnaît que cette doctrine est contraire à la rigueur des principes; s'il préfère la décision de Dumoulin, c'est qu'elle lui paraît plus équitable. Toujours l'équité qui vient modifier le droit! Lorsqu'un débiteur, dit Pothier, se soumet à une peine excessive en cas d'inexécution de l'obligation qu'il contracte, il y a lieu de présumer que c'est la fausse confiance qu'il a de ne pas manquer à cette obligation qui le porte à se soumettre à ces dommages-intérêts; il croit ne s'engager à rien en s'y soumettant, il ne s'y serait pas soumis s'il avait cru qu'il encourrait la peine. Ainsi le consentement qu'il donne est fondé sur une erreur ou une illusion, ce n'est pas un consentement valable; donc le débiteur doit avoir le droit de demander la réduction de son engagement (1). Au point de vue du droit, l'argumentation n'est point sérieuse; si réellement le consentement n'est pas valable, le débiteur n'a pas besoin d'une action en réduction, il peut agir en nullité. Il n'y a, à vrai dire, qu'une considération d'équité en faveur du débiteur; elle avait engagé la commission de l'an VIII à consacrer l'ancienne jurisprudence; dans la section de législation du conseil d'Etat, les opinions étaient partagées. Les vrais principes finirent par triompher.

---

(1) Pothier, *Des obligations*, n° 345.

Les parties intéressées, dit Bigot-Préameneu, sont les appréciateurs les plus sûrs du dommage qui peut résulter de l'inexécution de leurs engagements; il faut donc respecter leur volonté. Si l'on donnait au juge le droit de diminuer les dommages-intérêts qu'elles ont fixés, il faudrait aussi lui permettre de les augmenter lorsque la perte du créancier serait supérieure à ce qui a été prévu. Que devient alors la foi des contrats (1)?

304. Si une convention enlève aux tribunaux le droit d'en changer le chiffre, est-ce à dire qu'ils n'aient point le droit d'apprécier si réellement les dommages-intérêts sont encourus? Le juge conserve le droit d'interpréter la convention, cela n'est pas douteux; il peut donc décider qu'il n'y a pas lieu de prononcer des dommages-intérêts (2). De même il peut accorder des dommages-intérêts pour inexécution d'une clause qui n'a pas été prévue par les parties; ce n'est pas modifier le contrat que de combler une lacune qui s'y trouve (3).

Le conseil d'Etat de France a appliqué ce principe dans l'espèce suivante. Une convention intervenue entre la ville de Reims et un architecte stipulait l'établissement de fontaines publiques et la construction d'un bassin d'épuration. Les travaux devaient être terminés le 1er juillet 1843, sous peine de dommages-intérêts fixés par le traité; ils ne furent terminés que deux mois plus tard. Par suite, le conseil de préfecture, juge en matière de travaux publics, appliqua la peine. Sa décision fut annulée par le conseil d'Etat. L'architecte avait établi des machines hydrauliques capables d'élever au réservoir des fontaines une quantité d'eau notablement plus considérable que celle qui était stipulée par la convention; ce travail extraordinaire, qui profitait à la ville, avait exigé un temps plus long; de là le retard. Le décret porte que le développement donné à l'exécution de la convention

---

(1) Séance du conseil d'Etat du 11 brumaire an XII (Locré, t. VI, p. 80, n° 42). Discours de Mouricault, orateur du Tribunat, n° 18 (Locré, t. VI, p. 245).
(2) Lyon, 16 juin 1832 (Dalloz, au mot *Obligations*, n° 833).
(3) Rejet, 8 mai 1833 (Dalloz, au mot *Arbitrage*, n° 1150).

avait pu motiver les deux mois de retard (1). Cela implique que la décision du conseil d'Etat était fondée sur une considération d'équité ; l'architecte, s'il avait manqué à ses engagements quant au délai, avait d'un autre côté procuré à la ville un avantage auquel elle n'avait pas droit. Cette décision serait très-juridique s'il n'y avait pas eu de clause pénale. L'article 1147 donne aux tribunaux une certaine latitude pour prononcer les dommages-intérêts, s'il y a lieu. La chose est douteuse lorsqu'il y a une clause pénale. Nous croyons cependant que le conseil a bien jugé ; il n'a ni augmenté ni diminué la peine, il a décidé qu'il n'y avait pas lieu à la peine ; et cette question reste dans les attributions du juge, quand même il y a une clause pénale.

ARTICLE 2. Des dommages et intérêts dans les obligations qui ont pour objet une somme d'argent.

Nº 1. DES INTÉRÊTS MORATOIRES.

305. L'article 1153 porte : « Dans les obligations qui se bornent au payement d'une certaine somme, les dommages et intérêts *résultant du retard dans l'exécution* ne consistent jamais que dans la condamnation aux intérêts fixés par la loi. » C'est ce qu'on appelle des intérêts moratoires, parce qu'ils sont dus à raison du retard légal, c'est-à-dire de la demeure (*mora*). Il y a une première différence entre les obligations qui n'ont pas pour objet une somme d'argent et celles qui se bornent au payement d'une certaine somme, c'est que dans les premières le débiteur peut être condamné au payement de dommages et intérêts, soit à raison de l'*inexécution de l'obligation*, soit à raison du *retard dans l'exécution* ; ce sont les termes de l'article 1147 ; tandis que, dans les obligations de sommes d'argent, la loi ne prévoit que les dommages et intérêts *résultant du retard dans l'exécution*. La différence s'explique par la nature différente de ces deux espèces d'obligations. D'après l'article 1142, toute obligation de

(1) Décret, 4 mai 1854 (Dalloz, 1855, 3, 26).

faire ou de ne pas faire se résout en dommages et intérêts en cas d'inexécution de la part du débiteur, c'est-à-dire qu'au lieu de la prestation du fait, le créancier doit se contenter d'une somme d'argent. Il en est de même lorsque l'obligation a pour objet une chose mobilière ou immobilière que le débiteur est dans l'impossibilité de livrer; dans ce cas aussi, l'obligation se transforme en une dette d'argent. Cette transformation est impossible pour les obligations qui, dès le principe, consistent à payer une certaine somme. En ce sens, ces obligations ne se résolvent pas en dommages-intérêts en cas d'inexécution. D'où suit que régulièrement elles ne donnent lieu à des dommages et intérêts qu'à raison du retard que le débiteur met à les exécuter. Nous disons *régulièrement,* car il n'est pas exact de dire, et la loi ne le dit pas, qu'il n'y a jamais lieu à d'autres dommages-intérêts que les intérêts moratoires; l'article 1153 dit que les intérêts moratoires ne consistent *jamais* que dans l'intérêt légal, ce qui est tout différent. La remarque est importante; nous en verrons plus loin une conséquence.

306. Il y a une seconde différence entre les dommages-intérêts ordinaires et les intérêts moratoires. Les premiers sont essentiellement variables, car ils sont proportionnés au dommage que le créancier éprouve, tandis que les intérêts moratoires sont fixes, donc sans rapport avec le dommage réel que le créancier souffre. L'article 1153 dit que les intérêts moratoires consistent dans l'intérêt légal, et il ajoute que le créancier y a droit sans qu'il soit tenu de justifier d'aucune perte. Quelle est la raison de cette différence?

Dans les obligations qui ont pour objet un fait ou une chose mobilière ou immobilière, il y a un rapport certain entre l'inexécution de l'obligation et le dommage que le créancier éprouve, en ce sens que le juge et la loi même peuvent déterminer d'une manière certaine quel est le dommage que le créancier souffre, soit par l'inexécution de l'obligation, soit par le retard dans l'exécution. Nous en avons donné des exemples (nos 287 et 297).

La loi règle avec détail les dommages et intérêts auxquels l'acheteur a droit en cas d'éviction; le juge peut régler ceux que le locataire évincé a le droit de réclamer; la nature du contrat, l'objet que les parties ont en vue, l'utilité qu'elles en retirent, sont autant d'éléments d'appréciation qui permettent aux tribunaux de fixer la quotité exacte des dommages et intérêts. Dans les obligations de sommes d'argent, au contraire, on ne sait quel est le but du créancier, l'argent peut servir à mille emplois différents, c'est le moyen universel d'échange. Quel usage le créancier en fera-t-il? On l'ignore. Quelle est la perte qu'il fera? quel est le gain dont il sera privé? On ne le sait. Il se peut que la perte soit immense, il se peut qu'elle soit nulle. Tel créancier attend le payement d'une somme de 10,000 francs pour acquitter une lettre de change; il ne la reçoit pas, on le poursuit, il est condamné, son crédit est ruiné; des créanciers se présentent pour être payés d'un débiteur qui menace de devenir insolvable; il est obligé de suspendre ses payements. Le voilà en faillite et ruiné. Un autre créancier peut n'éprouver aucun dommage par le retard que le débiteur met à le payer, s'il ne comptait pas faire un emploi immédiat de la somme qu'il devait recevoir. Il n'y a donc aucun rapport certain entre l'inexécution de l'obligation et la perte qui en résulte pour le créancier. Que serait-il arrivé si le législateur avait laissé les obligations de sommes d'argent dans le droit commun? Des procès pour toute dette qui n'aurait pas été payée à l'échéance. Or, les dettes d'argent sont les plus fréquentes de toutes. Il importait de tarir cette source de contestations en fixant par une espèce de forfait les dommages et intérêts que le créancier peut réclamer. Voilà pourquoi la loi lui alloue des dommages et intérêts fixes, en décidant qu'il aura droit à l'intérêt légal; c'est l'utilité que l'on retire d'ordinaire d'une somme d'argent, parce que l'intérêt légal représente l'intérêt courant. Il se peut cependant que l'intérêt de 5 ou de 6 p. c. n'indemnise pas le créancier; dans ce cas, il est en perte. Mais il se peut aussi qu'il n'aurait pas retiré cet intérêt de son argent; dans ce cas, il est en gain. Dans tous les cas, il a un grand avantage; le créancier ordinaire doit prouver

le montant du dommage qu'il souffre, il doit prouver que
l'inexécution ou le retard sont imputables au débiteur,
preuve très-difficile ; tandis que le créancier d'une somme
d'argent n'a rien à prouver ; les intérêts lui sont dus sans
qu'il doive justifier d'aucune perte (1).

307. Il résulte de l'article 1153 une autre différence
entre les dommages-intérêts ordinaires et les intérêts moratoires. La quotité des premiers diffère selon que le débiteur est de bonne foi ou de mauvaise foi (art. 1150 et
1151). Faut-il faire la même distinction pour les intérêts
moratoires? Les termes absolus de l'article 1150 s'y opposent ; les intérêts moratoires ne peuvent *jamais* dépasser l'intérêt légal. Cela est décisif. La tradition est aussi
en ce sens. Pothier enseigne que, même en cas de dol, le
débiteur ne doit que l'intérêt fixé par l'ordonnance (2).
Toutefois le sens moral se révolte contre cette assimilation d'un débiteur qui trompe son créancier et d'un débiteur qui n'est coupable que de négligence. Il est vrai que
la difficulté reste la même, c'est de déterminer avec quelque certitude quel est le dommage que le dol a occasionné
au créancier. Mais si l'on voulait maintenir le forfait,
pourquoi n'en pas élever le chiffre? La jurisprudence a dû
s'en tenir au texte, quelque odieuse que fût la conduite du
débiteur. Une maison de commerce transige avec ses débiteurs. Puis elle nie la transaction en justice ; on dé-
couvre ensuite des lettres qui prouvent que ladite maison
a trompé les juges. Cependant elle ne fut condamnée qu'à
l'intérêt légal (3).

308. Le forfait établi par la loi pour les intérêts moratoires est parfois très-injuste dans l'application, il
tourne presque toujours contre le créancier. On a beau
dire qu'il y peut gagner, il ne se trouve plus guère de
créanciers qui laissent dormir leurs capitaux dans un
secrétaire ; s'ils sont créanciers, c'est précisément parce
qu'ils ont fait emploi de leur argent. On a essayé plus
d'une fois d'éluder l'application de l'article 1153 ; mais la

(1) Pothier, *Des obligations*, n° 170. Toullier, t. III, 2, p. 165, n° 264.
(2) Demolombe, t. XXIV, p. 601, n° 618. Pothier, *Des obligations*, n° 170.
(3) Orléans, 9 août 1849 (Dalloz, 1849, 2, 152).

loi est trop formelle. Un office de notaire est cédé ; le cessionnaire ne paye pas ; le tribunal le condamne à payer le prix dans le délai de quatre mois et, à défaut de consignation dans ce délai, à 20 francs de dommages-intérêts par chaque jour de retard. C'était violer la loi. On essaya de justifier la décision, en disant que le défendeur était condamné à ces dommages-intérêts, non pas pour retard dans le payement, mais pour défaut de consignation, c'est-à-dire pour le contraindre à exécuter le jugement. La cour de Bordeaux n'accueillit pas cette singulière justification ; elle réforma le jugement et ne condamna le débiteur qu'à l'intérêt légal (1).

La cour de Nîmes avait condamné le débiteur à mille francs de dommages-intérêts pour le préjudice que le créancier souffrait de la privation de ses fonds pendant l'instance d'appel. C'était un autre moyen d'éluder la loi. L'arrêt a été cassé et il devait l'être. Qu'est-ce que la perte résultant de la privation des fonds ? Elle provient du retard que le débiteur met à payer. Dans l'espèce, le retard pouvait être doleux. Mais, doleux ou non, il ne donne lieu qu'à des intérêts moratoires, donc rien que l'intérêt légal (2).

369. Il ne faut pas conclure de là que dans une obligation de somme d'argent il ne peut jamais y avoir lieu à d'autres dommages et intérêts que les intérêts moratoires. L'article 1153 ne dit pas cela. Il ne prévoit que la perte résultant du retard ; c'est pour cette perte qu'il établit un forfait qui consiste dans l'intérêt légal. Il peut y avoir d'autres causes de préjudice que le simple retard. L'article 1153 ne prévoit pas ces cas, c'est dire qu'ils restent dans la règle générale qui permet au juge d'évaluer la quotité des dommages-intérêts d'après le préjudice que le créancier souffre réellement. Cette interprétation de l'article 1153 est consacrée par la jurisprudence. Pour distinguer les dommages et intérêts dus au créancier, en vertu du droit commun, des intérêts *moratoires*, on ap-

---

(1) Bordeaux, 26 juin 1847 (Dalloz, 1849, 2, 19).
(2) Cassation, 3 janvier 1872 (Dalloz, 1872, 1, 11). Comparez Cassation, 7 février 1866 (Dalloz, 1866, 1, 83).

pelle les premiers dommages et intérêts *compensatoires*, parce qu'ils compensent le dommage que le créancier éprouve. La distinction ne saurait être contestée, puisqu'elle découle du texte de la loi. Mais l'application est parfois délicate parce que les parties cherchent à déguiser des intérêts moratoires sous le nom de dommages-intérêts compensatoires. Ce serait éluder la loi; dès qu'il ne s'agit que du retard dans l'exécution, le juge ne peut allouer que l'intérêt légal. Nous allons donner des applications du principe qui en feront saisir le vrai sens.

310. Une personne est condamnée correctionnellement pour abus de confiance; la cour la condamne, en outre, à 2,000 francs de dommages et intérêts. Pourvoi en cassation pour violation de l'article 1153. Dans l'espèce, le créancier avait déjà obtenu contre son débiteur un jugement qui lui allouait les intérêts moratoires, les seuls dommages-intérêts auxquels le retard pût l'exposer. La cour de cassation rejeta le pourvoi. Les 2,000 fr. de dommages-intérêts n'étaient pas des intérêts moratoires; le tribunal correctionnel les avait prononcés, non en vertu de l'article 1153, mais en vertu de l'article 1382, comme réparation civile du préjudice causé par l'abus de confiance, donc l'article 1153 était sans application (1).

Un mandataire infidèle est condamné à 5,000 francs de dommages et intérêts; l'arrêt porte que c'est à raison du préjudice que le mandant avait éprouvé par le défaut de restitution des sommes que le mandataire était chargé de recouvrer pour lui. Le mandataire se pourvut en cassation. Il a été jugé que l'arrêt attaqué n'avait pas condamné le demandeur à restituer des sommes qu'il aurait indûment touchées; l'article 1153 n'était donc pas en cause; il ne s'agissait pas du retard à payer une somme d'argent, il s'agissait des réparations civiles prononcées en vertu de l'article 1382 (2).

311. Dans ces deux espèces, la question n'était pas douteuse; la juridiction témoignait à elle seule qu'il n'était pas question d'intérêts moratoires; ces intérêts

(1) Rejet, chambre criminelle, 8 juin 1849 (Dalloz, 1849, 1, 180).
(2) Rejet, chambre criminelle, 18 septembre 1862 (Dalloz, 1863, 5, 124).

ne sont pas prononcés par les tribunaux correctionnels. Il s'agissait d'un délit; or, l'article 1153 ne s'applique qu'aux dommages et intérêts conventionnels. Quand les tribunaux civils condamnent le débiteur d'une somme d'argent à d'autres dommages-intérêts que les intérêts moratoires, la distinction est plus difficile. Une personne est condamnée par défaut, comme caution d'un directeur de théâtre, à payer les acteurs qui y étaient attachés. Le débiteur forme opposition en invoquant la nullité de l'exploit introductif d'instance. A l'audience, les acteurs demandent 300 francs de dommages et intérêts pour réparation du préjudice que leur avaient causé les chicanes vexatoires du débiteur. Celui-ci persiste dans cette voie, opposant toujours de nouvelles exceptions dilatoires. Le tribunal le condamne à des dommages-intérêts. Sa décision est sévère, mais la sévérité était méritée : le traitement des acteurs, leur unique ressource pour vivre eux et leurs familles, avait été retenu sans droit ; il en était résulté un état de gêne et de pénurie déplorable. « La morale, dit le jugement, et l'ordre public s'opposent à ce que l'homme *opulent* spécule sur la misère de ceux avec lesquels il a contracté pour obtenir des concessions qui leur sont préjudiciables. » Ce préjudice, dit le tribunal, peut être évalué à 150 francs, à raison des *retards* et des *vexations* que le débiteur avait mis dans l'inexécution de ses obligations. Le mot *retards* était de trop ; il fournit le prétexte d'une nouvelle vexation. L'*homme opulent* recourut en cassation. La cour suprême répondit à une mauvaise chicane par une interprétation juridique quoique subtile; la condamnation aux dommages-intérêts, dit-elle, est fondée sur un double motif, d'abord le retard, c'est le cas de l'article 1153, puis les vexations, ce motif est étranger à l'article 1153; le tribunal a le droit d'indemniser ceux qui sont victimes de ces honteuses chicanes ; c'est un délit civil. Donc le jugement était fondé tout ensemble sur l'article 1382 et sur l'article 1153 et par conséquent, à l'abri de toute critique (1).

---

(1) Rejet, 12 novembre 1855 (Dalloz, 1856, 1, 162). Comparez Rejet, 4 fé-

Les compagnies d'assurances spéculent aussi parfois sur les vexations et les chicanes pour lasser les assurés et leur extorquer des transactions qui leur sont préjudiciables. C'est aux tribunaux à réprimer ces odieuses spéculations. En ont-ils le droit? Un jugement condamne une compagnie à 3,000 francs de dommages et intérêts, en motivant cette décision sur le préjudice *réel* que le *retard* de la compagnie et ses contestations avaient occasionné au créancier. Ce préjudice, dit le jugement, comprend non-seulement la privation de l'intérêt de la somme qui était due au propriétaire, mais encore la perte qu'il a faite dans son industrie ou son commerce et le gain dont il a été privé. Le tribunal oubliait que l'article 1153 ne permet pas de rechercher le préjudice *réel* que le *retard* occasionne au créancier. Non qu'au fond la décision ne fût juste, mais elle était mal motivée; le tribunal aurait dû se fonder sur l'article 1382; il y avait tout ensemble retard et délit civil : on pouvait donc condamner le débiteur à des dommages-intérêts à raison du retard, et à raison du délit. La cour de cassation confirma l'arrêt de la cour de Toulouse en corrigeant les motifs, ou, si l'on veut, en les expliquant. Elle commence par poser en principe que l'article 1153 n'est pas applicable au cas où une autre cause que le simple retard donne lieu au préjudice éprouvé par le créancier. Or, l'arrêt constatait que les dommages-intérêts n'étaient pas accordés seulement à raison du retard de la compagnie, mais à raison de faits qui étaient personnels à ladite compagnie et qui pouvaient lui être justement reprochés, notamment de difficultés et de contestations suscitées par elle et dont le caractère, jugé blâmable par l'arrêt attaqué, était le motif spécial de l'allocation exceptionnelle de dommages-intérêts (1).

312. L'inventeur d'un procédé économique pour le chauffage des usines à vapeur traite avec un fabricant.

---

vrier 1868 (Dalloz, 1868, 1, 385). Mais il ne suffit pas que le demandeur ait dû agir en justice pour avoir droit, de ce chef, à des dommages-intérêts (Gand, 29 mai 1873, *Pasicrisie*, 1873, 2, 279).

(1) Rejet, 1er février 1864 (Dalloz, 1864, 1, 135).

N'étant pas payé, il déclare par lettre qu'il cessera la fourniture de la houille. Quelques mois après, le fabricant le somme de reprendre l'exécution du contrat; le défendeur y consent, mais réclame des dommages-intérêts, que le tribunal lui accorde comme indemnité du tort causé à son crédit et à sa réputation. La cour de Rouen confirma cette décision. Elle justifie la condamnation à 20,000 fr. de dommages-intérêts, vu la position toute spéciale du défendeur ; inventeur d'un nouveau procédé de chauffage, il lui importait que le premier essai qu'il en faisait réussît; le succès de son invention en dépendait. Le procès qu'il eut à soutenir contre le fabricant avec lequel il avait traité jetait une grande défaveur sur son invention et la compromettait dans l'opinion des industriels; des dommages-intérêts considérables lui étaient dus pour réparer ce tort. La cour de cassation, après délibération en chambre du conseil, cassa l'arrêt. Elle constata qu'en fait la demande avait pour objet une somme d'argent; or, suivant l'article 1153, les dommages-intérêts résultant du retard dans l'exécution d'une obligation d'une somme d'argent ne consistent jamais que dans la condamnation aux intérêts légaux; la cour en conclut que l'arrêt attaqué a violé l'article 1153 (1).

Cette décision nous laisse des doutes : les 20,000 francs ne représentaient pas le préjudice résultant du retard; la cour de Rouen avait expliqué longuement qu'il s'agissait de réparer le tort fait à un inventeur, donc il s'agissait d'un quasi-délit, c'était le cas d'appliquer l'article 1382, l'article 1153 était hors de cause. En tout cas, il est difficile de concilier cet arrêt avec les décisions en sens contraire que nous venons de rapporter (n° 310). Dès qu'un fait dommageable se produit dans l'exécution d'une convention, on doit appliquer les principes qui régissent les délits et les quasi-délits, ce qui exclut l'application de l'article 1153.

313. L'article 1153, après avoir établi en principe que les intérêts moratoires ne peuvent pas dépasser l'intérêt

(1) Cassation, 13 janvier 1852 (Dalloz, 1852, 1, 53).

légal, ajoute : « Sauf les règles particulières au commerce
et au cautionnement. »

L'exception concernant le commerce est énoncée en
termes trop généraux. On en pourrait conclure que l'article 1153 est inapplicable en matière commerciale, et cela
a effectivement été jugé. La cour de Colmar condamna
une compagnie d'assurance à 3,000 francs de dommages-
intérêts en écartant l'application de l'article 1153, par le
motif qu'il ne régissait point les matières de commerce.
Cette décision a été cassée et avec raison (1). L'exception
concernant le commerce est empruntée à Pothier, ainsi
que la règle ; c'est donc dans le traité des *Obligations*
qu'il en faut chercher l'explication ; or, Pothier la limite
à la lettre de change, et c'est aussi en ce sens qu'il faut
entendre l'article 1153. Une lettre de change n'est pas
payée à l'échéance. Le porteur a le droit, en ce cas, de
tirer une nouvelle lettre de change sur le tireur et les
endosseurs ; et comme la négociation de cette lettre entraîne des frais, il peut se faire restituer ces frais, bien
qu'ils excèdent l'intérêt légal de la somme non payée(code
de comm., art. 177-186) (2).

La caution qui a payé a son recours contre le débiteur
principal, tant pour le capital que pour les intérêts et les
frais ; elle a aussi recours pour les dommages-intérêts,
dit l'article 2028, *s'il y a lieu*. Elle a donc droit à des
dommages-intérêts, outre les intérêts moratoires. La
raison en est qu'elle rend un service gratuit ; il serait injuste qu'elle fût en perte pour l'avoir rendu. La loi dit :
s'il y a lieu. C'est la règle générale de l'article 1147 : en
matière de dommages et intérêts, il y a toujours une
question d'appréciation : Est-il dû une réparation? Quelle
en est l'étendue? Si, par exemple, les biens de la caution
avaient été saisis et vendus, il y aurait préjudice et partant lieu à une indemnité (3).

L'article 1153 a omis de mentionner une troisième
exception consacrée par l'article 1846. Aux termes de

(1) Cassation, 11 juin 1845 (Dalloz, 1845, 1, 362).
(2) Demante, t. V, p. 101, n° 70 *bis* III. Massé, t. III, p. 273, n° 1707.
(3) Toullier, t. III, 2, p. 169, n° 267. Demante, t. V, p. 102, n° 70 *bis* III.

cette disposition, l'associé qui ne fait point l'apport de la somme qu'il a promis de mettre dans la société en doit les intérêts à partir du jour où elle devait être payée, sans préjudice de plus amples dommages-intérêts, s'il y a lieu. Il en est de même quand l'associé prend des sommes dans la caisse sociale pour son profit particulier, il en doit les intérêts et, en outre, des dommages et intérêts. La raison en est dans la nature même du contrat ; on ne s'associe pas pour retirer l'intérêt légal de son argent ; le dommage causé à la société dépasse donc toujours l'intérêt accordé par la loi. D'un autre côté, il est facile d'évaluer la perte ; le but de la société indique l'emploi qui aurait été fait de la somme, et les gains qu'elle réalise font connaître le profit dont elle est privée.

N° 2. QUAND LES INTÉRÊTS MORATOIRES SONT-ILS DUS ?

I. *Convention.*

314. L'article 1905 porte qu'il est permis de stipuler des intérêts pour simple prêt, soit d'argent, soit de denrées ou autres choses mobilières. Cette disposition doit être généralisée, en ce sens que l'on peut stipuler les intérêts, non-seulement pour un prêt, mais dans toute espèce de conventions. L'article 1153 dit que les intérêts ne sont dus que du jour de la demande, excepté dans les cas où la loi les fait courir de plein droit, ce qui semble exclure l'intérêt conventionnel. Il est certain que tel n'est pas le sens de l'article ; il suppose qu'il n'y a pas d'intérêts stipulés et que l'on ne se trouve pas dans un cas où ils courent de plein droit ; il faut alors que le créancier les demande en justice, comme nous le dirons plus loin. Pourquoi le code ne parle-t-il pas de la convention ? Probablement parce qu'il y avait une loi qui autorisait la stipulation des intérêts, et il semblait aux auteurs du code que cette matière toute spéciale ne devait pas être traitée dans une loi générale et permanente. La législation a, en effet, varié sur le taux de l'intérêt ; mais depuis 1789, elle n'a plus varié sur le point de savoir si la stipulation d'intérêts est légitime. Dans l'ancien droit, cette stipulation était considérée comme usure. La prohibition de stipuler des intérêts s'était introduite sous l'influence des préjugés chrétiens; pour la justifier, on avait imaginé une raison tout aussi mauvaise que la défense; les métaux ne peuvent pas, disait-on, produire des fruits (1). Est-ce que, par elles-mêmes, les maisons en produisent? Ce qui n'empêche pas que le locataire qui a la jouissance de la maison doive la payer. Pourquoi ne payerait-on pas la jouissance d'un capital aussi bien que celle d'un bâtiment? Il est inutile d'insister : les excès du spiritualisme chrétien sont loin de nous. Le décret du 3 octobre 1789 autorisa la stipulation d'intérêts. Le code a maintenu le principe, même pour les intérêts des intérêts (art. 1154), à plus forte raison pour un capital.

315. Autre est la question de savoir si la stipulation du taux de l'intérêt doit être libre. Le code civil décide la question affirmativement. D'après l'article 1907, « l'intérêt est légal ou conventionnel; l'intérêt légal est fixé par la loi, l'intérêt conventionnel peut excéder celui de la loi toutes les fois que la loi ne le prohibe pas. » Aucune disposition du code ne contenait une prohibition pareille, donc les parties étaient libres de stipuler tel intérêt qu'elles jugeaient convenable. La loi du 3 septembre 1807 fixa l'intérêt légal : en matière civile à cinq pour cent et en matière de commerce à six pour cent, et elle disposa que l'intérêt conventionnel ne pourrait excéder l'intérêt légal. De plus la loi punit comme usure le fait de prêter habituellement à un intérêt qui excède l'intérêt légal. C'est pour protéger le débiteur contre l'usure que la loi de 1807 défendit de stipuler un intérêt supérieur à cinq ou à six pour cent. Mais l'expérience prouva que les lois contre l'usure sont impuissantes; il y a plus, elles tournent contre le débiteur, en ce sens que, pour se garantir contre la chance de poursuite, le créancier lui impose des conditions plus onéreuses comme dédommagement. La défense de prêter à un intérêt qui excède

(1) Bigot-Préameneu expose l'état de l'ancienne législation (Exposé des motifs, n° 46, Locré, t. VI, p. 155).

l'intérêt légal a encore un autre inconvénient, elle entrave les relations des propriétaires, des commerçants, des industriels. L'argent est une marchandise dont le prix hausse et baisse; pourquoi défendre de régler le prix de cette marchandise selon l'offre et la demande, comme on règle le prix de toute espèce de marchandises?, Ces considérations ont engagé le législateur belge à laisser pleine liberté aux parties contractantes. La loi du 5 mai 1865 porte que le taux de l'intérêt conventionnel est déterminé librement par les parties contractantes. Quant à l'intérêt légal, il reste fixé à cinq pour cent en matière civile et à six pour cent en matière de commerce.

316. Pourquoi le taux de l'intérêt légal diffère-t-il selon qu'il s'agit de matières civiles ou de matières de commerce? C'est que les opérations commerciales sont beaucoup plus lucratives que les opérations civiles, mais aussi elles sont plus chanceuses. Lors donc qu'un prêt se fait entre commerçants ou pour affaire de commerce, l'emprunteur retirera de l'argent un intérêt bien supérieur à celui de cinq pour cent; il est juste que le prêteur participe à ces avantages en obtenant un intérêt plus élevé, car il a aussi sa part dans les mauvaises chances (1). Dira-t-on qu'il peut stipuler des garanties? Ici encore il y a une différence entre les affaires civiles et les affaires commerciales. Dans les premières, on stipule d'ordinaire une hypothèque, tandis que dans les autres on se fie au crédit de l'emprunteur.

Reste à savoir ce qu'il faut entendre par matières de commerce? La question appartient au droit commercial, nous nous bornerons donc à établir le principe, tel qu'il a été formulé par un arrêt de la cour de cassation de Belgique. Dans l'espèce, un commerçant avait fait un prêt à un non-commerçant : l'intérêt légal était-il de six ou de cinq pour cent? Le premier juge alloua l'intérêt commercial. La décision a été cassée, par le motif que les prêts n'avaient pas été faits entre commerçants et ne rentraient dans aucune des catégories des actes que les articles 632,

_____

(1) Larombière, t. I, p. 574, no 14 de l'article 1153 (Ed. B., t. 1, p. 236).

et 633 du code de commerce réputent actes de commerce. Le principe est donc celui-ci : c'est que les actes où les intérêts prennent leur source doivent être des actes de commerce. Cela est fondé en raison; en effet, c'est à raison de la nature des actes de commerce que la législateur fixe un intérêt supérieur à l'intérêt civil; il faut donc que l'acte qui donne naissance aux intérêts soit d'une nature commerciale, c'est-à-dire qu'il constitue un acte de commerce (1).

317. Les parties contractantes peuvent-elles déroger aux taux de l'intérêt légal? D'après le code civil, ces dérogations étaient permises (art. 1907); la loi de 1807 les prohibe. La loi belge de 1865 est revenue au système du code civil. Il en résulte que les controverses qui s'étaient élevées sous l'empire de la loi de 1807 viennent à tomber. La loi de 1807 était une loi d'ordre public, partant toute dérogation était une convention illicite; de là la conséquence que l'on ne pouvait, ni directement, ni indirectement, sous forme de clause pénale, stipuler des intérêts supérieurs à l'intérêt légal. Il y avait cependant des auteurs qui soutenaient que le créancier pouvait stipuler des intérêts, quelque élevés qu'ils fussent, pour le cas où la convention même indiquerait une cause spéciale de dommages et intérêts, telle que la déchéance d'une faculté de réméré. Nous croyons que cette exception était inadmissible (2); si elle se trouvait dans une convention antérieure à la loi du 5 mai 1865, les tribunaux devraient l'annuler et ordonner la restitution des intérêts excessifs qui auraient été perçus par le créancier. Car il va sans dire que la loi de 1865 n'a point d'effet rétroactif; il est de principe que les conventions sont régies par la loi qui existait au moment où elles ont été consenties. La cour de Gand l'a décidé ainsi et cela n'est point douteux (3).

***

(1) Cassation, 25 mai 1848 (*Pasicrisie*, 1849, 1, 67, et le réquisitoire de M. Leclercq, procureur général, *ibid.*, p. 70).

(2) Aubry et Rau, t. IV, p. 107 et suiv., § 308, et les autorités qu'ils citent.

(3) Gand, 25 avril 1872 (*Pasicrisie*, 1872, 2, 327). Comparez le tome Iᵉʳ de mes *Principes*, p. 271, nº 204.

II. *Loi.*

318. L'article 1153 dit qu'il y a des cas où la loi fait courir les intérêts de plein droit. Telle est la disposition de l'article 474, en vertu de laquelle la somme à laquelle s'élèvera le reliquat dû par le tuteur portera intérêt *sans demande*, à partir de la clôture du compte. Nous nous bornons à citer les articles du code qui consacrent des exceptions analogues : ce sont les articles 455, 456, 609, 612, 856, 1015, 1207, 1440, 1473, 1548, 1570, 1652, 1846, 1904, 1996, 2001, 2028 et 2277. Nous disons que ce sont des exceptions. En effet, la loi abandonne aux parties contractantes le soin de stipuler des intérêts ou de les demander en justice ; il faut donc, en principe, une convention ou une demande pour que les intérêts courent. Cela se comprend : les intérêts moratoires sont des dommages et intérêts ; or, le débiteur ne peut être condamné à des dommages-intérêts que lorsqu'il est en demeure, et la demeure n'existe qu'en vertu d'une convention ou d'une sommation. Ce n'est que par exception que la loi elle-même constitue le débiteur en demeure. L'article 1153 le dit : « *Excepté* dans les cas où la loi fait courir les intérêts de plein droit. » Il suit de là qu'il faut un texte pour que les intérêts courent de plein droit, et que les dispositions qui contiennent ces exceptions sont de stricte interprétation, comme l'est toute exception.

III. *La demande.*

1. LA RÈGLE.

319. Aux termes de l'article 1153, les intérêts moratoires ne sont dus que du jour de la demande. Que faut-il entendre par *demande ?* La loi entend par demande une action judiciaire ; l'article 1479, qui contient une application du principe posé par l'article 1153, le dit formellement : « Les créances personnelles que les époux ont à exercer l'un contre l'autre ne portent intérêt que du jour de la demande en justice. » Le code le décide ainsi par

opposition aux récompenses dues par la communauté aux
époux et aux indemnités par eux dues à la communauté,
lesquelles emportent les intérêts de plein droit à partir
du jour de la dissolution de la communauté. Donc le principe établi par la loi est qu'il faut une demande en justice pour faire courir les intérêts lorsqu'il n'y a pas de
convention et que l'on ne se trouve pas dans un des cas
où les intérêts courent de plein droit.

En exigeant une demande judiciaire pour que les intérêts soient dus, l'article 1153 déroge au droit commun.
Les intérêts moratoires sont des dommages et intérêts
résultant du retard dans l'exécution. Or, les dommages-
intérêts sont dus lorsque le débiteur est en demeure
de remplir son obligation (art. 1146), et le débiteur est
constitué en demeure soit par une sommation, soit par un
acte équivalent (art. 1139). Ainsi la règle est qu'une sommation, c'est-à-dire un acte extrajudiciaire, suffit pour
que le débiteur soit tenu des dommages et intérêts, tandis que la loi ne se contente pas d'une sommation pour
les intérêts moratoires, elle veut une demande judiciaire.
Quels sont les motifs de cette exception? Voici les raisons
que l'on donne : le législateur a voulu que le créancier
manifestât catégoriquement et énergiquement sa volonté
de faire courir les intérêts, afin d'éviter toute surprise du
débiteur et de ne lui laisser aucune illusion. Une sommation extrajudiciaire aurait pu laisser le débiteur dans le
doute, soit par ignorance, soit par des manœuvres du
créancier; la loi prévient ce danger en exigeant une action judiciaire (1). Le motif nous paraît d'une faiblesse
extrême. Une sommation est un acte d'huissier : est-ce
qu'un acte aussi rigoureux ne fait pas connaître clairement la volonté du créancier? Il y a un acte bien moins
rigoureux qui ne laisse aucun doute et qui exclut toute
surprise : le débiteur se reconnaît en demeure, cette reconnaissance prouve à l'évidence qu'il connaît sa position
et cependant, ainsi formulée, elle ne suffira pas pour faire
courir les intérêts, car ce n'est pas une demande judi-

(1) Demolombe, t. XXIV, p. 609 et suiv., n° 625, et tous les auteurs.

ciaire et ce n'est pas une convention stipulant des intérêts. Nous cherchons vainement une raison de la différence que la loi met entre les intérêts moratoires et les
dommages et intérêts ordinaires.

Ce qui prouve que le motif que l'on donne ne justifie
pas la loi, c'est que le législateur n'est pas resté fidèle à
son principe; il y admet des exceptions et les exceptions
sont aussi difficiles à justifier que la règle. L'article 1174
porte que les intérêts de ce qui sera dû au tuteur par le
mineur ne courront que du jour de la *sommation de payer*
qui aura suivi la clôture du compte. Ainsi la loi se contente d'une simple *sommation de payer*, tandis qu'en
règle générale elle veut une demande judiciaire. Quelle
est la raison de l'exception? Le motif que l'on donne pour
expliquer la règle s'applique précisément à l'exception;
certes, le pupille doit croire que son ancien tuteur ne veut
pas le traiter avec toute la rigueur qu'un créancier met à
poursuivre un débiteur qui lui est tout à fait étranger;
on devrait donc exiger une demande judiciaire, et la loi
se contente néanmoins d'une sommation! L'article 1652
dispose que l'acheteur doit l'intérêt du prix de la vente
jusqu'au payement du capital, s'il a été *sommé de payer*.
Quelle est la raison de cette nouvelle exception? Pourquoi
une sommation suffit-elle pour constituer l'acheteur en
demeure, tandis qu'elle ne suffit pas pour mettre en demeure l'emprunteur? L'inconséquence de la loi est évidente.

320. L'application de l'article 1153 soulève des questions très-difficiles et très-controversées. Il faut une *demande* pour faire courir les intérêts. Qu'est-ce que le
créancier doit demander? Faut-il qu'il demande les intérêts? ou suffit-il qu'il demande le capital? La plupart des
auteurs enseignent que le créancier doit demander les
intérêts; la jurisprudence est divisée; la cour de cassation décide que les intérêts courent par cela seul que le
créancier demande le capital, mais il y a bien des incertitudes et des inconséquences dans sa doctrine. A notre
avis, la demande du capital suffit, et nous admettons toutes
les conséquences du principe.

Qu'est-ce que les intérêts moratoires? L'article 1153 répond que ce sont les dommages et intérêts résultant du retard dans l'exécution d'une obligation qui consiste dans le payement d'une certaine somme. Quand ces intérêts sont-ils dus? Puisque ce sont des dommages et intérêts, ils doivent être dus en vertu d'une sommation ou d'un acte équivalent (art. 1130). L'article 1159 déroge à ce principe; il exige une demande judiciaire. A cela se borne la dérogation; c'est-à-dire que la demande en justice remplace la sommation. Du reste, la demande, étant un acte plus rigoureux que la sommation, doit, à plus forte raison, produire le même effet. Or, la sommation ne porte que sur la dette principale que le débiteur est sommé d'acquitter; quand elle a pour objet une dette d'argent, elle consiste à sommer le débiteur de payer le capital, car c'est tout ce qu'il doit; cette sommation de payer suffit pour constituer le débiteur en demeure et, par conséquent, pour faire courir les intérêts. Il en doit être de même de la demande judiciaire. Dans les deux cas où la loi se contente d'une sommation pour faire courir les intérêts, elle n'exige qu'une sommation de payer; les articles 474 et 1652 ne parlent pas d'une sommation de payer les intérêts; cela n'aurait pas de sens, car on ne peut pas sommer le débiteur de payer ce qu'il ne doit pas; or, il ne doit pas les intérêts; si la sommation de payer suffit pour faire courir les intérêts, quand la loi se contente d'une sommation au lieu d'une demande judiciaire, à plus forte raison la demande en justice, tendante à ce que le débiteur paye, doit-elle les faire courir. Exiger que le créancier demande les intérêts serait une nouvelle anomalie et la plus inexplicable de toutes.

Les textes sont en harmonie avec les principes. Qu'est-ce que l'article 1153 exige? Une *demande*. La demande de quoi? Le créancier ne peut demander que ce que le débiteur lui doit, c'est-à-dire le capital. En agissant en justice, le créancier demande que le débiteur paye, comme il demande qu'il paye quand il lui fait une sommation. La demande dont parle l'article 1153 est donc la *demande de payer*, de même que la sommation est la *sommation de payer*. Cela suffit pour constituer le débiteur en demeure, et dès qu'il est en.demeure, il doit les dommages et intérêts, c'est-à-dire les intérêts moratoires. Les dispositions du code qui contiennent une application de l'article 1153 sont conçues dans le même sens. En disant que les créances de l'un des conjoints contre l'autre portent intérêt du jour de la *demande en justice*, l'article 1478 entend par demande l'action que l'époux créancier intente contre l'époux débiteur, action qui tend au payement de la créance. Quand l'article 474 dit que le reliquat porte intérêt *sans demande,* on ne peut entendre par *demande* que la *demande du reliquat*. C'est donc la demande judiciaire qui par elle seule fait courir les intérêts, de même que la sommation par elle seule fait encourir les dommages-intérêts. L'article 57 du code de procédure le prouve, nous semble-t-il, jusqu'à la dernière évidence. Aux termes de cette disposition, la citation en conciliation fait courir les intérêts, pourvu que la demande soit formée dans le mois à dater du jour de la non-comparution ou de la non-conciliation. C'est donc la *citation* qui a la puissance de faire courir les intérêts, parce que la citation en conciliation est le préliminaire légal de l'ajournement. Peut-on dire plus clairement que les intérêts courent, non parce que le créancier les demande, mais parce que le créancier met le débiteur en demeure en le poursuivant en justice ?

Qu'est-ce que l'on oppose aux principes et aux textes (1)? On dit que l'article 1153, en disposant que les intérêts ne sont dus que du jour de la demande, suppose que les intérêts sont demandés, car il n'est pas question du ecapital. Nous avons répondu d'avance, en mettant l'article 1153 en rapport avec l'article 1139 et avec les dispositions du code civil et du code de procédure civile qui en contiennent une application. La loi dit : la *demande,* d'une manière absolue; or, la demande, c'est la demande

<hr/>

(1) Aubry et Rau, t. IV, p. 97, note 13, § 308, et les auteurs qu'ils citent. Dans le même sens, Limoges, 4 février 1847, et Bordeaux, 6 mai 1847 (Dalloz, 1847, 4, 301); Liége, 5 janvier 1818 (*Pasicrisie*, 1818, p. 6), et 28 juillet 1824 (*ibid.*, 1824, p. 193); Bruxelles, 15 juin 1825 (*ibid.*, 1825, p. 423); 27 décembre 1828 (*ibid.*, 1828, p. 393).

faite en justice; et qu'est-ce qu'on demande en justice? Ce que le débiteur doit. Donc *la demande* signifie *la demande de payer*. On cite encore l'article 1207, qui porte : « La *demande d'intérêts* formée contre l'un des débiteurs solidaires fait courir les intérêts à l'égard de tous. » Donc, dit-on, ce sont *les intérêts* que le créancier doit demander, il ne suffit pas qu'il demande le capital. Nous répondons que la loi doit toujours être entendue d'après l'objet qu'elle a en vue, *pro subjecta materia*, comme on dit à l'école. Or, quel est le but de l'article 1207? Est-ce de décider quand les intérêts courent? Du tout, le but du législateur a été de déroger à l'ancien droit, tel que Pothier l'enseignait; d'après Pothier, les intérêts ne couraient pas contre les codébiteurs, le code porte qu'ils courent. Voilà tout ce que dit l'article 1207; il ne faut pas lui faire dire plus qu'il ne dit, ni autre chose que ce qu'il a voulu dire. Que veut dire *la demande d'intérêts?* Faut-il pour cela que le créancier demande les intérêts, ou suffit-il qu'il demande le capital? Cette question n'est pas décidée par l'article 1207, elle l'est par l'article 1153. Dira-t-on que l'article 1207 sert au moins à interpréter l'article 1153? Cela serait admissible s'il était isolé. Mais il ne l'est pas, il y a d'autres articles très-formels, il faut les combiner tous, et si on le fait, on aboutit à la conclusion que la demande judiciaire suffit pour faire courir les intérêts, par la raison qu'elle constitue le débiteur en demeure.

321. La jurisprudence de la cour de cassation est en ce sens. Elle invoque d'abord les raisons de principe et de texte que nous avons fait valoir. Elle s'appuie encore sur la tradition. En cas de condamnation d'une somme due par cédule ou obligation, dit la coutume d'Orléans (art. 60), les intérêts doivent être adjugés du jour de l'ajournement. Il a été même jugé par le parlement de Flandre (le 17 décembre 1776) que les intérêts pouvaient être exigés après la condamnation judiciaire au payement du principal seulement, et le pourvoi formé contre cet arrêt a été rejeté au conseil (1). Le principe consacré par

(1) Réjet, 20 novembre 1848 (Dalloz, 1848, 1, 233).

la cour est celui-ci : « Lorsque l'article 1153 dit que les intérêts ne sont dus que du jour de la demande, c'est comme s'il avait dit : du jour de la mise en demeure de payer le capital. » La conséquence est que les intérêts dits judiciaires courent par l'effet seul de la demande intentée en justice. Que le créancier n'ait pas besoin de les demander, cela va de soi, une fois le principe admis. La cour le dit dans un autre arrêt. « A partir du jour de la demande, les intérêts sont dus de *plein droit par le seul effet de la demande* (1). » Cela implique que le juge ne doit pas condamner le débiteur aux intérêts moratoires ; dire qu'ils sont dus de *plein droit,* c'est dire qu'ils ne doivent pas être prononcés par le tribunal. En effet, pourquoi les prononcerai t-il? La loi ne dit-elle pas que le débiteur doit les dommages-intérêts quand il est en demeure? Or, le débiteur est en demeure par le fait seul de la demande ; donc une condamnation est inutile. Il y a plus, on ne conçoit pas même de condamnation dans l'opinion de la cour de cassation ; le juge ne peut adjuger que la chose demandée ; or, le créancier ne demande pas les intérêts, donc le juge ne peut pas les comprendre dans son jugement. A quoi bon d'ailleurs? Quand le débiteur est sommé de payer, dans les cas prévus par les articles 474 et 1652, il ne faut certes pas de jugement pour que le débiteur doive les intérêts, il les doit par cela seul qu'il est en demeure ; or, la demande judiciaire le constitue en demeure, donc il doit les intérêts sans que le juge l'y condamne. S'il fallait une condamnation, il ne serait plus vrai de dire que la demande fait courir les intérêts de plein droit, comme le dit la cour de cassation.

Cependant la cour de cassation paraît avoir jugé en sens contraire. Une action en restitution de fruits indûment perçus est intentée par le propriétaire contre le possesseur. La cour fixe le chiffre des restitutions à la somme de 16,640 francs. Ni lors de la demande, ni dans le cours de l'instance, le demandeur n'avait conclu aux intérêts

___

(1) Cassation. 9 février 1864 (Dalloz. 1864, 1, 72). En sens contraire, Colmet de Santerre, t. V, p. 105, n° 70 *bis* VIII.

des restitutions à opérer. Considérant les intérêts comme compris dans la condamnation, il en poursuivit le payement à partir de l'action principale. La cour d'Aix rejeta la demande d'intérêts, par le motif que les intérêts ne sont pas dus de plein droit en vertu de la condamnation. Or, dans l'espèce, il n'y avait pas eu de demande d'intérêts, c'est seulement après le payement du capital que la demande d'intérêts fut introduite. Voici la conclusion que la cour de cassation tire des faits ainsi constatés. Il n'appartenait qu'aux magistrats saisis de l'action en restitution des fruits de prononcer, s'il y avait lieu, sur les intérêts moratoires comme étant un accessoire et une dépendance des restitutions demandées ; or, la cour d'Aix, loin d'allouer les intérêts, en a, au contraire, exclu l'allocation par l'arrêt qui a terminé le règlement de compte. De là suit, dit la cour de cassation, que l'action ayant pour objet d'obtenir les intérêts moratoires des fruits indûment perçus se trouvait éteinte lorsque le demandeur a, pour la première fois, réclamé ces intérêts par une demande spéciale introductive d'une nouvelle instance ; il ne pouvait plus demander les intérêts moratoires pour le retard dans le payement, puisque la dette capitale était payée (1).

Comment faut-il entendre cet arrêt? Il est en opposition avec les décisions que nous venons de rapporter. La chambre des requêtes décide qu'il ne faut pas de demande pour faire courir les intérêts, qu'ils courent de plein droit par l'effet de la demande. La chambre civile, au contraire, décide que les intérêts doivent être alloués par le tribunal, ce qui implique qu'ils doivent être demandés. Est-ce une décision spéciale qui ne doit recevoir son application qu'aux intérêts des restitutions de fruits? Nous reviendrons sur cette question en expliquant l'article 1155. Il est certain que les motifs de décider sont conçus en termes généraux et que la décision paraît être générale. Nos doutes subsistent donc et, par suite, il nous est difficile de préciser quelle est la jurisprudence de la cour de cassation.

(1) Rejet, chambre civile, 16 novembre 1858 (Dalloz, 1858, 1, 443).

322. L'opinion généralement suivie exige que le créancier demande les intérêts. Elle présente une nouvelle difficulté. Quand le créancier doit-il faire cette demande? doit-il conclure au payement des intérêts, dans l'exploit introductif d'instance? ou peut-il, pendant l'instance, prendre des conclusions additionnelles? et le jugement pourra-t-il, en ce cas, allouer les intérêts à partir de la demande? Si l'on admet que les intérêts doivent être demandés et qu'ils ne courent qu'en vertu de la demande et comme un effet qu'elle produit, il faut être logique et décider que les intérêts ne peuvent être alloués au créancier qu'à partir du moment où il a conclu à ce que le débiteur y fût condamné. Telle est l'opinion généralement enseignée par les auteurs (1). Il a été jugé en ce sens qu'une demande d'intérêts est une demande nouvelle qui ne peut être formée en appel (2). On admet, à la vérité, que les intérêts peuvent encore être demandés dans le cours de l'instance, mais il faut que le créancier y ait conclu, et les intérêts ne lui sont alloués qu'à partir de ses conclusions (3). Ces décisions sont logiques, mais elles témoignent contre le principe d'où elles découlent. Les intérêts dus par l'acheteur sont des intérêts moratoires; il les doit à partir de la sommation, sans intervention aucune du juge; pourquoi? Parce que la sommation le constitue en demeure. Or, la demande judiciaire constitue aussi le débiteur en demeure; c'est un acte plus rigoureux qu'une sommation, et néanmoins elle ne fera pas courir les intérêts; il faut que le créancier prenne de nouvelles conclusions à l'audience, il ne pourra même plus prendre ces conclusions en appel, bien que le débiteur soit en demeure depuis l'ajournement. Cela est contraire à tout principe. Le demandeur doit obtenir du jour de l'action ce que le tribunal lui adjuge; s'il lui adjuge les intérêts, il doit y avoir droit à partir de l'exploit introductif d'instance (4).

(1) Demolombe, t. XXIV, p. 612, n° 627, et les auteurs qu'il cite.
(2) Bruxelles, 15 juin 1825 (*Pasicrisie*, 1825, p. 423).
(3) Liége, 17 juillet 1837 (*Pasicrisie*, 1837, 2, 185).
(4) Comparez Bruxelles, 27 décembre 1828 (*Pasicrisie*, 1828, p. 393). Cassation, 9 février 1864 (Dalloz, 1864, 1, 72).

323. Faut-il que la dette soit liquide pour que le créancier puisse demander les intéréts? On suppose que l'existence de la dette est certaine, mais que le montant pécuniaire n'en est pas fixé. Telle est une dette de restitution de fruits indûment perçus. Le texte même du code décide la question; en effet, l'article 1155 place, parmi les dettes dont on peut demander les intéréts, les restitutions de fruits; et ce que la loi dit de cette créance, qui n'est pas liquide, doit s'appliquer à toute espèce de créances analogues. Comme le dit très-bien la cour de cassation, le code n'exige pas que la dette soit liquide pour devenir, sur la demande du créancier, productive d'intéréts en cas de retard du débiteur, il suffit qu'elle soit certaine quant à son existence; dès lors le débiteur peut faire des offres et, par suite, éviter la condamnation aux intéréts (1). Il en est de même de la créance que l'assuré a contre une compagnie d'assurance; si l'existence même de la créance n'est point contestée, le tribunal peut condamner la compagnie aux intéréts de l'indemnité, quoique le chiffre n'en soit pas encore définitivement arrêté, l'indemnité devant être évaluée par experts (2). Cela est aussi fondé en raison; comme le dit la cour de Gand, si le débiteur ne pouvait être condamné aux intéréts que lorsque la créance serait définitivement liquidée, il dépendrait de lui d'empêcher les intéréts de courir, en traînant la liquidation en longueur (3).

Pour que ces principes reçoivent leur application, il faut que le défendeur soit à même de faire des offres au demandeur. Si donc celui-ci se bornait à demander le payement d'une somme d'argent à titre d'honoraires et d'avances, sans rien préciser, sous la réserve de fixer le chiffre de sa créance dans des conclusions ultérieures, il n'y aurait pas moyen pour le débiteur de faire des offres; dès lors il faut décider que la demande ne peut pas faire courir les intéréts. C'est la décision de la cour de cassation; elle a jugé que le débiteur n'est réellement mis en

(1) Cassation, 9 février 1864 (Dalloz, 1864, 1, 72).
(2) Cassation, 19 juillet 1852 (Dalloz, 1852, 1, 299).
(3) Gand, 11 avril 1872 (*Pasicrisie*, 1872, 1, 279).

demeure que par les conclusions qui lui font connaître le montant de la dette dont on réclame le payement (1).

324. Pour que la demande judiciaire fasse courir les intérêts, il faut qu'elle soit valable en la forme; sur ce point, il n'y a aucun doute, puisqu'un acte nul ne produit aucun effet. Mais que faut-il décider si une demande, valable en la forme, est portée devant un tribunal incompétent? La décision doit être la même, puisque cette demande aussi est nulle, en ce sens qu'elle doit être renouvelée devant le juge compétent. On objecte que, d'après l'article 2246, la citation en justice, donnée même devant un juge incompétent, interrompt la prescription. Cet argument, qui avait séduit les éditeurs de Zachariæ, est loin d'être décisif. La disposition de l'article 2246 est toute spéciale et exceptionnelle; elle s'explique par la faveur que mérite la conservation d'un droit. Dans notre espèce, il ne s'agit pas de conserver un droit, le créancier prétend acquérir un droit nouveau contre son débiteur; la loi exige pour cela une demande judiciaire, il ne suffit donc pas qu'il y ait une manifestation de volonté de sa part, il faut une demande devant le tribunal qui est appelé à décider la contestation; si ce tribunal n'est pas saisi, il n'y a pas de demande, donc les intérêts ne peuvent pas courir (2). La jurisprudence s'est prononcée en ce sens, sauf quelques dissentiments dont on ne doit tenir aucun compte, les principes ne laissant pas de doute (3).

La question s'est présentée de savoir si la soumission à un arbitrage est une demande dans le sens de l'article 1153. Il a été jugé que toute demande en remboursement de capital fait courir les intérêts, alors que l'intention de les réclamer est manifestée judiciairement; cette intention peut être déclarée aussi bien devant une juridic-

---

(1) Rejet, 30 mars 1852 (Dalloz, 1852, 1, 110).

(2) Colmet de Santerre, t. V, p. 104, n° 70 *bis* VII, et la plupart des auteurs (Aubry et Rau, t. IV, p. 98, note 16, § 308).

(3) Cassation, 11 janvier 1847 (Dalloz, 1847, 1, 76). Paris, 5 janvier 1837 (Dalloz, 1847, 4, 306). Agen, 5 mars 1849 (Dalloz, 1849, 2, 137). Alger, 2 juin 1856 (Dalloz, 1856, 5, 256). Douai, 5 août 1857 (Dalloz, 1858, 2, 52). La jurisprudence belge est dans le même sens (Liége, 6 janvier 1820, *Pasicrisie*, 1820, p. 10); 19 juillet 1843 (*ibid.*, 1845, 2, 112). Bruxelles, 21 mars 1860 (*ibid.*, 1862, 2, 204). Gand, 11 avril 1872 (*ibid.*, 1872, 2, 279).

tion conventionnelle que devant les tribunaux ordinaires. Dans l'espèce, les intérêts étaient compris dans le compromis, et ils avaient été demandés devant les arbitres, ce qui décidait la question (1).

325. La demande en justice peut-elle être remplacée par un acte équipollent? Il n'y a pas d'équivalent à une demande judiciaire. On a cependant essayé d'engager les tribunaux dans une voie où l'article 1153 aurait disparu pour faire place à une loi nouvelle. Pourquoi le code exige-t-il une demande en justice? dit-on. La cour de cassation vient de nous le dire : pour que le débiteur sache que l'intention sérieuse du créancier est d'obtenir des dommages et intérêts. Est-ce qu'un commandement, est-ce qu'une saisie peuvent laisser quelque doute sur la volonté du créancier? est-ce que la correspondance même échangée entre le créancier et le débiteur ne peut pas donner au débiteur une certitude complète? Que si l'on objecte que par ces voies on manifeste bien l'intention énergique d'être payé, mais que cela ne suffit pas, d'après l'article 1153, qu'il faut une demande d'intérêts; on peut répondre que la cour de cassation se contente de la demande du capital. Toutefois la cour a cassé les arrêts qui avaient accueilli cette interprétation de l'article 1153; c'était, à vrai dire, faire le procès à la loi, l'interprète doit se borner à l'appliquer (2).

2. A QUELS CAS LA RÈGLE DE L'ARTICLE 1153 EST-ELLE APPLICABLE?

326. La règle qui exige une demande judiciaire pour faire courir les intérêts n'est pas aussi absolue qu'on le croit d'ordinaire. Il ne faut pas perdre de vue que l'article 1153 consacre une exception aux principes généraux qui régissent la demeure (n° 318). Or, toute exception doit être strictement limitée aux termes de la loi. Et que dit l'article 1153? Il n'y est question que des intérêts mo-

---

(1) Rejet, 31 décembre 1845 (Dalloz, 1847, 4, 307).
(2) Voyez les arrêts cités par Aubry et Rau, t. IV, p. 98, note 17, § 308. Il faut ajouter : Rejet, 15 avril 1846 (Dalloz, 1852, 2, 119), et Bruxelles, 16 janvier 1865 (*Pasicrisie*, 1865, 2, 211).

ratoires, c'est-à-dire des dommages et intérêts résultant du retard dans l'exécution d'une obligation qui se borne au payement d'une certaine somme. Tels sont les termes de la loi. Quand il s'agit de dommages compensatoires, il n'y a pas lieu d'appliquer l'article 1153 (1). De même quand l'obligation ne consiste pas dans le payement d'une somme d'argent, l'article 1153 n'est plus applicable. Par conséquent, le juge pourra allouer au créancier d'abord une somme principale supérieure à l'intérêt légal à titre de dommages et intérêts, plus les intérêts de cette somme, comme élément ou complément de l'indemnité (2).

327. Nous avons dit plus haut que l'article 1153, en tant qu'il fixe la quotité des dommages-intérêts, n'est pas applicable aux dommages et intérêts résultant des délits et des quasi-délits (nos 310-312). Il en est de même de la règle qui exige une demande en justice pour faire courir les intérêts. Tout délit soumet celui qui en est coupable à réparer le dommage qu'il a causé par le fait illicite. Il ne s'agit pas, dans ce cas, du préjudice qui résulte du retard dans le payement, la partie lésée a droit à une réparation complète du dommage qu'elle a souffert. C'est au juge à évaluer les dommages-intérêts qui doivent lui être alloués ; il y peut comprendre les intérêts de l'indemnité sans qu'ils aient été demandés ; ces intérêts, dit la cour de cassation, font partie intégrante de l'indemnité. Ce ne sont pas des intérêts moratoires, mais des dommages et intérêts qui compensent le préjudice causé, et que pour cette raison on appelle compensatoires ; ils ne tombent pas sous l'application de l'article 1153, ils restent dans la règle générale qui permet au juge d'apprécier souverainement la quotité du préjudice et le mode de réparation (3).

328. Ce qui est vrai des délits criminels est vrai aussi des délits civils et des quasi-délits ; le principe de la ré-

---

(1) Aubry et Rau, t. IV, p. 98 et suiv., et note 18, § 308. Demolombe, t. XXIV, p. 617, n° 634.

(2) Rejet, 19 novembre 1861 (Dalloz, 1862, 1, 139), 28 janvier 1868 (Dalloz, 1868, 1, 483) et 10 février 1873 (Dalloz, 1873, 1, 264).

(3) Rejet de la chambre criminelle du 1er mai 1857 (Dalloz, 1857, 1, 271).

paration est identique, il se fonde dans tous les cas sur l'article 1382, ce qui donne au juge plein pouvoir de régler comme il l'entend l'indemnité du préjudice souffert, sans être lié par l'article 1153. Un notaire cause un préjudice à son client par des fautes multiples; c'est l'expression de l'arrêt; il y a fait dommageable, donc il y a lieu à l'application de l'article 1382. Le juge peut régler le montant du préjudice, soit par un capital unique fixé au jour du jugement, soit par un capital moindre augmenté de l'intérêt couru depuis le jour de la faute, de manière à représenter exactement, dans un cas comme dans l'autre, le dommage éprouvé. On objectait les principes qui régissent la mise en demeure; la cour les écarta comme n'étant applicables qu'aux obligations conventionnelles(1). Quand il s'agit de la réparation d'un préjudice causé par un fait dommageable, les intérêts peuvent être alloués à partir du jour où le dommage a eu lieu; cela est très-logique, car la réparation est due à partir de ce moment; or, les intérêts font partie intégrante de la réparation (2).

Il se présente quelquefois des difficultés en matière de délits civils ou de quasi-délits, quand le fait dommageable a lieu dans l'exécution d'une convention. Faut-il appliquer, en ce cas, les principes qui régissent les obligations conventionnelles, par conséquent l'article 1153, ou faut-il appliquer l'article 1382? Si le dommage résulte d'une faute commise dans l'exécution d'un contrat conventionnel, on applique les principes des dommages-intérêts; mais dans ce cas-là même il n'y a lieu à l'application de l'article 1153 que lorsqu'il s'agit du retard dans le payement d'une somme d'argent. Si le fait dommageable est étranger à la convention, il va sans dire que l'article 1382 devient applicable. L'acquéreur d'un immeuble commet une entreprise sur un cours d'eau au préjudice des droits que le vendeur avait concédés à un propriétaire inférieur;

(1) Rejet, 18 décembre 1866 et 21 janvier 1867 (Dalloz, 1867, 1, 427 et 428). Rejet, 4 février 1868 (Dalloz, 1868, 1, 383).
(2) Rejet, 8 février 1864 (Dalloz, 1864, 1, 486). Comparez Rejet, 15 juillet 1872 (Dalloz, 1873, 1, 263), 5 août 1842, de la cour de cassation de Belgique (*Pasicrisie*, 1842, 1, 336).

l'acte d'acquisition contenait une clause formelle imposant à l'adjudicataire l'obligation de respecter les sources et cours d'eau et de les laisser dans leur état actuel. De là un doute sur le point de savoir si l'entreprise constituait une infraction à une obligation conventionnelle. La cour de cassation a jugé que c'était une atteinte au droit réel résultant de la concession et, par suite, un acte dommageable. Il en résultait que la réparation était due à partir du préjudice causé. L'espèce rentrait dans le cas de l'article 1382 (1).

329. La responsabilité des compagnies de chemins de fer, ou de l'Etat qui exploite les voies ferrées, soulève la double difficulté que nous venons de signaler. Quand il s'agit du dommage causé par la négligence ou l'imprudence d'un agent de la compagnie ou de l'Etat, on applique l'article 1382 et l'article 1384 qui s'y rattache; l'article 1153 est, dans ce cas, hors de cause (2). Il en est autrement lorsqu'un voyageur réclame une indemnité pour ses bagages, ou pour des colis enregistrés comme bagages, qui ont été égarés. Il s'agit alors d'une faute commise dans l'exécution d'un contrat; l'administration du chemin de fer est responsable en vertu de l'article 1137; donc il faut appliquer les principes qui régissent les obligations conventionnelles. Est-ce le cas de l'article 1153? Non, car le demandeur ne fonde pas sa demande sur un retard dans le payement, il réclame une indemnité pour un préjudice souffert par suite de la faute du débiteur; donc il est question, non d'intérêts moratoires, mais de dommages-intérêts dus pour inexécution d'une obligation consistant à conserver la chose avec les soins d'un bon père de famille. Dans une espèce jugée par la cour d'Aix, l'arrêt, en réduisant les dommages-intérêts que le voyageur réclamait, lui alloua les intérêts de l'indemnité, bien qu'ils n'eussent pas été demandés : c'est, dit la cour, à titre de dommages et intérêts complémentaires. Sur le pourvoi, la cour de cassation décida que les intérêts alloués avaient

(1) Rejet, 4 février 1868 (Dalloz, 1868, 1, 271).
(2) Rejet, 4 mars 1872 (Dalloz, 1872, 1, 327).

été accordés à titre de *dommages-intérêts ;* que, par suite, l'article 1153 n'était pas applicable (1). Ainsi la cour distingue les *dommages-intérêts* des *intérêts moratoires ;* il est vrai que l'article 1153 accorde aussi ces intérêts à titre de dommages et intérêts, mais c'est pour une cause spéciale, le retard mis à payer la somme due; tandis que les dommages-intérêts ordinaires sont une compensation du préjudice que le créancier éprouve par l'inexécution de la convention.

330. La jurisprudence a fait de nombreuses applications des principes que nous venons de poser. Il est utile de les faire connaître, afin d'établir nettement la différence qui sépare les intérêts moratoires des dommages-intérêts compensatoires. Quant aux faits dommageables que la jurisprudence qualifie ordinairement de quasi-délits, la cour de cassation pose en principe que l'article 1153 n'y est pas applicable; les tribunaux ont un pouvoir discrétionnaire pour les régler comme ils l'entendent et pour fixer, par conséquent, telle époque qu'ils veulent à partir de laquelle les intérêts courront (2). Quand le juge se montre sévère pour les dommages et intérêts, il use d'indulgence pour les intérêts des dommages-intérêts. L'acte de suscription d'un testament mystique est annulé par la faute du notaire; faute lourde, dit l'arrêt; la cour fixa le montant des dommages-intérêts à 12,000 francs, mais elle ne fit courir les intérêts qu'à partir de la prononciation du jugement, par le motif que la dette n'était certaine et liquide qu'à partir de ce moment (3). Le motif est mauvais ; on pourrait l'appliquer à toutes les actions en dommages et intérêts, car les dommages et intérêts ne sont jamais liquides qu'en vertu de la décision du tribunal.

Le code de procédure interdit aux avoués, sous peine de dommages-intérêts, d'enchérir pour les individus notoirement insolvables (art. 708 et 711). En condamnant un avoué à des dommages-intérêts de ce chef, la cour de

---

(1) Aix, 18 juin 1870 (Dalloz, 1871, 2, 247). Rejet, 5 mars 1872 (Dalloz, 1872, 1, 215).
(2) Rejet, 27 décembre 1853 (Dalloz, 1854, 2, 143).
(3) Nîmes, 28 avril 1863 (Dalloz, 1865, 2, 14).

Montpellier fixa l'époque à partir de laquelle les intérêts de ces dommages-intérêts devaient courir au jour de l'adjudication première, parce que, sans la surenchère, les intérêts auraient couru à partir de ce moment. Sur le pourvoi, il a été jugé que l'article 1153 n'était pas applicable à l'espèce, puisque les intérêts n'étaient qu'un des éléments des dommages-intérêts destinés à réparer le préjudice causé; que, par suite, le juge pouvait en marquer le point de départ à une époque antérieure au jour de la demande(1). La cour a confirmé, par la même raison, un arrêt qui condamnait un huissier à payer, à partir du jour de la réception, l'intérêt d'une somme qu'il avait touchée comme prix provenant de la vente d'un bien dépendant d'une succession vacante, et qui avait remis ce prix à l'un des créanciers privilégiés, au lieu de le déposer à la caisse des consignations (2).

Quand il s'agit d'un fait dommageable, le créancier doit être indemnisé du préjudice qu'il souffre dès l'instant où il est lésé; or, les intérêts faisant partie de cette indemnité, il est juste qu'ils courent à partir du jour où le dommage a été causé. La jurisprudence est en ce sens (3). Mais c'est une jurisprudence de fait plutôt que de droit; en droit, il faut dire que les tribunaux jouissent d'un pouvoir discrétionnaire.

331. Les tribunaux jouissent de ce même pouvoir quand les dommages-intérêts sont prononcés sans qu'il soit intervenu de convention entre les parties. Les dommages-intérêts sont dus en vertu d'un dommage causé; ils doivent être évalués par experts; le juge peut décider, dans ce cas, que les intérêts ne seront accordés qu'à partir du jour où le débiteur a pu connaître la nature et le montant de ce dont il est débiteur, par conséquent du jour où l'expertise lui a été signifiée (4).

Faut-il appliquer ce principe à la restitution de ce qui a été indûment reçu? Un arrêt de la cour de Bruxelles

---

(1) Rejet, 14 janvier 1856 (Dalloz, 1856, 1, 82).
(2) Rejet, 21 juin 1825 (Dalloz, au mot *Succession*, n° 993).
(3) Rejet, 30 janvier 1826, 31 juillet 1832, 8 août 1832, 5 novembre 1834 (Dalloz, au mot *Prêt à intérêt*, n° 85, 5°-8°).
(4) Rejet, 15 février 1837 (Dalloz, au mot *Prêt à intérêt*, n° 87).

décide que l'on doit appliquer dans ce cas l'article 1153, par la raison qu'aucune disposition ne fait courir les intérêts de plein droit (1). Il nous semble que la raison est mauvaise. Il faut voir, avant tout, si l'article 1153 est applicable au quasi-contrat du payement indû. A notre avis, la négative est certaine. Nous dirons, en traitant des quasi-contrats, que celui qui reçoit ce qui ne lui est pas dû est tenu de restituer jusqu'à concurrence de ce dont il s'est enrichi s'il est de bonne foi, et que s'il est de mauvaise foi, il est tenu de toutes les conséquences de son dol. Ce principe diffère de celui que l'article 1153 établit ; il faut donc écarter les dispositions du code qui concernent les obligations conventionnelles.

La cour de Bruxelles a jugé de même que les restitutions auxquelles est condamnée une congrégation religieuse du chef de la dot d'une religieuse sont soumises à l'article 1153 (2). Il n'y a aucun contrat dans l'espèce, puisque la cour décide que les conventions qui interviennent avec une congrégation non autorisée sont radicalement nulles, c'est-à-dire inexistantes. Or, l'article 1153 ne s'applique qu'aux obligations conventionnelles, ce qui décide la question.

332. L'article 1153 est applicable aux obligations conventionnelles. Ce n'est pas à dire que toute condamnation à des dommages-intérêts intervenue en matière de contrats tombe sous l'application de l'article 1153. Il faut appliquer ici la distinction entre les intérêts moratoires et les dommages-intérêts compensatoires. En général, les intérêts accordés comme compensation du préjudice souffert courent du jour où le dommage a été causé. C'est le principe posé par la cour de cassation de Belgique (3). Il ne faut pas le prendre dans un sens absolu, car les tribunaux ont nécessairement en cette matière un grand pouvoir d'appréciation ; c'est au juge à voir à partir de

---

(1) Bruxelles, 14 juin 1862 (*Pasicrisie*, 1862, 2, 270).
(2) Bruxelles, 5 juin 1858 (*Pasicrisie*, 1859, 2, 133).
(3) Rejet, 26 octobre 1849 (*Pasicrisie*, 1851, 1, 119), et cour de cassation de France, 4 février 1868 (Dalloz, 1869, 1, 383); 1er juillet 1868 (Dalloz, 1871, 5, 222).

quel moment les intérêts doivent courir pour assurer au créancier une réparation complète du préjudice qu'il a éprouvé. Si d'ordinaire les intérêts courent à partir du dommage, ils peuvent aussi ne courir que depuis l'introduction de la demande. Il a été jugé par la cour de Liége que la somme accordée par des experts pour dommages et intérêts ayant été fixée de manière à indemniser complétement le créancier, en principal et en revenus, jusqu'à la clôture des procès-verbaux d'expertise, c'est seulement depuis cette date que les intérêts devaient courir à titre de complément de l'indemnité (1).

La fixation de l'époque à partir de laquelle les intérêts courront est donc abandonnée à l'appréciation du juge. Cela a été jugé ainsi par la cour de cassation dans l'espèce suivante. La cour de Nancy avait alloué des intérêts pour réparation du préjudice résultant du retard dans la livraison d'une marchandise vendue, à compter de la sommation faite au vendeur d'opérer cette livraison. On aurait pu conclure de là qu'il fallait une mise en demeure du débiteur pour faire remonter les intérêts au delà de la demande. Tel n'est pas le sens que la cour de cassation a prêté à la décision; elle a jugé que, ne s'agissant pas du retard dans le payement d'une somme d'argent, l'article 1153 était inapplicable; elle en conclut que, dans l'espèce, les intérêts avaient pu être accordés à partir d'une époque antérieure à celle de la demande (2). La cour a soin de ne pas déterminer cette époque; c'est dire que le juge du fait a un pouvoir discrétionnaire à cet égard.

5. DES EXCEPTIONS A L'ARTICLE 1153.

333. L'article 1153, après avoir dit que les intérêts ne sont dus que du jour de la demande, ajoute : « Excepté dans les cas où la loi les fait courir de plein droit. » Nous avons mentionné ces cas, ils sont expliqués dans les divers titres où se trouve le siége de la matière.

(1) Liége, 18 juin 1868 (*Pasicrisie*, 1869, 2, 101).
(2) Rejet, 23 février 1858 (Dalloz, 1858, 1, 390).

Ce sont des exceptions, en ce sens que les cas où les intérêts courent de plein droit sont de stricte interprétation. Ce ne sont pas des exceptions, en ce sens qu'une mise en demeure prononcée par la loi doit avoir le même effet qu'une mise en demeure résultant d'une demande judiciaire. Les véritables exceptions à la règle établie par l'article 1153 ne sont pas mentionnées dans cette disposition; ce sont les cas où, par un retour au droit commun, le législateur se contente d'une sommation pour faire courir les intérêts. Nous renvoyons à ce qui a été plus haut.

334. La pratique et la jurisprudence admettent une exception qui n'est pas consacrée par la loi; dans les comptes courants commerciaux, les sommes avancées ou versées produisent intérêt à partir du jour des avances ou des versements. Comment justifier une exception que la loi n'établit point? La plupart des auteurs disent que ce n'est pas une exception; les uns l'expliquent en supposant que les avances ou les versements se font à titre de mandat (1); les autres enseignent que c'est une convention tacite fondée sur un de ces usages qui, aux termes des articles 1135 et 1160, doivent être suppléés dans les contrats. Cette dernière explication est la plus simple; elle a été admise par la cour de cassation de Belgique (2).

335. La jurisprudence belge admet encore une exception fondée sur le même motif, pour le prix des marchandises vendues entre négociants. Il est d'usage constant et reconnu, dit la cour de Bruxelles, que sur la place d'Anvers, les intérêts du prix des marchandises vendues entre négociants commencent à courir du jour des échéances stipulées. C'est une clause d'usage qui est sous-entendue dans les conventions, en vertu des articles 1135 et 1160. Elle se justifie, en principe, par la considération que le gain étant le but constant du commerce, l'intention

(1) Par application de l'article 2001 (Massé, t. III, p. 259 et suiv.), suivi par Demolombe, t. XXIV, p. 617.
(2) Aubry et Rau, t. IV, p. 99, note 20, § 308. Rejet, 20 décembre 1850 (*Pasicrisie*, 1851, 1, 228).

des parties contractantes doit être et est réellement que les capitaux ne demeurent jamais improductifs (1). Le même usage existe sur la place de Verviers (2).

336. Il y a une exception en sens inverse. On lit dans un arrêt de la cour de cassation que les administrations fiscales n'ayant pas droit aux intérêts moratoires des sommes qu'elles ont à percevoir, elles ne sauraient, par une juste réciprocité, être condamnées à l'intérêt moratoire des sommes qu'elles peuvent avoir à restituer (3). Cela est de jurisprudence (4). Nous nous contentons de constater l'exception, la matière étant étrangère à notre travail.

337. Nous mentionnerons encore une décision de la cour de cassation qui semble déroger à l'article 1153. Voici l'espèce. Des commissionnaires en soie remirent à des fabricants une certaine quantité de tissus Tursaeh à fabriquer sur échantillon au prix de 30 francs le kilogramme. La première livraison des soies fut refusée par les commissionnaires, comme n'étant pas conforme à l'échantillon ; ils demandèrent que les fabricants fussent condamnés à leur payer le prix des soies qui ne seraient point livrées, soit en nature, soit fabriquées conformément à la convention. La cour de Lyon décida que les étoffes que les fabricants ne pouvaient livrer dans les conditions voulues par leur marché resteraient pour leur compte au prix qui avait été estimé d'avance par les parties, à 30 fr. le kilogramme. Sur le pourvoi en cassation, il intervint un arrêt de rejet. On était d'accord que l'article 1153 n'était pas applicable, puisqu'il ne s'agissait pas d'intérêts moratoires ; toutefois les demandeurs soutenaient que les dommages-intérêts en matière de livraison de marchandises étaient essentiellement pécuniaires. L'arrêt de la cour est assez singulièrement rédigé ; elle dit que ce n'est pas une question de dommages-intérêts ; les com-

---

(1) Bruxelles, 7 décembre 1853 (*Pasicrisie*, 1855, 2, 40).
(2) Jugement du tribunal de commerce de Verviers du 23 décembre 1869 (*Pasicrisie*, 1872, 3, 73).
(3) Rejet, 27 novembre 1867 (Dalloz, 1868, 1, 267).
(4) Voyez les autorités dans Dalloz, au mot *Enregistrement*, n° 5432, et au mot *Prêt à intérêt*, n° 70.

missionnaires ne pouvaient être forcés à prendre livraison des marchandises par eux commandées, puisqu'elles n'étaient pas conformes à l'échantillon : c'est l'application du principe que dans les contrats synallagmatiques l'une des parties ne peut pas être obligée à exécuter la convention quand l'autre n'a pas rempli ses engagements. En d'autres termes, le contrat était résolu, en vertu de l'article 1184. Dans cette supposition, les fabricants n'avaient-ils pas raison de dire qu'il fallait appliquer les principes généraux qui régissent les dommages-intérêts? La cour ajoute que l'arrêt attaqué se justifiait encore par cette considération qu'aucune loi ne décide que les dommages-intérêts ne peuvent consister qu'en réparations pécuniaires ; ce qui permet aux tribunaux de prononcer le *laissé pour compte* à titre de réparation (1). Il est vrai qu'il n'y a point de loi formelle pour les dommages-intérêts ordinaires ; quant aux dommages et intérêts dus pour cause de retard, il y a une disposition, puisque l'article 1153 fixe la réparation à l'intérêt légal, et l'article 1142, en disant que les obligations de faire en cas d'inexécution de la part du débiteur se résolvent en dommages et intérêts, ne dit-il pas implicitement que la condamnation sera pécuniaire? Le *laissé pour compte* ne peut, nous semble-t-il, être justifié que comme une convention tacite résultant de l'usage.

N° 3. DE L'ANATOCISME.

I. *Conditions et restrictions.*

338. Il y a anatocisme quand les intérêts produisent de nouveaux intérêts ; c'est ce qu'on appelle aussi la capitalisation des intérêts ; les intérêts étant réunis au capital produisent des intérêts, comme formant un nouveau capital. L'ancien droit défendait l'anatocisme, même dans les cas où, par exception, l'intérêt simple était autorisé ;

(1) Rejet, 28 avril 1862 (Dalloz, 1863, 1, 250).

le code innove donc en disposant que « les intérêts échus
des capitaux peuvent produire des intérêts ou par une demande judiciaire ou par une convention spéciale ; » toutefois il y met des restrictions : il faut que les intérêts
soient échus et il faut qu'ils soient dus au moins pour
une année entière. Quelle est la raison de la réprobation
qui a toujours frappé l'anatocisme et qui le frappe encore
sous l'empire du code, bien qu'il permette aux parties de
stipuler tel intérêt qu'elles veulent ? Les mêmes motifs
qui jadis ont fait prohiber l'anatocisme ont engagé le législateur français à ne le permettre qu'avec des conditions
restrictives. On craint les surprises dont les débiteurs
ignorants sont les victimes. La capitalisation des intérêts double la dette après un court laps de temps, sans
que le débiteur s'en doute ; ignorant les effets ruineux de
l'anatocisme, ceux qui empruntent consentent facilement
à des conditions qui les ruineront s'ils ne payent pas régulièrement les intérêts. La capitalisation est surtout
dangereuse quand elle se fait pour des intérêts à échoir ;
l'emprunteur qui a besoin d'argent est obligé d'accepter
toutes les conditions qu'on lui impose, il se fait illusion,
il espère qu'il pourra acquitter les intérêts ; puis il se
trouve dans l'impossibilité de remplir ses engagements ;
le créancier n'agit point, jusqu'à ce que le capital soit
doublé ou triplé, alors la ruine du malheureux débiteur
est consommée. On voit que l'ignorance surtout est la
source de l'abus que l'on craint (1). Comment se fait-il que
le législateur n'ait pas songé sérieusement à guérir le
mal dans sa source? L'ignorance subsiste toujours et à
sa suite l'imprévoyance, le désordre et la misère qui en
est l'inévitable suite.

339. L'anatocisme est-il encore prohibé en principe?
On est étonné de voir la question posée et résolue affirmativement, par le motif que la loi n'admet la capitalisation des intérêts qu'avec des restrictions (2). Sans doute,
il y a des conditions restrictives, mais quel en est le but?
C'est de prévenir les abus de l'anatocisme ; or, la répres-

(1) Colmet de Santerre, t. V, p. 106, nos 71 *bis* I et II.
(2) Aubry et Rau, t. IV, p. 109, et note 54, § 308.

sion des abus implique la légitimité de l'usage. L'anatocisme est donc licite, en principe ; il n'y a que les abus
qui soient illicites. Les travaux préparatoires ne laissent
aucun doute sur ce point. D'après le projet de la commission de l'an VIII, la capitalisation des intérêts était
prohibée. Au conseil d'Etat, Treilhard remarqua que cette
prohibition était illogique. Elle se concevait à une époque
où le prêt à intérêt d'un capital était réputé usure, elle
ne se comprend plus quand le prêt à intérêt est autorisé.
Qu'est-ce après tout que l'intérêt, sinon un nouveau capital? Le créancier qui reçoit les intérêts peut immédiatement les placer; pourquoi ne pas lui permettre de les
laisser à l'emprunteur? Ces considérations prévalurent.
Il faut donc dire avec Treilhard que l'anatocisme est une
conséquence logique du prêt à intérêt : si les intérêts sont
légitimes, la capitalisation des intérêts l'est aussi.

340. Cette justification de l'anatocisme soulève une
autre question. La loi belge de 1865 laisse pleine liberté
aux parties contractantes, en ce qui concerne la stipulation des intérêts. N'en faut-il pas conclure qu'elles
jouissent de la même liberté pour l'anatocisme? Non, car
le législateur belge n'a fait que revenir au système du
code civil; dans ce système l'intérêt conventionnel était
libre, tandis que la capitalisation des intérêts était soumise à des conditions restrictives. Cela décide la question. Les restrictions apportées à l'anatocisme se justifient
par l'abus qu'un créancier avide peut faire de l'ignorance
et de la misère du débiteur. Il y a aussi des dangers
pour ce qui concerne le taux de l'intérêt; mais ils sont
moindres, on n'a pas à craindre la surprise. Le législateur peut donc sans inconséquence accorder la liberté
pour la stipulation d'intérêts et la restreindre quand il
s'agit de les capitaliser.

341. D'après l'article 1154, il faut une convention
spéciale ou une demande judiciaire pour que les intérêts
produisent des intérêts. Cette première condition n'est

---

(1) Séance du conseil d'Etat du 11 brumaire an XII, n° 52 (Locré, t. VI,
p. 83 et suiv. Dans le même sens, Bigot-Préameneu, Exposé des motifs,
n° 47 (Locré, t. VI, p. 156).

pas spéciale à l'anatocisme; pour les intérêts aussi il faut une demande en justice, en vertu de l'article 1153. Quant à la convention, le code n'en parle pas, en ce qui concerne les intérêts simples; l'article 1905 permet de les stipuler, ce qui implique une convention expresse. Il y a toutefois une différence entre les intérêts conventionnels et les intérêts des intérêts conventionnels. Sans une convention spéciale, il ne peut être question d'anatocisme, tandis que l'article 1906 porte que si l'emprunteur a payé des intérêts qui n'étaient pas stipulés, il ne peut les répéter ni les imputer sur le capital. Nous reviendrons sur ce point au titre du *Prêt*.

Il y a aussi une différence entre l'intérêt et l'intérêt des intérêts, en ce qui concerne la demande judiciaire. Nous avons enseigné, et telle est la jurisprudence de la cour de cassation de France, que la demande du capital fait courir les intérêts. Faut-il admettre comme conséquence que la demande des intérêts fait courir l'intérêt de ces intérêts? En théorie, on pourrait le soutenir; en effet, si la loi permet l'anatocisme c'est qu'elle considère les intérêts comme un capital; demander les intérêts, c'est donc demander un capital et, par suite, la demande devrait faire courir les intérêts de ce capital. Mais l'article 1154 permet-il d'admettre cette théorie? La négative résulte du texte de la loi. Il y a une différence de rédaction entre l'article 1153 et l'article 1154. D'après l'article 1153, les intérêts sont dus du jour de la demande; la loi ne dit pas ce qui doit être demandé. L'article 1154 dit que les intérêts étant des capitaux peuvent produire des intérêts ou par une demande judiciaire ou par une convention spéciale, ce qui implique que la capitalisation doit être ou demandée ou stipulée (1). La différence s'explique par la défaveur qui frappe l'anatocisme.

342. Faut-il que les intérêts soient liquidés pour que le créancier puisse demander les intérêts des intérêts? Il y a quelque hésitation sur ce point dans la jurisprudence. La chambre civile de la cour de cassation a jugé

___
(1) Toullier, t. III, 2, p. 172, n° 272, et tous les auteurs.

que les intérêts des intérêts doivent être alloués à partir de la demande judiciaire, quoiqu'ils n'aient point été liquidés. Dans l'espèce, un compte de tutelle avait constitué le tuteur débiteur d'un reliquat; le reliquat avait même été fixé par jugement, sauf quelques points réservés. La cour de cassation a jugé que la liquidation de ces articles réservés n'empêchait point le créancier de demander les intérêts des intérêts échus. En effet, si les intérêts sont échus, ils font partie de la créance; il est juste que le créancier soit indemnisé de la perte qu'il éprouve par la privation des intérêts, donc il doit avoir le droit d'en réclamer les intérêts. On objecte que le débiteur ne doit les intérêts moratoires que lorsqu'il est en demeure de payer le capital; or, peut-on dire que celui qui doit des intérêts non liquidés soit en demeure de les payer? On répond que rien ne l'empêche de faire des offres, et si ces offres sont suffisantes, il ne devra pas les intérêts. Dans l'espèce, cela était certain, puisque, à peu de chose près, le montant du reliquat était fixé. Toutefois il se pourrait que le montant des intérêts fût incertain; cela suffirait-il pour empêcher le créancier de demander les intérêts des intérêts? La cour de cassation distingue: si c'est par la faute du créancier et par suite de retards ou d'obstacles par lui apportés que les intérêts n'ont pas été liquidés, dans ce cas il ne pourra pas réclamer les intérêts des intérêts (1).

Nous n'admettons cette réserve que si, par la faute du créancier, la dette est tout à fait incertaine, de sorte que le débiteur est dans l'impossibilité de faire des offres; dès qu'il est en état de faire des offres, la demande le constitue en demeure et, par suite, il doit les intérêts. C'est en ce sens que la cour de cassation, chambre civile, a confirmé un arrêt de la cour de Paris rendu dans une espèce où le créancier n'avait pas fourni le compte qu'il devait donner, compte d'où dépendait non-seulement la quotité de la dette, mais même son existence. Dans ces circonstances, il était impossible au débiteur de payer

(1) Rejet, 11 novembre 1851 (Dalloz, 1851, 1, 315).

ni de faire des offres; dès lors on ne pouvait le condamner à payer des intérêts pour cause de retard dans l'exécution de ses obligations (1). La cour a jugé de même dans une autre affaire où il y avait aussi un compte à faire entre les parties, et c'était le créancier qui seul pouvait et devait fournir les documents. Les termes de l'arrêt sont peut-être trop absolus : la cour exige qu'il y ait faute du débiteur pour qu'il puisse être condamné à payer les intérêts des intérêts (2). N'est-ce pas ajouter à la loi? Elle se contente d'une demande judiciaire : la demande constitue le débiteur en demeure, et cela suffit pour qu'il doive les intérêts.

La chambre des requêtes a jugé dans le sens de notre opinion, mais on peut aussi lui reprocher d'avoir jugé en termes trop absolus. Elle s'en tient à la lettre de l'article 1154; dès que les intérêts sont échus et dus pour une année entière, elle admet que le créancier a le droit de demander les intérêts des intérêts. A l'objection que le débiteur est dans l'impossibilité de se libérer, le conseiller rapporteur répond que le débiteur est libre de faire des offres réelles, alors même qu'on lui demande plus qu'il ne prétend devoir, et en faisant des offres suivies de consignation, il mettra le créancier en demeure (3). Cela est très-vrai, et nous préférons la formule de la chambre des requêtes à celle de la chambre civile, toutefois avec une restriction que nous avons aussi admise, quand il s'agit de la demande des intérêts. Si le créancier, par sa faute, met le débiteur dans l'impossibilité de payer et de faire des offres, nous ne sommes plus dans le texte ni dans l'esprit de la loi. L'article 1154 veut que les intérêts soient échus, c'est-à-dire dus; or, peut-on dire que le débiteur doit, alors qu'il ne sait pas ce qu'il doit, et qu'il ne le sait pas par la faute du créancier? Sur ce point, la chambre civile a raison, nous semble-t-il, contre la chambre des requêtes.

343. Le juge peut-il allouer les intérêts des intérêts

---

(1) Rejet, chambre civile, 25 août 1845 (Dalloz, 1846, 1, 380).
(2) Rejet, chambre civile, 18 mai 1846 (Dalloz, 1846, 1, 199).
(3) Rejet, 10 décembre 1838 (Dalloz, 1839, 1, 52).

pour une époque antérieure à la demande? D'après l'article 1154, il faut une demande judiciaire pour que les intérêts soient productifs d'intérêts ; c'est *par la demande* que les intérêts des intérêts sont produits, donc ils ne peuvent courir qu'à partir de la demande. La cour de cassation a cassé un arrêt qui avait fait remonter au 10 juin les intérêts des intérêts, alors que la demande n'avait été introduite que le 20 juin (1). Ce point ne saurait être douteux, puisque le texte est formel.

Que faut-il dire de la convention? Tout ce que la loi exige, c'est que dans la convention il s'agisse d'intérêts dus pour une année entière. On en pourrait conclure que la convention peut stipuler les intérêts des intérêts pour le passé, à partir de l'échéance des intérêts considérés comme un capital. La cour de cassation a jugé le contraire et, nous croyons, avec raison (2). En effet, l'article 1154 met la convention sur la même ligne que la demande. Or, le jugement ne fait courir les intérêts des intérêts qu'à partir de la demande; donc il en doit être de même de la convention. La loi, en cette matière, est de la plus stricte interprétation ; elle veut restreindre les intérêts des intérêts, afin de prévenir tout abus ; or, l'abus serait à craindre si la convention pouvait rétroagir en faisant courir les intérêts rétroactivement.

344. Une seconde condition requise par l'article 1154 pour que les intérêts produisent des intérêts, c'est que les intérêts qui doivent être capitalisés soient *échus*. Cela veut-il dire que ces intérêts soient déjà dus et, par conséquent, exigibles au moment où intervient la demande ou la convention? Ou la demande et la convention peuvent-elles faire courir les intérêts des intérêts qui ne sont pas encore dus, qui ne le seront que lors de l'échéance? La question est très-controversée en théorie. Dans la pratique, on distingue. S'agit-il de demander en justice les intérêts des intérêts, tout le monde est d'accord pour décider que le juge ne peut pas, en condamnant le débiteur aux inté-

---

(1) Cassation, 17 mai 1865 (Dalloz, 1865, 1, 273).
(2) Rejet, 24 mai 1841 (Sirey, 1841, 1, 643). Demolombe, t. XXIV, p. 658, n° 666).

rêts d'un capital, le condamner d'avance à payer les intérêts de ces intérêts au fur et à mesure de leur échéance
annuelle. Le juge ne peut condamner le débiteur qu'aux
intérêts des sommes qu'il doit lors de la demande ; or, à
ce moment, le débiteur ne doit pas d'intérêts, il n'y a donc
pas de capital, et là où il n'y a pas de capital productif
d'intérêts, il ne saurait y avoir d'intérêts. Il n'en est pas
de même des conventions ; l'usage général est de convenir d'avance, en stipulant les intérêts, que, si le débiteur
ne les paye pas, il devra les intérêts des intérêts au fur
et à mesure de leur échéance annuelle (1). Cette pratique
est-elle légale ?

Nous répondons non, et sans hésiter. Le texte est formel, à notre avis. L'article 1154 veut que les intérêts soient
échus ; et quand sont-ils échus ? Quand le créancier en
peut demander le payement ; au lieu de payer ces intérêts,
le débiteur les garde en vertu d'une nouvelle convention
qui les capitalise. L'article 1155, qui permet de stipuler
les intérêts des revenus, tels que fermages, loyers, arrérages de rentes, est conçu dans le même sens ; il veut aussi
que ces revenus soient *échus*. Si le mot *échus* n'a pas le
sens que nous lui donnons, quelle est donc sa signification ? On répond que les intérêts des intérêts ne seront
dus que lors de l'échéance des intérêts qui servent de capital, c'est-à-dire au moment où ce capital se formera,
mais que rien n'empêche de convenir qu'au fur et à mesure
qu'un nouveau capital se formera par la production des
intérêts, il sera à son tour productif d'intérêts. La loi
peut, à la vérité, être interprétée ainsi ; mais si on l'entend en ce sens, le mot *échus* est certainement inutile, car
il revient à dire que les intérêts ne seront dus que lorsqu'il y aura un capital qui les puisse produire : peut-on
supposer que le législateur dise que sans capital il n'y a
point d'intérêts ?

On objecte que l'interprétation que nous donnons au
mot *échus* conduit à une conséquence plus irrationnelle

_____

(1) Voyez les autorités dans Aubry et Rau, t. IV, p. 110, note 59, § 308.
Il faut ajouter Bourges, 21 août 1872, très-faiblement motivé (Dalloz, 1873,
2, 182).

encore. Je vous prête 20,000 francs à 5 p. c. Chaque année, quand l'intérêt échoit, nous pouvons convenir que vous garderez les 1,000 francs, qui seront ajoutés au capital. Pourquoi forcer les parties à faire chaque année une convention relative à la capitalisation? N'est-il pas plus simple de les capitaliser d'avance? Ici nous touchons au nœud de la difficulté. Y a-t-il un motif pour lequel la loi exige que les intérêts soient échus, c'est-à-dire dus? Il y a une raison, et elle est décisive. C'est une des restrictions que la loi apporte à la faculté de capitaliser, dans l'intérêt du débiteur. Il ignore la rapidité avec laquelle la capitalisation des intérêts accroît le capital; il faut donc lui ouvrir les yeux et lui faire toucher la chose du doigt. Si l'on permet de capitaliser les intérêts d'avance, le débiteur consentira aveuglément à une clause dont il ne comprend pas la portée; tandis que si l'on exige que chaque année il intervienne une convention qui capitalise les intérêts à mesure de leur échéance, il sera impossible au débiteur de se faire illusion sur sa position; il la verra chaque année formulée en chiffres; il verra, à chaque convention, qu'il avance rapidement vers sa ruine. C'est là ce que le législateur a voulu; c'est donc méconnaître sa volonté que de permettre la capitalisation d'intérêts à échoir (1).

345. Il ne suffit pas que les intérêts soient échus pour qu'ils puissent produire des intérêts par une convention ou une demande judiciaire; il faut de plus, aux termes de l'article 1154, qu'ils soient dus au moins pour une année entière. Je puis prêter 1,000 francs pour un mois, en stipulant des intérêts de cent pour cent, d'après le code civil et d'après la loi belge de 1865. Et il ne m'est pas permis de prêter 1,000 francs à un demi pour cent, en capitalisant les intérêts au bout de chaque mois. Quelle en est la raison? C'est que l'expérience a prouvé que les prêts à courte échéance sont les plus ruineux pour les

---

(1) Mourlon, *Répétitions*, t. II, p. 521; Marcadé, t. IV, p. 428, nᵒˢ I-III de l'article 1154. Colmet de Santerre sur Demante, t. V, p. 107 et suiv., nᵒ 71 *bis* III. Demolombe, t. XXIV, p. 640, nᵒ 656. En sens contraire, Aubry et Rau, t. IV, p. 110, et note 58, et les autorités qui y sont citées.

débiteurs, non-seulement parce que la capitalisation se fait plus vite, mais encore parce qu'elle cache le plus souvent des stipulations usuraires, plus ruineuses encore pour le débiteur. De là le nom vulgaire de prêts à la petite semaine par lequel l'opinion publique a flétri les conventions que l'usure impose à l'ignorance et à la misère. Le législateur a voulu garantir le malheureux débiteur contre ces abus.

346. Il suit de là que l'on ne peut capitaliser d'avance les intérêts à courte échéance. Dans notre opinion, c'est l'application d'un principe général. Dans l'opinion contraire, qui domine dans la pratique, on admet également que la capitalisation anticipée des intérêts dus pour moins d'une année est prohibée, partant nulle, car la prohibition est d'ordre public, puisqu'elle a pour objet de protéger l'ignorance et la misère contre la cupidité du créancier. Que faut-il décider lorsque les intérêts seront échus, c'est-à-dire dus? Les parties peuvent-elles convenir, dans ce cas, que le débiteur gardera la somme qu'il doit à titre d'intérêts, en les capitalisant pour leur faire produire de nouveaux intérêts? A notre avis, la négative est certaine; la loi veut que les intérêts soient *dus au moins pour une année entière* pour qu'ils puissent être capitalisés; elle prohibe donc la capitalisation des intérêts dus pour moins d'une année, sans distinguer si elle se fait d'avance pour les intérêts à échoir ou après que les intérêts sont échus. On objecte que rien ne sera plus facile que d'éluder la prohibition par des traditions fictives; le débiteur payera fictivement les intérêts que le créancier lui rendra de suite. L'argument est singulier; est-ce que la possibilité ou la facilité de frauder la loi doit empêcher d'appliquer la loi? La fraude pourra être prouvée par tous moyens, même par témoins et par présomptions, ce qui obligera le créancier à restituer les intérêts des intérêts qu'il aura perçus frauduleusement (1).

C'est l'opinion assez généralement suivie; on y admet

_____
(1) Colmet de Santerre sur Demante, t. V, p. 109, n° 71 bis IV. En sens contraire, Duranton, t. X, p. 527, n° 500.

cependant une restriction. Les parties peuvent faire novation, après que la dette contractée à court terme est
échue, en y comprenant les intérêts. Le principe n'est pas
douteux, les parties pouvant disposer comme elles l'entendent de la créance et de ses accessoires. Bien entendu
que la novation sera nulle si elle a pour objet d'éluder la
prohibition de l'article 1154 (1).

347. Un prêt est fait pour quinze mois. Les parties
peuvent-elles capitaliser les intérêts dus pour le terme de
quinze mois? L'affirmative est admise par les auteurs et
par la jurisprudence. On ne peut pas dire, dans ce cas,
que les intérêts soient dus pour moins d'une année, puisqu'ils sont dus pour un an et trois mois. On objecte que
la capitalisation stipulée ou demandée pour quinze mois
aura pour effet de faire produire les intérêts des intérêts
pendant trois mois, ce qui paraît contraire au texte de la
loi. En apparence, oui; en réalité, non. En effet, les intérêts se capitaliseront de quinze mois en quinze mois; de
sorte que si les intérêts des trois premiers mois qui dépassent l'année se capitalisent avant la fin de l'année, par
contre le second trimestre se capitalisera après l'échéance
de l'année pendant laquelle les intérêts auraient pu courir (2). L'esprit de la loi ne laisse aucun doute; ce qu'elle
a voulu prévenir, c'est la capitalisation trop fréquente des
intérêts; or, dans l'espèce, les intérêts ne se capitaliseront
que tous les quinze mois, donc moins rapidement que lorsque la capitalisation se fait par année.

348. Les dispositions restrictives de l'anatocisme
reçoivent-elles leur application aux comptes courants entre
commerçants? L'usage est contraire, et une jurisprudence
aujourd'hui constante l'a consacré. Nous nous bornons à
constater l'exception, car il s'agit d'une exception véritable. On ne peut pas la fonder sur une convention; car
il s'agit de prohibitions d'ordre public auxquelles les particuliers ne peuvent pas déroger. Mais en matière de

---

(1) Larombière, t. I, p. 609, n° 8 (Ed. B., t. I, p. 250), suivi par Aubry et
Rau, et Demolombe.
(2) Colmet de Santerre, t. V, p. 110, n° 71 *bis* V, et tous les auteurs.
Comparez Cassation, 17 mai 1865 (Dalloz, 1865, 1, 273).

commerce les usages tiennent lieu de loi ; c'est donc une loi spéciale qui a dérogé à une règle du droit civil. La cour de Paris, en validant la capitalisation trimestrielle des intérêts faite par compte courant, justifie ce procédé par la raison que l'argent ne peut rester improductif entre les mains d'un commerçant ; les banquiers pourraient exiger à chaque trimestre, à la suite des règlements de compte, le remboursement par balance des soldes dont ils sont créanciers ; ils pourraient tirer un salaire légitime de leur industrie par des placements nouveaux ; en ne le faisant pas, ils rendent service au débiteur, il est juste que celui-ci leur en tienne compte (1).

349. En matière de tutelle, il y a des dispositions spéciales sur la capitalisation des intérêts ; nous renvoyons à ce que nous avons dit sur les articles 455 et 456 au titre de la *Tutelle* (2).

II. *Des cas prévus par l'article* 1155.

350. L'article 1155 porte : « Néanmoins les revenus échus, tels que fermages, loyers, arrérages de rentes perpétuelles ou viagères, produisent intérêt du jour de la demande ou de la convention. » Le mot *néanmoins* semble indiquer que l'article 1155 consacre une exception à l'article 1154, c'est-à-dire que, dans les cas qu'il prévoit, les dispositions restrictives de l'anatocisme ne sont pas applicables, ce qui supposerait qu'on aurait dû les appliquer si la loi n'y avait pas dérogé. Cela n'est pas exact en ce qui concerne les loyers et les fermages ; en effet, l'anatocisme est la production d'intérêts par des intérêts dus au créancier ; or, le prix du bail n'est pas un intérêt, c'est la compensation de la jouissance que le preneur a de la chose louée ; il n'y a aucune analogie entre ce prix et les intérêts d'un capital, sinon que ce sont des fruits

---

(1) Paris, 16 juillet 1869 (Dalloz, 1872, 1, 393). Comparez Rejet, 14 juin 1870 (Dalloz, 1871, 1, 64) et 8 août 1871 (Dalloz, 1871, 1, 214). Gand, 11 janvier 1853 (*Pasicrisie*, 1857, 2, 313). Liége, 7 juillet 1840 (*ibid.*, 1840, 2, 178), Bruxelles, 7 août 1841 (*ibid.*, 1841, 2, 379).

(2) Voyez le tome V de mes *Principes*, p. 138, nos 123-128.

civils, mais les fruits civils n'ont rien de commun avec l'anatocisme. Il en est autrement des arrérages des rentes; ce sont de vrais intérêts quand la rente a été constituée moyennant un capital en argent; on sait que les rentes ont été imaginées dans l'ancien droit pour tenir lieu du prêt à intérêt que les lois prohibaient comme usure; le crédirentier percevait donc, sous le nom d'arrérages, les intérêts de son capital. Par suite on aurait pu considérer comme anatocisme la stipulation ou la demande judiciaire d'intérêts des arrérages. Pourquoi la loi ne soumet-elle pas les arrérages à la règle qui régit les intérêts? Pour la rente viagère, il y a une raison de différence qui est décisive, c'est que le contrat de rente viagère est un contrat aléatoire; la rente peut être fixée au terme qu'il plaît aux parties de déterminer (art. 1976). Cette différence entre les intérêts d'un capital et les arrérages n'est cependant pas essentielle, car, d'après le code civil et d'après la loi belge de 1865, les intérêts peuvent aussi être convenus à tel taux que les parties veulent fixer. La vraie raison de différence est que les arrérages d'une rente viagère sont, en réalité, non un produit du capital, mais une fraction même du capital : la rente s'éteint à la mort du rentier, c'est un placement à fonds perdu.

Il y a plus de difficulté pour la rente perpétuelle. Le code lui-même considère la constitution de rente comme un prêt; aux termes de l'article 1909, on peut stipuler un *intérêt* moyennant un capital que le prêteur s'interdit d'exiger; dans ce cas, le *prêt* prend le nom de *constitution de rente*. Les arrérages d'une rente perpétuelle étant des intérêts, on aurait dû leur appliquer les principes de l'anatocisme; à leur égard donc l'article 1155 contient une vraie exception. Quel en est le motif? Si le législateur n'admet l'anatocisme qu'avec des restrictions, c'est uniquement par la crainte de l'usure; or, la constitution de rente ne se prête guère aux spéculations des usuriers; le prêteur perd la disposition de son capital, tandis que l'usure consiste précisément à en multiplier l'usage et la reproduction. D'un autre côté, le débiteur ne pouvant pas être forcé à rembourser le capital, le contrat présente moins de danger pour lui que le prêt à intérêt. C'est une justification suffisante de l'exception consacrée par l'article 1155.

Le deuxième alinéa de l'article 1155 ajoute que la même règle s'applique aux restitutions de fruits auxquelles le possesseur d'un fonds est condamné lorsqu'il est évincé par le propriétaire; les sommes que le défendeur doit restituer quand les fruits n'existent plus représentent, non la jouissance d'un capital, mais celle d'un immeuble; ce ne sont donc pas des intérêts et, par conséquent, elles ne tombent pas sous l'application des règles de l'anatocisme. Il en est de même « des intérêts payés par un tiers au créancier en acquit du débiteur. » Aux termes de l'article 1236, l'obligation peut être acquittée par un tiers au nom et en l'acquit du débiteur. Un tiers peut donc payer, comme mandataire ou gérant d'affaires, les intérêts d'une dette; il aura une action contre le débiteur au nom duquel il a agi. Est-ce une action en payement d'*intérêts?* Non, certes, car la somme qu'il a avancée pour payer les intérêts est pour lui un capital, partant il ne peut être question d'appliquer les principes qui régissent l'anatocisme.

En définitive, les prétendues dérogations que l'article 1155 apporte aux règles de l'anatocisme ne sont pas des exceptions; on n'aurait pas pu appliquer ces règles alors même que l'article 1155 ne se trouverait pas dans le code. C'est dire que les prestations mentionnées par cette disposition sont régies par le droit commun.

351. Si ces prestations sont régies par le droit commun, il s'ensuit que les dispositions de l'article 1154 ne peuvent pas recevoir leur application. Le texte le dit formellement pour ce qui concerne la seconde restriction de l'article 1154, c'est-à-dire que l'on peut stipuler ou demander en justice les intérêts de ces prestations, quoiqu'elles soient dues pour moins d'une année; ainsi les loyers ou fermages d'un trimestre peuvent produire des intérêts par une convention ou une demande. Les arrérages payables par mois, par trimestre ou par semaine sont productifs d'intérêts du jour de la demande ou de la

convention. Si des fruits sont restitués pour une jouissance de moins d'une année, ou si des intérêts dus pour
moins d'une année sont payés par un tiers, ces prestations produiront aussi des intérêts du jour de la convention ou de la demande.

Dans l'opinion que nous avons enseignée, il y a une
seconde restriction à l'anatocisme, c'est que les parties
ne peuvent pas stipuler d'avance que les intérêts à échoir
porteront intérêt par la capitalisation. Cette restriction
est-elle applicable aux prestations mentionnées par l'article 1155? On s'accorde à décider que rien n'empêche
les parties contractantes de stipuler que les loyers et arrérages seront capitalisés au fur et à mesure de leur échéance
si le débiteur ne les paye pas. Au point de vue des principes, cela ne souffre aucun doute; ces prestations n'étant
pas des intérêts, il n'y a pas lieu d'y appliquer les règles
restrictives de la capitalisation des intérêts; elles sont régies par le droit commun; or, le droit commun permet de
stipuler l'intérêt d'une somme si le débiteur ne la paye
pas à l'échéance. Mais il y a une difficulté de texte. L'article 1155 dit : les revenus *échus*, de même que l'article 1154 dit : les intérêts *échus*. N'en faut-il pas conclure
que la loi exige que les loyers, fermages, arrérages soient
échus avant qu'on puisse leur faire produire des intérêts
par une convention? On répond que cette assimilation des
loyers ou arrérages et des intérêts n'aurait pas de sens;
conçoit-on que l'on applique une disposition restrictive de
l'anatocisme à un cas où il n'y a pas d'anatocisme? Au
point de vue des principes, la réponse est péremptoire.
Reste la difficulté de texte. On y répond par le texte. Le
deuxième alinéa comprend un cas où, sans doute aucun,
la convention qui stipulerait d'avance les intérêts serait
valable. Celui qui paye la dette d'autrui peut stipuler que
les intérêts de ses avances lui seront immédiatement dus;
il y a plus, la loi elle-même fait courir les intérêts de ces
avances de plein droit au profit du mandataire. Or, d'après
l'article 1155, une seule et même règle comprend les
intérêts payés par un tiers et les loyers et arrérages; donc
la convention, valable quant aux intérêts payés par un

tiers, doit être valable quant aux loyers, fermages et arrérages (1). L'argumentation est juridique, mais le texte laisse un doute ; il y a au moins un vice de rédaction ; le mot *échus* est de trop dans l'article 1155, il s'y sera glissé par suite de l'assimilation apparente que la loi établit entre les prestations de l'article 1155 et les intérêts dont il est parlé à l'article 1154.

352. La demande judiciaire soulève une difficulté analogue ; ce qui prouve qu'elle est sérieuse, c'est que la cour de cassation la décide, contrairement aux principes, en s'appuyant sur le texte de l'article 1155. Nous avons enseigné avec la jurisprudence que les intérêts d'un capital sont dus à partir du jour où la somme principale est demandée en justice, tandis que les intérêts des intérêts doivent faire l'objet d'une demande spéciale. Faut-il appliquer aux prestations de l'article 1155 la règle générale concernant les capitaux, ou doit-on les assimiler aux intérêts ? La cour de cassation décide que les intérêts, dans le cas de l'article 1155, ne sont dus que du jour où ils sont directement demandés. Elle se fonde sur le texte des articles 1153 et 1154 ; l'article 1153 ne s'applique qu'au cas où les sommes réclamées en justice constituent un capital ; quand ce sont des intérêts ou des revenus assimilés aux intérêts, on ne se trouve plus dans le cas de la règle de l'article 1153, on tombe sous l'application des articles 1154 et 1155 ; on ne peut pas dire que la demande du capital fait courir les intérêts, puisqu'il n'y a pas de capital. Tel est l'argument sur lequel se fonde la jurisprudence constante de la cour de cassation (2).

Il nous semble que la cour attache trop d'importance à l'assimilation que la loi fait entre les intérêts et les revenus mentionnés à l'article 1155. L'assimilation n'est qu'apparente. Au fond, les prestations de l'article 1155 sont des sommes capitales ; elles doivent donc être régies par les principes qui régissent la dette d'un capital. Il est

---

(1) Colmet de Santerre, t. V, p. 111, nº 72 *bis* II. Demolombe, t. XXIV, p. 656. nº 664.

(2) Cassation, 26 février 1867 (Dalloz, 1867, 1. 74), 11 avril 1869 (Dalloz, 1869, 1, 406); Rejet de la chambre civile, 26 avril 1870 (Dalloz, 1870, 1, 358).

certain que si l'article 1155 ne se trouvait pas dans le code, on n'aurait pas songé à appliquer aux prestations qui y sont mentionnées les principes qui régissent l'anatocisme; elles seraient restées sous l'empire du droit commun, tel qu'il est formulé par l'article 1153. Eh bien, quel est l'objet de l'article 1155? Est-ce de mettre les revenus dont il parle sur la même ligne que les intérêts? Non, certes; c'est, au contraire, de décider que ces prestations ne sont pas soumises aux règles de l'anatocisme. C'est bien dire qu'elles restent soumises au droit commun. Il faudrait un texte formel pour que l'on dût appliquer aux prestations de l'article 1155 les règles de l'anatocisme auxquelles ce même article déclare, en réalité, que les prestations ne sont pas assujetties. Or, tout ce que l'article 1155 dit, c'est que ces prestations produisent un intérêt du jour *de la demande*. De la demande de quoi? De la prestation due, c'est-à-dire de la somme réclamée en justice. La loi n'exige pas formellement que le créancier demande les intérêts. Donc ce n'est pas l'article 1155, c'est l'article 1154 qui doit recevoir son application.

353. Il y a une dernière difficulté toujours relative au même ordre d'idées. On suppose que les prestations de l'article 1155 ont produit des intérêts, soit en vertu d'une convention, soit en vertu d'une demande judiciaire. Ces intérêts peuvent-ils à leur tour produire des intérêts? A notre avis, l'affirmative n'est point douteuse. Les prestations de l'article 1155 sont régies par le droit commun; donc il y a lieu d'appliquer l'article 1154, aux termes duquel les *intérêts échus des capitaux* produisent des intérêts par une demande judiciaire ou par une convention spéciale. On objecte que l'article 1154 suppose qu'il s'agit d'intérêts dus pour un *capital*; or, dit-on, dans l'espèce, les intérêts sont dus pour des *revenus*; donc l'article 1154 est inapplicable. Il est vrai que les loyers sont des revenus, mais pour le créancier les revenus forment un capital; s'il les avait touchés, il aurait pu les placer comme capital et profiter, par conséquent, de la capitalisation des intérêts; donc il doit avoir le même droit quand les loyers ne sont pas payés; les loyers changent-ils de nature selon qu'ils sont ou ne sont pas payés? Les éditeurs de Zachariæ, qui font l'objection, admettent que les intérêts payés par un tiers au nom et en l'acquit du débiteur sont un capital et que les intérêts de ce capital sont productifs de nouveaux intérêts. Or, la loi met cette prestation absolument sur la même ligne que les revenus, loyers, fermages et arrérages; il faut donc appliquer la même règle à toutes ces prestations (1). La distinction que l'on est obligé de faire témoigne, nous semble-t-il, contre la doctrine que nous combattons. Ou il faut admettre qu'aucune de ces prestations n'est un capital, ou il faut admettre que toutes sont des capitaux. Or, le but de l'article 1155 est précisément de déclarer que lesdites prestations ne sont pas des intérêts; donc ce sont des capitaux (2).

CHAPITRE IV.

DE L'EFFET DES CONTRATS.

SECTION I. — De la translation de la propriété.

§ Ier. *Entre les parties.*

354. Dans l'ancien droit, les contrats ne transféraient pas la propriété, bien que le but des parties contractantes fût de transmettre la propriété et de l'acquérir. Les contrats engendraient une obligation, le créancier avait une action contre le débiteur tendante à ce que la chose lui fût donnée, mais la transmission de la propriété ne se faisait que par la tradition. De là suit, dit Pothier, que

(1) Aubry et Rau, t. IV, p. 111 et suiv., et notes 63-65, § 308.
(2) Comparez Rejet de la cour de cassation de Belgique, 5 août 1842 (*Pasicrisie*, 1842, 1, 336).

si le vendeur ne livre pas la chose vendue, il en reste propriétaire, et s'il vend la même chose à un second acquéreur, en la lui livrant, ce second acheteur sera propriétaire; le premier acheteur n'a qu'une action personnelle contre son vendeur ; il n'a pas d'action contre le second acquéreur, car il n'a pas de droit réel dans la chose (1).

Quel est le fondement de ce principe qui joue un si grand rôle dans l'ancien droit? Pourquoi faut-il la tradition pour transférer la propriété? Les interprètes du droit romain sont d'une faiblesse extrême sur le terrain de la théorie; nous n'en exceptons pas les plus illustres. Demandez à Doneau la signification rationnelle du principe qui exige la tradition pour que la propriété soit transférée. Il explique, avec sa lucidité habituelle, le sens de cette règle et les conséquences qui en résultent. Quant à la raison du principe, il n'en donne d'autre qu'une considération de fait : l'acheteur ne saurait être propriétaire avant la tradition, parce qu'il n'a pas la chose en sa puissance, c'est le vendeur qui la possède et qui, par conséquent, en peut disposer (2). On dirait que le droit dérive du fait, ce qui revient presque à dire que le fait constitue le droit. Doneau ne se demande pas comment le vendeur qui s'est obligé à transférer la propriété à un premier acheteur peut, en raison et en équité, transmettre la propriété à un second acheteur, et comment ce second acheteur l'emporte sur le premier, parce qu'il est en possession. Le droit romain avait tant de prestige pour ses interprètes qu'ils acceptaient comme raison écrite tout ce qui était écrit dans les textes, alors même que les textes étaient en opposition flagrante avec la raison.

355. Il a fallu qu'une science nouvelle se formât pour affranchir les esprits de ce fétichisme. Le droit naturel a perdu de son autorité, il est en médiocre estime chez les juristes. Ils oublient que ce sont les auteurs du droit naturel, Grotius et à sa suite Pufendorf et Wolf, qui ont les

1) Pothier, *Des obligations*, nᵒˢ 151 et 152.
(2) Donelli *Commentarii*, IV, 17, 3 (t. II, p. 393).

premiers soumis les principes du droit traditionnel à l'examen de la raison; c'est à leur initiative que nous devons
la révolution qui s'est faite dans la science du droit : de
formaliste qu'elle était, elle est devenue philosophique.
Leibnitz compare les jurisconsultes romains à des mathé-
maticiens; ils maniaient les principes avec une rigueur
qui rappelle l'algèbre et la géométrie. Rien de mieux si
ces principes étaient, comme on l'a cru longtemps, l'expression de la vérité éternelle. Cela n'est pas et cela ne
peut pas être; le droit est une face de la vie et la vie est
essentiellement progressive; le droit aussi est progressif,
c'est dire qu'il est toujours plus ou moins imparfait. Il
est donc bon que la raison vienne contrôler les règles que
l'usage ou la loi consacrent. C'est ce qu'ont fait les auteurs
qui ont écrit sur le droit naturel.

Grotius demande si, d'après le droit naturel, la tradition est nécessaire pour transférer la propriété. Il répond
que la seule volonté du maître de la chose doit suffire
pour qu'un propriétaire en transfère la propriété à une
autre personne. La chose est pour nous si évidente que
nous avons de la peine à comprendre que l'on ait jamais
pu soutenir qu'outre la volonté du propriétaire, il fallait
encore un fait matériel que l'on appelle la tradition. Est-
ce qu'un fait matériel peut avoir la puissance de transmettre un droit, le plus considérable de tous, la propriété?
Non, certes. C'est donc la volonté manifestée par le fait
qui a cette force. S'il en est ainsi, pourquoi faut-il, outre
la volonté, la délivrance matérielle de la chose? La propriété est transférée par testament, par succession, sans
que le légataire ni l'héritier aient besoin d'une délivrance
quelconque. Si la volonté expresse ou tacite de l'homme
suffit pour transférer la propriété de tous ses biens, pourquoi cette volonté n'aurait-elle pas la puissance de transférer la propriété d'une chose entre-vifs? Serait-ce parce
que le vendeur conserve l'empire sur la chose tant qu'il
n'aura pas fait la tradition? C'est confondre le fait avec le
droit. Dès que, par sa volonté, il a transféré la propriété,
il n'a plus la chose en sa puissance, il peut rester détenteur, possesseur même; il n'est plus propriétaire, puisque

par sa volonté il a cessé de l'être; il ne peut donc pas transférer la propriété à un tiers à qui il ferait la tradition de la chose. La bonne foi est en harmonie avec ce que la raison enseigne. Comment concilier avec le sens moral une doctrine qui permet au propriétaire de vendre dix fois la même chose à dix personnes en ne transmettant la propriété qu'au dixième acheteur à qui il a fait la tradition de la chose (1)?

355. Le code a consacré le principe du droit naturel, il n'exige plus la tradition pour la translation de la propriété ; la convention, c'est-à-dire la volonté de l'homme suffit (art. 1138). C'est une des grandes innovations du code civil; mais chose singulière, le texte formule le nouveau principe avec une obscurité telle, qu'il est à peine intelligible. Et si l'on consulte les travaux préparatoires, l'obscurité se convertit en ténèbres. Il est bon d'insister sur ce point; on abuse des travaux préparatoires pour faire dire au code autre chose que ce qu'il dit, et on cherche un appui dans les discussions, dans les discours des orateurs du gouvernement et du Tribunat. Rien de plus facile que de trouver ce que l'on y cherche, car on y trouve tout ce que l'on veut. Reste à savoir quelle est la valeur de ces travaux. Ils ont une autorité de raison qui est très-grande, mais cela suppose que les auteurs du code parlent le langage du droit et de la raison; or, beaucoup d'entre eux étaient de médiocres jurisconsultes et des esprits tout aussi médiocres. Nous n'aurions pas osé leur adresser ce reproche; nous allons voir qu'ils le méritent.

Bigot-Préameneu faisait aussi partie de la commission chargée par le premier consul de préparer un projet de code civil, il a été le rapporteur de la section de législation du conseil d'Etat; enfin, il a exposé, devant le corps législatif, les motifs du titre des *Obligations*. Que de titres pour connaître les principes de la nouvelle législation! Nous allons entendre comment il explique l'innovation de l'article 1138 : « C'est le consentement des con-

(1) Grotius, *de jure belli*, II, 6 et 8. Comparez Larombière, t. I, p. 421, n° 3 (Ed. B., t. I, p. 176); Toullier, t. II, 2, p. 29 et suiv., n°s 55-59.

tractants qui rend parfaite l'obligation de livrer la chose, il n'est donc pas besoin de *tradition réelle* pour que le créancier doive être considéré comme propriétaire, aussitôt que l'instant où la livraison doit se faire est arrivé. » Pas un mot d'innovation. On dirait qu'il s'agit d'expliquer un principe qui a toujours existé. Et quelle explication ! Le *consentement* peut-il rendre parfaite l'*obligation de livrer la chose ?* La délivrance est un *fait :* est-ce que le consentement peut faire qu'il y ait un fait de délivrance ? Nous reviendrons plus loin sur la *tradition réelle* que l'orateur du gouvernement déclare inutile pour la transmission de la propriété. Ce qui semble le préoccuper, c'est la question des risques plutôt que la question de la translation de la propriété. Il mêle ainsi deux ordres d'idées qui n'ont rien de commun. De ce que le créancier est devenu propriétaire, Bigot-Préameneu conclut qu'il supporte le risque de la chose. Conclusion fausse et qui, en tout cas, ne nous apprend pas pourquoi le créancier devient propriétaire sans tradition, tandis que, dans l'ancien droit, il fallait la tradition pour le rendre propriétaire. Et c'était bien là ce qu'il fallait expliquer dans un exposé des motifs du titre des *Obligations.*

L'annotateur de Pothier dit qu'il est difficile d'accumuler plus d'erreurs en aussi peu de mots ; Bugnet reproche à l'orateur du gouvernement d'ignorer les éléments du droit. Vient le rapporteur du Tribunat ; Favard ne se doute même pas que l'article 1138 consacre une innovation ; il proclame comme un axiome que l'obligation de livrer la chose rend le créancier propriétaire du moment que le consentement a formé le contrat. Comment l'*obligation de livrer* peut-elle transférer la propriété, alors que toute obligation n'a qu'un seul effet, celui de donner au créancier une action contre le débiteur ? Favard en conclut que les risques sont pour le créancier, et ajoute que ces principes ont été de tout temps admis parmi nous. Erreur en droit, erreur en histoire, ce qui excuse les dures paroles de Bugnet : « Voilà un pauvre légiste et un mauvais historien ! »

L'orateur du Tribunat ne fait que paraphraser ou

transcrire les articles 1136 et 1138, et la paraphrase est aussi inintelligible que le texte. Mouricault confond également la perfection de l'obligation avec la translation de la propriété; il confond également la question des risques et celle de la translation de la propriété. Enfin, il ne dit pas un mot de l'innovation la plus importante que le code ait apportée à l'ancien droit (1).

357. Voici le texte de l'article 1138 : « L'obligation de livrer la chose est parfaite par le seul consentement des parties contractantes. Elle rend le créancier propriétaire dès l'instant où elle a dû être livrée, encore que la tradition n'en ait point été faite. » Prise à la lettre, cette disposition n'a pas plus de sens que les motifs que nous venons de transcrire; le consentement ne vaut pas livraison : en effet, le vendeur qui a consenti à livrer, qui a transféré la propriété de la chose, est néanmoins tenu à la délivrance (art. 1603 et 1604). Et l'obligation ne confère pas un droit réel; c'est une contradiction dans les termes, car c'est dire qu'un droit personnel est un droit réel. On a donné à l'article 1138 une autre interprétation fondée sur l'histoire. L'ancien droit exigeait la tradition pour la translation de la propriété, mais en fait on se contentait d'une tradition fictive, résultant du seul consentement des parties. On lit dans un ouvrage élémentaire : « Comme parmi nous on met toujours dans les contrats de vente une clause par laquelle le vendeur se dépouille et se démet de la propriété et de la possession de la chose vendue pour en saisir l'acquéreur, ce qu'on appelle *tradition feinte*, dès le moment que le contrat est *parfait* et *accompli*, tous les droits qui appartiennent au vendeur passent en la personne de l'acquéreur, de sorte que, si le vendeur était propriétaire, l'acquéreur devient aussi propriétaire (2). » Cette clause étant de style, les auteurs du code l'ont sous-entendue dans tout contrat translatif de propriété en l'écrivant dans la loi. En ce

(1) Bigot-Préameneu. Exposé des motifs, n° 33; Favard. Rapport, n° 31; Mouricault, Discours, n° 14 (Locré. t. VI, p. 153, 194 et 245) ; Bugnet sur Pothier, *Des obligations*. t. II, p. 73.
(2) Argou. *Institutions au droit français*, t. II, p. 243.

sens, l'article 1138 dit que l'obligation de livrer la chose
est *parfaite* par le seul consentement des parties contractantes. Le mot *est parfaite* doit être entendu dans le
sens de *parfait* et *accompli* : ce sont les termes d'Argou ;
ils signifient que la clause de dessaisissement vaut tradition. Dès lors la propriété doit être transférée, comme le
dit l'article 1138, encore que la *tradition* n'en ait pas été
faite. Il faut entendre la tradition *réelle*, comme le dit
Bigot-Préameneu (n° 356). L'article 938 dit de même et
presque dans les mêmes termes, que la donation est *parfaite* par le seul consentement des parties et que la propriété des objets donnés est transférée au donataire sans
qu'il soit besoin d'*une tradition*, ce qui implique qu'il y a
une tradition *feinte*, en vertu du contrat. C'est dans le
même ordre d'idées que Portalis dit en exposant les motifs du titre de la *Vente* que la tradition *matérielle* n'est
pas nécessaire pour rendre la vente *parfaite*; le contrat
suffit, c'est-à-dire la tradition feinte que le législateur y
suppose, comme le dit Bigot-Préameneu (1).

L'explication est très-ingénieuse, mais nous doutons
qu'elle exprime la vraie pensée des auteurs du code civil.
Avaient-ils conscience de l'innovation qu'ils apportaient
à l'ancien droit? Dans ce cas, ils l'auraient formulée nettement; ils auraient dit que la propriété se transfère par
l'effet des contrats, et ils auraient invoqué le droit naturel
pour justifier le principe de l'article 1138, comme ils l'ont
invoqué pour justifier l'article 1137 qui répudie également la tradition. L'obscurité du texte et des discours qui
devaient en expliquer les motifs prouve que le législateur
n'avait pas une vue nette du principe qu'il formulait. Imbu
des doctrines de l'ancien droit sur la nécessité d'une tradition, il ne parvient pas à s'en affranchir; il suppose
qu'une tradition est nécessaire, mais il se contente d'une
tradition feinte résultant du consentement. Les idées
n'étant pas claires, le texte aussi devait être obscur, ainsi
que l'explication donnée par les orateurs du gouvernement et du Tribunat.

---

(1) Colmet de Santerre, t. V, p. 74, n° 55 *bis* III. Valette (Mourlon, t. II,
p. 503), Marcadé, t. IV, p. 393-397; Demolombe, t. XXIV, p. 395, n° 416.

358. A partir de quel moment la propriété est-elle transférée? L'article 1138 répond que l'obligation de livrer la chose étant parfaite par le seul consentement des parties contractantes, rend le créancier propriétaire et met la chose à ses risques *dès l'instant où elle a dû être livrée.* Voilà encore une rédaction qui, prise au pied de la lettre, fait dire au législateur un non-sens. Nous en avons déjà fait la remarque en traitant des risques (n° 211). L'article 1138 semble dire que la propriété n'est transférée qu'au moment où le débiteur doit faire la délivrance; d'où résulterait que, dans la vente à terme, l'acheteur ne deviendrait propriétaire qu'à l'échéance du terme. Cela serait une vraie hérésie, car il est de l'essence du terme de ne pas suspendre l'engagement dont il retarde seulement l'exécution. Ce sont les expressions de l'article 1185. Le terme ne change donc rien aux effets du contrat; la convention est-elle translative de propriété, la propriété se transfère par le seul effet du contrat, et non à partir de l'échéance du terme. Pour donner un sens au texte de l'article 1138, on suppose que le législateur a eu en vue la tradition feinte qu'il exige comme condition de la translation de la propriété. Celle-là doit se faire au moment même où le contrat se parfait; c'est donc à partir de ce moment que la propriété est transférée, sauf convention contraire (1). C'est une explication forcée, comme nous venons de le dire (n° 357). Ne serait-il pas plus simple d'interpréter les mots : *dès l'instant où la chose a dû être livrée,* comme si le législateur avait dit : *dès l'instant où la livraison a été due?* Ce qui revient à dire que la propriété est transférée du moment que le contrat est parfait (2). Tel est certainement le sens de la loi; mais on se demande pourquoi les auteurs du code ont eu recours à cette rédaction embarrassée, au lieu de dire simplement que la propriété est transférée à partir de la perfection du contrat? Cela prouve de plus en plus que les auteurs du code n'avaient pas une idée nette du principe qu'ils ont consacré.

359. L'article 1138 est conçu en termes trop géné-

(1) Demolombe, t. XXIV, p. 398, n° 417.
(2) Colmet de Santerre, t. V, p. 76, n° 55 *bis* IV.

raux; il ne s'applique pas à tous les cas où le contrat a pour objet une obligation de livrer, il faut que le but du contrat soit la translation de la propriété. Cela est de toute évidence. Il est tout aussi certain que l'article 1138 est inapplicable, même quand le contrat a pour objet de transférer la propriété de la chose, si la chose est indéterminée. La translation de la propriété par le seul effet du contrat ne se conçoit que quand la chose est déterminée. En effet, la propriété est un droit réel, le plus considérable de tous; or, tout droit réel suppose une chose certaine dans laquelle il s'exerce. Puis-je devenir propriétaire par l'effet d'une vente qui porte sur une chose indéterminée, par conséquent incertaine? Non, car je ne saurais sur quoi exercer mon droit de propriété. Ce qui est vrai de la propriété l'est aussi des démembrements de la propriété. Les servitudes se constituent par le seul effet du contrat, mais à condition que la servitude soit déterminée, ainsi que les fonds dominant et servant. L'orateur du Tribunat le dit (1); sur ce point, il est plus précis et plus exact que le texte du code.

A partir de quel moment la propriété sera-t-elle transférée lorsque la chose est indéterminée? On répond d'ordinaire : lors de la tradition. Cela n'est pas exact, et l'inexactitude peut conduire à une erreur, c'est de considérer la tradition, en ce cas, comme la cause qui transfère la propriété; de sorte que la tradition jouerait encore un rôle dans la translation de la propriété. L'article 1138 dit le contraire, et le principe reçoit son application même quand la chose est indéterminée. Qu'est-ce qui empêche, dans ce cas, le créancier d'être propriétaire? C'est qu'il ne sait sur quelle chose exercer son droit. Donc du moment où il le sait, l'obstacle cesse et, par suite, la propriété est transférée. Or, la chose peut être déterminée sans qu'il y ait tradition; il suffit pour cela du consentement des parties intéressées. La détermination peut donc être conventionnelle; nous ajoutons qu'elle l'est toujours, alors même qu'elle a lieu lors de la tradition; ce n'est pas le

_____

(1) Mouricault, Discours, n° 14 (Locré, t. VI, p. 245).

fait matériel de délivrance qui détermine la chose, c'est le concours de volontés du débiteur qui l'offre et du créancier qui l'accepte.

La cour de Lyon a fait une application de ce principe dans une espèce très-singulière. Une personne échange cent dix actions dans des compagnies de gaz contre vingt-cinq actions dans des usines. N'ayant pas, lors du contrat, la libre disposition de ses actions, elle consent, en garantie de son engagement, une délégation de 13,500 fr. sur une obligation hypothécaire de 60,000 francs, délégation provisoire qui devait cesser par la remise des actions dans l'année du contrat. L'année se passe sans que les actions soient livrées et les actions perdent toute valeur. Alors l'échangiste somme ses coéchangistes de recevoir les actions qu'il leur offre et demande la rétrocession de la garantie des 13,500 francs. Il a été jugé que la chose échangée étant indéterminée, il n'y avait pas eu de transport de propriété et que, lors de la délivrance, le transport était devenu impossible, la chose ayant péri (1). Nous doutons que ce soit là l'application des vrais principes; on ne peut pas dire que la chose eût péri; les titres des actions subsistaient, l'échangiste avait le droit de les livrer pendant l'année, quoique dépréciés; il conservait ce droit après l'expiration de l'année, puisqu'il n'avait pas été mis en demeure, donc il satisfaisait à son obligation et, par suite, le contrat devait recevoir son exécution. Il y aurait même eu transport de la propriété dès le moment du contrat, si les numéros des actions avaient été indiqués dans le contrat; cela suffisait pour les déterminer.

§ II: *Translation de la propriété à l'égard des tiers.*

N° 1. DES IMMEUBLES.

360. L'article 1138, en établissant le principe que la propriété se transfère par le seul effet du contrat, sans qu'il soit besoin de tradition, ne distingue pas; la loi est

(1) Lyon, 14 août 1850 (Dalloz, 1851, 1, 178).

conçue dans des termes absolus. Il en résulte que la propriété est transmise au créancier à l'égard de tous, donc non-seulement à l'égard du débiteur, mais aussi à l'égard des tiers. Ce principe reçoit-il une exception, d'abord quant aux immeubles, ensuite quant aux meubles?

Le code civil ne fait aucune exception quant aux immeubles. Aux termes de l'article 1140, « les effets de l'obligation de donner ou de livrer un immeuble sont réglés au titre de la *Vente* et au titre des *Priviléges et Hypothèques*. » Quel est le sens de cette singulière disposition? C'est un renvoi, et le législateur ne procède pas par renvoi, comme cela se fait dans un manuel. Au moment où le code civil fut discuté, la loi du 11 brumaire an VII prescrivait la transcription pour les transactions immobilières, c'est-à-dire que la propriété ne se transférait à l'égard des tiers que par la transcription de l'acte sur les registres du conservateur des hypothèques. Il s'agissait de savoir si l'on maintiendrait le système de publicité. La commission de l'an VIII proposait d'abroger la transcription. Au conseil d'Etat, la publicité trouva des partisans; comme on ne parvint pas à s'entendre, on ajourna la solution : de là l'article 1140.

Au titre de la *Vente*, la question ne reçut pas de solution. Le projet portait : « La vente est accomplie dès qu'on est convenu de la chose et du prix, quoique la chose n'ait pas encore été livrée ni le prix payé. » C'était appliquer à la vente le principe absolu de l'article 1138, ce qui excluait la nécessité de la transcription pour rendre l'acheteur propriétaire à l'égard des tiers. Le conseil d'Etat ne voulut pas préjuger la question : l'article que nous venons de transcrire fut modifié; on déclara que la vente était parfaite *entre les parties* et que la propriété était acquise à l'acheteur *à l'égard du vendeur*. Telle est la disposition de l'article 1583; la question de la transcription, de nouveau ajournée, devait recevoir une solution quelconque au titre des *Priviléges et Hypothèques*. On va voir avec quelle négligence cette grave matière fut traitée. La section de législation du conseil d'Etat proposa formellement le maintien de la transcription. La discussion qui s'engagea sur cette proposition fut assez embrouillée, et le vote fut tout aussi peu clair; on renvoya le projet à la section pour y faire un changement de rédaction qui portait sur des détails, sans entamer le principe. Qu'arriva-t-il? La section de législation supprima l'article qui exigeait la transcription. On a dit, et avec quelque raison, que cela s'appelait *escamoter* les lois, et non les discuter (1).

361. Comme il n'y avait pas de décision formelle du conseil d'Etat, on soutint, dans les premiers temps qui suivirent la publication du code civil, que la transcription n'était pas abrogée (2). Il est inutile d'entrer dans ce débat. Le code de procédure trancha la difficulté. L'article 834 porte : « Les créanciers qui, ayant une hypothèque, n'auront pas fait inscrire leurs titres antérieurement aux aliénations qui seront faites à l'avenir des immeubles hypothéqués ne seront reçus à requérir la mise aux enchères (en cas de purge) qu'en justifiant de l'inscription qu'ils auront prise depuis l'acte translatif de propriété, et au plus tard dans la quinzaine de la transcription de cet acte. » Ainsi la transcription était maintenue avec un effet tout spécial, c'est que les créanciers antérieurs à la vente ne pouvaient plus s'inscrire après la quinzaine qui suivait la transcription. Il est inutile de nous arrêter sur cette modification partielle que reçut le système du code civil, l'article 834 étant abrogé par notre nouvelle loi hypothécaire. La publicité était définitivement abandonnée en ce qui concerne la translation de la propriété.

362. C'était un des grands défauts que l'on reprocha à la nouvelle législation. On revint, en Belgique, au système de publicité; c'est une des innovations les plus importantes que la loi hypothécaire du 16 décembre 1851 apporta au code civil. En France, une loi du 23 mars 1855 rétablit également la transcription. Nous nous bornons ici à transcrire le principe tel qu'il est formulé par

_____

(1) Duranton, t. X, p. 466, n° 428. Demolombe, t. XXIV, p. 420, n°ˢ 439-442.

(2) Demolombe, t. XXIV, p. 425, n° 444.

notre loi hypothécaire, en ajournant l'explication de la matière au titre des *Hypothèques* avec lequel elle a une relation intime. L'article 1er est ainsi conçu : « Tous actes entre-vifs à titre gratuit ou onéreux, translatifs ou déclaratifs de droits réels immobiliers, seront transcrits en entier sur un registre à ce destiné au bureau de la conservation des hypothèques. Jusque-là ils ne pourront être opposés aux tiers qui auraient contracté sans fraude. »

II. *Des meubles.*

363. L'article 1138 ne distingue pas entre les meubles et les immeubles : il en résulte que la propriété des meubles se transmet par le seul effet du contrat, non-seulement entre les parties, mais aussi à l'égard des tiers. Ce principe reçoit-il une exception? La loi hypothécaire ne concerne que les transactions immobilières; il ne peut donc être question de transcription en ce qui concerne les meubles. Reste à savoir si le code civil lui-même déroge au principe établi par l'article 1138. On a prétendu que l'article 1141 exige la tradition pour que la propriété des choses mobilières soit transmise à l'égard des tiers. Cette opinion a été soutenue par Toullier et par Troplong (1); nous n'hésitons pas à dire que c'est une erreur.

L'article 1141 porte : « Si la chose que l'on s'est obligé de donner ou de livrer à deux personnes successivement est purement mobilière, celle des deux qui en a été mise en possession réelle est préférée et en demeure propriétaire, encore que son titre soit postérieur en date, pourvu toutefois que la possession soit de bonne foi. » Il importe avant tout de préciser l'hypothèse sur laquelle la loi statue; c'est celle-ci. Je vends aujourd'hui une chose mobilière à Pierre sans la lui livrer; demain je vends la même chose à Paul et je la lui livre. Paul est préféré à Pierre,

---

(1) Toullier, t. III, 2, p. 132, n° 205. Troplong, *De la vente*, n° 42. Dans le même sens, Liége. 10 août 1838, et Bruxelles, 6 décembre 1838 (*Pasicrisie*, 1838, 2. 225 et 248). Nous citons pour mémoire un arrêt de Gand, 21 février 1834, confirmé par un arrêt de rejet, 18 novembre 1834 (*Pasicrisie*, 1834, 1, 320); aucune de ces décisions n'est motivée. Nous reviendrons ailleurs sur la jurisprudence française.

dit l'article 1141, et il demeure propriétaire de la chose, pourvu que sa possession soit de bonne foi. On voit déjà que la question que la loi décide n'est pas générale; il ne s'agit pas de savoir si, en principe, la propriété des meubles se transfère à l'égard des tiers par le contrat ou s'il faut la tradition; si tel avait été le but du législateur, il aurait dit tout simplement : la propriété des choses mobilières n'est acquise à l'égard des tiers que par la tradition. L'article 1141 ne dit pas cela, il ne s'occupe pas du principe; donc le principe reste tel qu'il est formulé par l'article 1138, c'est-à-dire que la propriété des meubles se transmet, à l'égard des tiers comme entre les parties, par l'effet du contrat, encore que la tradition n'en ait point été faite.

Mais qu'arrivera-t-il si une chose mobilière est vendue successivement à deux personnes et qu'elle ait été livrée à l'un des acheteurs? Telle est la question spéciale que l'article 1141 a pour objet de résoudre. Il la décide en faveur du possesseur, à condition que sa possession soit de bonne foi. Il est de principe que l'on doit interpréter les lois d'après l'objet qu'elles ont en vue; sinon on risque de faire dire au législateur autre chose que ce qu'il a voulu dire. L'article 1141 décide une difficulté spéciale, il doit donc être limité au cas qu'il prévoit. On ne peut pas en induire que la tradition est requise, en règle générale, pour la translation de la propriété des meubles; cette question est tranchée par l'article 1138 et tranchée négativement. Reste à savoir quelle est l'hypothèse prévue par l'article 1141 et pourquoi la loi se prononce en ce cas pour le possesseur.

364. On dit d'ordinaire que l'article 1141 consacre une exception à la règle établie par l'article 1138. Il serait plus vrai de dire que le principe de l'article 1138 subsiste, mais qu'il ne peut recevoir son application dans le cas prévu par l'article 1141, à raison de la maxime consacrée par l'article 2279, qu'*En fait de meubles, la possession vaut titre*. Si je vends aujourd'hui un objet mobilier à Pierre, l'acheteur devient propriétaire en vertu de l'article 1138 et propriétaire à l'égard de tous. Demain, je vends la même chose à Paul; le second acheteur deviendra-t-il propriétaire? Si la chose n'est livrée à aucun des deux acheteurs, il est certain que le premier, Pierre, en aura la propriété. En effet, cette hypothèse n'est pas celle de l'article 1141, donc l'article 1138 doit recevoir son application; le premier acheteur est propriétaire à l'égard de tous, par conséquent à l'égard du second acheteur. Il résulte donc du texte même de l'article 1141 que la tradition n'est pas requise pour que la propriété soit transférée à l'égard des tiers; car voici un acheteur qui est propriétaire à l'égard de tous et contre un second acquéreur, bien que la tradition ne lui ait pas été faite.

Il y a plus. Supposons que la chose soit livrée au second acheteur : Paul est en possession réelle. Sera-t-il, par l'effet de la tradition qui lui a été faite, propriétaire contre Pierre, premier acheteur? Non, car l'article 1141 ne parle pas de *tradition,* il exige que le second acheteur ait été mis en possession *réelle.* Or, il se peut fort bien, comme nous le dirons au titre de la *Vente,* que la tradition ait été faite au second acheteur sans qu'il ait été mis en possession réelle. Sera-t-il propriétaire dans ce cas? Non, car ce n'est pas l'hypothèse prévue par l'article 1141, partant on reste sous l'empire de la règle de l'article 1138. Nouvelle preuve que la tradition ne transfère pas la propriété des choses mobilières; car voici un acheteur, Pierre, qui est propriétaire, bien que la tradition ne lui ait pas été faite, contre Paul, second acheteur, à qui la tradition a été faite. Donc la propriété se transfère par le seul effet du contrat, et cela est prouvé par le texte même de l'article 1141.

Enfin supposons que le second acheteur ait été mis en possession réelle de la chose vendue. Cela suffit-il pour qu'il soit propriétaire à l'égard de tous et contre le premier acquéreur? Non, l'article 1141 exige une condition pour que le second acheteur soit préféré au premier, il faut que sa possession soit de bonne foi. Si donc il n'était pas de bonne foi, c'est-à-dire s'il savait, en achetant, que la chose avait déjà été vendue à un premier acquéreur, il ne serait pas propriétaire; qui donc le sera?

Le premier acheteur, bien qu'aucune tradition ne lui ait été faite et quoique le second acquéreur soit en possession réelle de la chose. Dernière preuve, tirée du texte de l'article 1141, que la tradition n'est pas requise pour opérer la transmission de la propriété des choses mobilières à l'égard des tiers.

365. Reste l'hypothèse dans laquelle le second acheteur devient propriétaire : il est en possession réelle et il est de bonne foi. L'article 1141 décide que, dans ce cas, le second acquéreur est préféré au premier et qu'il demeure propriétaire de la chose vendue. Quelle est la raison de cette préférence? Est-ce une exception à l'article 1138, en ce sens que le premier acheteur n'est pas devenu propriétaire dans l'espèce? Le texte ne dit pas cela, il dit que le second acquéreur est *préféré* au premier et demeure propriétaire, pourvu que sa possession soit de bonne foi. Il est certain que le premier acquéreur est devenu propriétaire en vertu de l'article 1138; il devrait donc avoir le droit de revendiquer la chose contre le second acheteur; mais s'il revendiquait, le second acheteur repousserait l'action par la maxime qu'*En fait de meubles, possession vaut titre*. En définitive, le premier acquéreur ne peut pas faire valoir son droit contre le second, parce que le droit français n'admet pas la revendication des choses mobilières contre les possesseurs de bonne foi. Voilà pourquoi l'article 1141 exige que la possession du second acheteur soit de bonne foi; il ne fait qu'appliquer la règle formulée par l'article 2279.

C'est en ce sens que l'article 1141 a été expliqué par l'orateur du gouvernement. « La bonne foi du second acquéreur, dit Bigot-Préameneu, la nécessité de maintenir la circulation des objets mobiliers, la difficulté de les suivre et de les reconnaître dans la main de tierces personnes, ont dû faire donner la préférence à celui qui est en possession, quoiqu'il y ait un titre antérieur au sien (1). » Ces motifs sont précisément ceux que l'on donne pour justifier la maxime qu'*En fait de meubles, possession*

_____

(1) Bigot-Préameneu, Exposé des motifs, n° 36 (Locré, t. VI, p. 154).

vaut titre. La loi ne fait donc qu'appliquer cette maxime à l'hypothèse prévue par l'article 1141. Voilà pourquoi nous disons que l'article 1141 ne consacre pas une exception au principe de l'article 1138; il est plus vrai de dire que c'est une conséquence de l'article 2279. Le rapporteur du Tribunat est encore plus explicite; après avoir dit que la bonne foi est la condition essentielle requise par l'article 1141 pour que le second acquéreur soit préféré au premier, Favard ajoute : « Le principe est fondé sur ce que *les meubles n'ont pas de suite* et sont censés appartenir à celui qui les possède, s'il n'est pas prouvé que sa possession est de mauvaise foi (1). » Voilà bien la maxime qu'*En fait de meubles, possession vaut titre;* elle ne signifie pas autre chose que ce que Favard dit pour expliquer la préférence que l'article 1141 donne au second acheteur : c'est que les meubles n'ont pas de suite et que le possesseur de bonne foi est à l'abri de la revendication.

366. Qu'est-ce que l'on dit à l'appui de l'opinion contraire? On invoque la tradition. Nous avons répondu bien des fois que la tradition est sans valeur lorsque la question est décidée par le code civil; or, dans l'espèce, le texte et l'esprit de la loi ne laissent aucun doute. Il y a plus : la tradition témoigne contre ceux qui l'invoquent. Pourquoi Pothier enseigne-t-il que le vendeur reste propriétaire tant que la tradition n'a pas été faite? Par la raison bien simple que tel était le système général de l'ancien droit, applicable aux meubles et aux immeubles; la propriété ne se transférait que par la tradition. Mais l'article 1138 abolit le principe de l'ancien droit et le remplace par un principe nouveau : la propriété se transmet aujourd'hui par l'effet des contrats. Il faut donc laisser de côté l'ancien droit, il est abrogé avec toutes ses conséquences.

On invoque aussi le texte de l'article 1141. Si, de deux acheteurs, celui qui est mis en possession réelle est préféré à l'autre, n'est-ce pas une preuve que la tradition transfère la propriété? Il est vrai, dit-on, que la loi permet au

(1) Favard, Rapport, nº 33 (Locré, t. VI, p. 195).

premier acheteur d'agir contre le second quand celui-ci est de mauvaise foi. Mais qu'est-ce que cette action? C'est l'action paulienne que le premier acheteur intente, comme créancier de son vendeur, contre une vente faite en fraude de ses droits. Nous répondons que l'article 1141 ne dit pas que le premier acheteur doive agir en nullité de la vente, il dit que le second acheteur ne devient propriétaire que s'il est mis en possession et s'il est de bonne foi. Donc s'il n'est pas de bonne foi, qui sera propriétaire? Le premier acheteur, en vertu de l'article 1138. Quelle est donc l'action qu'il aura contre le possesseur de mauvaise foi? L'action en revendication (1).

367. L'article 1141 exige que l'acheteur ait été mis en *possession réelle*. Qu'entend-on par là? La loi suppose qu'il y a une possession qui n'est pas réelle. En effet, nous verrons, au titre de la *Vente,* que la délivrance peut se faire sans que l'acheteur détienne la chose corporellement; dans ce cas, il n'aura pas la possession requise par l'article 1141 et, par suite, il ne sera pas propriétaire. Nous ajournons les difficultés que la question présente à l'explication que nous donnerons de l'article 1606, qui est le siége de la matière.

368. L'article 1141 exige encore que la possession soit de bonne foi. On demande à quelle époque la bonne foi doit exister. La question est controversée. Est-ce au moment de la *vente?* ou est-ce au moment de la *délivrance?* Il nous semble que le texte tranche la difficulté. Il ne dit pas que l'acheteur doit être de bonne foi au moment du contrat, il dit que la *possession* doit être de bonne foi; or, la possession serait certes de mauvaise foi si, lors de la *délivrance*, l'acheteur savait que la chose a déjà été vendue, quoiqu'il l'ignorât lors de la *vente.* Le texte est en harmonie avec la raison de la loi. C'est une application de la maxime qu'*En fait de meubles, possession vaut titre;* il faut donc que l'acheteur *possède de bonne foi* (2). Faut-il

(1) Colmet de Santerre, t. V, p. 81, n° 57 *bis* II et 57 *bis* III; Demolombe, t. XXIV, p. 461, n° 469. Voyez, en ce sens, deux arrêts de Bruxelles, 6 juillet 1833 (*Pasicrisie*, 1833, 2, 192), et 8 mai 1850 (*ibid.*, 1850, 2, 315).
(2) Demolombe, t. XXIV, p. 469, n° 475. En sens contraire, Larombière, t. I, p. 501, n° 16 (Ed. B., t. I, p. 217).

aussi qu'il continue à posséder de bonne foi? Sur ce point, tout le monde est d'accord; il suffit que la possession soit de bonne foi dans son principe. La raison en est que dès cet instant il devient propriétaire; peut-on lui enlever la chose qui lui appartient à raison de la mauvaise foi qui survient? Il faudrait un texte pour cela. Celui qui a acquis la propriété la conserve, à moins que la loi ne l'en dépouille. Cela est décisif en faveur de l'acheteur.

369. L'article 1141 s'applique-t-il aux meubles incorporels? La négative résulte des textes du code. D'après l'article 1141, l'acheteur doit être en possession *réelle*, c'est-à-dire matérielle, de la chose vendue; or, les droits ne sont pas susceptibles d'une possession pareille. D'un autre côté, l'article 1141 ne fait qu'appliquer la maxime de l'article 2279; et cette maxime, comme nous le dirons au titre de la *Prescription*, n'est applicable qu'aux meubles corporels (1). Le code civil prescrit des conditions spéciales pour que le cessionnaire d'une créance soit saisi à l'égard des tiers; il faut la signification du transport au débiteur, ou l'acceptation du transport par le débiteur dans un acte authentique (art. 1690). Nous expliquerons cette matière au titre de la *Vente*.

La même question se présente pour les universalités d'effets mobiliers; la solution dépend du point de savoir si une universalité est susceptible d'une possession réelle et si la maxime de l'article 2279 est applicable à une universalité; nous examinerons la question au titre de la *Prescription*.

370. Les conséquences qui résultent de l'article 1141, tel que nous l'avons interprété, ne sont pas sans importance. Quand le second acquéreur ne peut pas invoquer cette disposition, soit qu'il n'ait pas été mis en possession réelle, soit qu'il n'ait pas la bonne foi, c'est le premier acheteur qui sera propriétaire. Il pourra donc revendiquer la chose contre l'acquéreur de mauvaise foi. Il peut aussi la revendiquer contre un possesseur de bonne foi,

---

(1) La jurisprudence est en ce sens. Bordeaux, 22 août 1831; Caen, 16 février 1832 (Dalloz, au mot *Vente*, n° 1747). Rejet, 29 avril 1849 (Dalloz, 1849, 1, 273). Montpellier, 4 janvier 1853 (Dalloz, 1854, 2, 171).

si la chose est sortie des mains de l'acquéreur par vol ou par perte. Le propriétaire a pendant trois ans le droit de revendiquer la chose perdue ou volée; or, le premier acheteur est propriétaire, il peut donc se prévaloir des articles 2279 et 2280.

Il y a une conséquence plus importante qui dérive du même principe. Si le vendeur vend, quoique sans livrer la chose, il cesse d'être propriétaire dès l'instant de la vente; par suite, ses créanciers ne peuvent plus saisir la chose vendue. Peu importe qu'elle se trouve encore dans les mains de leur débiteur, elle n'est plus dans son patrimoine; l'acheteur est devenu propriétaire à l'égard des tiers; donc les créanciers du vendeur sont sans droit. On objecte la tradition; nous avons d'avance répondu à l'argument; il ne tient aucun compte du changement que l'article 1138 a apporté aux anciens principes. Jadis le vendeur restait propriétaire tant qu'il n'avait pas fait la délivrance; il était très-logique, dans ce système, que les créanciers pussent saisir une chose qui était dans le domaine de leur débiteur; tandis qu'il serait souverainement illogique que les créanciers eussent un droit sur une chose qui est sortie du patrimoine de leur débiteur. On objecte encore que les créanciers peuvent se prévaloir de l'article 2279; la chose est possédée par leur débiteur, donc il en est propriétaire, et partant les créanciers peuvent la saisir. Cette objection n'est pas sérieuse. La maxime qu'*En fait de meubles, possession vaut titre* signifie que le possesseur de bonne foi ne peut être évincé par une action en revendication; elle ne signifie pas que tout possesseur soit présumé propriétaire. Comment le vendeur serait-il présumé propriétaire, alors qu'il a abdiqué la propriété de la chose en la vendant? L'article 2279 est donc hors de cause, c'est l'article 1138 qui doit recevoir son application; l'acheteur est devenu propriétaire même à l'égard des tiers, donc il l'est à l'égard des créanciers de son vendeur (1).

---

(1) Douai, 5 février 1848 (Dalloz, 1849, 2, 42). Colmet de Santerre, t. V, p. 83, n° 57 *bis* IV. Larombière, t. I, p. 504, n° 18 (Ed. B., t. I, p. 208); Demolombe, t. XXIV, p. 466, n° 472.

SECTION II. — Effet des contrats à l'égard des tiers.

371. L'article 1165 porte : « Les conventions n'ont d'effet qu'entre les parties contractantes ; elles ne nuisent point au tiers, et elles ne lui profitent que dans le cas prévu par l'article 1121. » Pothier, à qui les auteurs du code ont emprunté ce principe élémentaire, l'explique comme suit : « La raison de ce principe est évidente. L'obligation qui naît des conventions et le droit qui en résulte étant formés par le consentement et par le concours des volontés des parties, elle ne peut obliger un tiers, ni donner un droit à un tiers dont la volonté n'a pas concouru à former la convention (1). »

Les tiers, en cette matière, sont donc ceux qui n'ont pas consenti, qui n'ont pas parlé au contrat. Il faut ajouter que l'on peut être partie dans un contrat sans y figurer en personne, lorsqu'on y est représenté ; le mandant est partie dans les conventions consenties en son nom par le mandataire ; les héritiers ou autres successeurs universels sont représentés par leurs auteurs, puisqu'ils succèdent à leurs droits et à leurs obligations.

372. Dans la pratique on confond parfois la force probante des actes avec l'obligation résultant des conventions qui y sont constatées. Cela vient de ce que l'on confond l'acte avec le contrat. Le contrat ne produit aucune obligation contre un tiers ; voilà ce que dit l'article 1165. Mais la loi ne dit pas que les écrits qui sont dressés pour prouver la convention ne font foi qu'entre les parties. L'article 1165 est étranger à la preuve qui résulte des actes ; le code en traite dans le chapitre destiné à la preuve des obligations. Il y a des actes qui font foi à l'égard de la société tout entière, ce sont les actes notariés, reçus par un officier public qui a mission d'imprimer l'authenticité aux actes que les parties veulent ou doivent rédiger dans la forme authentique. Une vente est reçue par un notaire. Il est prouvé, à l'égard de tous, que cette

---

(1) Pothier, *Des obligations*, nos 85 et 87.

vente a eu lieu tel jour, entre telles parties et qu'elle comprend tel objet; quant aux obligations résultant de la vente, elles sont restreintes aux parties contractantes et à leurs successeurs universels. La chambre de cassation de la cour de Bruxelles l'a décidé ainsi, et cela n'est pas douteux (1).

§ Ier. *Les conventions ne donnent pas de droit contre les tiers.*

373. Que les conventions ne nuisent pas aux tiers, cela est si évident qu'il semble inutile de le déclarer dans une loi (art. 1165). Cependant l'application de ce principe élémentaire a soulevé plus d'une difficulté. La question est de savoir si l'on peut invoquer les conventions contre ceux qui en profitent. On cite, à ce sujet, un vieil adage que l'on applique à faux. *Personne ne peut s'enrichir aux dépens d'autrui,* dit-on; maxime d'équité que tous les législateurs ont consacrée. L'on en déduit cette conséquence que celui qui profite d'une convention peut être actionné par le créancier jusqu'à concurrence du profit qu'il en retire; c'est ce que dans le langage de l'école on appelle action *de in rem verso.* Non, tel n'est pas l'objet de l'action ainsi appelée. Nous dirons, au titre qui traite des quasi-contrats, sous quelles conditions celui qui gère l'affaire d'une personne a l'action de gestion d'affaires contre le maître; quand l'une des conditions fait défaut, le gérant n'a pas l'action qui naît du quasi-contrat de gestion d'affaires, action qui, en principe, équivaut à celle du mandataire contre le mandant; toutefois, si la gestion procure quelque avantage au maître, on donne au gérant l'action *de in rem verso,* ce qui signifie que le maître est tenu de l'indemniser jusqu'à concurrence de l'avantage qu'il a retiré de la gestion. Ainsi l'action *de in rem verso* suppose qu'il n'y a aucune convention, ni même un quasi-contrat proprement dit. C'est dire qu'il ne peut pas être question de cette action, alors qu'il y a une convention

(1) Rejet, 24 mai 1826 (*Pasicrisie,* 1826, p. 164).

et que l'on demande quels sont les effets qui en résultent.
Dans ce cas, c'est l'article 1165 qui doit recevoir son
application.

374. La jurisprudence est en ce sens. Un charron fait
des travaux et des fournitures à un fermier; il réclame le
montant de son compte contre le propriétaire comme co-
débiteur solidaire. Le bailleur répond qu'il est étranger
à la convention. Peu importe, répond l'ouvrier, c'est pour
l'exploitation de votre ferme que les ouvrages et les fournitures ont été faits; vous en avez profité; cela est si vrai
que les choses livrées sont encore en votre possession. Il
se trouva un tribunal qui accueillit cette étrange prétention et condamna les défendeurs solidairement au payement de la somme réclamée. Une obligation sans qu'il y
ait contrat ni quasi-contrat! et la solidarité prononcée
sans convention ni loi! La cour de cassation cassa le
jugement pour violation de l'article 1165 et pour fausse
application de l'article 1375; l'article 1165 était violé,
parce que le propriétaire n'avait pas concouru au contrat
intervenu entre le fermier et le charron; l'article 1375
était mal appliqué, parce que l'ouvrier avait travaillé,
non comme gérant d'affaires, mais en vertu d'une convention; il ne pouvait donc avoir d'action que contre son
débiteur (1).

375. Il y a un cas assez fréquent d'un contrat fait dans
l'intérêt d'un tiers, c'est le contrat de remplacement. D'ordinaire il se fait, pendant la minorité du remplacé, par
son père ou son tuteur; on applique, dans ce cas, les
principes qui régissent la tutelle et l'administration légale : le mineur est tenu comme mandant par l'engagement contracté en son nom par son mandataire légal. Si
le père a traité, non comme père ou tuteur, mais en son
nom personnel, lui seul sera tenu, le créancier n'aura
aucune action contre le remplacé; le prix du remplacement sera alors une libéralité que le remplacé devra rapporter à la succession du père; il n'y a aucun lien d'obligation entre la compagnie qui a fourni le remplaçant et

(1) Cassation, 9 mai 1853 (Dalloz, 1853, 1, 250).

le remplacé. C'est le cas d'appliquer l'article 1165. La question a été décidée en ce sens par la cour de Paris. Dans l'espèce, le remplacé était majeur, il n'avait pas parlé au contrat, ses père et mère avaient traité en leur propre nom; ils étaient donc débiteurs personnels; le fils remplacé ayant renoncé à la succession de ses parents, il ne pouvait être actionné, ni comme héritier, ni comme mandant, ni comme maître, car les père et mère n'avaient pas agi au nom de leur fils, avec l'intention de se faire rembourser le prix du remplacement. C'était, en définitive, une donation en avancement d'hoirie (1).

336. Dans le cas de société, la question se complique. L'un des associés a un commerce pour son compte. On suppose que les achats qu'il fait profitent à la société, les marchandises étant versées dans le fonds social. La cour d'appel, se fondant sur ce que la société en avait bénéficié et sur ce qu'elle en connaissait l'origine, décida que la société était obligée de ce chef envers le vendeur. Cette décision fut cassée et elle devait l'être. Qu'importait que la société eût connaissance de l'origine des marchandises? Il n'en résultait aucun contrat ni quasi-contrat, donc aucun lien de droit susceptible d'obliger la société envers celui qui avait fourni les marchandises à l'associé. Le bénéfice qu'avait fait la société ne créait pas davantage contre elle une action au profit du vendeur originaire, car il n'avait pas traité avec elle; il n'avait pas traité non plus comme gérant d'affaires pour le compte de la société. Il n'y avait donc ni contrat ni quasi-contrat. La cour de cassation formule la conséquence en ces termes : « Un contractant n'a d'action que contre celui avec lequel il a contracté, et non contre les tiers qui ont pu profiter des suites d'un contrat dans lequel ils n'ont pas été parties (2). »

_____

(1) Paris, 29 février 1840 (Dalloz, au mot *Obligations*, n° 251).
(2) Cassation, 12 mars 1850 (Dalloz, 1850, 1, 86).

§ II. *Les conventions ne donnent pas de droit aux tiers.*

377. Pothier cite, comme exemple du principe que l'article 1165 lui a emprunté, le cas très-fréquent où les copartageants d'une succession conviennent que telle dette sera mise à charge de tel héritier pour le tout. Cette convention a-t-elle effet à l'égard des créanciers? Il est certain qu'elle ne leur nuit point, elle n'empêche donc pas les créanciers de poursuivre chacun des copartageants pour sa part et portion héréditaires; car la convention, dit Pothier, ne peut avoir aucun effet à l'égard du créancier qui n'y était pas partie (1). Cela implique qu'elle ne leur profite pas non plus. Il est certain que les créanciers ne peuvent pas s'en prévaloir directement en agissant pour le tout contre l'héritier seul chargé de la dette; ils n'ont que l'action indirecte que l'article 1166 ouvre aux créanciers en leur permettant d'exercer tous les droits de leur débiteur; les héritiers ayant le droit d'exiger que la dette soit payée pour le tout par celui dans le lot duquel elle a été mise, les créanciers des héritiers ont le même droit en leur nom. Nous dirons plus loin quelle différence il y a entre cette action indirecte et l'action directe qui, dans certains cas, appartient aux créanciers.

378. L'article 1165 ne concerne que les droits conventionnels; il n'est pas applicable quand les droits ne dérivent pas d'une convention. Voici un cas qui s'est présenté devant la cour de cassation. Une vaste forêt était traversée, dans différentes directions, par de nombreux chemins qui servaient, non-seulement aux propriétaires de la forêt, mais aussi aux riverains pour l'exploitation de leurs biens. En 1839, les copropriétaires procédèrent au partage et, en vertu de l'acte de partage, on traça divers chemins destinés à remplacer ceux que l'on supprimait. L'un des copartageants s'opposa à ce qu'un riverain usât du chemin nouveau pour l'exploitation de ses fonds. La cour de Caen jugea que les nouveaux chemins avaient

---

(1) Pothier, *Des obligations,* n° 87.

été établis non-seulement dans l'intérêt des copartageants, mais encore dans l'intérêt de tous ceux qui, à un titre quelconque, avaient un droit de passage par la forêt. Cette décision fut confirmée en cassation, par le motif assez vague que l'arrêt attaqué n'avait pas invoqué l'acte de partage de la forêt comme titre unique des riverains, mais comme un document complétant les autres documents de la cause (1). Qu'est-ce à dire? Il n'y avait pas de documents et la cour d'appel n'en invoque aucun. De quoi s'agissait-il? D'un passage réclamé par un riverain dans une forêt pour l'exploitation de ses fonds, donc d'une servitude; il n'y avait aucun titre de cette servitude; elle était fondée sur un usage immémorial, ainsi sur la prescription. C'était, en tout cas, un droit acquis que les propriétaires de la forêt ne pouvaient pas enlever aux riverains, sauf à user du droit que l'article 701 donne au propriétaire du fonds servant d'offrir au propriétaire du fonds dominant un autre passage. La convention intervenue entre les copartageants pouvait-elle être considérée comme une offre? et l'usage des nouveaux chemins par les riverains emportait-elle de leur part acceptation de l'offre? La question n'a pas été placée sur ce terrain. Il s'agissait donc, pour les riverains, d'un droit de passage qui n'était pas fondé sur une convention; ils n'invoquaient pas l'acte de partage, et cet acte ne pouvait pas leur être opposé. De droit, les anciens chemins subsistaient, sauf au tribunal à modifier l'exercice du droit en vertu de l'article 701.

§ III. *Exceptions.*

379. L'article 1165 dit que les conventions profitent aux tiers dans le cas prévu par l'article 1121. Nous renvoyons à ce qui a été dit plus haut sur les stipulations qu'un contrat contient dans l'intérêt d'un tiers.

380. Le principe que les conventions ne nuisent pas aux tiers reçoit une exception en matière de commerce. Quand la majorité des créanciers, représentant les trois

---

(1) Rejet, 14 juillet 1856 (Dalloz, 1856, 1, 465)..

quarts de la totalité des créances, consentent à traiter avec le failli, le concordat homologué par le tribunal devient obligatoire pour tous les créanciers. Ainsi la minorité est liée par la majorité. Pothier dit que ce n'est pas là une véritable exception au principe que les conventions n'ont pas d'effet contre les tiers. Ce n'est pas la convention qui par elle-même oblige la minorité; elle fait seulement connaître au juge qu'il est de l'intérêt commun des créanciers que la convention soit exécutée, la présomption étant que tous les créanciers sont intéressés à faire la remise d'une partie de leurs créances pour avoir le payement du restant. Sans doute, telle est la présomption. Il n'en est pas moins vrai que des créanciers qui refusent de concourir à une convention sont liés par cette convention; ce qui est bien une exception à notre principe (1).

381. Il y a un contrat qui peut être opposé aux tiers et que les tiers peuvent invoquer, c'est le contrat de mariage. Au titre qui est le siége de la matière, nous dirons en quel sens cela est vrai.

382. Après avoir dit que les conventions n'ont d'effet qu'entre les parties, le code ajoute (art. 1166) : « *Néanmoins* les créanciers peuvent exercer tous les droits de leur débiteur », et « ils peuvent aussi, dit l'article 1167, attaquer les actes faits par leur débiteur en fraude de leurs droits. » Le mot *néanmoins* suppose que les articles 1166 et 1167 consacrent des exceptions au principe de l'article 1165. Il n'en est rien. Quand les créanciers exercent les droits de leur débiteur, ils agissent au nom du débiteur, comme ses représentants et ses ayants cause universels; ils ne sont donc pas des tiers, c'est le débiteur qui agit par leur intermédiaire. Quand ils attaquent des actes de leur débiteur comme faits en fraude de leurs droits, ils ne sont certes pas liés par les conventions de leur débiteur, puisqu'ils en demandent la nullité. Il n'y a donc pas d'exception au principe de l'article 1165, c'est plutôt l'application du droit commun.

---

(1) Pothier, *Des obligations*, n° 88. Demolombe, t. XXV, p. 42, n° 41.

ARTICLE 1er. De l'action dite « subrogatoire » de l'article 1166 (1).

§ Ier. *Le principe.*

No·1. QUELS DROITS LES CRÉANCIERS PEUVENT-ILS EXERCER?

383. Ils peuvent exercer tous les droits et actions de leur débiteur (art. 1166). Les droits et actions qui appartiennent au débiteur font partie de son patrimoine; or, les biens du débiteur sont le gage de ses créanciers, donc ils ont aussi pour gage les droits ou actions qui sont compris dans ces biens. Tel est le fondement du droit que l'article 1166 reconnaît aux créanciers. C'est une conséquence du gage que le débiteur lui-même donne à ses créanciers en s'obligeant, gage que le code sanctionne (art. 2092 et 2093) et, à sa suite, la loi hypothécaire belge (art. 7 et 8).

Quelques exemples, que nous empruntons à Proudhon (2), feront comprendre l'utilité et la légitimité du droit que l'article 1166 accorde aux créanciers. Mon débiteur ne me paye pas, je ne puis me faire payer en saisissant ses biens apparents, parce qu'ils sont insuffisants. Mais un tiers lui doit une somme d'argent : je puis saisir cette créance entre les mains du débiteur. C'est ce qu'on appelle saisie-arrêt ou opposition; elle oblige le tiers saisi à payer entre les mains des saisissants. La saisie est soumise à des règles spéciales tracées par le code de procédure. C'est une application de l'article 1166, mais qui a ses principes spéciaux; nous les laissons de côté, puisque cette matière appartient à la procédure civile. Proudhon a raison de dire que la saisie-arrêt n'est point l'application proprement dite de l'article 1166; le législateur a eu soin de prévoir les difficultés et de les décider.

Mon débiteur peut aussi avoir à exercer contre des tiers des droits ou des actions qui n'ont pas pour objet

(1) Labbé, Dissertation, *Revue critique*, 1856, t. IX, p. 208.
(2) Proudhon, *De l'usufruit*, t. V, p. 63-65, no 2236.

immédiat des sommes d'argent à recouvrer, ni des effets mobiliers à répéter. Il a vendu avec pacte de rachat un immeuble; il a l'action en résolution de la vente, action qui peut être très-profitable, puisqu'elle fait rentrer dans son patrimoine un bien qui est d'ordinaire aliéné sous des conditions très-onéreuses. Je puis, comme créancier, exercer la faculté de rachat. Il en serait de même si le débiteur avait vendu un immeuble à vil prix; ses créanciers ont le plus grand intérêt à ce que le contrat lésionnaire soit rescindé; ils pourront agir en rescision si leur débiteur n'agit point.

Un parent du débiteur est décédé, laissant un testament qui le déshérite; ce testament est nul pour vice de forme; si le débiteur n'agit point, ses créanciers pourront intenter l'action en nullité. Les actions en nullité, ou en rescision, ou en résolution font partie du patrimoine du débiteur, elles sont donc le gage des créanciers. Qu'est-ce à dire? De même qu'ils peuvent saisir les biens de leur débiteur soit entre ses mains, soit entre les mains d'un tiers, ils peuvent aussi exercer les actions qui lui appartiennent s'il ne le fait pas, car ces actions feront rentrer dans son patrimoine un bien qui en était sorti, ou qui aurait dû y entrer; le patrimoine du débiteur s'en trouve augmenté et, par conséquent, le gage de ses créanciers.

384. L'article 1166 dit que les créanciers peuvent exercer *tous les droits* de leur débiteur. Les auteurs citent en première ligne, et comme le plus incontestable droit que les créanciers puissent exercer, celui de faire les actes conservatoires. Il est certain qu'ils peuvent interrompre les prescriptions qui courent contre leur débiteur, ils peuvent prendre inscription d'une hypothèque, notamment de l'hypothèque légale de la femme mariée ou du mineur. Ils peuvent renouveler les inscriptions hypothécaires pour empêcher qu'elles ne soient périmées (1). Le droit des créanciers de faire ces actes ne saurait être contesté; mais est-ce bien des actes conservatoires que l'article 1166 entend parler? Non, dans le cas de l'article 1166, les

_____

(1) Duranton, t. X, p. 570, nos 548 et 549.

créanciers, en vertu du droit de gage qui leur appartient, agissent sur les biens de leur débiteur; leur but est d'*augmenter* ce gage en exerçant un droit que le débiteur néglige d'exercer; le résultat de leur action est que le produit du droit qu'ils exercent entre dans le patrimoine et peut, par suite, être saisi par eux si le débiteur ne satisfait pas à ses engagements. Il s'agit donc, non de *conserver* les droits du débiteur, mais de les *exercer*. La remarque n'est point sans importance, comme nous le dirons plus loin; il y a telle condition qui est requise pour l'exercice des droits du débiteur et qui ne l'est pas pour faire un acte conservatoire.

385. Les créanciers peuvent exercer tous les droits de leur débiteur, bien entendu si le débiteur peut les exercer. Car c'est au nom du débiteur que ses créanciers agissent; ils n'ont donc d'autres droits que ceux que le débiteur lui-même peut exercer. Le débiteur ne peut-il pas agir, ses créanciers ne le pourront pas.

D'après l'article 948, tout acte de donation d'effets mobiliers n'est valable que pour les objets dont un état estimatif aura été annexé à l'acte. La donation est-elle nulle à défaut d'état estimatif, et en quel sens? On peut soutenir que l'état estimatif est une condition de forme, et une donation nulle en la forme est inexistante, en ce sens qu'elle ne peut avoir aucun effet; dans cette opinion, le donateur pourrait se prévaloir de l'inexistence de la donation, et le même droit appartiendrait à ses créanciers. Il a été jugé, en sens contraire, que le donateur ne peut pas demander la nullité de la donation pour défaut d'état estimatif, ce qui conduit à la conséquence que ses créanciers n'ont pas le droit d'agir (1).

Le principe reçoit encore son application en cas de simulation. Quand l'auteur de la simulation ne peut attaquer l'acte, les créanciers, agissant en son nom, ne peuvent pas l'attaquer non plus, les créanciers ne pouvant, quand ils agissent en vertu de l'article 1166, avoir des droits que le débiteur lui-même n'a point (2). Il en serait

(1) Orléans. 9 janvier 1845 (Dalloz. au mot *Obligations*, n° 896, 3°).
(2) Rejet, 29 juin 1837 (Dalloz, au mot *Contrat de mariage*, n° 3878. 3°).

autrement si les créanciers attaquaient, en leur nom personnel, pour cause de fraude ou de simulation, un acte fait par leur débiteur à leur préjudice ; c'est le cas de l'article 1167. Nous reviendrons sur ce point en traitant de l'action paulienne.

N° 2. APPLICATIONS.

386. Les applications du principe établi par l'article 1166 sont très-nombreuses ; nous en avons déjà rencontré plusieurs, et il vaut mieux en traiter là où est le siége de la matière. Ici nous nous bornerons à donner des exemples empruntés à la jurisprudence dans des espèces qui ont soulevé des difficultés de droit.

Le vendeur cède une partie de son prix : le cessionnaire peut-il demander la résolution de la vente pour défaut de payement du prix ? Ainsi posée, la question doit, à notre avis, être résolue négativement, comme nous le disons au titre de la *Vente*. La cour d'Amiens avait jugé en ce sens. Sa décision a été cassée. Le cessionnaire était aussi créancier du vendeur ; comme tel il pouvait certainement exercer l'action en résolution, indépendamment de la cession ; cela était décisif ; la cour avait violé l'article 1166 (1).

Le tuteur cède une créance appartenant à son pupille, sans observer aucune des formes que la loi prescrit pour garantir les intérêts du mineur. Dans l'opinion que nous avons enseignée, la vente est nulle, aussi bien que si un immeuble est vendu sans l'observation des formes légales. La cour de Liége l'a ainsi jugé, et en conséquence elle a décidé que le créancier du mineur pouvait demander la nullité de la vente. Nous dirons plus loin les objections que l'on a faites. Dans les espèces jugées par la cour de Liége, on soutenait que le mineur seul avait le droit de se prévaloir de la nullité. La cour décida que la nullité, quoique introduite en faveur du mineur, peut être opposée

(1) Cassation, 25 novembre 1834 (Dalloz, au mot *Obligations*, n° 2983, 1°)

par son créancier; la chambre de cassation confirma cette décision (1).

387. Les créanciers d'un héritier peuvent exercer l'action en partage en son nom; leur droit résulte du principe de l'article 1166, et il est consacré par un texte formel, l'article 2205, qui impose aux créanciers l'obligation de provoquer le partage comme un préalable nécessaire aux poursuites de la saisie immobilière. Mais il y a quelque doute lorsque la succession est échue à un mineur; la loi veut que le tuteur obtienne l'autorisation du conseil de famille pour procéder au partage; on demande si le créancier qui agit au nom du mineur doit aussi être autorisé par le conseil de famille. Il a été jugé que le créancier n'est pas tenu d'observer cette formalité; le texte ne l'exige pas et l'esprit de la loi prouve que si le tuteur a besoin de cette autorisation, c'est qu'il est simple administrateur (2). Cela nous paraît douteux : le créancier n'agit pas en son nom personnel, il agit au nom du mineur, c'est le mineur qui est censé agir par son intermédiaire; or, les partages où les mineurs sont intéressés doivent se faire dans les formes voulues par la loi. On invoque à tort l'esprit de la loi. Pourquoi le code exige-t-il l'intervention du conseil de famille? Parce qu'il peut être de l'intérêt du mineur de rester dans l'indivision. Peut-on permettre à un créancier d'agir contre l'intérêt du mineur dont il prétend exercer les droits? Nous venons de dire, avec la cour de cassation (n° 385), que le créancier n'a pas des droits plus étendus que le débiteur au nom duquel il agit; il nous semble que cela décide la question.

Autre est la question de savoir si le créancier d'un mineur peut demander le partage définitif, dans le cas où le partage fait par le tuteur n'est que provisionnel par suite de l'inobservation des formes légales. C'est un droit du mineur, donc le créancier peut l'exercer (3). Mais tant que

---

(1) Liége, 5 février 1818, deux arrêts, et Rejet de la chambre de cassation, 11 et 19 février 1819 (*Pasicrisie*, 1818, p. 26, 27 et 1819, 304 et 323).
(2) Douai, 24 mai 1854 (Dalloz, 1855, 2, 51).
(3) Douai, 26 décembre 1853 (Dalloz, 1855, 2, 340).

le débiteur est mineur, le créancier qui agit en son nom devra observer les formalités prescrites pour la validité d'un partage définitif.

388. Que le créancier puisse demander la reddition d'un compte au nom de son débiteur, cela n'est pas douteux (1). Faut-il appliquer ce principe au compte de tutelle? Le compte de tutelle intéresse au plus haut degré les créanciers du mineur, puisque la fortune de leur débiteur en dépend. Il faut donc décider que les créanciers ont le droit d'agir quand le pupille n'agit point. Il y a cependant un motif de douter : le tuteur est d'ordinaire un proche parent du mineur ; alors même qu'il est étranger, la tutelle établit des liens si intimes entre le tuteur et le pupille, que l'on conçoit que celui-ci, par un sentiment de délicatesse, ne veuille pas demander le compte en justice. La réponse à l'objection se trouve dans le texte de la loi ; elle ne s'arrête pas devant ces scrupules. Le débiteur n'oppose pas la prescription, il peut avoir pour cela d'excellentes raisons, la loi n'en tient aucun compte, elle permet au créancier de faire valoir la prescription (art. 2225). La délicatesse est un excellent sentiment, mais le débiteur a un devoir plus strict, c'est de payer ses dettes. Il y a un arrêt de la cour de Douai en ce sens (2).

389. Un acte de vente stipule que le vendeur s'oblige à procurer à l'acheteur, sous peine de dommages-intérêts, la radiation des inscriptions hypothécaires qui grèvent l'immeuble vendu. On demande si les créanciers de l'acheteur peuvent exercer ce droit au nom de leur débiteur. La cour d'Amiens a jugé que les créanciers pouvaient et devaient agir dans la forme prescrite par la loi, c'est-à-dire par la voie de l'ordre, conformément au code de procédure. Puisque les créanciers ont une voie qui leur est personnelle pour obtenir la radiation des inscriptions, ils ne peuvent pas se prévaloir de l'article 1166, ils doivent user de leur propre droit, au lieu d'employer la voie dé-

---

(1) Caen, 10 janvier 1845 (Dalloz, au mot *Obligations*, n° 898).
(2) Douai, 24 mai 1854 (Dalloz, 1855, 2, 51).

tournée de l'article 1166. L'arrêt pose à ce sujet le principe que si la loi autorise les créanciers à exercer les droits de leur débiteur, c'est seulement dans les cas où elle ne leur donne pas une action personnelle et directe pour obtenir ce qu'ils demandent. La cour de cassation n'a pas admis ce prétendu principe; l'article 1166 est absolu; c'est ajouter à la loi et la restreindre que d'exiger une condition pour l'exercice des droits du débiteur; si les créanciers ont réellement deux voies pour agir, c'est à eux de choisir. Aucune disposition, dit la cour, n'établit que, dans le cas du concours de deux actions, dont l'une est personnelle au créancier et dont l'autre lui appartient du chef de son débiteur, il ne pourra exercer celle-ci qu'après avoir épuisé l'autre. Or, restreindre la loi et y ajouter des conditions, c'est la violer (1).

390. Les créanciers ont-ils le droit d'intervenir dans les instances où figurent leurs débiteurs? Il y a des cas où une disposition formelle de la loi leur accorde le droit d'intervention : tels sont les cas prévus par les articles 618, 865, 882 et 1447. Est-ce l'application d'un principe général, ou est-ce un droit exceptionnel? Nous n'entrons pas dans ce débat, puisqu'il touche à la procédure. Ce qui est certain, c'est que le droit d'intervention ne dérive pas de l'article 1166, car les créanciers n'ont le droit d'exercer les actions de leur débiteur que lorsque le débiteur reste dans l'inaction. Or, quand les créanciers demandent à intervenir, l'instance est engagée; donc le débiteur agit et, par suite, il n'y a pas lieu pour les créanciers d'agir. On pourrait plutôt rattacher le droit d'intervention à l'article 1167 et dire qu'il a pour but de prévenir que le débiteur n'agisse en fraude de ses créanciers; c'est bien là le motif pour lequel la loi donne aux créanciers le droit d'intervenir dans le partage : il est plus facile de prévenir la fraude que de la réprimer en annulant les actes frauduleux (2).

(1) Cassation, 25 janvier 1865 (Dalloz, 1865, 1, 162).
(2) Larombière, t. 1, p. 711, n° 34 (Ed. B., t. I, p. 292). Demolombe, t. XXV, p. 91, n°s 95-97.

N° 3. CONDITIONS DE L'ACTION.

391. Le texte de l'article 1166 ne prescrit aucune condition pour l'exercice du droit que la loi accorde aux créanciers. Cependant la doctrine et la jurisprudence exigent certaines conditions pour que les créanciers puissent agir. Cela n'est-il pas contraire au principe dont nous venons de voir une application (n° 389)? L'interprète peut-il créer des conditions? ne serait-ce pas faire la loi, qu'il doit se borner à interpréter? Le principe est incontestable. Mais il y a des conditions requises pour l'exercice d'un droit qui découlent de la nature même de ce droit. Ces conditions-là, l'interprète peut et doit les admettre. La difficulté est de les déterminer sans ajouter à la loi, et parfois la difficulté est grande.

392. Pour que les créanciers aient le droit d'agir, il faut que le débiteur n'agisse point. La loi ne le dit pas et elle n'avait pas besoin de le dire, car cela résulte du but même de l'action qu'elle donne aux créanciers. Pourquoi leur permet-elle d'exercer les droits de leur débiteur? Parce que, répond l'orateur du gouvernement, celui qui contracte des dettes engage ses biens; or, ce gage serait illusoire si, au préjudice de ses créanciers, il négligeait d'exercer ses droits; on doit donc les admettre à agir en son nom. Mais si le débiteur exerce le droit et que le créancier demande de son côté à l'exercer, le bon sens dit que le créancier doit être déclaré non recevable; le motif pour lequel la loi lui donne le droit d'agir cessant, le droit doit aussi cesser (1). La cour de cassation a jugé en ce sens : les créanciers, dit-elle, ne peuvent pas être admis à représenter leur débiteur et à faire valoir de son chef les droits que le débiteur défend lui-même (2).

En faut-il conclure que les créanciers doivent mettre le débiteur en demeure avant qu'ils puissent agir? Nous répondons non, et sans hésiter. La mise en demeure n'est

_____

(1) Bigot-Préameneu, Exposé des motifs, n° 52 (Locré, t. VI, p. 157). Aubry et Rau, t. IV, p. 118, et note 2, § 312.
(2) Rejet, 8 décembre 1825 (Dalloz, au mot *Obligations*, n° 890).

pas prescrite par la loi, et la nécessité de mettre le débiteur en demeure ne résulte pas de la nature du droit que l'article 1166 accorde aux créanciers. Tout ce que l'on peut exiger, c'est qu'il soit certain que le débiteur n'agit point ; or, cela sera constaté par l'action même des créanciers. En effet, s'ils agissent contre le tiers, débiteur de leur débiteur, il leur opposera comme fin de non-recevoir que le débiteur lui-même exerce le droit litigieux, et si le fait est contesté, le débiteur sera mis en cause. Si le tiers n'oppose pas l'exception, il est certain que le débiteur sera resté dans l'inaction ; alors les créanciers pourront poursuivre leur demande. La pratique a simplifié la chose : les créanciers ne font pas de sommation au débiteur, mais ils le mettent en cause en même temps qu'ils agissent contre le tiers (1).

393. Faut-il que la créance soit exigible pour que le créancier puisse agir en vertu de l'article 1166 ? La question est controversée. Dans le silence du texte, il faut consulter l'esprit de la loi. Pourquoi permet-elle au créancier d'exercer les droits de son débiteur ? Parce que ces droits lui servent de gage. Et quand le créancier poursuit-il ses droits sur les biens qui sont le gage de tous les créanciers ? Le droit de gage de l'article 2093 n'est pas un droit réel, il ne donne aucun droit actuel aux créanciers sur les biens de leur débiteur. C'est seulement quand le débiteur ne satisfait pas à ses engagements que les créanciers peuvent saisir ses biens. Donc il n'y a lieu au droit de gage que lorsque le créancier agit contre son débiteur et que celui-ci ne paye point. C'est dire qu'il ne saurait être question d'un droit de gage tant que la créance n'est pas exigible ; en effet, le créancier ne peut, en ce cas, agir contre la personne du débiteur, ni sur ses biens ; donc il ne peut pas user du droit que lui donne l'article 1166, puisque ce droit n'est qu'une conséquence du droit de gage (2).

(1) En sens contraire, Demolombe, t. XXV, p. 97, 4° 102. Comparez Larombière, t. I, p. 699, n° 21 (Ed. B., t. I, p. 287) ; Colmet de Santerre, t. V, p. 120, n° 81 *bis* IV.
(2) Comparez Labbé, Dissertation, n° 19. Demolombe, t. XXV, p. 93, n° 100. En sens contraire, Colmet de Santerre, t. V, p. 119, n° 81 *bis* III.

On objecte que le créancier peut faire tout acte conservatoire de son droit, alors même que son droit est conditionnel (art. 1180); à plus forte raison le peut-il quand sa créance est certaine, quoique non exigible (1). Sans doute. Mais l'exercice des droits dont il est question dans l'article 1166 n'est pas un acte conservatoire; agir en nullité, en rescision, en révocation ne sont pas des actes de conservation; ces actes ne tendent pas à conserver les droits du débiteur, mais à les exercer pour profiter du produit de l'action.

394. Tant que la créance n'est pas exigible, le créancier ne peut pas agir, parce qu'il n'a pas d'intérêt né et actuel; et sans intérêt, il n'y a pas d'action. Il faut aller plus loin et décider, en principe, que le créancier ne peut agir que lorsqu'il a un motif sérieux d'exercer les droits de son débiteur. L'exercice du droit de l'article 1166 est une immixtion dans les droits du propriétaire; on ne doit la permettre que si le créancier est dans la nécessité d'agir pour sauvegarder ses droits. Quel est son but? Son débiteur ne le paye pas, il cherche à obtenir son payement en exerçant les droits de son débiteur. Il faut donc que son action tende à ce but et qu'elle puisse produire ce résultat. Qui sera juge de l'existence de cette condition? La loi ne précise pas la condition; c'est donc au tribunal à décider si le créancier a un intérêt suffisant pour agir.

La cour de cassation a jugé en ce sens, en posant comme principe qu'il appartient au juge du fait d'examiner si l'action du créancier est basée sur un intérêt sérieux et légitime, ou si elle est inutile et frustratoire. Dans l'espèce, le créancier avait intenté une action en liquidation et partage d'une succession. La cour décida que l'action était formée prématurément et sans utilité pour la conservation des droits du créancier; elle lui réserva tous ses droits pour l'avenir, si les héritiers négligeaient de mener à fin la liquidation déjà commencée (2).

(1) Aubry et Rau, t. IV, p. 118, et 120, § 312.
(2) Rejet, chambre civile, 26 juillet 1854 (Dalloz, 1854, 1, 303), et 10 janvier 1855 (Dalloz, 1855, 1, 168).

Dans une autre espèce, la cour de cassation a décidé que l'action du créancier était purement vexatoire. Il s'agissait également d'une action en partage intentée par un créancier à qui il était dû une somme de 50 francs. L'arrêt constate que l'inventaire, dressé par le créancier lui-même, établissait que la succession ne comprenait aucun immeuble, et que l'actif mobilier montant à 323 francs, était insuffisant pour acquitter les dettes (1).

395. Les créanciers doivent-ils avoir un titre exécutoire? Cette question est aussi controversée; les auteurs du code ont eu tort de ne pas régler l'exercice du droit qu'ils accordent aux créanciers; le silence de la loi est une source intarissable de doutes et de contestations. C'est toujours au but de l'action qu'il faut avoir égard pour décider les difficultés qui se présentent. Le créancier qui exerce les droits de son débiteur n'entend pas poursuivre le payement de ce qui lui est dû sur les biens de son débiteur; il ne les exécute pas, il les fait seulement entrer dans le patrimoine du débiteur, sauf ensuite à les faire vendre s'il y a lieu. Dès lors il n'y a aucune raison pour exiger un titre exécutoire. Quand le législateur veut-il un titre exécutoire? Quand il s'agit de voies d'exécution, de saisie, de vente forcée. Lorsque le créancier veut seulement mettre dans le patrimoine du débiteur des biens qui se trouvent en d'autres mains, c'est-à-dire quand il s'agit d'une saisie-arrêt, la loi se contente d'un titre sous seing privé (code de pr., art. 557). Cela est décisif, nous semble-t-il. Vainement invoque-t-on l'ancien droit; la tradition est sans autorité en présence des principes et des textes du droit moderne (2).

396. La loi dit que *les créanciers* peuvent exercer les droits et actions de leur débiteur. Tous les créanciers ont-ils ce droit, sans tenir compte de la date de leurs créances? L'affirmative est certaine, mais il importe de préciser la vraie raison de décider. Nous l'avons déjà in-

(1) Rejet, 24 février 1869 (Dalloz, 1870, 1, 64).
(2) Bordeaux, 5 décembre 1835 (Dalloz, au mot *Obligations*, n° 894). Dijon, 26 janvier 1870 (Dalloz, 1871, 2, 46). Comparez Demolombe, t. XXV, p. 26, n° 101. Larombière, t. I, p. 699, n° 21 (Éd. B., t. I, p. 287). En sens contraire, Labbé, Dissertation, n°s 18 et 19.

diquée en rappelant la nature du droit de gage que l'article 2093 donne aux créanciers sur les biens de leur débiteur. Ce n'est pas un droit réel, c'est un droit qui ne peut être exercé qu'au moment où le débiteur ne remplit pas ses engagements. Il suit de là que tous les créanciers ont le même droit sur les biens de leur débiteur, sans qu'il y ait à distinguer la date de leurs créances; il n'y a pas de créanciers antérieurs ni de créanciers postérieurs quand il s'agit d'exercer le droit de gage que l'article 2092 accorde à titre égal à tous. Donc il n'y a pas à distinguer non plus entre les créanciers antérieurs et les créanciers postérieurs quand il s'agit d'appliquer l'article 1166, puisque cette disposition ne fait qu'appliquer le principe de l'article 2092. La doctrine et la jurisprudence sont d'accord (1).

397. Les créanciers doivent-ils se faire autoriser par justice pour qu'ils puissent exercer les droits de leur débiteur? Cette question est très-controversée parmi les auteurs; une jurisprudence constante s'est prononcée pour la négative; nous croyons qu'elle a consacré les vrais principes. Dans le silence du texte, il faut consulter l'esprit de la loi. La nécessité d'une autorisation judiciaire découle-t-elle de la nature de l'action ouverte par l'article 1166? Cette action découle du droit de gage que l'article 2093 donne aux créanciers sur les biens de leur débiteur. La question est donc de savoir si l'exercice de ce droit exige l'intervention de la justice; or, la négative est certaine, alors même que le créancier a recours à l'exécution forcée : il suffit qu'il ait un titre authentique. En principe donc, il ne faut pas une autorisation de justice aux créanciers pour exercer leur droit de gage. Or, l'article 1066 n'est qu'une application, une conséquence du droit de gage. Pourquoi faudrait-il une autorisation judiciaire dans le cas de l'article 1066, alors qu'il n'en faut aucune dans le cas de l'article 2092?

Proudhon, qui soutient avec une grande force l'opi-

---

(1) Rejet, chambre civile, 4 juillet 1854 (Dalloz, 1854, 1, 403). Comparez Colmet de Santerre, t. V, p. 118, n° 81 bis II. Demolombe, t. XXV, p. 93, n° 99.

nion contraire, dit que les créanciers doivent se faire subroger aux droits de leur débiteur pour pouvoir exercer
en son nom leurs droits et actions. De là le nom d'action
subrogatoire que l'on donne parfois à l'action de l'article 1166. Sans l'intervention de la justice, dit-on, l'action
du créancier ne serait qu'une voie de fait, une invasion
illicite dans les droits du débiteur. En effet, il ne suffit
pas d'avoir droit à quelque chose pour pouvoir s'en emparer ; il faut encore la saisine de la loi ; c'est ainsi que
le légataire ne peut pas exercer la créance qui lui a été
léguée tant qu'il n'a pas obtenu la délivrance de son legs.
Par le même motif, les créanciers ne peuvent exercer
les droits de leur débiteur que lorsqu'un jugement leur
donne la saisine (1). Telle est la raison de principe sur
laquelle se fonde l'opinion assez généralement suivie par
les auteurs. Elle nous paraît peu solide. Une voie de fait
suppose que l'on se rend justice à soi-même. Est-ce que
le créancier qui exerce un droit de son débiteur s'empare
du produit de ce droit comme ferait un voleur? D'abord
ce n'est pas de sa propre autorité qu'il agit, c'est au nom
du débiteur. Est-ce dépouiller le débiteur que de mettre
dans sa main le produit d'un droit qu'il a négligé d'exercer ? Le créancier agit en vertu de la loi quand la loi
l'autorise à exercer *tous les droits* du débiteur : pourquoi
faudrait-il, outre l'autorisation de la loi, une autorisation
de justice? Celui qui agit en vertu de la loi peut-il être
accusé de commettre une voie de fait? Il n'est pas plus
exact de dire qu'il se rend justice à lui-même. L'objection
suppose que le créancier s'approprie le produit de son action. Il en est ainsi en cas de saisie-arrêt, bien entendu
que tous les créanciers ont un droit identique et que la
saisie de l'un n'empêche pas la saisie des autres. Voilà
pourquoi le juge intervient dans la saisie-arrêt. Mais quand
le créancier exerce un rachat, est-ce qu'il s'approprie
l'immeuble qu'il a racheté? Du tout, la chose rentre dans
le patrimoine du débiteur ; c'est donc le débiteur qui agit
et qui profite le premier de l'action que les créanciers

(1) Proudhon, *De l'usufruit*, t. V, p. 69, nos 2241 et 2242.

exercent en son nom. C'est seulement après que la chose est rentrée dans ses mains que les créanciers peuvent la saisir. Où donc est la voie de fait?

Proudhon ajoute que la nécessité de recourir à l'autorité du juge pour se faire subroger aux droits du débiteur est consacrée par l'article 788 du code civil. Nous avons longuement examiné cette disposition au titre des *Successions*; il suffit de résumer ce que nous avons dit pour prouver que l'article 788 n'est pas l'application de l'article 1166. L'article 788 suppose que l'héritier renonce à une succession au préjudice de ses créanciers; par suite de sa renonciation, il est considéré comme n'ayant jamais été héritier. Il n'a donc plus aucun droit sur l'hérédité. Ceci nous place déjà en dehors de l'article 1166: les créanciers de l'héritier qui renonce, au préjudice de leurs droits, peuvent attaquer la renonciation comme frauduleuse; c'est l'exercice de l'action paulienne, c'est-à-dire que nous sommes dans le cas de l'article 1167 et non de l'article 1166. Il est vrai qu'après avoir fait annuler la renonciation, les créanciers peuvent accepter l'hérédité au nom de leur débiteur, et qu'ils ne peuvent le faire qu'avec autorisation de justice. Est-ce une application de l'article 1166? Non, et il y a de cela une preuve évidente : c'est que l'article 1166 dit que les créanciers peuvent exercer les *droits de leur débiteur*, donc les droits qui lui appartiennent, les droits que lui-même pourrait exercer, tandis que, dans le cas de l'article 788, les créanciers acceptent une succession sur laquelle leur débiteur n'a plus aucun droit; on conçoit que pour exercer leurs droits sur des biens qui n'appartiennent pas à leur débiteur, ils doivent être autorisés par justice; on ne conçoit pas qu'il leur faille une autorisation pour exercer un droit qui appartient à leur débiteur, droit dont le produit sera mis en ses mains par suite de l'action qu'ils exercent (1).

---

(1) Valette, d'après Mourlon, *Répétitions*, t. II, Larombière, t. I, p. 700, n° 22 (Ed. B., t. I, p. 287). Demolombe, t. XXV, p. 102, n° 106. En sens contraire, la plupart des auteurs. Voyez les sources dans Aubry et Rau, t. IV, p. 118 et suiv., § 312.

398. On a proposé récemment un autre système qui tend à concilier les deux opinions contraires que nous venons d'exposer. Il faut distinguer, dit-on; les créanciers n'ont pas besoin de l'autorisation de la justice lorsque leur but est uniquement de conserver le patrimoine qui est leur gage et de prévenir une prescription, une déchéance ou toute autre perte qu'il pourrait subir par l'inaction du débiteur. Dans cette première hypothèse, la seule question à décider est celle de savoir si le tiers contre lequel les créanciers exercent les droits et actions du débiteur, sans subrogation préalable, peut leur opposer un défaut de qualité et par suite une fin de non-recevoir? La négative est certaine, et c'est en ce sens que se prononce la jurisprudence. Autre est la question de savoir si les créanciers peuvent agir sans subrogation lorsque leur action tend à s'assurer, à l'encontre du débiteur et des tiers, le bénéfice du droit qu'ils exercent en son nom. A cette seconde hypothèse s'appliquent les arguments de théorie et de texte que Proudhon et la plupart des auteurs font valoir pour soutenir la nécessité d'une subrogation judiciaire. Dans le système de cette distinction, la question cesserait d'être une question de principe, la solution dépendant, dans chaque espèce, des résultats que les créanciers se proposent d'obtenir (1).

Nous doutons que cette distinction trouve faveur. En principe, il n'est pas permis à l'interprète de distinguer là où la loi ne distingue pas; or, s'il y a un texte simple et absolu, c'est bien celui de l'article 1166. La loi ignore la subrogation judiciaire, le mot ne se trouve pas dans le code et la chose pas davantage. Est-ce que la nécessité d'une subrogation résulterait de la nature du droit que les créanciers exercent? On l'admet dans un cas, on la rejette dans l'autre. L'hypothèse dans laquelle on exige une subrogation n'est pas, à notre avis, celle de l'article 1166; le droit que la loi accorde aux créanciers n'a qu'un seul but, c'est de leur permettre d'agir quand le débiteur reste dans l'inaction. Le résultat de leur

_____

(1) Aubry et Rau, t. IV, p. 118 et suiv., et note 4, § 312.

action est toujours de mettre le produit du droit dans la main du débiteur; ils n'agissent donc jamais à l'encontre du débiteur; à moins qu'ils ne procèdent par voie de saisie-arrêt. Nous avons écarté l'hypothèse de la saisie, comme n'étant pas celle que le législateur a en vue dans l'article 1166; il y a de cela une raison décisive, c'est que la matière est régie par une loi spéciale, et cette loi, de l'aveu de tout le monde, ne régit point l'exercice des droits du débiteur dont il est parlé dans l'article 1166. Si l'on écarte la saisie-arrêt, il reste les droits que les créanciers exercent au nom de leur débiteur, dans l'intérêt commun du débiteur et de tous ses créanciers; il n'y a aucune raison ni de théorie ni de texte pour exiger que le créancier demandeur obtienne la subrogation judiciaire avant d'agir. Il faut dire plus : c'est que le juge n'a pas le droit d'accorder cette subrogation. Quelle est la mission du juge? Il est appelé à décider les contestations que les parties lui soumettent. Où est la contestation quand un créancier vient demander au tribunal qu'il le subroge aux droits de son débiteur? Demande-t-on au juge ce que le juge n'a le droit ni d'accorder ni de refuser? La loi donne un droit aux créanciers; elle ne subordonne pas l'exercice de ce droit à la nécessité d'une autorisation de justice, et quand la loi n'exige pas l'intervention du juge, le juge n'a pas le droit d'intervenir.

399. Les éditeurs de Zachariæ, que nous avons le regret de combattre, semblent dire que la jurisprudence consacre la distinction qu'ils proposent, en ce sens qu'elle ne s'appliquerait qu'à des cas où l'action des créanciers a pour objet des actes conservatoires. A vrai dire, l'action des créanciers, en vertu de l'article 1166, est toujours conservatoire, si l'on prend ce mot dans son sens le plus large. Ce qui est certain, c'est que les arrêts de la cour de cassation sont conçus dans les termes les plus absolus et ne comportent aucune distinction. Voici ce que dit un arrêt de la chambre civile rendu au rapport de M. Renouard : « Aux termes de l'article 1166, les créanciers peuvent exercer tous les droits et actions de leur débiteur. Cet article n'excepte que les droits exclusivement attachés à la personne. Aucune disposition de la loi ne subordonne à un consentement émané du débiteur, ou à une autorisation de justice, l'exercice des actions ainsi ouvertes aux créanciers. » Dans l'espèce, les défendeurs à la cassation étaient créanciers d'une succession; la cour décida qu'ils étaient recevables à exercer les droits qui pouvaient appartenir à cette succession, sans distinction aucune (1). Même décision dans une autre espèce, où il s'agissait de revendiquer des biens contre un indû possesseur; la cour de Douai, dans un excellent arrêt, avait décidé la question en principe et répondu à tous les arguments que l'on invoque en faveur de l'opinion contraire; cette décision a été confirmée par la chambre des requêtes (2). La jurisprudence est invariable en ce sens, et toujours absolue. Nous nous bornerons à citer encore un arrêt de la cour d'Angers; dans l'espèce, des immeubles saisis sur le débiteur avaient été vendus avec un excédant de contenance de plus d'un vingtième; le vendeur avait droit à un supplément de prix; le créancier exerça cette action au nom de son débiteur; il a été jugé qu'il n'avait pas besoin d'une subrogation judiciaire (3).

400. Le créancier demandeur doit-il mettre le débiteur en cause? Nous répondons négativement, et toujours par la même raison, c'est que la loi n'exige pas que le débiteur soit mis en cause. La cour de cassation dit très-bien que si la partie assignée juge nécessaire ou utile la présence du débiteur principal, tous droits lui appartiennent pour le mettre en cause (4); mais on ne peut pas créer contre les créanciers une fin de non-recevoir que la loi ignore. La question est cependant controversée. On avoue que le texte n'exige pas la mise en cause, mais, dans le silence de la loi, c'est à l'interprète, dit-on, de suppléer à son insuffisance, de manière à garantir les intérêts de toutes les parties. Nous répondons qu'il y a une limite au pouvoir de l'interprète, il ne peut pas impo-

---

(1) Rejet, 23 janvier 1849 (Dalloz, 1849, 1, 42).
(2) Rejet, 2 juillet 1851 (Dalloz, 1852, 1, 20).
(3) Angers, 25 août 1852 (Dalloz, 1853, 2, 69).
(4) Rejet, chambre civile, 23 janvier 1849 (Dalloz, 1849, 1, 42).

ser d'obligation, ni créer de déchéance. Et c'est bien à cela que l'on aboutit dans l'espèce. La présence du débiteur au procès prévient bien des difficultés ; on en conclut qu'il faut raisonnablement présumer que le législateur l'a ainsi entendu ; que c'est en ce sens dès lors que son silence doit être interprété (1). Il nous semble que de pareilles raisons suffisent pour faire rejeter l'opinion qui s'y appuie. Une obligation *légale* peut-elle se fonder sur le *silence* de la *loi?* une présomption de volonté peut-elle entraîner une déchéance? Dans le silence de la loi, c'est aux parties à veiller à leurs intérêts, ce qu'elles ne manquent point de faire ; régulièrement le créancier met le débiteur en cause, et si lui ne le fait pas, le tiers assigné le fera s'il y est intéressé.

Nº 4. DROITS DES TIERS.

461. Le créancier demandeur exerce les droits de son débiteur; il n'a donc d'autre droit que celui que le débiteur aurait s'il agissait personnellement. En ce sens, on peut dire que lorsque le créancier agit en vertu de l'article 1166, c'est le débiteur qui est censé agir, non pas qu'il soit représenté par le créancier qui agit en son nom, comme le serait un mandant par son mandataire; nous dirons plus loin que le créancier n'a aucun mandat, mais il est vrai de dire que le droit qu'il exerce n'est pas le sien, c'est le droit du débiteur. De là suit que le tiers assigné peut opposer au créancier les mêmes exceptions qu'il pourrait opposer au débiteur. Cela est incontestable lorsque l'exception existe au moment où l'action est intentée. Si donc il s'agit d'une action en nullité et si l'acte nul a été confirmé, le tiers peut opposer au créancier la confirmation; à vrai dire, le créancier a exercé, dans ce cas, un droit qui n'existe plus, car la confirmation efface le vice comme s'il n'avait jamais existé; l'acte a donc toujours été valable et, par conséquent, il n'y a point d'action en nullité. Vainement le créancier opposerait-il que la con-

---

(1) Demolombe, t. XXV, p. 105, nº 107.

firmation ne préjudicie pas aux droits des tiers (art. 1338) ; il n'est pas un tiers, car il n'exerce pas un droit à lui, il exerce le droit de son débiteur.

402. Que faut-il décider si l'exception procède d'une cause postérieure à la demande? Sur ce point, les avis diffèrent. La divergence tient au principe qui domine cette matière ; le créancier qui agit en vertu de l'article 1166 doit-il se faire subroger en justice? et quel est le droit que lui donne cette subrogation judiciaire? Les partisans de la subrogation répondent que si le créancier a été subrogé aux droits du débiteur et s'il a notifié cette subrogation au débiteur, celui-ci ne peut plus faire aucun acte qui nuise au créancier ; il ne peut ni aliéner son droit, ni transiger avec le tiers, par suite les causes de compensation qui seraient postérieures à la notification ne pourraient être opposées au créancier (1). Cet effet que l'on attribue à la subrogation judiciaire suffirait, à notre avis, pour faire rejeter toute cette théorie. Quoi! j'ai un droit dont, en ma qualité de propriétaire, je puis disposer ; un créancier trouve bon de l'exercer, en se faisant subroger, et me voilà, en quelque sorte, exproprié, privé, en tout cas, de l'usage de mon droit de propriété! Et tout cela sans texte! Notre texte unique, c'est l'article 1166, et que dit-il? que si le débiteur n'exerce pas un droit qui lui appartient, ses créanciers peuvent l'exercer. Est-ce à dire qu'en agissant le créancier m'enlève la faculté de disposer de mon droit? Certes la loi ne dit pas cela ; voilà pourquoi nous disons que le juge n'a pas le droit d'accorder une subrogation qui dépouillerait un propriétaire de son droit de propriété.

Telle est la jurisprudence de la cour de cassation. L'article 1166, dit-elle, permet aux créanciers d'exercer les droits et actions de leur débiteur, mais la loi ne donne pas aux créanciers une mainmise sur ces droits ; le débiteur n'en conserve pas moins la libre disposition, il peut en user comme bon lui semble et même y renoncer, pourvu

---

(1) Colmet de Santerre, t. V, p. 123, n° 81 *bis* VI. Aubry et Rau, t. IV, p. 121, note 14, § 312.

qu'il ne le fasse pas en fraude des droits de ses créanciers. Dans l'espèce, le débiteur avait transigé pendant l'instance intentée par le créancier contre le tiers, et il avait touché la somme à laquelle se montait le chiffre de la transaction. Le créancier prétendit que cette transaction ne lui était pas opposable et qu'en tout cas le débiteur n'avait plus le droit de disposer de la créance. Il a été jugé que le débiteur principal conservait la faculté de disposer de son droit, pourvu qu'il le fît sans fraude; l'arrêt constate qu'il n'était pas prouvé que la transaction eût été faite en fraude des droits des créanciers (1).

Qu'est-ce que l'on oppose à cette doctrine? Le législateur, dit-on, a voulu accorder, par l'article 1166, une garantie sérieuse et efficace au créancier; or, la garantie serait dérisoire s'il dépendait du débiteur d'éteindre la poursuite, en arrière du créancier demandeur et sans sa participation (2). Nous répondons que le principe d'où l'on part est faux : le but de l'article 1166 n'est pas d'accorder au créancier une garantie sérieuse et efficace; la loi n'a d'autre objet que de permettre au créancier d'agir quand le débiteur ne le fait point. En vertu de quel principe l'inaction du débiteur le dépouillerait-elle du droit qui lui appartient de disposer de sa chose? On insiste et l'on dit qu'il est de règle que lorsqu'un créancier a exercé une mainmise sur un bien de son débiteur, ce bien ne peut plus être soustrait à sa poursuite, ni par le débiteur ni par le tiers. Oui, il en est ainsi quand il y a mainmise : telle est la saisie-arrêt. Mais où est-il dit que l'exercice d'un droit par le créancier est une mainmise sur ce droit? C'est décider la question par la question. La cour de cassation nie qu'il y ait mainmise, et avant de dire quels droits résultent pour le créancier de la main qu'il met sur les droits de son débiteur, il faudrait prouver qu'il y met la main, et certes cette preuve il ne la fera pas par le texte ni par l'esprit de l'article 1166. La loi ne fait

(1) Rejet, 18 février 1862 (Dalloz, 1862, 1, 248). Comparez Larombière, t. I, p. 710, n° 32 (Ed. B., t. I, p. 291).
(2) Demolombe, t. XXV, p. 122, n° 120.

qu'appliquer le principe du gage qui appartient aux créanciers sur les biens du débiteur; c'est pour les mettre à
même d'user de ce droit qu'elle leur permet d'agir, afin de
faire rentrer dans la main du débiteur un bien qui en
était sorti. L'action tend donc à ce que la chose soit mise
dans la main du débiteur; ne serait-il pas absurde que le
créancier prétendît à une mainmise sur un droit, alors
que le but de son action est de mettre le produit du droit
dans la main du débiteur?

403. L'application de ces principes donne lieu à de
nouvelles difficultés. Un héritier réservataire, dont la réserve est entamée par une substitution faite au profit de
ses enfants dans un acte de donation portant partage anticipé, confirme cette substitution. La confirmation empê-
chera-t-elle les créanciers de l'héritier d'attaquer la substitution au nom de leur débiteur? Il faut voir avant tout
si la confirmation est valable. Si elle était consentie avant
l'ouverture de la succession, il est certain qu'elle serait
nulle, puisque ce serait un pacte successoire. Est-elle valable si le réservataire confirme après que ses droits sont
ouverts? Oui, en ce sens qu'il peut renoncer à son droit de
réserve en tout ou en partie. S'il y renonce avant que les
créanciers aient agi, ceux-ci sont sans droit, puisque leur
débiteur n'a plus de droit; ils pourraient seulement, s'il
y avait fraude, intenter l'action paulienne. C'est ce que
la cour de cassation a décidé; ce point n'est pas douteux,
il s'agit d'une exception que le tiers pouvait opposer au
débiteur lors de la demande du créancier; or, celui-ci est
tenu des mêmes exceptions que le débiteur (1). Que faudrait-il décider si l'héritier avait confirmé après que le
créancier aurait intenté l'action en nullité? Il nous semble
que la décision devrait être la même. La cour de cassation a posé en principe que le débiteur conserve la libre
disposition de son droit, malgré l'action du créancier;
elle dit formellement qu'il y peut renoncer; or, la renonciation éteint le droit du débiteur et, par conséquent, celui

(1) Rejet, 8 mars 1854 (Dalloz, 1854, 1, 191). Comparez Rejet, chambre
civile, 23 mars 1855 (Dalloz, 1855, 1, 198).

du créancier, sauf à celui-ci à attaquer la renonciation comme faite en fraude de ses droits.

404. La compensation pourrait être opposée au créancier, bien que la créance fût née postérieurement à la demande. En cas de saisie, il en est autrement (art. 1298); la raison en est que le tiers saisi ne peut payer qu'entre les mains du saisissant; tandis que, dans le cas de l'article 1166, le tiers assigné paye à son créancier; or, il peut le payer par voie de compensation; dès ce moment, la dette est éteinte et, par conséquent, le créancier est sans droit. Ces principes reçoivent-ils leur application à une demande reconventionnelle? La cour de cassation dit très-bien que la compensation et la reconvention ont des caractères essentiellement différents. En effet, la compensation est un payement qui s'opère de plein droit, par la force de la loi, même à l'insu des débiteurs. Dans le cas de reconvention, au contraire, le défendeur ne se borne pas à opposer une simple exception, il forme une véritable action dont l'objet est de faire constater et reconnaître la dette. Le tiers, assigné par un créancier en vertu de l'article 1166, peut lui opposer la compensation, mais il ne peut agir reconventionnellement contre lui, car le demandeur n'est pas débiteur, ni représentant du débiteur; il faut que le débiteur soit mis en cause; alors rien n'empêche le tiers de faire valoir tous ses droits (1).

405. Nous avons dit plus haut que lorsque le partage d'une succession échue à un mineur n'a pas été fait conformément à la loi, les créanciers du mineur peuvent demander, en son nom, un partage définitif. Qu'arrivera-t-il si postérieurement à cette demande l'héritier confirme le partage? Il a été jugé que la confirmation n'arrêtait point l'action du créancier; cette action, dit la cour de Douai, équivaut au moins à une opposition à partage; or, le partage fait malgré l'opposition du créancier est sans effet à son égard (2). La question est mal posée, nous semble-t-il. Le partage irrégulier où figure un mineur est

(1) Rejet, 1er juillet 1851 (Dalloz, 1851, 1, 192).
(2) Douai, 26 décembre 1853 (Dalloz, 1855, 1, 340).

un partage provisionnel, donc de jouissance; ce partage est parfaitement valable; à ce titre, il ne peut pas s'agir de le confirmer, car il n'est pas vicié; seulement les co-partageants restent dans l'indivision et, par suite, chacun d'eux peut demander un partage définitif; et il va sans dire que les créanciers de l'héritier mineur ont aussi le droit de provoquer un partage définitif; on ne peut leur opposer la prétendue confirmation, parce que cette confirmation est inopérante, elle est censée ne pas exister. Nous renvoyons à ce qui a été dit au titre des *Successions* (t. X, n° 283, p. 315).

406. Le tiers assigné peut-il arrêter l'action du créancier en le désintéressant, c'est-à-dire en lui payant ce qui lui est dû? Il y a controverse sur cette question. La solution dépend du point de savoir quel est le but de l'action. On enseigne généralement que le créancier n'a intérêt et, par suite, n'a qualité pour agir contre le tiers qu'afin d'obtenir le payement de sa créance (1); d'où suivrait que si le tiers lui offre ce payement, le créancier est sans intérêt et partant sans droit. Nous croyons avec M. Larombière que le principe est faux. L'action du créancier ne tend pas au payement de ce qui lui est dû; sa créance est seulement le titre qui lui donne intérêt et qualité d'agir, mais il ne forme pas la demande dans les limites de son intérêt, il la fait au nom du débiteur dont il exerce les droits. Si c'est une action en nullité ou en résolution, il demande que la convention soit annulée ou résolue, non pas uniquement dans son intérêt, mais dans l'intérêt du débiteur et de tous ses créanciers. Nous dirons plus loin que tous les créanciers profitent du bénéfice de l'action; et comment en profiteraient-ils si le créancier demandeur n'agissait que dans son intérêt et si, étant désintéressé, son action tombait? Cela est aussi fondé en raison. C'est le droit du débiteur qui est exercé par son créancier, le droit total, droit indivisible entre le débiteur et le tiers. On ne conçoit donc pas une action divisée. Si elle l'était, ce serait forcer tous les créanciers à intervenir; à quoi bon ces

(1) Proudhon, *De l'usufruit*, t. V, p. 87, n° 2267.

frais frustratoires, puisque les créanciers sont représentés par leur débiteur et que c'est le droit du débiteur qui est exercé et qui forme l'objet de la demande? M. Larombière a donc raison de dire que les créanciers agissent directement dans l'intérêt du débiteur et indirectement dans leur intérêt. On le nie vainement; si l'action n'est pas arrêtée, si elle continue, quel en sera le résultat? Est-ce le payement du créancier? Du tout; le bénéfice du droit entre dans le patrimoine du débiteur, donc c'est bien dans son intérêt ou, pour mieux dire, dans l'intérêt commun de tous les créanciers que l'action est exercée. Cela décide notre question : le créancier n'est pas désintéressé par l'offre que le tiers lui fait de le payer (1). Il faut cependant admettre une restriction à cette opinion; d'après l'article 1236, la dette peut être acquittée par tout tiers, donc aussi par le tiers assigné; il peut au besoin forcer le créancier demandeur à recevoir le payement; et une fois le payement fait, le demandeur n'est plus créancier et, par conséquent, il ne peut pas continuer l'action.

N° 5. EFFET DE L'ACTION.

407. Pour déterminer l'effet de l'action, il faut voir avant tout quel en est le but. L'action des créanciers est-elle une action ordinaire, intentée dans l'intérêt exclusif du demandeur? ou les créanciers sont-ils les mandataires du débiteur et, par conséquent, le demandeur représente-t-il le débiteur ou, ce qui revient au même, tous les créanciers du débiteur? Il y a quelque hésitation dans la doctrine sur ce point (2). Il importe de préciser les idées. Nous croyons qu'il faut écarter la théorie du mandat. Le législateur ne donne pas mandat aux créanciers d'agir au nom de leur débiteur, et il n'y avait aucune raison de leur donner un mandat pareil. Nous avons dit

---

(1) Larombière, t. I, p. 714, n° 23 (Ed. B., t. I, p. 289). En sens contraire. Demolombe, t. XXV, p. 120, n° 118. Comparez Bruxelles, 7 janvier 1829 (*Pasicrisie*, 1829, p. 9).

(2) Voyez les diverses opinions dans Demolombe, t. XXV, p. 110, n° 112 et 113.

plus haut que le débiteur, alors même qu'il serait insolvable, conserve la libre disposition de ses biens; c'est donc lui et lui seul qui, en principe, a le droit d'agir. Seulement, s'il néglige d'exercer son droit, les créanciers sont admis à agir. Quel est donc le but de l'action ouverte par l'article 1166? C'est l'exercice d'un droit appartenant au débiteur par ses créanciers. Peu importe qui agit, que ce soit le débiteur, ce qui est la règle, ou que ce soit un de ses créanciers, ce qui est l'exception, l'objet de l'action reste le même, c'est l'exercice d'un droit appartenant au débiteur. Le résultat de l'action doit donc aussi être le même. Quand le débiteur agit personnellement, il va de soi que le produit de l'action lui appartient. Il en est de même quand le droit est exercé par un de ses créanciers; car c'est son droit qui est l'objet de l'action, ce droit est dans son domaine, et il y reste malgré l'action du créancier; donc le produit du droit doit aussi entrer dans son domaine, pour mieux dire, le produit est dans son domaine, par cela seul que le droit y est. Quel est donc l'effet de l'action? C'est que le bénéfice du droit exercé par un créancier profite directement au débiteur dans le domaine duquel il se trouve. Indirectement il profite au créancier demandeur, car le produit du droit fait partie du patrimoine du débiteur, et ce patrimoine est le gage du créancier demandeur. Mais l'action ne profite pas exclusivement au créancier qui l'a intentée, elle profite à tous les créanciers du débiteur. Est-ce parce que le créancier demandeur est le mandataire du débiteur et de ses créanciers? Non (1); il n'y a d'autre mandat que celui qui est donné par convention ou par la loi; et, dans l'espèce, il n'y a ni mandat conventionnel, ni mandat légal. Là raison pour laquelle tous les créanciers profitent du bénéfice de l'action est très-simple, c'est que le droit exercé par l'un d'eux était leur gage; et il n'a pas cessé d'être leur gage, parce qu'il a été exercé sans leur concours, car ils ne sont pas plus dessaisis par cette action que leur

(1) C'est en ce sens que Bigot-Préameneu dit : « C'est une action directe que les créanciers intentent, ils ne représentent pas la personne du débiteur » (Exposé des motifs, n° 52, Locré, t. VI, p. 157).

débiteur. Le droit restant leur gage, le produit du droit devient aussi leur gage; ils ont action sur ce produit, comme sur tout ce qui appartient au patrimoine de leur débiteur (1).

408. Si l'on s'en tient au texte de l'article 1166, les principes sont très-simples. La fausse théorie de la subrogation judiciaire et l'opinion tout aussi erronée qui exige la mise en cause du débiteur ont tout embrouillé. On admet les principes que nous venons d'exposer lorsque le débiteur a été mis en cause, et en cas de subrogation il est en cause, puisqu'il est représenté par le créancier qui lui est subrogé. Mais on suppose qu'il n'y a ni mise en cause ni subrogation; le créancier demandeur agit seul. Quel sera le résultat de l'action? Les avis sont partagés, et ce n'est pas la logique qui y domine. Pour être conséquent, il faudrait dire que l'action intentée dans le seul intérêt du créancier demandeur ne peut profiter qu'à lui; que, par conséquent, si le droit réclamé est divisible, la condamnation sera prononcée divisément au profit du demandeur, c'est-à-dire jusqu'à concurrence de son intérêt. Ceux, au contraire, qui soutiennent la théorie du mandat devraient en induire que le créancier représentant le débiteur et, par suite, les autres créanciers, le jugement leur profite, comme aussi il leur nuirait. Nous n'admettons pas la théorie du mandat; si, malgré cela, nous décidons que le bénéfice de l'action profite à tous les créanciers, c'est que le droit est exercé dans l'intérêt du débiteur et de ses créanciers. Quant au principe de la chose jugée que l'on nous oppose, nous y reviendrons en traitant de l'action paulienne. Pour le moment, il suffit de remarquer que la demande n'étant pas limitée au droit du créancier qui l'intente, on ne peut pas dire que lui seul puisse se prévaloir de la décision qui intervient; ce n'est pas le demandeur personnellement qui obtient gain de cause, c'est le demandeur en sa qualité de créancier exerçant les droits du débiteur. De là suit que l'action profite nécessairement au débiteur et, par conséquent, à ses

_____

(1) Colmet de Santerre, t. V, p. 123, n° 181 *bis* VI.

créanciers. Ce n'est pas à dire qu'il y ait une exception à la chose jugée; il faut dire qu'il n'y a pas lieu d'invoquer la chose jugée. Aussi le jugement ne pourrait-il pas être opposé aux créanciers, ni même au débiteur, s'il était défavorable au demandeur; cela n'empêcherait pas le débiteur d'exercer son droit et, par suite, les créanciers pourraient l'exercer en son nom. Par la même raison, il ne peut être question de diviser la décision, en adjugeant seulement au demandeur le droit dans la limite de son intérêt; le créancier ne demande pas qu'on lui adjuge le droit, il exerce le droit du débiteur; s'il obtient gain de cause, il doit remettre le produit du droit entre les mains du débiteur (1).

409. Le principe d'après lequel le bénéfice de l'action appartient à tous les créanciers du débiteur reçoit des exceptions. Il y a des cas dans lesquels l'action exercée en vertu de l'article 1166 profite exclusivement au créancier demandeur; ce sont les cas prévus par les articles 1753, 1798 et 1994. Nous y reviendrons aux titres où est le siége de la matière. Les dispositions de ces trois articles sont des exceptions à la règle consacrée implicitement par l'article 1166. Peut-on admettre la même exception par voie d'analogie? Nous en doutons, car les exceptions ne s'étendent pas par voie d'analogie, à moins qu'elles ne soient l'application d'un principe général. Nous ne faisons que poser la question. Nous la résoudrons ailleurs.

§ II. *Des droits personnels au débiteur.*

Nº 1. QU'ENTEND-ON PAR DROITS PERSONNELS?

410. Après avoir dit que les créanciers peuvent exercer tous les droits de leur débiteur, l'article 1166 ajoute : « à l'exception de ceux qui sont exclusivement attachés à la personne. » Quels sont ces droits? Un des derniers

---

(1) Comparez, en sens contraire, Demolombe, t. XXV, p. 133, nos 132 et 133, et les autorités en sens divers qu'il cite. Et sur la question de la chose jugée, voyez Demolombe, p. 127, nos 122-127.

auteurs qui ont écrit sur la matière des Obligations dit que la définition est impossible (1). Nous ne tenons pas à une définition précise, mais du moins faut-il avoir un principe qui serve à décider les nombreuses controverses qui s'élèvent sur l'application de l'article 1166. N'y a-t-il pas un caractère auquel on peut reconnaître les droits que le débiteur seul peut exercer, parce qu'ils sont attachés à sa personne? S'il n'y a pas de principe, comment le juge décidera-t-il les difficultés qui lui seront soumises? D'après son appréciation individuelle? Cela est inadmissible, ce serait aboutir à l'anarchie. Il faut donc un principe quelconque. Nous allons essayer de formuler le principe, en tenant compte des opinions enseignées par les auteurs.

411. Merlin a, le premier, essayé de définir les droits exclusivement attachés à la personne. Le grand jurisconsulte a compris qu'il fallait de toute nécessité un principe qui servît de guide dans cette mer de doutes que l'on appelle le droit. Sa théorie n'a pas trouvé faveur; il importe cependant de la connaître, elle n'est pas aussi mauvaise qu'on le dit; les tribunaux l'appliquent encore journellement; il nous faut voir s'ils ont tort.

Merlin dit que l'on ne peut considérer comme attachés à la personne que les droits qui, tout à la fois, ne passent pas aux héritiers et ne sont pas cessibles (2). Cette définition paraît très-rationnelle. Quand un droit ne passe pas aux héritiers, c'est que par sa nature il doit être intransmissible : n'est-ce pas dire qu'il est attaché à la personne de celui à qui il appartient? Si de plus il n'est pas cessible, il est décidément personnel. Cependant tous les auteurs s'accordent à dire que la théorie de Merlin est fausse, et ils ont raison. Merlin n'a pas tenu compte de la nature particulière du droit que l'article 1166 reconnaît aux créanciers; d'une part, c'est une conséquence du droit de gage qui leur appartient sur les biens du débiteur; d'autre part, c'est un droit qu'ils exercent au nom

---

(1) Demolombe, t. XXV, p. 55, n° 55.
(2) Merlin, *Questions de droit*, au mot *Hypothèques*, § IV, n° 4.

du débiteur; en tant que le droit fait partie du patrimoine du débiteur, les créanciers devraient avoir la faculté de l'exercer, puisqu'il est leur gage; mais ce n'est pas leur droit qu'ils exercent, c'est au nom du débiteur qu'ils agissent. Reste à savoir s'ils peuvent toujours agir au nom du débiteur, si le droit n'est pas de telle nature que l'exercice par les créanciers soit impossible.

D'après la théorie de Merlin, il faut le concours de deux conditions pour que le droit soit personnel : 1° qu'il ne passe pas aux héritiers et 2° qu'il ne soit pas cessible. D'où suit que si un droit passe aux héritiers, les créanciers peuvent l'exercer; et ils peuvent encore l'exercer quand le droit est cessible. Cependant il se peut qu'un droit se transmette aux héritiers et que néanmoins il y ait une raison pour n'en pas permettre l'exercice aux créanciers, car autre est la position des héritiers unis au défunt par le sang ou l'affection, autre est la position des créanciers, qui sont des étrangers. C'est ainsi que l'action en révocation d'une donation pour cause d'ingratitude passe, en certains cas, aux héritiers (art. 957), et néanmoins elle ne peut être exercée par les créanciers, de l'aveu de tout le monde; nous en dirons plus loin la raison. De même, il se peut qu'un droit soit cessible sans que les créanciers puissent l'exercer. Quand celui à qui appartient un droit le cède, il manifeste par là l'intention de l'exercer, pour mieux dire, il l'exerce en le cédant; il témoigne par cela même qu'il n'est pas attaché à sa personne. Cela est vrai, et jusqu'ici Merlin a raison; mais de ce que celui qui cède un droit à un tiers veut que le cessionnaire l'exerce, faut-il conclure qu'il veut aussi que ses créanciers l'exercent? La conclusion serait mauvaise, car il se peut qu'il ne le veuille pas; et peut-on permettre aux créanciers qui agissent au nom du débiteur d'agir contre sa volonté? L'action en dommages et intérêts pour crimes ou délits contre la personne du débiteur est cessible; donc, d'après le principe de Merlin, les créanciers auraient le droit de l'exercer. Cependant on admet généralement la négative. Il est certain qu'il y a là une nuance très-importante entre le droit de cession et le droit des créanciers. Quand la personne lésée cède son action en dommages et intérêts, elle prouve par là d'abord qu'elle veut se venger, en faisant condamner l'auteur du délit à des dommages-intérêts, ensuite qu'elle ne recule pas devant le scandale que le procès peut faire naître. Si, au contraire, elle garde le silence et si elle n'agit pas, que doit-on en conclure ? Qu'elle pardonne l'injure, ce qui fait tomber l'action, ou du moins qu'elle a des raisons pour ne pas agir; et quand la personne lésée ne veut pas agir dans une affaire où ses sentiments intimes sont engagés, peut-on permettre aux créanciers d'agir malgré elle? Cela prouve que Merlin a confondu deux ordres d'idées très-distincts : la question de savoir si une action est transmissible ou cessible est différente de la question de savoir si l'action peut être exercée par les créanciers (1).

De fait, cependant, il arrive très-souvent qu'un droit qui n'est pas transmissible ni cessible ne peut pas non plus être exercé par les créanciers. Cela explique pourquoi les tribunaux invoquent le principe de Merlin; ils ont tort d'ériger le fait en droit, quoique le fait soit par hasard d'accord avec le droit. Il faut ajouter qu'il y a quelque chose de vrai dans la doctrine de Merlin, c'est que les droits incessibles ne peuvent pas être exercés par les créanciers. La raison en est bien simple, c'est que les créanciers n'ont aucun intérêt à exercer un droit pareil; ils n'en profitent pas directement, et ils n'en peuvent pas profiter, puisque le droit des créanciers se réalise par la vente, et les droits incessibles ne peuvent pas se vendre (2).

412. Les éditeurs de Zachariæ définissent comme suit les droits exclusivement attachés à la personne. Ce sont d'abord ceux qui, d'après une disposition spéciale de la loi, ne peuvent être exercés que par le débiteur. Sur cette première catégorie de droits personnels, il ne saurait y avoir de doute; nous les énumérerons plus loin. Zachariæ ajoute que les dispositions spéciales de la loi qui déclarent

(1) Aubry et Rau, t. IV, p. 123, note 23, § 312. Demolombe, t. XXV, p. 69, nos 79 et 80.
(2) Demolombe, t. XXV, p. 65, no 70.

certains droits personnels peuvent être appliquées par analogie lorsqu'il y a même motif de décider. Ce point encore n'est pas douteux; c'est le droit commun. Mais ni le texte, ni l'application analogique ne sont d'un grand secours en cette matière. Que décider quand la loi est muette et que l'argumentation par analogie est impossible? Zachariæ répond que l'on doit encore réputer personnels « les droits qui, d'après le *motif* ou le *but* en vue desquels ils ont été concédés, ne peuvent être exercés que par le débiteur, ou du moins qui ne peuvent pas l'être contre sa volonté par une autre personne (1). » Cela est excessivement vague : comment savoir si les *motifs* ou le *but* de la loi rendent un droit personnel, parce qu'ils n'en permettent l'exercice qu'au débiteur? Il faudrait une seconde définition pour expliquer la première. Cela n'est pas pratique; nous doutons que la définition de Zachariæ ait jamais aidé les juges à résoudre les nombreuses difficultés qui se présentent en cette matière.

413. Il faut donc chercher à préciser davantage les caractères qui rendent un droit personnel. Tous les auteurs s'accordent à dire que les droits purement ou essentiellement moraux ne peuvent être exercés par les créanciers. Ils sont purement moraux quand il n'en résulte pas un droit pécuniaire et actuel; il va sans dire que ces droits sont exclusivement attachés à la personne du débiteur. On donne comme exemples : le droit de correction qui est attaché à la puissance paternelle, le droit de consentir au mariage, ou à l'adoption. Il est inutile d'insister sur ce point : il ne s'est pas encore trouvé de créancier, et il ne s'en trouvera jamais qui prétende exercer le pouvoir de correction, par l'excellente raison qu'ils n'agissent que dans un intérêt pécuniaire, et les droits purement moraux ne présentent pas d'intérêt pécuniaire.

Il en est de même des droits essentiellement moraux, alors même qu'ils offriraient un intérêt pécuniaire. Les créanciers n'agissent et n'ont le droit d'agir que pour sauvegarder leurs intérêts pécuniaires; il suit de là qu'ils

_____

(1) Aubry et Rau, t. IV, p. 123, § 312.

sont non recevables à exercer un droit qui est moral de son essence, quoiqu'il s'y trouve aussi un élément pécuniaire. Ici l'on peut dire avec Zachariæ que le but de la loi décide la question. Tel est le droit de demander la séparation de corps; il est essentiellement moral, parce qu'il est établi dans un intérêt moral; cependant il a aussi un effet pécuniaire très-considérable, puisque la séparation de corps emporte séparation de biens; à ce titre, il pourrait être d'un grand intérêt pour les créanciers de demander la séparation de corps. Nous ne pensons pas qu'un créancier y ait jamais songé; on lui aurait répondu que le mariage est le fondement de l'ordre moral et qu'il n'appartient pas à des créanciers, qui n'ont d'autre mobile que l'intérêt pécuniaire, de porter le trouble dans les familles et d'ébranler le mariage, base de la moralité, pour satisfaire un intérêt d'argent.

Jusqu'ici il n'y a aucun doute, mais la difficulté devient grande quand le droit est tout ensemble pécuniaire et moral, sans que l'on puisse dire qu'il est essentiellement moral. Nous ne trouvons qu'un motif de décider : il faut voir quel est l'élément dominant du droit; il peut être pécuniaire dans son but, et néanmoins moral en ce sens que les effets moraux sont tels, qu'il est impossible d'en permettre l'exercice aux créanciers. L'article 1446 en donne un exemple remarquable; il dispose que « les créanciers personnels de la femme ne peuvent, sans son consentement, demander la séparation de biens. » Quel est le but de la séparation de biens? C'est de sauvegarder les intérêts pécuniaires de la femme. Si l'on n'avait égard qu'à ce but, il faudrait décider que les créanciers ont le droit de demander la séparation de biens. Pourquoi donc la loi le leur refuse-t-elle? C'est que la séparation de biens, en séparant les intérêts des époux, menace de les séparer aussi quant au lien moral qui les unit; elle relâche ce lien, ce qui est décisif : il n'appartient pas aux créanciers de porter une atteinte quelconque au mariage. Mais si la femme consent à ce que les créanciers agissent, le motif tombe; c'est comme si elle agissait; les intérêts pécuniaires peuvent être si graves que la femme a le devoir d'agir et, en ce cas, rien n'empêche qu'elle n'autorise ses créanciers à poursuivre l'action.

Restent les droits exclusivement pécuniaires; ils peuvent être exercés par les créanciers, à moins qu'une disposition de la loi ne s'y oppose. Ici il faut appliquer le principe posé par Merlin : un droit incessible ne peut être exercé par les créanciers. Il y a des droits exclusivement pécuniaires que la loi défend de céder et qui, par conséquent, ne peuvent être exercés par les créanciers. Tels sont les droits d'usage et d'habitation ; ils ne peuvent être ni cédés ni loués (art. 631 et 634). C'est dire que les créanciers ne peuvent les exercer (1).

414. Nous ferons connaître la jurisprudence en donnant des applications du principe tel que nous venons de le formuler. La cour de Limoges avait posé comme principe que les créanciers peuvent exercer les droits de leur débiteur quand ils n'ont trait ni à l'ordre public ni à la morale. Il s'agissait du retrait d'indivision ; nous y reviendrons. La cour de cassation n'a pas admis le principe établi dans l'arrêt attaqué : la loi, dit-elle, n'autorise point d'une manière générale les créanciers à exercer les droits et actions de leurs débiteurs toutes les fois qu'ils pourront le faire sans blesser la morale ni l'ordre public (2). Cela est vrai ; mais on peut répondre que l'article 1166 ne définit pas les droits qui sont exclusivement attachés à la personne, qu'il faut néanmoins un principe qui serve à distinguer ces droits. Si celui que la cour de Limoges avait énoncé n'est pas exact, quel est donc le principe qu'il faut suivre? La jurisprudence ne répond pas à cette question.

Nº 2. APPLICATION.

I. *Droits qui concernent l'état des personnes.*

415. Au premier abord, on pourrait croire que les droits qui concernent l'état des personnes sont tous moraux de leur essence et, par conséquent, attachés à la

(1) Comparez Marcadé, t. IV, p. 403, nº II de l'article 1166.
(2) Cassation, 14 juillet 1834 (Dalloz, au mot *Contrat de mariage*, nº 847).

personne du débiteur. Il n'en est rien. Nous venons de citer la séparation de corps qui, de l'aveu de tous, ne peut être demandée par les créanciers (1); on ne devrait pas même discuter la question. Est-ce à dire qu'aucune action concernant le mariage ne puisse être intentée par les créanciers? Nous avons décidé ailleurs que les créanciers peuvent demander la nullité du mariage quand ils y ont un intérêt né et actuel et que la nullité est absolue. Quant aux nullités relatives, il est de leur nature que l'époux seul au profit duquel elles sont établies puisse les faire valoir. Si le mariage est inexistant, toute personne peut s'en prévaloir, donc aussi les créanciers. Nous renvoyons à ce qui a été dit au premier livre (2).

416. L'état des personnes est un droit moral et il est d'ordre public. D'après le principe admis par la cour de Limoges (n° 414), il faudrait donc décider que les actions concernant l'état ne peuvent être exercées par les créanciers. Mais cela serait trop absolu. Si l'état est un droit moral dans son principe, il s'y attache néanmoins des effets pécuniaires de la plus haute importance, tels que les droits de succession. Il y a donc ici un conflit d'intérêts et de principes qui semblent contradictoires. Nous avons examiné les difficultés ailleurs en traitant de l'action en désaveu et de l'action en réclamation d'état (3).

417. La loi attache des droits pécuniaires à l'exercice de la puissance paternelle. On demande si l'administration légale et l'usufruit légal peuvent être exercés par les créanciers. Quant à l'administration, la négative est certaine; c'est un devoir que la loi impose au père, et il ne naît de cette obligation aucun avantage pécuniaire. Cela décide la question contre les créanciers, ils n'ont ni intérêt ni droit. Il en est autrement de l'usufruit légal. C'est un droit pécuniaire, et quoiqu'il soit accordé au père comme récompense des soins qu'il donne à la personne et

---

(1) Colmet de Santerre, t. V, p. 125, n° 81 *bis* IX. Aubry et Rau, t. IV, p. 126. note 32, § 312.
(2) Voyez le tome II de mes *Principes*, p. 623, n° 494 et p. 568, n° 443.
(3) Voyez le tome III de mes *Principes*, p. 549, n° 436 et p. 590, n° 470. Comparez Aubry et Rau, t. IV, p. 127, note 45 et p. 125. note 30.

aux biens de ses enfants, le droit n'en reste pas moins pécuniaire, parce que l'intérêt d'argent y domine. Nous l'avons prouvé en traitant de la puissance paternelle (1). La conséquence en est que les créanciers peuvent exercer le droit d'usufruit. Cela est généralement enseigné, sauf le dissentiment de Poujol; les arguments qu'il donne ne valent pas la peine que l'on s'y arrête (2).

II. *Droits patrimoniaux.*

418. La loi défend de céder et de louer les droits d'usage et d'habitation; il en résulte que ces droits ne peuvent être exercés par les créanciers (n° 414). Il ne faudrait pas conclure de là que les créanciers n'ont aucune action sur les fruits perçus par l'usager; nous avons dit ailleurs qu'ils peuvent les saisir (3).

On applique les mêmes principes aux droits que le code de procédure (art. 581) déclare insaisissables. La raison de décider est la même. Quel est l'intérêt des créanciers qui demandent à exercer un droit de leur débiteur? C'est que le produit du droit entre dans son patrimoine, et qu'ils puissent le saisir comme tous les droits de leur débiteur. A quoi bon l'exercice du droit si le droit ne peut pas être saisi (4)?

419. Il y a des droits pécuniaires qui naissent d'une injure faite à la personne. L'action devient dans ce cas personnelle, parce qu'elle tend à la vengeance; or, c'est à celui qui est injurié de voir s'il veut se venger ou pardonner. S'il garde le silence, on doit croire qu'il ne veut pas agir, qu'il pardonne et le pardon efface l'injure et fait tomber l'action.

Par application de ce principe, nous avons décidé ailleurs que les créanciers ne peuvent demander la révocation d'une donation pour cause d'ingratitude, pas même quand l'action passe aux héritiers du donateur (5).

---

(1) Voyez le tome IV de mes *Principes*, p. 423, n° 323.
(2) Voyez les autorités dans le *Répertoire* de Dalloz, au mot *Obligations*, n° 934.
(3) Voyez le tome VII de mes *Principes*, p. 135, n° 116.
(4) Demolombe, t XXV, p. 65, n°s 70 et 71.
(5) Voyez le tome XIII de mes *Principes*, p. 33, n° 28.

Il faut appliquer le même principe aux actions naissant d'un délit contre la personne ; c'est à celui qui est outragé de voir s'il veut ou non poursuivre la réparation de l'outrage en s'exposant à tous les inconvénients qu'entraînent les procès. S'il garde le silence, c'est qu'il pardonne ou ne veut pas agir. S'il pardonne, l'action est éteinte ; s'il ne veut pas agir, c'est qu'il a des raisons pour ne pas s'exposer aux scandales d'une action publique. Conçoit-on que des créanciers le mettent malgré lui en scène et jettent le trouble dans sa famille ? L'objet direct de l'action est pécuniaire, mais elle a des effets d'une nature si intime que l'on doit décider que l'action est attachée exclusivement à la personne du débiteur par analogie de ce que la loi dit de la séparation de biens. La décision serait différente si le délit concernait les biens du débiteur ; dans ce cas, c'est le patrimoine du débiteur, c'est-à-dire le gage de ses créanciers qui seul est en cause ; les créanciers ont droit et intérêt à demander une réparation du chef d'un fait qui porte atteinte à leur gage (1).

420. Il ne suffit pas qu'il y ait un intérêt moral ou d'ordre public en cause pour que le droit soit exclusivement attaché à la personne. L'incapacité est d'ordre public, mais la nullité qui en résulte n'est pas un droit personnel à l'incapable, c'est un droit exclusivement pécuniaire et il n'y a aucune raison de le déclarer personnel. Nous l'avons décidé ainsi pour le défaut d'autorisation maritale (2). Il en est de même de la nullité fondée sur l'interdiction ou sur la minorité du débiteur ; il est vrai que la nullité est relative ; mais cela ne veut pas dire que les créanciers ne puissent la faire valoir ; l'article 1125 explique en quel sens la nullité est relative : c'est que les personnes capables ne peuvent opposer l'incapacité du mineur, de l'interdit, ou de la femme mariée avec qui elles ont contracté. On objecte les dispositions du code qui déclarent que les exceptions dérivant de l'incapacité sont *purement personnelles* au débiteur (art. 2012, 2036

---

(1) Duranton, t. X, p. 573, n⁰ˢ 557 et 558.
(2) Voyez le tome III de mes *Principes*, p. 201, n° 163.

et 1208). Une exception *purement personnelle* ne doit pas être confondue avec un droit exclusivement attaché à la personne du débiteur. L'incapacité engendre une exception personnelle, puisqu'elle est établie à raison de l'incapacité et dans l'intérêt de l'incapable; mais il n'en résulte pas que le droit de demander la nullité ne puisse être exercé que par le débiteur. La doctrine est en ce sens, sauf le dissentiment de Toullier, dont l'opinion est restée isolée (1); la jurisprudence s'est prononcée pour l'opinion générale. Nous avons cité, au titre du *Mariage,* un jugement du tribunal de Gand, la meilleure décision qui ait été rendue sur la question. La cour de cassation de France s'est bornée à dire que le droit des incapables n'est pas exclusivement attaché à leur personne (2); c'est affirmer, ce n'est pas prouver. D'autres arrêts invoquent le principe de Merlin (3); il est vrai que, dans l'espèce, le droit des incapables est transmissible aux héritiers et il est aussi cessible. Voilà un cas dans lequel, de fait, l'application de la théorie de Merlin est d'accord avec l'interprétation que nous avons donnée de l'article 1166; mais, en droit, le motif est insuffisant, comme nous en avons fait la remarque (n° 411).

421. L'article 1166 reçoit-il son application à l'action en nullité que la femme mariée sous le régime dotal a pour attaquer l'aliénation d'un fonds dotal ou les concessions de droits réels qu'elle aurait faites? A notre avis, l'affirmative n'est point douteuse; cependant la question est vivement controversée; comme elle se lie aux principes qui régissent le régime dotal, nous en ajournons l'examen au titre du *Contrat de mariage.*

422. Une question analogue se présente pour l'action en nullité qui appartient à celui dont le consentement a été vicié par l'erreur, la violence ou le dol. Par son objet, le droit n'est certes pas moral, il est essentiellement pé-

---

(1) Aubry et Rau, t. IV, p. 128, n° 48, § 313, et les auteurs qui y sont cités.

(2) Cassation, 10 mai 1853 (Dalloz, 1853, 1, 160).

(3) Bastia, 26 mai 1834 et 30 août 1854 (Dalloz, au mot *Obligations,* n° 930, 1°). Rouen, 9 janvier 1838 (*ibid.*, n° 909, 1°). Il y a quelques arrêts en sens contraire de la cour de Paris (*ibid.*, n° 932).

cuniaire, mais cela n'est pas décisif. Toullier invoque
une considération morale qui, d'après lui, rend les créanciers non recevables : le débiteur seul, dit-il, peut savoir
si sa volonté a été libre ou contrainte, s'il s'est trompé
ou s'il a été trompé. Tout ce qui concerne la volonté se
passe dans le for de la conscience ; comment des créanciers y pénétreront-ils? ne faut-il pas croire plutôt que,
si le débiteur se tait, c'est qu'il n'y a ni violence, ni erreur,
ni dol? Toullier confond la preuve du droit avec le droit ;
un droit ne change pas de nature suivant qu'il est plus
ou moins difficile d'en prouver l'existence. Quant au silence que garde le débiteur, il ne serait décisif que si
l'on en pouvait induire sa renonciation. Or, le silence
n'implique jamais une renonciation, à moins qu'il ne
s'agisse d'une action fondée sur une injure. Il y a une
explication plus naturelle de l'inaction du débiteur, c'est
qu'il n'est pas intéressé à agir. Quand les créanciers agissent en vertu de l'article 1166, le débiteur est d'ordinaire insolvable ; s'ils pouvaient être payés par lui, ils
n'auraient garde de s'engager dans les embarras d'un
procès contre un tiers. Or, si le débiteur est insolvable,
il lui importe assez peu d'agir ; les créanciers, se dira-
t-il, sont seuls intéressés : qu'ils agissent (1) !

423. Les créanciers peuvent-ils demander que les
biens de leur débiteur soient loués par adjudication publique, par bannie et aux enchères, comme on dit dans
la pratique? A notre avis, la question n'a pas de sens,
parce qu'elle est en opposition avec le texte et avec l'esprit de l'article 1166. Quel est le droit que la loi donne
aux créanciers? Ils peuvent exercer les actions de leur
débiteur. Cela suppose que le débiteur a une action contre
un tiers qu'il néglige d'exercer et que les créanciers veulent exercer en son nom. C'est donc un non-sens juridique que de demander si les créanciers peuvent louer les
biens de leur débiteur. Où est ici le droit appartenant au
débiteur, qu'il n'exerce pas et que les créanciers voudraient

---

(1) Toullier, t. IV, 1, p. 427, n° 566. En sens contraire tous les auteurs
(Aubry et Rau, t. IV, p. 128, § 313, note 47).

exercer? Contre qui agiront-ils? L'esprit de la loi est tout aussi évident. C'est comme conséquence du droit de gage qui appartient aux créanciers sur les biens de leur débiteur que l'article 1166 leur permet d'exercer les droits qui font partie de ces biens. Où est, dans l'espèce, le droit compris dans le patrimoine du débiteur?

Cependant il y a des arrêts qui ont consacré cette erreur. Un débiteur insolvable louait ses biens à l'année et se faisait payer les loyers d'avance ; il déjouait ainsi les poursuites de ses créanciers qui ne trouvaient rien à saisir ni chez le débiteur, il n'avait rien, ni chez les locataires, ils ne devaient rien. Dira-t-on que les créanciers pouvaient attaquer les baux par l'action paulienne? Ils l'avaient essayé, mais les tiers étant de bonne foi, ils avaient échoué. La justice serait blessée, dit la cour de Caen, et la loi convaincue d'impuissance s'il n'était pas possible de subvenir aux créanciers. Il semble à la cour que ceux-ci ont un moyen légal de prévenir la fraude de leur débiteur en faisant mettre les baux en adjudication et en pratiquant des saisies-arrêts entre les mains des preneurs. La location aux enchères n'est qu'un moyen de rendre la saisie-arrêt praticable; d'ailleurs l'article 1166 donne un droit général aux créanciers, donc aussi celui d'affermer ses biens ; l'article 2102 le prouve, puisqu'il autorise les créanciers d'un débiteur en déconfiture de sous-louer le bien lorsque le bailleur se fait payer par privilége tous les loyers à échoir.

·Nous regrettons de le dire : il y a dans cet arrêt presque autant d'erreurs que de mots. Il faut d'abord laisser de côté les considérations de justice et d'équité ; le législateur y a pourvu en donnant aux créanciers les droits consacrés par les articles 1166 et 1167. Les moyens de sauvegarder les intérêts des créanciers peuvent parfois être impuissants : la fraude est plus ingénieuse que la loi. Mais l'impuissance de la loi n'autorise pas le juge à dépouiller le propriétaire de son droit de propriété, et c'est à cela qu'aboutit la doctrine que nous combattons. L'article 1166 est inapplicable, cela est d'évidence, nous venons de le prouver. Vainement invoque-t-on l'article 2102, ce n'est pas une application de l'article 1166, puisque les créanciers n'exercent pas un droit de leur débiteur ; le débiteur est sans droit, puisque le bail qu'il avait consenti est résolu ; si les créanciers ont le droit de relouer la maison ou la ferme, c'est que le bailleur a touché les loyers à échoir et qu'il est de toute justice que les autres créanciers profitent de la relocation. Qu'est-ce donc que le droit de louer que la cour de Caen reconnaît aux créanciers (1)? Une immixtion illégale dans les droits du propriétaire. Il peut faire de sa chose ce qu'il veut, louer ou ne pas louer, et louer à telles conditions qu'il veut ; ses créanciers n'ont rien à y voir, car fût-il en pleine déconfiture, il conserve la libre disposition de ses biens.

Un arrêt de la cour de Douai nous apprendra à quoi aboutit le droit exorbitant de mettre aux enchères la location des biens du débiteur. Dans l'espèce, c'était un héritier bénéficiaire qui affermait les biens à courts termes, avec condition du payement anticipé des fermages. Un créancier demanda qu'il fût autorisé à procéder lui-même à la location par forme d'adjudication publique. La cour accueillit la demande par le motif que l'héritier, au grand préjudice des créanciers, n'affermait point en bon père de famille les biens dont il était propriétaire. Dans cet état, dit l'arrêt, les créanciers sont fondés à intervenir pour l'exercice des droits que le débiteur néglige ou qu'il refuse d'exercer de bonne foi (2). Logiquement cette doctrine conduirait à permettre aux créanciers d'intervenir aussi souvent que leur débiteur gérerait mal son patrimoine, c'est-à-dire que le débiteur serait dépouillé des droits inhérents à la propriété. Est-ce là le sens de l'article 1166 (3)?

Nous sommes entré dans ces détails, non qu'il y ait le moindre doute sur la question, mais pour signaler une lacune qui se trouve dans le code. La loi aurait dû régler les droits des créanciers et les obligations du débiteur

---

(1) Caen, 29 avril 1841 (Dalloz, au mot *Obligations*, n° 903).
(2) Douai, 20 juin 1842 (Dalloz, au mot *Obligations*, n° 904).
(3) Comparez Demolombe, t. XXV, p. 57, n° 57.

insolvable, en cas de déconfiture, comme elle l'a fait en matière de faillite. Dans le silence de la loi, les débiteurs de mauvaise foi peuvent se jouer de leurs créanciers. L'impuissance de la loi accuse l'imprévoyance du législateur, non qu'il puisse empêcher toute fraude, mais en cas de déconfiture il ne l'a pas même essayé.

424. La question que nous venons d'examiner nous conduit à une question plus générale : est-ce que les droits que l'on appelle facultés peuvent être exercés par les créanciers? Tels sont les droits qui résultent de la propriété : j'ai le droit d'exploiter moi-même mes fonds ou de les donner à bail et même de les laisser non occupés, non cultivés. Il importe à mes créanciers que je tire de mes fonds le meilleur parti possible; est-ce à dire qu'ils puissent exercer eux-mêmes ces droits de pure faculté? Non, et par une raison décisive, c'est que ces droits ne sont pas des droits dans le sens de l'article 1166. Les droits que l'article 1166 autorise les créanciers à exercer sont ceux que le débiteur a contre un tiers; ces droits forment le gage de ses créanciers. Est-ce que le droit d'acheter et de vendre, le droit de bâtir, le droit de défricher sont des droits en ce sens? Non, pas plus que le droit de donner à bail. Peu importe donc que ces droits se résolvent en actes d'un intérêt pécuniaire; la loi ne donne pas aux créanciers le droit de faire tout ce qui est de leur intérêt, ils pourraient être intéressés à enlever à leur débiteur l'administration de ses biens; cependant ils n'ont pas ce droit. Par la même raison, ils ne peuvent pas faire tout ce que leur débiteur peut faire; l'article 1166 est limité à certains droits, ceux qui composent le patrimoine du débiteur et qui, à ce titre, forment le gage de ses créanciers (1).

425. Il y a des applications de ce principe sur lesquelles il n'y a aucun doute. On me fait une offre de vente; elle me serait très-avantageuse; mes créanciers pourront-ils l'accepter? La négative est certaine; le droit d'accepter l'offre n'est pas dans mon patrimoine, elle ne

_____

(1) Larombière, t. I, p. 694, nº 17 de l'article 1166 (Ed. B., t. I, p. 285).

fait pas partie de mes biens, donc les créanciers ne peuvent pas l'exercer comme étant leur gage. Il en est de même de l'acceptation d'une donation. L'accepter ou ne pas l'accepter est un droit de pure faculté ; ce droit par lui-même ne donne aucune action contre un tiers ; il ne peut donc pas s'agir pour les créanciers de l'exercer. On allègue d'ordinaire un autre motif : c'est, dit-on, un droit exclusivement attaché à la personne du débiteur, en ce sens qu'il exige un acte de volonté et rien n'est plus personnel que la faculté de vouloir : le débiteur seul peut faire acte de volonté, personne ne peut vouloir pour lui et en son nom (1). Cela est trop absolu ; il en résulterait que les créanciers ne pourraient exercer aucun droit de leur débiteur, pas même ceux qui sont dans son patrimoine, car pour cet exercice aussi il faut un acte de volonté, et c'est précisément parce que le débiteur néglige de vouloir que la loi permet aux créanciers d'agir pour lui ; or, on ne peut agir sans vouloir, donc la volonté des créanciers remplace ici celle du débiteur. D'un autre côté, en disant que les créanciers ne peuvent pas accepter une donation, parce que l'acceptation est un acte de volonté, on suppose que l'acceptation d'une donation est comprise dans les droits dont parle l'article 1166 ; ce qui n'est pas exact, à notre avis. Il ne faut donc pas dire que ces droits rentrent dans l'exception prévue par la loi, quant aux droits exclusivement attachés à la personne du débiteur ; il faut dire que ces droits ne sont pas compris dans la règle.

426. En est-il de même de l'acceptation d'un legs ? A notre avis, oui. Le légataire a le droit d'accepter. Ce droit est-il dans son patrimoine ? fait-il partie du gage de ses créanciers ? Non ; il n'y a pas de droit sans obligation corrélative. Si j'ai un droit contre un tiers, c'est que ce tiers est tenu envers moi à un titre quelconque, et c'est quand je n'agis pas contre lui que mes créanciers pourront agir en mon nom. Est-ce que le droit d'accepter un legs me donne une action contre un tiers ? La question

---

(1) Larombière, t. I, p. 695, n° 18 de l'article 1166 (Ed. B., t. I, p. 285).

n'a pas de sens. C'est seulement après mon acceptation que j'aurai une action contre l'héritier débiteur du legs. Jusque-là c'est une faculté pour moi d'accepter ou de répudier ; cette faculté, pas plus que toute autre, n'est le gage de mes créanciers; c'est la chose léguée qui sera leur gage après que j'aurai accepté le legs. On objecte qu'il est de principe élémentaire que le legs, à la différence de la donation entre-vifs, n'a pas besoin d'être accepté par le légataire qui en est immédiatement saisi; on cite l'article 1014 aux termes duquel « tout legs pur et simple donne au légataire, du jour du décès du testateur, un droit à la chose léguée, droit transmissible à ses héritiers ou ayants cause. » Il y a ici un malentendu : on ne niera pas que le légataire n'ait le droit de répudier le legs : donc il faut un acte de volonté, une acceptation quelconque pour que le legs produise son effet et que la chose léguée entre dans le patrimoine du légataire. L'héritier a plus que la saisine de la propriété, il a la saisine de la possession; cependant l'article 775 dit que nul n'est tenu d'accepter une succession qui lui est échue. Si nul n'est héritier qui ne veut, par la même raison nul n'est légataire qui ne veut. Si l'héritier vient à mourir avant d'avoir accepté ou répudié, il transmet son droit à ses héritiers; mais quel est ce droit? Est-ce la succession? Non, certes; c'est le droit de l'accepter ou d'y renoncer. De même, si le légataire meurt avant d'avoir accepté le legs, il transmet son droit à ses héritiers et ce droit consiste dans la faculté d'accepter ou de répudier. Tels sont les principes élémentaires. Il en résulte que la chose léguée ne fait pas partie du patrimoine du débiteur avant l'acceptation du legs; c'est le droit d'accepter le legs ou de le répudier qui fait partie de son patrimoine. La difficulté est de savoir si ce droit est un de ceux qui forment le gage des créanciers. A notre avis, non, pas plus que le droit d'accepter une donation; la seule différence entre la donation et le legs est que le droit d'accepter le legs passe aux héritiers du légataire, tandis que si le donataire meurt avant d'avoir accepté, le contrat ne peut plus se former; mais cette différence est étrangère à notre question. Elle se réduit à savoir si le droit d'accepter un legs est compris dans la règle de l'article 1166 (1).

La cour de Rouen a jugé que le droit d'accepter un legs est exclusivement attaché à la personne du légataire, parce que le légataire peut avoir les plus légitimes raisons de ne pas en profiter, et que lui seul doit avoir le choix entre sa réputation, le repos de sa conscience et l'augmentation de sa fortune (2). Nous allons plus loin. Tout droit qui implique une option n'est pas compris dans les droits dont l'article 1166 permet l'exercice aux créanciers. Ici l'on peut invoquer la théorie de la volonté, non pas pour en induire que le droit d'option est compris dans l'exception de l'article 1166, mais pour l'exclure de la règle. J'ai le droit d'accepter un legs ou de le répudier; tant que je n'aurai pas accepté ni répudié, la chose léguée ne sera pas dans mon patrimoine, elle n'est donc pas le gage de mes créanciers. C'est le droit d'accepter ou de répudier qui se trouve dans mon patrimoine, mais moi seul je puis l'exercer, car c'est un droit de pure faculté. Mes créanciers ne peuvent pas vouloir pour moi, car que voudront-ils? Accepter? Accepteront-ils alors que moi j'ai la volonté de répudier? Il faudrait aussi leur donner le droit de répudier, alors que moi j'ai la volonté d'accepter. Mes créanciers, en agissant d'une manière quelconque, n'exerceront pas le droit qui m'appartient, ils me priveront du droit que j'ai d'accepter ou de renoncer, ce qui est inadmissible.

427. Faut-il appliquer les mêmes principes à l'acceptation d'une succession ou d'une communauté? Oui, à notre avis. L'opinion contraire est universellement admise comme un axiome. Cela ne tient-il pas à la confusion que nous venons de signaler? On dit que ce n'est pas un droit exclusivement attaché à la personne, comme s'il s'agissait de savoir si le droit tombe sous l'exception de l'article 1166; il s'agit, au contraire, de savoir si le droit est compris dans la règle. Nous disons qu'un droit

(1) En sens contraire, Demolombe, t. XXV, p. 60, n° 59.
(2) Rouen, 3 juillet 1866 (Sirey, 1867, 2, 11).

d'option n'est pas compris parmi les droits que les créanciers peuvent exercer, non pas parce qu'il est exclusivement attaché à la personne, mais parce qu'il ne fait pas partie du gage des créanciers. Je suis appelé à une hérédité : j'ai le droit de l'accepter ou de la répudier, et en l'acceptant, je puis accepter purement et simplement ou sous bénéfice d'inventaire. J'ai donc trois facultés et, en principe, j'ai trente ans pour faire mon choix. Si je reste dans l'inaction, mes créanciers pourront-ils demander à agir en mon nom? L'article 1166 suppose un droit certain que je puis exercer contre un tiers, droit qui consiste à réclamer ce qui m'appartient ou ce qui m'est dû. Dans l'espèce, il s'agit d'une option à faire entre trois facultés; parmi ces facultés se trouve celle de renoncer; si je renonce, je suis censé n'avoir jamais eu de droit, preuve qu'il dépend de ma volonté que le droit existe ou qu'il n'existe pas : peut-il être question pour mes créanciers d'exercer un droit dont l'existence même dépend de ma volonté? Un pareil droit est-il compris dans le gage qu'ils ont sur mes biens? Si je reste dans l'inaction, mes créanciers auront-ils le droit d'agir? Ce serait mettre leur volonté à la place de la mienne. Ils voudront accepter, tandis qu'il est possible que moi je veuille renoncer. Dira-t-on que je suis libre de faire mon option et que c'est seulement à raison de mon inaction que mes créanciers agiront? Je répondrai que j'ai le droit de rester dans l'inaction, la loi m'accorde trente ans pour agir, et elle ne donne pas à mes créanciers le droit de me forcer à opter plus tôt. Et après trente ans mon droit d'accepter ou de répudier sera éteint par la prescription (art. 789). Nous ne voyons pas comment les créanciers agiront, tant que moi je refuse d'agir, et quand mon droit sera prescrit, il va de soi qu'ils ne pourront plus l'exercer.

. On n'a jamais contesté, dit-on, aux créanciers de la femme le droit d'accepter la communauté en son lieu et place (1). Les éditeurs de Zachariæ qui font cette remar-

(1) Aubry et Rau, t. IV, p. 129, note 50, § 313. Demolombe, t. XXV, p. 87, n° 92.

que citent l'article 1464, aux termes duquel les créanciers de la femme peuvent attaquer la renonciation qui aurait été faite par elle ou par ses héritiers en fraude de leurs créances et *accepter la communauté de leur chef*. On peut faire la même objection pour le droit héréditaire; l'article 788 dit aussi que les « créanciers de celui qui renonce, au préjudice de leurs droits, peuvent se faire autoriser en justice à accepter la succession du chef de leur débiteur en son lieu et place. » Nous remarquerons d'abord que la loi ne dit pas que les créanciers peuvent exercer le droit de l'héritier, droit qui consiste à accepter ou à répudier ; la loi ne dit pas non plus que les créanciers de la femme commune peuvent exercer ses droits. Les articles 788 et 1464 supposent que le successible et la femme ont exercé leur droit; ils ont fait leur option en renonçant à la succession ou à la communauté. Dans ce cas, les créanciers ont le droit d'attaquer la renonciation si elle est faite en fraude de leurs droits, et quand la renonciation sera annulée, la loi permet aux créanciers d'accepter la succession ou la communauté. Est-ce là l'application de l'article 1166? Non, il s'agit d'un acte fait en fraude des créanciers; les créanciers ont le droit de l'attaquer par l'action paulienne; c'est donc le cas de l'article 1167. Peu importe, dira-t-on, car après l'annulation de la renonciation, la loi autorise expressément les créanciers à accepter la succession ou la communauté en lieu et place de l'héritier ou de la femme, ce qui est une application de l'article 1166. C'est précisément ce que nous nions ; pour mieux dire, le texte même du code prouve que le droit que les créanciers exercent dans les cas des articles 788 et 1464 n'est pas une application du principe posé par l'article 1166. En effet, l'article 788 dit que la renonciation n'est pas annulée au profit de l'héritier qui a renoncé ; il est toujours censé n'avoir jamais été héritier (art. 785). Donc le débiteur dont les créanciers font annuler la renonciation est sans droit; partant il est impossible que les créanciers exercent le droit héréditaire en son nom, car ils ne peuvent pas exercer un droit que leur débiteur n'a point. De qui tiennent-ils leur droit? De la loi qui, en permettant d'annuler un acte frauduleux, veut réparer le préjudice que la fraude a causé aux créanciers.

Une chose est certaine, c'est que l'on ne peut pas se prévaloir des articles 788 et 1464 pour en induire que les créanciers ont le droit d'accepter la succession ou la communauté ; il n'y a plus, à l'égard du débiteur qui a renoncé, ni succession ni communauté, il ne peut donc pas s'agir de les accepter. Il est encore plus évident que ces articles n'autorisent pas les créanciers à exercer les droits de l'héritier ou de la femme commune, leurs débiteurs, car le droit de l'héritier et de la femme consiste à accepter ou à répudier, tandis que ces dispositions supposent que l'héritier ou la femme ont exercé leur droit en renonçant. Or, la question est précisément de savoir si les créanciers peuvent exercer un droit d'option ; certes les articles 788 et 1464 ne décident pas la difficulté, puisque, dans les cas qu'ils prévoient, il n'y a plus d'option. On cite encore l'article 1446 qui accorde aux créanciers de la femme la faculté d'exercer, en cas de faillite ou de déconfiture du mari, les droits de leur débitrice jusqu'à concurrence du montant de leurs créances. Cela prouve, dit-on, que les créanciers ont l'option qui appartient à la femme, car ce n'est qu'après avoir opté pour l'acceptation qu'ils peuvent faire liquider les droits de leur débitrice contre le mari. La réponse est très-simple et elle est péremptoire. Il ne s'agit pas d'une option dans l'article 1446, par la raison décisive que la communauté subsiste ; la femme, on le suppose, ne demande pas la séparation, et les créanciers ne peuvent pas la demander sans son consentement. La communauté subsistant, il ne peut être question ni de l'accepter ni de la répudier ; et si la femme n'est pas appelée à accepter ou à répudier, comment ses créanciers auraient-ils, au nom de leur débitrice, un droit que celle-ci n'a point ? Si les créanciers peuvent faire liquider provisoirement la communauté pour exercer les droits de la femme, c'est que l'on suppose que la femme a des droits utiles, et il est juste que ses créanciers puissent les exercer.

428. Les questions que nous venons de discuter ne

se présentent guère dans la pratique. Pour peu que la succession ou la communauté soient avantageuses, le successible et la femme commune les accepteront, le bénéfice d'inventaire et le bénéfice d'émolument les mettent à l'abri de tout préjudice. Mais la même difficulté se présente encore dans le cas prévu par l'article 1408 ; bien qu'elle se rattache aux principes qui régissent la communauté, nous sommes obligé de l'examiner ici, puisque c'est une dépendance de la question générale que nous avons décidée contre les créanciers.

Lorsque le mari devient seul, et en son nom personnel, acquéreur d'un immeuble appartenant par indivis à la femme, la loi accorde à celle-ci, lors de la dissolution de la communauté, un droit d'option : elle a le choix ou d'abandonner l'effet à la communauté, laquelle devient alors débitrice envers la femme de la portion qui lui appartient dans le prix à raison de son droit de copropriété, ou de retirer l'immeuble, en remboursant à la communauté le prix de l'acquisition. On demande si les créanciers de la femme ont le droit d'option : la jurisprudence a consacré la négative, par le motif que le droit d'option est exclusivement attaché à la personne de la femme ; il y a des auteurs qui se sont rangés à cet avis, il y en a qui accordent le droit d'option aux créanciers, parce que, d'après eux, ce n'est pas un droit personnel dans le sens de l'article 1166. Nous croyons que c'est mal poser la question. Il faut voir avant tout si le principe de l'article 1166 est applicable à un droit d'option, c'est-à-dire si ce droit forme le gage des créanciers. Nous avons répondu d'avance ; ce que nous venons de dire du droit d'option de l'héritier et de la femme commune s'applique à la lettre au droit d'option dont traite l'article 1408. Il y a même moins de doute, à notre avis. Qu'est-ce qui se trouve dans le patrimoine de la femme ? qu'est-ce qui est le gage de ses créanciers ? La femme est copropriétaire par indivis d'un immeuble, cette propriété indivise fait partie de ses biens, elle est, à ce titre, le gage de ses créanciers ; il n'y a pas là de droit à exercer du chef de la femme, dans le sens de l'article 1166 ; les créanciers ont le droit de saisie et d'expropriation, en se conformant aux règles établies par le code civil et par le code de procédure. Peuvent-ils aussi exercer le droit d'option que l'article 1408 accorde à la femme? Non, car c'est une faculté dont la femme peut user ou ne pas user, et une faculté n'est pas le gage des créanciers. L'exercice de ce droit d'option est d'ailleurs subordonné à des convenances dont la femme seule est juge; elle peut tenir à conserver la propriété de l'immeuble, elle peut n'y pas tenir; question de volonté qu'il n'appartient pas aux créanciers de décider, en supposant même que le droit d'option fasse partie du patrimoine de la femme; c'est un droit qui, en tout cas, ne serait pas le gage des créanciers.

Il faut entendre maintenant la jurisprudence et la doctrine. La cour de Limoges a jugé, par des raisons peu décisives, que les créanciers ont le droit d'option. C'est un droit purement pécuniaire, dit-elle; ce qui n'est pas exact; la femme peut tenir au bien par des considérations de famille étrangères à tout intérêt d'argent. Le droit d'option, dit la cour, n'a trait ni à l'ordre public ni à la morale; nous avons déjà dit (n° 414) que ce point de vue est étranger à l'article 1166. Il peut être assimilé, continue la cour, au droit qu'ont les créanciers d'accepter une succession répudiée par leur débiteur. Cette assimilation manque tout à fait d'exactitude, car, en cas de renonciation, c'est l'article 1167 qui est applicable; tandis que, dans l'espèce, la femme ne pose aucun acte, les créanciers demandent seulement, dans le silence de la femme, à exercer un droit qui lui appartient: c'est l'article 1166 qui doit décider la question.

La cour de cassation cassa l'arrêt de la cour de Limoges, en restant sur le même terrain, c'est-à-dire en examinant si le droit d'option est ou non exclusivement attaché à la personne du débiteur. C'est un mauvais terrain, car ce n'est pas la vraie question. Le droit de retrait, dit la cour de cassation, est un privilége; or, tout privi-

(1) Les auteurs sont divisés. La plupart enseignent que le droit d'option est personnel à la femme. Voyez les citations dans Aubry et Rau, t. IV, p. 129, note 49 (4e édition) qui soutiennent l'opinion contraire.

lége doit de sa nature être soigneusement restreint dans les limites qui lui sont données par la loi. L'exercice de ce droit est purement facultatif, et la concession de cette faculté a pour unique objet de prémunir la femme contre le préjudice qui pourrait résulter pour elle de l'administration de son mari; dès lors le droit de l'exercer est exclusivement attaché à sa personne. A cela on répond que si le droit d'option est un privilége, on ne peut pas en inférer qu'il soit exclusivement attaché à la personne; en effet, il existe un grand nombre de priviléges qui, de l'aveu de tout le monde, peuvent être exercés par les créanciers de ceux au profit desquels ils sont établis. Et pour ne pas sortir de notre sujet, est-ce que l'hypothèque légale de la femme n'est pas un privilége? Néanmoins ses créanciers peuvent certes s'en prévaloir (1). Il y a une idée vraie dans le considérant de l'arrêt que nous critiquons, c'est que le droit d'option est une faculté; la cour aurait dû y insister et en conclure que ce droit n'est pas compris dans l'exception, parce qu'il n'est pas compris dans la règle, en d'autres termes, qu'un droit d'option n'est pas compris dans le patrimoine du débiteur à titre de gage de ses créanciers.

La cour de cassation dit encore que la faculté de retrait accordée par l'article 841 est restreinte à certaines personnes nominativement désignées sans qu'on puisse la transporter à d'autres; qu'il en doit être de même de la faculté de retrait accordée par l'article 1408. On répond que l'argument porte à faux; il n'y a rien de commun entre le droit de retrait de l'article 841 et le droit de retrait de l'article 1408; le premier est accordé aux héritiers afin qu'ils puissent écarter du partage les étrangers qui achètent la part héréditaire de l'un des successibles; le but étant d'empêcher que des étrangers n'interviennent dans le partage, il va de soi que l'on ne peut donner à des créanciers également étrangers un droit qui n'est établi que dans l'intérêt des membres de la famille. Le retrait de l'article 1408 a un tout autre objet, c'est de sauvegarder

_____

(1) Cassation, 14 juillet 1834 (Dalloz, au mot *Contrat de mariage*, n° 847).

les intérêts de la femme. Comment la cour de cassation a-t-elle pu raisonner par analogie là où il n'y a aucune analogie et où, par conséquent, les motifs de décider ne sont pas les mêmes?

Sur le renvoi prononcé par la suite de l'annulation de l'arrêt de Limoges, la cour de Riom se prononça pour la doctrine admise par la cour de cassation (1). Ce nouvel arrêt n'apporte pas de nouvelles lumières. Loin de là, il confond toutes choses. Nous croyons inutile de le discuter. Si ce que nous avons dit des droits de pure faculté et notamment du droit d'option est exact, la décision de la cour de Riom se trouve réfutée d'avance.

429. Le vague de l'exception établie par l'article 1166, pour les droits exclusivement attachés à la personne, prête à des décisions plus ou moins arbitraires. Il a été jugé que les créanciers de l'héritier bénéficiaire ne peuvent pas exercer, en son nom, les actions qui lui appartiennent en cette qualité, parce que l'héritier bénéficiaire n'est qu'un mandataire et que le mandat, par sa nature, est attaché à la personne de celui que le mandant a chargé de ses intérêts (2). Sans doute, les créanciers du mandataire ne peuvent pas demander à remplir le mandat de son chef, mais l'héritier bénéficiaire est-il un mandataire? Il est, avant tout, propriétaire, et s'il administre dans l'intérêt des créanciers et des légataires, il administre aussi dans le sien ; c'est la raison pour laquelle l'héritier bénéficiaire n'est tenu que de la faute grave, tandis que le mandataire est tenu de la faute légère. Mais la question a encore une autre face. Puisque c'est comme propriétaire que l'héritier bénéficiaire agit, les droits qu'il exerce sont des actes de pure faculté; comme tels, ils ne tombent pas sous l'application de l'article 1166. Quant aux obligations qui lui incombent en vertu de son acceptation bénéficiaire, il peut encore moins s'agir, pour les créanciers, de se mettre à la place de l'héritier, leur débiteur; car l'article 1166, ni

---

(1) Riom, 11 février 1836, et Rejet, 8 mars 1837 (Dalloz, au mot *Contrat de mariage,* n° 847).

(2) Paris, 19 mai 1850 (Sirey, 1850, 2, 28). En sens contraire, Aubry et Rau, t. IV, p. 127, note 43, § 313.

aucune disposition ne permettent aux créanciers de se substituer à leur débiteur pour les obligations qu'il a à remplir; au point de vue des principes, cela ne se conçoit même pas : les obligations étant essentiellement inhérentes à la personne du débiteur, elles sont incessibles et, par suite, elles ne tombent pas sous l'application de l'article 1166. Or, les droits de l'héritier bénéficiaire sont en même temps des obligations; ainsi il a le droit d'administrer comme propriétaire et il a aussi l'obligation d'administrer. Il faut conclure de là, nous semble-t-il, que les créanciers ne peuvent jamais se substituer à l'héritier bénéficiaire; la cour de Paris a donc bien jugé au fond ; seulement, au lieu de décider que les droits de l'héritier bénéficiaire sont exclusivement attachés à sa personne, la cour aurait dû dire que ces droits ne tombent pas sous l'application de l'article 1166. Nous renvoyons à ce qui a été dit, au titre des *Successions,* sur les droits et obligations de l'héritier bénéficiaire (1).

430. A l'appui de la doctrine que nous venons d'enseigner, nous citerons un arrêt de la cour de cassation rendu en matière de désistement. Le demandeur se désiste d'un jugement rendu en sa faveur ; ce désistement devait être accepté pour qu'il fût définitif. Un créancier du défendeur accepte. Il a été jugé que le créancier pouvait accepter le désistement en vertu de l'article 1166. C'était appliquer l'article 1166 à des droits qui ne tombent pas sous l'application de la loi. L'arrêt a été cassé; le considérant de l'arrêt est remarquable : la faculté accordée par l'article 1166 aux créanciers, dit la cour suprême, ne s'applique qu'à des *droits existants* que le débiteur refuse ou néglige d'exercer lui-même au détriment de ses créanciers. Cette faculté ne s'applique pas à des cas où il s'agit de créer une convention qui, dépendant essentiellement de la volonté du débiteur, ne peut être consentie que par lui (2). C'est décider que l'article 1166 est inapplicable lorsque le droit que le débiteur est appelé à exercer

(1) Voyez le tome X de mes *Principes,* p. 148, n° 117.
(2) Cassation, 11 mai 1846 (Dalloz, 1847, 4, 161).

n'existe pas dans son patrimoine, mais dépend de la manifestation de sa volonté.

ARTICLE 2. De l'action paulienne.

§ Ier. *Notions générales.*

431. Aux termes de l'article 1167, les créanciers peuvent, en leur nom personnel, attaquer les actes faits par leur débiteur en fraude de leurs droits. Si le débiteur vend, par exemple, un immeuble en fraude de ses créanciers, ceux-ci peuvent attaquer la vente, c'est-à-dire la faire annuler et, par suite, exercer leurs droits sur cet immeuble comme s'il n'était pas sorti du patrimoine de leur débiteur. Quel est le fondement de cette action? En principe, le débiteur, fût-il insolvable, conserve la libre disposition de ses biens; il peut donc les aliéner; s'il les aliène, l'aliénation est valable, puisque le débiteur n'a fait qu'user de son droit de propriété. La chose vendue étant sortie du patrimoine du débiteur, elle cesse de faire partie du gage que les créanciers ont sur ses biens; les créanciers ne peuvent pas la suivre entre les mains du tiers acquéreur, car il s'agit de créanciers chirographaires, qui n'ont pas le droit de suite. Pourquoi donc la loi leur donne-t-elle le droit d'attaquer la vente et d'exercer leurs droits sur l'immeuble vendu, ce qui leur donne indirectement le droit de suite, puisqu'ils poursuivent un immeuble sorti du patrimoine du débiteur par la vente et qui, à son égard, reste en dehors de son patrimoine, malgré l'annulation prononcée sur l'action des créanciers? On a dit que cela est contraire à la rigueur des principes; il faut dire qu'il y a plusieurs principes en conflit que la loi a dû concilier. Sans doute, le débiteur a le droit d'aliéner; mais, d'un autre côté, en contractant des dettes, il a donné à ses créanciers un droit de gage sur ses biens; il ne peut pas porter atteinte à ce droit par des aliénations frauduleuses. Les conventions, dit l'article 1134, doivent être exécutées de bonne foi. Si le débiteur aliène ses biens de bonne foi, les créanciers ne peuvent pas se plaindre, ils n'ont pas le droit de suite, parce qu'ils ont négligé de stipuler une garantie réelle; ils ne peuvent pas attaquer la vente, puisque le débiteur a fait ce qu'il avait le droit de faire. Mais si le débiteur a vendu en fraude des créanciers, il ne peut plus dire qu'en vendant il a usé d'un droit, car la fraude n'est pas un droit; il a, au contraire, violé ses engagements, parce qu'il était tenu de les exécuter de bonne foi. Donc les créanciers doivent avoir le droit d'attaquer ce qu'il a fait en fraude de leurs droits.

Cela ne justifie pas encore l'action paulienne; elle n'est pas dirigée uniquement contre le débiteur, elle dépouille le tiers avec lequel le débiteur a traité. Comment les créanciers peuvent-ils attaquer les droits des tiers qui ne sont tenus à rien à leur égard? Cela paraît être une nouvelle dérogation aux principes. Nous dirons plus loin sous quelles conditions les créanciers ont action contre les tiers; ces conditions expliqueront et justifieront l'action paulienne en tant qu'elle prive les tiers du bénéfice de leur contrat (1).

432. L'action paulienne, comme l'indique son nom, est d'origine romaine; elle porte le nom du préteur qui l'a introduite. Suivait-on les principes du droit romain dans l'ancienne jurisprudence? D'après certains auteurs, il faudrait répondre négativement. Rousseau de la Combe va jusqu'à dire que les usages français étaient tout à fait contraires aux lois romaines (2). Nous n'attachons aucune importance à cette déclaration, elle s'explique par l'incertitude inhérente au droit coutumier; il n'y a pas un point de droit sur lequel on ne trouve dans les anciens auteurs des dissentiments qui touchent souvent à l'essence même des principes. Ce qu'il importe de savoir, c'est l'idée que les auteurs du code ont attachée à l'action paulienne maintenue dans l'article 1167. Et sur cela il n'y a guère de doute. Le législateur français a suivi pour guides deux auteurs qui méritaient cet honneur, tantôt c'est Pothier, tantôt c'est Domat. Dans notre matière, c'est certainement

(1) Comparez Larombière, t. I, p. 717, n° 1 de l'article 1167 (Ed. B., t. I, p. 294). Demolombe, t. XXV, p. 145, n° 146.
(2) Voyez d'autres témoignages dans Demolombe, t. XXV, p. 144, n° 144.

Domat, car Pothier s'occupe à peine de l'action paulienne,
tandis que Domat lui consacre une section ; et tout ce qu'il
en dit est emprunté aux lois romaines. C'est donc bien
l'action paulienne du droit romain que l'article 1167 reproduit. Les orateurs du gouvernement et du Tribunat se
bornent à paraphraser la loi sans y ajouter aucune restriction. C'est donc le droit traditionnel qui a été consacré par le code Napoléon.

433. Il résulte de là un principe d'interprétation qui
est d'une importance capitale. Le code civil ne contient
que deux lignes sur une matière qui donne lieu à de nombreuses difficultés ; comment l'interprète les décidera-t-il
dans le silence de la loi? Il est de principe qu'il faut recourir aux sources, donc au droit romain, quand c'est au
droit romain qu'une matière a été empruntée. Or, notre
matière est essentiellement romaine ; le nom que la tradition lui a conservé l'atteste. C'est donc la tradition romaine qui servira de commentaire à l'article 1167. Les
premiers interprètes du code civil ont suivi ce principe
d'interprétation (1). Zachariæ et ses éditeurs y ajoutent
une restriction. En recourant au droit romain, disent-ils,
pour suppléer à la lacune que présente le code, la doctrine doit le faire avec réserve et tenir compte des différences qui séparent les deux législations (2). Sans doute,
la tradition est sans autorité quand la loi parle. Mais
cette réserve a encore une autre portée. Il y a une tendance très-prononcée chez les auteurs modernes à modifier le droit traditionnel par voie d'interprétation; pour ce
qui regarde l'action paulienne, la tradition est une gêne;
on l'écarte par une fin de non-recevoir, puis on se met à
construire une théorie nouvelle. Nous ferons comme toujours; la tradition, dans l'espèce, est notre loi ; nous la
respecterons, à moins qu'elle ne soit en opposition avec
notre législation; quant aux innovations que l'on propose,
nous les renvoyons au législateur. S'il faut une révision
du code, qu'on la fasse légalement.

(1) Toullier, t. III, 2, p. 224, n° 343.
(2) Aubry et Rau, t. IV, p. 130, note 1, § 313.

§ II. *Conditions.*

434. La loi dit que les créanciers peuvent attaquer les actes faits par leur débiteur *en fraude* de leurs droits. Elle ne semble donc exiger qu'une seule condition, la fraude. Mais cette condition en implique d'autres. Avant tout, il faut que l'acte attaqué ait causé un préjudice aux créanciers. Cela résulte de la notion même de la fraude dont les créanciers se plaignent. Que prétendent-ils? Que les biens du débiteur étaient leur gage, que ce gage suffisait pour assurer le payement de leurs créances, mais qu'un acte consenti par le débiteur l'a diminué en aliénant frauduleusement des biens qui étaient une partie de leur gage. En quel sens y a-t-il fraude? Le débiteur fraude ses créanciers quand il dispose de ses biens pour leur enlever cette garantie; donc dans le but et avec cet effet que les biens qui lui resteront ne leur suffisent plus pour obtenir le payement de ce qui leur est dû. Si les biens qui lui restent suffisent pour désintéresser les créanciers, de quoi ceux-ci se plaindraient-ils? De ce que leur débiteur a agi de mauvaise foi? Il n'y a pas de mauvaise foi quand on dispose de ses biens sans frustrer ses créanciers; la fraude suppose que leurs droits sont lésés par l'acte du débiteur, c'est-à-dire qu'il leur cause un préjudice. Et pour qu'il y ait préjudice, il faut ou que l'acte frauduleux ait rendu le débiteur insolvable, ou qu'il ait augmenté son insolvabilité (1).

435. Quand y a-t-il préjudice? C'est l'acte frauduleux qui doit avoir causé le préjudice, car il est attaqué pour cause de fraude, et il n'y a de fraude que s'il y a préjudice. Il ne suffit donc pas que le débiteur soit insolvable au moment où l'action paulienne est intentée, il faut que l'insolvabilité résulte de l'acte, sinon il n'y a pas de fraude, et sans fraude il n'y a pas d'action (2). Un banquier marie

(1) Proudhon, *De l'usufruit*, t. V, p. 193, nº 2400.
(2) Duranton, t. X, p. 590, nº 570 et tous les auteurs. C'est la tradition (Voet, XLII, VIII, 14).

sa fille au mois d'avril et lui constitue une dot de 100,000 fr.; au mois de septembre, il est constitué en faillite, et le tribunal en reporte l'ouverture au 11 août. L'insolvabilité suivit donc de très-près la donation qui avait diminué le patrimoine du débiteur de 100,000 francs; les créanciers s'en prévalurent pour attaquer la donation comme faite en fraude de leurs droits. Il a été jugé que l'acte ne leur avait causé aucun préjudice, par la raison que lors de la donation le constituant avait un actif qui dépassait son passif; que, par suite, la donation ne l'avait pas rendu insolvable. La faillite avait été occasionnée par des pertes postérieures; dès lors la donation n'était pas frauduleuse et, par suite, elle ne pouvait être attaquée. Vainement dirait-on que si le débiteur n'avait pas fait la donation, il serait resté solvable, malgré les pertes qu'il avait éprouvées; on répond qu'il ne suffit pas qu'un débiteur devienne insolvable pour que tous les actes par lui faits puissent être attaqués; il faut qu'il y ait des actes frauduleux, ces actes seuls peuvent être annulés à raison de la fraude, et il n'y a de fraude que si l'acte rend le débiteur insolvable ou augmente son insolvabilité (1).

Si l'insolvabilité était la conséquence de l'acte attaqué, bien qu'elle ne se produise pas immédiatement après l'acte, les créanciers auraient le droit d'agir. La nuance est très-délicate, mais elle est juridique. Ce qui aidera les juges à déterminer les caractères de l'acte, c'est l'intention dans laquelle il aura été fait. Si le débiteur fait une série d'actes, tous dans l'intention de frustrer ses créanciers, le juge pourra les annuler tous, quoique le premier n'ait pas entraîné l'insolvabilité. Deux époux font, en 1844, donation à leurs enfants de divers biens, l'un appartenant au donateur, les autres à la donatrice. En 1851, nouvelle donation d'un immeuble avec charge de payer les dettes qui le grèvent. En 1852, le donateur renonce gratuitement à l'usufruit qu'il s'était réservé par la première donation. Lors de cette donation, une instance était engagée depuis

(1) Agen, 13 janvier 1845 (Dalloz, 1845, 2, 78). Comparez Rejet, 8 mars 1854 (Dalloz, 1854, 1, 191) et Besançon, 2 janvier 1853 (Dalloz, 1854, 5, 255).

trois ans pour le payement d'une somme de 13,000 francs
que le demandeur réclamait à titre de salaires ; le débiteur, après avoir épuisé tous les moyens dilatoires pour
empêcher ou retarder le compte, finit par être condamné.
Le créancier attaqua alors comme frauduleuses les donations que le débiteur avait faites depuis 1844. On lui
opposa que la première donation n'avait pas rendu le débiteur insolvable, puisqu'il possédait encore d'autres immeubles qui pouvaient garantir le payement de ses dettes.
L'objection, si elle était fondée, eût été décisive. La cour
de Bourges y répond d'une manière assez embarrassée.
Il n'est pas nécessaire, dit-elle, que l'acte frauduleux ait
produit l'insolvabilité complète du débiteur. Cela n'est pas
exact ; le débiteur est insolvable lorsque son passif excède
son actif ; tant que ses biens suffisent pour payer ses
dettes, il n'est pas insolvable. Il suffit, dit la cour, que
l'acte attaqué ait rendu le recouvrement de la créance
plus problématique et *plus difficile*. Cela n'est pas exact
non plus. L'insolvabilité n'est pas un état de doute, c'est
un état réel qui ne permet plus au débiteur de payer ses
dettes. De plus, dit l'arrêt, il n'est pas établi qu'à l'époque
de la donation le débiteur fût en mesure de satisfaire à
ses engagements. Ce considérant aussi laisse à désirer :
il faut la preuve positive de l'insolvabilité résultant de
l'acte attaqué. Dans l'espèce, il y avait une série d'actes
qui tous avaient un même but : soustraire les biens du débiteur à l'action de ses créanciers. Dès la première donation, cette intention frauduleuse se dévoile. Elle était
faite au milieu d'une instance où le débiteur avait eu recours à toutes les chicanes pour retarder la décision. Cette
donation avait-elle un but avouable, tel que l'établissement d'un enfant ? La cour constate qu'aucun intérêt sérieux ne justifiait la libéralité, qu'elle n'avait d'autre but
que de soustraire l'immeuble aux poursuites de son créancier, en le donnant à ses enfants. Donc il y avait fraude
dès le principe ; et si l'insolvabilité n'était pas immédiate,
elle devait être la conséquence inévitable des actes faits
successivement par le débiteur, et toujours dans le même
but. Les actes postérieurs se liaient au premier, c'était

un ensemble d'actes frauduleux par lesquels le débiteur se dépouillait de ses biens pour les soustraire à son créancier; donc le premier ne devait pas être séparé des autres. C'est par ce motif que le pourvoi en cassation fut rejeté(1). Il nous reste un doute. Le premier acte était frauduleux, mais il n'était pas préjudiciable, puisque le débiteur restait solvable. Donc, d'après la rigueur des principes, il ne pouvait être attaqué par l'action paulienne.

436. Le préjudice, tel que nous venons de le définir, est le fondement de l'action paulienne; il faut donc que les créanciers en fassent la preuve. Si le débiteur est commerçant, l'insolvabilité sera constatée par la faillite; ce n'est pas que le failli soit nécessairement au-dessous de ses affaires, mais il y a au moins une présomption d'insolvabilité; cette présomption étant légale dispense les créanciers de toute preuve et les autorise à intenter l'action paulienne (2). La déconfiture n'est point déclarée par jugement; il faut donc que les créanciers prouvent l'insolvabilité du débiteur. Parfois cette preuve n'est pas nécessaire : quand la déconfiture est notoire, il est inutile de prouver ce que tout le monde sait. Dans une espèce qui s'est présentée devant la cour de Colmar, le tiers acquéreur contre lequel l'action paulienne était dirigée objectait que le créancier devait, avant tout, s'adresser au débiteur, ou prouver son insolvabilité. En droit, répond la cour, cela est très-vrai; mais, en fait, il était établi que le débiteur ne possédait aucun bien personnel; les biens qu'il aurait pu réclamer dans le partage de la communauté étaient précisément ceux qu'il avait aliénés en fraude des droits de sa femme, aliénation dont celle-ci demandait la nullité (3). Dès que l'insolvabilité est constante, l'action paulienne est admissible; il n'est pas nécessaire que le chiffre exact du préjudice causé par l'acte frauduleux soit établi, cela peut dépendre de la liquidation d'une communauté, et les lenteurs de la liquidation ne doivent

---

(1) Rejet, chambre civile, 9 janvier 1865 (Dalloz, 1865, 1, 19).
(2) Aubry et Rau, t. IV, p. 132, note 10, § 313. Demolombe, t. XXV, p. 169, n° 176.
(3) Colmar, 25 février 1857 (Dalloz, 1857, 2, 88).

pas arrêter l'action des créanciers; ils satisfont à la loi en prouvant que le débiteur est insolvable et que son insolvabilité a été causée par l'acte frauduleux (1).

437. Toutefois, s'il reste des biens au débiteur, les tiers contre lesquels l'action est dirigée peuvent demander qu'ils soient avant tout discutés, c'est-à-dire vendus. Il ne faut pas confondre ce droit avec le bénéfice de discussion que la loi accorde à la caution poursuivie par le créancier; la position de la caution diffère de celle du tiers acquéreur; celui-ci n'a contracté aucune obligation envers le débiteur, tandis que la caution est personnellement obligée. Pour se soustraire à ce lien d'obligation, la caution doit indiquer au créancier les biens que le débiteur possède, elle doit avancer les deniers suffisants pour discuter les biens; enfin elle est tenue de demander la discussion préalable du débiteur sur les premières poursuites dirigées contre elle. Ces conditions du bénéfice de discussion ne sont pas applicables à l'action paulienne. Le tiers acquéreur n'est tenu à rien envers le créancier qui agit contre lui; c'est au créancier demandeur à prouver qu'il a le droit d'agir contre le tiers; or, il n'a ce droit que si le débiteur est insolvable, il faut donc, avant tout, qu'il le discute; c'est une condition de l'exercice de son droit (2).

Tout le monde est d'accord sur ce point. Il n'y a de difficulté que sur les biens qui doivent être discutés. Si le débiteur ne possède pas de biens apparents, c'est au tiers qui demande la discussion à indiquer les biens qui devront être discutés. C'est en ce sens qu'il faut entendre un arrêt de la cour de Bruxelles, d'où l'on a induit à tort que c'était au défendeur à prouver que le débiteur a d'autres biens que ceux qu'il a aliénés frauduleusement. Cela serait vrai si la discussion était une simple exception accordée au tiers à titre de bénéfice (3). La loi ne dit pas cela. C'est au créancier demandeur à prouver le fondement de sa demande; c'est donc à lui de rechercher et de discuter

---

(1) Bordeaux, 30 novembre 1869 (Dalloz, 1871, 2, 108).
(2) Demolombe, t. XXV, p. 172, nos 179-184, et tous les auteurs.
(3) Bruxelles, 18 mars 1848 (*Pasicrisie*, 1849, 2, 107).

les biens de son débiteur. Mais à l'impossible nul n'est tenu. S'il n'en trouve pas, et si le tiers prétend qu'il y en a, ce sera naturellement au tiers d'indiquer les biens que le débiteur possède. Il a même été jugé que si les biens étaient situés à l'étranger, le tiers ne pouvait pas renvoyer le créancier à les discuter; il suffit, dit la cour de Montpellier, que par la fraude du débiteur l'exercice des droits du créancier devienne impossible ou très-difficile, pour qu'il puisse demander la nullité des actes frauduleux; peu importe que le débiteur possède à l'étranger des biens dont la nature n'est pas connue. Cette décision a été confirmée par la cour de cassation (1). En droit, il nous paraît difficile de la justifier. Dans l'espèce, la débitrice avait vendu ses biens situés en France précisément pour frauder son créancier qui, fatigué des lenteurs de la procédure espagnole, l'avait poursuivie devant les tribunaux français. La fraude avait donc précisément pour objet d'entraver l'action du créancier en le forçant de porter son action devant les tribunaux espagnols. On comprend qu'à raison de ces circonstances le juge français ait décidé que le créancier pouvait demander la nullité de la vente faite en France. C'est une décision d'espèce, dont on ne doit pas faire une règle générale, en décidant que le créancier n'est pas tenu de discuter les biens situés à l'étranger.

438. La condition de préjudice fait naître une question très-délicate: Y a-t-il lieu à l'action paulienne quand le débiteur néglige d'augmenter son patrimoine? En droit romain, on décidait que l'action paulienne n'était pas recevable. Nous croyons que cette décision est fondée sur les vrais principes. Pourquoi permet-on aux créanciers d'attaquer les actes faits par leur débiteur en fraude de leurs droits? C'est que le débiteur qui dispose de ses biens diminue ou détruit frauduleusement le gage que la loi accorde aux créanciers sur les biens de leur débiteur; il n'y a donc lieu à l'action paulienne que lorsqu'un acte

_____

(1) Rejet, 22 juillet 1835 (Dalloz, au mot *Obligations*, n° 966). Comparez Demolombe, t. XXV, p. 173, n° 184.

frauduleux fait sortir du patrimoine du débiteur un bien qui s'y trouvait et qui était le gage de ses créanciers. Dès lors l'action paulienne ne se conçoit pas lorsque le débiteur néglige d'acquérir un bien. Une donation est faite au débiteur, il ne l'accepte pas; les créanciers peuvent-ils intenter l'action paulienne? Non, car avant l'acceptation il n'y a pas de donation, le bien offert par le donateur ne se trouve donc pas dans le patrimoine du donataire; en n'acceptant pas, il ne fait pas sortir un bien de son patrimoine, il ne diminue pas le gage de ses créanciers, légalement il ne leur cause aucun préjudice, donc ils n'ont pas d'action. A cela on objecte que le gage des créanciers porte tant sur les biens à venir que sur les biens présents de leur débiteur, et on en conclut que les créanciers ont le droit de se plaindre quand un bien offert à leur débiteur n'entre pas dans son patrimoine par fraude et ne devient pas leur gage (1). L'objection n'est pas sérieuse. En quel sens le droit de gage des créanciers porte-t-il sur les biens à venir? En ce sens que ce gage ne leur donne aucun droit actuel sur les biens que le débiteur possède lors du contrat; le gage des créanciers ne reçoit d'application que lorsque le débiteur ne satisfait pas à ses engagements; les créanciers peuvent, en ce cas, saisir les biens qu'il possède à ce moment, peu importe qu'il les ait possédés lors du contrat ou qu'il les ait acquis depuis. Toujours est-il que les créanciers ne sauraient avoir d'action sur un bien qui n'a jamais appartenu à leur débiteur. Par la même raison, ils n'ont pas d'action à raison des biens que le débiteur a refusé d'acquérir. Vainement dira-t-on que c'est pour frauder ses créanciers qu'il a refusé d'accepter la donation qui lui était offerte; nous répondons qu'en cette matière il n'y a pas de fraude quand il n'y a pas de préjudice (n° 434), et il n'y a pas de préjudice quand le débiteur ne diminue pas le gage de ses créanciers.

439. Reste à savoir si le code a maintenu la doctrine

____

(1) Aubry et Rau, t. IV, p. 134, note 16, § 313. Demolombe, t. XXV, p. 160, n° 166.

romaine : ceci est la véritable difficulté. Il est certain que le code n'applique pas la théorie des jurisconsultes romains à des cas où ils en faisaient l'application. Le débiteur renonce à une succession qui lui est déférée ; s'il le fait en fraude de ses créanciers, les créanciers auront-ils l'action paulienne? En droit romain, ils ne l'avaient pas ; en droit français, ils l'ont (art. 788). Faut-il en conclure que le législateur moderne a dérogé au droit romain? Il y a doute ; la tradition est incertaine et les travaux préparatoires ne nous apprennent absolument rien. On a dit que la différence entre le droit français et le droit romain tient à un changement dans la législation. Chez les Romains, dit-on, l'héritier n'acquérait la succession que par un acte d'adition, tandis qu'aujourd'hui il l'acquiert de plein droit et en vertu de la loi. De là suit qu'en droit romain, l'héritier qui renonçait négligeait d'acquérir, tandis qu'en droit français l'héritier qui renonce abdique un droit qui était entré dans son patrimoine ; voilà pourquoi, en droit français, il y a lieu à l'action paulienne ; tandis qu'en droit romain elle n'était pas recevable. Cela ne tient pas à un changement de système concernant l'action paulienne, cela tient à un changement dans les principes qui régissent l'acceptation de l'hérédité (1).

Il y aurait bien des choses à répondre à cette explication ; nous nous contenterons d'une remarque qui nous paraît péremptoire. La tradition romaine, suivie dans les provinces belgiques, appliquait le principe romain aux legs et n'accordait, par conséquent, pas l'action paulienne quand le débiteur renonçait à un legs qui lui était fait. Or, le legs s'acquérait de plein droit, comme il s'acquiert d'après le code civil, sauf la faculté de renoncer. On aurait donc pu dire en droit romain, comme on le fait sous l'empire du code civil : le légataire qui renonce diminue le gage de ses créanciers, non pas en négligeant d'acquérir, mais en abdiquant un droit qui était déjà dans son patrimoine. Pourquoi néanmoins n'accordait-on pas l'action

(1) Marcadé, t. IV, p. 407, n° III de l'article 1167. Mourlon, t. II, p. 528 et suiv. Colmet de Santerre, t. V, p. 129 et suiv., n° 82 bis III.

paulienne? Voet nous le dit : c'est que la volonté du légataire ou de l'héritier joue un rôle essentiel dans l'acquisition du legs ou de l'hérédité. Celui qui renonce est censé
n'avoir jamais eu de droit ; donc le droit n'a jamais été
dans son patrimoine et, par conséquent, la renonciation
ne diminue pas le gage de ses créanciers, partant il n'y
a pas lieu à l'action paulienne (1).

Cela est logique et juridique. Les auteurs du code auraient dû raisonner de même ; ils ont, au contraire, accordé l'action paulienne (art. 788, 1464). Est-ce un changement de système, une dérogation aux principes romains
sur l'action paulienne? On n'en sait rien, et dans le doute,
il nous semble que l'on ne peut pas admettre une dérogation que rien ne justifie. Peut-être les auteurs du code
ont-ils mal raisonné, et cela s'expliquerait. Il y a bien
des incohérences dans le système du code, en ce qui concerne la transmission de l'hérédité ; d'une part, il dit que
l'héritier est saisi de plein droit de la propriété et de la
possession ; d'autre part, il veut une acceptation, en vertu
du principe que nul n'est héritier qui ne veut ; puis il dispose que l'héritier qui renonce est censé n'avoir jamais
été héritier. Voilà, en apparence du moins, des principes
contradictoires. Il se peut que le législateur se soit attaché au principe de la saisine et qu'il ait dit : L'héritier est
saisi au moment où il renonce, il fait donc plus que négliger d'acquérir, il abdique un droit qui était déjà dans
son patrimoine ; donc s'il le fait en fraude de ses créanciers, il faut leur donner l'action paulienne. Il est certain
qu'il y a une nuance entre ce cas et celui où un donataire
refuse d'accepter une donation.

Notre conclusion est qu'il faut maintenir la tradition
romaine, parce qu'elle découle de la nature même de l'action paulienne, et rien ne prouve que les auteurs du code
aient voulu y déroger. Les dispositions qu'il contient sur
les renonciations sont des dispositions spéciales, des exceptions à la rigueur des principes. On ne peut pas ériger les exceptions en règle. Dans tous les cas donc où le

_____

(1) Voet, lib. XLII, tit. VIII, n° 16.

débiteur néglige simplement d'acquérir un droit, les créanciers n'auront pas l'action paulienne. Nous n'insistons pas, la question n'ayant guère d'intérêt pratique.

Nº 2. LA FRAUDE.

I. *Principe*.

440. Le préjudice ne suffit point pour que les créanciers aient le droit d'attaquer les actes qui lèsent leurs intérêts. Quoiqu'il ait des dettes, le débiteur conserve la libre administration de ses biens, c'est-à-dire que son droit de propriété reste entier. Or, le propriétaire administre comme il veut et comme il l'entend; il n'a aucune obligation, sous ce rapport, envers ses créanciers. S'il administre mal, et si par cette mauvaise gestion il cause un préjudice à ses créanciers, ceux-ci n'ont pas le droit de se plaindre, car il ne fait qu'user de son droit, et celui qui use de son droit n'est pas responsable des suites de ce qu'il fait. De là suit que les actes du débiteur sont inattaquables, tant qu'il est de bonne foi. Son droit ne cesse que lorsqu'il fraude les droits de ses créanciers. Voilà pourquoi la loi ne se sert pas du mot *préjudice*, elle exige que le débiteur ait agi en *fraude* des droits de ses créanciers.

441. Qu'entend-on, en cette matière, par fraude? C'est une expression traditionnelle, il faut donc consulter la tradition.

Il y a dessein de frauder, dit Toullier d'après Voet, lorsque le débiteur connaît le mauvais état de ses affaires; il sait qu'il est insolvable et que l'acte qu'il se propose de faire va augmenter son insolvabilité et néanmoins il le fait; ou il sait que l'acte qu'il va faire le rendra insolvable et néanmoins il le fait; il lèse donc les droits de ses créanciers, le sachant et, par conséquent, le voulant : telle est la fraude que l'on exige dans l'action paulienne (1).

(1) Voet, XLII. VIII, 14. Toullier, t. III, 2, p. 225, nº 349. Larombière, t. I, p. 720, nº 6 (Ed. B., t. I, p. 295). Colmet de Santerre, t. V, p. 133, nº 32 *bis* VIII.

Elle a un caractère tout spécial : la fraude consiste, en général, en machinations doleuses que l'on emploie pour tromper celui avec qui l'on contracte. Telle n'est pas la fraude paulienne; le débiteur n'est pas coupable de dol, il ne trompe personne, on ne peut pas même dire qu'il agisse uniquement dans le dessein de nuire à ses créanciers, c'est-à-dire que ce soit là son seul but; ce dessein de nuire peut exister, il existera même souvent, mais il n'est pas exigé pour que l'action paulienne soit admissible, il suffit du préjudice causé sciemment; il y a alors fraude en ce sens que le débiteur manque à la bonne foi qui doit présider à l'exécution des engagements. Il va sans dire que la bonne foi exclut toute idée de fraude. Les hommes se font souvent illusion sur leurs ressources, ils se croient au-dessus de leurs affaires, tandis qu'ils sont déjà insolvables ou qu'ils vont le devenir. Celui qui fait un acte sans savoir qu'il est insolvable ou qu'il le deviendra par la convention qu'il se propose de consentir n'est pas coupable de fraude; par suite, il n'y a pas lieu à l'action paulienne (1).

442. Le principe n'est pas douteux, la jurisprudence le consacre, bien que les arrêts ne soient pas toujours rédigés avec la précision désirable. Ils parlent d'*intention de nuire* (2). Cette intention constitue le dol, le délit; la loi n'exige pas que le préjudice soit causé méchamment, il suffit que le débiteur ait sciemment lésé les intérêts de ses créanciers. La cour de cassation a défini la fraude en termes plus vagues et à dessein, pour ne pas confondre la fraude paulienne avec le dol. « La fraude, dit-elle, ne résulte pas de faits et circonstances particulières, précises et déterminées, mais de tout ce qui, en général, constitue un préjudice causé aux créanciers dans le dessein de leur causer en effet ce préjudice. » Il va de soi que l'appréciation de la fraude rentre dans les attributions souveraines des juges du fait (3).

(1) Toullier, t. III, 2, p. 225, n° 350. Larombière, t. I, p. 720, n° 7 (Ed. B., t. I. p. 296.
(2) Bastia, 11 mai 1841; Bordeaux, 8 février 1843 (Dalloz, au mot *Obligations*, n° 965, 1° et 2°).
(3) Rejet, 6 mai 1857 (Dalloz, 1857, 1, 299).

Les juges ont donc en cette matière une grande latitude d'appréciation. Comme les faits varient d'un procès à l'autre, il est inutile de rapporter des espèces (1). Nous nous contenterons de remarquer qu'il y a un élément essentiel qui doit toujours exister pour qu'il y ait fraude, c'est que le gage des créanciers ait été diminué frauduleusement ; dès que cette condition existe, il y a fraude ; peu importent les moyens que l'on a employés pour arriver au but. Le moyen le plus usuel consiste à dissimuler une partie du prix qui est payée sous main au vendeur : les créanciers seront admis à prouver cette fraude et, par suite, le payement frauduleux sera annulé. Il se peut aussi que le prix porté à l'acte soit réel et qu'il soit l'expression de la juste valeur de la chose ; la vente n'en serait pas moins frauduleuse, si elle avait été faite pour soustraire l'immeuble vendu aux poursuites des créanciers et si le prix n'avait pas tourné à leur profit (2).

443. L'article 1167 exige la fraude comme condition essentielle de l'action paulienne. Par qui faut-il que la fraude ait été commise? La doctrine romaine distingue : elle exige toujours la fraude de la part du débiteur dans les actes à titre gratuit aussi bien que dans les actes à titre onéreux. Quant aux tiers qui ont contracté avec le débiteur, la théorie traditionnelle se contente de la fraude du débiteur quand il s'agit d'une donation, tandis qu'elle veut la complicité du tiers acquéreur à titre onéreux. Nous laissons pour le moment les tiers de côté. Le code civil a-t-il maintenu les anciens principes, en ce qui concerne le débiteur? A notre avis, l'affirmative n'est pas douteuse ; elle se fonde sur le texte et sur l'esprit de la loi. L'article 1167 dit en termes généraux et absolus que les créanciers peuvent attaquer les actes que leur *débiteur fait en fraude de leurs droits*. La loi ne s'occupe que du débiteur et elle exige qu'il ait agi en *fraude* de ses créanciers pour que ceux-ci puissent intenter l'action paulienne. Cela est aussi en harmonie avec les principes.

---

(1) Comparez Bruxelles, 13 janvier 1815 (*Pasicrisie*, 1815. p. 289); 5 août 1854 (*ibid*, 1855, 2, 406).
(2) Aubry et Rau, t. IV, p. 135, et note 17, et les autorités qu'ils citent.

Pourquoi la loi permet-elle aux créanciers d'attaquer les actes faits par leur débiteur? C'est parce qu'il diminue frauduleusement le gage qu'ils ont sur ses biens. Donc sans fraude, on ne conçoit pas d'action paulienne. Vainement dit-on qu'il y a lieu de faire une distinction entre les donations et les actes à titre onéreux. Le législateur aurait sans doute pu se montrer plus sévère pour le donateur que pour le vendeur, en autorisant les créanciers à demander l'annulation des donations, par cela seul qu'elles leur causeraient un préjudice, quand même le débiteur serait de bonne foi. Mais c'eût été une dérogation aux principes; le législateur a-t-il consacré cette exception? L'article 1167 répond à notre question: il ne distingue pas; or, ici l'on peut et l'on doit dire que là où la loi ne distingue pas, l'interprète ne peut pas distinguer. En effet, en distinguant, on se met en opposition avec les principes qui découlent de la nature même de l'action paulienne. Le débiteur conservant la libre disposition de ses biens, il a le droit de donner comme il a le droit de vendre; donc s'il donne de bonne foi, les créanciers ne peuvent attaquer la donation pas plus qu'ils ne peuvent attaquer la vente si elle est faite de bonne foi.

444. On prétend que le code s'est écarté de la tradition, en ce point, en se contentant du simple préjudice quand il s'agit d'une donation. Cela résulte, dit-on, des articles 622, 788 et 1053. Aux termes de l'article 622, les créanciers de l'usufruitier peuvent faire annuler la *renonciation* à l'usufruit qu'il aurait faite à leur *préjudice*. L'article 788 dit que les créanciers de celui qui renonce à une succession au *préjudice* de leurs droits peuvent faire annuler la renonciation. D'après l'article 1053, la renonciation du grevé au bénéfice de la substitution dans l'intérêt des appelés ne peut *préjudicier* aux créanciers du grevé antérieurs à l'abandon. On prétend que ces dispositions sont l'application d'un principe nouveau (1). Une pareille interprétation nous étonne. Quand le code

---

(1) Aubry et Rau, t. IV, p. 135 et note 18, § 313. En sens contraire, Colmet de Santerre, t. V, p. 134, n° 82 *bis* X. Demolombe, t. XXV, p. 180, n° 194.

pose un principe et qu'il contient des dispositions d'application, où doit-on chercher le sens et la portée du principe? Peut-on admettre que des dispositions qui appliquent le principe altèrent et modifient le principe? Voilà cependant comment les éditeurs de Zachariæ interprètent le code. Il s'y trouve un article qui définit l'action paulienne; cet article exige la fraude en termes absolus. Que fait-on? On y introduit une distinction : l'article 1167 dit que le débiteur doit avoir agi en *fraude* de ses créanciers et cette condition résulte de la nature de l'action paulienne. Les interprètes, au contraire, lisent l'article 1167 comme suit : les créanciers peuvent attaquer les actes à titre onéreux faits par le débiteur en fraude de leurs droits; ils peuvent attaquer les actes à titre gratuit, par cela seul qu'ils leur causent un préjudice. C'est une loi nouvelle que l'on substitue au code civil. Nous disons que c'est une loi nouvelle, car il est impossible que les articles du code que nous venons de transcrire aient le sens qu'on leur prête. Remarquons d'abord qu'il n'y est pas question de donations, il y est question d'une catégorie toute spéciale d'actes à titre gratuit, de *renonciations*. Grande est la différence entre la renonciation et la donation : l'héritier qui renonce à la succession est censé n'avoir jamais été héritier (art. 785), tandis que l'héritier qui fait donation de ses droits successifs accepte la succession et devient héritier pur et simple (art. 780). Peut-on étendre aux donations ce que la loi dit des renonciations? Cela serait peu juridique, car il s'agit de déroger à un principe général et les dérogations sont de droit étroit.

Il y a plus : les articles 622, 788 et 1053 ne sont pas les seuls qui traitent des renonciations faites au préjudice des créanciers; il y a encore l'article 1464, d'après lequel les créanciers de la femme peuvent attaquer la renonciation qui aurait été faite par elle *en fraude* de leurs créances. Voilà une renonciation pour laquelle la loi ne se contente pas du préjudice; elle exige la *fraude*, comme l'article 1167 l'exige. Il n'est donc pas vrai de dire que le code établit un nouveau principe pour les actes à titre gratuit; l'article 1464 consacre, au contraire, le principe traditionnel, tel qu'il a été formulé par l'article 1167. Que fait-on pour écarter l'article 1464? On dit que le mot *fraude* y a été laissé par inadvertance et que l'on doit y substituer le mot *préjudice*. Ainsi l'interprète corrige la loi pour faire dire ce qu'elle ne dit pas et pour substituer au principe traditionnel un principe nouveau! Cela ne s'appelle pas interpréter la loi, cela s'appelle la refaire.

On invoque encore l'article 2225; c'est une disposition assez obscure; nous l'examinerons au titre de la *Prescription*, qui est le siége de la matière. Remarquons seulement qu'il est étrange de se prévaloir d'une disposition dont la signification est douteuse, pour modifier l'article 1167, dont la rédaction ne laisse aucun doute. Voilà les interprétations forcées auxquelles on est obligé de recourir quand on s'écarte du texte de la loi.

445. Il reste une difficulté de texte qui a donné lieu à une nouvelle interprétation. Les articles 622, 788 et 1053 ne parlent que de *préjudice;* en faut-il conclure que les créanciers peuvent attaquer les renonciations à un usufruit, à une succession, à une substitution, par cela seul que ces actes leur causent un préjudice, alors même que le débiteur aurait été de bonne foi? Il y a des auteurs qui admettent cette interprétation littérale; le respect que nous avons pour le texte nous porterait à nous ranger à cette opinion s'il n'en résultait pas dans les textes mêmes une incohérence et une contradiction qu'il nous répugne de supposer dans le code. Des trois articles qui prévoient une renonciation préjudiciable aux créanciers, c'est l'article 788 qui est sans contredit le plus important. Un successible renonce à l'hérédité au *préjudice* de ses créanciers; ceux-ci peuvent demander la nullité de la renonciation; d'après le texte, le préjudice suffit. Aux termes de l'article 1464, les créanciers de la femme peuvent attaquer la renonciation qu'elle fait à la communauté en *fraude* de leurs créances. Ici la loi exige la *fraude,* bien que le cas soit identique; car la renonciation à la communauté et la renonciation à la succession sont deux faits identiques régis absolument par les mêmes principes. La contradiction est manifeste : comment l'expliquer ?

Il y a des auteurs qui la déclarent insoluble et s'en tiennent à la lettre de la loi ; de sorte que, dans deux cas identiques, ils se contentent tantôt du préjudice et tantôt ils exigent la fraude. Il y a encore une autre interprétation qui concilie les deux dispositions, en expliquant les articles 622, 788 et 1053 par l'article 1167. Il est de principe que les dispositions qui ne font qu'appliquer une règle générale doivent être interprétées par cette règle ; or, c'est l'article 1167 qui définit l'action paulienne, et il pose comme règle que l'acte doit être fait en *fraude* des créanciers. Cette règle doit recevoir son application à tous les cas où un acte est attaqué par les créanciers comme leur portant préjudice, donc aussi aux renonciations ; c'est ce que fait l'article 1464 ; il faut entendre les articles 622, 788 et 1053 dans le même sens ; ce qui revient à dire que le mot *préjudice* doit être interprété dans le sens de fraude. C'est le seul moyen de rétablir l'harmonie dans le code. On nous opposera que c'est faire violence au texte. Sans doute, l'interprète n'a pas le droit de changer le texte ; mais, dans l'espèce, le cas est tout à fait spécial. Il y a un texte qui établit le principe, c'est l'article 1167 ; il y a des articles d'application dont les uns reproduisent la règle, tandis que les autres semblent y déroger, sans qu'il y ait une ombre de raison qui explique cette anomalie. Dans un cas pareil, il est permis de s'en tenir à la règle et d'expliquer les articles d'application par l'article qui pose le principe.

Le mot *préjudice* que l'on trouve dans quelques dispositions y est employé comme synonyme de fraude, ce qui se comprend ; car la *fraude* paulienne consiste précisément dans le préjudice que le débiteur cause sciemment et volontairement à ses créanciers. On a encore donné d'autres explications du mot *préjudice*. Les articles 622 et 788 sont antérieurs à l'article 1167, ils ont été votés à une époque où le législateur n'avait pas encore de système arrêté sur les conditions de l'action paulienne. Une fois ce système arrêté, le législateur emploie le mot *fraude* (art. 1464). La cour de Grenoble dit que, dans les diverses hypothèses prévues par les articles 622, 788 et 1053, l'évidence du préjudice causé exclut toute bonne foi et accuse une résolution manifeste de frauder les créanciers (1). Nous passons d'autres explications. Tous les efforts des interprètes échouent contre une rédaction inexacte; et les travaux préparatoires viennent encore augmenter la perplexité.

On les oppose à l'opinion que nous avons adoptée. Le mot *fraude* se trouvait dans le projet; il a été remplacé par le mot *préjudice*, sur la demande du tribunal de cassation, dans l'opinion duquel le préjudice devait suffire pour autoriser l'action paulienne en matière de renonciation. Cela paraît décisif contre notre interprétation, et néanmoins cela est si peu décisif, que l'on s'est prévalu en faveur de notre opinion de ce qui s'est passé dans les travaux préparatoires. Le tribunal de cassation avait demandé non-seulement la substitution du mot *préjudice* au mot *fraude*, il proposait de plus d'ajouter, dans notre section même, un article portant que l'action paulienne serait toujours admise contre la renonciation faite par le débiteur à un titre lucratif, tel qu'une succession ou une donation. Déférant à ce vœu, la section de législation du conseil d'Etat avait ajouté à la suite de l'article 1167 une disposition ainsi conçue : « Lorsqu'un débiteur a renoncé à une succession, le créancier peut l'accepter du chef de son débiteur. Le créancier peut aussi demander l'exécution à son profit d'une donation que son débiteur aurait d'abord acceptée et à laquelle le débiteur aurait ensuite renoncé. » Cette disposition a été supprimée. C'était rejeter le système de la cour de cassation; pour être conséquent, on aurait dû revenir sur la rédaction des articles antérieurs, en y remplaçant le mot *préjudice* par le mot *fraude*. On ne l'a pas fait; toujours est-il que la volonté du législateur est certaine, il n'a pas voulu faire une différence entre les renonciations et les autres actes par

_____

(1) Grenoble, 29 avril 1852 (Dalloz, au mot *Obligations*, n° 972, 1°).

lesquels un débiteur porte atteinte aux droits de ses créanciers (1).

446. Le tiers avec lequel le débiteur traite doit-il être complice de la fraude? Si l'on s'en tenait aux termes de l'article 1167, on pourrait croire que la loi se contente de la fraude du débiteur. Mais le texte doit être mis en rapport avec la tradition. Chose remarquable! la loi, dans son laconisme, reproduit à peu près les termes de l'édit du préteur, lequel parlait aussi vaguement des actes faits en fraude des créanciers. Les jurisconsultes introduisirent une distinction : pour les actes à titre onéreux, ils exigèrent la fraude des deux parties contractantes, tandis qu'ils se contentèrent de la fraude du débiteur dans les actes à titre gratuit. Cette distinction, admise dans notre ancienne jurisprudence (2), doit encore être suivie sous l'empire du code, car c'est l'action paulienne du droit romain que le législateur moderne a consacrée. La distinction est d'ailleurs fondée en raison et en équité. Quand les créanciers attaquent un acte en vertu de l'article 1167, ils n'agissent pas seulement contre le débiteur, leur action est surtout dirigée contre le tiers avec lequel le débiteur a traité. Ce tiers est étranger aux créanciers; de quel droit viennent-ils le dépouiller du bénéfice de son contrat? Leur action en nullité ne se justifie que par la fraude dont le tiers est complice. S'il est de bonne foi, aucun principe de droit ne justifie l'action que les créanciers dirigeraient contre lui; l'équité même plaide en faveur du tiers. Il a usé d'un droit en contractant avec le débiteur; l'acte qu'il a fait de bonne foi doit être maintenu, en vertu de la sanction qui protége tous les actes faits par les particuliers conformément à la loi. Les créanciers invoqueront-ils le préjudice qu'ils éprouvent? Sous ce rapport, les tiers sont dans la même position lorsqu'ils ont traité à titre onéreux, et ils ont un titre de préférence, c'est la possession. Quand il s'agit d'une donation, le tiers pourrait également invoquer les principes de droit contre les créanciers, mais ici

---

(1) Demolombe, t. XXV, p. 182, n° 195.
(2) Voet, XLII, VIII, 5 (t. II, p. 820).|

l'équité est pour les créanciers; le tiers, si l'acte était maintenu, ferait un bénéfice tout à fait gratuit, tandis que les créanciers feraient une perte; la position des créanciers est donc plus favorable que celle des donataires. Voilà pourquoi les donataires, fussent-ils de bonne foi, peuvent être attaqués par les créanciers, tandis que les tiers acheteurs de bonne foi sont à l'abri de l'action paulienne (1).

447. La jurisprudence a consacré cette distinction, juridique tout ensemble et équitable (2). Le débiteur cède les revenus à venir d'un immeuble hypothéqué; il a été jugé que cette cession est valable, c'est-à-dire que le débiteur a le droit de la faire, pourvu qu'il soit de bonne foi. Mais s'il cède anticipativement les revenus de l'immeuble hypothéqué, pour nuire aux créanciers hypothécaires, ceux-ci ont l'action paulienne. Dans l'espèce, la fraude du débiteur était évidente, en ce sens qu'il savait, en faisant la cession, qu'elle nuirait aux créanciers, car il diminuait leur gage et la garantie spéciale qu'ils avaient stipulée. Restait à savoir si le cessionnaire était complice de la fraude; or, il avait été, antérieurement à la cession, en relation d'affaires avec le cédant; il ne pouvait, il ne devait pas accepter la proposition d'une cession insolite de fermages anticipés pour un espace de temps aussi long sans consulter la position hypothécaire du cédant. Il résultait des circonstances de la cause que le cessionnaire spéculait sur la dépréciation des immeubles qui devait résulter de la cession anticipative de neuf années de fermages, afin d'acquérir à bas prix des immeubles qui devaient être mis en vente à l'échéance prochaine des créances. Il y avait donc complicité de fraude et même dessein de nuire (3).

448. Faut-il induire de cet arrêt que le tiers doit être complice dans le plus mauvais sens du mot, c'est-à-dire qu'il doit y avoir un concert de fraude entre lui et le débiteur? Il y a quelque incertitude sur ce point dans la

(1) Toullier, t. III, 2, p. 226, nos 352 et 353, et tous les auteurs.
(2) Bruxelles, 26 mai 1868 (*Pasicrisie*, 1869, 2, 256).
(3) Colmar, 6 août 1851 (Dalloz, 1855, 2, 258).

doctrine. Domat veut que les tiers aient participé à la fraude pour en profiter, en achetant, par exemple, à vil prix un immeuble que le débiteur veut soustraire à l'action de ses créanciers. Voet se prononce dans le même sens, sans exiger néanmoins que les tiers entendent profiter de la fraude (1). C'est cette dernière opinion, plus favorable aux créanciers, qui est enseignée par les auteurs modernes; il suffit que les tiers aient connaissance de la fraude du débiteur, quand même personnellement ils n'en retireraient aucun profit; ils se rendent complices par cela seul qu'ils aident le débiteur à frauder ses créanciers. Il faut au moins la connaissance de la fraude, car on ne peut être complice d'une fraude que l'on ignore. Il ne suffit donc pas que les tiers sachent que celui avec lequel ils traitent a des dettes; on peut très-bien avoir des dettes sans vouloir frauder ses créanciers (2).

La cour de cassation a jugé, en principe, que le tiers est complice quand il a connaissance de l'insolvabilité du débiteur et qu'il sait, par conséquent, que l'acte auquel il va concourir causera un préjudice aux créanciers. Dans l'espèce, un commerçant avait cédé tout son actif, à la charge par le cessionnaire de désintéresser certains créan-.ciers; il y avait, à la connaissance des contractants, des créanciers qui ne seraient pas payés; l'arrêt constate que la faillite du cédant était imminente et que cela était notoire. Dans ces circonstances, la fraude n'était guère douteuse (3). C'est en rapport avec ces circonstances qu'il faut entendre le principe que la cour a formulé d'une manière trop absolue. La connaissance de l'insolvabilité du débiteur n'empêche pas toujours la bonne foi du tiers; il n'est en fraude qu'à titre de complice; la complicité exige une fraude du débiteur; or, l'insolvabilité seule n'est pas une preuve de fraude. La cour de Caen l'a jugé ainsi dans l'espèce suivante. Le débiteur cède une récolte à l'un de

---

(1) Domat, *Lois civiles*, p. 204, n° IV (livre II, tit. X, sect. I). Voet, XLII, 8, 4, t. II, p. 820.
(2) Demolombe, t. XXV, p. 195, n° 203. Aubry et Rau, t. IV, p. 137, note 22, § 313.
(3) Rejet, 6 mai 1857 (Dalloz, 1857, 1, 299).

ses créanciers en payement de ce qu'il lui doit; cette cession cause préjudice aux autres créanciers, puisqu'elle les prive d'une partie de leur gage; mais le préjudice ne suffit point pour autoriser l'action paulienne; il n'y avait, de la part du cédant, aucune intention de frauder les autres créanciers; il ne pouvait donc pas y avoir de complicité de la part du cessionnaire (1). On voit que les circonstances jouent un grand rôle dans l'appréciation de la fraude : c'est, en effet, une question d'intention, donc de fait. Il a été jugé que la vente consentie par le débiteur insolvable à l'un de ses créanciers, qui connaissait son insolvabilité, est faite en fraude des créanciers si elle a eu lieu pendant les poursuites exercées par les créanciers et lorsque le cessionnaire est un enfant du débiteur dont la créance consiste en une donation contractuelle. C'est un vieil adage que la fraude entre proches parents se présume facilement; dans l'espèce, elle n'était guère douteuse (2).

449. Les donataires ne doivent pas être complices de la fraude. Leur bonne foi fût-elle entière, les créanciers n'en auraient pas moins action contre eux. Une femme fait par contrat de mariage une donation à son mari; il résultait de toutes les circonstances de la cause, dit la cour de Paris, que la donatrice avait pour but principal de soustraire ses biens aux poursuites de ses créanciers. On objectait que non-seulement le donataire n'était pas complice de la fraude, mais qu'il l'avait entièrement ignorée. La donation fut néanmoins annulée (3), parce qu'il y avait dessein prémédité de la part du donateur de frauder les créanciers, un véritable dol ou volonté de nuire. Il ne faut pas faire de cette espèce une règle : on exige la fraude du donateur, mais non volonté de causer un préjudice à ses créanciers. Il y a une nuance, sous ce rapport, entre les actes à titre gratuit et les actes à titre onéreux;

---

(1) Caen, 24 juillet 1857 (Dalloz, 1858, 2, 12).
(2) Rejet, 12 février 1849 (Dalloz, 1849, 1, 127). Comparez Bruxelles, 17 juin 1819 et 22 février 1821 (*Pasicrisie*, 1819, p. 405, et 1821, p. 309).
(3) Paris, 6 juin 1826 (Dalloz, au mot *Obligations*, n° 3962, 2°). Comparez Bruxelles, 28 mars 1868 (*Pasicrisie*, 1869, 2, 256).

on écoute difficilement le donateur plaidant sa bonne foi, alors que par sa donation il se rend insolvable; avant d'être libéral, son devoir est de payer ses dettes; si les créanciers prouvent l'insolvabilité du débiteur qui dispose de ses biens à titre gratuit, le juge admettra facilement qu'il était de mauvaise foi, en ce sens qu'il a donné ayant connaissance de son insolvabilité (1).

450. Comment se fait la preuve de la fraude? D'après le droit commun, puisque la loi ne contient aucune disposition spéciale à cet égard. La preuve testimoniale sera donc admise ainsi que les simples présomptions, conformément aux articles 1348 et 1353. Dans l'ancien droit, les auteurs aimaient à imaginer des présomptions et les tribunaux les admettaient facilement. Ainsi on disait que la fraude se présumait entre proches parents, que la déconfiture constatée du débiteur faisait présumer frauduleux tous les actes faits par lui depuis son insolvabilité. Il va de soi qu'il ne peut plus être question de présomptions légales sans loi (2), sauf au juge à décider en fait ce que jadis on prétendait décider en droit. Il pourra donc, à raison des circonstances de la cause, déclarer que l'acte passé entre un père et son fils est frauduleux, ou qu'à raison de son insolvabilité, le débiteur était de mauvaise foi. Ce sont des décisions de fait auxquelles il est inutile de s'arrêter.

II. *Applications.*

451. La preuve que les créanciers ont à faire quand ils attaquent un acte à titre onéreux est très-difficile. Non-seulement ils doivent prouver la mauvaise foi du débiteur, et la fraude se cache toujours avec soin, mais ils doivent de plus prouver la complicité du tiers, ce qui augmente la difficulté. Il arrive souvent que les tiers sont de bonne foi; dans ce cas, l'acte, quoique frauduleux de la part du

---

(1) Proudhon, *De l'usufruit*, t. V, p. 155, nº 2358.
(2) Bruxelles, 11 août 1858 (*Pasicrisie*, 1860, 2, 327).

débiteur, devient inattaquable. Quand même le tiers serait de mauvaise foi, il est bien plus difficile de le prouver que lorsqu'il s'agit du débiteur, car les créanciers peuvent n'avoir eu aucune relation avec le tiers, tandis qu'ils en ont nécessairement avec leur débiteur. Il est beaucoup plus facile d'obtenir l'annulation d'un acte à titre gratuit; les créanciers ne doivent pas faire la preuve que le tiers est complice de la fraude; et quant à la mauvaise foi du débiteur, les tribunaux l'admettent facilement dès que son insolvabilité est constante. De là l'intérêt de la question de savoir si l'acte que les créanciers attaquent comme frauduleux est à titre gratuit ou à titre onéreux. La difficulté se présente surtout pour la dot : est-ce un acte à titre onéreux, alors il faudra prouver la fraude non-seulement du constituant, mais aussi de la femme et du mari. Est-ce un acte à titre gratuit, il suffira de prouver la fraude du donateur. La question est une des plus contro·versées dans cette difficile matière, où tout est sujet à controverse. On distingue d'habitude entre la femme et le mari.

452. La constitution de dot est-elle un acte à titre gratuit à l'égard de la femme? Nous sommes étonné de voir cette question controversée. Que la constitution de dot soit une libéralité, cela n'est guère contestable. L'article 203 le dit implicitement, en disposant que l'enfant n'a point d'action contre ses père et mère pour un établissement par mariage. Dans notre droit, la dot est un avancement d'hoirie quand elle est constituée par le père ou la mère ; c'est donc une donation soumise aux règles des donations, et quant à la forme et quant au fond. La dot doit être constituée par acte authentique, elle est sujette à rapport, la loi le dit (art. 1573), et elle est sujette à réduction. Nous l'avons dit ailleurs, et cela n'est point douteux (1).

Si la constitution de dot est un acte à titre gratuit, il s'ensuit que les créanciers peuvent l'attaquer comme frauduleuse, par cela seul que le donateur est coupable de

(1) Demolombe, t. XXV, p. 204, n° 213. Duranton, t. X, p. 610, n° 579.

fraude. La cour de cassation décide cependant que la constitution de dot, en ce qui concerne l'action paulienne, doit être considérée comme un acte à titre onéreux. A vue d'œil, cette proposition a quelque chose de choquant. Comment une donation serait-elle un acte à titre onéreux? La cour invoque l'article 1540 qui définit la dot en ces termes : « C'est le bien que la femme apporte au mari pour supporter les charges du mariage. » De ce que la dot a pour objet d'aider le mari à supporter les charges du mariage, on conclut que l'acte qui la constitue n'est pas de *pure bienfaisance*, mais *participe* des *contrats onéreux* à l'égard de chacun des époux (1). Remarquons d'abord que la cour introduit une distinction dans la distinction : elle veut que le contrat soit de *pure libéralité* pour que les créanciers ne soient pas tenus de prouver la fraude du tiers; dès que l'acte, quoique étant une libéralité, *participe des contrats onéreux*, la cour le met sur la même ligne que les contrats onéreux. Qui autorise la cour à faire cette sous-distinction entre les donations qui sont ou ne sont pas de pure bienfaisance? qui l'autorise à assimiler à des contrats onéreux une donation parce qu'elle participe aux contrats onéreux? Ce n'est certes pas la tradition, car la cour s'écarte de la tradition en ce qui concerne la constitution de dot faite à la femme. Dans l'ancien droit, la dot était soumise à la règle générale qui régit toutes les donations en ce qui concerne l'action paulienne (2); cependant la dot avait, dans l'ancien droit comme sous l'empire du code, pour destination de pourvoir aux charges de l'union conjugale. Or, l'action paulienne est essentiellement de tradition; pour s'écarter de la tradition, il faudrait prouver que le code a innové, et nous ne trouvons pas la moindre trace d'innovation ni dans le texte, ni dans l'esprit de la loi. Sans doute, la donation faite à titre de dot est destinée à aider les époux à supporter les charges du mariage; mais est-ce que la

(1) Cassation, 2 mars 1847. Rejet, chambre civile, 23 juin 1847 (Dalloz, 1847, 1. 129, 242).
(2) Domat, *Lois civiles*, livre II, tit. X, sect. I, art. XI, p. 205. Voet, XLII, 8, 6, t. II, p. 820.

destination d'une libéralité peut en déterminer le caractère, pour mieux dire, en changer le caractère, de sorte que la donation devienne un acte à titre onéreux ou participe au moins des contrats onéreux, pour nous servir du langage de la cour? Il y a ici une vraie confusion d'idées, c'est le mot *charges* qui l'a occasionnée. Une donation faite avec charge participe des contrats onéreux dans la proportion du montant de la charge. Est-ce que la dot est une donation faite avec charge? Non, certes, il n'y a de charge proprement dite que celle que le donateur impose au donataire, charge qui fait que la donation devient un contrat bilatéral donnant une action au donateur pour forcer le donataire à remplir la charge, et qui l'autorise à demander la révocation de la donation si la charge n'est pas exécutée. Est-ce que le père qui dote sa fille lui impose une charge? la donation devient-elle un contrat bilatéral? le père a-t-il action contre la fille pour la contraindre à remplir la charge? peut-il demander la révocation de la dot pour inexécution de la charge? A toutes ces questions, il faut répondre non. Donc la dot n'est pas une donation onéreuse et, par conséquent, elle reste une libéralité, malgré la destination qu'elle a dans l'intention du constituant. Qu'est-ce, après tout, que la dot quand elle est constituée par les père et mère? Un avancement d'hoirie ; les enfants reçoivent, du vivant de leurs parents, ce qu'ils auraient reçu à leur mort. Donc le titre auquel ils reçoivent est purement gratuit.

Nous disons que la doctrine de la cour de cassation n'a aucun appui dans les textes; il faudrait dire qu'elle est en opposition avec des textes formels. Le code définit le contrat à titre onéreux : celui qui assujettit chacune des parties à donner ou à faire quelque chose (art. 1106). A quoi la fille dotée est-elle assujettie envers son père en vertu de la constitution de dot? A rien. Donc la constitution de dot n'est pas un contrat onéreux. La fille reçoit un avantage purement gratuit, donc l'acte est un contrat de bienfaisance; le père n'est pas obligé de doter sa fille (art. 204); en la dotant, il lui procure donc un avantage purement gratuit ; partant on peut appliquer à la dot la définition que l'article 1105 donne du *contrat de bienfaisance*. Cela est décisif.

La cour de cassation invoque encore les articles 1440 et 1547, aux termes desquels la garantie de la dot est due par toute personne qui l'a constituée. D'après le droit commun, le donateur ne doit pas la garantie, tandis que le vendeur la doit; la garantie est donc un caractère distinctif des contrats onéreux. Dire que la constitution de dot oblige le constituant à la garantie des objets constitués, c'est dire qu'elle est faite à titre onéreux. Tel est l'argument, il est d'une faiblesse extrême. Pourquoi la garantie est-elle de la nature des contrats onéreux? Parce que la partie qui donne reçoit l'équivalent de ce qu'elle donne. Est-ce que le donateur reçoit quelque chose en compensation de ce qu'il donne? S'il doit la garantie, c'est que l'on suppose que la libéralité est une condition du mariage sans laquelle il n'aurait pas eu lieu. Ce motif n'a rien de commun avec la garantie qui est due dans les contrats onéreux. Il y a une dernière considération qui est décisive, c'est que la garantie n'est pas de l'essence des contrats onéreux, et il n'est pas non plus de l'essence des contrats à titre gratuit que le donateur ne soit pas tenu de la garantie : le vendeur peut stipuler qu'il ne garantira pas l'acheteur contre l'éviction et le donateur peut promettre la garantie. De ce que le constituant garantit la dot, on ne peut donc pas conclure qu'elle soit un acte à titre onéreux. Il pourrait stipuler qu'il n'est pas tenu de la garantie : la cour de cassation dira-t-elle que, dans ce cas, la constitution de dot ne participe plus des contrats onéreux?

Enfin la cour de cassation cite l'article 1395, aux termes duquel les conventions matrimoniales ne peuvent recevoir aucun changement après la célébration du mariage. Il résulte de là, dit-on, que le contrat de mariage est un pacte de famille, immuable de sa nature, conclu en vue d'assurer l'existence de la famille nouvelle et l'accomplissement de toutes les obligations qui pèsent sur l'un et sur l'autre des époux. L'argumentation de la cour devient de plus en plus faible. Qu'est-ce que l'irrévocabilité des con-

ventions matrimoniales a de commun avec l'action paulienne et avec le caractère gratuit ou onéreux de la constitution de dot? Ne dirait-on pas que la dot ne peut être
constituée que par contrat de mariage? Et alors même
qu'elle serait constituée par contrat de mariage, est-ce à
dire qu'elle ne peut être annulée par l'action paulienne,
parce que les conventions matrimoniales sont irrévocables? La cour de cassation admet, et cela n'est pas douteux, que les créanciers peuvent attaquer la constitution
de dot, en vertu de l'article 1167, quand les époux sont
complices de la fraude du constituant; donc, malgré le
principe de l'irrévocabilité, la donation peut être révoquée
pour cause de fraude; la seule difficulté est de savoir si
les enfants dotés doivent être complices. En définitive,
l'action paulienne n'a rien de commun avec le principe de
l'irrévocabilité des conventions matrimoniales. Ce principe signifie que les époux ne peuvent plus changer leurs
conventions après la célébration du mariage, il ne signifie
pas que des tiers ne peuvent pas attaquer la constitution
de dot pour cause de fraude (1).

453. La cour de cassation considère encore comme
faite à titre onéreux la dot que les père et mère constituent au futur mari. Ici le texte principal qu'elle invoque
quand il s'agit de la femme dotée lui fait défaut. L'article 1540 dit que la dot est le bien que *la femme* apporte *au mari* pour supporter les charges du mariage.
Aucun article du code ne dit que les biens donnés au
mari sont une dot. Néanmoins la cour applique au mari
ce qu'elle a dit de la femme. Cela ne prouverait-il pas que
la jurisprudence n'a pas d'appui véritable dans les textes
et que, sous couleur d'interpréter, la loi, elle a réellement fait la loi? Ecoutons la cour de cassation. Elle suppose que la donation à titre de dot se trouve dans le contrat de mariage des futurs époux. Ces donations, dit-on,
sont faites en vue de l'union qui va se former pour aider
les époux à en supporter les charges. La loi les voit avec

(1) Aubry et Rau, t. IV, p. 139, note 27, § 313. C'est aussi l'opinion de
Troplong, de Larombière et de Demolombe.

grande faveur; elles ne sont pas révocables pour cause d'ingratitude; l'article 1167, tout en autorisant les créanciers à attaquer les actes faits en fraude de leurs droits, leur impose l'obligation de se conformer aux règles qui sont prescrites au titre du *Contrat du mariage;* enfin elles obligent le constituant à la garantie. Il n'y a donc aucune différence à faire entre la dot constituée à la femme et la donation faite au mari par ses père et mère en considération du mariage, puisqu'il y a même *garantie* de la part des constituants, même *irrévocabilité* et même *destination* des objets donnés; donc les unes et les autres sont faites au même titre onéreux (1).

L'assimilation que la cour établit entre la dot constituée à la femme et la donation faite au futur mari manque d'exactitude. Quand la femme apporte des biens au mari, on peut dire qu'il en résulte une charge pour le mari, puisqu'il reçoit la dot avec une destination onéreuse. Et ceci n'est pas sans importance quant aux rapports des époux entre eux; en effet, quand le mari n'emploie pas la dot à la destination qui lui est donnée, la femme peut demander la séparation de biens. Il en est tout autrement des biens donnés au mari, fût-ce sous le nom de dot. Le mari n'apporte pas ces biens à sa femme, il en conserve la propriété et la libre disposition, il en fait ce qu'il veut. Où donc est la charge qui rend la donation onéreuse? En réalité, la charge dont parle la cour de cassation et qui incombe aux deux époux ne leur est pas imposée par la donation ou la constitution de dot; elle résulte du mariage, elle existe avec toute son étendue, alors même qu'il n'y aurait ni dot, ni donation. Donc les libéralités faites aux futurs époux conservent leur caractère de bienfaisance, quoique les libéralités soient destinées à les aider à supporter les charges du mariage. Les libéralités par elles-mêmes n'ont rien d'onéreux; à l'égard du mari moins encore qu'à l'égard de la femme, puisque les biens qui lui sont donnés restent à sa libre disposition. Quant aux arguments tirés de la garantie et de

(1) Cassation, 14 mars 1848 (Dalloz, 1848, 1, 66).

l'irrévocabilité des donations faites par contrat de mariage, nous y avons répondu d'avance (n° 452). Constatons seulement que la cour de cassation interprète à faux tous les articles qu'elle cite. Telle est la deuxième disposition de l'article 1167 qui oblige les créanciers de se conformer aux règles prescrites au titre du *Contrat de mariage*. Cela veut-il dire, comme l'interprète la cour de cassation, que les créanciers ne peuvent attaquer les donations faites aux époux par l'action paulienne, parce que ces donations seraient irrévocables? Non, certes; nous dirons plus loin quel est le sens du deuxième alinéa de l'article 1167; ce qui est certain, c'est que l'article 1167 ne renvoie pas à l'article 1395, nous venons d'en donner la preuve.

454. Que reste-t-il de l'argumentation de la cour? La faveur due aux conventions matrimoniales et, par suite, aux donations faites aux futurs époux par leur contrat de mariage. C'est cette faveur qui a inspiré la jurisprudence. Si l'on en veut la preuve, on n'a qu'à lire les décisions rendues par les cours d'appel. Pour prouver que les constitutions dotales participent *évidemment* du contrat onéreux, la cour de Bourges dit : « Le mariage, outre ce qu'il y a de *social* et de *sacré* en lui, impose des charges et des obligations aux époux qui doivent, suivant leur *position sociale,* obtenir les moyens de les remplir ; c'est à raison de ces devoirs auxquels le mariage astreint les époux que les père et mère constituent une dot qui doit aider ces époux à remplir ces devoirs (1). » Qu'est-ce que le caractère *social* et *sacré* du mariage a affaire ici? Qu'est-ce que les devoirs qu'impose la *position sociale* ont de commun avec la question de savoir si les donations qui leur sont faites peuvent être attaquées par les créanciers lorsque le donateur les a faites en fraude de leurs droits? Et si les donations aident les époux à remplir les devoirs qui résultent du mariage, cela prouve-t-il que la constitution de dot n'est pas une pure libéralité? Les tribunaux peuvent-ils, à raison de la faveur due au mariage, enlever

(1) Bourges, 9 août 1848 (Dalloz, 1848, 2, 153).

aux créanciers un droit que la tradition leur donnait et que le code a consacré? Telle est la vraie et la seule question.

La cour de Rennes dit bien positivement que, dans le conflit entre les créanciers et les époux, il faut se prononcer en faveur de ceux-ci. Pourquoi? « Un avancement d'hoirie fait par un père en faveur de sa fille dans le contrat de mariage de celle-ci ne présente pas les mêmes caractères que les donations ordinaires faites à titre purement gratuit. En effet, les conventions matrimoniales qui établissent entre *deux familles* les conditions de leur *alliance*, entre *deux époux* les conditions de leur *association* et qui posent *les bases sur lesquelles une nouvelle famille se constitue,* sont toutes essentiellement corrélatives entre elles; elles puisent dans leur *origine*, dans leur *but*, dans la *solennité* même et dans la *notoriété* de l'événement auquel elles se rattachent, les éléments d'une nature qui leur est propre et qui ne permet pas de les confondre avec les actes de libéralité pure. Elles ne peuvent être attaquées, à ce même point de vue, que si les époux eux-mêmes n'étaient pas de bonne foi au moment où elles ont été consenties. *S'il en était autrement, il arriverait souvent qu'entre ceux qui ont suivi la foi du même homme, des préjudices moindres ne seraient réparés qu'au moyen de préjudices plus graves* (1). »

De quoi s'agit-il? On veut prouver que la constitution de dot est un contrat à titre onéreux. Comment le prouve-t-on? En insistant sur l'importance des conventions matrimoniales qui unissent non-seulement les deux époux, mais aussi leurs familles. Nous demandons encore une fois ce que cela a de commun avec la question de savoir si la constitution de dot est un acte à titre onéreux. Ces considérations sont à l'adresse du législateur; c'est à lui d'en tenir compte pour exiger, s'il le trouve convenable, que les créanciers qui attaquent la dot comme frauduleuse prouvent la complicité des enfants donataires. Le juge n'a pas ce droit en présence de la

(1) Rennes, 11 décembre 1860 (Dalloz, 1862, 1, 298).

tradition; en s'écartant de la tradition en cette matière, il fait la loi, et, à notre avis, il la fait mal. Nous doutons que le législateur permette jamais aux enfants donataires de conserver leur dot aux dépens des créanciers; il faudrait dire, la dot qui leur a été fournie indirectement avec les deniers des créanciers. La loi, en organisant l'action paulienne, doit, avant tout, tenir compte des intérêts des créanciers, car son but est de les sauvegarder. Il nous semble que la jurisprudence les oublie ou les estime trop peu en les subordonnant systématiquement à l'intérêt des enfants dotés. On n'a qu'à voir comment les choses se passent d'ordinaire pour être convaincu que les enfants s'enrichissent aux dépens des créanciers. Un notaire constitue à sa fille une dot de 800,000 francs. Trois ans après, il prend la fuite laissant un actif de 200,000 francs et un passif de 700,000. Qui avait fourni cette dot opulente? Les créanciers et, comme cela arrive trop souvent, une foule de malheureux qui, trompés par la fortune apparente du notaire, lui confiaient leurs petites épargnes. Le tribunal de première instance, témoin du scandale, annula les donations ; la fraude du donateur était évidente. Après avoir dissipé son patrimoine dans de folles spéculations, souvent scandaleuses, le notaire trouva bon de dépouiller ses créanciers pour constituer à sa fille une dot considérable et lui assurer ainsi, à leurs dépens, une brillante position dans le monde. Sur l'appel, la décision fut réformée par le motif que la dot était un titre onéreux et que les créanciers ne prouvaient pas que les enfants eussent été complices du père (1). Nous demandons de quel côté se trouvent, dans l'espèce, les intérêts sociaux qui sont, en réalité, le seul fondement de la jurisprudence?

Ce fait n'est pas isolé : il se présente presque aussi souvent que le donateur tombe en déconfiture ou en faillite, après avoir richement doté ses enfants avec les deniers de ses créanciers (2). Un banquier constitue à sa fille

---

(1) Paris, 31 janvier 1845 (Dalloz, 1845, 2, 50).
(2) Comparez Lyon, 13 juillet 1843 (Dalloz, 1245, 1, 174).

une dote de 200,000 francs; puis il tombe en faillite. Le premier juge constate que la donation a été faite évidemment en fraude des créanciers du donateur, car il ne pouvait ignorer que dès l'époque du mariage sa position était désespérée et sa faillite inévitable. Cependant il fit à sa fille une donation plus considérable que celle que des familles plus opulentes font à leurs enfants. Il est facile de donner quand on donne aux dépens de ses créanciers. La donation fut annulée malgré la bonne foi des enfants (1). Il nous semble que les créanciers méritent plus de faveur que les enfants, et que les enfants ont mauvaise grâce de retenir une fortune qu'ils ne doivent qu'à la spoliation et à la fraude pratiquées par leur père.

455. La constitution de dot faite à la femme est-elle un acte onéreux à l'égard du mari? Sur ce point, il y a accord presque unanime de la doctrine et de la jurisprudence. Le mari, dit-on, reçoit la dot de la main de la femme pour supporter les charges du mariage, donc à titre onéreux; on en conclut que les créanciers ne peuvent demander la nullité de la donation contre le mari qu'en prouvant qu'il est complice de la fraude (2). Nous croyons que la question est mal posée. L'action paulienne est dirigée contre l'acte où figurent le débiteur et celui avec lequel il a contracté; donc quand il s'agit d'une donation, les créanciers poursuivent l'annulation contre le donateur et contre le donataire. Or, le mari n'est pas donataire; il ne reçoit pas les biens des mains du donateur, c'est la femme qui les lui apporte en mariage. Quels sont les droits du mari sur les biens dotaux? Cela dépend des conventions matrimoniales. Sous le régime de communauté, la femme met dans la communauté sa fortune mobilière présente et future et l'usufruit de ses immeubles. Donc, si les parents la dotent en valeurs mobilières, la dot entre en communauté, le mari la reçoit comme chef et maître de la société de biens que les époux ont formée;

(1) Riom. 18 janvier 1845 (Dalloz, 1845, 2, 91). Comparez Bordeaux, 30 novembre 1869 (Dalloz, 1871, 2, 108).
(2) Aubry et Rau, t. IV, p. 138, note 25, § 313, et les autorités qui y sont citées.

si la dot est immobilière, l'usufruit seul tombe en communauté. Sous le régime exclusif de communauté, la femme conserve la propriété de ses biens et, par conséquent, de sa dot; le mari en a seulement l'usufruit. Le régime de séparation ne donne aucun droit au mari sur les biens de la femme, sauf que celle-ci lui doit remettre le tiers de ses revenus pour l'aider à supporter les charges du mariage. Il en est de même, sous le régime dotal, des biens paraphernaux; quant aux biens dotaux, la femme en reste propriétaire, le mari n'en a que la jouissance, sauf dans les cas où il acquièrt la propriété avec charge de la restituer à la dissolution du régime dotal. En résumé, la femme, sous les divers régimes, cède à son mari les biens dotaux, soit en usufruit, soit en toute propriété. Cette cession est un titre onéreux. Pour la communauté, cela est certain; la loi la considère comme une convention onéreuse, alors même que l'adoption de ce régime procurerait un avantage au mari (art. 1496 et 1527). Par la même raison, les autres régimes sont des actes onéreux. Quelle en est la conséquence au point de vue de l'action paulienne?

Dans l'opinion générale, les créanciers peuvent intenter l'action paulienne contre un tiers acquéreur quand il est complice de la fraude, et il est complice quand il acquiert sachant que le débiteur a voulu frauder ses créanciers. Le mari étant un cessionnaire, on doit lui appliquer le même principe. Cela est évident lorsque la femme se constitue ses propres biens en dot. Dans ce cas, il n'y a pas de libéralité; il ne peut donc être question d'appliquer les principes qui régissent les actes à titre gratuit. En réalité, il en est de même quand une dot est constituée à la femme. C'est elle qui est donataire, ce n'est pas le mari. Après avoir reçu les biens à titre de donation, la femme les cède à son futur époux à titre onéreux. Le mari est donc dans la position d'un tiers acheteur et on doit lui appliquer la règle générale que la doctrine et la jurisprudence admettent : les créanciers n'auront action contre le mari qu'en prouvant qu'il est complice de la fraude. S'il est de bonne foi, il est à l'abri de l'action paulienne. D'où suit que, lors même que la donation serait révoquée contre la femme, le mari conserverait les droits qu'il a sur la dot, en vertu des conventions matrimoniales, soit la jouissance, soit la propriété.

Nous dirons plus loin que, dans notre opinion, l'action paulienne ne peut pas être intentée contre les tiers acquéreurs, mais la révocation réagit contre eux, peu importe qu'ils soient de bonne ou de mauvaise foi. On applique le principe que celui qui n'a qu'un droit révocable ne peut transmettre à des tiers que des droits également sujets à révocation. Quand le droit de la femme tombe par suite de l'action paulienne, les droits par elle concédés à son mari tombent également. Le mari perdra donc soit la jouissance, soit la propriété des biens donnés, alors même qu'il serait entièrement étranger à la fraude.

Il y a une autre opinion qui, tout en admettant que l'action paulienne se donne contre les tiers, enseigne que le mari reçoit les biens à titre gratuit, ce qui permet aux créanciers d'agir contre lui dès que le donateur est de mauvaise foi, quand même le mari aurait été étranger à la fraude (1). Le résultat de cette opinion est le même que celui auquel nous arrivons, mais les motifs de décider diffèrent grandement. Nous ne comprenons pas que le mari soit considéré comme donataire, à moins qu'il n'ait été compris comme tel dans la constitution de dot. Si la dot n'a été constituée qu'au profit de la femme, le mari n'est pas donataire, il reçoit les biens dotaux en vertu des conventions matrimoniales, donc à titre onéreux.

N° 2. QUI PEUT AGIR.

456. L'article 1167 dit que *les créanciers* peuvent attaquer les actes faits par leur débiteur en fraude de leurs droits. Cela veut-il dire que tous les créanciers doivent agir? Non, la loi n'organise pas d'action collective : chaque créancier a un droit particulier en vertu de sa créance;

---

(1) Riom, 18 janvier 1845 (Dalloz, 1845, 2, 93). L'arrêt a été cassé. Capmas, *Des actes faits par le débiteur en fraude des droits de ses créanciers*, n° 49 (*Revue critique*, 1859, t. XIV, p. 257).

et il sauvegarde ce droit individuel comme il l'entend. L'un des créanciers peut donc agir, sans que les autres interviennent dans l'instance. Autre est la question de savoir si l'action profite exclusivement au créancier demandeur. Nous y reviendrons plus loin.

457. En disant que *les créanciers* peuvent attaquer les actes frauduleux de leur débiteur, la loi s'exprime dans les termes les plus généraux. Tout créancier peut donc intenter l'action paulienne (1), même les créanciers hypothécaires. Le principe n'est pas douteux, il est de tradition : Voet remarque avec raison qu'il serait singulier et injuste que le créancier qui a veillé à ses intérêts en stipulant une hypothèque eût des droits moins étendus que les créanciers chirographaires qui n'ont rien fait pour se garantir contre l'insolvabilité du débiteur (2). L'application du principe soulève cependant des difficultés sérieuses, que nous ajournons au titre des *Hypothèques,* où est le siége de la matière.

Il a été jugé que les créanciers pouvaient intenter l'action paulienne, alors même qu'ils auraient d'autres moyens de recouvrer ce qui leur est dû (3). Cette décision nous paraît trop absolue. Le Recueil d'arrêts ne fait pas connaître les circonstances de la cause et ne dit pas quels étaient ces moyens de recouvrement. Il faut supposer néanmoins que le créancier était lésé, car sans préjudice il n'y a pas d'action paulienne, et le préjudice implique l'insolvabilité du débiteur.

458. Le créancier à terme peut-il former l'action paulienne? On enseigne l'affirmative (4). En théorie, cela n'est pas douteux, car le terme ne modifie en rien les droits du créancier. En fait, nous ne comprenons pas que la difficulté puisse se présenter. En effet, pour que l'action paulienne soit recevable, il faut que le débiteur soit insolvable ou qu'il le devienne par l'acte même qui est

---

(1) L'action peut être intentée par les enfants créanciers de leur père. Gand, 25 juin 1864 (*Pasicrisie*, 1864, 2, 356).
(2) Voet, XLII, VIII, 3, et tous les auteurs modernes.
(3) Bruxelles, 11 mars 1819 (*Pasicrisie*, 1819, p. 337).
(4) Demolombe, t. XXV, p. 230, nos 229 et 230, et les autorités qu'il cite.

attaqué comme frauduleux. Le débiteur est donc nécessairement en déconfiture ou en faillite; or, d'après l'article 1188, le débiteur ne peut plus réclamer le bénéfice
du terme quand il a fait faillite, et l'on admet que cette
disposition s'applique à la déconfiture.

459. On enseigne aussi que le créancier conditionnel
peut intenter l'action paulienne. Cela nous paraît très-
douteux. La loi ne donne qu'un droit au créancier conditionnel, c'est de faire tous les actes conservatoires de
son droit (art. 1180); du reste, il ne peut pas agir contre
le débiteur, tous les effets de l'obligation sont suspendus
pendant que la condition est en suspens. La question se
réduit donc à savoir si l'action paulienne est un acte conservatoire ; c'est bien plus, puisqu'elle tend à l'annulation
des droits qu'un tiers tient de son contrat : le créancier
peut-il demander que les droits des tiers soient anéantis,
alors qu'il est incertain s'il est créancier? On répond que
la fraude fait exception à toutes les règles. Cela est beaucoup trop absolu; la fraude ne peut pas faire que le créancier conditionnel ait un droit certain, alors que son droit
est essentiellement incertain, et quand l'existence même
du droit est incertaine, nous ne concevons pas que le créancier agisse. Supposons qu'il le fasse. Le tiers demandera
que le créancier discute avant tout les biens du débiteur.
Et comment le créancier fera-t-il vendre les biens du débiteur, alors qu'il ne peut pas même obtenir une condamnation contre lui (1)?

Il y a un arrêt qui paraît contraire à notre opinion. La
cour de Paris a jugé que tout créancier, même éventuel,
peut faire annuler les actes consentis par son débiteur
en fraude de ses droits, et qu'il ne saurait être permis à
une partie qui s'est liée par un contrat d'anéantir ce contrat, à sa volonté, par des conventions faites avec des tiers
de mauvaise foi, conventions qui ont pour principal objet
d'éluder ou de rendre impossible l'exécution des obligations imposées à cette partie (2). Dans l'espèce, il ne

(1) Capmas, nᵒˢ 270, 271. En sens contraire, Demolombe, t. XXV, p. 232
nᵒ 231,
(2) Paris, 19 décembre 1866 (Dalloz, 1868, 2, 156).

s'agissait pas d'un droit conditionnel proprement dit. Un éditeur s'était obligé envers un imprimeur de ne faire imprimer et réimprimer sur clichés certains ouvrages que dans l'imprimerie de ce dernier. Pour échapper à cette obligation, l'éditeur vendit sa maison de commerce par un acte évidemment frauduleux, et les acheteurs étaient complices de la fraude. L'imprimeur avait-il action pour demander la nullité de la vente? Son droit n'était pas conditionnel, en ce sens qu'il fût suspendu par une condition; il était seulement éventuel, en ce sens que le nombre des impressions ou réimpressions était incertain. Il s'agissait donc de sauvegarder un droit certain, quoique éventuel dans son effet. En définitive, il y avait inexécution d'un engagement et inexécution frauduleuse : l'imprimeur avait le droit de demander soit l'exécution de la convention, soit des dommages-intérêts.

460. Les créanciers postérieurs à l'acte frauduleux n'ont pas l'action paulienne; les créanciers antérieurs peuvent seuls l'intenter. Cela est de tradition; la doctrine et la jurisprudence sont conformes (1). Il est vrai que l'article 1167 parle des créanciers en termes généraux, mais la distinction résulte de l'essence même de l'action paulienne. C'est une action fondée sur le préjudice que le débiteur cause sciemment à ses créanciers en diminuant frauduleusement le patrimoine qui est leur gage; cela suppose des créanciers qui ont un gage sur les biens au moment où le débiteur contracte; il ne peut pas s'agir de frauder des créanciers futurs; lorsque ceux-ci traitent avec le débiteur, son patrimoine est diminué par l'acte frauduleux; cet acte ne leur cause donc aucun préjudice, car ils n'ont pu compter sur des biens qui étaient déjà sortis du patrimoine de leur débiteur; ces biens n'ayant jamais été leur gage, ils ne peuvent pas se plaindre qu'on leur enlève ce gage.

461. Ce principe, universellement admis, donne lieu

(1) Voyez les autorités citées par Aubry et Rau, t. IV, p. 33, et note 4, § 313, et par Dalloz, n° 999. Il faut ajouter Bruxelles, 11 août 1858 (*Pasicrisie*, 1860, 2, 327), et 1er février 1865 (*ibid.*, 1865, 2, 396). Voyez une application du principe dans un arrêt de rejet, 2 avril 1872 (Dalloz, 1873, 1, 65).

à des difficultés dans l'application. Il y a une première
question qui n'est pas douteuse. Un créancier obtient
contre son débiteur un jugement de condamnation pour
un fait antérieur à l'acte attaqué; le titre de la créance
est donc postérieur à l'acte frauduleux, mais le droit est
antérieur; en effet, le juge ne crée pas les droits qu'il
sanctionne, il les reconnaît seulement (1).

La question est plus difficile quand le créancier allègue
un acte sous seing privé. On demande si cet acte doit
avoir date certaine, conformément à l'article 1328, pour
que le créancier puisse intenter l'action paulienne. La
question est controversée. Les cours de Belgique décident que l'article 1328 est applicable : c'est la bonne
opinion, à notre avis. Le texte de l'article 1328 est conçu
dans les termes les plus généraux : « Les actes sous seing
privé n'ont de date certaine contre les tiers que du jour
où ils ont été enregistrés, etc. » Reste à savoir si ceux
qui ont traité avec le débiteur sont des tiers à l'égard des
créanciers; or, cela n'est pas douteux. Le texte de la loi
décide donc la question. On prétend que l'esprit de la loi
ne permet pas d'appliquer l'article 1328 à l'action paulienne; il est vrai que cet article ne suppose pas que l'acte
est frauduleux, mais de ce que l'acte est frauduleux on ne
peut pas conclure que le premier créancier venu puisse
l'attaquer; il faut qu'il ait un droit antérieur à l'acte attaqué; l'antériorité est donc une condition requise pour
que le créancier ait le droit d'agir, et n'est-ce pas au demandeur à prouver qu'il a le droit d'agir? C'est bien là le
premier fondement de sa demande. Que résulte-t-il de
l'opinion contraire? Que l'on rejette sur le défendeur la
preuve de l'antidate, ce qui est contraire, non-seulement
à l'article 1328, mais encore à l'article 1315. On objecte
qu'il n'y a pas de fraude à craindre de la part du créancier demandeur, tandis que le défendeur est coupable de
fraude. La cour de Liége répond que le donateur pourrait très-bien, de complicité avec un prête-nom, feindre

(1) Bastia, 29 mai 1855 (Dalloz, 1856, 2, 112). Bordeaux, 13 février 1826
(Dalloz, au mot *Obligations*, n° 990, 4°).

une convention antérieure à la donation pour la révoquer sous couleur de fraude (1). La fraude est donc possible de part et d'autre. C'est une raison de plus pour s'en tenir au texte de la loi. Les auteurs enseignent généralement l'opinion contraire, mais ils sont divisés entre eux (2), ce qui ne témoigne pas pour la solidité du principe qu'ils soutiennent; nous croyons inutile de controverser quand il y a un texte formel. Constatons seulement qu'à chaque pas dans cette matière il y a une tendance à s'écarter du texte de la loi.

Il y a un arrêt de la cour de cassation de Belgique en faveur des créanciers. Dans l'espèce, il était reconnu que la créance du demandeur était antérieure au contrat de mariage qu'il attaquait comme frauduleux, bien qu'elle n'eût pas date certaine, conformément à l'article 1328 (3). Même ainsi limitée, la décision nous paraît douteuse. Ce qui paraît avoir décidé la cour, c'est que l'article 1328 est dominé par le principe de morale que personne ne peut profiter de sa fraude. L'argument n'est-il pas un cercle vicieux? Il s'agit de savoir si la demande des créanciers est recevable; peut-on la déclarer recevable en se fondant sur la fraude des défendeurs, alors que la fraude n'est pas judiciairement établie?

462. La jurisprudence admet une restriction à la règle en vertu de laquelle les créanciers postérieurs à l'acte frauduleux ne peuvent pas intenter l'action paulienne. C'est quand la fraude est pratiquée en vue des créanciers futurs. La cour de cassation l'a jugé ainsi dans le cas d'un bail consenti pour trente ans avec exagération frauduleuse du prix. Il en résultait, en effet, que le bailleur avait un privilége pendant trente ans qui lui affectait, au détriment des créanciers à venir, la totalité ou du moins la plus claire partie de l'actif du débiteur. Puisque la

(1) Liége, 2 novembre 1826 (*Pasicrisie*, 1826, p. 265). Bruxelles, 1er juillet 1865 (*ibid.*, 1865, 2, 396). Comparez jugement du tribunal de Caen, 10 août 1847 (Dalloz, 1851, 5, 180). En sens contraire, Rejet, 14 décembre 1829 (Dalloz, au mot *Obligations*, n° 3886).
(2) Aubry et Rau, t. IV, p 133 et note 4, § 313. Larombière, t. I, p. 730, n° 20 (Ed. B., t. I, p. 299). Demolombe, t. XXV, p. 235, n° 234.
(3) Rejet, 21 mars 1845 (*Pasicrisie*, 1845, 1, 243).

fraude s'adressait précisément aux créanciers, tous ceux auxquels le bail portait préjudice avaient droit et intérêt, quelle que fût la date de leurs titres, à l'attaquer comme frauduleux (1).

De même, une personne, prévoyant qu'elle sera condamnée par jugement, fait un acte en fraude des droits du futur créancier. Celui-ci aura l'action paulienne. Si l'acte frauduleux avait été fait après l'introduction de l'instance, on resterait sous l'empire de la règle, puisque le jugement rétroagissant au jour de la demande, la créance serait en réalité antérieure à l'acte frauduleux. Dans l'espèce qui s'est présentée devant la cour de Poitiers, il s'agissait de simulation plutôt que de fraude (2), et, en cas de simulation, on n'applique pas les conditions rigoureuses de l'action paulienne, comme nous le dirons plus loin.

463. Les créanciers peuvent-ils renoncer au droit que la loi leur donne d'attaquer les actes frauduleux de leur débiteur? On suppose que la renonciation a lieu après la consommation de l'acte. Le droit qui en naît pour les créanciers est purement d'intérêt privé; rien ne les empêche donc d'y renoncer. C'est le droit commun. La renonciation peut même être tacite, ce qui ne veut pas dire qu'elle se présume : on n'est jamais présumé renoncer à un droit. Il faut donc que l'acte d'où l'on induit la renonciation implique nécessairement l'intention de renoncer; de sorte qu'on ne puisse pas lui donner une autre interprétation. C'est dire que ces renonciations seront très-rares.

Un créancier fait une saisie-arrêt sur le prix d'une vente consentie par son débiteur; puis il en demande la nullité pour cause de fraude. On lui oppose une fin de non-recevoir. En saisissant le prix, il tient la vente pour valable et, par conséquent, il renonce à l'attaquer. La cour de Bourges a rejeté ces mauvaises raisons (3). En cas de vente faite par le débiteur, ses créanciers ont deux

(1) Cassation, 2 février 1852 (Dalloz, 1852, 1, 49). Comparez cassation. 7 février 1872 (Dalloz, 1873, 1, 80).

(2) Poitiers, 12 décembre 1854 (Dalloz, 1855, 2, 231). Comparez Bordeaux, 30 novembre 1869 (Dalloz, 1871, 2, 108).

(3) Bourges, 24 janvier 1828 (Dalloz, au mot *Vente*, n° 152).

droits : ils peuvent saisir-arrêter le prix en exerçant l'action de leur débiteur, ils peuvent aussi provoquer la nullité de la vente comme frauduleuse. Exercer l'un de ces droits, ce n'est pas renoncer à l'autre, car tous les deux ont le même but, sauvegarder les intérêts des créanciers. Il en serait de même si le créancier demandait à être colloqué sur le prix de vente ; la cour de Bordeaux dit très-bien qu'il est naturel que le créancier essaye d'abord d'obtenir le payement de sa créance par la voie la plus courte et la plus facile et n'use qu'à la dernière extrémité d'une action plus difficile et plus rigoureuse(1). La même cour a jugé que le défaut de surenchère ne rend pas le créancier non recevable à intenter l'action paulienne, ces deux droits n'ont rien de commun ; et de ce que le créancier n'exerce pas l'un, on ne peut pas induire qu'il renonce à exercer l'autre. On a invoqué contre le créancier le silence qu'il a gardé pendant les opérations de la purge ; c'est encore une mauvaise raison ; il y a mille motifs qui expliquent le silence sans que l'on y voie une renonciation. Dans l'espèce jugée par la cour d'Aix, il s'agissait d'une femme créancière ; elle était restée dans l'inaction lors de la purge de son hypothèque légale. Etait-ce une renonciation tacite? Il faudrait pour cela, dit la cour, supposer que la femme se rendait compte de ce qui se passait, qu'elle avait les moyens de s'éclairer sur l'étendue de ses droits et sur le péril que leur faisait courir l'acte frauduleux concerté par son mari, et qu'elle eût jugé ensuite en connaissance de cause qu'elle n'avait aucun intérêt à le contredire. La cour décida qu'aucune de ces suppositions ne s'était réalisée dans l'espèce : le silence de la femme ne prouvait qu'une chose, l'ignorance où elle était de ses droits et de ses intérêts (2).

Nº 4. CONTRE QUI L'ACTION PAULIENNE PEUT-ELLE ÊTRE FORMÉE?

464. L'action paulienne est régulièrement intentée contre le débiteur et celui avec lequel il a traité en fraude

(1) Bordeaux, 17 août 1848 (Dalloz, 1849, 2, 61).
(2) Aix, 30 janvier 1871 (Dalloz, 1871, 2, 233).

de ses créanciers. Peut-elle aussi être formée contre un tiers sous-acquéreur? La question est controversée et douteuse. Il faut voir avant tout quelle est la nature de l'action? Est-elle réelle, comme l'a jugé la cour d'Amiens(1)? Non, car ce sont régulièrement des créanciers chirographaires qui l'intentent, et ces créanciers n'ont aucun droit dans la chose, ils n'ont d'action que contre la personne. L'action paulienne est donc personnelle dans son principe. Elle est encore personnelle par le motif sur lequel elle est fondée. C'est la fraude du débiteur; or, rien n'est plus personnel que la fraude. Il est vrai que l'action se donne aussi contre le tiers qui a traité avec le débiteur, mais la règle est qu'il doit être complice de la fraude; et quand elle se donne contre un donataire de bonne foi, c'est parce que le donataire est partie dans un contrat frauduleux. Fondée sur la fraude, l'action est personnelle dans son essence. Ce qui lève tout doute, c'est que telle est la tradition. Voet enseigne que l'action est personnelle (2). La seule difficulté est de savoir si l'action est mixte; il y a un auteur qui la qualifie de *personnelle-réelle*. Nous avons bien des fois réclamé contre la théorie qui implique qu'un droit est tout ensemble réel et personnel; chose absurde au premier chef (3). Il faut donc dire avec la cour de Liége que l'action est purement personnelle(4).

465. Si l'action paulienne est personnelle, en faut-il conclure qu'elle ne se donne pas contre les tiers sous-acquéreurs? En principe, l'affirmative ne nous semble pas douteuse. Quel est l'acte que les créanciers ont le droit d'attaquer? L'article 1167 répond : L'acte *fait par le débiteur* en fraude de leurs droits. C'est donc avant tout contre le débiteur que l'action est dirigée; le tiers n'y figure que comme complice. S'agit-il d'une vente, c'est le contrat fait par le débiteur avec l'acheteur que les créanciers attaquent. Si l'acheteur revend la chose, cette seconde

---

(1) Amiens, 16 mars 1838 (Dalloz, au mot *Action*, n° 85).
(2) Voet, XLII, 8, 2. C'est l'opinion de la plupart des auteurs modernes (Aubry et Rau, t. IV, p. 131, note 4, § 313).
(3) Voyez le tome VI de mes *Principes*, p. 98 et suiv., n°s 77-80.
(4) Liége, 29 janvier 1838 (*Pasicrisie*, 1838, 2, 18).

vente peut-elle être attaquée par les créanciers? Ils ne
sont plus dans les termes de l'article 1167, donc il n'y a
pas lieu à l'action paulienne. Les créanciers n'ont d'action que contre leur débiteur; cela résulte de l'essence
même de l'action paulienne. Quel est son objet? Le débiteur diminue frauduleusement son patrimoine, gage de
ses créanciers; c'est donc l'acte qui fait sortir le bien du
patrimoine du débiteur que les créanciers attaquent, c'est-
à-dire le contrat consenti par le débiteur. De quel droit
les créanciers agiraient-ils contre des tiers qui ne sont
tenus à rien à leur égard? Pour agir contre des tiers qui
ne sont pas obligés personnellement, il faut avoir une
action réelle; or, nous venons de dire que l'action paulienne est essentiellement personnelle. Nous ne comprenons pas qu'en vertu d'un droit purement personnel on
agisse contre les tiers.

Cependant, en droit romain, on accordait l'action paulienne aux créanciers contre les tiers acquéreurs, c'est-à-
dire contre les tiers complices de la fraude s'il s'agissait
d'un acte à titre onéreux, et même contre les tiers de
bonne foi quand ils étaient donataires. Et telle est aussi
l'opinion de la plupart des auteurs modernes. Y a-t-il des
raisons pour s'écarter en ce point de la tradition romaine
dans une matière toute traditionnelle? Nous écartons la
tradition parce qu'elle est en opposition avec un texte
formel du code. La doctrine romaine avait pour objet de
garantir les tiers possesseurs de bonne foi contre l'éviction, en ne permettant d'attaquer que les tiers complices
de la fraude. Dans notre opinion, l'action paulienne réagit
même contre les tiers acquéreurs de bonne foi. Nous leur
appliquons le principe posé par l'article 2125, aux termes
duquel ceux qui n'ont qu'un droit sujet à rescision ne
peuvent consentir que des droits sujets à la même rescision. Or, le premier acheteur n'a qu'un droit sujet à annulation, donc il ne peut transmettre au second acheteur
qu'un droit également sujet à annulation. Lorsque la première vente attaquée par les créanciers est annulée, la
seconde vente tombe par voie de conséquence; le premier
acheteur est considéré à l'égard des créanciers comme

n'ayant jamais été propriétaire, donc à leur égard il ne peut transmettre la propriété à un second acquéreur.

Cette interprétation est en harmonie avec l'esprit de l'action paulienne. Quel est son but? C'est de garantir les créanciers contre la fraude de leur débiteur, en faisant rentrer dans son patrimoine le bien qui en est sorti frauduleusement; or, il n'y a qu'un moyen d'atteindre ce but, c'est d'appliquer le principe de l'article 2125, en annulant tous les actes de disposition faits par celui dont la propriété est révoquée en vertu de l'action paulienne. Si l'on admet que les tiers sont à l'abri de la révocation quand ils sont de bonne foi, l'action paulienne sera le plus souvent illusoire. Celui qui achète un immeuble en fraude des créanciers se hâtera de le revendre; régulièrement le tiers acquéreur sera de bonne foi; dès lors l'action des créanciers tombe; et fût-il de mauvaise foi, il sera le plus souvent impossible de le prouver. La preuve est déjà d'une difficulté extrême à l'égard du premier acquéreur qui a traité avec le débiteur et qui, par conséquent, pouvait connaître sa position. Que sera-ce à l'égard d'un second acquéreur qui ne connaît pas le débiteur? Dans notre opinion, les droits des créanciers sont entièrement garantis; une fois la fraude prouvée à l'égard du débiteur et de son complice, l'acte frauduleux est anéanti, et tous les actes de disposition faits par celui qui est complice de la première fraude viennent à tomber, sans distinguer si les tiers sont de bonne foi ou de mauvaise foi.

466. On fait bien des objections contre cette doctrine (1). D'abord on invoque le motif que les jurisconsultes romains faisaient valoir : la fraude ne doit nuire qu'à celui qui est coupable et à ses complices; donc les tiers doivent être à l'abri de toute action s'ils sont de bonne foi. Nous répondons que nous invoquons contre les tiers un principe de droit commun. Quand je demande la nul-

<hr/>

(1) Aubry et Rau, t. IV, p. 137, note 24, § 313. Duranton, t. X, p. 619, n° 582. Colmet de Santerre, t. V, p. 137. n° 82 *bis* XII (Larombière, t. I, p. 752, n° 46 (Ed. B., t. I, p. 308). Demolombe, t. XXV, p. 190, n° 200. En sens contraire, Duvergier sur Toullier, t. III, 2, p. 227, note 1. C'était aussi l'opinion des éditeurs de Zachariæ, ils l'ont abandonnée.

lité d'une vente pour cause de dol ou d'erreur, l'annulation de la vente fait tomber tous les droits consentis par
l'acheteur, quelle que soit la bonne foi des tiers. Et cela
est très-juridique : la bonne foi des tiers ne peut pas dépouiller le propriétaire de son droit. De même la bonne
foi des tiers ne peut pas avoir pour effet de dépouiller les
créanciers. C'est leur droit qui avant tout doit être sauve-
gardé; il ne faut pas que la fraude parvienne à les spo-
lier, il faut donc que tout ce qui s'est fait en suite de la
fraude tombe. Cela est aussi moral que juridique. La loi
attache des effets à la bonne foi, elle accorde les fruits au
possesseur de bonne foi, elle lui permet d'usucaper si sa
possession se prolonge pendant dix ou vingt ans. Aller
plus loin, c'est dépasser la loi, c'est violer le droit des
créanciers pour maintenir les droits des tiers. Le législateur, dans un intérêt général, aurait pu le faire, mais
il a posé le principe tout contraire dans l'article 2125 :
maintenir des droits concédés par ceux qui n'avaient qu'un
droit sujet à rescision, c'est déroger à l'article 2125; l'interprète n'a pas ce droit; et en présence d'un texte formel, la tradition perd son autorité.

On objecte que les créanciers ne peuvent pas avoir
d'action contre les tiers si on leur refuse l'action paulienne. Qu'un propriétaire qui fait annuler une vente agisse
contre les tiers auxquels l'acheteur a concédé des droits,
cela se conçoit, car, ces droits tombant, il peut revendiquer, il est censé être toujours resté propriétaire. Il n'en
est pas de même des créanciers qui ne sont pas propriétaires, qui n'ont qu'une action personnelle à raison de la
fraude de leur débiteur : peuvent-ils, en vertu d'une action
personnelle, agir contre les tiers acquéreurs? L'article 2125
n'est donc pas applicable aux créanciers qui agissent par
l'action paulienne. On ajoute qu'il n'est pas exact de dire
que l'action paulienne annule ou révoque les droits du
premier acquéreur; le vendeur lui a transmis la propriété
et la vente est maintenue entre les parties, l'acheteur reste
propriétaire; il a, par conséquent, transmis la propriété
au second acquéreur. Une action en revendication contre
les tiers ne se conçoit donc pas; les créanciers ne sont

certes pas propriétaires, ils agissent, au contraire, contre le véritable propriétaire; leur action ne tend pas à revendiquer la chose, elle n'a qu'un seul but, la réparation du dommage que la fraude leur a causé.

Cette argumentation ne tient aucun compte de la tradition, bien qu'il s'agisse de défendre un principe traditionnel. Nous prouverons plus loin que l'action paulienne est une action en nullité, et nous en avons déjà d'avance dit la raison. Que veulent les créanciers qui intentent l'action paulienne? La fraude leur a enlevé leur gage, ils demandent qu'il leur soit rendu. Il faut pour cela que la chose qui était sortie du patrimoine du débiteur par la fraude, y rentre en vertu de la sentence du juge qui annule l'acte frauduleux. Donc le débiteur recouvre la propriété qu'il avait abdiquée; il la recouvre à l'égard des créanciers, puisque la chose redevient leur gage, et elle ne peut le devenir que si elle se trouve dans le patrimoine du débiteur. Il y a ici une fiction qui joue un grand rôle dans notre matière. Le débiteur a vendu un immeuble en fraude de ses créanciers; la vente est annulée : dans l'intérêt de qui? Dans l'intérêt des créanciers. Elle subsiste entre le vendeur et l'acheteur. Ainsi le débiteur a cessé d'être propriétaire à l'égard de l'acheteur et l'action paulienne ne le fait pas rentrer dans sa propriété; voilà une des faces de notre question. Il y en a une autre : la chose aliénée rentre dans le patrimoine du débiteur à l'égard des créanciers; donc, à l'égard des créanciers, le débiteur redevient propriétaire, il est même censé l'avoir toujours été. La conséquence est évidente : les créanciers, en vertu de l'action paulienne, font rentrer la chose dans le domaine de leur débiteur; ils peuvent donc revendiquer la chose contre les tiers acquéreurs au nom du débiteur. En réalité, l'action qu'ils ont contre les tiers acquéreurs ne peut être qu'une action en revendication. Ce n'est pas l'action paulienne, car celle-là ne peut être formée que contre le débiteur, et le débiteur est étranger à l'acte par lequel le tiers acquéreur a acquis la propriété. Ce doit être une action réelle, car ce n'est qu'en vertu d'une action réelle que l'on peut réclamer une chose qu'un tiers possède, quand il n'y a aucun lien d'obligation entre le tiers et le demandeur. Cette action réelle, c'est la revendication qui appartient aux créanciers en vertu de la fiction de l'action paulienne.

La jurisprudence est divisée. Il y a un arrêt de la cour de cassation en faveur de l'opinion générale (1), mais il n'a guère d'autorité, car il n'est pas motivé; la cour se borne à affirmer le principe qu'elle pose. Les cours de Paris et de Lyon se sont prononcées pour l'opinion que nous soutenons en se fondant sur l'article 2125 : là est le véritable terrain du débat (2). D'après ce que nous venons de dire, l'article 2125 peut être invoqué par les créanciers aussi bien que par le propriétaire, car les créanciers agissent contre les tiers acquéreurs, au nom de leur débiteur dans le patrimoine duquel la chose aliénée est rentrée par la révocation de l'acte frauduleux qui l'en avait fait sortir.

N° 5. DANS QUEL DÉLAI L'ACTION DOIT-ELLE ÊTRE INTENTÉE ?

467. L'article 1304 porte : « Dans tous les cas où l'action en nullité ou en rescision n'est pas limitée à un moindre temps par une loi particulière, cette action dure dix ans. » Dans notre opinion, l'action paulienne est une action en nullité. En faut-il conclure qu'elle se prescrit par le laps de dix ans? Nous dirons plus loin que la prescription de dix ans est une confirmation tacite que la loi induit du silence des parties contractantes, lesquelles, sachant qu'elles ont le droit de demander la nullité de la convention qu'elles ont consentie, restent dans l'inaction. La prescription exceptionnelle de l'article 1304 reçoit donc seulement son application dans le cas où l'une des parties contractantes agit en nullité. C'est dire qu'elle n'est pas applicable aux créanciers qui n'ont pas figuré à l'acte. Ils restent sous l'empire de la règle générale qui fixe à trente ans le délai accordé pour intenter une ac-

(1) Cassation, 2 février 1852 (Dalloz, 1852, 1, 49). Comparez Gand, 6 août 1862 (*Pasicrisie*, 1863, 2, 54).
(2) Paris, 2 février 1832 (Dalloz. au mot *Hypothèques*, n° 735); Lyon, 23 janvier 1863 (Dalloz, 1866, 1, 165).

tion (1). Malgré quelques dissentiments dans la doctrine et dans la jurisprudence, nous croyons inutile d'insister : les principes, tels que nous les exposerons en expliquant l'article 1304, ne laissent aucun doute.

468. Le défendeur à l'action paulienne aurait intérêt à se prévaloir de l'usucapion qui s'accomplit par un laps de dix ou de vingt ans; le peut-il? Il faut distinguer si les créanciers agissent contre celui qui a traité directement avec le débiteur, ou s'ils agissent contre un tiers acquéreur. Dans la première hypothèse, il ne peut pas être question de repousser l'action paulienne par l'usucapion. En effet, l'usucapion est opposée au propriétaire qui revendique sa chose contre un tiers possesseur. Et l'action paulienne dirigée contre le débiteur qui a été propriétaire et contre l'acquéreur qui est devenu propriétaire n'est certes pas une revendication de la propriété. C'est une action personnelle qui naît de la fraude; à cette action l'acquéreur ne peut pas objecter qu'il est devenu propriétaire par l'usucapion; les créanciers lui répondraient que quand même il serait propriétaire, ils auraient néanmoins action contre lui, parce qu'il possède en vertu d'un acte frauduleux.

469. Par la même raison, celui qui a traité avec le débiteur ne peut pas repousser l'action des créanciers en invoquant la maxime qu'en fait de meubles, possession vaut titre (art. 2279). Cette maxime suppose que le demandeur agit contre le possesseur en vertu d'une action réelle; or, l'action paulienne est une action personnelle. Le possesseur ne peut pas dire au créancier : Je possède, donc je suis propriétaire. Le créancier lui répondrait : Je ne vous attaque pas comme possesseur et je ne prétends pas être propriétaire; je vous attaque parce que mon débiteur vous a transmis la chose en vertu d'un acte frauduleux. Peu importe donc que le possesseur soit de

---

(1) C'est l'opinion générale, sauf le dissentiment de Duranton (t. X, p. 623, n° 585). Voyez Aubry et Rau, t. IV, p. 144, note 44, § 313. La jurisprudence est divisée. Dans un arrêt récent (9 janvier 1865) la cour de cassation s'est prononcée contre l'application de l'article 1304 (Dalloz, 1865, 1, 20).

bonne foi; il pourrait l'être comme donataire et néanmoins il serait assujetti à l'action paulienne sans qu'il pût repousser l'action en alléguant sa bonne foi. Le motif de décider est toujours le même; c'est que l'article 2279 n'est pas applicable quand l'action dirigée contre le possesseur est personnelle; or, l'action paulienne est essentiellement personnelle lorsqu'elle est formée contre le débiteur. Cela est décisif.

470. Autre est la question de savoir si un second acquéreur peut opposer à l'action des créanciers l'usucapion et la maxime de l'article 2279. Dans l'opinion que nous avons enseignée, l'affirmative est certaine. En effet, l'action des créanciers est une revendication; les créanciers, après que l'acte frauduleux est annulé et que la chose est rentrée dans le patrimoine de leur débiteur, la réclament contre le tiers possesseur, non plus en leur nom personnel, ils agissent au nom du débiteur, ils revendiquent; donc le tiers peut leur opposer l'usucapion.

Cela est absurde, dit-on; le débiteur a aliéné la chose, il a cessé d'être propriétaire; à son égard, c'est le premier acheteur qui est propriétaire; comment les créanciers de celui qui n'est plus propriétaire pourraient-ils revendiquer en son nom? On oublie la fiction en vertu de laquelle l'annulation de l'acte frauduleux fait rentrer la chose aliénée dans le patrimoine du débiteur, fiction en vertu de laquelle le débiteur est censé, à l'égard de ses créanciers, être toujours resté propriétaire de la chose. La conséquence de la fiction est que les créanciers peuvent revendiquer leur gage entre les mains du tiers possesseur au nom de leur débiteur. L'action qu'ils forment contre le tiers est donc une action réelle, et partant le tiers peut la repousser par l'usucapion.

Cette doctrine, absurde quand on ne tient pas compte de la fiction, est très-rationnelle si l'on considère le but de l'action et les intérêts divers qui y sont engagés. Les créanciers ne doivent pas être victimes de la fraude de leur débiteur; une convention entachée de fraude ne peut donc pas devenir un titre pour l'acquéreur, s'il revend la chose, il la transmet au second acquéreur, en vertu d'un titre vicié. Dès lors celui-ci ne peut pas devenir propriétaire, son droit est sujet à rescision aussi bien que celui de son auteur. Mais s'il est de bonne foi, s'il ignore le vice qui infecte son titre, pourquoi ne pourrait-il pas usucaper? Les jurisconsultes romains disaient avec raison que la fraude ne peut pas nuire à celui qui est de bonne foi; mais la bonne foi ne peut pas non plus avoir cet effet que le propriétaire dont le titre est sujet à rescision puisse concéder un droit qui ne soit pas soumis à cette même rescision. La bonne foi produira les effets qu'elle produit de droit commun, c'est-à-dire que, jointe au titre et à la possession, elle rendra le tiers propriétaire. Que si l'on objecte de nouveau que cela est absurde, que le tiers, tenant son droit du propriétaire, est devenu propriétaire, et qu'il est pour le moins très-singulier qu'un propriétaire invoque l'usucapion, nous répondrons que cette apparente absurdité s'explique par la fiction qui seule rend raison des effets de l'action paulienne. Celui qui traite avec le vendeur devient propriétaire à son égard, mais il ne le devient certes pas à l'égard des créanciers, car ceux-ci lui reprennent la chose en vertu de leur droit de gage; il est donc censé n'avoir jamais été propriétaire à leur égard et, par suite, il n'a pas pu, toujours à l'égard des créanciers, transférer la propriété à un second acquéreur. Si donc ce second acquéreur invoque l'usucapion, ce n'est pas à l'égard de son auteur, c'est à l'égard des créanciers qui revendiquent contre lui, au nom du débiteur; et s'ils peuvent agir au nom du débiteur, c'est qu'en vertu de cette même fiction la chose aliénée frauduleusement est rentrée dans son domaine et est censée n'en être jamais sortie. La fiction a toujours quelque chose d'absurde, parce qu'elle est contraire à la réalité des choses; mais on en doit nécessairement tenir compte dans la matière de l'action paulienne, sinon tout devient incertain et inexplicable.

471. C'est ce qui arrive dans l'opinion, généralement admise, qui permet aux créanciers d'intenter l'action paulienne contre les tiers acquéreurs. Les partisans de cette opinion se divisent sur la question que nous discutons.

D'après les uns, les tiers ne peuvent pas opposer l'usucapion aux créanciers, pas plus que le premier acheteur, car les créanciers agissent contre eux en vertu d'une action paulienne et on n'oppose l'usucapion qu'à celui qui agit en vertu d'une action réelle (1). Cela est logique. Reste à savoir comment on explique que l'action paulienne, essentiellement personnelle, peut être formée contre des tiers qui ne sont tenus à rien à l'égard des créanciers et qui ne figurent pas dans l'acte frauduleux du débiteur. L'objection a paru décisive à Proudhon, suivi par M. Larombière ; ils se sont dit que l'action donnée contre un tiers sans qu'il y ait aucun lien personnel entre le défendeur et le demandeur ne peut être qu'une action réelle, et si c'est une action réelle que les créanciers intentent contre les tiers possesseurs, ceux-ci peuvent se prévaloir de l'usucapion et de l'article 2279 (2). Reste à expliquer comment une action essentiellement personnelle peut donner aux créanciers le droit d'agir contre des tiers. Dire que l'action est *in rem scripta*, comme le fait Proudhon ou qu'elle est *personnelle-réelle*, comme s'exprime Larombière, c'est se payer de mots, et nous demandons des raisons. Chose singulière ! L'opinion commune refuse aux créanciers le droit d'agir contre les tiers de bonne foi, quoique la bonne foi n'ait rien à faire dans l'action en revendication. Et elle refuse aux tiers le vrai bénéfice de la bonne foi, le droit d'invoquer l'usucapion ! Ne serait-ce pas une preuve que l'on s'écarte des vrais principes et quand on s'en éloigne, tout devient arbitraire.

N° 6. QUELS ACTES LES CRÉANCIERS PEUVENT-ILS ATTAQUER ?

I. *Principe.*

472. L'article 1167 dit *les actes* sans restriction aucune ; donc les créanciers peuvent, en principe, attaquer

---

(1) Colmet de Santerre, t. V, p. 141 et suiv., nᵒˢ 82 *bis* XVIII. Aubry et Rau, t. IV, p. 144 et note 44, § 313. Demolombe, t. XXV, p. 244, nᵒ 243. Rejet, chambre civile, 9 janvier 1864 (Dalloz, 1865, 1, 19).

(2) Proudhon, *De l'usufruit*, t. V, p. 203, nᵒˢ 2405 et suiv. Larombière, t. I, p. 760, nᵒ 54 de l'article 1167 (Éd. B., t. 1, p. 311).

tout acte que leur débiteur fait en fraude de leurs droits. Telle est aussi la tradition. Domat dit : « Toutes les manières dont les débiteurs diminuent frauduleusement le fonds de leurs biens pour en priver leurs créanciers sont illicites, et tout ce qui sera fait à leur préjudice par de telles voies sera révoqué (1). » Le code donne quelques applications du principe (art. 622, 788, 882, 1053, 1447, 1464); il va sans dire que ce sont des exemples, qui ne restreignent aucunement la disposition générale de l'article 1167; dans notre opinion, les articles mêmes qui semblent n'exiger que le préjudice doivent être interprétés d'après l'article 1167, c'est-à-dire qu'il n'en résulte aucune modification du principe tel que la loi le formule.

Il a été jugé, et la chose n'est point douteuse, que les créanciers peuvent même attaquer par l'action paulienne les jugements rendus en fraude de leurs droits; seulement ils doivent le faire dans la forme de la tierce opposition. L'article 474 du code de procédure porte : « Une partie peut former tierce opposition à un jugement qui préjudicie à ses droits, et lors duquel ni elle ni ceux qu'elle représente n'ont été appelés. » Or, quand le débiteur se laisse condamner en fraude de ses créanciers, il est certain que ceux-ci ne sont pas représentés par le débiteur. Il faut distinguer, sous ce rapport, l'article 1166 et l'article 1167; quand les créanciers exercent les droits de leur débiteur, ils agissent en son nom et ils n'ont d'autre droit que lui; donc ce qui est jugé à l'égard du débiteur est jugé à l'égard des créanciers. Mais quand les créanciers attaquent un acte fait par le débiteur en fraude de leurs droits, ils agissent en leur nom personnel; loin d'être parties au jugement, ils sont des tiers lésés par le jugement; donc si le jugement leur cause un préjudice, ils peuvent invoquer l'article 474 du code de procédure (2).

La cour de Rennes a appliqué le principe au cas où l'obligation contractée par le débiteur a une cause illicite : il se laisse condamner en dissimulant au juge la vraie cause

(1) Domat, *Lois civiles*, livre II, titre X, section I, p. 205.
(2) Bruxelles, 7 mai 1828 (*Pasicrisie*, 1828, p. 262). Comparez Larombière, t. I, p. 751, n° 44 de l'article 1167 (Ed. B., t. I, p. 307).

de l'obligation; le créancier est complice. On se trouve dans les conditions requises par l'article 1167; les créanciers peuvent attaquer le jugement par la tierce opposition (1).

473. Il y a cependant une catégorie d'actes à laquelle l'article 1167 ne reçoit pas d'application, ce sont les actes concernant les droits que les créanciers ne peuvent pas exercer et qui, par conséquent, ne sont pas compris dans le gage que la loi leur donne sur les biens de leur débiteur. Cela résulte de l'essence même de l'action paulienne, telle que Domat la définit (n° 472); elle s'applique aux actes par lesquels le débiteur diminue frauduleusement le gage de ses créanciers. Pour que les créanciers puissent faire rentrer un droit dans le patrimoine qui leur sert de gage, il faut que le droit soit compris dans ce gage, c'est-à-dire qu'ils puissent l'exercer. S'ils ne peuvent pas l'exercer, l'acte fait par le débiteur ne leur cause aucun préjudice et sans préjudice il n'y a point d'action paulienne. Il faut donc appliquer ici ce que nous avons dit, sur l'article 1166, des droits exclusivement attachés à la personne du débiteur : il y a des droits personnels que le débiteur peut céder ou auxquels il peut renoncer ; mais ni la cession, ni la renonciation ne peuvent être attaquées comme frauduleuses, puisque ces droits ne forment pas le gage des créanciers : tel serait le droit qu'a le donateur de demander la révocation d'une donation pour cause d'ingratitude. C'est l'avis de tout le monde et la chose n'est pas douteuse (2).

474. Le deuxième alinéa de l'article 1167 paraît aussi faire une exception. Il est ainsi conçu: « Les créanciers doivent néanmoins, quant à leurs droits énoncés au titre des *Successions* et au titre du *Contrat de mariage,* se conformer aux règles qui y sont prescrites. » Quel est le sens de cette disposition? Signifie-t-elle qu'en matière de succession et de conventions matrimoniales les créanciers n'ont d'autres droits que ceux que la loi leur accorde expressément dans les deux titres auxquels l'article 1167

---

(1) Rennes, 9 avril 1851 (Dalloz, 1853, 2, 208).
(2) Colmet de Santerre, t. V, p. 128, n° 82 *bis* II. Aubry et Rau, t. IV, p. 131 et note 5, § 313. Demolombe, t. XXV, p. 163, n° 169.

renvoie? Il en résulterait une conséquence très-grave, c'est que les créanciers n'auraient pas le droit d'attaquer tout acte frauduleux en ces matières, ils ne pourraient intenter l'action paulienne que dans les cas où la loi la leur donne. Nous ne croyons pas que telle soit la pensée du législateur. D'abord il n'y aurait aucune raison pour restreindre ainsi les droits des créanciers. Par sa nature, l'action paulienne est générale; la fraude ne doit jamais nuire aux créanciers. Pourquoi leur nuirait-elle en matière de succession et de conventions matrimoniales?

Quel est donc le sens de l'article 1167? L'orateur du gouvernement l'explique dans l'*Exposé des motifs*. Après avoir dit que les créanciers peuvent attaquer en leur nom les actes faits en fraude de leurs droits, Bigot-Préameneu ajoute: « On n'a cependant pas voulu que des créanciers pussent troubler le repos des familles en attaquant certains actes qui sont *nécessaires*, actes qu'ils ne sont pas censés avoir ignorés et dans lesquels on leur donne seulement le droit d'*intervenir* pour y défendre leurs droits. Ces cas sont prévus dans le code civil. Tel est celui d'un cohéritier dont les créanciers peuvent s'opposer à ce qu'il soit procédé, hors leur présence, au partage des biens de la succession qu'il recueille et y intervenir à leurs frais, mais sans avoir le droit d'attaquer ce partage lorsqu'il est consommé, à moins qu'on n'eût procédé sans égard pour une opposition qu'ils auraient formée (1). » L'explication pourrait être plus claire, mais elle ne laisse aucun doute sur le sens de l'article 1167. Le deuxième alinéa n'a rapport qu'aux partages; ce sont là les actes *nécessaires* dont parle l'orateur du gouvernement: les tiers peuvent les connaître, le partage étant annoncé par un fait public, la mort du débiteur; les créanciers peuvent intervenir au partage et veiller à ce qu'il ne se fasse pas en fraude de leurs droits; de cette manière, on évite l'action paulienne et l'annulation d'un acte qui intéresse toute une famille. Cela ne veut pas dire que les créanciers n'aient jamais l'action paulienne; ils l'ont quand, au mépris de leur op-

(1) Exposé des motifs, n° 53 (Locré, t. V, p. 157).

position, on a procédé au partage sans les y appeler. En définitive, l'article 882 ne fait que modifier l'exercice du droit qui appartient aux créanciers.

Quelle est la modification que le droit des créanciers reçoit en matière de conventions matrimoniales ? Les auteurs répondent qu'il n'y en a aucune au titre du *Contrat de mariage*. En effet, l'article 1447 ne reproduit pas la disposition de l'article 882, ni aucun autre article du titre des *Conventions matrimoniales*. Il faut en conclure que le principe de l'article 1167 reste applicable sans restriction aucune. Nous reviendrons sur les difficultés en expliquant le *Contrat de mariage*.

II. *Application.*

475. Les créanciers peuvent-ils attaquer le mariage contracté en fraude de leurs droits? Cette singulière question s'est présentée devant la cour de Bruxelles dans l'espèce suivante. Un contrat de mariage assurait au survivant des époux l'usufruit des biens laissés par le prédécédé, avec cette clause qu'il prendrait fin au cas de convol en secondes noces. Le mari survécut, obéré de dettes, ses créanciers saisirent l'usufruit. Pour soustraire l'usufruit à l'action des créanciers, il contracta mariage avec une fermière âgée de 72 ans. Le mariage était évidemment simulé; les créanciers intentèrent l'action paulienne. Il a été jugé que le mariage, inattaquable quant à l'union des personnes, ne pouvait être opposé aux créanciers, parce qu'il n'était pas sérieux. La cour de Bruxelles considéra donc le mariage comme simulé plutôt que comme frauduleux (1). Il eût été impossible d'appliquer l'article 1167, car le droit de se marier ne forme pas partie du gage des créanciers; l'action paulienne suppose d'ailleurs que l'acte est sérieux et, dans l'espèce, il ne l'était pas. Nous reviendrons plus loin sur la différence qui existe entre les actes frauduleux et les actes simulés.

476. Une question analogue se présente pour l'éman-

(1) Bruxelles, 11 janvier 1837 (*Pasicrisie*, 1837, 2, 16).

cipation. Elle fait perdre au père l'usufruit des biens de ses enfants. Les créanciers peuvent-ils, de ce chef, attaquer l'émancipation comme frauduleuse? Merlin a soutenu l'affirmative devant la cour de cassation; la chambre des requêtes, contrairement à ses conclusions, admit le pourvoi contre un jugement qui avait annulé une émancipation comme faite en fraude des créanciers du père. L'affaire n'eut pas de suite. Toullier dit que la cour a bien jugé. Merlin maintient son opinion (1). Il nous est difficile de croire que l'émancipation soit comprise parmi les actes que les créanciers peuvent attaquer. Ce n'est pas un droit que les créanciers puissent exercer, c'est un attribut de la puissance paternelle, droit essentiellement moral. Cela décide la question, nous semble-t-il (n° 473).

477. Les créanciers peuvent-ils attaquer un compte de tutelle comme fait en fraude de leurs droits? Une mère tutrice et insolvable dresse un compte de tutelle à la hâte et cède le même jour, à ses enfants, en payement partiel du reliquat, ses biens immeubles et son droit d'usufruit. Elle exagérait les recettes dans son compte, et y diminuait ou dissimulait complétement les dépenses. Le compte était donc frauduleux : les créanciers pouvaient-ils l'attaquer? Oui, et sans doute aucun; ils n'avaient pas même besoin de prouver la complicité des enfants, puisque l'acte frauduleux leur assurait des avantages purement gratuits; il suffisait de la fraude de la mère débitrice (2).

478. L'article 788 permet aux créanciers d'attaquer la renonciation qu'un héritier fait en fraude de leurs droits. Nous avons expliqué cette disposition au titre des *Successions*. Dans notre opinion, l'article 788 est une application de l'article 1167; il faut donc appliquer à l'action des créanciers ce que nous avons dit de l'action paulienne.

Le code ne parle pas de l'acceptation d'une succession, peut-être parce que la question ne se présentera guère. D'après ce que nous venons de dire sur le second alinéa de l'article 1167, l'action paulienne reçoit son application

---

(1) Merlin, *Questions de droit*, au mot *Usufruit paternel*, § I (t. XVI, p. 316). Toullier, t. III, 2, p. 238, n° 368.
(2) Gand, 29 juillet 1852 (*Pasicrisie*, 1853, 2, 137).

en matière de succession, sans autre restriction que celle qui résulte de l'article 882. Il faut donc décider que les créanciers pourraient attaquer l'acceptation si réellement elle était faite en fraude de leurs droits.

479. Le mari vend des biens de la communauté : il déclare dans l'acte de vente que les immeubles vendus ont été acquis pendant la communauté qui existe entre lui et sa femme, ajoutant que celle-ci n'a cependant aucun droit de propriété à y exercer, attendu qu'aux termes de l'article 1421 il peut valablement les vendre sans le concours de sa femme tant que la communauté n'a pas été dissoute. La femme demande la séparation de corps, puis elle dirige une action en nullité contre le mari et l'acquéreur. Le mari fait défaut, l'acquéreur oppose à la femme qu'elle est sans qualité, parce qu'au moment de la vente elle n'avait aucun droit sur les biens de la communauté dont son mari avait la pleine et libre disposition. Cette fin de non-recevoir a été écartée par la cour de Colmar dans un arrêt très-bien motivé. Il est vrai que la femme est exclue de l'administration de la communauté; le mari l'administre seul, il peut aliéner sans le concours de la femme (art. 1421); la femme n'a pas même le droit de s'opposer aux actes que le mari fait. Est-ce à dire que la femme n'ait aucun droit sur les biens de la communauté? Elle est associée, donc copropriétaire. Vainement dit-on avec Dumoulin que la femme a seulement l'espérance de devenir associée; cela est vrai en ce sens que, pendant la durée de la communauté, elle ne peut faire aucun acte d'associé; cela n'est pas vrai en ce sens que la femme devient seulement associée à partir de la dissolution de la société. Quand le mari achète un immeuble comme chef de la communauté, cet immeuble entre dans l'actif de la communauté; donc il devient la propriété commune des associés. Que la femme soit un associé passif, inerte, dormant, peu importe, elle n'en est pas moins associée; à la dissolution de la communauté, cet associé se réveille et reprend parole et action pour attaquer les actes faits au préjudice de ses droits. On objecte tout aussi vainement que le mari est maître et seigneur, qu'il peut user et abuser sans que la femme ait le droit de se plaindre, sauf à elle à demander la séparation de biens. Le mari est propriétaire, mais il n'a pas un pouvoir plus étendu que le propriétaire; ses droits sont, au contraire, moins étendus, parce qu'il est aussi associé. Voilà pourquoi il ne peut, en principe, disposer des biens de la communauté à titre gratuit. Quant au pouvoir absolu d'user et d'abuser, il l'a en ce sens qu'il peut mal gérer sans être responsable de sa mauvaise gestion. Toutefois il y a une limite à son pouvoir comme à celui du propriétaire même, il ne peut pas agir en fraude des droits de la femme, son associée. Le droit et la justice réclament contre un pareil abus. Quoi! c'est aux soins et aux labeurs de la femme que le mari doit les deniers avec lesquels il achète un immeuble, et il lui serait permis de l'aliéner en fraude de ses droits! Ici c'est le cas de dire que la fraude fait exception à tous les principes. La loi admet que la femme puisse souffrir de la légèreté et de l'incapacité du mari, elle ne pouvait pas admettre qu'elle devienne victime d'actes qui auraient été machinés en fraude de ses droits et de ses intérêts par celui-là même qui a mission de la protéger et de la défendre. Pourquoi la femme, quoique associée, est-elle subordonnée à son mari à ce point qu'elle est exclue de l'administration de la société? C'est à raison de la puissance maritale; mais cette puissance est une puissance de protection, et non de spoliation.

On fait une objection spécieuse. Aux termes de l'article 271, toute aliénation des immeubles de la communauté faite par le mari pendant l'instance en divorce, et postérieurement à l'ordonnance du juge qui enjoint aux parties de comparaître devant lui, est déclarée nulle s'il est prouvé d'ailleurs qu'elle ait été faite en fraude des droits de la femme. On en conclut que les actes antérieurs à cette ordonnance ne peuvent être annulés, quand même ils seraient frauduleux. La conséquence est inadmissible, dit la cour de Colmar. Conçoit-on que le législateur autorise le mari à frauder les droits de la femme, même avec dessein de lui nuire, qu'un tiers se rende complice de ces actes de spoliation et qu'elle défende à la femme d'atta-

quer ces actes, parce que les spoliateurs y ont mis assez
de diligence pour que la fraude soit consommée avant
l'ordonnance de comparution? Hâtons-nous d'ajouter que
la loi ne dit pas cela. C'est par un argument *à contrario*
que l'on déduit cette conséquence immorale de l'article 271; l'argumentation fondée sur le silence du législateur conduit ici, comme presque toujours, à un résultat
contraire aux principes, contraire à la vraie volonté du
législateur. L'article 271, spécial à la matière du divorce, n'a prévu qu'un cas de fraude, celui qui se présente
ordinairement quand le mari, irrité par l'action que la
femme dirige contre lui, veut se venger en la dépouillant
des avantages que la communauté va lui procurer si elle
est dissoute à la suite du divorce. Mais de ce que la loi
a prévu la fraude la plus ordinaire, va-t-on conclure qu'elle
légitime une fraude plus longuement préméditée(1)? Ainsi
entendu, dit-on, l'article 271 est inutile. Eh! qu'importe?
Mieux vaut interpréter la loi de manière qu'elle soit inutile que de l'interpréter de manière qu'elle soit immorale.
Nous avons dit, au titre du *Divorce*, que l'article 271 a
été introduit dans le code comme application des principes
généraux (2).

480. Les actes consentis par le débiteur insolvable au
profit d'un de ses créanciers donnent lieu à de fréquentes
contestations. Quand le débiteur est commerçant, la loi
a prévu la difficulté, et elle l'a tranchée en annulant les
actes que le failli ferait au préjudice de ses créanciers
Ces dispositions spéciales aux commerçants ne reçoivent
aucune application aux débiteurs civils, la déconfiture
reste sous l'empire du droit commun. Nous avons dit que
le débiteur, quoique insolvable, conserve la libre disposition de ses biens. De là suit qu'il peut payer un de ses
créanciers ou lui céder des biens en payement de ce qu'il
lui doit, ou lui accorder des garanties hypothécaires qui
lui assurent la préférence à l'égard des créanciers chirographaires. Il est vrai que ces actes, favorables à l'un

(1) Colmar, 25 février 1857 (Dalloz, 1857, 2, 88).
(2) Voyez le tome III de mes *Principes*, p. 293, n° 253.

des créanciers, tournent au préjudice des autres. Mais le préjudice seul ne suffit point pour que les créanciers aient l'action paulienne; il faut que le préjudice ait été causé par un acte frauduleux. C'est le droit commun, et la loi n'y déroge pas en matière de déconfiture. On a souvent prétendu que la connaissance que le créancier a de l'insolvabilité du débiteur est une preuve de fraude. Cela n'est pas exact. Le créancier qui reçoit ce qui lui est dû use de son droit; plus diligent, plus sévère, si l'on veut, que les autres créanciers, il a le droit d'exiger le payement de ce qui lui est dû; il est encore dans son droit en se faisant accorder des garanties hypothécaires. Ce qui fait croire qu'il y a là une fraude, c'est qu'il en résulte une inégalité entre les créanciers. Mais la loi ne veut l'égalité entre les créanciers, en cas de déconfiture, que lorsqu'ils vendent les biens du débiteur commun et qu'ils se distribuent les deniers provenant de la vente; le prix se distribue alors entre eux par contribution (art. 2093 et art. 8 de la loi hypothécaire belge). Hors de là, c'est à chaque créancier de veiller à ses intérêts. Il y a cependant une limite à ce droit, c'est que le débiteur ne peut rien faire en fraude des créanciers. Si donc l'acte qui intervient entre lui et un de ses créanciers est fait en fraude des autres créanciers, ceux-ci peuvent intenter l'action paulienne.

Il y a une difficulté de fait particulière à ces contestations; le créancier avantagé peut dire qu'il a usé de son droit; aussi les tribunaux ont-ils toujours rejeté l'action paulienne quand les demandeurs alléguaient uniquement la connaissance que le créancier avantagé à leur préjudice avait de l'insolvabilité du débiteur. Il faut que le débiteur ait agi en fraude de ses créanciers et que le créancier avec lequel il a traité soit complice de la fraude. C'est une question de fait très-délicate que les juges décideront d'après les circonstances de chaque cause (1).

481. Nous avons déjà cité un arrêt de la cour de cassation qui décide la question en ce sens, arrêt remarqua-

---

(1) Larombière, t. I, p. 747, n° 40 (Ed. B., t. I, p. 305). Aubry et Rau, t. IV, p. 140, § 313. Demolombe, t. XXV, p. 223, nᵒˢ 224-226.

ble, puisque la cour a cassé une décision qui avait annulé comme frauduleux un acte d'hypothèque consenti par le débiteur à quelques-uns de ses créanciers au préjudice d'un autre créancier qui avait obtenu un jugement emportant hypothèque. Les divers créanciers, dit la cour de cassation, ont usé de leurs droits, l'un en exerçant des poursuites judiciaires à l'effet de se procurer une hypothèque, c'est-à-dire une position privilégiée à l'égard des créanciers chirographaires; les autres, en se rapprochant de leur débiteur, soit pour obtenir le payement, soit pour stipuler des garanties. Tout ce qui s'était passé avait pour but unique de sauvegarder des droits légitimes par des moyens légitimes; il n'y avait donc aucune fraude (1). Dans l'espèce, les divers créanciers avaient cherché à s'avantager, en ce sens que tous avaient pour but d'obtenir ce qui leur était dû. Or, aucune loi, dit une autre cour, n'interdit aux créanciers qui ont des craintes sur la solvabilité de leur débiteur commun, et qui même connaissent son insolvabilité absolue, de faire diligence pour échapper à la perte qu'ils prévoient. Aucune loi ne s'oppose à ce que le débiteur fasse la condition de quelques-uns de ses créanciers meilleure que celle des autres, soit en les payant, soit en leur cédant des biens, soit en leur donnant des hypothèques. Il est si vrai que cela est de droit commun, qu'il a fallu des dispositions formelles du code de commerce pour y déroger; mais ces dérogations ne peuvent pas être étendues à la déconfiture (2). La cour de Caen a jugé de même que la cession faite par un débiteur insolvable à un de ses créanciers ne pouvait être attaquée comme frauduleuse par les autres; mais les termes de l'arrêt ne sont-ils pas trop absolus? Il n'est pas allégué, dit la cour, que le créancier cessionnaire ait employé des moyens dolosifs pour se faire consentir la cession qui lui a été faite. La cour confond le dol avec la fraude paulienne; la différence est grande, comme nous l'avons dit; il ne faut pas de dol pour que l'acte soit

---

(1) Cassation, 3 mars 1869 (Dalloz, 1869, 1, 200).
(2) Arrêt du 28 mai 1853, de la cour de l'île de la Réunion, confirmé par un arrêt de rejet du 6 juillet 1858 (Dalloz, 1858, 1, 414).

frauduleux à l'égard des créanciers. C'est précisément là la difficulté de cette matière : comment distinguer la fraude du dol? Dans l'espèce, il y avait en conflit un créancier diligent et des créanciers négligents; ceux-ci, dit l'arrêt, ont à s'imputer de n'avoir pas mis le même soin à assurer le payement de leurs créances (1).

Quand la diligence devient-elle fraude? Un père fait une donation à sa fille par son contrat de mariage d'une somme de 20,000 francs, payable en quatre termes. Il fait une donation semblable à son fils, également dans son contrat de mariage. Le donateur ne remplit pas ses engagements. Des poursuites furent exercées contre lui par ses créanciers et une instance s'engagea. Dans l'intervalle d'une remise de cause, le débiteur constitua une hypothèque à sa fille et à son fils sur tous ses immeubles pour sûreté des 40,000 francs, montant des donations; puis il leur vendit ces mêmes immeubles et un ordre s'ouvrit pour la distribution du prix. Les créanciers chirographaires demandèrent la nullité de l'hypothèque et de la vente comme faites en fraude de leurs droits. Leur demande fut admise par la cour de Lyon. Toutes les circonstances de la cause, dit l'arrêt, prouvent que les actes attaqués ont été faits pour transmettre les biens du débiteur à ses enfants au préjudice de ses créanciers. Au moment où l'hypothèque a été donnée aux enfants, ceux-ci ne pouvaient ignorer la situation de leur père, puisque quatre protêts avaient eu lieu dans les huit jours qui précédèrent l'acte. Puis des poursuites judiciaires commencèrent; le débiteur demanda une remise et il en profita pour dépouiller ses créanciers au profit de ses enfants. Sur le pourvoi en cassation, il intervint un arrêt de rejet. La cour constate que l'arrêt attaqué ne se borne pas à déclarer que les enfants avaient connaissance du mauvais état des affaires de leur père, que de plus il était dit que le débiteur était poursuivi par ses créanciers et que c'est dans le court délai résultant d'une remise qu'il avait transmis ses biens à ses enfants. En appréciant ces faits, dit

(1) Caen, 24 juillet 1857 (Dalloz, 1858, 2, 12).

l'arrêt, ainsi que les autres circonstances de la cause, la cour de Lyon a pu y voir l'intention de faire fraude aux créanciers (1).

482. Ce que nous disons des actes faits par le débiteur insolvable au profit de l'un de ses créanciers, il faut aussi l'appliquer aux nouvelles dettes qu'il contracte. La déconfiture n'empêche pas le débiteur de s'obliger valablement, et la connaissance que le nouveau créancier a de l'insolvabilité de son débiteur n'est pas une preuve de fraude ; il peut aussi stipuler des garanties pour sûreté de sa créance. Tous ces actes sont valables, pourvu que le débiteur soit de bonne foi. Et il se peut très-bien que les parties contractantes agissent de bonne foi ; si, par exemple, le débiteur espère rétablir ses affaires moyennant un emprunt qu'il contracte, le prêteur rendra service aux créanciers, et il est bien naturel qu'il stipule des garanties. Si l'insolvabilité continue et que les créanciers en viennent à saisir les biens, ils ne pourront pas attaquer comme frauduleux des actes faits sans fraude aucune. Il sera toujours difficile de prouver la fraude dans cette seconde hypothèse, aussi bien que dans la première ; un débiteur insolvable est dans la nécessité de contracter des dettes nouvelles, et ceux qui traitent avec lui exigent naturellement des sûretés. C'est une mission très-délicate pour le juge de distinguer le droit de l'abus du droit. Les principes ne laissent aucun doute, il est donc inutile d'insister (2).

§ III. *Effets de l'action paulienne.*

N° 1. BUT DE L'ACTION.

483. L'action paulienne est-elle une action en nullité ? Ceux qui connaissent les premiers éléments du droit romain doivent être étonnés de voir la question posée, et plus étonnés encore de la voir résolue négativement. Voet

---

(1) Rejet, 12 février 1849 (Dalloz, 1849, 1, 127).
(2) Aubry et Rau, t. IV, p. 140 et suiv., et note 33, § 313.

nous fera connaître la tradition romaine. Les termes de l'édit du préteur prouvent que l'action tendait à la rescision de l'acte frauduleux. Aussi Voet dit-il que l'acte révoqué sur la demande des créanciers est censé n'avoir jamais existé. Cela résulte de la nature même de l'action. De quoi se plaignent les créanciers? Ils disent que le débiteur a disposé frauduleusement d'un bien qui était leur gage; ils demandent que le bien qui leur a été soustrait par fraude leur soit rendu, c'est-à-dire rentre dans le patrimoine du débiteur; si une aliénation avait été faite en fraude de leurs droits, ils veulent que cette aliénation soit révoquée et le bien restitué, comme s'il n'y avait pas eu de vente et comme si rien n'avait été fait (1).

Le code a-t-il innové? Si telle avait été l'intention du législateur, il l'aurait dit et il aurait dû le dire, puisqu'il s'agit de l'essence de l'action paulienne. Il n'y a pas la moindre trace de cette intention dans les textes, et l'on sait que les travaux préparatoires sont nuls. L'article 1167 dit que les créanciers peuvent *attaquer* les actes faits par leur débiteur en fraude de leurs droits. Quand on *attaque* un acte pour cause de fraude, on demande naturellement que cet acte soit anéanti. C'est en ce sens que sont conçus tous les articles du code qui appliquent le principe de l'article 1167. « Les créanciers de l'usufruitier, dit l'article 622, peuvent faire *annuler* la renonciation qu'il aurait faite à leur préjudice. » Aux termes de l'article 788, les créanciers peuvent demander que la renonciation de leur débiteur à une succession soit *annulée*. L'article 882 porte que les créanciers d'une succession ne peuvent *attaquer* le partage consommé que s'il y a été procédé sans eux et au préjudice d'une opposition qu'ils auraient formée; le mot *attaquer* est l'expression de l'article 1167; le sens n'en est pas douteux dans l'article 882, on *attaque* un partage pour en obtenir l'annulation : tel est le but des créanciers, car ils veulent accepter la succession de leur

(1) Voet, XLII, 8, 1 et 2 : « *Tendit hæc actio ad id, ut* IN PRISTINUM REPONATUR STATUM, *quod in fraudem creditorum gestum est.... adeòque omnia perindè* REVOCENTUR RESTAURENTURQUE, AC SI NEQUE ALIENATIO FACTA AUT QUID ALIUD GESTUM SIT. »

chef; et comment l'accepteraient-ils si la renonciation n'était pas annulée? Il en est de même des créanciers qui attaquent la renonciation que la femme commune fait à la communauté. Enfin l'article 271 est formel : « Toute obligation contractée par le mari à la charge de la communauté, toute aliénation par lui faite des immeubles qui en dépendent *sera déclarée nulle*, s'il est prouvé qu'elle ait été faite ou contractée en fraude des droits de la femme. »

484. Malgré les textes, malgré la tradition, on soutient que l'action paulienne n'est pas une action en nullité ou en révocation proprement dite. Ce que demande le créancier, c'est que l'acte fait en fraude de ses droits ne lui soit pas opposable, de manière qu'il puisse obtenir son payement comme si cet acte n'existait pas. Il ne demande pas que l'acte soit déclaré nul ou révoqué d'une manière absolue, soit à l'égard des personnes qui l'ont consenti, soit à l'égard d'autres personnes; il n'agit que dans son intérêt individuel et relatif; l'acte subsiste, seulement les effets en sont paralysés à l'égard des créanciers (1).

Au premier abord, on pourrait croire qu'il ne s'agit que d'une dispute de mots. Il est certain que l'acte frauduleux subsiste entre le débiteur et celui avec lequel il a traité. A-t-il vendu un immeuble, la vente est valable entre le vendeur et l'acheteur, en ce sens que l'action paulienne, quand même elle serait admise, n'anéantirait pas la convention qui est intervenue entre le débiteur et celui à qui il a vendu la chose. Mais la vente frauduleuse est annulée dans l'intérêt des créanciers. Ici les auteurs modernes s'écartent de la tradition et, à notre avis, des vrais principes. D'après eux, l'action paulienne est une action personnelle en réparation du préjudice causé au créancier qui l'intente. Voet dit, au contraire, que c'est une action en rescision ou en nullité, et le code s'exprime dans le même sens. Sans doute, le créancier agit à rai-

---

(1) Demolombe, t. XXV, p. 250, n° 246. Aubry et Rau, t. IV, p. 137, et note 24, § 313.

son du préjudice qu'il éprouve; mais en quoi consiste le préjudice et comment est-il réparé? L'acte frauduleux a fait sortir du patrimoine du débiteur un bien qui était le gage de ses créanciers et, par conséquent, le gage du demandeur : voilà le préjudice. Donc l'action doit tendre à ce que le bien rentre dans le patrimoine du débiteur, et pour cela il faut que l'acte qui l'en a fait sortir soit annulé. Cependant cet acte subsiste entre les parties contractantes. Comment un acte peut-il être annulé tout ensemble et subsister? Ici intervient la fiction dont les auteurs modernes ne tiennent aucun compte. Les créanciers ont obtenu l'annulation d'une vente frauduleuse; la chose vendue rentre dans le patrimoine du débiteur, et elle doit y rentrer pour être comprise dans le gage qui appartient aux créanciers sur les biens de son débiteur. Si elle rentre dans le patrimoine du débiteur, celui-ci en est donc propriétaire, et il a néanmoins cessé de l'être. Voilà le conflit entre la réalité et la fiction; quand on admet la fiction, tout s'explique. Quand on ne l'admet pas, tout est incertitude et doute.

485. La jurisprudence s'est prononcée pour l'opinion traditionnelle. On qualifie ordinairement l'action paulienne d'action *révocatoire;* elle opère donc révocation de l'acte frauduleux, et le mot *révocation* est synonyme de résolution; ce qui implique que l'acte est anéanti et que les choses sont remises au même état que si l'acte n'avait pas existé. C'est en ce sens que la cour de Bruxelles appelle l'action paulienne une action en résolution (1). L'expression est caractéristique : l'acte frauduleux est anéanti.

Un tribunal de première instance, tout en admettant l'action paulienne, avait maintenu l'acte en partie jusqu'à concurrence d'une certaine somme et l'avait annulé pour le reste. Sur l'appel, il a été jugé que la fraude dont un acte est entaché *le vicie dans son essence* et en entraîne la *nullité radicale et intégrale* (2).

(1) Bruxelles, 22 février 1821 (*Pasicrisie*, 1821, p. 309).
(2) Bastia, 29 mai 1855 (Dalloz, 1856, 2, 112).

Par application du même principe, il a été jugé que la nullité de l'acte frauduleux entraîne la nullité des conventions qui en sont une dépendance. Un père vend à ses deux enfants la totalité de ses biens et délègue une partie du prix aux créanciers hypothécaires inscrits sur les immeubles vendus et une autre partie au profit de créanciers chirographaires désignés dans l'acte. Il était, en outre, déclaré que pour assurer le payement des délégations faites aux créanciers chirographaires, le vendeur leur cédait le privilége et l'action résolutoire qui lui étaient conférés par la loi, et qu'au besoin le vendeur et les acheteurs affectaient hypothécairement les immeubles compris dans la vente. Les créanciers chirographaires non compris dans cet acte en demandèrent la nullité comme étant fait en fraude de leurs droits. Sur le pourvoi en cassation il fut décidé que l'affectation hypothécaire n'était qu'un moyen d'exécution pour assurer le payement des sommes déléguées; la convention accessoire devait donc tomber avec la convention principale (1).

486. Si l'action paulienne est une action en nullité, la conséquence qui en résulte est que le créancier qui l'intente conclut à l'annulation de l'acte frauduleux. Dans l'opinion contraire, on enseigne que l'action du demandeur tend à la réparation du préjudice que l'acte frauduleux lui cause (2). Notre opinion est basée sur le texte de l'article 1167 et des articles qui l'appliquent; d'après l'article 1167, les créanciers *attaquent l'acte* même qui a été fait en fraude de leurs droits; ce qui, d'après les autres dispositions du code que nous avons citées, veut dire que le demandeur conclut à l'annulation de l'acte. On ne conçoit pas même que le créancier demande la réparation du préjudice que lui cause l'acte frauduleux. Ce serait une action en dommages et intérêts, pour mieux dire, en payement. De quel droit un créancier demanderait-il à un tiers le payement de ce qui lui est dû? Il n'a de droit que sur la chose qui a été soustraite au patrimoine du débi-

---

(1) Cassation, 1er août 1865 (Dalloz. 1865, 1, 356).
(2) Demolombe, t. XXV, p. 251, no 247.

teur et au gage qu'il avait sur ce patrimoine; il ne peut donc demander que la restitution de cette chose, et pour cela il faut qu'il demande l'annulation du contrat frauduleux.

487. Quelle sera la conséquence de l'action paulienne? Si l'on admet le principe traditionnel, la réponse est très-simple. L'acte frauduleux, dit Voet, est considéré comme s'il n'avait jamais existé; par suite, la valeur qui était frauduleusement sortie du patrimoine du débiteur y rentre fictivement, et les créanciers exercent leurs droits sur cette valeur comme sur tous les autres biens du débiteur. La fiction joue de nouveau un rôle ici. Si l'acte frauduleux est une vente, le bien aliéné rentre dans le patrimoine du débiteur et il est soumis au droit de gage des créanciers; cependant ce bien n'appartient pas au débiteur; comment donc les créanciers le saisiront-ils pour le faire vendre? En vertu de la fiction qui considère la vente comme non avenue en faveur des créanciers (1).

Dans l'opinion contraire, on enseigne que les biens aliénés par le débiteur ne rentrent pas dans son patrimoine; la révocation de l'acte frauduleux a seulement cet effet que les créanciers peuvent exercer leur droit de gage sur le bien aliéné et malgré cette aliénation (2). Pourquoi s'écarte-t-on de la tradition romaine dans un point aussi essentiel? Les éditeurs de Zachariæ invoquent l'article 788. Quand le débiteur renonce à une succession et que les créanciers font annuler la renonciation comme frauduleuse, les biens de la succession ne rentrent pas dans le patrimoine du débiteur, ce sont les créanciers qui se font autoriser par justice à accepter la succession au nom de leur débiteur. L'argument ne nous paraît pas heureux. Lorsque le débiteur renonce à une succession, il est censé n'avoir jamais été héritier, il n'a plus de droit; il est donc impossible que les créanciers agissent sur les biens de la succession comme s'ils faisaient partie du patrimoine

(1) Colmet de Santerre, t. V, p. 138, n° 82 *bis* XIII. Comparez Namur, *Institutes,* t. II, p. 330, n° 5 de la deuxième édition.
(2) Aubry et Rau, t. IV, p. 141 et suiv., et note 38, § 313, et les auteurs en sens divers qui y sont cités.

du débiteur. Voilà pourquoi ils doivent être autorisés par justice à accepter la succession; et pour la même raison la renonciation n'est annulée que jusqu'à concurrence de leurs créances. C'est une disposition toute spéciale. On ne peut donc pas s'en prévaloir comme d'une application des principes généraux qui régissent l'action paulienne. Nous n'insistons pas sur ce point, puisque nous avons déjà expliqué l'article 788. Si l'on écarte cette disposition, on se trouve en présence de la tradition, qui est décisive dans une matière toute traditionnelle.

488. Il suit de là que la révocation de l'acte frauduleux ne profite pas exclusivement au créancier qui a intenté l'action paulienne; elle profite même aux créanciers qui n'ont pas été parties dans l'instance. En effet, le bien qui était sorti du patrimoine du débiteur y rentre, il y rentre pour redevenir le gage des créanciers; pour mieux dire, il est censé être toujours resté leur gage. Donc il n'y a aucune raison pour limiter l'effet de l'action au demandeur.

Ce point est cependant des plus controversés. On objecte contre l'opinion traditionnelle qu'elle est en opposition avec les principes qui régissent la chose jugée. Si tous les créanciers figurent dans l'instance en révocation, il va sans dire que tous profitent de la révocation, puisqu'elle est prononcée au profit de tous. Mais on suppose que l'action est intentée par un seul créancier; ceux qui n'ont pas été parties en cause pourront-ils néanmoins l'invoquer? Non, dit-on, car les jugements ne profitent pas aux tiers, de même qu'ils ne leur nuisent pas. Donc le créancier qui agit peut seul se prévaloir du jugement (1). Nous répondons que les principes de la chose jugée ne reçoivent pas leur application à l'action paulienne, par la raison que le créancier qui l'intente ne demande rien en son nom personnel. Son action n'est pas, comme on le prétend, une action en dommages et intérêts; l'article 1167 nous dit à quoi elle tend : il attaque un acte que le débi-

---

(1) Aubry et Rau, t. IV, p. 141, et note 41, § 313. Demolombe, t. XXV, p. 250, n° 246.

teur a fait en fraude des droits de ses créanciers, il demande que cet acte soit annulé et que la valeur qui est sortie frauduleusement du patrimoine du débiteur y rentre; ou, comme le dit Voet, que l'acte frauduleux soit considéré comme non avenu, et que par suite la chose aliénée soit censée être toujours restée dans le patrimoine du débiteur; or, si la chose est toujours restée dans le patrimoine du débiteur, elle a toujours été le gage de tous; donc tous les créanciers profitent nécessairement de la révocation de l'acte frauduleux. Comment concilier ce résultat avec le principe de la chose jugée? Les créanciers ont tous un même intérêt, c'est d'obtenir la révocation d'un acte qui a été fait en fraude de tous. Donc il suffit que l'un d'eux agisse, il représente les autres par la nature même de l'action; car demander l'annulation d'un acte qui a été fait en fraude de tous les créanciers, c'est faire une demande qui les intéresse tous; les moyens qu'il fait valoir sont ceux que tous les créanciers invoqueraient s'ils étaient en cause; car ce n'est pas contre le demandeur personnellement que l'acte frauduleux a été fait, il a été fait en fraude de tous les créanciers. De même que l'acte frauduleux a fait sortir le bien du patrimoine du débiteur, au préjudice de tous les créanciers, de même la révocation de l'acte doit profiter à tous, en faisant rentrer la chose dans le gage commun des créanciers. Ce résultat est en harmonie avec le but de l'action; elle ne tend pas à avantager le créancier demandeur, il n'y a absolument aucune raison pour que l'action profite exclusivement à celui qui l'intente; au contraire, cela serait en opposition avec le principe d'où dérive l'action; c'est parce que les biens du débiteur sont le gage commun de ses créanciers que l'acte qui soustrait un bien de ce gage peut être attaqué s'il est frauduleux; si l'action ne profitait qu'au créancier demandeur, elle irait à l'encontre de son but, elle priverait les autres créanciers de leur droit de gage, ou elle les forcerait à intenter une nouvelle action et à multiplier inutilement des frais qui épuiseraient un patrimoine en déconfiture. Les éditeurs de Zachariæ avouent que le bénéfice de l'action doit profiter à tous les créan-

ciers, si l'on admet qu'elle a pour but et pour effet de faire
rentrer dans le patrimoine du débiteur la chose frauduleusement aliénée; cet aveu est décisif contre l'opinion
que nous combattons, car la tradition atteste que tel est
le but et le résultat de l'action paulienne; donc l'opinion
contraire s'écarte de la tradition, ce qui suffit pour la faire
rejeter (1).

489. Les auteurs qui admettent que la révocation profite à tous les créanciers se divisent sur l'application du
principe. Il y en a qui distinguent. L'action paulienne ne
peut être intentée que par les créanciers antérieurs à
l'acte frauduleux, donc eux seuls doivent profiter du jugement qui intervient. Conçoit-on que les créanciers postérieurs qui n'auraient pas pu former l'action en nullité
profitent néanmoins de l'annulation? La raison s'y oppose,
dit-on, autant que les principes de droit. Quel est le fondement de l'action paulienne? C'est le préjudice causé
aux créanciers par l'acte frauduleux; or, l'acte ne cause
de préjudice qu'aux créanciers antérieurs; de quel droit
les créanciers postérieurs qui n'éprouvent aucun préjudice de l'acte frauduleux profiteraient-ils de la réparation
du préjudice causé à d'autres créanciers (2)?

L'argumentation est très-spécieuse, mais elle nous paraît contraire aux principes qui régissent le droit de gage
des créanciers, et c'est dans ces principes que l'action
paulienne a son fondement. Les biens du débiteur sont
le gage commun de ses créanciers, dit l'article 2093 (art. 8
de la loi hypothécaire belge). A quelle époque le gage se
réalise-t-il? Lors de la saisie des biens, quand le débiteur ne satisfait pas à ses engagements. Or, à ce moment le bien aliéné frauduleusement est rentré dans le
patrimoine du débiteur, il fait partie du gage commun
des créanciers, il est compris dans la saisie qui frappe
tous ses biens; donc il doit profiter à tous les créanciers,

---

(1) C'est l'opinion commune. Duranton, t. X, p. 597, n° 574. Colmet de
Santerre, t. V, p. 138, n° 82 *bis* XIV. Larombière, t. I, p. 768, n° 62 de
l'article 1167 (Ed. B., t. I, p. 313).
(2) Larombière, t. I, p. 768, n° 62 (Ed. B., t. I, p. 313). Mourlon, *Répétitions*, t. II, p. 530 et suiv.

ainsi que les autres biens du débiteur dans lesquels il se trouve confondu. En effet, l'article 2098 continue : « Le prix des biens du débiteur se distribue entre tous les créanciers par contribution, à moins qu'il n'y ait entre eux des causes légitimes de préférence. » Quelles sont ces causes légitimes de préférence? L'article 2094 répond : les priviléges et les hypothèques. Cela décide notre question. Le créancier qui a intenté l'action paulienne n'acquiert par là ni privilége ni hypothèque; les créanciers antérieurs à l'acte frauduleux pas davantage. Donc tous sont sur la même ligne, d'après le droit commun. Vainement dit-on que les créanciers postérieurs n'ont pas pu demander la nullité de l'acte frauduleux; cela est très-vrai, mais qu'importe? Ils ne demandent rien que ce que la loi leur donne, leur droit de gage sur les biens du débiteur. Pour les priver du droit de gage sur les biens aliénés qui rentrent dans le patrimoine du débiteur, il faudrait une disposition spéciale et formelle, car ce serait une exception à une règle générale; or, cette exception n'existe pas dans la loi, et on ne peut pas la créer par voie d'interprétation (1).

490. L'opinion que nous avons suivie laisse quelque doute en ce qui concerne les effets de la chose jugée. Nous admettons que le jugement profite aux créanciers qui n'ont pas été parties en cause. En faut-il conclure que le jugement leur nuit s'il décide que l'acte n'est point frauduleux? Non, car le jugement ne peut jamais nuire à ceux qui n'y ont pas figuré comme parties. S'ils en profitent en cas de révocation, c'est indirectement, ils n'invoquent pas la chose jugée; ils saisissent un bien qui forme le gage commun des créanciers. Il n'y a donc pas de contradiction à admettre que les créanciers peuvent saisir un bien qui est rentré dans le patrimoine de leur débiteur, fût-ce en vertu d'un jugement, et à décider que le jugement qui rejetterait l'action paulienne ne peut leur être opposé. Il en est des jugements comme des conventions. Les conventions aussi n'ont d'effet qu'entre les par-

(1) Colmet de Santerre, t. V, p. 140, n° 182 *bis* XV.

ties contractantes. Supposons que le débiteur, après avoir aliéné frauduleusement un bien, le rachète, certainement tous les créanciers profiteront de cette convention, et cependant la convention ne les obligerait pas personnellement, puisqu'elle leur est étrangère (1).

491. L'action paulienne est dirigée contre le débiteur et contre le tiers qui a traité avec lui, puisqu'elle a pour objet l'annulation de l'acte frauduleux. On demande si le tiers peut arrêter l'action en nullité en désintéressant les créanciers. L'affirmative n'est pas douteuse. En effet, l'action est fondée sur le préjudice que l'acte frauduleux cause aux créanciers; voilà pourquoi les tiers ont le droit de demander la discussion des biens du débiteur. S'il n'y a pas de préjudice, il n'y a pas d'action. Or, le préjudice cesse dès que le tiers désintéresse le créancier qui agit contre lui. Cela arrivera rarement, mais cela peut arriver. Il a été jugé par la cour de Bruxelles que l'action paulienne tombe dès que les créanciers sont désintéressés (2).

Nº 2. RAPPORTS DES CRÉANCIERS AVEC LES TIERS.

492. L'acte frauduleux est annulé; le possesseur doit restituer la chose. Doit-il aussi restituer les fruits? est-il tenu des dégradations? répond-il des cas fortuits? Quel est le principe d'après lequel on décide ces difficultés? On enseigne qu'il faut appliquer par analogie les principes qui régissent la revendication (3). Nous admettons le principe en ce qui concerne le sous-acquéreur; dans notre opinion, l'action qui appartient aux créanciers pour répéter la chose contre le tiers possesseur est une action en revendication, fondée il est vrai, sur une fiction; mais cette fiction doit avoir, à l'égard des tiers, les effets d'une action revendicatoire. Nous renvoyons donc à ce qui a été dit sur l'action en revendication, au titre de la *Propriété*. Mais l'action paulienne proprement dite s'intente

(1) Colmet de Santerre, t. V, p. 140, nº 182 *bis* XIV.
(2) Bruxelles, 25 février 1861 (*Pasicrisie*, 1862, 2, 301).
(3) Aubry et Rau, t. IV, p. 142, et note 39, § 313.

contre le débiteur et celui avec lequel il a traité. Elle n'a rien de commun avec la revendication, c'est une action personnelle fondée sur la fraude du débiteur ; elle tend à la révocation d'un contrat, elle a pour effet de faire considérer ce contrat comme n'ayant jamais existé. Il faut donc poser en principe, avec Voet, que les choses sont remises dans l'état où elles auraient été s'il n'y avait pas eu de contrat. De là suit que les fruits perçus par le possesseur doivent être restitués. Quelle sera l'étendue de cette obligation?

Nous écartons d'abord l'article 549, qui suppose une action en revendication intentée contre un tiers possesseur (1), et nous venons de dire que l'action paulienne n'est pas une revendication. Est-ce à dire qu'il ne faut pas distinguer entre le possesseur de bonne foi et le possesseur de mauvaise foi? Cette distinction est de tradition, et elle est fondée en droit et en équité. Quand il s'agit d'un acte à titre onéreux, on exige la complicité de celui qui a traité avec le débiteur ; il est donc nécessairement de mauvaise foi ; or, le code suit comme principe que celui qui cause un préjudice par sa mauvaise foi doit réparer tout le dommage qui en est résulté. Il en est ainsi, en matière d'obligations conventionnelles, du débiteur coupable de dol (art. 1150 et 1151) et, en matière de quasi-contrat, de celui qui a reçu de mauvaise foi un payement indû (art. 1378-1380). On doit appliquer le même principe à celui qui, de complicité avec le débiteur, dépouille les créanciers de leur gage. Par conséquent, il doit restituer les fruits, qu'il les ait perçus ou non ; il doit même les fruits que le débiteur aurait pu percevoir, car c'est là le dommage qu'il cause aux créanciers. Lorsque l'acte frauduleux est une donation, l'action paulienne est admise, quand même le donataire serait de bonne foi ; s'il est de bonne foi, il n'est tenu à l'égard des créanciers qu'en tant qu'il s'est enrichi. C'est encore le principe traditionnel, et il trouve un appui dans les dispositions du code concernant le payement indû : celui qui a reçu de bonne foi ce

_____

(1) Voyez le tome VI de mes *Principes*, p. 313, n° 239.

qui ne lui était pas dû ne doit restituer qu'en tant qu'il s'est enrichi. Il y a même raison de décider dans le cas de l'action paulienne (1).

On doit appliquer le même principe aux dégradations. Le possesseur de bonne foi n'en peut être tenu qu'en tant qu'il s'en serait enrichi, car il se croit propriétaire, et le propriétaire a le droit d'abuser. Il va sans dire que le possesseur de mauvaise foi répond des dégradations; il dégrade sciemment une chose qu'il sait ne pas lui appartenir, en ce sens qu'il doit s'attendre à en être évincé par les créanciers; il continue la spoliation dont il s'est rendu complice en traitant avec le débiteur; donc il doit indemniser les créanciers.

Il est même tenu des cas fortuits. La loi le dit pour celui qui a reçu de mauvaise foi un payement indû. Il y a même raison de décider pour celui qui fraude les droits des créanciers. A leur égard, il est possesseur de mauvaise foi, obligé, comme tel, à restituer, il est en demeure s'il ne le fait pas; pour toutes ces raisons, il doit répondre de la perte fortuite. C'est la conséquence logique du principe pósé par Voet que les choses doivent être remises au même état que s'il n'y avait pas eu de contrat; or, si la chose était restée dans les mains du débiteur, on suppose qu'elle n'y eût point péri. La perte est donc un dommage qu'il cause aux créanciers par sa mauvaise foi; il en doit réparation.

493. Le tiers, complice de la fraude, qui a payé le prix à son vendeur peut-il demander que les créanciers lui en tiennent compte? Il y a quelque doute sur ce point. On peut dire que les créanciers ne sont tenus à rien envers celui qui a cherché à les dépouiller; le tiers a payé le prix parce qu'il y était obligé en vertu de son contrat; or, ce contrat subsiste; l'acheteur étant évincé par suite de l'action paulienne, il doit agir contre son vendeur. Tels sont, à notre avis, les vrais principes. Mais la tradition y est contraire, et la tradition est décisive, à moins que

(1) Voet, XLII, 8. 11 et 5. Colmet de Santerre, t. V, p. 136, n° 82 *bis* XI. Demolombe, t. XXV, p. 252, n°⁲ 251 et suiv. Mourlon, *Répétitions*, t. II, p. 528.

le code n'y ait dérogé. Les jurisconsultes romains disent, et avec raison, que l'action paulienne est fondée sur le préjudice que l'acte frauduleux cause aux créanciers ; or, si l'acheteur a payé le prix et si ce prix se trouve encore dans le patrimoine du débiteur, il est certain qu'ils n'éprouvent pas de préjudice, jusqu'à concurrence du prix qui a été payé, puisque ce prix, versé dans le patrimoine du débiteur, est leur gage. Si le débiteur a dissipé le prix qu'il a touché, alors on rentre dans le principe général en vertu duquel le tiers complice doit indemniser les créanciers du préjudice qu'il leur cause par sa mauvaise foi. Cela est très-équitable, et il n'y pas de texte qui nous autorise à nous écarter, en ce point, de la tradition (1).

Nº 3. RAPPORT ENTRE LE DÉBITEUR ET LE TIERS.

494. Les créanciers demandent et obtiennent l'annulation d'une vente consentie par le débiteur en fraude de leurs droits. A leur égard, la vente est considérée comme non avenue. En est-il de même entre les parties contractantes ? Non, les liens formés par le contrat subsistent entre le vendeur et l'acheteur ; il n'y a aucune raison pour les déclarer rompus. D'après l'article 1134, les conventions ne peuvent être révoquées que du consentement mutuel de ceux qui les ont faites, ou pour les causes que la loi autorise. Dans l'espèce, il n'est pas question d'une révocation volontaire, et la révocation que la loi autorise ne concerne que les créanciers, l'action paulienne est étrangère aux parties contractantes.

495. Il suit de là que si la chose aliénée rentre dans le patrimoine du débiteur et si elle est vendue, le prix en est distribué aux créanciers, mais le reliquat, s'il y en a, n'appartient pas au débiteur. Ici la fiction reparaît. La chose a été vendue comme étant dans le patrimoine du débiteur et, par conséquent, comme lui appartenant ; voilà

---

(1) Demolombe, t. XXV, p. 253, nº 256. En sens contraire, Larombière, t. I, p. 765, nº 58 de l'article 1167 (Ed. B., t. I, p. 312).

la fiction. Il y a un reliquat : à qui doit-il revenir? Ce débat est étranger aux créanciers, il regarde le débiteur et son acheteur. Or, dans les rapports du débiteur et de celui à qui il a vendu, il est certain que ce n'est pas le vendeur qui est propriétaire, c'est l'acheteur; c'est donc à lui que le reliquat doit être payé.

496. Le tiers évincé par l'action paulienne a-t-il un recours contre le débiteur de qui il tient la chose? Il faut distinguer. S'il s'agit d'une vente, l'acheteur a droit à la garantie, d'après les principes généraux que nous exposerons au titre qui est le siége de la matière. Si le tiers possède comme donataire, il n'a pas de recours, car le donateur ne doit pas la garantie. Le seul bénéfice qu'il ait consiste à n'être tenu qu'en tant qu'il s'est enrichi.

§ IV. Des actes simulés.

497. Il ne faut pas confondre les actes réels et sérieux que le débiteur fait en fraude de ses créanciers avec les actes simulés ou fictifs, qui ont également pour but de tromper les créanciers et de les léser. Je vends mes biens pour les soustraire à l'action de mes créanciers; la vente est réelle, je touche le prix et je le dissipe. Si l'acheteur est complice de la fraude, mes créanciers auront l'action paulienne pour obtenir l'annulation de la vente. Je prends des biens à bail pour un loyer fictif supérieur à la somme réellement stipulée; mes créanciers peuvent demander que le prix réel soit établi pour empêcher le bailleur d'exercer à leur préjudice un privilége qui dépasse le montant des sommes qui lui sont dues. Dans ce cas, le contrat de bail est, à la vérité, sérieux, mais le loyer est fictif. Il se peut que le contrat soit fictif pour le tout. Si je donne mes biens par un acte fictif, en déclarant, dans une contre-lettre, que la donation est fictive, dans ce cas, il n'y a réellement pas de donation. Les créanciers auront, sans contredit, le droit de prouver la simulation, comme ils ont le droit de prouver la fraude. Quel est donc l'intérêt de la distinction? Il est très-grand. L'action des créanciers pour cause de simulation n'est pas soumise aux conditions de l'action paulienne. Quand les créanciers agissent en vertu de l'article 1167, ils doivent prouver que l'acte frauduleux a rendu le débiteur insolvable ou qu'il a augmenté son insolvabilité : pourquoi? C'est qu'il s'agit de priver un tiers du bénéfice de son contrat, ce qui ne peut se faire que si le contrat fait sortir frauduleusement un bien du patrimoine du débiteur. Quand les créanciers attaquent un acte comme simulé, ils n'ont qu'une chose à prouver, c'est la simulation; on ne peut pas leur opposer un acte qui n'est pas sérieux et qui, en réalité, n'existe point. L'action paulienne ne peut être intentée que par les créanciers antérieurs à l'acte, parce qu'eux seuls ont un gage sur le bien aliéné, gage qui leur est enlevé par l'acte frauduleux. Si les créanciers demandent qu'un acte simulé soit écarté, il n'est pas nécessaire que leur droit soit antérieur à l'acte; tout créancier a le droit de rejeter un acte qu'on lui oppose quand cet acte n'a point d'existence véritable (1).

498. La jurisprudence est en ce sens. Il est souvent difficile de distinguer la simulation de la réalité. C'est une question de fait qui dépend des circonstances de la cause. Sur le principe même de la distinction entre les actes simulés et les actes frauduleux, il n'y a pas de doute. Le débiteur lui-même peut prouver la simulation contre l'écrit qui constate l'acte fictif quand il a un commencement de preuve par écrit. Et ce que le débiteur peut, à plus forte raison les créanciers le peuvent-ils; ils n'ont pas même besoin d'un commencement de preuve, car ils n'ont pas pu se procurer une preuve littérale de la simulation; ils peuvent donc invoquer l'article 1348 et, par suite, l'article 1353; la preuve de la simulation pourra se faire par témoins et par présomptions simples abandonnées à la prudence du juge. La cour de Bourges a décidé que les créanciers postérieurs à l'acte simulé étaient admis à cette preuve, tout créancier ayant, de même que

---

(1) Larombiére, t. I, p. 773, n° 63 (Ed. B., t. I, p. 315). Aubry et Rau, t. IV, p. 146, § 313. Comparez Gand, 23 juin 1846 (*Pasicrisie*, 1849, 2, 344).

le débiteur, le droit de restituer à un acte son véritable caractère (1).

La cour de Bordeaux a consacré la même opinion, mais en mêlant l'erreur à la vérité, en ce sens que l'arrêt hésite entre la fraude et la simulation. Il faut établir la distinction d'une manière rigoureuse et la maintenir dans l'application, si l'on veut justifier le principe différent que l'on suit en cas de simulation ; et il faut aussi ne pas se relâcher de la rigueur du principe en ce qui concerne les créanciers qui agissent en vertu de l'article 1167 ; dès que leur antériorité n'est pas établie conformément à l'article 1328, ils doivent être déclarés non recevables(2), Comme le dit très-bien la cour de Poitiers, celui qui prétend qu'un acte est simulé soutient qu'il n'y a pas d'acte ; car, l'acte apparent étant fictif n'a réellement pas d'existence, et tout créancier doit avoir le droit de repousser le néant (3).

Il y a des arrêts en sens contraire qui, confondant la simulation avec la fraude, décident, en principe, que les créanciers postérieurs à l'acte simulé ne peuvent pas l'attaquer (4). Ces arrêts n'ont guère d'autorité, parce qu'ils ne discutent pas la difficulté. Dans l'espèce jugée par la cour de Nîmes, on pourrait même soutenir que l'acte était frauduleux plutôt que simulé. La distinction est très-délicate. Nous croyons inutile d'entrer dans ce débat, la difficulté étant purement de fait.

499. Dans notre opinion, l'action des créanciers contre un tiers qui n'a pas figuré à l'acte frauduleux n'est pas l'action de l'article 1167 ; nous appliquons l'article 2225 : le droit concédé au tiers tombe avec le droit du concédant. Quand il s'agit des droits concédés à des tiers en vertu d'un acte simulé, il faut appliquer le même principe, et à plus forte raison. En effet, un acte simulé ne donne aucun droit à celui au profit duquel il est sous-

---

(1) Bourges, 14 août 1844 (Dalloz, 1846, 2, 225).
(2) Bordeaux, 20 juillet 1848 (Dalloz, 1849, 2, 148).
(3) Poitiers, 17 août 1854 (Dalloz, 1855, 2, 99).
(4) Toulouse, 1er décembre 1837 (Dalloz, au mot *Obligations*, n° 499. 4°). Nîmes, 18 décembre 1849 (Dalloz, 1852, 2, 122). En sens contraire, Demolombe, t. XXV, p. 238, n° 235.

crit; et comment celui qui n'a aucun droit sur une chose pourrait-il transmettre à des tiers des droits qu'il n'a point?

La jurisprudence est très-confuse, précisément parce que la nuance entre les actes simulés et les actes frauduleux est très-délicate et que la distinction n'est pas toujours maintenue avec rigueur. Il a été jugé que les tiers cessionnaires d'un contrat simulé ne peuvent pas invoquer leur bonne foi, parce qu'ils représentent le cédant et qu'on peut leur opposer les vices du contrat de leur auteur (1). La cour de cassation paraît avoir jugé le contraire dans une espèce où le débiteur avait souscrit un bail dont le loyer était fictif, en ce sens qu'il excédait la somme réelle qu'il s'était engagé à payer; la cour a décidé que le cessionnaire à titre onéreux qui a acquis de bonne foi ne peut être personnellement recherché à raison de la fraude qu'on prétendrait avoir été commise au préjudice des créanciers de l'un des contractants et à laquelle le cessionnaire est déclaré étranger (2). Il est à remarquer que la cour qualifie l'acte, non de simulé, mais de frauduleux; le bail était en effet sérieux, le prix seul était fictif. Dans une autre espèce, la cour a nettement consacré le principe de l'article 2125. Un immeuble est acheté au nom du fils et, en réalité, pour le père et de ses deniers; le propriétaire apparent concède une hypothèque sur cet immeuble. Il est établi, sur l'intervention des créanciers hypothécaires, que le prétendu propriétaire qui avait concédé l'hypothèque n'était que le prête-nom de son père. L'hypothèque par lui concédée devait-elle néanmoins être maintenue à raison de la bonne foi du créancier? Non, dit la cour de cassation; elle invoque le principe *resoluto jure dantis, resolvitur jus accipientis*. On ne pouvait pas dire que le droit du concédant fût résolu, il fallait dire qu'il n'avait jamais eu de droit. Quant à la bonne foi du créancier hypothécaire, trompé par l'apparence, la cour décide qu'il n'aurait pu invoquer l'erreur

---

(1) Pau, 9 février 1824 (Dalloz, au mot *Obligations*, n° 1046, 1°).
(2) Rejet, 2 février 1852 (Dalloz, 1852, 1, 49).

dans laquelle il versait, à moins que sa bonne foi n'eût
été fondée sur une erreur commune invincible, ce qui
n'avait pas même été allégué (1); et nous doutons que les
juges eussent accueilli cette allégation; la maxime que
l'erreur commune fait droit est elle-même une erreur;
nous renvoyons à ce qui a été dit ailleurs sur ce point.

CHAPITRE V.

DE L'INTERPRÉTATION DES CONVENTIONS.

500. Les articles 1156-1164 contiennent des règles
concernant l'interprétation des contrats. Elles ont été
empruntées à Pothier; il nous servira de guide dans l'explication succincte que nous allons donner. Les règles
mêmes ne sont guère douteuses; la difficulté est de les
bien appliquer; or, l'application est nécessairement abandonnée à la prudence et aux lumières du juge. Il est de
jurisprudence que les articles 1156 et suivants n'ont pas
un caractère impératif; par leur nature même, dit la cour
de cassation, elles constituent des conseils donnés au
juge par le législateur pour l'interprétation des conventions, et non des règles absolues dont l'inobservation
entraînerait l'annulation de la décision qui l'aurait consacrée (2).

501. La cour de cassation reconnaît aux tribunaux un
pouvoir d'interprétation très-étendu. Nous en citerons un

(1) Rejet, 25 janvier 1847 (Dalloz, 1847, 4, 342).
(2) Rejet, 24 février 1868 (Dalloz, 1868, 1, 308).

exemple remarquable. Un acte notarié porte vente d'un terrain dans la province d'Alger; on y indique, d'après les usages du pays, une contenance de 180 paires de bœufs, ce qui fait 1,500 à 1,600 hectares; il est dit qu'en cas de déficit la rente stipulée de 720 francs sera réduite de 9 francs par chaque paire de bœufs de moins. Quand les acquéreurs se mirent à exploiter l'immeuble, ils s'aperçurent qu'il n'avait qu'une contenance de 80 paires de bœufs environ. Ils formèrent une action en réduction en vertu de leur contrat. Après de longues procédures, la cour d'Aix rejeta la demande. A s'en tenir aux termes de l'acte, il manquait une étendue de 100 paires de bœufs à la contenance promise. Si l'on appliquait aussi à la lettre la clause du contrat qui réduisait la rente de 9 fr. par paire de bœufs manquant, on arrivait à une déduction de 900 francs, c'est-à-dire que la vente était complétement annihilée et qu'il ne restait plus de prix. Telle n'était certes pas l'intention des parties contractantes. Il y avait donc une erreur dans le contrat. En prenant le chiffre de 9 francs pour l'unité de prix de chaque paire de bœufs et en le multipliant par 80, on trouve exactement le prix de 720 francs, qui est celui de la rente stipulée au contrat. Il en résulte que c'est par une erreur évidente que l'acte indiquait une contenance de 180 paires de bœufs; c'est 80 paires que les parties ont voulu dire. Cette erreur étant rectifiée, la demande en réduction tombait, puisque la contenance réelle était d'au moins 80 paires de bœufs.

Les acheteurs se pourvoient en cassation et soutiennent que la cour a violé l'article 1134, en changeant la convention sous le prétexte de l'interpréter. L'arrêt de rejet et les conclusions de l'avocat général Fabre formulent avec une grande netteté l'étendue du pouvoir d'interprétation et la limite de ce pouvoir. L'article 1134 dit que les conventions tiennent lieu de loi à ceux qui les ont faites. Pour que cette disposition soit violée, il faut que le juge, après avoir déclaré que l'intention des parties a été de faire telle convention, ajoute que néanmoins lui, juge, par des raisons d'équité, croit devoir modifier la convention faite, par exemple parce qu'il trouve exagérés les avantages que le contrat fait à l'une des parties. Alors il est vrai de dire que le juge met sa volonté à la place de la volonté qu'il reconnaît avoir été celle des parties; il refait le contrat. Le juge, au contraire, se borne-t-il à rechercher quelle a été la pensée des parties contractantes, c'est son droit; et si loin qu'il aille dans cette voie, il ne dépasse pas les limites de son pouvoir. Pourquoi l'interprétation d'un contrat devient-elle nécessaire? Parce qu'il renferme des clauses contradictoires qui sont invoquées par chacune des parties en faveur du sens qu'elles lui prêtent. C'est cette contradiction, apparente ou réelle, que le juge est appelé à faire disparaître. Dans l'espèce, le chiffre de la contenance attribué par le contrat à l'immeuble vendu était en contradiction avec les autres clauses de la convention. Il fallait opter entre les clauses et le chiffre. Le juge s'est prononcé en faveur des clauses contre le chiffre. En rectifiant le chiffre, il a interprété le contrat et déclaré quelle a été la véritable intention des parties.

La cour de cassation a jugé que, dans les circonstances de la cause, il y avait nécessité pour le juge d'interpréter la convention en un sens qui rendît son exécution possible. Quelque hardie, dit l'arrêt, que puisse paraître l'interprétation par laquelle il est jugé que l'énonciation de 180 paires de bœufs était une erreur de rédaction et que les parties avaient seulement voulu dire 80 paires, cette interprétation de l'acte, en admettant même qu'elle contînt un mal jugé, ne constituerait pas une violation de l'article 1134 (1).

502. L'article 1156 porte : « On doit dans les conventions rechercher quelle a été la commune intention des parties contractantes, plutôt que de s'arrêter au sens littéral des termes..» Cette règle, empruntée à Pothier, est mal formulée; elle semble dire que toujours, et alors même que le sens littéral ne laisse aucun doute, on doit consulter l'intention des parties contractantes, de sorte que cette intention doit toujours être préférée à la lettre du contrat. Telle n'est pas la pensée du législateur. Domat

(1) Rejet, 22 novembre 1865 (Dalloz, 1866, 1, 108).

formule mieux cette première règle d'interprétation qui est fondamentale : « Si les termes d'une convention paraissent contraires à l'intention des contractants, d'*ailleurs évidente*, il faut suivre cette intention plutôt que les termes (1). » Avant tout, on doit voir si les termes paraissent contraires à l'intention, c'est-à dire s'il y a quelque doute sur ce que les parties ont voulu. Quand ce doute existe-t-il? Lorsque les termes du contrat sont susceptibles de plusieurs interprétations; mais si les termes sont clairs, s'ils ne laissent aucun doute, il faut s'en tenir à la lettre, parce que, dans ce cas, il n'y a pas lieu à interprétation. C'est en ce sens que s'expriment les lois romaines(2), et c'est aussi en ce sens que la disposition a été expliquée au conseil d'Etat (3). La doctrine et la jurisprudence sont d'accord. Citons ce vieil adage : *Cùm in verbis nulla ambiguitas est, non est movenda voluntatis quæstio.* La raison en est que l'intention des parties s'exprime par les termes dont elles se servent; quand donc les termes sont clairs, l'intention, par cela même, est certaine; si, dans ce cas, on allait à la recherche de l'intention des parties, on mettrait à la place d'une intention clairement manifestée par les parties elles-mêmes l'intention telle que l'interprète l'établirait, par des voies plus ou moins conjecturales, c'est-à-dire que l'on préférerait à une intention certaine une intention incertaine. Il en est des conventions comme des lois; il faut appliquer à l'interprétation des conventions cette règle si sage que les auteurs du premier projet de code civil avaient formulée dans le titre préliminaire : « Quand une loi est claire, il ne faut pas en éluder la lettre sous prétexte d'en pénétrer l'esprit (4). »

La jurisprudence est en ce sens. « Si, dit la cour de Caen, les conventions des parties doivent être entendues d'après l'esprit et l'ensemble desdites conventions, plutôt

---

(1) Domat, *Lois civiles*, livre I, titre I, sect. II, art. XI, p. 23.
(2) L. 25, § 1, *De legat.*, III (l. XXXII). Demante, t. V, p. 112, n° 73 et tous les auteurs.
(3) Séance du 11 brumaire an XII, n° 55 (Locré, t. VI, p. 84).
(4) Voyez le tome Ier de mes *Principes*, p. 342, n° 273.

que d'après les termes d'une clause isolée, ce ne peut être que dans le cas où les conventions présentent du doute sur la commune intention des contractants, ou lorsqu'une clause est susceptible de deux sens; mais lorsque des conventions sont claires et précises, il n'est pas permis au juge de dispenser l'une des parties d'exécuter ces conventions, en supposant aux parties une intention contraire au sens littéral des clauses du contrat (1). Il a été jugé, d'après le même principe, qu'on ne doit s'écarter de la signification propre des termes que lorsqu'il est manifeste que les parties ont voulu les employer dans un sens impropre (2).

Est-ce à dire que le juge ne puisse jamais s'écarter de la lettre du contrat? Nous venons de rapporter (n° 501) un cas remarquable dans lequel le juge a corrigé une erreur manifeste qui s'était glissée dans la rédaction. Quand il est évident, comme dit Domat, que les termes dont les parties se sont servies ne répondent pas à leur pensée, il faut certainement s'en tenir à l'esprit de préférence à la lettre. Dans l'affaire qui s'est présentée devant la cour de cassation, l'avocat général Paul Fabre dit très-bien que le juge n'est pas plus lié par les contrats qu'il ne l'est par les lois; or, il se trouve dans les lois des erreurs matérielles que la jurisprudence a corrigées; pourquoi le juge n'aurait-il pas le même pouvoir dans l'interprétation des conventions? Ainsi l'article 213 du code de commerce écrit le *tiers* saisi, au lieu du *débiteur* saisi; le code pénal de 1810, article 477, renvoie à l'article 476, au lieu de renvoyer à l'article 475, 5°. Les tribunaux n'ont pas hésité à corriger ces erreurs, en rétablissant l'intention, même aux dépens des textes, et ils ont certes le même droit en matière de conventions (3).

503. Comment le juge peut-il connaître l'intention des parties contractantes? La question est de savoir s'il faut suivre, en matière de conventions, la règle d'interpréta-

(1) Caen, 28 janvier 1827 (Dalloz, au mot *Obligations*, n° 849, 3°). Comparez les autres arrêts cités par Dalloz, n° 849, 1° et 2°.
(2) Liége. 5 juillet 1860 (*Pasicrisie*, 1861, 2, 290).
(3) Réquisitoire de Paul Fabre (Dalloz, 1866, 1, 109).

tion que l'on admet pour les dispositions testamentaires : est-ce dans l'acte seul que le juge doit chercher ce que les parties ont voulu, ou peut-il consulter les circonstances de la cause et même d'autres écrits émanés des parties? On s'accorde à admettre que le juge peut puiser les éléments de sa conviction en dehors de la convention. Le principe restrictif qui limite le pouvoir du juge en matière de testaments découle de la solennité de l'acte ; il est donc étranger aux conventions. Seulement il faut tenir compte des règles qui régissent les preuves. Il y en a une qui est capitale pour notre question, c'est que « lettres passent témoins. » Aucune preuve par témoins, dit l'article 1341, n'est reçue contre et outre le contenu aux actes, ni sur ce qui serait allégué avoir été dit avant, lors ou depuis les actes, à moins que l'on ne se trouve dans un des cas où, par exception, la preuve testimoniale est admise : tel serait le cas où il existe un commencement de preuve par écrit (art. 1347). Quant aux écrits que l'une des parties invoque pour l'interprétation d'un contrat, il faut également appliquer les règles qui régissent les preuves ; or, il est de principe que personne ne peut se créer un titre à soi-même (art. 1330); il faut donc que l'écrit émane de la partie à laquelle on l'oppose (1).

Avec ces restrictions le juge peut puiser les éléments de sa conviction soit dans les faits, soit dans les écrits. La jurisprudence est d'accord avec la doctrine. Il a été jugé que les tribunaux peuvent interpréter une convention synallagmatique par un testament émané de l'une des parties (2). Deux actes passés entre les mêmes parties et le même jour peuvent s'interpréter l'un l'autre (3). Il est aussi de jurisprudence qu'un contrat peut être interprété par les circonstances dans lesquelles il a été souscrit (4).

504. Toullier remarque, d'après Dumoulin, que le

---

(1) Demolombe, t. XXV, p. 8, nos 7-11. Larombière, t. I, p. 617, art. 1156 no 5 (Ed. B., t. I, p. 154).
(2) Rejet, 21 mai 1828 (Dalloz. au mot *Obligations*, no 868, 2o).
(3) Toulouse, 13 février 1830 (Dalloz, au mot *Obligations*, no 365, 1o).
(4) Rejet, 29 janvier 1834 (Dalloz, au mot *Obligations*, no 1362).

moyen le plus sûr de fixer le véritable sens d'une convention est de s'attacher à la possession, à l'interprétation que les parties ont faite elles-mêmes de l'acte, par la manière dont elles l'ont exécuté (1). La jurisprudence a consacré cette maxime. « Lorsque les actes présentent quelque incertitude, dit la cour de cassation, l'interprète le plus sûr en est l'exécution volontaire, formelle et réitérée que leur ont donnée les parties intéressées, qui se rendent ainsi non recevables à méconnaître ensuite leurs propres faits. Dans l'espèce, il s'agissait de fixer la contenance d'une forêt soumise à des droits d'usage. Cette contenance, mal précisée dans le titre de concession, se trouvait déterminée dans des plans et cartes topographiques postérieurs, dressés en présence des usagers et approuvés par leur exécution volontaire et réitérée. La cour de Metz adopta cette délimitation. Pourvoi en cassation fondé, sur la violation du titre constitutif. Le pourvoi fut rejeté, parce que la cour n'avait fait qu'interpréter le titre par l'exécution que les parties contractantes lui avaient donnée.

505. L'intention des parties peut encore être déterminée par les usages du pays où les conventions sont conclues, les termes de l'acte devant être interprétés d'après le sens que l'on y attache là où l'acte est dressé et où il doit être exécuté. Si donc les usages diffèrent d'un pays à l'autre, il faut s'en tenir à l'interprétation conforme à l'usage que l'on suit là où les parties ont contracté et où l'exécution doit se faire (2).

506. L'article 1157 pose une seconde règle d'interprétation. « Lorsqu'une clause est susceptible de deux sens, on doit plutôt l'entendre de celui avec lequel elle peut avoir quelque effet que dans le sens avec lequel elle n'en pourrait produire aucun. » Il ne faut pas abuser de cette règle, comme on le fait parfois, pour faire dire aux parties autre chose que ce qu'elles veulent dire. Nous renvoyons à ce qui a été dit sur les substitutions au titre des *Testaments* (3).

---

(1) Toullier, t. III, 2, p. 212, n° 320 et note 1.
(2) Bruxelles, 28 décembre 1863 (*Pasicrisie*, 1864, 2, 283).
(3) Voyez le tome XIV de mes *Principes*, p. 563, n°s 486, 187.

507. « Les termes susceptibles de deux sens doivent être pris dans le sens qui convient le plus à la matière du contrat » (art. 1158). Par exemple, dit Pothier, s'il était dit par un acte « que je vous ai loué pour neuf ans un certain héritage pour la somme de 300 livres, » ces termes *la somme de* 300 *livres* ne s'entendent pas d'une somme une fois payée, mais d'une somme annuelle de 300 livres pour chacune des neuf années que durera le bail, étant de la nature du louage, que le prix consiste en une prestation annuelle. Il en serait autrement s'il était évident que la somme de 300 livres représente la valeur de neuf années de jouissance. On voit par la restriction que Pothier apporte au principe formulé par l'article 1158 que ces règles n'ont rien d'absolu; toutes reviennent à dire que les contrats doivent s'interpréter d'après l'intention des parties, ce qui est essentiellement une question de fait et de circonstances; et ces éléments d'appréciation varient d'une cause à l'autre (1).

508. « Ce qui est ambigu s'interprète par ce qui est d'usage dans le pays où l'acte est passé » (art. 1159). Quel est l'usage qu'il faut suivre? La loi répond : l'usage du pays où l'acte est passé; c'est aussi là que d'ordinaire le contrat s'exécute; alors il n'y a aucun doute. Mais si le contrat doit s'exécuter ailleurs, le juge devra décider d'après les circonstances et surtout d'après la nature du contrat, par quel usage il doit être interprété. Je passe à la campagne le bail d'une maison située en ville : ce sont les usages de la ville qu'il faut consulter pour interpréter la convention (2).

509. « On doit suppléer dans le contrat les clauses qui y sont d'usage, quoiqu'elles n'y soient pas exprimées » (art. 1160). Pothier cite comme exemple le contrat de louage d'une maison; quoiqu'on n'y ait pas exprimé que le loyer serait payable par demi-terme, à la Saint-Jean et à Noël, cette clause y est sous-entendue, parce que, du temps de Pothier et là où il écrivait, cela était d'usage.

(1) Pothier, *Des obligations*, n° 93.
(2) Larombière, t. I, p. 627, n° 2 (Ed. B., t. I, p. 259) Demolombe, t. XXV, p. 16, n° 17.

Les usages se modifient avec les mœurs et les croyances. Qui sait aujourd'hui, dans certaines classes de la société, ce que c'est que la Saint-Jean?

510. « Toutes les clauses des conventions s'interprètent les unes par les autres, en donnant à chacune le sens qui résulte de l'acte entier » (art. 1161). Pothier donne un exemple emprunté à une loi romaine. Il est dit dans un contrat de vente, par une première clause, que l'héritage était vendu franc de toute charge réelle; par une seconde clause, il est dit que le vendeur n'entendait être garant que de ses faits. Cette seconde clause sert à interpréter la première et en restreint la généralité des termes. Par la première clause, le vendeur n'entendait promettre autre chose, sinon qu'il n'avait imposé aucune charge sur l'héritage vendu et que celui-ci était franc de toutes celles qu'il eût pu y imposer; mais il n'entendait pas assurer que le fonds était franc des charges qui auraient été imposées par ses auteurs et dont il n'avait pas connaissance.

C'est à l'occasion de l'article 1161 que la cour de cassation a décidé que les règles des articles 1156 et suivants ne sont que des conseils. Le cahier des charges dressé pour l'adjudication d'un immeuble divisé en plusieurs lots contenait la clause suivante : « Les adjudicataires auront l'usage de tous les chemins existants pour arriver aux lots par eux acquis, et seront tenus de faire à leurs frais tous les chemins indiqués sur le plan. » Malgré les termes absolus de cette disposition, il a été jugé qu'elle ne pouvait être invoquée que par certains adjudicataires dans l'intérêt desquels la clause avait été insérée au cahier des charges. Pourvoi en cassation pour violation des articles 1156 et suivants. La cour, en rejetant le pourvoi, commence par dire que les articles précités n'ont pas un caractère impératif. Au surplus, ajoute-t-elle, loin d'avoir violé ces articles, l'arrêt attaqué en a fait une juste application; en effet, au lieu d'isoler l'article 2 du cahier des charges et de l'interpréter dans le sens absolu qu'il paraissait présenter, la cour l'a rapproché des autres clauses du contrat, et elle a conclu de cette combinaison que la disposition litigieuse n'avait pas le sens absolu que le pourvoi lui prêtait (1).

Les termes généraux des articles 1156 et suivants se prêtent aux interprétations les plus étranges. Ainsi on a conclu de l'article 1161 que les diverses dispositions comprises dans un même acte faisaient un seul tout, de sorte que l'acte serait vicié en entier si l'une des dispositions était nulle. La loi ne dit pas cela. Un acte peut contenir des dispositions diverses formant autant de conventions particulières, indépendantes les unes des autres ; chacune, par conséquent, doit être interprétée comme un contrat à part (2).

511. « Dans le doute, la convention s'interprète contre celui qui a stipulé et en faveur de celui qui a contracté l'obligation » (art. 1162). Pothier indique la raison de cette règle. Le créancier, dit-il, doit s'imputer de ne s'être pas mieux expliqué ; c'est lui qui stipule, qui veut, il doit donc dire ce qu'il veut ; il ne peut pas y avoir d'obligation à charge du débiteur s'il ne s'y est pas formellement soumis. Si donc la loi se prononce en faveur du débiteur, c'est que personne n'est présumé s'obliger ; la liberté est le droit commun ; pour qu'il y ait dette, il faut que la liberté naturelle ait été restreinte ; le doute doit, par conséquent, s'interpréter en faveur du débiteur. Le code contient plusieurs applications du principe. Le terme est présumé stipulé en faveur du débiteur (art. 1187); dans les obligations alternatives, le choix appartient au débiteur, s'il n'a pas été expressément accordé au créancier (art. 1190); le payement se fait au domicile du débiteur quand il s'agit de choses indéterminées. Il y a un cas dans lequel la loi déroge à la règle de l'article 1162 : les pactes ambigus ou obscurs s'interprètent contre le vendeur (art. 1602). Nous reviendrons sur cette disposition au titre de la *Vente*.

Il faut se garder d'entendre la règle de l'article 1162 et les applications que le code en donne en ce sens que

---

(1) Rejet, 24 février 1868 (Dalloz, 1868, 1. 308).
(2) Bruxelles, 10 mars 1864 (*Pasicrisie*, 1864, 2, 192).

le juge doive toujours se prononcer en faveur du débiteur. La loi ne dit pas cela, et elle ne pourrait le dire sans porter atteinte aux droits du créancier. Pothier se laisse quelquefois entraîner, par des considérations d'équité ou de charité, à interpréter la convention en faveur du débiteur, alors même qu'il n'y a aucun doute sur l'intention des parties contractantes. Les auteurs du code, comme nous en avons déjà fait la remarque, n'ont pas suivi Pothier dans cette voie. Quant à l'article 1162, il ne dit pas que la convention doit toujours s'interpréter en faveur du débiteur, il dit que cela doit se faire en cas de doute. C'est en ce sens que Domat explique la règle; ce qu'il dit est le meilleur commentaire de la loi. « Les *obscurités* et les *incertitudes* des clauses qui obligent s'interprètent en faveur de celui qui est obligé, et il faut restreindre l'obligation au sens qui la diminue. Car celui qui s'oblige ne veut que le moins, et l'autre a dû faire expliquer clairement ce qu'il prétendait. Mais si d'autres règles veulent qu'on interprète contre celui qui est obligé, on étend l'obligation selon les circonstances. Et, en général, *quand l'engagement est assez entendu, on ne doit ni l'étendre ni le restreindre au préjudice de l'un pour favoriser l'autre* (1). » Quand Domat admet-il que la convention doive s'interpréter contre le débiteur? C'est quand l'obscurité, l'ambiguïté, ou tout autre vice d'une expression est un effet de la mauvaise foi ou de la faute de celui qui doit expliquer son intention.

512. « Quelque généraux que soient les termes dans lesquels une convention est conçue, elle ne comprend que les choses sur lesquelles il paraît que les parties se sont proposé de contracter » (art. 1163). Pour interpréter une loi, il faut voir quel a été l'objet que le législateur a eu en vue. Il en est de même des conventions; les termes généraux que les parties y emploient ne peuvent se rapporter à des choses auxquelles les parties n'ont pas pensé. C'est l'explication de Domat. Il donne comme exemple une quittance générale relative à un compte de recette et de

(1) Domat, *Lois civiles,* livre I, titre I, sect. II, art. XIII et XIV.

dépense; elle n'annule point des obligations dont on n'a point compté (1). Le code applique le principe aux transactions; elles ne règlent que les différends qui s'y trouvent compris, quand même les parties auraient manifesté leur intention par des termes généraux (art. 2049).

513. L'article 1164 établit une dernière règle. « Lorsque dans un contrat on a exprimé un cas pour l'explication de l'obligation, on n'est pas censé avoir voulu par là restreindre l'étendue que l'engagement reçoit de droit aux cas non exprimés. » Cette disposition rejette l'argumentation appelée *à contrario* qui se fonde sur le silence, soit du législateur, soit des parties contractantes. Nous avons bien des fois condamné cette interprétation conjecturale qui aboutit trop souvent à faire dire au législateur ce qu'il n'a pas entendu dire. On peut encore moins raisonner du silence des parties contractantes, parce que les conventions se rédigent avec moins d'intelligence et de soins que les lois.

Pothier donne comme exemple un contrat de mariage où il est dit : « Les futurs époux seront en communauté de biens, dans laquelle communauté entrera le mobilier des successions qui leur écherront, » Si l'on argumentait *à contrario,* on dirait que les autres choses qui de droit commun entrent dans la communauté en sont exclues, les futurs époux ayant limité la communauté aux biens héréditaires. Ce serait très-mal raisonner. Si les parties ont parlé des successions, c'est probablement parce qu'étant peu instruites, elles ont douté que le mobilier des successions entrât en communauté. Elles peuvent avoir eu d'autres raisons pour mentionner les successions, toutes étrangères à l'intention restrictive qu'on leur suppose. Dès lors le devoir de l'interprète est de ne point scruter le silence des parties et de s'en tenir à ce qu'elles ont dit (2).

(1) Domat, *Lois civiles,* livre I, titre I, sect. II, art. XXI, p. 24.
(2) Pothier, *Des obligations,* t. XV, n° 100.

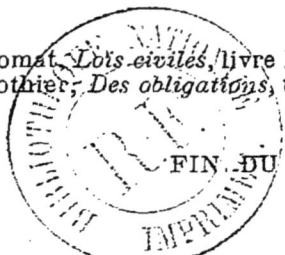

FIN DU TOME SEIZIÈME.

TABLE DES MATIÈRES.

N° 3. Qui peut agir ?

N° 4. Contre qui l'action paulienne peut-elle être formée?

N° 5. Dans quel délai l'action doit-elle être intentée.

N° 6. Quels actes les créanciers peuvent-ils attaquer?

I. *Principe.*

II. *Application.*

§ III. *Effets de l'action paulienne.*

N° 1. But de l'action.

FIN DU TOME SEIZIÈME.